Joseph Karabacek

Mitteilungen aus der Sammlung Papyrus Erzherzog Rainer

2. und 3. Band

Joseph Karabacek

Mitteilungen aus der Sammlung Papyrus Erzherzog Rainer
2. und 3. Band

ISBN/EAN: 9783744635196

Hergestellt in Europa, USA, Kanada, Australien, Japan

Cover: Foto ©ninafisch / pixelio.de

MITTHEILUNGEN

AUS DER SAMMLUNG DER

PAPYRUS ERZHERZOG RAINER

ZWEITER UND DRITTER BAND

MIT 3 LICHTDRUCKTAFELN UND 18 TEXTBILDERN

WIEN

VERLAG DER K. K. HOF- UND STAATSDRUCKEREI

1887

HERAUSGEGEBEN UND REDIGIRT VON JOSEPH KARABACEK

INHALT

des zweiten und dritten Bandes.

Studien und Forschungen:

Kleinere Mittheilungen:

Nachweis der Tafeln und Textbilder:

Tafel I: Seite 23, 31.

Tafel II: Seite 28, 33.

Tafel III: Nr. 1. Seite 140, 144, 146, 160 f. — Nr. 2. Seite 140, 146, 162 f. — Nr. 3. Seite 146, 165 f. — Nr. 4. Seite 146, 167 f. — Nr. 5. Seite 92, Anmerkung 2, 146, 169 f.

Im Texte: Lichtdruck Seite 141, 239, Transparentbild eines Papieres mit Garnfäden aus dem Jahre 946/7 n. Chr.

Holzfchnitte: Seite 176, arabifche Toleranzmarke vom Jahre 900 n. Chr. — 193, Baumwoll- und Leinenfafer, nach FRANCIS BAUER. — 195, Baumwoll- und Leinenfafer, nach SCHLEIDEN. — 198, Mechanifch angegriffene Baumwoll- und Leinenfafer. — 206, Leinenbaftzelle, Hanfbaftzelle, Hanffaferfragment. — 207, Enden von Hanfbaftzellen, nach SCHACHT. — Oberhaut des Flachs- und Hanfftengels. — 209, Haar des Hanfftengels. — 211, Baumwolle. — 212, Mechanifch angegriffene Leinen- und Baumwollfafer. — 213, Leinenfafern in verletztem und unverletztem Zuftande. — 214, Mechanifch (durch Vermahlung) angegriffene baumwollartig ausfehende Leinenfafer.

Berichtigung: Seite 146, Zeile 1 lies: 0·90 Francs.

II. und III. Band Nro. 1 bis 8 15. October 1887

MITTHEILUNGEN

AUS DER SAMMLUNG DER

PAPYRUS ERZHERZOG RAINER

Herausgegeben und redigirt von Joseph Karabacek.

DIE DATEN GRIECHISCHER PAPYRUS AUS RÖMISCHER KAISERZEIT.

(I. bis III. Jahrhundert n. Chr.)

Mit den Lichtdrucktafeln I und II.

Es ist bekannt, welche Bedeutung die Monumente für die Geschichte der römischen Kaiserzeit bei der theilweisen Mangelhaftigkeit der Ueberlieferung besitzen, und nicht den letzten Rang nehmen unter diesen die ägyptischen Kaisermünzen ein; sie sind von besonderem Werthe für die Chronologie dieser Periode, und jede geschichtliche Darstellung derselben wird den Zusammenstellungen dieser Münzen Rechnung tragen; denn es ist von nicht geringer Wichtigkeit der Umstand, dass das Kaiserjahr in Aegypten eine von dem tribunicischen abweichende Zeitdauer hatte, und dass sich, da diese und jene einander durchkreuzen, eine engere zeitliche Begrenzung von Ereignissen ungenauen Datums erzielen lässt. Das ägyptische Kaiserjahr dauerte vom 29. August des einen Jahres bis zum 28. August des anderen. Mochte der Zeitraum, den die Regierung eines Kaisers vor dem 29. August dauerte, noch so gering gewesen sein, er wurde als das erste Regierungsjahr gerechnet und mit demselben Tage begann das zweite. Aber die alexandrinischen Kaisermünzen sind nicht die alleinigen Monumente, die sich nach dieser Art des Datirens richten, auch die ägyptischen Papyrus tragen dieselbe. Dieser Umstand konnte nicht die gehörige Ausnützung finden, weil ja bisher ein empfindlicher Mangel an datirten Stücken gerade für diese Periode herrschte. Jetzt steht die Sache anders; auch diese Periode fand eine reichliche Vertretung in den Papyrus aus dem Faijûmer Funde, und ein wie grosses Contingent der wichtigsten Stücke die erzherzogliche Sammlung stellt, zeigt die nachfolgende Zusammenstellung.

Hand in Hand mit den Münzdatirungen gehen die der Papyrus und sie bieten demnach eine erwünschte Bestätigung und Ergänzung der bisher gewonnenen Thatsachen. Sie gehen aber auch in Jahre und Perioden, für welche Münzen nicht vorliegen. Gewinnreich ist die genaue Datirung nach Monaten und Tagen, die sich in der überwiegenden Mehrzahl der Stücke vorfindet. Wenn Hermann Schiller in Burs. Jahresb. XI, pag. 518, mit Rückficht auf die Mangelhaftigkeit der Ueberlieferung fagt: ‚Ob in diefen Zeiten (scil. III. Jahrhundert n. Chr.) die Chronologie überhaupt je aufgeklärt werden wird, ift fraglich; man wird zufrieden fein müffen, wenn man nach den Münzen ungefähr die Zeit beftimmen kann; Tag und Monat wird ftets unzuverläffig bleiben, folange nicht neue Funde neues Licht verfchaffen', fo können wir nunmehr darauf hinweifen, dafs an der Hand der Papyrus jetzt doch einige Thatfachen bis auf die Monate genau fich werden feftftellen laffen.

Die Stelle, wo fich die Datirung vorfindet, ift bei den Schriftftücken der Anfang oder das Ende; gelegentlich wird fie bei Terminangaben in der Mitte der Urkunden wiederholt, z. B. mit den Worten ἀπὸ τοῦ ἐνεστῶτος ἔτους τοῦ κυρίου ἡμῶν αὐτοκράτορος καίσαρος τοῦ δεῖνα κτλ. oder ἀπὸ τοῦ δεῖνα μηνὸς τοῦ δεῖνα ἔτους τοῦ δεῖνα καίσαρος τοῦ κυρίου u. dergl. Wir haben die Beobachtung gemacht, dafs die Datirung bei kleineren Schriftftücken am Ende fteht, in welchem Falle vielfach die Jahreszahl in Ziffern angegeben wird; in Buchftaben ausgefchrieben wird fie, wenn die Datirung am Anfange fteht, wie dies bei gröfseren Contracten der Fall ift; dagegen treffen wir die umfangreichen Titulaturen vollftändiger am Ende der Schriftftücke; es ift dies vielleicht damit zu erklären, dafs ohnehin das Präfcript der Urkunden in Folge der Beibehaltung alten Formelkrames eine bedenkliche Länge hatte; ich fage alten Formelkrames, weil fich die Einleitungen der Contracte felbft im III. nachchriftlichen Jahrhundert noch nicht wefentlich von den ptolemäifchen unterfcheiden; man vergleiche den Papyrus bei LEEMANS I, 79, ἔτους ἕκτου καὶ εἰκοστοῦ ἐφ' ἱερέως τοῦ ὄντος Ἀλεξάνδρου καὶ τῶν ἄλλων κοινῶν μηνὸς Δίου Θωυθ τεσσαρεσκαιδεκάτῃ, mit zahlreichen Einleitungsformeln der Faijûmer Contracte, z. B. ἔτους ἑβδόμου αὐτοκράτ[ορος καίσαρος Μάρκου] Αὐρηλίου Σεουήρου Ἀλεξάνδ[ρου εὐσεβοῦς εὐτυχοῦς] σεβαστοῦ ἐφ' ἱερέων τῶν ὄντων ἐν Ἀλεξανδρείᾳ καὶ τῶν ἄλλων τῶν γραφομένων κοινῶν [μηνὸς] Ἁδριανοῦ Χοιὰκ δεκάτῃ κτλ.

Es ift einleuchtend, dafs die Art zu datiren in jenen Jahrhunderten nicht fo einfach war, wie heutzutage oder wie in arabifcher Zeit, wo durch die griechifche Jahreszahl in den erften Jahrhunderten der Hidfchra auch kleine Fragmente vollftändig datirt fein können. In Folge der Zerftückelung find viele genaue Daten auf Papyrus aus römifcher Kaiferzeit zerftört worden, indem bald die Zahl der Regierungsjahre, bald wieder der Name des regierenden Kaifers ausgefallen ift, ein Verluft, der nur felten durch längere Erwägungen und Schlüffe auf Grund der erhaltenen Indicien ausgeglichen wird; es ift daher unfere Sorge vor Allem auf die Auffindung und Vereinigung der zufammengehörigen Fragmente gerichtet gewefen, und ift mir dies auch innerhalb der vier Jahre, während deren ich mich mit diefem Gegenftande befchäftige, vielfach gelungen, fo hoffe ich doch fpäter Nachträge zu liefern.

Auguftus.

Münzen bis LMΓ.[1]

Wiener Papyrus Nr. XXXI, Col. III, Zeile 6, 8:[2]

του λθL, του ML

---

[1] v. SALLET, Die Daten der alexandrinifchen Kaifermünzen, Berlin 1870, gibt als das letzte Jahr Lμς (46) an, indem er mit LETRONNE und FRIEDLÄNDER, Blätter für Münzkunde, II, 1865, S. 277, abweichende Datirungen annahm; aber mit Unrecht, wie J. KRALL und O. HIRSCHFELD in den Wiener Studien, V, pag. 313 ff. und 319 ff. gezeigt, denen v. SALLET, Zeitfchrift für Numismatik XII, pag. 376 ff., auch zuftimmt.

[2] Die griechifchen Papyrus der kaiferl. Sammlungen Wiens, pag. 23.

Domitianus.[1]

Münzen LA bis LIE.

Papyrus Erzherzog Rainer vom Jahre 83/84, Zeile 1 (Nr. 1491):

ετου]ϲ τριτο[υ αυτοκρα]τοροϲ καιϲαροϲ [δομιτιανο]υ ϲε[βαϲτο]υ γερμανικου μ[ηνοϲ......

Id. Zeile 17:

διεληλυθοτοϲ δ[ευτερου ε]τουϲ αυτοκρατοροϲ καιϲαροϲ δομιτιανου ϲεβαϲτου γερμανικου.

Der Beiname ‚Germanicus' erſcheint ſeit dem Jahre 84 = ἔτουϲ τρίτου; iſt derſelbe hier mit δευτέρου ἔτουϲ verbunden, ſo können wir die nachherige Uebertragung ſpäterer Titulaturen auf ſrühere Jahre conſtatiren.

Papyrus Erzherzog Rainer vom 29. September 93 (Nr. 2):

20. ετουϲ
21. τριϲκαιδεκατου αυτοκρατοροϲ
22. καιϲαροϲ δομιτιανου ϲε
23. βαϲτου γερμανικου.

Traianus.[2]

Münzen von LA bis LK.

Papyrus Erzherzog Rainer vom Jahre 109/110, Zeile 1 (Nr. 1505):

ετουϲ τριϲκαιδεκατου αυτοκρατοροϲ καιϲαροϲ νερουα τραιανου ϲε[βαϲτου...

Papyrus Erzherzog Rainer vom Jahre 114, Zeile 1 ff. (Nr. 1490):

1. ετουϲ επτακαιδεκατου αυτοκρατοροϲ
2. καιϲαροϲ νερουα τραιανου ϲεβαϲτου γερμανι^{κ}
3. δακικου.

Papyrus Erzherzog Rainer, Zeile 1 (Nr. 1506):

//// δε[κα]του ετουϲ αυτοκρατοροϲ καιϲαροϲ νερουα τραιανου ϲεβαϲτου γερμανικου δακικου.

Die Papyrusdatirungen stimmen überein mit den ſonſt bekannten; da alſo zuſolge der anderen Quellen Trajan von LIH an ἄριϲτοϲ ϲεβαϲτόϲ titulirt wird (vergl. ECKHEL, VI, pag. 448, LETRONNE, Recueil I, 108; 119 LIΘ αυτοκρατοροϲ καιϲαροϲ νερουα τραιανου αριϲτου ϲεβαϲτου γερμανικου δακικου), anderſeits ſeit 97 γερμανικόϲ, ſeit 103 oder vielleicht Ende 102 δακικόϲ iſt (MOMMSEN, Hermes, III, 127), ſo iſt der an dritter Stelle citirte Papyrus zwiſchen 106 und 114 geſchrieben.[3]

---

[1] In die Lücke treten Inſchriſten und Oſtraka, davon z. B. eines mit τριτου L γαιου καιϲαροϲ, BIRCH, Nr. 5790e.

[2] Ein δευτερου L νερουα καιϲαροϲ του κυριου erſcheint auf dem Oſtrakon bei BIRCH Nr. 5790w, ein LB auf einer Münze in München . . . SALLET, pag. 99; ECKHEL kennt LB κρατηϲιϲ. Viele Papyrusſragmente enthalten zwar den Namen Νερουα, ſind aber nicht ſicher zu beziehen.

[3] Oſtraka bieten τριτου L Τραϊανου καιϲαροϲ αριϲτου του κυριου, Lη Τραιανου αριϲτου του κυριου, BIRCH, Nr. 5790 w, 5790 l.

Hadrianus.

Münzen LA bis LKB.

Papyrus Erzherzog Rainer vom Jahre 124 (Nr. 1492):

42. ετους ογδοου
43. αυτοκρ]ατορος καισαρος τραιανου αδριανου
44. σεβαστο]υ επειφ μια και εικαδι.

Papyrus Erzherzog Rainer vom Jahre 125, Zeile 1 (Nr. 1576):

L ενατου αυτοκρατορος καισαρος τραιανου αδριανου σεβαστου μεχειρ κζ.

Papyrus Erzherzog Rainer vom Jahre 129/130 (Nr. 1701):

3. ετους τεσσαρακαιδεκατου
4. αυτοκρατορος καισαρος
5. τραιανου αδριανου
6. σεβαστου.

Papyrus Erzherzog Rainer vom Jahre 134 (Nr. 1404):

1. ετους οκτωκαιδεκατου
2. αυτοκρατορος καισαρος αιλιου
3. τραιανου αδριανου σεβαστου.....

Papyrus Erzherzog Rainer vom Jahre 135/136 (Nr. 1514 bis 1516):

Lκ αυτοκρατορος καισαρος αιλιου αδριανου σεβαστου.

Papyrus Erzherzog Rainer vom Jahre 138 (Nr. 1573):

. ε[τους] δευτερου και[εικοστου
. αυτοκρατορος καισαρος[αιλιου
. τραιανου αδριανου σεβασ[του
. παυνι ιζ

Einen Monat fpäter, als diefer Papyrus gefchrieben ift, war Hadrian todt. Aus diefem 22. Jahre ftammt wohl auch diefer fragmentarifche Papyrus Erzherzog Rainer (Nr. 1533 bis 1536):

Zeile 1. ε]τους δευουδερου (sic) και ικοστου αυτοκρατορος....
Zeile 2. σεβαστου μεχειρ ι.

Antoninus Pius.

Münzen von LA bis LKΔ.

Papyrus Erzherzog Rainer vom Jahre 139, Zeile 1 (Nr. 1702):

ετους δευτερου αυτοκρα[τορ]ος καισαρος τιτου αιλιου αδρια[νου αντωνινου.

Papyrus Erzherzog Rainer vom Jahre 143 (Nr. 1703):

Lς αυτοκρατορος καισαρος τιτου αιλιου αδριανου αντωνινου [σε]βαστου ευσεβους.

Die Abfolge der Titulatur ist ganz entsprechend der so häufigen lateinischen: Imperator Caesar T. Aelius Hadrianus Antoninus Augustus Pius. Ich schliesse hier das ebenso stilisirte Fragment (Papyrus Erzherzog Rainer) an (Nr. 1704):

Zeile 1. ϵ]του[c τοcοῦδϵ αυτοκρατοροc] καιcαροc τιτου αιλιου αδριανου αντωνινου cϵβαcτου ϵυcϵβουc.

Papyrus Erzherzog Rainer vom Jahre 150 (Nr. 1705):

Zeile 1. ϵτουc τριcκαιδϵκατου αυτοκρατοροc καιcαροc τιτου αιλι]ου αδριανου αντωνϵινου cϵβαcτου ϵυcϵβουc μηνοc δυcτρου τυβι [τριτη.

Papyrus Paris. XVII. Notices et Extraits XVIII, 2, pag. 230:

Zeile 1. Lις αυτοκρ]ατοροc καιcαροc τιτου αιλιου αδριανου αντωνινου cϵβαcτου ϵυcϵβουc.

Die Ergänzung der Pariser Herausgeber ist, wie ich in den Wiener Studien, VII, 71 gezeigt, unrichtig; die Urkunde ist Ende April 153 (im 16. Jahre) geschrieben.

Papyrus Erzherzog Rainer vom Jahre 160 (Nr. 1539):

Zeile 3. ϵτουc τρι
2. του και ικοcτου αντωνινου [καιc]α[ροc
1. του κυριου.

Singulär ist jedenfalls die Datirung der Horoskope auf Papyrus, von denen zwei in Paris und zwei in London sich befinden; sie ist jedoch in ihrer Lesart gesichert, was ich gegen Henry Browne im Journal of Philology (Cambridge), II, pag. 44, bemerke, der LA in LΔ ändern möchte. Der Papyrus XIX bis der Notices et Extraits XVIII, 2, pag. 237, bietet nämlich:

Zeile 3. Lα̅ αντωνινου καιcαροc του κυριου
4. μηνοc αδριανου η̅ κατα δϵ τουc αρχαιο
5. τυβι ιη̅.

αρχαιο = ἀρχαίουc, vergl. über diese Art zu kürzen meine ‚Sächsische Papyrus' pag. 241.

Der Papyrus XIX ib. pag. 236:[1]

Zeile 7. ϵπι αL αντωνινου
8. καιcαροc του κυριου μηνοc αδριανου η̅
9. κατα των ηλληνων κατα δϵ τουc αιγυπτιουc
10. τυβι η̅.

---

[1] Zu dem Papyrus sind mittlerweile neue Fragmente von Eugène Revillout hinzugefunden worden, die unter der Nummer Musées nationaux Nr. 2342 vereinigt sind; wir lesen nunmehr Folgendes (Höhe 29 Centimeter, Breite 25 Centimeter):

Recto.

1. Columne.			2. Columne.
	1.	ϵπ...	
	2.	cκϵψαμϵνοc απο πολλων βιβλων ωc παρϵδοθη	1. φαιν[ων
	3.	ημειν απο cοφων αρχαιων τουτϵcτιν χαλδαικων	2. ζωνι
	4.	και [π]ϵτοcιριc μαλιcτα δϵ και ο βαcιλϵυc νϵχϵυc	3. κατ

Der Papyrus CX des British Museum Nr. 1, 2 ff.:

2. . . . αντωνιν]ου καισαρος του κυριου
3. . . . . ου η κατα δε τους αρχαι.

Also dasselbe Datum. Das erste Jahr des Antoninus Pius begann erst Mitte Epiphi, und trotzdem finden wir hier den Monat Hadrianus. Wir können also ein nachträgliches Rückverlegen des ersten Jahres über den Epiphi hinaus constatiren vergl. Elagabal.

	Col. I		Col. II
5.	ωςτερ και αυτοι συνυ(η)δρευςαν απο του κυριου ημων	4.	μειος
6.	ερμου και ασκληπιου ο εστιν ιμουθου $\overline{υιος}$ ηφαιστου	5.	ερμου
7.	κατα τον δοθεντα μοι χρονον επι α L αντωνινου	6.	στερε
8.	καισαρος του κυριου μηνος αδριανου $\overline{η}$	7.	ετηρις
9.	κατα των ηλληνων κατα δε τους αιγυπτιους	8.	ανατελ
10.	τυβι $\overline{η}$ ωρας $\overline{α}$ της ημερας	9.	αστερο
11.	θεον ηλ[ιο]ν ψηφεισθεις κατα την ελαχιστην (και) μεγεθου	10.	μοιρω[ν
12.	τ. . . .ς ευρεθη ζωδιω τοξοτη μοιρων $\overline{ις}$	11.	διο
13.	λε. . . ης εξηκονταδος $\overline{λε}$ ο εστιν·	12.	δεπ
14.	///// ι δωδεκατ /// οικω διος τριη	13.	μω
15.	ρ. . μω/// τελλεται δε αυτω		
16.	ωκω. μοιρας επτ		
17.	θω εν τω ουραν		
18.	νβ. . οβελιςτ		
19.	αυτω αιγοκε		
20.	νχ. . εριν		
21.	φατος		

Verso (unedirt vergl. Notices et Extraits XVIII, 2, pag. 235).

1. κ
2. ων' γαιος ιουλιος κλημης δια γαιου επωνυ
3. χεμβηχιος ψεναμουνιος και πιβωτος . . . μον
4. ψενμωνθου επωνυχου και πιβωτος π. . .
5. επωνυχου πετεχωντος και ψινθωτου σενου
6. παθειουτος πιβωτος και ψε[ν]μωνθου. . .
7. επωνυχου και ωρου χε[illegible] ψεν[illegible]
8. πεκ. νχιος και πορενθου α. ηριος πορενθου
9. πασημις και πετεχωντος. . . ν. . . ου. .
10. και τι. . . . . νεου. . . θο
11. νθ L

Fragment Recto.		Verso.
	τοσου	ωτο
	και τυχ	ωνθου φοι
	νκαι ετερο	ωνθου φοι
	ηταξει το δε	θουαμνιος και ε
	εαν τις αυτ	νομηους και αδελφ
	νειε τας θει	
	ον ται στησαι	
	ων γονεων	
	στυχης βιουτ	

Die Pariser Ausgabe hat Recto I, 1. ἐπ ἀ[γαθῷ]? — Ib. Zeile 5 in συνυδρευςαν ist das mittlere υ durchstrichen. — Zeile 6, αι ist in der Ligatur sehr ähnlich einem η; lesen wir aber unten Zeile 9 Αιγυπτιους, so müssen wir auch hier Ηφαιστου geben. — Zeile 10. $\overline{ιη}$. — Zeile 11, κη μενου editio Paris.

Antoninus Pius confecrirt.

Papyrus Erzherzog Rainer vom Jahre 222 (Nr. 1436):

ιε L θεου αιλιου αντωνινου.

Papyrus Erzherzog Rainer (Nr. 44, vor dem Jahre 210/211):

. . . . του δεινα ετους θεου]
. αιλιου αντωνινο[υ.

Marcus Aurelius und Lucius Verus.

Münzen des Lucius Verus von LA bis L ENATOY.

Papyrus Erzherzog Rainer vom Jahre 164 (Nr. 1575):

. του ενεστωτος ΔL
. αντωνεινου και ουηρου των κυριων
. σεβαστων.

Idem:

. LΔ αντωνεινου και
. ουηρου των κυριων σεβαστων τυβι ιδ.[1]

Papyrus Erzherzog Rainer vom Jahre 162/163 (Nr. 1002):

. γL αντωνινου
. και ου]ηρου καισαρων των
. κυριων. . .]

Papyrus Erzherzog Rainer vom Jahre 168 (Nr. 1507):

5. ετους ογδοου αυτοκρατ
4. καισαρος μαρκου αυρηλιου αντωνινου σεβαστου αρμεν
3. μηδικου παρθικου μεγιστου και αυτοκρατορος καισαρος
2. λουκιου αυρηλιου ουηρου σεβαστου αρμενιακου [μη]δικ
1. παρθικου μεγιστου παυνι κγ.

Papyrus Erzherzog Rainer aus den Jahren 166 bis 169 (Nr. 1706):

1. οκρα
2. κου παρθικου μεγιστου
3. σεβαστου.

Wir ergänzen ſo: 1. [ετους τοσουδε αυτ]οκρα[τορος καισαρος μαρκου αυρηλιου αντωνινου. 2. σεβαστου αρμενιακου μηδι]κου παρθικου μεγιστου [και αυτοκρατορος καισαρος λουκιου. 3. αυρηλιου ουηρου] σεβαστου [αρμενιακου μηδικου παρθικου μεγιστου]. Den Namen Armeniacus hat Verus ſeit 163, Marcus ſeit 164 (Eckhel VII, pag. 72), den Namen Medicus

[1] Vergl. Wiener Studien VII, 118: Lβ | αντωνινου κ ουηρου | καισαρων των κυριων· und Oſtrakon 42, Fröhner: Lγ' | αντωνεινου και ουηρου | καισαρων των κυριων | σεβαστων παῦνι γ'. 44: Lε' | αντωνινου και ουηρου καισαρων των κυριων παυνι ϛ. | CIG 4701: Lϛ αντωνεινου και ουηρου των κυριων αυτοκρατορων

haben beide ſeit 166 (ECKHEL VII, pag. 52); die Reihenfolge der Titel iſt (z. B. bei Verus in der Inſchrift CILII, 3399, WILM. 950: imp. caes. l. aurelio vero. aug. annen. part. max. med.) auch eine andere; der Name Parthicus Maximus ſteht als der ſchwerwiegendſte an letzter Stelle (WILM. 951); ihn führte L. Verus (MOMMSEN, St. R. 2, 1053, Anmerkung 4); aber auch auf ſtadtrömiſchen und provinzialen Inſchriften erſcheint Marcus häufig als Parthicus Maximus, wie hier, nicht als Parthicus allein (SCHILLER, Geſchichte der römiſchen Kaiſerzeit, II, 636, Anmerkung 3), was allem Anſcheine nach der officielle Gebrauch wäre. Während hier ein μεγιϲτου zu viel, ſo iſt in der demotiſchen Datirung (vergl. dieſe Mittheilungen I, pag. 90) der Inſchrift von Philä ein ſolches zu wenig; es ſieht ſo aus, als ob man nach dem Namen Verus die ſo ähnliche Titulatur des Marcus (Sebaſtos Parthikos Armeniakos Medikos für Ϲεβαϲτὸϲ Ἀρμενιακὸϲ Μηδικὸϲ Παρθικὸϲ) einfach abgeſchrieben hätte; das demotiſche Papyrusfragment ſchlieſst ſich unſerem griechiſchen Papyrus vielleicht ganz enge an (Armeniakos ſteht vor Medikos und dieſes vor Parthikos), und ſo ſind wenigſtens die Daten unſerer beiden griechiſchen und des demotiſchen Papyrus conſequent.

Lucius Verus conſecrirt.

Papyrus Erzherzog Rainer aus der Zeit Caracalla's (Nr. 1489):

ϒL θεου ουηρου.

Es iſt dies das lateiniſche diuus Verus.

Marcus Aurelius.

Münzen von LA bis LΙΘ.

Papyrus Erzherzog Rainer vom Jahre 175 (Nr. 1707):

Zeile 1. L ιε α[υρη]λιου αντωνινου καιϲαροϲ του κυριου φαμενωθ πεμπτη και [εικοϲτη.

Sitzungsberichte der Berliner Akademie 1883, S. 897 ff. WILCKEN, Papyrus XVII:

. Lιε αυρηλιου αντωνινου
. καιϲαροϲ κυριου μεϲορι α.

Ibid. XVI:

....ΙΔL αυρηλιου αντωνει[νου
καιϲαροϲ του κ]υριου.

Marcus Aurelius Antoninus und Marcus Aurelius Commodus.

Papyrus Erzherzog Rainer vom Jahre 178/179 (Nr. 1517):

1. L ΙΘ αυτοκρατο...........
2. αυρηλιου κομμοδου.........
3. ϲαρματικων μεγιϲτω[ν.......

Die Ergänzung dieſes Papyrus wird gegeben durch C. I. G. 4704: υπερ αυτοκρατορων καιϲαρων μαρκου αυρηλιου αντωνινου και μαρκου αυρηλιου κομμοδου ϲεβαϲτων αρμενιακων μηδικων παρθικων γερμανικων ϲαρματικων μεγιϲτων. Auch hier läſst ſich Zeile 2 entſprechend reſtituiren, da die Zeilenlänge durch die nothwendigen Ergänzungen in der erſten Zeile gegeben iſt:

1. LΙΘ αυτοκρατο[ρων καισαρων μαρκου αυρηλιου αντωνινου και μαρκου
2. αυρηλιου κομμοδου [σεβαστων αρμενιακων μηδικων παρθικων γερμανικων
3. σαρματικων μεγιστω[ν.

Commodus iſt Cäſar ſeit 166 geweſen; Imperator Auguſtus war er im Jahre 179 auch (v. MOMMSEN, St. R. 2, 777, Anmerkung 3; H. SCHILLER, II, 660, Anmerkung 8, 9). Die Namen Armeniacus, Medicus, Parthicus hatte der Vater in den Jahren 164 und 166 erworben (ECKHEL, VII, pag. 72); hier trägt ſie Commodus gemeinſchaftlich mit ihm, wie er auch die Namen Germanicus und Sarmaticus — hier Sarmaticus maximus, zu Ende der Titulatur — mit dem Vater in den Jahren 172 und 175 (ECKHEL, VII, pag. 73) annahm.

Auf dieſe Geſammtherrſchaft [1] nimmt Bezug ein Papyrus Erzherzog Rainer aus dem Jahre 212/213:

. ... τοσοῦδε L]
. θεων αντων[ινου και κομμοδου.

(Marcus Aurelius und Commodus conſecrirt.)

Commodus.

Münzen: 1. Jahre des Marcus Aurelius, nach ſeinem Tode fortgezählt LΙΑ bis LΛΓ; das letzte Jahr LΛΓ iſt auf Münzen ſicher nachweisbar, aber ‚rarissimum‘ (ECKHEL).

(2. Eigene Daten LΑ bis LΘ.)

Nur die erſtere Zählmethode iſt uns bisher in den Papyrus begegnet. Auch die Namen des Commodus wechſeln, 178 bis 180 heiſst er L. Aelius Aurelius Commodus Aug., 181 bis 182 M. Commodus Antoninus, 183 bis 191 M. Aurelius Commodus

---

[1] In einem Papyrus, der aus der Zeit Caracalla's ſtammt und nach 213 geſchrieben iſt, finden wir zweimal frühere Daten citirt; ſo einmal γL θεου ουηρου; ferners noch folgendes Datum (Nr. 1489):

. διεληλ ιδ L
. αντωνινου καισαρος του κυριου
. και θ λουκ κ ουηρου μην φαμ

Da die Schrift auch ſonſt mitten im Texte Abkürzungen enthält, darunter auch κ[αι], ſo liegt darin nichts auffälliges; die Schrift ſelbſt iſt aber ſo unbeſtimmt, daſs auch für λουκ κ möglich wäre zu leſen: λουκιου; ein θεου λουκιου aber iſt unmöglich. Wir haben nun in einem anderen Papyrus aus dem Jahre 214 eine ähnliche Stelle gefunden: τω διεληλυθοτι πεντεκαιδεκατω ετει αντωνεινου καισαρος του κυριου και ι λουκιου [...] ου μηνι τυβι δ; και iſt hier deutlich, ebenſo λουκιου; davor konnte ich einen dem ι ganz ähnlichen Zug erkennen; ſo iſt in dem einen Falle ουηρου, im anderen λουκιου geſichert. Eine befriedigende Erklärung fand ich nicht. Sollten dieſe Daten und deren Leſung richtig ſein, ſo iſt vielleicht 'Αντωνῖνος der Kaiſer Marcus; ſein 14. Jahr dauerte vom 29. Auguſt 173 bis 28. Auguſt 174; ein neuntes Jahr zu derſelben Zeit entſpricht einem erſten Jahre, das (vor 29. Auguſt) 166 begann; in dieſem Jahre wurde Commodus ‚nominatus inter caesares‘ (V. Comm. XI, 13) und mit ihm zugleich einer von ſeinen Brüdern, worüber V. Comm. I, 10 berichtet: apellatus est autem caesar cum fratre Severo; an dem überlieferten Namen Severo nahm CASAUBONUS Anſtoſs und ſchrieb: Sex. Vero, URSINUS ſchrieb: suo Vero; entſtand die Silbe *se* durch die doppelte Schreibung von *re*, ſo hätten wir fratre Vero; Schwierigkeiten bereitet nur der Umſtand, daſs als Zeitpunkt der Ernennung in der V. Commod. XI, 13 angegeben wird: quarto iduum Octobrium quas Herculeas postea nominavit; aber LAMPRIDIUS zeigt von c. XI, 8 ab Widerſprüche. Doch die Namen wären vielmehr ſo zu deuten: αντωνινου auf A. Pius, λουκ. auf L. Verus und ουηρου auf Marcus.

Antoninus, 191 und 192 L. Aelius Aurelius Commodus Pius Felix (H. SCHILLER, II, 661, Anmerkung 2). Diefe Anfätze ftimmen auch vielfach mit den Papyrus überein; vergl. jedoch unten die Jahre 181/182.

A. Umfangreiche Titulatur.

Papyrus Erzherzog Rainer vom Jahre 184 (Nr. 1574):

Zeile 1. ετους τεταρτου και εικοστου αυτοκρατορος καισαρος μαρκου αυρηλιου κομμοδου αντωνινου σεβαστου αρμενιακου.
2. μηδικου παρθικου σαρματικου γερμανικου μεγιστου μηνος λωιου παυνι ις̅.

Darnach läfst fich ergänzen ein Papyrus Erzherzog Rainer aus demfelben Jahre (Nr. 1528, 1529):

Zeile 1. Ετους τεταρτου...
2. αυτοκρατορος καισα...
3. αυρηλιου κομμοδου αντωνεινου
4. μηδικου παρθικου σαρματικου
5. μεγιστου παχων [κ]ζ̅.

Einige Monate früher ift gefchrieben in demfelben Jahre der Papyrus Erzherzog Rainer (Nr. 1527):

Zeile 1. Ετους τετα[ρτου κα]ι εικος[του αυ]τοκρατο[ρος
2. και]σαρος [αιλιου] αυρηλι[ου κ]ομμοδου [αν
3. τωνεινου [σ]εβαστου αρμενιακου μ[ηδικου
4. παρθι[κου σ]αρματικου [γερ]μανικου [μ]εγιστο[υ μη
5. νο]ς δυ[στρου τυβι.

Der Beiname Britannicus, den Commodus im Jahre 184 annahm (ECKHEL, VII, 112), erfcheint hier noch nicht.

Papyrus Erzherzog Rainer vom Jahre 190 (Nr. 1519, 1520):

Zeile 1. ετους τριαντοστου] αυτοκρατορος καισαρος μαρκου αυρηλιου κομμοδου αντωνινου ευσεβους
2. ....μηδικου παρθικου σαρματικου γερμανικου μεγιστου βρεταννικου μηνος [φαμενωθ.

Diefer Akt enthält unten die Vermerkung κατεχω(ρισα) λL φαμε λ̅.

Papyrus Erzherzog Rainer vom Jahre 191 (Nr. 1532):

Zeile 1. ετους πρωτου και τριαντο[στου
2. ...ευτυχους σεβαστου αρμενι[ακου
3. μηνος αδριανου ιβ̅.

Papyrus Erzherzog Rainer vom Jahre 192 (Nr. 1575):

Zeile 1. ετους δευτερου και τριαντ[οστου αυ]τοκρατορος καισαρος λουκιου αιλιου
2. αυρηλιου κομμοδου ευσεβους ευτυχους σεβαστου αρμενιακου μηδικου
3. παρθ[ικου] σαρματικου γερμανικου μ[εγιστ]ου βρεταννικου μηνος α[ρτεμισι]ου φαμενωθ
4. κζ̅.

In diese Periode seit 185, da Commodus den Namen Felix führte, fällt auch dieser fragmentarische Papyrus Erzherzog Rainer (Nr. 1526):

Zeile 4. καισαρ[ος μαρκ]ου [αυ]ρηλιου κομμοδου
3. ευσεβου]ς [ευτ]υχ[ους σεβ]αστου αρμενιακου
2. παρθ]ικ[ου ς]αρματικου [γερμ]ανικου μεγιστου βρεταννικου
1. ? τυ[βι ι.

Die Form τριαντοστος (= τριακοστός) geht auf die neugriechische Form τρίαντα zurück, die schon auf einer argivischen Inschrift bei FOUCART, 137 steht, G. MEYER, Gr. Gr.[2], §. 399. Auch in den letzten Jahren finden wir die gebräuchlichen Monatsnamen, und nicht die nach Commodus benannten. Aber selbst bei DIO, LXXII, 15, der von dem ungewöhnlichen Umfange der Titulatur dieses Kaisers spricht, finden wir jene von Marcus und Verus erworbenen Namen Ἀρμενιακὸς Μηδικὸς Παρθικὸς nicht; er nennt sich αὐτοκράτωρ Καῖσαρ Λούκιος Αἴλιος Αὐρήλιος Κόμμοδος, Αὔγουστος εὐσεβὴς εὐτυχής, Σαρματικός, Γερμανικὸς μέγιστος Βρεττανικός, wozu im Uebrigen die Papyrus stimmen.

B. Kürzere Titulatur.

Papyrus Erzherzog Rainer vom Jahre 181/182 (Nr. 1708):

Zeile 1. ετους δευτερου και ε[ικοστου
2. αυρηλιου κομμοδου αντωνινου
3. καισαρος του κυριου.

Papyrus Erzherzog Rainer vom Jahre 182 (Nr. 1709):

ετους κβ μαρκου αυρηλιου κομμοδου αντωνεινου σεβαστου παχων λ.

Papyrus Erzherzog Rainer vom Jahre 187 (Nr. 1710):

Zeile 2. ετους κζ' μ[αρκ]ου αυ[ρηλιου
1. κομμοδου.......

Berliner Papyrus vom Jahre 189:

Lκθ αυρηλιου κομμοδου αντωνινου καισαρος του κυριου und ungenau (I, IV, VIII): Lκθ αυρηλιου αντωνινου καισαρος του κυριου.

Höchst wichtig ist ein Papyrus Erzherzog Rainer vom 11. Jänner 193 (Nr. 1577):

Zeile 1. Lλγ λουκιου αιλιου αυρηλιου
2. κομμοδου καισαρος του κυριου
3. τυβι ις.

Wir sehen hier den Namen L. Aelius Aurelius Commodus und die Datirung Lλγ in erfreulicher Weise bestätigt; sind schon Münzen aus diesem Jahre des Commodus eine grosse Seltenheit, so ist vollends der Papyrus ein Unicum. Interessant ist, dass derselbe nach des Commodus am 31. December 192 eingetretenen Tode geschrieben ist; vergl. Severus Alexander (α L γαιου πεσκεννινου νιγερος καισαρος του κυριου επειφ 1, Ostr. 33, SAYCE, 1884).

Septimius Seuerus.

Die Münzen, welche für diefen Kaifer und feinen Nachfolger felten find, erhalten eine erwünfchte Ergänzung durch zahlreiche Papyrus. Bekannt find die Jahre LA bis LH; vergl. Berliner Zeitfchrift für Numismatik, I, pag. 205.

Papyrus Erzherzog Rainer (Nr. 79):

....περτιναкος сεβαςτου αραβ....

Eine Münze mit LZ hat: αυτ κ λ сεπ сεουηρος πEPT CEB APABIK. SALLET, pag. 44 = lateinifch: Imp. caes. l. septimio seuero pertinaci aug. p. m. trib. pot., III, WILM, 983. Der Papyrus ift alfo etwas nach 195 gefchrieben.

Seuerus und Caracalla.

Papyrus Erzherzog Rainer vom Jahre 199 (Nr. 1578):

Col. II, Zeile 1. ετουϲ ογδοου αυτοκρα
2. αραβικου αδιαβηνικο[υ παρθικου μεγιϲτου
3. ϲεβαϲτων
Col. I, Zeile 1. .....λουκιου ϲεπτιμιου ϲεουηρου ευϲεβουϲ [περτιναкοϲ
2. ...παρ]θικου μεγιϲτου και μαρκου αυρηλιου
3. ...φαωφι εικαδι.

Diefelbe Titulatur ift für diefe Zeit nachweisbar; C. I. L. 8, 4583; 2, 1254 u. ä. Dagegen am Seuerusbogen: Parthico Arabico et Parthico Adiabenico. Auch hier entbehrt der Sohn des Namens Παρθικὸϲ μέγιϲτοϲ, der in eben diefem Jahre angenommen wurde.

Mit kürzerem Titel erfcheinen die beiden in dem Papyrus Erzherzog Rainer vom Jahre 205 (Nr. 1401):

Zeile 2. L τριϲκαιδεκατου ϲεουηρου και αντων[ινου
1. καιϲαρων των κυριων φαρμουθι τε[ταρτη,

uud öfters in Fragmenten:

....ων καιϲαρων λουκιου ϲεπ....,

in einem zweiten:

Zeile 1. ϲαρων λουκιου ϲεπ
2. ϲ]εβαϲτων,

in einem dritten (Nr. 99):

Zeile 1. των κυριων ημων αυ[τοκρατορων
2. ϲεπτιμιου ϲεουηρου ευ[ϲεβουϲ περτιναкοϲ
3. και μαρκου αυρηλιου α[ντωνινου
4. ϲεβαϲτων.

Diefe Fragmente find zwifchen den Jahren 198 und 210 gefchrieben, da in ihnen einerfeits Caracalla, anderfeits Septimius Seuerus erfcheint.

Seuerus, Caracalla und Geta.

Papyrus Erzherzog Rainer vom Jahre 204 (Nr. 1429):

Zeile 9. Lιβ αυτοκρατορων
8. καιcαρων λουκιου cεπτιμ
7. cεουηρου ευcεβουc περτιν
6. αραβικου αδιαβηνικου
5. παρθικου μεγιcτου και μα
4. αυρηλιου αντωνινου
3. ευcεβουc και πουβλιου
2. cεπτιμιου γετα καιcαροc
1. cεβαcτων μεχειρ ιη.

Der Name Geta ift unverfehrt; Caracalla heifst Pius feit 201. Lιβ ift ficher. Nach diefem Texte ift zu ergänzen ein anderer Papyrus Erzherzog Rainer, der noch vor 211 gefchrieben ift (Nr. 44):

Zeile 1. Lι ...... τορων καιcαρων λο
2. εβουc περτινακοc
3. παρθικου μεγιcτου και μ
4. ευcεβουc και πουβλιου cε
5. cεβαcτων.

Auch das letzte Jahr des Kaifers ift vertreten durch den Papyrus Erzherzog Rainer vom Jahre 210 (Nr. 1711):

Zeile 1. L[ι]θ αυτοκρατορων καιcαρων λ[ουκιου cεπτιμιου cεουηρου
2. ευcεβουc περτινακοc [αραβικου αδιαβηνικου
3. παρθικου μεγιcτου και [μαρκου αυρηλιου αντωνινου
4. ευcεβουc και πουβλιου cε[πτιμιου γετα καιcαροc
5. cεβαcτων.

Der Name Britannicus kommt hier nicht vor.

Seuerus confecrirt.

Papyrus Erzherzog Rainer vom 27. December 222 (Nr. 1436):

εL θεου cεουηρου und
γL.

Es ift dies ganz das lateinifche diuus Seuerus (WILM. 842, 1721).

Seuerus und Caracalla confecrirt.

Papyrus Erzherzog Rainer vom 27. December 222 (Nr. 1436):

ιβL θεων cεουηρου και αντωνινου.

Caracalla und Geta.

Papyrus Erzherzog Rainer vom Jahre 211 (Nr. 1486):

Zeile 3. Lιθ αυτοκρατορων καισαρων μαρκου αυρ[ηλιου
2. αντωνεινου και πουβλιου σεπτιμιου γετ[α καισαρος
1. βρετανικων μεγιστων ευσεβων σεβα[στων.

Papyrus Erzherzog Rainer vom 27. Juli 211 (Nr. 1487):

Zeile 5. Lιθ α[υτοκρατο]ρων (sic) καισαρων (über ων: ος)
4. μαρκο[υ αυρηλιο]υ αντωνινου
3. και πουβλιο[υ σεπτιμιου] γετα καισ[αρος
2. βρετ[αννικων μεγι]στων ευσεβων (über ων: ου)
1. σεβασ[των μεσ]ορη γ. (über ων: ου)

In Zeile 5 ist ων durchstrichen und ist ος darüber geschrieben; die dritte Zeile ist ganz durchgestrichen; ebenfalls corrigirt, und zwar durch ein übergeschriebenes ου ist in Zeile 2 μεγιστων.

Diese beiden Papyrus stehen in ihrer Art wohl einzig da: sie sind die Zeugen jener geschichtlich denkwürdigen, nur kurzen Gesammtherrschaft Caracalla's und Geta's; sie endete mit der Ermordung Geta's, der in den Armen seiner Mutter, ungefähr im Februar 212, starb; doch der Bruderhass Caracalla's rastete auch dann nicht; mit seltenem Eifer wurde überall der Name des Unglücklichen getilgt; wo er sich in öffentlichen Inschriften vorfindet, ist er regelmäsig ausgekratzt oder entstellt und überschrieben. So auch in unserer Urkunde; wie kleinlich man bei diesen Correcturen verfuhr, zeigt der zweite Papyrus, in welchem der Plural αὐτοκρατόρων in αὐτοκράτορος und μεγίστων in μεγίστου umgeändert wurde. So sind diese Schriftstücke werthvolle Denkmale aus jener Epoche, deren Bedeutung umso höher anzuschlagen ist, als nur wenige Inschriften in die Zeit der Gesammtherrschaft fallen. Wir erfahren nunmehr auch, dass Geta ebenso wie Caracalla nach den Jahren des Vaters Septimius Severus, fortgesetzt nach dessen Tode zählte. Da sich aber Münzen mit den Daten Lς bis LΘ (des Severus) aufgezählt finden (Sallet, pag. 50), so dürfte die Frage geäussert werden, ob nicht vielleicht Lις und Lιθ bei näherer Prüfung sich ergebe. Den Titel Britannicus maximus tragen sowohl Caracalla, als auch Geta, wenigstens hier. Es ist also der erste Papyrus zwischen dem 4. Februar und dem 28. August 211 geschrieben.

Caracalla.

Münzen: 1. Jahre des Severus bei dessen Lebzeiten Lις; Papyrus siehe oben unter Severus und Caracalla, und Severus, Caracalla und Geta.

2. Nach dessen Tode weitergezählt LKA bis LKΓ. In diese Lücke treten die zahlreichen Papyrus.

Papyrus Erzherzog Rainer vom Jahre 212/213 (Nr. 1712):

Zeile 1. προς το ενεστος κα L σεουηρου
2. αντωνινου καισαρος του κυριου.

Papyrus Erzherzog Rainer vom Jahre 212/213 (Nr. 757):

Zeile 1. ετους κ]α αυτοκρατορος καισαρος μαρκου αυρηλιου
2. σεουηρου αντωνινου παρθικου μεγιστου
3. βρεταννικου μεγιστου γερμανικου μεγ
4. [ευσεβους σεβασ]του.

Papyrus Erzherzog Rainer vom Jahre 213 (Nr. 1713):

Zeile 1. Lκα μα[ρκου α]υρηλιου
2. σεουηρου αντωνινου
3. παρθικου μεγισ[του βρε]ταννικου
4. μεγιστου γερμανικου μεγιστου
5. ευσεβους σεβαστου επειφ ιθ.

Papyrus Erzherzog Rainer vom März/April 213 (Nr. 1714):

Zeile 1. ετους κ]α αυτοκρατορος και[σαρος μαρκου
2. αυ]ρηλιου αντωνινου π[αρθικου
3. μεγιστου βρεταννικου [μεγιστου
4. ευσε]βους σεβαστου.

In dieſen Papyrus iſt α ſicher. In den Arvalakten erſcheint ſchon 20. Mai 213, ‚Germanice maxime' vergl. H. SCHILLER, II, 743 *A* 5 gegen MOMMSEN, Eph. epigr. 1, 134. Anmerkung 4.

Papyrus Erzherzog Rainer vom 23. Februar 214 (Nr. 723 bis 725):

Zeile 1. ετους] δευτερου και εικοστου αυτοκρατορος καισαρος μαρκου αυρηλιου σεουηρου αντωνινου παρθικου μεγιστου βρεταννικου μεγιστου γερμανικου μεγιστου ευσεβους.

Papyrus Erzherzog Rainer vom 29. Mai 215 (Nr. 1511):

Zeile 1. Lκγ μαρκου αυρηλιου σεουηρου αντωνεινου
2. παρθικου μεγιστου βρεταννικου μεγιστου
3. γερμανικου μεγιστου ευσεβους σεβαστου.

Papyrus Erzherzog Rainer vom Juli/Auguſt 215 (Nr. 1411):

Zeile 1. Lκγ...] μαρκου αυρηλιου σεουηρου
2. μ]εγιστου βρεταννι[κου μεγιστου
3. σεβασ]του μεσορη.

In dieſe Zeit mag auch fallen das Fragment (Papyrus Erzherzog Rainer, Nr. 774 bis 776):

Zeile 6. ...οκρατορος καισαρος
5. υ σεουηρου
4. αντωνινου παρθικου
3. μεγιστου βρεταννικου
2. μεγιστου γερμανικου μεγ
1. ευσεβους σεβαστου.

Der Name Felix (feit 213 in den Münzen) erfcheint in diefem Papyrus Erzherzog Rainer vom Jahre 215 (Nr. 1715):

. ετους κγ αυτοκρατορος καισαρος
. [μαρκου αυρηλιο]υ σεουηρου
. αντωνινου παρθικου
. μεγιστου βρεταννικου
. μεγιστου γερμανικου μεγ
. ευσεβους ευτυχους σεβαστου.

Aus dem Ende des Jahres 216 ftammen zwei Papyrus Erzherzog Rainer (Nr. 751):

Zeile 1. Lκε
2. μαρκου α]υρηλιου σεουηρου αντωνινου καισαρ[ος
3. του κυριου αθυρ εικαδι
und του ενεστωτος κε L.

Es ift vielleicht anzunehmen, dafs die ägyptifche Empörung im Herbfte 216 gedämpft war. Auch in Berlin find Papyrus diefes Kaifers (z. B. aus Lκγ).

Der Name M. Aurelius Seuerus Antoninus wird vor M. Aurelius Antoninus überwiegend bevorzugt. Nach dem Gefagten ift es alfo wenig wahrfcheinlich, dafs es Münzen eigenen Datums von Caracalla gibt; mit Recht hat v. SALLET folche mit Lγ und Lθ zurückgewiefen; Münzen mit Lβ haben vielmehr Lιβ; HUBER in der Wiener numismatifchen Zeitfchrift, III, v. SALLET, Berliner Zeitfchrift für Numismatik, III, 147 und STEVE ib. XIII, 246, haben fich mit Recht gegen die Exiftenz diefer Gattung ausgefprochen.

Elagabal.

Münzen: von LA bis LE; Berliner Zeitfchrift für Numismatik, I, pag. 205.

Papyrus Erzherzog Rainer vom 30. Auguft 218 (Nr. 1716):

Zeile 1. ετους δευτερου αυτοκρατορο[ς καισαρος μ]αρκου αυρηλιου
2. αντωνινου ευσεβους ευτυχους σεβαστου.

Papyrus Erzherzog Rainer vom Jahre 219 (Nr. 366, 367):

Zeile 6. φαρμουθι του ενεστωτος BL
5. Lβ αυτοκρατορος
4. καισαρος μαρκου αυρηλιου
3. αντωνινου
2. ευσεβους ευτυχους
1. σεβαστου.

Papyrus Erzherzog Rainer vom Jahre 218 (Nr. 1717):

Zeile 1. ετους δευτερου αυτοκρατορος καισαρος μαρκου αυρηλιου
2. αντωνινου ευσεβους ευτυχους σεβαστου μηνος
3. σεβαστου αθυρ πεμπτη.

Papyrus Erzherzog Rainer vom Jahre 221 (Nr. 1718):

Zeile 1. LΔ αυτοκρατορος
2. καισαρος μαρκου
3. αυρηλιου αντωνινου
4. ευσεβους ευτυχους σεβαστου
5. τυβι.

Papyrus Erzherzog Rainer vom 2. Juni 221 (Nr. 1485):

Zeile 1. ετους τεταρτου αυτο]κρατορος καισαρος μαρκου αυ[ρηλιου αντωνινου ευσεβους] ευτυχους σεβαστου,

in demselben werden erwähnt:

τρ]ιτω ετει μηνι τυβι, dann

πρωτω ετει [μηνι] φαρμουθι und ein noch früheres Datum aus dem ersten Jahre. Man ignorirte offenbar bei nachträglichen Datirungen den Umstand, dass das erste Jahr nicht von der Regierung des eben herrschenden Kaisers allein ausgefüllt war.

Seuerus Alexander.

Münzen: 1. Cäsar, Datum des Elagabal LΔ, Є, Berliner Zeitschrift für Numismatik, I, 205. 2. Augustus LA bis LIΔ.

In zahlreichen Papyrus in Wien, mehreren in Berlin und einem in Paris sind fast alle Jahre vertreten, zum Theile auch in mehreren Exemplaren. Auch MURALT, Catalogue 1864, Nr. 2 bietet ...ου αυρηλιου σεουηρου αλε... καισαρος του κυριου.

Papyrus Erzherzog Rainer vom 27. December 222 (Nr. 1436):

Zeile 4. LΓ αυτοκρατορος καισαρος
3. μαρκου αυρηλιου σεουηρου
2. αλεξανδρου ευσεβους ευτυχους
1. ευτυχους σεβαστου.

An demselben Tage ist ein anderer Papyrus Erzherzog Rainer geschrieben (Nr. 1525):

Zeile 3. LΓ αυτοκρατορος καισαρος μαρκου
2. αυρηλιου σεουηρου αλεξανδρου ευσεβους
1. ευτυχους σεβαστου.

Wir lassen noch folgende, sämmtlich in den Papyrus Erzherzog Rainer enthaltene Daten folgen:

Zeile 5. Lε αυτοκρατορος καισαρος
4. μαρκου αυρηλιου σεουηρου
3. αλεξανδρου ευσεβους
2. ευτυχους σεβαστου
1. φαωφι ιθ (Nr. 49).

Zeile 1. ετους εκτου αυτοκρατορος καισαρος μαρκου αυρηλιου σεουηρου
2. αλεξανδρου...μηνος αρτεμισιου φαμενωθ ογδοη.

Zeile 1. ετους εκτου αυτοκρατορος καισαρος μαρκου αυρηλιου
2. σεουηρου αλεξανδρου ευσεβους αυτυχου[ς σεβαστου
3. . . . μηνος ξαντικου μεχειρ [δευτε]ρα (Nr. 1444).

Zeile 1. ετους εβδομου αυτοκρατ[ορος καισαρος μαρκου
2. αυρηλιου σεουηρου αλεξανδ[ρου ευσεβους ευτυχους
3. σεβαστου. . .[1] (Nr. 1428).

Zeile 1. Lη αυτοκρα[τορος καισαρος
2. μαρκου αυ[ρηλιου σεουηρου (Nr. 1719).

Zeile 1. ετους ογδοου [αυτοκρατορος καισαρος μαρκου αυρηλιου σεουηρου
2. αλεξανδρου [ευσεβους ευτυχους σεβαστου μηνος
3. γορπιαιου επ[ειφ. . . . (Nr. 1720).

Zeile 4. Lια'' αυτοκρατορος
3. καισαρος μαρκου αυρηλιου
2. σεουηρου αλεξανδρου
1. ευσεβους ευτυχους σεβαστου (Nr. 1423).

Zeile 4. Lιβ αυτοκρατορος καισαρος
3. μαρκου αυρηλιου σεουηρου
2. αλεξανδρου ευσεβους
1. ευτυχους σεβαστου τυβι ς (Nr. 1433).

Zeile 10. ιβL μαρκου αυρηλιου σεουηρου
11. αλεξανδρου καισαρος του
12. κυριου (Nr. 1466).

Zeile 3. Lιγ αυτοκρατορος [καισαρος μαρκου
2. αυρηλιου σεουηρου [αλεξανδρου ευ
1. σεβους ευτυχους σεβαστου (Nr. 48).

Zeile 1. τω μηνι επειφ [του
2. ενεστωτος ιγL [μαρ]κου
3. αυρηλιου [σεουηρου
4. αλεξαν[δρου καισαρος
5. του κυριου (Nr. 1463).

Die Münzen tragen die Umschrift Α·ΚΑΙ·Μ·ΑΥΡ·CΕΟΥΗΡ·ΑΛΕΞΑΝΔΡΟC·ΕΥCΕΒ oder ΕΥC·CΕΒ.

Eine Datirung aus dem 14. Jahre (Papyrus Erzherzog Rainer) enthält eine Correctur bei der Jahreszahl (Nr. 1475):

Zeile 4. LIΔ αυτοκρατορος
3. καισαρος μαρκου
2. αυρηλιου σεουηρου
1. αλεξανδρου.

LIΔ ist aus LIΕ corrigirt worden; ein Umstand, der für die Methode von Wichtigkeit ist.

[1] ΗΕΒΔΟΜΟΥ steht auf einer alexandrinischen Münze des Seuerus Alexander; diese Form für L habe ich auch auf Papyrus nicht bemerkt. (Berliner numismatische Zeitschrift XI, 52.)

Papyrus Erzherzog Rainer vom 5. April 235 (Nr. 1402):

Zeile 1. ετους τεσσαρεσκαιδεκατου αυτοκρατ[ορος καισαρος μαρκου αυρηλιου σεουηρου αλεξανδρου ευσεβους
2. ευτυχους σεβαστου δαισιου φαρμουθι δεκατη.

Dieser Papyrus ist nach Alexanders Tode geschrieben. BORGHESI, O. V, 485 f., III, 450 f. setzt ihn an mit dem 18. oder 19. März. H. SCHILLER, II, pag. 783 *A* 3 läfst ihn in die erste Hälfte März 235 fallen; O. SEEK, Rhein. Mus. XLI, pag. 164 entscheidet sich für den 18. März; dagegen JOSEPH LÖHRER, De C. Iulio Vero Maximino, Diss. Münster, pag. 33 ff. für den 10. Februar. Es ist hiebei auch zu erwägen, wo Seuerus Alexander ermordet wurde; spätere Schriftsteller nennen Mainz, Herodian, VI, 7 die Gegend am Rheinufer, die Vita Max. d. 7, 4 cum in Gallia esset et non longe ab urbe quadam castra posuisset. Nach der Vita Alex. 59, 6 (Aurelius Victor Caes. 24, 4) wurde er ermordet in Britannia ut alii uolunt in Gallia in uico cui Sicilia (respective Sicila bei Aurel. Vict.) nomen est, wobei man erinnert an den uicus Britannicus (Bretzenheim bei Mainz); FRÖHNER (Philologus Suppl. V, 1, pag. 30, Kritische Anal. 32) identificirt jenes Sicilia mit Sitillia zwischen Autun und Bourbon l'Archambault (oder Bourbon-Lancy). Wir haben oben gesehen, dafs die Nachricht von Commodus' Tode einige Tage brauchte, um von Italien nach Aegypten zu gelangen; die Nachricht von Maximins Erhebung war in Rom mindestens schon am 25. März, da jener durch den Senat anerkannt wurde, bekannt; jedenfalls erscheint LÖHRER'S Ansatz, Alexander sei am 10. Februar gestorben, zweifelhaft. Vergl. unten Maximinus.

Mamaea.

Papyrus Paris. 69, C. 10:

μ]αμαιαν την κυριαν ημων (circa 233).

Maximinus.

Münzen: LA bis LΔ.

Wie im ersten Jahre des Maximinus in den Subscriptionen datirt wurde, ersehen wir aus einem Berliner Papyrus mit Lα αυτοκρατορος καισαρος γαιου ιουλιου ουηρου μαξιμινου ευσεβους ευτυχους σεβαστου; aus diesem ersten Jahre datirt nach meiner Vermuthung auch ein Papyrus Erzherzog Rainer, der so lautet (Nr. 1479):

Zeile 1. μηνος φαρμουθι
2. ιδL α]λεξανδρου ερρωσθαι σε
3. ευχ]ομαι
4. Lα αυτοκ]ρατορος καισαρος γαιου
5. ιουλιου] ουηρου μαξιμινου
6. ευσεβ]ους ευτυχους σεβαστου
7. π]αχ ιζ.

In den zu Ende der Urkunden angesetzten Datirungen finden wir regelmäfsig unter dieser Regierung ausnehmend volle Titulaturen, es wird auch nie Maximus vergessen; auf das Einlangen der Nachricht von des Maximus Erhebung zum Cäfar bezieht fich ein Berliner Papyrus bei PARTHEY, Nuove Memorie d. Inst. arch. II, 440: 1. ἐπεὶ γ[νω]cτ... 2. εὐαγγέλθαι περὶ τοῦ ἀνη. 3. γορεῦcθαι καίcαρα τὸν τοῦ. 4. θεοφιλεcτάτου κυρίου. 5. ἡμῶν αὐτοκράτοροc καίcαροc. 6. Γαΐου Ἰουλίου Οὐήρου Μαξιμίνου. 7. εὐcεβοῦc εὐτυχοῦc cεβαcτοῦ. 8. παῖδα Γάϊον Ἰούλιον Οὐῆρον 9. Μάξιμον cεβαcτόν. 10. χρὴ τιμιώτατε τὰc 11. θεὰc κωμάζεcθαι etc. Auf irgend eine Mittheilung der Beamtenfchaft unter fich weift in unferem Papyrus das zu Ende ftehende ἐρρῶcθαί cε εὔχομαι, vergl. Wiener Studien III, der Wiener Papyrus 31, Anmerkung 33, 34; von Wichtigkeit ift das Vorkommen des Kaifernamens Ἀλεξάνδρου und die Uebereinftimmung von φαρμουθί mit dem darauffolgenden παχών. Aus jenem φαρμουθί ftammt der letzte Papyrus des Seuerus Alexander, deffen Name alfo das letzte Mal noch im zweiten Viertel des Jahres 235 erfcheint.

Maximinus und Maximus.

Reiche Titulaturen finden fich zu Ende der

Papyrus Erzherzog Rainer (a. 236/237, Nr. 1455):

Zeile 1. ετουc] γ϶″ αυτοκρατοροc καιcαροc γαιου ιουλιου ουηρου
2. μαξιμινου cεβα]cτου cαρματικου και γαιου ιουλιου
3. ουηρου μαξιμο]υ καιcαροc cεβαcτου υιου του cεβαcτου

zweimal.

Papyrus Erzherzog Rainer vom 26. Jänner 237 (Nr. 1412):

Zeile 1. Lγ α[υτοκρατοροc
2. κ]αιcαροc γαϊου ϊουλιου ουηρου μαξι[μινου
3. γε]ρμανικου μεγιcτου ευcεβουc ευτυχ[ουc cεβαcτου
4. και γαϊου ϊουλιου ουηρου μαξιμου [ι]ε[ρωτατου
5. καιcαροc γερμανικου μεγιcτου cεβαcτου
6. υϊο]υ του cεβαcτου.

Aus diefem dritten Jahre ftammt auch ein Petersburger Papyrus, deffen Lefung ZÜNDEL verfucht hatte.

	ZÜNDEL, Rheinifches Mufeum XXI, pag. 431 ff.	Meine Lefung nach MURALT'S Catalogue, pag. 3 a, Zeile 10 ff.
Zeile 10.	επι αυτοκρατοροc ///	Lγ αυτοκρατοροc καιcαροc
11.	γαιου ιουλιου ουηρου Ε ν	γαιου ιουλειου ουηρου μαξιμινου
12.	γερμανικου μεγιcτου τ ευ	γερμανικου μεγιcτου ευcεβουc ευ
13.	τυχουc cεβαcτου και γαιου	τυχουc cεβαcτου και γαιου ιουλειου
14.	ουηρου μαξιμου γερμανικου	ουηρου μαξιμου γερμανικου
15.	μεγιcτου ερωτατου κ	μεγιcτου του ιερωτατου και[caροc etc.

Papyrus Erzherzog Rainer vom Juni-Juli 237 (Nr. 1410):

Zeile 1. [Lγ αυτοκρατορος
2. καισαρος γαιου ιο[υλιου ουηρου
3. μαξιμεινου [ευ]σε[βους ευτυχους
4. σεβαστου γερμανικ[ου μεγιστου δακικου
5. μεγιστου σαρματ[ικου μεγιστου
6. και γαιου ιουλιου ουηρο[υ μαξιμ]ου
7. γερμανικου μεγιστου δ[ακικου
8. μεγιστου σαρματικου μεγι[στου
9. του ιερωτατου και]σαρος σε[βαστου υιου
10. του σεβαστ]ου.

Aus dem vierten Jahre ſtammen:

Papyrus Erzherzog Rainer vom September-October 237 (Nr. 1530):

Zeile 1. ε[τους τετ]αρτου αυτοκρατορος [καις]αρος γαιου ιουλιου ου[ηρο]υ μαξιμεινου ευσεβους
2. ευτυχ[ου]ς σεβαστου γερ[μανικου] μεγιστου δακικου [μ]εγιστου σαρματικου μεγιστου
3. και γαιου [ιο]υλιου ουη[ρου μαξιμινο]υ γερμανικου μεγιστου δακικου μεγιστου
4. σ[αρ]ματι[κο]υ μεγιστ[ου του ιερωτα]του καισαρος σε[βαστο]υ υιου του σε[βαστου.

Papyrus Erzherzog Rainer vom 29. Jänner 238 (Nr. 1448):

Zeile 1. Lδ αυτοκρατορος καισαρος γαιου ιο[υλιου ουηρου
2. μαξιμινου ευσεβους ευτυχους σεβ[αστου
3. γερμανικου μεγιστου δακικου μεγιστου σ[αρματικου
4. μεγιστου και γαιου ιουλιου ουηρου μαξ[ιμου
5. γερμανικου μεγιστου δακικου με[γιστου
6. σαρματικου μεγιστου του ιερωτατου και[σαρος
7. σεβαστου υιου του σεβαστου.

Nach Eckhel, VII, pag. 291, nahm Maximinus den Titel Germanicus im Jahre 236 an; ſpäter die Titel Sarmaticus und Dacicus; alle drei Titel führt auch Maximus (H. Schiller, II, 786, Anmerkung 7). Der Titel Dacicus erſcheint in den Papyrus im Juni-Juli 237, während er im Jänner noch fehlt. Auffallend iſt das Fehlen des erſten Titels in einem Papyrus aus Lγ, was durch eine zweite Copie noch erhärtet wird; noch dazu geſchieht dies in einem amtlichen Schriftſtück. Dann finden wir ſtatt des lateiniſchen nobilissimus Caesar (filius Augusti, Wilm. 1007) im griechiſchen ἱερωτάτου καίσαρος (σεβαστοῦ υἱοῦ τοῦ σεβαστοῦ). Ich glaube nicht, daſs Καίσαρος Σεβαστοῦ bei Maximus wörtlich zu nehmen ſei; wie denn ſchon eine Münze des Diadumenian LB in München Κ(αισαρ) ΣΕΒ(αστος) bietet, trotzdem er Cäſar war (ähnliche Erſcheinungen ſind nachher bei Philippus II. und Saloninus). Darnach iſt Mommsen's Bemerkung zu einer Inſchrift zu berichtigen, die geſetzt iſt den beiden Kaiſern Maximus und Balbinus und dem Cäſar Gordianus, ‚mit dem hier wohl zuerſt auftretenden Titel nobilissimus Caesar pius Auguſtus, vergl. St.-R. II, 1106.‘ Es iſt ſomit unmöglich, das vorliegende Material der Papyrus in der Streitfrage, ob

Maximus zum Auguftus erhoben wurde, zu verwenden (vergl. H. SCHILLER, II, 795, Anmerkung 2).

Kurz ift die Titulatur zu Anfang der Schriftftücke, z. B. des Papyrus Erzherzog Rainer vom 28. Februar 238 (Nr. 1409):

Zeile 1. ετους τ]εταρ[του αυτο]κρ[ατορ]ος καιcαρος γα[ιου ιο]υλιου ουηρου μαξιμινου ευcεβουc ευτυχουc
2. cεβαcτο]υ.

Nicht lange darauf kommen die Erhebungen neuer Kaifer, für welche eine anfprechende Chronologie O. SEECK, pag. 168 aufgeftellt hat. Ein fünftes ägyptifches Jahr des Maximinus und Maximus, von welchem U. WILCKEN, Observationes, pag. 16, fabelt, hat es nach aller menfchlichen Berechnung nie gegeben (fiehe Neue philologifche Rundfchau 1887, Nr. 2, pag. 30). Nach dem Gefagten find in diefe Periode folgende fragmentarifch erhaltene Papyrus Erzherzog Rainer zu fetzen (235 bis 238):

I. Zeile 1. γ]αιου [ιουλιου ουηρ]ου μαξιμεινου
2. γ]ερ[μανικου μεγιcτου (Nr. 68).

II. Zeile 1. καιcαρος γαιου
2. μινου γερμ
3. εβαcτ
4. του

III. Zeile 1. ρατορος καιcαρος γαιου ιουλι[ου.....
2. cεβαcτου μηνος λωιου....

Die fo fchwierige und wichtige Chronologie des Jahres 238 [1] erhält durch einen in jeder Beziehung merkwürdigen Papyrus ein neues Denkmal aus jener Zeit.

---

[1] Man vergleiche die Controverfe zwifchen H. SCHILLER und O. SEECK (Burfians Jahresbericht, XI, 464 ff.). Wir wiffen, dafs die beiden Gordiane 22 Tage, und zwar vor dem 29. Auguft 238 regierten; dafs der dritte Gordian 7 (ägyptifche) Jahre zählte bis vor dem 29. Auguft 244, alfo fein LA noch vor dem 29. Auguft 238 begann; die Kaifer Pupienus und Balbinus regierten 99 Tage lang in diefem Jahre; der gegen fie ziehende Kaifer Maximinus fand bei Aquileja den Ifonzo in Folge des Schmelzens des Schnees im Gebirge mächtig angefchwollen; nach diefer Zeit aber wehrte fich noch Aquileja gegen ihn erftaunlich lange, bis ihn feine meuternden Soldaten erfchlugen. Dazu kommt, dafs nach dem Chronographen vom Jahre 354 Maximins Todestag der 18. Juli oder nach SEECK der 17. Juni ift, und vielleicht nach Herodian Kaifer Gordian I. am 17. März erhoben wird. Dies gibt nach SEECK:

Erhebung Gordian I. den 16. März.
Aufbruch Maximins gegen Italien Ende März oder Anfangs April.
Tod der erften Gordiane den 6. April.
Wahl des Pupienus und Balbinus den 16. April.
Beginn der Belagerung von Aquileja Anfang Mai.
Tod Maximins den 17. Juni.
Tod des Pupienus und Balbinus den 23. Juli.

Einer genauen Unterfuchung werth wären die Alexandriner mit LA des Gordian III.; denn durch das Todesdatum der Kaifer Pupienus und Balbinus wird auch die Zeit des capitolinifchen Agon beftimmt.

Unfer Papyrus, der vom 11. Thoth datirt ift, verurfacht befonders die Frage, wie lange es wohl dauerte, bis eine Nachricht nach Arfinoë von Rom aus kam. Bei Commodus fanden wir, dafs 10 Tage nach feinem Tode noch nach feinem Namen datirt wird; bei Severus Alexander, dafs die Nachricht von feinem Tode mindeftens ebenfo lange (25. März bis 15. April) brauchte; dies lehren wenigftens unfere Urkunden. So könnte man fich zu der Anficht neigen, dafs die oben genannten Daten noch um etwas herunterzurücken wären.

Pupienus, Balbinus und Gordian III.

Münzen: LA (allein).

Papyrus Erzherzog Rainer vom 8. September 238 (Abbildung: Tafel I):

Zeile 5. Lβ αυτοκρατοροc καιcαροc μαρκου κλωδιου
4. πουπιηνου ευcεβ ευτυχουc cεβαcτου κϛ αυτοκρατοροc
3. καιcαροc δεκιμου καιλιου καλουϊνου βαλβεινου
2. ευcεβουc ευτυχουc cεβαcτου κϛ μαρκου αντωνιου
1. γορδιανου του ἱερωτατου καιcαροc Θωθ ια.

Der vorzüglich erhaltene Act gibt deutlich die Namen des Imperator Caesar D. Caelius Caluinus Balbinus p. ſ. aug., und es iſt überhaupt nicht lange her, daſs wir dieſen vollſtändig kennen (durch MOMMSEN, Berliner Zeitſchrift für Numismatik, VIII, pag. 26) Der Name Pupienus des anderen Kaiſers ſchwankt zwiſchen den Formen Πουπιηνοc, Ποπηνοc, Πουπηνοc, Πουπηνιοc, Ποπηνιοc, Ποπαηνιοc, Ποπαννιοc; es gibt ja auch Formen wie ενυπνον λαγανα....., Wiener Studien III, Wiener Papyrus 31, pag. 8. Auch die Schwankung zwiſchen ſeinen Namen treffen wir hier wieder; während der Papyrus μαρκου κλωδιου π. bietet, ſteht auf den Münzen (ECKHEL, IV, 88 und STÜVE, Berliner numismatiſche Zeitſchrift, XIII, 245):

Α·Κ·Μ·ΚΛΩΔ·ΠΟΥΠΙΗΝΟϹ·ΑΥΓ oder
Α·Κ·Μ·ΚΛΩ·ΠΟΥΠΙΗΝΟϹ·ЄΥ·Ϲ oder auch
Α·Κ·Μ·ΚΛΩ·ΠΟΥΠ·ΜΑΞΙΜΟϹ·ϹЄΒ·

Gordian führt hier den Titel ἱερώτατοc Καῖcαρ wie C. Iulius Verus Maximus, während beide Male im lateiniſchen ſteht nobilissimus caesar; ob das ihm beigelegte pius Aug. und ἱερώτατοc hilft, die Münzaufſchrift Μ·ΑΝ·ΓΟΡΔΙΑΝΟϹ ΟϹ ϹЄΒ)(LA (Berliner Zeitſchrift für Numismatik, II, 250) zu erklären?

Mit Recht ſtaunen wir aber ob der Fülle des Urkundenſchatzes, den die erzherzogliche Sammlung beherbergt; denn es liegt in ihr dieſer ſchöne vollſtändige Papyrus als Zeuge einer ephemeren Regierung, die nur 99 Tage dauerte, an welche bisher keine gröſsere Inſchrift mahnte, ſondern nur höchſtens zerbröckelte Steinfragmente in Africa.

Gordianus III.

Münzen (als Auguſtus): LA bis LZ.

Aus dem ſiebenten Jahre iſt auch die Inſchrift C. I. G. 5006: ἑβδόμου ἔτουc γορδιανοῦ datirt.

A. Ebenſo datirt ſind zahlreiche Papyrus Erzherzog Rainer, z. B. einer vom 21. September 238 (Nr. 1421, 1422):

Zeile 3. Lβ″ αυτοκρατοροc καιcαροc
2. μαρκου αντωνιου γορδιανου
1. ευcεβουc ευτυχουc cεβαcτου θωυθ $\overline{\text{κΔ}}$.[1]

[1] Dieſer Papyrus iſt, ſowie die meiſten anderen von mir erſt aus Fragmenten zuſammengeſetzt worden; das jetzt mir vorliegende Stück vom Rande half mir erſt das Datum κδ ſicher zu leſen; ich hatte früher die Theile des κ, die mir allein vorlagen, für ein α angeſehen.

Papyrus Erzherzog Rainer vom Februar-März 239 (Nr. 1076):

Zeile 2. Lβ αυτο[κρατορος καισαρος μαρκου
1. αντωνιου γορδιανου [....φαμενωθ.

Papyrus Erzherzog Rainer vom April-Mai 241 (Nr. 1470):

Zeile 4. μηνι παχω]ν του διελ δL
3. μαρκου αντ]ωνιου
2. γορδιανου κ]αισαρος
1. του κυριου].

Papyrus Erzherzog Rainer vom August-September 241 (Nr. 1471):

Zeile 5. Lε αυτοκρατορος
4. καισαρος μαρκου
3. αντωνιου γορδιανου
2. ευσεβους ευτυχους
1. σεβ[αστου] θωθ.

Papyrus Erzherzog Rainer vom Jänner-Februar 242 (Nr. 1459):

Zeile 4. τω μη̅ μεχειρ του
3. ενεστωτος εL μαρκου
2. αντωνιου γορδιανου
1. καισαρος του κυριου.

Papyrus Erzherzog Rainer vom 1. Mai 242:

Zeile 2. Lε μαρκου αντωνιου γορδιανου
1. καισαρος του κυριου.

Papyrus Erzherzog Rainer vom Juni-Juli 242 (Nr. 1458):

Zeile 4. τω μηνι επ[ιφ] του
3. ενεστωτος εL μαρκου
2. αντωνιο̅ γορ[διανου
1. καισαρος του κυριου.

Papyrus Erzherzog Rainer vom Juli-August 242 (Nr. 1471):

Zeile 5. Lε' αυτοκρατορος
4. καισαρος μαρκου
3. αντωνιου γορδιανου
2. ευσεβους ευτυχους
1. σεβαστου μεσορη.

Papyrus Erzherzog Rainer vom August-September 242 (Nr. 1469):

Zeile 4. τω μη]νι θωθ του
3. ενεστ]ωτος ϛL μαρκου
2. αντω]νινου γορδιανου
1. καισαρ]ος του κυριου.

Papyrus Erzherzog Rainer vom October-November 242 (Nr. 1468):

Zeile 5. τωι μηνι αθυρ
4. του ενεστωτος ϲL
3. μαρκου αν]τωνιου
2. γορδιανου ευ]ϲεβουϲ
1. ευτυχουϲ ϲε]βαϲτου.

B. Datirt nach tribunicifchen Kaiferjahren:

Papyrus Erzherzog Rainer vom April 242 (Nr. 1503):

Zeile 1. μαρκοϲ αντωνιοϲ γορδιανοϲ ε[υϲεβ]ηϲ ευτυχηϲ
2. ϲεβαϲτοϲ] δημαρχιων (sic) εξουϲιαϲ το [ε' υ]πατοϲ το β'.

Philippus I.

Münzen: LA bis LZ.

Philippus II.

Münzen: *a)* Als Cäfar mit Daten des Vaters LB bis LΔ. *b)* Als Auguftus mit Daten des Vaters LΔ bis LZ. Er heifst auf ihnen felbft als Cäfar K·CEB oder K·C·, ebenfo wie Saloninus und früher Diadumenian und Gordianus III.

Leipziger Papyrus 1 vom Jahre 244/245 nach meiner Lefung in den Sitzungsberichten der königl. fächfifchen Gefellfchaft der Wiffenfchaften 1885, philof.-hiftorifche Claffe, pag. 238:

Zeile 7. Lβ' αυτοκρατοροϲ
8. καιϲαροϲ μαρκου ϊουλιου
9. φιλιππου ευϲεβουϲ
10. ευτυχουϲ και μαρκου
11. [ϊουλιου φιλιππου του]
12. [γενναιοτατου και επιφα]
13. [νεϲτατου καιϲαροϲ ϲεβαϲτων].

Dafs weiter am Ende ein ϲεβαϲτων zu ergänzen ift, zeigt das Fehlen des ϲεβαϲτου in der 10. Zeile.

Papyrus Erzherzog Rainer (Fragment, Nr. 95):

.....ιουλιω φιλιππω...
.....και μαρκω.......

Papyrus Erzherzog Rainer vom 2. September 246 (Nr. 1501, 1553):

Zeile 1. L]Δ'' αυτοκρατοροϲ καιϲαροϲ μαρκου ιουλιου φιλιππου
2. ευ]ϲεβουϲ ευτυχουϲ και μαρκου ιουλιου φιλιππου
3. του γεν]ναιοτατου και επιφανεϲτατου καιϲαροϲ ϲεβαϲτων.

Papyrus Erzherzog Rainer vom August-September 246 (Nr. 1413 bis 1420):

Zeile 6. LΔ αυτοκρατορος καισαρος
5. μαρκου ιουλιου φιλιππου
4. ευσεβους ευτυχους και μαρκ
3. ιουλιου φιλιππου του γενναιοτατου
2. και επιφανεστατου καισαρος
1. σεβαστων.

Da auch dieser Papyrus aus mehreren Stücken von mir (ebenso wie der vorhergehende) zusammengesetzt ist, so kann man bei γενναιοτατου, welches in die Bruchfläche zu stehen kam, zweifeln und an ιερωτατου denken.

Ein Berliner Papyrus trägt das von mir ergänzte Datum:

. Lε [αυτοκρατορων καισαρων μαρκου] ιουλι[ου φιλιππου. . . .

Aus demselben Jahre stammt die Inschrift C. I. G. 5010:

. Lε των κυριων ημων φιλιππων σεβαστων παχων κα

vergl. 5069: των κυριων ημων [φιλιππων] σεβαστων.

Ich vergleiche dazu die in der Berliner Zeitschrift für Numismatik, I, 335 publicirte Münzaufschrift: ΑΥ·ΚΑΙ·Μ·ΙΟΥΛΙ·ΦΙΛΙΠΠΟΝ·ЄΥ·CЄ.

Otacilia?] Seuera.

Papyrus Erzherzog Rainer (Nr. 1452):

. . . .? μ. ωτακιλιας]‾ σεουηρας σεβαστης.

Traianus Decius, Herennius Etruscus Caesar, Hostilianus Caesar.

Münzen: LA bis LB, respective LB und LB (LA?).

Ueber die Datirung einzelner Jahre siehe MOMMSEN, Bullett. 1865, pag. 27.

Papyrus Erzherzog Rainer vom 4. März 251 (Nr. 1484):

Zeile 5. Lβ' αυτοκρατορος καισαρος [γαιου μεσσιου κυιντου]
4. τραιανου δεκιου ευσεβους [ευτυχους και κυιντου ερεννιου]
3. ετρουσκου μεσσιου δεκι[ου και γ]αιου ου[αλεντος οστιλιανου]
2. μεσσιου κυιντου των [σεβ]ασμιωτατω[ν καισαρων σεβαστων]
1. φαμενωθ η.

Des Decius' Söhne sind auf lateinischen Inschriften nobilissimi caesares. Meine Ergänzung σεβαστων beruht auf Erwägungen über die Länge der vierten und zweiten Zeile. Es fiel also die Gothenschlacht nicht vor den März 251.

Trebonianus Gallus, Volusianus.

Münzen: LB?? und LΓ, respective LΓ.

Papyrus Erzherzog Rainer (aus 251 bis 253, 29. August, Nr. 67):

Zeile 1. αυτοκρατορω]ν καισαρων
2 και γαΐου ου.

Papyrus Erzherzog Rainer vom 6. Juli 252? 253? (Nr. 1424):

Zeile 3. L.... αυτοκρατορων καισαρων] γαιου ουιβιου τρεβονιανου γαλλου
2. και γαιου ουιβιου αφινιου γαλλ]ου ουελδουμιανου ουολουσιανου
1. ευσεβων ευτυχων σεβαστων] επειφ ιβ'.

Den zweiten Papyrus haben wir ergänzt mit Hilfe des erften, der Betrachtung der Zeilenlänge und der Infchriften. Wir haben die Wahl zwifchen ετους β und ετους γ. Ergänzen wir Lβ (nicht ετους β, weil die Datirung zu Ende des Papyrus fteht), fo bewahrheitet fich die Angabe, dafs der Cäfar Hoftilianus Ende 251 ftarb und darnach Volufian Auguftus wurde; ergänzen wir Lγ, fo haben wir das Datum des Sieges über Gallus und Volufianus, der gewifs vor dem 29. Auguft 253 fällt, enger begrenzt. Man beachte hier Ουελδουμιανου, neben Voldumiano, Veldumniano; auch hier fehlt darnach Λουκιου.

Valerianus und Gallienus.

Münzen Valerians: LA bis LH, vergl. Berliner Zeitfchrift für Numismatik, I, 205 (alfo bis nach dem 29. Auguft 260).

Papyrus Erzherzog Rainer vom 7. October 254 (Nr. 1003, 1537):

Zeile 3. Lβ" των κυριων ημων ουα
2. λεριανου και γαλλιηνου σεβαστων.

Zeitfchrift für ägyptifche Sprache 1878, pag. 109, vergl. Hermes 1884, pag. 291:

Zeile 1. Lβ αυτοκρατορ[ων] καισαρων πουπλ[ιου
2. λικιννιου ου[αλ]εριανου και που[πλιου λι]κιν[νι]ου
3. ουαλεριανου γαλλιηνου [ευσεβων ευτυχων
4. σεβαστων μεσορη δ.

Aufserdem exiftiren in Berlin mehrere Papyrus aus der Zeit des Valerian und Gallien

Valerianus, Gallienus und Saloninus.

Münzen des Saloninus Caesar: LΔ bis LH, Berliner Zeitfchrift für Numismatik, I, pag. 205 (LA bis LΓ unficher), auch mit der Umfchrift: Π·ΛΙΚ·ΚΟΡ·ΟΥΑΛΕΡΙΑΝΟϹ ΚΑΙϹ ϹΕΒ.

Papyrus Erzherzog Rainer vom Jahre 259/260 (Nr. 1504):

Zeile 1. ετους εβ[δο]μου αυτοκρατ[ορος καισαρ]ος (sic) πουβλιου λικιννιου ουαλεριανου
2. και πουβλιου λικινν[ιου ουαλερια]νου γαλλιηνου γερμανικων μεγιστων
3. ευτυχων ευσεβων σεβαστων και π[ουβλιου λικινν]ιου κορνηλιου ουαλεριανου
4. του επιφανεστατου.

εβ[δο]μου ift ficher. Καισαρ[ος ift in jenen confufen Zeiten für καισαρων verfchrieben; über den Titel Germanicus maximus den Valerian und Gallien führen, vergl. Eckhel, VII, pag. 385 ff., 400 ff. Dafs ἐπιφανέστατος der Titel der Caesares ift, fahen wir oben, alfo etwa einem lateinifchen nobilissimus caesar entfprechend.

Gallienus.

Münzen: LA bis LIς. Seit LH ist immer ΑΥΤ·Κ·Π·ΛΙΚ·ΓΑΛΛΙΗΝΟϹ ϹЄΒ, ohne ΟΥ(αλεριανος) nach ΛΙΚ· vergl. die Papyrus. (STÜVE, Zeitschrift für Numismatik XIII, 245.)

Papyrus Erzherzog Rainer vom 29. September 263 (Nr. 1403):

Zeile 3. Lια' του κυριου ημων
2. γαλλιηνου σεβαστου.

A. BAUER, Aegyptische Zeitschrift a. a. O. citirt aus einem Berliner Papyrus (ich berichtige zugleich):

Zeile 1. ...φαρ
2. μουθι του ενεστωτος ιL
3. απο [γενηματος] του διεληλυθοτος ΘL
4. του κυριου γαλλιηνου καισαρος
5. σηβαστου.

Die Druckfehler ιϲ und θε sind offenbar in IL und ΘL umzucorrigiren; gemeint ist der März-April 263 und das Jahr 261/262. In das vorhergehende Jahr fällt die ägyptische Empörung und das Pronunciamento des Macrianus, der seine beiden Söhne T. Fuluius Junius Macrianus und T. Fuluius Junius Quietus zu Kaisern ausrufen liefs. Unsere Papyrus stimmen zu dem Gesagten, wir finden in ihnen nach Gallien, respective Valerian, Gallien und Saloninus datirt LZ, LΘ, LI, LIA, und wie durch ein Wunder erhalten liegt auch ein Papyrus, vollständig und genau datirt, aus dem Zwischenregime vor.

Macrianus und Quietus.

Münzen: Nur mit LA und der Umschrift Α·Κ·Τ·Φ·ΙΟΥΝ·ΜΑΚΡΙΑΝΟϹ·Є·ϹЄΒ und Α·Κ·Τ·ΦΟΥΛ·ΚΟΥΗΤΟϹ·Є·ϹЄΒ.

Papyrus Erzherzog Rainer vom 1. März 261 (Abbildung: Tafel II):

Zeile 2. Lα' των κυριων ημων μακριανου και κυητου
1. σεβαστων φαμενωθ ε̄

Vor Allem ist es klar, dafs der alte Macrian die Kaiserwürde nicht besitzt (vergl. jedoch Zeitschrift für Numismatik XI, 252); schon ECKHEL, VII, pag. 466, hat an ihr gezweifelt und sichere Alexandriner gibt es nur von Macrianus (iunior), dem Bruder des Quietus, dessen Münzen nach ECKHEL perrari sind. Ferners müssen wir bedenken, dafs wir jetzt erst ein genau bestimmtes ägyptisches Datum aus jener Erhebung besitzen, die in Aegypten wohl spätestens am 29. August 261 ihr Ende gefunden hat; durch den Papyrus mit LΘ (Gallienus) bestätigt sich auch, dafs schon im folgenden Jahre Gallienus wieder anerkannt war, wie er es noch um den 29. August 260 gewesen, da Münzen mit LH des Valerianus, Gallienus und Saloninus existiren. Andere Papyrus des Gallien befinden sich in Berlin, darunter einer aus LιΖ (17), den mir U. WILCKEN in Berlin zu zeigen die Güte hatte. Diese auffallende Datirung ist vorderhand durch die Annahme eines Schreibfehlers in jener confusen Zeit zu erklären, vergl. oben das aus LIЄ umcorrigirte LIΔ des Severus Alexander. Die Münzen Galliens gehen bis LIς (16).

Verhältnifsmäfsig wenige Papyrus vertreten die folgende Periode. Von **Aurelian** haben wir kein vollständiges Stück, nur Fragmente (Nr. 961) mit ...αυρηλιανου... (ηL αυρηλιανου αυτοκρατορος και αL κλαυδιου καισαρων των κυριων πυ ιη, Oftr. 3, SAYCE, 1885).

Probus.

Münzen: LA bis LH.

Papyrus Erzherzog Rainer aus dem Jahre 279/280 (Nr. 2000):

Lε προβου γερμ...

Eine Infchrift aus dem Jahre 280 nennt Probus: uerus Gothicus und uerus Germanicus; MOMMSEN bemerkt zu ihr C. I. L. II, 3738: Inde ea nomina non tam colligas eum adsciuisse, sed cum adsciscere posset, recusauisse; Münzen bei ECKHEL, VII, pag. 506, haben victoria germ., victoria gothic.

Diocletian.

Münzen: LA bis LIB.

Maximian.

Münzen: LA bis LIB. (LK: Zeitfchrift für Numismatik XIII, 245.)

Conftantius Chlorus.

Münzen: LA bis LΔ (mit LIA Diocletians zweifelhaft).

Galerius Maximianus Caesar.

Münzen: LA bis LΔ.

Unter Diocletian beginnt eine neue Art zu datiren; denn indem bis dahin die ägyptifchen Urkunden nach den ägyptifchen Jahren beftimmt find, finden wir jetzt Confularjahre zur Datirung herangezogen; bald ift die eine, bald die andere Methode verwendet, ja fie finden fich beide zufammen in einer Urkunde, welche oben die neue, unten die alte Datirung trägt. Das Latein dringt in die alexandrinifche Münze, welche endlich mit dem 12. Jahre Diocletians fchliefst; in den Papyrus finden wir noch eine geraume Zeit bis ins IV. Jahrhundert hinein die alte Art zu datiren.

Papyrus Erzherzog Rainer (Nr. 1508):

Zeile 4. Lγ αυτοκρατορος κα[ισαρ]ος γ[αιου
3. ουαλεριου δ[ιοκλητ]ιανου [και β...
2. καισαρος μαρκου αυρηλιου [μαξιμιανου
1. ευσεβων ευτυχων σε[βαστων.

FRÖHNER, Philol. Suppl. V, 1, pag. 49, Holztafel im Marfeiller Mufeum vom 21. April 294:

υπατιας φλαυιου κωνσταντινου και ουαλ[εριου μαξιμιανου καισαρω]ν των επαρχων.

Papyrus Erzherzog Rainer (Nr. 3), Datirung zu Beginn der Urkunde:

1. επι υπατων των κυριων ημων μαξιμιανου σεβαστου
2. το ε' και μαξιμιανου καισαρος το β'.

Datirung zu Ende der Urkunde:

Zeile 7. Lιγ/ και Lιβ' των κυριων ημων διοκλητιανου

6. και μαξιμινου σεβαστων και Lε/ των κυριων ημων κωνσταντιου και μαξιμιανου επιφανεστατων καισαρων επειφ κγ'.

Die alte Datirung findet fich auch in einer Pachturkunde zu Ende des Textes (Papyrus Erzherzog Rainer, Nr. 1509):

Zeile 6. Lιζ και ις των κυριων
5. ημων διοκ[λη]τιανου και
4. μαξιμια[νου σ]εβαστων
3. και ενατο[υ τω]ν κυριων ημω¯
2. κωνσταντ[ιου] και μαξιμιανου
1. επιφανεστατων καισαρων.

Mit Recht bezweifelt alfo SALLET, pag. 90, eine Münze des Conftantius Chlorus mit LIA Diocletiani.

Ein Papyrus aus Ṣaqqâra, gelefen von E. EGGER, Révue archéologique 1872, pag. 140, bietet:

....μαξιμιανου σεβαστ[ω]ν και Lιβ των κυρι[ων
....στατων καισαρων.

Dies ift nach dem oben Gefagten fo zu ergänzen:

Lκ και Lιθ των κυριων ημων διοκλητιανου και] μαξιμιανου
σεβαστ[ων] και Lιβ των κυρι[ων
ημων κωνσταντιου και μαξιμιανου επιφανε]στατων καισαρων.

Ein Papyrus Erzherzog Rainer enthält im Texte die hierhergehörige Datirung καL και ιγL (der Augusti und der Caesares); die volle Datirung der Urkunde ift verlöfcht.

Wir wollen hier noch in Kürze über die Monatsnamen bemerken, dafs in den Präfcripten der Urkunden neben den ägyptifchen Monaten auch die makedonifchen (oder, wie fie fpäter genannt werden, hellenifchen) erfcheinen, und zwar in derjenigen Zufammenftellung, die fchon etwa feit 100 v. Chr. fich nachweifen läfst:

Dios Thot	Artemisios Phamenoth
Apellaios Phaophi	Daisios Pharmuthi
Audynaios Athyr	Panemos Pachon
Peritios Choiak	Loos Payni
Dystros Tybi	Gorpiaios Epiphi
Xanthikos Mecheir	Hyperberetaios Mesore.

Ja es wird gelegentlich nach den makedonifchen Monaten allein datirt; nur in den felteniften Fällen aber finden wir römifche Monate, fo in einem aus Rom datirten Erlaffe. Wir fchliefsen einige Beifpiele für das Gefagte an: λωιου παυνι ις; δυστρου τυβι (ιβ'); μηνος ξανδικου μεχειρ ενατη; γορπιαιου επειφ; αρτεμισιου φαμενωθ ογδοη; δαισιου φαρμουθι; μηνος αδριανου χοιακ δεκατη; μηνος αδριανου ιη.

Wochentage find fchon im III. Jahrhunderte n. Chr. hier nachweisbar; fo ift die obenerwähnte Holztafel aus dem Jahre 294 gefchrieben an einer ημερα ηλιου; weitere Belege liefern Zauberpapyrus.

Transſcription der auf Tafel I und II abgebildeten Papyrus.

1. Rechtsurkunde vom 11. Thoth des 2. Jahres der Geſammtregierung des Pupienus, Balbinus und Gordian III. (28. September 238 n. Chr.).

ομολογει αυ[ρη]λιος ιςχυρας θεογ[ειτ]ονος μητρος
ταηςεως απο κωμης ςενεβιη εχειν
παρα αυ[ρη]λιου διοςκορου [εξ]ηγητευςαν
τος [β]ουλευτου της αρςι[νο]ειτων πολεως
κ[αθαρου] πυρου αρταβας εικοςι τεςςαρες
η[μις]υ ων και την αποδοςιν ποιηςε
ται ο ιςχυρας τω αυρηλιω διοςκορω
εν μηνι φαωφι του ενεςτωτος δευτε
ρου ετους τας του πυρου αρταβας εικο
ςι τεςςαρες ημιςου εν τη αυτη κωμη
μετρω δρομων τετραχοινικω εαν δε
μη αποδοι ο ιςχυρας τη προκειμενη
προθεςμια εκτιςι τω διοςκορω την επι
του καιρου εςομενην πλειςτην τειμην
του πυρου ανυπερθετως γεινομενης
αυτω της πραξεως εκ τε του ϊςχυρα και
εκ των ϋπαρχοντων αυτου παντων
καθαπερ εγ δικης και επερωτηθις ο ϊς
χυρας ωμολογηςεν
αυρη^{λ} ιςχυρας ως Lμ ου^{λ} γονατι δεξιω
Lβʹ αυτοκρατορος καιςαρος μαρκου κλωδιου
πουπιηνου ευςεβ ευτυχους ςεβαςτου κϛ αυτοκρατορος
καιςαρος δεκιμου καιλιου καλουϊνου βαλβεινου
ευςεβους ευτυχους ςεβαςτου και μαρκου αντωνιου
γορδιανου του ϊερωτατου καιςαρος θωθ ια —

Zeile 4 lies Ἀρςινοϊτῶν.
Zeile 5, 10 lies τέςςαρας.
Zeile 10 lies ἥμιςυ, vergl. Papyrus Nr. 17, Zeile 5 der Bibliothèque nationale μέρος ἡμιςου.
Zeile 14 lies ἐκτείςει.
Zeile 16 lies γινομένης.
Zeile 18 lies ἐκ, G. Meyer, Gr. Gr. 2, §. 275.
Zeile 22 ευςεβ(ους) κ(αι). Die Endbuchſtaben ſind, in einem curſiven Zuge verſchmolzen, nicht mehr genau unterſcheidbar, cf. Z. 24.

Ueberſetzung.

Es erklärt Aurelios Ischyras, Sohn des Theogiton von der Mutter Taëſis, gebürtig aus der Ortſchaft Senebie, daſs er von Aurelios Dioskoros, dem ehemaligen Exegeten und Gemeinderathe der Stadt Arſinoë vierundzwanzig Artaben reinen Weizens habe; die Rückerſtattung wird dieſer Ischyras an Aurelios Dioskoros im Monate Phaophi des laufenden zweiten Jahres machen, und zwar von den vierundzwanzig Artaben Weizen, in eben diesem Orte, gemessen nach dem auf dem Markte gebräuchlichen Vierchoinikenmasse. Wenn aber Ischyras zur bestimmten Frist das Getreide nicht zurückstellt, so muss er alsbald dem Dioskoros denjenigen Preis für den Weizen zahlen, der in jener Zeit der Maximalpreis sein wird, ohne irgend einen Aufschub. Ischyras haftet jenem sowohl mit seiner eigenen Person, als auch mit all seinem Besitze, dem Rechte gemäss. Ischyras hat auf Befragen seine Zustimmung zu diesem Contracte gegeben. Aurelios Ischyras ist ungefähr 40 Jahre alt, sein besonderes Kennzeichen ist ein Mal auf dem rechten Knie. — Im zweiten Jahre unseres Kaisers und Herrn M. Clodius Pupienus des Frommen, des Glücklichen, des Erlauchten und unseres Kaisers und Herrn D. Caelius Calvinus Balbinus des Frommen, des Glücklichen, des Erlauchten und des heiligen Cäsars M. Antonius Gordianus am 11. Thoth.

Anmerkungen.

Unsere Urkunde ist eine jener Sorte, die unter dem Namen prêt de blé bekannt sind, und die schon aus der ptolemäischen Zeit, sowohl griechisch als demotisch abgefasst aufgewiesen werden können. Der hier erwähnte Aurelios Dioskoros war Gemeinderath von Arsinoë und gewesener Exeget, er war verheirathet mit Aurelia Thermutharion, einer Bürgerin von Antinoë, von welcher er mehrere Kinder hatte; er starb vor dem Jahre 254 n. Chr. und hinterliess baare Capitalien und Grundbesitz in der Umgebung von Dionysias; nach seinen jetzt unter den Papyrus Erzherzog Rainer befindlichen Contracten zu schliessen, führte ihn sein Besitz zu zahlreichen Geschäftsverträgen, Verpachtungen, Darlehen etc.

Zeile 1 ff. Parallelstellen: Papyrus Erzherzog Rainer vom 6. December 226: ομολογει Αυρηλιος Ψεναμουνις Διογενους [μητρος] Ταημειτος απο κωμης Τοσαυνεως ως ετ[ων]. . κοντα εξ ουλη αντικνημιω δεξιω, vergl. meine Sächsischen Papyrus, pag. 272, Nr. 31, Recto.

Zeile 4 ff. Parallelstellen: Papyrus Nr. 7 du Louvre: εδανεισεν Αρσιησις Ωρου των απο της Διοσπολεως χοαχυτων Ασκληπιαδι τηι και Σεν[ιμουθιν πατρος] Πανατος Περσινηι μετα κυριου Αρπαησιος του χοαχυτου των απο της αυτης Διοσπολεως ενταφιαστων πυρου αρταβας εικοσι δυο ημισυ ατοκους το δε δα(νειον) τουτο αποδοτωι Ασκληπιας Αρσιησει εν μη̅ παχων α̅ του αυτου ιϛ L πυρον νεον καθαρον αμυλον . . . . και αποκαταστησατωι εις οικον προς αυτον τοις ιδιοις ανηλωμασι εαν δε μη αποδωι καθ α γεγρ(απται) αποτεισατωι το δανειον τας του (πυρου αρταβας) κβ L εκαστης την εσομενην εν τηι αγοραι τιμην παραχρημα ημιολιον η δε πραξις εστωι Αρσιησει εκ των Ασκληπιαδος και εκ των υπαρχοντων αυτηι παντων πρασσοντι καθαπερ εγ δικης (a. 99 v. Chr.). Musées nationaux Nr. 7140 (aus dem VI. Jahrhundert n. Chr.): ωμολογ. εξ αλληλεγγυης εσχηκεναι ημας παρα της υμετερας ὑπεροχης εις λογο̅ σπερμοβολειας του ημων αγρου καρπ^ω δεκατης ινδ/ σιτου αρταβας τεσσαρακοντα δυο γι/ σ μβ και ετοιμος ημας εχειν οτεδαν βουληθειητε απο[δουναι την] τουτων τιμην αναγκη. . . . . . . Papyrus Erzherzog Rainer vom 10. Jänner 192: αποδωσω σοι τω μηνι φαμενωθ του ενεστωτος και προκειμενου ετους ανυπερθετως της πραξεως σοι ουσης και τοις παρα σου εκ τε εμου και εκ των υπαρχοντων μοι παντων πρασσοντι καθαπερ εκ δικης, v. Wiener Studien IX, pag. 255, Papyrus Leyd. O.

Zeile 11. Die Bedeutung von μέτρῳ δρόμων τετραχοινίκῳ wird klar durch den Gegensatz dazu im Papyrus Erzherzog Rainer vom Jahre 216: εκφοριου αποτακτου των ολων αρουρων εξ πυρου ιδιοτικη μετρησι αρταβας εικοσι, ,zwanzig Artaben nach eigenem

Maſse'; wir fanden den Ausdruck öfter; dazu vollſtändiger in einem Papyrus Erzherzog Rainer vom Jahre 154: πυρου αρταβων δεκα μετρω δρομων τετραχοινικω θηcαυρου. Unter θηcαυρόc haben wir die Getreidemagazine zu verſtehen, in welchen die als Steuerleiſtung eingenommenen Kornfrüchte ſich beſanden, ſpäter genannt τὰ δημόcια ὅρρια (Londoner Papyrus vom Jahre 543: Αυρηλιου Ανουπ τω θαυμαc μεcιτη δημοcιων ορριων = horreorum); bei der Entgegennahme der Naturalſteuer wurde natürlich das Quantum mit den officiellen Maſsen nachgemeſſen; von den dabei beſchäftigten Leuten iſt die Rede im Papyrus 66 du Louvre, Col. 2, Zeile 26: προc τοιc δοχικοιc μετροιc των θηcαυρων; ſo wurde denn das Vierchoinikenmaſs (Schol. Ariſtoph. Nubes 639), wie es dort in Verwendung ſtand, das Normalmaſs. In einem von Profeſſor A. BAUER copirten Fragmente leſe ich noch: προκιμενηc τοπαρχιαc διαμηνιαιου φαρμουθι του ενεcτωτοc ιL″ απο γενη(ματοc) του διεληλυθοτοc ΘL″ του κυριου Γαλλιηνου καιcαροc cεβαcτου υπερ αλλω...πυρου δοχικων (αρταβων) βωεο″...αι και διαcταλειcαι ωc πρωκειται εcτι δε· Λευκοπυργείτου ανω, εποικιου Παλλαντοc, Διοδωρου εποικιου...[1]

2. Pachtvertrag vom 5. Phamenoth des 1. Jahres der Geſammtregierung des Macrianus und Quietus (1. März 261 n. Chr.).

1. α[υ]ρηλια Θερμουθαριω η [κα]ι [ηρα]ιc μητηρ
2. δι/ των τεκνων παρα αυρηλιων ιουλιου
3. υἱου παρμενωνοc ουτρανου των εντιμωc
4. απολελυμενων και αμμωνα οικετου μου
5. των δυο βουλομεθα μιcθωcαcθαι παρ α
6. cου ταc ὑπαρχουcαc coι περι κωμην διονυ
7. cιαδα ελεωνοc εν τριcι τοποιc εν μεν το
8. πω επιχαρου λεγομενου αρουραc πενται και
9. εν τοπω δαριου λεγομενου αρουρηc μιαc και ομοι
10. ωc εν τοπω γεμηνεωc λεγομενο[υ α]λληc
11. αρουραc μιαc η οcε ηαν ωcιν και εν τοπ[ω
12. θαλαα[υτ]εωc [λεγομε]νου φοινικωνοc και [τω]ν
13. εν τοιc ελ[εον]ικοιc φοινικεc οντων ημ[ων
14. των μιc[θο]υμενων παντων των αρουρων
15. επι χρονον ετη τρια απο του ενεcτωτοc πρω
16. του ετουc φορου του φοινικωνοc κατ εκαcτου
17. ετουc αργυριου δραχμαc εκατον και εξερετων αρ
18. ταβαc τριc και cυρων αρταβηc οιμυcου των
19. δε ελεωνων επικαρπων ι τριτον μερι ημιν
20. τοιc μιccθουμενοιc τον δε κατ εκατον φορον

---

[1] Die am unteren Rande der Urkunde ſichtbaren Schriftreſte rühren von einem dem IX. Jahrhundert angehörenden arabiſchen Lapidare officieller Documente her. Erſichtlich hat der Schreiber einer arabiſchen Kanzlei den Papyrus nach ſechshundertjähriger Ruhe für ſeine kalligraphiſche Uebung als ſchätzbares Material hervorgeholt. Dies Beiſpiel zeigt die Haltloſigkeit der von einer Seite gemachten Einwendung gegen die Möglichkeit des gemeinſamen Vorkommens griechiſcher Schriftſtücke aus römiſcher Kaiſerzeit mit arabiſchen Documenten an einem und demſelben Aufbewahrungsort (Archiv). Die Redaction.

21. αποδωcωμεν εν μηνι αθυρ των δε η δημο

παντων sic!

22. cιων προc εμε την κτητορα των δε εργων

23. παντων των ελεωνων και φοινικωνοc χω

24. ματιcμου ποτιcμου υποcχιcμουc cκαφητου

25. ξηρολογιαc κορμολογιαc ζωρυγων και υπαγωγων

26. αναβολαc και τα αλλα οcα καθηκι εκ του ειδιου τοιc

v

27. δεουcιν καιροιc βλαβοc μηδε εν ποιουτεc και κοπρι

28. εμου παραcχομενηc τα κτηνη και μετα τον χρονον

29. παραδωcωμεν αποδω^{cuv} λογηc sic! καρπου καθωc και

30. ϋμιc παραελαβαμεν αγρωccθεωc διcηc παcηc

31. αν φενηται μιccθωcεωc αυρ̄η ιουλιc και α[μ]‾ μεμιcθ‾

32. ωc προκιται

33. Lα′ των κυριων ημων μακριανου και κυητου

34. cεβαcτων φαμενωθ ε′

Zeile 1 lies Αὐρηλίᾳ Θερμουθαρίῳ τῇ καὶ Ἡραΐδι μητρί.

Zeile 2 δι(καίῳ).

Zeile 3 lies ουετερανου.

Zeile 4. Die Perfonalpronomina und Perfonen der Verba find hier wunderbar vertaufcht; bald reden die Miethsleute die Grundbefitzerin in der zweiten Perfon an; dann wieder erfcheinen folche Conftructionen, wie wenn Aurelia Thermutharion die Sprechende, nicht die Angefprochene wäre; fo hier μου für cου.

Zeile 5. Urfprünglich ftand hier μηccθωcαcθαι, dann wurde η zu ι corrigirt; auch hiefs es zuerft παρε cου, vergl. Wiener Studien VII, pag. 77; IX, pag. 268; G. Meyer, Gr. Gr. 2, §. 418 *A.* Dann ftrich man ε durch und fchrieb ein α hinzu.

Zeile 7 lies ἐλαιῶνοc < ἀρούραc >.

Zeile 8 lies λεγομένῳ, πέντε.

Zeile 9 lies λεγομένῳ ἄρουραν μίαν.

Zeile 10 lies λεγομένῳ ἄλλην ἄρουραν μίαν.

Zeile 11 lies ἢ ὅcαι ἂν ὦcιν, vergl. Wiener Studien VIII, pag. 111.

Zeile 12 lies λεγομένῳ φοινικῶνα καὶ τοὺc ... φοίνικαc.

Zeile 13 lies οὐcῶν ὑμῶν ... πacῶν τῶν ἀρουρῶν,

Zeile 15. Ich finde den Sprachgebrauch, ἐπὶ χρόνον ἔτη τοcάδε zu fagen für ἐπὶ τριετῆ, τετραcτῆ... χρόνον.

Zeile 16. καθ' ἕκαcτον ἔτοc. Ueber unregelmäfsige Afpiration in fpäterem Griechifch und deren Spuren in den älteften Bibelhandfchriften vergl. E. Nestle, Ulmer Programm 1886, Septuagintaftudien, pag. 10, Nr. 23. Das von G. Meyer, Gr. Gr. 2, §. 243 aus Infchriften belegte καθ ετοc fteht häufig fo in den Papyrus.

Zeile 17 lies ἐξαιρέτων < καρπῶν >.

Zeile 18 lies ἥμιcυ.

Zeile 19 lies ἐλαιώνων ... ἢ τρίτον μέροc ἡμῖν oder τρία μέρη ὑμῖν?

Zeile 20 lies μιcθουμένοιc, καθ' ἕκαcτον.

Zeile 21 lies ἀποδώcομεν; vor δημο fteht ein durchftrichenes η; die hier zu Grunde liegende, aber gründlich verdorbene Rechtsformel lautet in einem Papyrus Erzherzog Rainer vom 4. März 251: τῶν τῆc γῆc δημοcίων πάντων ὄντων πρὸc cὲ τὸν τὴν γῆν ἔχοντα, in einem anderen vom 7. November 224: τῶν τῆc γῆc δημοcίων πάντων ὄντων πρὸc cὲ τὸν γεοῦχον u. dgl.; es wäre alfo hier zu fchreiben gewefen: τῶν δὲ (τῆc γῆc) δημοcίων πάντων ὄντων πρὸc cὲ τὴν κτήτορα, im Gegenfatze dazu: τῶν δὲ ἔργων πάντων ὄντων πρὸc ἡμᾶc; diefer Gedanke wurde aber wieder gekreuzt von einem anderen: ἡμεῖc δὲ ... ὑποcχιcμοὺc ... ξηρολογίαc κορμολογίαc ... ἀναβολὰc καὶ τὰ ἄλλα ὅcα καθήκει ἐκ τοῦ ἰδίου ποιήcομεν βλάβοc μηδὲ ἓν ἐμποιοῦντεc...

Zeile 23. Urſprüngliches κω iſt zu χω umgeformt.

Zeile 24. Das Subſtantiv cκαφητόc (Theophraſt C. Pl. 3, 21 [16, 2 Schn.] Jo. Chryſ. t. 6. pag. 63 C) hat Anlaſs zu einem Fehler gegeben: zuerſt war geſchrieben cκαφητρου, das in cκαφητου umgeformt wurde.

Zeile 25. Ζωρυγων = διωρυγων iſt in eine Reihe zu ſtellen mit *zabolus* = διάβολοc etc. G. Meyer, §. 260.

Zeile 26 lies καθήκει, ἰδίου.

Zeile 27 lies ποιοῦντες, bei κοπρίζοντεc ſind die beiden letzten Silben in der Feder ſtecken geblieben.

Zeile 28 lies coῦ.

Zeile 29 lies παραδώcομεν ἀπὸ cυλλογῆc.

Zeile 30 lies ἡμεῖc παρελάβαμεν, ἀγρώcτεωc, δείcηc.

Zeile 31 lies ἂν φαίνηται μιcθῶcαι. Ἀυρήλιοc Ἰούλιοc καὶ Ἀμμωνᾶc μεμιcθώμεθα ὡc πρόκειται.

Ueberſetzung.

An Aurelia Thermutharion, auch genannt Herais, als Mutter in Stellvertretung ihrer Kinder — von uns zweien, Aurelius Julius, dem Sohne des Parmeno, ehrenvoll entlaſſenen ausgedienten Veteranen und Aurelius Ammonas, deinem Diener.

Wir wollen von Dir die im Burgfrieden der Ortſchaft Dionyſias gehörigen Grundſtücke pachten, und zwar Olivenpflanzungen in dreierlei Rieden; nämlich in der ſogenannten Epicharu-Ried fünf Aruren Olivenpflanzungen; in der ſogenannten Dariu-Ried eine Arure und desgleichen in der ſogenannten Gemineos-Ried eine zweite Arure, mehr oder weniger, ſoviel es eben ausmacht; ferners in der ſogenannten Thalaaut-Ried eine Pflanzung von Dattelbäumen, auch die Dattelbäume, die unter den Olivenpflanzungen ſich vorfinden, auf die Dauer von drei Jahren, gerechnet von dem lauſenden erſten Jahre; der Zins für die Palmenpflanzung beträgt jährlich 100 Drachmen, dazu drei Artaben auserleſene Datteln und eine halbe Artabe von der ſyriſchen Sorte; von dem Ertrage der fruchttragenden Oelbäume gehört ein Drittel uns, den Pächtern. Den Zins geben wir jedesmal im Monate Athyr. Alle Umlagen für den Grund und Boden aber treffen Dich, die Grundbeſitzerin; dagegen uns alle Arbeiten in der Oliven- und Dattelpflanzung, und zwar das Umgraben, Wäſſern, Stutzen, Behacken des Bodens, das Abſammeln der dürren Theile, die Pflege der Stämme, das Aufwerfen von Dämmen und Gräbenziehen, und überhaupt alles, was nothwendig iſt zu thun zur gehörigen Zeit, ohne daſs wir irgend einen Schaden anrichten, ferners das Düngen; zu den Arbeiten leihſt Du die Zugthiere. Nach Ablauf der Zeit werden wir nach Abſammeln der Früchte die Pflanzung ſo zurückgeben, wie wir ſie empfangen, frei von Unkraut und Unreinlichkeit, daſs Du ſie nach Belieben vermietheſt. Aurelius Julius und Aurelius Ammonas, wir haben gepachtet, ſo wie es geſchrieben vorliegt.

Im erſten Jahre unſerer Herren, der Auguſti Makrian und Quietus, am 5. Phamenoth.

Anmerkungen.

Zeile 1. Der Act beginnt mit dem Dativ der angeſprochenen Perſon, an welche ſich mit παρὰ und ſpäter mit παρὰ — χαίρειν die Angabe des anderen Contrahenten anſchlieſst. Parallelſtelle: Papyrus Erzherzog Rainer vom 6. December 226: Αὐρηλίᾳ Ταῶτι Ὀννώφριος μητρὸς Τασκ[αταριου] ἀπὸ κώμης Ταναήεωc ὡc ἐτῶν τριάκοντα τ[ριῶν λ]ευκοχρόῳ χωρὶc κυρίου χρηματιζούcῃ κατὰ Ῥ[ωμαίων] ἔθη τέκνων δικαίῳ.

Zeile 2. Zu Αὐρηλίων Ἰουλίου καὶ Ἀμμωνᾶ vergl. meine Sächſiſchen Papyrus, pag. 245, Nr. 5. Der Name Ἀμμωνᾶc findet ſich zum Beiſpiel auch im Papyrus aus Saqqârah.

Zeile 3. Lateiniſch: ueteranus (causa) honesta missione missus.[1]

Zeile 5 ff. Parallelſtellen: Papyrus Erzherzog Rainer vom Jahre 154: βουλομαι μισθωσασθαι παρα σου εις ετηι εξ απο του ισιοντος επτακαιδεκατου ετους αντωνινου καισαρος του κ[υριου] τας [υπα]ρχουσας σοι περι κωμην αρσινοη[ν ηρα]κλειδου μεριδος κληρου κατοικικου αρου[ρας τ]ρεις η οσαι εαν ωσιν εν δυσι σφραγισι εν μεν [τη]ι πρωτηι σφραγιδι αρουρας δυο εν τοπωι ...ελει.. λεγομενωι εν δε τηι δευτερα σφραγιδι [την λοιπη]ν αρουραν [μια]ν εν τοπωι εγμερ... λεγομενωι εκφοριου του παντος καθετος εκαστον...... Papyrus Erzherzog Rainer vom Jahre 263: παρα αυρηλιου ηουτος επαγαθου μητρος διδυμης απο κωμης διονυσιαδα βουλομαι μισθωσασθαι παρα σου τας υπαρχουσας σοι περι την προκειμ(ενην) κωμην διονυσιαδα εν τοπω ψιβιστανεως λεγομ(ενω) σιτικας αρουρας δυο η οσαι εαν ωσι επι χρονον ετη τεσσαρα απο του ενεστωτος ετους..... και επιτελεσω τα κατ ετος εργα παντα οσα καθηκει εκ του ιδιου... και μετα τον χρονον παραδωσω τας αρουρας απο... αγρωσ[τεως] και δεισης πασης εαν φαινηται μισθωσαι. αυρ(ηλιος) ηους ως L λ ουλη γαστροκνημια αριστερα. Londoner Papyrus vom VI. Jahrhundert n. Chr.: και εκ των περιγιγνομενων εξ αυτων καρπων ενιαυσιως... διαφερειν σοι... μερη τρια και ημιν μερος εν απο δε του χορτου εχειν σε μερη πεντε και ημιν μερος εν και επαναγκες επιτελεσωμεν τα προς την καλλιεργειαν των αυτων αρουρων εργα παντα... ποιεισθαι δε ημας και την δεσιν του χορτου της δε κοπης του αυτου χορτου και παντοιων τετραποδων και προχρειας των σπερματων ορωντων προς σε etc.

Zeile 17. In einem Contracte über die Vermiethung eines Palmenhaines werden ausbedungen: αργυριου δραχμαι εξηκοντα και εξαιρετων φοινικες ξη; der letzte Abſatz heiſst dort ſo: και μετα τον χρονον παραδωσω τα μεν σπειρομενα απο συνκομιδης τους δε φοινικας κατωχευμενους υποκαρπους ως και παρελαβον.

Die Ortſchaft κώμη Διονυσιάς iſt aus unſeren bisherigen Quellen wohlbekannt; ſo nennt ſie Ptolemaeus, während die Not. dign. die Accuſativform Dionyſiada bietet; an analogen Umformungen fehlt es nicht, zum Beiſpiel Babylona, Ptolomaida, Beronicen, Canopon, Naucratim, Philas, Thebas, Pithona (MOMMSEN, Sitzungsberichte der Berliner Akademie 1887, pag. 362). Die Erklärung dieſer Erſcheinung mag darin zu ſuchen ſein, daſs dem fremden Wanderer auf ſeine Frage, wohin er komme, mit dem Ortsnamen im Accuſativ geantwortet wurde, oder in Ausdrücken wie unſer περὶ Διονυσιάδα nach der Frage, wo derſelbe ſich befinde. Merkwürdige Analogien bietet das Deutſche in den entlehnten Ortsnamen auf *ach* (vergl. F. MIKLOSICH, Denkſchriften der kaiſerl. Akademie, philoſ.-hiſtor. Claſſe XXI, 1872, pag. 90).

Zeile 23 ff. Die auf die Cultur der Oelbäume bezüglichen Ausdrücke werden klar durch die Auseinanderſetzungen des Plinius, N. H. XVII, 30 ff.; an recht fruchtbaren Plätzen nehme man Alles, was trocken iſt und was der Wind zerbrochen hat, weg ... um die Stämme mache man Gruben und umgebe ſie mit Miſt ... ferner hat es ſich vortheilhaft bewieſen, einen alten Oelgarten ein Jahr um das andere umzuackern; man zieht Gräben um die Bäume, damit die Luft Zutritt hat.

---

[1] Im Berliner Papyrus 6 bei PARTHEY, Memorie II, 445 iſt alſo in Zeile 3 zu leſen: οὐετεράνῳ τῶν] ἐντείμως ἀπολυθέντων und 8. 4: Μάρκου Αὐρηλί[ου Ὡρειῶνος οὐετεράνου] τῶν ἐντείμως ἀπο[λυθέντων].

Karl Weſſely.

Rechtsurkunde vom 11. Thoth des 2. Jahres der Gesammtregierung des Pupienus, Balbinus und Gordian III. (28. September 238 n. Chr.).

(Originalgröße.)

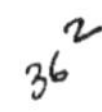

Pachtvertrag vom 5. Phamenoth des 1. Jahres der Geſammtregierung des Macrianus und Quietus
(1. März 261 n. Chr.).

(Originalgröſse.)

ÜBER DAS DATUM EINES PAPYRUS-HOROSKOPES.

Auf pag. 5 des vorangehenden Auffatzes wird ein Horofkop erwähnt, welches fich auf dem Papyrus XIX bis der Notices et Extraits XVIII, 2, pag. 237 findet, und über deffen Datum die Meinungen theilweife auseinandergehen. Während dasfelbe nach der gewöhnlichen Lesart LA in das erfte Jahr des Antoninus zu verfetzen wäre, wollte man anderfeits, wie ebenfalls pag. 5 hervorgehoben ift, die Lesart LΔ vertheidigen und demzufolge das Datum des Horofkopes ins vierte Jahr des Antoninus verlegen; es find übrigens noch andere Lesarten aufgetaucht, welche ebenfalls eine Verfchiebung um einige Jahre bedingen würden. Bei diefem Mangel an völliger Sicherheit über die Zeit einer Aufzeichnung, welche ja doch in fich felbft ihr Datum trägt, fchien es mir nicht ganz ohne Intereffe zu fein, den Zeitpunkt des Horofkopes durch aftronomifche Rückrechnung womöglich feftzuftellen. Man darf bei Unterfuchungen diefer Art natürlich von vornherein nicht auf eine befonders grofse Uebereinftimmung zwifchen den Angaben der Aftrologen und den rückgerechneten Werthen hoffen, wenn auch der Zeitpunkt der richtige ift, denn bekanntlich wurden ja folche Horofkope oft erft viele Jahre nach der Geburt des Betreffenden geftellt, und der Aftrolog mufste dann mit Hilfe der noch recht mangelhaften Planetentafeln die Oerter der einzelnen Planeten zurückrechnen; dabei darf es uns nicht wundern, wenn diefelben, obwohl immer die Bogenminute angegeben erfcheint, doch meift um ein bis zwei Grad falfch herauskamen. Wir werden uns alfo, wie gefagt, mit einer nur ganz beiläufigen Uebereinftimmung begnügen müffen, aber auch diefe dürfte hinreichen, um das Datum mit grofser Sicherheit feftzuftellen, da fehr lange Zeiträume vergehen müffen, bis mehrere Planeten und Mond und Sonne wieder nahezu in diefelbe gegenfeitige Stellung kommen.

Das Horofkop ift, wenn wir die Lesart LA annehmen, vom ‚erften Jahre des Antoninus, den achten des Monates Hadrian nach den Hellenen und den achtzehnten des Monates Tybi nach alter Zeitrechnung, in der erften Stunde des beginnenden Tages' datirt.

Zunächft erhalte ich nach pag. 37 und 45 meiner ‚Hilfstafeln für Chronologie' fowohl für den 8. Choiak des alexandrinifchen, als für den 18. Tybi des beweglichen ägyptifchen Jahres im erften Jahre des Antoninus völlig übereinftimmend den 4. December des Jahres 137. Dies ift alfo der Tag, für den wir die Planetenörter zu rechnen hätten, es wird fich aber zunächft noch darum handeln, welches ‚die erfte Stunde des beginnenden

Tages' iſt, ob dieſelbe vom Morgen oder, wie dies ſpäter in den aſtrologiſchen Angaben immer geſchieht, vom Mittag an zu zählen iſt. Darüber gibt uns nun der Inhalt des Horoſkopes ſofort Aufſchluſs. Das Wort Horoſkop hat nämlich eine doppelte Bedeutung; während es im weiteren Sinne eben die Angabe der Planetenſtellung zu einer beſtimmten Zeit, meiſt zur Zeit der Geburt, bezeichnet, bezeichnet es dagegen im engeren Sinne denjenigen Punkt der Ekliptik, welcher in dem betrachteten Augenblicke eben aufgeht. In unſerem Papyrus iſt nun das Horoſkop als im 15. Grad des Schützen befindlich angeführt, während die Sonne im 13. Grade des Schützen ſteht. Das Horoſkop iſt alſo bald nach der Sonne aufgegangen und daher iſt auch der Zeitpunkt, der mit ‚in der erſten Stunde des beginnenden Tages' bezeichnet iſt, der Zeitpunkt bald nach Sonnenaufgang. Da nun unter der Breite von Memphis die Sonne in dieſer Jahreszeit etwa um 7 Uhr Morgens aufgeht, ſo dürften wir jedenfalls einen genügend genauen Werth für die Stunde gewählt haben, wenn wir die einzelnen Planetenörter für den 4. December 137 um 6 Uhr Weltzeit rechnen, oder um 6 Uhr Morgens unter dem Meridian von Greenwich, alſo um etwa 8 Uhr Morgens für Memphis.

Ich ziehe hier von den Angaben des Horoſkops nur diejenigen in Betracht, welche ſich direct auf die Oerter der Planeten beziehen und übergehe dasjenige, was rein aſtrologiſcher Natur iſt, da es für unſeren Zweck mehr als genügend iſt, ſich auf die Nachrechnung der Planeten zu beſchränken.

Dem Horoſkop zufolge ſteht:

Sonne im	♐	13° 23′	im Hauſe	♃	in den Grenzen	♀	alſo in	253° 23′				
Mond im	♒	3° 6′	„ „	♄	„ „ „	☿	„ „	303° 6′				
Saturn im	♒	3° 8′	„ „	♄	„ „ „	☿	„ „	303° 8′				
Jupiter im	♈	2° 44′	„ „	♂	„ „ „	♀	„ „	2° 44′ (9° 44′?)				
Mars im	♑	30° 0′	„ „	♄	„ „ „	♂	„ „	300° 0′				
Venus im	♐	9° 54′	„ „	♃	„ „ „	♃	„ „	249° 54′				
Merkur im	♐	18° 2′	„ „	♃	„ „ „	♀	„ „	258° 2′.				

In der Angabe für Jupiter ſcheint, wie ſich ſofort ergibt, ein Fehler von einigen Graden vorgefallen zu ſein; es finden ſich nämlich im Horoſkope bei allen Planeten auſser den Poſitionen auch noch die Häuſer und die Grenzen, in denen ſie ſtehen, angegeben, und beim Jupiter heiſst es ‚im Widder 2° 44′, im Hauſe des Saturn und in den Grenzen der Venus'. Während nun in der That das ganze Zeichen des Widders das Haus des Saturns iſt, ſo erſtrecken ſich doch die Grenzen der Venus nur vom 6. bis zum 12. Grade des Widders; ſoll alſo der Jupiter wirklich in den Grenzen der Venus ſein, ſo muſs es wohl ſtatt 2° 44′ eine zwiſchen 6 und 12 liegende Zahl von Graden ſein; nehmen wir alſo aus dieſen beiden Werthen das Mittel, ſo werden wir uns wohl kaum ſehr weit von der Wahrheit entfernen, wenn wir für den Ort des Jupiter 9° 44′ des Widders annehmen.

Ich habe nun für den bezeichneten Zeitpunkt, und zwar für den Mond nach HANSEN'S ‚Tables de la lune', für die Sonne aber und für die Planeten nach den LE VERRIER'ſchen Sonnen-, reſpective Planetentafeln, die ſich im 4., 5., 6. und 12. Bande der ‚Annales de l'observatoire de Paris' vorfinden, die bezügliche Rechnung ausgeführt, wobei natürlich die kleinen Glieder, welche innerhalb der hier geſteckten Genauigkeitsgrenzen ohne merkbaren Einfluſs ſind, vernachläſſigt wurden, und gelangte zu folgenden Werthen:

Jahr 137, Dec. 4, 6^h Weltzeit.

Länge	der Sonne	251° 43′
„	des Mondes	301° 34′
„	des Saturn	297° 17′
„	des Jupiter	10° 20′
„	des Mars	202° 4′
„	der Venus	251° 30′
„	des Merkur	229° 58′

Vergleicht man dieſe Werthe mit den im Horoſkop angegebenen, ſo findet man für die einzelnen Planeten folgende Abweichungen:

Sonne	+ 1° 40′
Mond	+ 1° 32′
Saturn	+ 5° 51′
Jupiter	— 7° 39′ (—0° 39′?)
Mars	— 2° 4′
Venus	+ 1° 36′
Merkur	+28° 4′ (—1° 56′?).

Es ſtimmen alſo mit Ausnahme des Merkur alle Planeten ſo gut, als man es eben erwarten darf,[1] beſonders wenn man die beim Jupiter ſchon früher aus einem anderen Grunde vermuthete Correction vornimmt. Die Abweichung beim Merkur dagegen iſt ſo nahe bei 30°, alſo bei einem ganzen Zeichen, daſs man ſofort verſucht iſt, anzunehmen, der Aſtrolog habe einfach etwas nachläſſig gerechnet und ſich beim Merkur um ein ganzes Zeichen geirrt, wo er dann freilich ſeinem armen Clienten einen ganz anderen Lebenslauf vorherſagen muſste, als es ſonſt der Fall geweſen wäre; doch vielleicht trug der Fehler dazu bei, daſs die Vorherſage eintraf. Jedenfalls iſt es nicht bloſs ein Schreibfehler, denn nicht nur iſt deutlich angegeben, daſs Merkur ἐν τῷ τοξότῃ ſtand, ſondern überdies auch noch im Hauſe des Jupiter, welches thatſächlich der Schütze iſt, und auch der Beiſatz ἐν ἑσπέρᾳ ſtimmt nur mit 258° und nicht mit 228°; darüber alſo, daſs, wenn der Fehler von einem Zeichen vorgefallen iſt, dies thatſächlich ein Rechenfehler des Aſtrologen war, kann kein Zweifel beſtehen. Nichtsdeſtoweniger kann man faſt mit völliger Gewiſsheit behaupten, daſs dieſer Fehler wirklich gemacht wurde, denn die übrigen Planeten ſtellen das Datum ſo feſt, daſs wir vorläufig vom Merkur ganz abſehen und uns damit begnügen können, zu unterſuchen, ob die übrigen Planeten zu einen anderen als dem hier gegebenen Zeitpunkte wieder ſo nahe ſtimmen können, als es jetzt der Fall iſt.

[1] Eigenthümlich iſt es, daſs beim Saturn die Übereinſtimmung eine weſentlich beſſere wird, wenn man ſeinen Ort ſtatt mit den Le Verrier'ſchen, mit älteren Planetentafeln zurückrechnet. So z. B. erhält man nach den Tafeln in der Berliner ‚Sammlung aſtronomiſcher Tafeln 1776' den Werth 302° 39′ für Saturn, alſo bis auf 29′ mit der Angabe ſtimmend.

Zunächſt kann die Sonne als ziemlich genau beſtimmt betrachtet werden, ein groſser Fehler in der Länge derſelben iſt ja durch die Angabe der Jahreszeit völlig ausgeſchloſſen. Es können alſo nur Daten in Betracht kommen, in denen die Länge der Sonne wieder dieſelbe iſt. Dies geſchieht nun nach je einem Jahre; da aber gleichzeitig auch der Mond in dieſelbe Stellung zurückkehren ſoll, in der er ſich gegenwärtig befindet, ſo kann dies nur nach einer Zahl von Jahren geſchehen, welche eine ganze Anzahl von Mondumläufen enthält, alſo nach 3, 8, 11 oder 19 Jahren; nach 3 Jahren wäre aber Saturn um mehr als 36°, Jupiter um 110°, Mars um etwa 136° von den angegebenen Orten entfernt; die Lesart LΔ iſt alſo, wie man ſieht eine reine Unmöglichkeit; nach 8 Jahren wäre Saturn etwa um 122°, Jupiter um etwa 108°, Mars um 130° von den Angaben entfernt; nach 11 Jahren würde zwar Jupiter halbwegs, wenn auch nicht gut, ſtimmen, dagegen wäre Saturn um etwa 145° und Mars um etwa 31° von den Angaben verſchieden; nach 19 Jahren, nach denen der Mond am beſten ſtimmt, ſind Saturn, Jupiter und Mars faſt am entgegengeſetzten Punkte ihrer Bahn. Es iſt alſo, ohne daſs wir den Merkur irgendwie in Betracht zogen, erwieſen, daſs ein anderes Datum als das angenommene dem Monde und den Planeten Jupiter, Saturn und Mars gleichzeitig nicht genügen kann. Aber ſelbſt wenn man annehmen wollte, daſs auch der Mondort fehlerhaft ſei, ſo wäre es doch nicht möglich, durch Fortſchreitung um eine nicht allzu groſse Zahl von Jahren auch nur den Planeten Saturn, Jupiter und Mars zu genügen, während bei Annahme des urſprünglich angenommenen Datums nicht nur der Mond und die Planeten Saturn, Jupiter und Mars, ſondern auch die Venus ziemlich genau an den angegebenen Orten ſtehen, ſo genau als es eben bei einer Zurückrechnung nach mangelhaften Tafeln erwartet werden kann; daſs eine Zurückrechnung ſtattgefunden hat, iſt übrigens ſchon daraus erſichtlich, daſs das Jahr dem Antoninus zugeſchrieben wird, während ja Hadrian noch lebte. Das Datum erſcheint alſo durch die anderen Planeten ſo feſtgeſtellt, daſs man jetzt mit Sicherheit behaupten kann, bei Merkur ſei thatſächlich ein Fehler von einem Zeichen vorgefallen, ein Fehler, der ja übrigens ſehr leicht erklärlich iſt. Corrigiren wir alſo die Länge des Merkur um 30°, dann ſtimmt auch er recht gut mit der Angabe, und man kann daher mit Sicherheit behaupten, daſs nur die Lesart LA richtig ſein kann, und daſs das Datum des Horoſkopes der 4. December des Jahres 137 iſt.

WIEN.

Robert Schram.

ZUM EVANGELIENFRAGMENT RAINERI.

Zu meinem Artikel über das vielbeſprochene Evangelienfragment im vorigen Bande dieſer Zeitſchrift habe ich jetzt den wichtigen Nachtrag hinzuzufügen, daſs in der erſten Zeile ſtatt ὡϲ ἐξῆγον vielmehr ὡϲ ἐξ ἔθουϲ zu leſen, der erſte Satztheil des erhaltenen Textes alſo zu überſetzen iſt: ‚nachdem ſie aber der Sitte (d. h. dem Pascharituale) gemäſs das Mahl gehalten hatten.' Daſs die deutlich vorliegenden Züge zu Anfang der zweifelhaften Stelle nicht die zweite Hälfte eines η ſein können, ergibt ſich aus der krummen Form des Vertikalſtriches. Dieſer iſt alſo die erſte Hälfte eines θ, von deſſen Querſtrich ſich in der That noch ein deutlicher Anfang etwas unter dem vorhergehenden, anſtoſsenden Querſtrich findet, welcher letztere zu einem ε gehört haben muſs. Von ο ſind Spuren des rechten Randes, von υ der ſchräge Grundſtrich, von ϲ Andeutungen erhalten, wie ich mich durch erneute Vergleichung des Originales überzeugt habe.

Die richtige Leſung dieſer Stelle iſt auch ſachlich von Wichtigkeit. Die in den apoſtoliſchen Conſtitutionen im Weſentlichen noch vorliegende gemeinſame Grundlage aller ſpäteren Liturgien geht, wie ich früher nachgewieſen habe, von der Vorausſetzung aus, daſs die Conſecrationen des Brotes und Weines unmittelbar nach einander und zwar gegen Ende des Hallels, alſo nach dem Paschamahle, ſtattgefunden haben. Der Kelch wäre demnach der vierte oder Hallelbecher, das Segnen, Brechen und Darreichen des Brotes aber eine im jüdiſchen Pascharituale in dieſem Stadium nicht übliche Handlung geweſen. Hinſichtlich des Kelches ſcheint nun zwar der heil. Paulus (1. Kor. 11, 25) dieſe Auffaſſung zu begünſtigen, wenn man nicht etwa ſein μετὰ τὸ δειπνῆϲαι von der Communion der Jünger verſtehen will. Aber wenigſtens für das Brot liegt doch die Annahme gar zu nahe, daſs es der Heiland bei derſelben Gelegenheit geſegnet, gebrochen und gereicht habe, wo dieſe Acte auch im Pascharituale vorgeſchrieben waren, alſo nach der Haggada, beim wirklichen Anfange der Mahlzeit; denn das Brotbrechen ſchon bei ihrem Scheinanfange iſt bekanntlich erſt durch das Aufhören des Tempeldienſtes und des Oſterlammopfers veranlaſst (vergl. meine Schrift ‚Meſſe und Paſcha', S. 43).

In der That ſcheinen auch Matthäus und Markus wenigſtens die Conſecration des Brotes durch ihr ἐϲθιόντων αὐτῶν in die Zeit des Mahles ſelbſt zu verlegen. Nun wird man aber Bedenken tragen, die Conſecration des Kelches durch einen längeren, in den Berichten der Evangeliſten mit keinem Worte angedeuteten Zwiſchenraum von der des Brotes zu trennen. Erſtere wäre alſo eher bei dem zweiten oder Haggadabecher, als bei dem vierten oder Hallelbecher anzuſetzen. Hiefür ſpricht zunächſt der Bericht bei Lukas, wenn wir die wörtlich aus Paulus entlehnte und in alten occidentaliſchen Textzeugen fehlende Stelle über den zweiten Kelch als Interpolation ausſcheiden. Denn er erwähnt alsdann zuerſt den Kelch und dann das Brot, was mit den Functionen zu Anfang des Paſchamahles übereinſtimmt. Noch deutlicher ſprechen die unſchätzbaren liturgiſchen Documente in der neuentdeckten urchriſtlichen Doctrina Apoſtolorum. Sie enthalten zuerſt eine Eulogie über den Wein, dann eine über das Brot, offenbar beide den entſprechenden jüdiſchen nachgebildet, endlich eine Dankſagung μετὰ τὸ ἐμπλησθῆναι, alſo nach der Communion und der damit verbundenen Agape, welche dem jüdiſchen Dankgebet nach dem Mahle entſpricht, während ſie zugleich die Grundlage für das groſse euchariſtiſche Gebet (Präſation und Kanon) der apoſtoliſchen Conſtitutionen zu bieten ſcheint. Der Hymnus, welchen Matthäus und Markus vor dem Verlaſſen des Speiſeſaales erwähnen, iſt natürlich der zweite Theil des Hallels.

Zu den genannten Zeugen geſellt ſich nunmehr beſtätigend unſer uraltes Evangelium. Zwar ging in demſelben, wie Paulus, Markus und Matthäus übereinſtimmend bezeugen, die Erwähnung des Brotes der des Weines voraus, während Lukas in einer ihm eigenthümlichen Quelle die umgekehrte Reihenfolge fand; aber um ſo beſtimmter wird hier durch μετὰ δὲ τὸ φαγεῖν ὡς ἐξ ἔθους beſtätigt, daſs die auf jeden Fall vorhererwähnten Einſetzungsworte über Brot und Wein nicht nach dem Mahle, ſondern zu Anfang desſelben anzuſetzen ſind, wo auch der jüdiſche Paſcharitus nach dem Segnen und Trinken des zweiten Bechers das Segnen und rituelle Eſſen des Brotes vorſchrieb.

Zum beſſeren Verſtändniſſe des Obigen ſeien die Hauptbeſtandtheile der Paſchafeier hier aneinandergereiht: Feſteinweihungseulogie mit Trinken des erſten Bechers; Scheinanfang des Mahles, Frage und Belehrung über das Feſt (Haggada) mit dem erſten Theile des Hallels (Pſalm 113 und 114, Septuag. 112 — 113, 8), dem Segnen und Trinken des zweiten Bechers; Segnen, Brechen und Eſſen des Brotes; rituelles Eſſen vom Oſterlamme; Paſchamahl; Dankſagung nach dem Mahle mit Segnen und Trinken des dritten Bechers; zweiter Theil des Hallels (Pſalm 115 bis 118 und 136, Septuag. 113, 9 — 117; 135) mit Segnen und Trinken des vierten Bechers, ſowie Dankſagung für denſelben.

Für meine Vermuthung, daſs Matth. 26, 24 (Mark. 14, 21) nicht in dem Papyrusevangelium geſtanden habe, lieſse ſich vielleicht der Korintherbrief des heil. Clemens von Rom anführen, in welchem (c. 46) der Gedanke, ‚es wäre ihm beſſer, nie geboren zu ſein' nicht auf Judas bezogen, ſondern mit dem auch ſonſt dem Wehe über Judas auffallend ähnlichen Chriſtusſpruche Matth. 18, 6. 7 (Mark. 9, 42) verbunden erſcheint.

Innsbruck.

G. Bickell.

AUS EINER KOPTISCHEN KLOSTER-BIBLIOTHEK.

II.

Als Hauptergebnifs unferer letzten Unterfuchung hat fich die Thatfache ergeben, dafs die koptifchen Papyrus Erzherzog Rainer zwei durch dialectifche und fonftige Eigenthümlichkeiten fcharf von einander gefchiedene Gruppen darftellen. Das numerifche Verhältnifs der beiden Gruppen läfst fich am leichteften daraus ermeffen, dafs von etwa 160 Contractfragmenten, welche im koptifchen Antheile der Papyrus Erzherzog Rainer vorkommen, etwas über hundert der Faijûmer Gruppe zuzuweifen find. Die koptifchen Faijûmer Papyrus find fonach in der Sammlung faft doppelt fo ftark vertreten, als die Schmûner. Der Natur diefer Papyrusfunde entfprechend, welche den fchriftlichen Nachlafs einer gewiffen Zeit, für die koptifchen Papyrus mit verfchwindend geringen Ausnahmen des VII. bis IX. Jahrhunderts, und einer beftimmten Gegend uns gibt, zeigen die Zahlenverhältniffe der Hauptbeftandtheile der grofsen Gruppen eine gewiffe Conftanz. So kann man annehmen, dafs durchfchnittlich unter je taufend koptifchen Papyrus — wobei felbftverftändlich alle, auch die kleinften Stücke beftimmt und gezählt werden müffen — etwa 60 Stück Contractfragmente (etwa 6 Procent), faft ebenfoviele Bruchftücke von Rechnungen, Inventaren u. f. w. und gegen 800 (faft 80 Procent) Briefe vorkommen.

Bei dem gänzlichen Mangel an authentifchen Fundberichten und der, wie es fcheint, geringen Ausficht, von den Arabern über die Fundorte Sicheres zu erfahren, mufste es uns genügen, an der Hand der Quellen auf jene Momente aufmerkfam zu machen, welche derartige maffenhafte Urkundenanhäufungen an einem und demfelben Orte befördert haben. Das gleichzeitige Auftreten von zahlreichen und zum Theile zufammenhängenden Fragmenten von Papyrusbüchern in der Gruppe, welche als Schmûner Papyrus zu bezeichnen find, hat uns beftimmt, als Aufbewahrungsort diefer Papyrus eine Klofterbibliothek anzunehmen. Zur weiteren Begründung diefer Aufftellung, welche auch für die Faijûmer koptifchen Papyrus als die wahrfcheinlichfte fich erweift und damit auch zur Rechtfertigung des Titels diefer der allgemeinen, die Edition vorbereitenden Befchreibung der koptifchen Stücke der Sammlung gewidmeten Seiten fei auf eine Reihe von Stellen aus koptifchen Papyrus hingewiefen.

Faſt in allen Rechtsurkunden, welche die Geſammtheit der üblichen Formeln[1] bieten, leſen wir am Schluſſe vor den Zeugenunterſchriften und nach den Beſtimmungen über das Buſsgeld — πρόςτιμον — die Formel:

ⲁⲛ̅ⲛ̅ⲁⲁⲥ ⲉⲃⲟⲗ ϩⲓ ⲛⲛⲟⲙⲓⲕⲟⲥ ⲉⲥϫⲏⲕ ⲉⲃⲟⲗ ϯ[2]

ⲁⲓⲕⲁⲁⲥ ⲉⲃⲟⲗ ϩⲓ ⲛⲛⲟⲙⲓⲕ/ ⲉⲥϫⲏⲕ ⲉⲃⲟⲗ ⲡⲣⲟⲥ ⲧⲁⲕⲟⲗⲗⲟⲩⲑⲓⲁ....[3]

ⲁⲓⲛⲁⲁϥ ⲉⲃⲟⲗ ⲉϥϫⲏⲕ ⲉⲃⲟⲗ ϩⲓ ⲛⲛⲟⲙⲓⲕⲟⲥ ⲕⲁⲧⲁ ⲧⲁⲕⲟⲗⲗⲟⲩⲑⲓⲁ....[4]

ⲁⲓⲕⲁⲁⲥ ⲉⲃⲟⲗ ⲡⲣⲟⲥ ⲧⲁⲕⲟⲗⲗⲟⲑⲓⲁ ⲛⲛⲟⲙⲟⲥ ϯ[5]

ⲁⲓⲕⲁⲁϥ ⲉⲃⲩⲗ ⲕⲁⲧⲁ ⲧⲁⲕⲟⲩⲗⲟⲩⲑⲓⲁ ⲛ̅ⲛ̅ⲛⲟⲙⲟⲥ[6]

‚Ich habe (die Urkunde) bei dem Νομικός[7] deponirt, gemäſs den Beſtimmungen der Geſetze.'

---

[1] Die erhaltenen Faijûmer Rechtsurkunden, welche in ihrer Geſammtheit demnächſt beſprochen werden ſollen, ſind leider nicht ſo ausführlich als wie die Contracte aus T'eme. So lautet die Πρόςτιμον-Formel des Kopt. Pap. Nr. 1332 aus Herakleopolis:

Zeile 10. ///ⲛⲉⲓϫⲱⲙⲉ ⲉⲃⲥⲁϩⲓ ⲣⲉ[ⲧ]ⲃ ⲉⲛⲃⲏⲙⲁ ⲡⲡⲁⲛⲧⲱⲕⲣⲁⲧⲟⲣ

11. //////ⲛⲉⲓϫⲱⲙⲉ ⲉⲃⲉⲧⲓ ⲛ̊ ⲛ̅ϫ̅ ⲛⲡⲣⲟⲥⲧⲓⲙⲱⲛ ⲁⲩⲱ ⲛⲧⲉ ⲛⲉⲓ

12. ϫⲱⲙⲉ ϭⲱ ⲉⲃⲉⲙⲁⲛⲧ ⲛⲁⲧⲗⲁⲩ ⲛⲁⲙⲫⲓⲃⲟⲗⲓⲁ.

Zu Zeile 10 vergl. kopt. Pap. Nr. 1285: ⲛⲃⲁϩⲓ ⲣⲉⲧⲃ ⲉⲛⲉⲣ////.

Zur Schluſsformel kopt. Pap. 1286: ⲉⲛⲱⲗⲉⲕ ⲡⲛⲟⲩⲧⲓ ⲡⲁⲛⲧⲱⲕⲣⲁⲧⲱⲣ kopt. Pap. 356:

///ⲉⲕ ⲙⲡⲛⲟⲩϯ ⲡⲁⲛⲧ///

///ⲧⲁⲣⲭⲓ ⲉϫⲱⲛ ϯ///

und die Stelle der Papyrus aus T'eme: ⲉⲛⲱⲣⲕ ⲙⲡⲛⲟⲩⲧⲉ ⲡ̣ⲡⲁⲛⲧⲟⲕⲣⲁⲧⲱⲣ ⲙⲛ ⲡⲟⲩϫⲁⲓ ⲛⲛⲉⲛϫⲓⲥⲟⲟⲩⲉ ⲉⲧⲁⲣⲭⲉⲓ ⲉϫⲱⲛ.

[2] Papyrus in Privatbeſitz. Die Schluſsformel desſelben lautet:

ⲛ̅ⲥⲉⲥⲁⲛⲁⲓⲧⲉⲓ ⲙ̅ⲙⲟϥ

ϩ̅ⲛ̅ ⲧⲉϥϩⲩⲡⲟⲥⲧⲁⲥⲓⲥ ⲙ̅ⲙⲓⲛ ⲙⲙⲟϥ ⲙ̅ⲡⲛⲉⲱⲥ ⲛ̅ϥϩⲱⲛ̅

ⲉⲩϭⲟⲙ ⲛ̅ⲧⲉⲓⲡⲣⲁⲥⲓⲥ ⲛ̅ϫⲟⲉⲓⲥ ⲧⲁⲓ ⲛ̅ⲧⲁⲛ̅ⲉⲙ̅ⲛ̅ⲧⲉ ⲉⲩⲱⲣϫ

ⲛⲁⲕ ⲥⲟⲣϫ̅ ⲥⲟ ⲛ̅ϫⲟⲉⲓⲥ ⲉⲃⲉⲃⲁⲓⲟⲩ ϩⲙ ⲙⲁⲛⲓⲙ ⲉⲩⲛⲁⲉⲙⲫⲁ

ⲛⲓⲍⲉ ⲙ̅ⲙⲟⲥ ⲛ̅ϩⲛⲧ̅ϥ̅ ⲛ̅ⲥⲉⲟϣⲉ ϩⲓⲧⲛ̅ ⲁⲣⲭⲏ ⲛⲓⲙ ϩⲓ ⲉⲍⲟⲩⲥⲓⲁ

ⲛⲓⲙ ⲉⲟⲩⲛⲧ̅ⲉ̅ ⲧⲙ̅ⲛ̅ⲧϫⲟⲉⲓⲥ ϩ̅ⲛ̅ ⲛ̅ⲛⲟⲙⲟⲥ ⲁⲩⲱ ⲁⲓⲕⲁⲁⲥ

ⲉⲃⲟⲗ ϩⲓ ⲛⲛⲟⲙⲓⲕⲟⲥ ⲉⲥϫⲏⲕ ⲉⲃⲟⲗ ϯ

[3] Papyrus des Britiſchen Muſeums, Revue égyptologique, I, S. 102.

[4] Ebendaſelbſt, Revue, I, S. 106, Note.

[5] Papyrus in Privatbeſitz:

ⲁⲩⲱ ⲉⲃⲉⲃⲁⲓⲟⲩ ϩⲙ ⲙⲁⲛⲓⲙ ⲉⲩⲛⲁⲉⲙⲫⲁⲛⲓⲍⲉ

ⲙⲙⲟⲥ ⲛϩⲛⲧϥ ⲛⲉⲉϫⲉ ⲛⲟⲩⲛ ⲛⲧⲁϩⲟⲙⲟⲗⲟⲅⲉⲓ

ⲁⲩⲟϣⲥ ⲉⲣⲟⲛ ⲁⲛⲥⲟⲩⲙⲉⲥ ⲁⲛⲧⲁϫⲣⲟⲥ ⲛϩⲩⲡⲟ

ⲅⲣⲁⲫⲉⲩⲉ ϩⲓ ⲙⲁⲣⲧⲩⲣⲟⲥ ⲁⲓⲕⲁⲁⲥ ⲉⲃⲟⲗ

ⲡⲣⲟⲥ ⲧⲁⲕⲟⲗⲗⲟⲑⲓⲁ ⲛⲛⲟⲙⲟⲥ ϯ

[6] Papyrus von Bulaq: Études égyptologiques, 5, S. ⲟⲇ̅, ⲡⲅ̅, ⲡⲍ̅, ϥⲛ.

[7] Kopt. Pap. Nr. 1247: ⲙⲁⲕⲁⲣⲓⲟⲥ ⲓ̈ⲉⲍⲉⲕⲓⲏⲗ ⲛⲛⲟⲙⲓⲕⲟⲥ, Kopt. Pap. Nr. 1251: ϯ ⲫⲟⲓⲃⲁⲙⲙⲱⲛ ⲡⲉⲓ ⲉⲗⲭ ⲛⲇⲓⲁⲕ/ ⲁⲩⲱ ⲛⲛⲟⲙⲓⲕⲟ/.

Das Amt eines ⲛⲟⲙⲓⲕⲟⲥ ward, namentlich in der arabiſchen Zeit, von Diakonen bekleidet.

Als ſpeciellen Aufbewahrungsort der Urkunden führt der Bulaqer Papyrus Nr. 14 die Bibliothek des Kloſters an:

ⲁⲓ̈ⲥⲙⲛ ⲛⲉⲓⲇⲱⲣⲓⲁⲥⲧⲓⲕⲟⲛ ⲁⲓⲧⲁⲁϥ ⲙⲡⲁⲉⲓⲱⲧ ⲡⲉⲡⲓⲥⲕ/ ⲙ̅ⲛ̅ ⲛⲓⲕⲟⲛⲟⲙⲟⲥ ⲧⲁⲣⲉϥⲕⲁⲁϥ ϩ̅ⲛ̅ ⲧⲃⲓⲃⲗⲓⲟⲑⲏⲕⲏ ⲙⲡⲙⲁ ⲉⲧⲟⲩⲁⲁⲃ.[1]

In den Klöſtern, in den geiſtigen Centren der koptiſchen Bevölkerung, häuften ſich einerſeits Urkunden und Aufzeichnungen der mannigfachſten Art zum Zwecke der Aufbewahrung auf, anderſeits aber bereits halbbeſchriebene Papyrus, deren leer gebliebene Stellen für Concepte, Rechnungen, Briefchen und ſogar, wie die Funde zeigen, Rechtsurkunden verwendet werden konnten. In den Klöſtern wird die papyrusbedürftige ärmere Bevölkerung ihren Bedarf gedeckt haben. Man darf überhaupt nicht überſehen, daſs das Kanzleiweſen in den Händen der Kopten war, unter 'Abd-el-'azîz war, wie die koptiſche Lebensbeſchreibung des Patriarchen Iſaak ſchreibt, das ganze ⲡⲣⲉⲧⲱⲣⲓⲟⲛ voll von Chriſten.

Aber damit ſind die allgemeinen Schluſsfolgerungen, welche ſich aus dem ſtatiſtiſchen Beſtande der koptiſchen Urkunden ergeben, noch nicht ganz erſchöpft. Wir ſehen, daſs die koptiſchen Urkunden Faijûmer und Schmûner Provenienz, etwa von den letzten Decennien der griechiſchen Herrſchaft bis ins III. Jahrhundert der Hidſchra reichen, alſo dem VII. bis IX. Jahrhundert angehören. Von den Bruchſtücken von Codices abgeſehen, wüſste ich unter den gegen dreitauſend Papyrus kein Stück namhaft zu machen, welches etwa dem IV. oder V. Jahrhundert zuzuweiſen wäre. Und doch geht in dem griechiſchen Beſtande der Sammlung eine ununterbrochene Reihe von Urkunden von der Zeit Domitians an bis ins VIII. Jahrhundert. Dieſe Erſcheinung läſst ſich meines Erachtens auf zweierlei Weiſe erklären: entweder ſind dieſe griechiſchen Stücke im Weſentlichen an anderen Stellen als die koptiſchen gefunden worden, eine Annahme, welche jedoch wenig für ſich hat, oder aber es iſt unter der griechiſchen Herrſchaft die Anwendung der koptiſchen Schrift zu profanen Zwecken, vor Allem zur Ausfertigung von Rechtsurkunden, nur eine ſehr beſchränkte geweſen. Koptiſche Briefe ſind uns durch eine beachtenswerthe Stelle des Liberatus Diaconus,[2] der ſein Breviarium Causae Neſtorianorum et Eutychianorum um 560[3] nach guten Quellen zuſammenſtellte, für die zweite Hälfte des V. Jahrhunderts bezeugt. Die älteſte datirte koptiſche Rechtsurkunde iſt der von mir an anderer Stelle mitgetheilte Pachymiospapyrus aus den letzten Decennien der griechiſchen Herrſchaft über Aegypten. Es wird wohl lange gedauert haben, bis die koptiſche Sprache, welche der Sprache der gebildeten Kreiſe, alſo der griechiſchen entgegengeſtellt wird,[4] ſich die Berechtigung, bei Rechtsurkunden neben der griechiſchen verwendet zu werden, erkämpſt

---

[1] Papyrus von Bulaq, S. 43.

[2] Cap. XXIII. Contigit autem Paulum (sc. der Biſchof von Alexandrien) invenire litteras eius Aegyptiace scriptas, et legere.

[3] Krüger, Monophyſitiſche Streitigkeiten, S. 32.

[4] So im Leben des heil. Apater: ⲡⲉϫⲉ ⲡⲓϩⲏⲅⲉⲙⲱⲛ ⲛⲁⲛⲁⲧⲏⲣ ⲙ̄ⲙⲉⲧⲣⲉⲙⲛ̄ⲭⲏⲙⲓ ..... ⲁⲛⲁⲧⲏⲣ ⲇⲉ ⲁϥⲉⲣⲟⲧⲱ ⲛⲁϥ ⲙ̄ⲙⲉⲧⲉⲥⲭⲟⲗⲁⲥⲧⲓⲕⲟⲥ (Hyvernat, Les actes des Martyrs de l'Égypte, S. 97).

haben wird. Wie confervativ man in diefen Dingen war, lehrt der Umftand, dafs uns keine Rechtsurkunde auf Pergament vorliegt, das Pergament wird einfach nicht als dem Papyrus für die Ausftellung von Rechtsurkunden ebenbürtig angefehen. Vollends ob ein officielles Schriftftück in koptifcher Sprache, wie das Sigill (Kopt. Pap. Nr. 1800), von dem bereits die Rede war,[1] in der griechifchen Zeit möglich gewefen wäre, bleibt mir fehr zweifelhaft. In der gefammten Papyrusmaffe bilden die Papyrus des II. und III.[2] Jahrhunderts der Hidfchra den Hauptbeftand, die Urkunden des I. Jahrhunderts find bereits verhältnifsmäfsig felten und ähnlich fteht es mit den Urkunden früherer Jahrhunderte; wenn einft die Maffen griechifcher Papyrus aller Theilfammlungen, nach Jahrhunderten geordnet, gezählt fein werden, wird fich das Verhältnifs auch ftatiftifch klarlegen laffen. Stücke wie das nicht-kanonifche Evangeliumfragment waren fchon zu der Zeit, da die Maffen unferer Papyrus zufammenkamen, grofse Seltenheiten. Begreiflich wird es daher nach dem Gefagten erfcheinen, dafs von der vollends in Arfinoë und Schmûn nicht fehr bedeutenden profanen Schreibthätigkeit der Kopten der griechifchen Zeit keine Spuren in unferen Papyrus fich nachweifen laffen.

Die tiefeingreifenden Unterfchiede, welche die einzelnen Nomen Aegyptens von Alters her fchieden, werden wohl auch auf diplomatifchem Gebiete fich geltend gemacht haben. Es wird noch die Zeit kommen, da man die Provenienz einer ausführlicheren Urkunde auch dort wird erkennen können, wo beftimmte Angaben derfelben darüber fehlen. Jede neue Vergleichung der Schmûner und Faijûmer Urkunden läfst uns kleinere und gröfsere Abweichungen erkennen. Die Faijûmer Urkunden werden viel Alterthümliches erhalten haben.

---

[1] Mittheilungen, I, S. 16

[2] Zur Ergänzung und Beftätigung früherer Aufftellungen (Mittheilungen, I, 22) fei angeführt, dafs die Schmûner Papyrus uns zwei neue Datirungen geliefert haben, aus dem III. Jahrhundert der Hidfchra, wo die Zählung nach Indictionsjahren feltener angewendet wurde. Der kopt. Pap. Nr. 1993 gibt:

ⲉⲧ̅ ⲥⲙⲁ,

und ebenfo eine Specification von 120 + 98 Stück Kleinvieh nach Farbe und Gefchlecht.

ⲥⲛⲓⲫ ⲕⲅ ⲉⲧ̅ ⲥⲓⲃ ....
ⲉⲥⲟⲟⲩ ⲛⲁⲗⲁⲩ ....ⲣⲕ
ⲟⲓⲗⲉ ⲓⲅ ⲉⲥⲱ ⲛⲉϩⲓⲙⲉ ⲡϛ
ⲉϩⲓⲃ ⲅ ϩⲓⲁⲓⲃⲉ ⲛⲉϩⲓⲙⲉ ⲓⲏ
ⲉⲥⲟⲟⲩ ⲥⲛⲁⲙⲉ ....ϛⲏ
ⲟⲓⲗⲉ ⲓⲅ ⲉⲥⲱ ⲛⲉϩⲓⲙⲉ ⲟ
ⲉϩⲓⲃ ⲅ ϩⲓⲁⲓⲃⲉ ⲛⲉϩⲓⲙⲉ ⲓⲃ

Die Rechnung ftimmt:

ⲓⲅ + ⲅ + ⲡϛ + ⲓⲏ = ⲣⲕ
ⲓⲅ + ⲅ + ⲟ + ⲓⲃ = ϛⲏ.

ⲁⲗⲁⲩ fteht für ⲁⲗⲏⲩ, hier wie in den alchimiftifchen Fragmenten (Aegyptifche Zeitfchrift 1885, 103 ff.). Die Ueberfetzung ‚weifses Gewand' für die Gruppe [Hieroglyphen] hat Brugsch, wie WB. V, 95 ff. zeigt, inzwischen durch ‚milchblau, hellblau' erfetzt.

Dazu ist vor Allem zu zählen das Wort ⲥⲉⲛ, welches, wie bereits erwähnt, in den Schmûner Papyrus nicht vorkommt, welche nur das griechische Wort Indiction kennen.[1] Am vollständigsten lautet die fragliche Formel:

ⲁⲓⲥϩⲉⲓ ⲛⲥⲟⲩ ⲕ̅ϥ̅ ⲛⲛⲉⲛⲓⲫ ⲛⲧⲉⲥⲛⲓ̅ⲉ̅ ⲛ̅ⲗⲁⲙⲛⲓ ⲙⲛⲛⲓⲛⲗⲟⲥ.

Aehnlich steht es mit einem anderen, in den koptischen Papyrus ungemein häufigen Worte, dem koptischen Namen für den Solidus, dessen Schreibung nach Zeit und Ort wechselt. Die gewöhnlichen Formeln in den Faijûmer Papyrus sind ⲗⲟⲩⲛⲱⲧⲉⲓ, ⲗⲟⲛⲟⲧⲉⲓ, ϩⲱⲗⲱⲛⲟⲧⲉⲓ. So in der Schuldverschreibung vom 15. Athyr, in der der διανομεὺς Moises Sohn des Ari, von dem Geldwechsler Faustus 2 Solidi erhalten zu haben und sie, ohne nähere Angabe des Termines, zurückzustellen sich bereit erklärt.

Kopt. Pap. Nr. 1356:

Zeile 1. ⲁⲛⲁⲕ ⲡⲓⲁⲕⲟⲩ ⲙⲱⲓⲥⲏⲥ ⲡϣⲏ ⲛⲁⲣⲓ ⲡⲗⲉⲃⲛⲱϣ ////////////////
ⲉⲓⲥϩⲉⲓ ⲙⲡⲓⲁⲕⲟⲩ ⲫⲁⲩⲥⲧⲟⲥ ⲡⲕⲱⲗⲟⲛⲧⲁⲣⲓⲥ ϫⲉⲓ ⲛ̊ ⲥⲛⲁⲩ
ⲗⲟⲩⲕⲱⲧⲉⲓ ⲁⲓϫⲓⲧⲟⲩ ⲛⲧⲁⲧⲕ ⲧⲁⲗⲓⲧⲉⲓⲧⲟⲩ ⲛⲉⲕ ⲛⲁⲧⲁⲙⲫⲓⲃⲁⲗⲓ
ⲁⲛⲁⲕ ⲡⲓⲁⲕⲟⲩ ⲙⲱⲓⲥⲏⲥ ⲁⲓⲥϩⲉⲓ ⲉⲓⲥⲧⲓⲭⲓⲛ ⲥⲟⲩ ⲓ̅ⲉ̅ ⲛϩⲉⲑⲱⲣ †††

Kopt. Pap. Nr. 50: ⲱⲗⲟⲛⲟⲧⲉⲓ und ebenso in einem Berliner Papyrus. Kopt. Pap. Nr. 2: ϩⲱⲗⲟⲛⲟⲧⲉⲓ. Kopt. Pap. Nr. 1359: ⲉⲧⲟⲩⲗⲟⲩⲕⲧⲉⲓ. Kopt. Pap. Nr. 1850 und 1332: ⲗⲟⲛⲟⲧⲉⲓ. Kopt. Pap. Nr. 1286: ⲉⲛⲟⲩⲧⲓ ⲛϩⲱⲗⲱⲛⲱⲧⲉⲓ, ⲉⲧϩⲱⲗⲱⲛⲱⲧⲉⲓ, ϣⲁⲙⲧⲓ ⲛϩⲱⲗⲱⲛⲱⲧⲉⲓ. Kopt. Pap. Nr. 49*a*: ⲉⲟⲟⲗⲟⲛⲱⲧⲉⲓ. Kopt. Pap. Nr. 49*b*: ⲉⲟⲟⲗⲱⲛⲱⲧⲉⲓ. Kopt. Pap. Nr. 694: ⲟⲩⲗⲟⲩⲛⲟⲧⲉⲓ. Kopt. Pap. Nr. 18: ⲛⲧⲟⲗⲟⲛⲟⲧⲉⲓ.

Einmal abgekürzt Kopt. Pap. Nr. 1331: ϩⲟⲗⲟⲕ/. Einmal kommt ⲟⲩⲗⲟⲩⲕⲱϫⲓ, Kopt. Pap. Nr. 140: ⲁⲓϫⲓ ⲇ̅ ⲛⲟⲩⲗⲟⲩⲕⲱϫⲓ, und einmal ϩⲟⲗⲟⲛⲟϫⲓ in einem Berliner Papyrus vor.

Der Brief eines gewissen Petros an seine Frau Arkadia schreibt gar bald ⲟⲗⲟⲛⲟⲩⲓ, bald ⲟⲗⲟⲛⲟϫⲓ:

Kopt. Pap. Nr. 1252:

† ϩⲁⲑⲟⲩ ⲙⲉⲛ ϩⲟⲃⲓ ⲛⲓⲃⲓ ⲁⲛⲁⲕ ⲡⲉ ⲡⲉⲧⲣⲉ ⲉⲓϣⲓⲛⲓ
ⲁⲣⲕⲁⲇⲓⲁ ⲧⲁⲥⲓⲙⲓ ⲁϥϩⲁ ϩⲉⲉⲓ ⲇ̅ϥ̅ ⲛⲟⲗⲟⲛⲟⲩⲓ......
...............ⲁϥϩⲁ ⲛⲁⲛⲛⲟⲩⲧⲓ ⲧⲓ ⲟⲗⲟⲛⲟϫⲓ ⲉⲧⲛ̊ⲧⲛ.

Mit der Endung ⲧⲉⲓ habe ich bereits an einer anderen Stelle diejenige des Eigennamens ⲅⲉⲣⲟⲛⲧⲉⲓ für das griechische Γεροντιος zusammengestellt und eine ursprüngliche Form ὁλοκοτιος, ὁλοκοτιον angenommen.

Die Abkürzung αρι°/ scheint den Faijûmer Papyrus eigenthümlich zu sein. Vergleiche eine der Schuldverschreibungen — es standen deren mehrere auf demselben Papyrusblatte (ϫⲱⲙⲉ), darum beginnen die späteren mit ⲁⲩⲱ, und, daher die wichtige Schluss-

---

[1] Der älteste bisher nachweisbare Fall der durch die Papyrus erschlossenen ägyptischen Indiction liegt vor in einem in Constantinopel geschriebenen Briefe vom 20. Mesori der 15. Indiction. Siehe die Zweifel bei TILLEMONT, XIV, 775: Le titre de la lettre écrite de Constantinople au Concile par les Evesques le 20 de Mesori, porte qu'elle fut écrite en l'indiction 15 (qui est celle de l'an 432) et on lit de mesme dans l'ancienne traduction. Je ne sçay pas si par quelque supputation particuliere, on peut faire commencer la 15e indiction dés le mois d'aoust 431, qui selon les regles ordinaires ne commençoit qu'au mois de septembre.

formel — des Chael, des Sohnes des Piakû Kosma, an Chael, dem Sohne des Philotheos, dem Weinhändler, über 3 Goldſtücke für den Monat Athyr, neben anderen $2^{1}/_{12}$, alſo zuſammen $5^{1}/_{12}$, auſser dem Antheile, der (ſchon) auf dem oberen Theile des Blattes ſtand.

Kopt. Pap. Nr. 1315:

ⲁⲩⲱ ⲁⲛⲁ[ⲛ ⲛⲉ] ϫⲁⲏⲗ ⲡϣⲏ ⲛⲡⲓⲁⲕⲟⲩ ⲕⲟⲥⲙⲁ
ⲉⲓⲥϩⲉ ⲛϫⲁⲏⲗ ⲡϣⲏ ⲛⲫⲓⲗ^{θ} ⲯⲁⲛⲏⲣⲉⲛ
ϫⲉ ⲁⲓϫⲣ̅ⲓ̅ ⲙⲁⲛ
ⲃⲁⲧ
ⲁⲓϫⲓ ⲛⲉ ⲁⲣ^{θ} • ⲅ ⲧⲣⲓⲁ ⲛ̅ⲧⲁⲁⲛ ϩⲉ ⲡⲁϩⲁⲑⲟⲗ[1]
ϫⲟⲣⲓⲥ ⲛⲉ ⲁⲣ^{θ} • ⲃ ⲓ̅ⲃ̅
ⲉⲧⲉ ⲛⲉⲓ ⲧⲏⲣⲟⲩ ⲛⲉ ⲁⲣ^{θ} • ⲉ ⲓ̅ⲃ̅ ⲡⲉⲛ^{τ} ⲇⲱⲇⲉⲕ^{τ}/ ⲙ
ϫⲟⲣⲓⲥ ⲛⲧⲣⲉ ⲃϩⲉ ⲛϣⲱⲉⲓ ϩⲉ ⲡⲉⲓϫⲱⲙⲉ.

Die Schmûner Urkunden kennen die Form ϩⲟⲗⲟⲕⲟⲧⲉⲓ nicht. Sie geben vielmehr wie die thebaniſchen ϩⲟⲗⲟⲕⲟⲧⲧⲓⲛⲟⲩⲃ.[2] Vergleiche (Kopt. Pap. Nr. 3001):

ⲧⲁⲧⲓ ⲙⲛ̅ⲧ̅ⲥⲛⲟⲟⲩⲥ ⲛϩⲟⲗⲟⲕⲟⲧⲧⲛ
ⲛⲟⲩⲃ,

oder in der Schuldverſchreibung (Kopt. Pap. Nr. 3002):

ⲁⲛϫⲓ ⲁⲡⲡⲗⲏⲣⲟⲩ ⲙ̅ⲙⲁϥⲧⲁⲥⲉ ⲛϩⲟⲗⲟⲕⲟⲧⲧ̅ⲛ̅
ⲛⲉⲩⲥⲧⲁⲑⲉⲙⲱⲛ ⲛⲧⲟⲟⲧⲛ.

Selten wird jedoch das Wort ausgeſchrieben, für gewöhnlich haben wir die Abkürzung ϩⲟⲗⲟⲕ^{τ}/ oder das griechiſche ν^{ο}.

Aber auch zur Erforſchung der Ausbreitungsbezirke der koptiſchen Dialecte liefern uns die koptiſchen Papyrus, welche ſich über einen längeren Zeitraum und einen groſsen Theil des verhältniſsmäſsig wenig durchforſchten Mittelägyptens erſtrecken, werthvolles Materiale. Was uns die literariſchen Quellen zur Verfügung ſtellen, beſchränkt ſich im Weſentlichen auf eine Stelle des koptiſchen Grammatikers Athanas von Qûs.

Vergleicht man die fragliche Stelle in ihrer urſprünglichen Faſſung bei QUATREMÈRE[3] mit der memphitiſchen Bearbeitung, welche in der einen Handſchrift auf der Berliner Bibliothek ſich findet,[4] ſo zeigt ſich ein bemerkenswerther Unterſchied. Nach Athanas von Qûs wird der ſahidiſche Dialect in Misr[5] geſprochen, nach der Bearbeitung wird dagegen bereits in Misr, Cairo und ſogar nilaufwärts bis Munyet abi Qais oder Munyet

[1] Auſser dem Monat ϩⲁⲑⲟⲗ (vergl. auch Kopt. Pap. Nr. 1328: ⲥⲟ]ⲩ ⲕ̅ⲉ̅ ϩⲁⲑⲱⲗ und oben Kopt. Pap. Nr. 1556: ϩⲉⲑⲱⲗ) finde ich noch in den Faijûmer Urkunden erwähnt:
Kopt. Pap. Nr. 261: ⲧⲱⲃⲓ.
Kopt. Pap. Nr. 125: ⲥⲟⲩⲉ̅ ϫⲓⲁⲕ.
Kopt. Pap. Nr. 748:
ⲡⲁϣⲁⲛⲥ
ⲡⲁⲱⲛⲓ.

[2] Aegyptiſche Zeitſchrift 1880, S. 123 ff. Vergl. χρυcὸc ἐν ὁλοκοττίνοιc (Diokletian. Edict).

[3] Recherches sur la langue et la littérature de l'Égypte, 20, 21.

[4] Aegyptiſche Zeitſchrift 1878, S. 23 und *A*, 1.

[5] Man ſieht, daſs an dieſer Stelle مصر nicht das Land, ſondern die Stadt bezeichnet. Vergl. Mittheilungen, I, 4.

beni Chusaib der boheiriſche Dialeƈt geſprochen, das heiſst der Dialeƈt von Alexandrien hat, wohl mit als Folge der Verlegung des Sitzes des Patriarchats von Alexandrien nach Cairo (1043), den ſahidiſchen Dialeƈt weit nach Süden zurückgedrängt.

Es bekümmert den Ueberarbeiter nicht, daſs ſein Ausſpruch, wonach der boheiriſche Dialeƈt in der Stadt Misr geſprochen wurde, in Widerſpruch ſteht mit der für die frühere Zeit giltigen, aus ſeiner Vorlage herübergenommenen Angabe, daſs in derſelben Stadt Misr der ſahidiſche Dialeƈt zu Hauſe ſei. Was uns Athanas von Qûs mittheilt, wird durch die Papyrus beſtätigt; in Memphis herrſchte nicht der früher fälſchlich memphitiſche genannte, ſondern ein ſahidiſcher Dialeƈt. Bereits die Papyrus des Kloſters Apa Jeremias aus der Mitte des VIII. Jahrhunderts weiſen neben zahlreichen Incorreƈtheiten boheiriſche Formen auf, begreiflich genug, denn die Verdrängung des ſahidiſchen Dialeƈtes aus Misr iſt nicht mit einem Schlage erfolgt. Die früheren Bezeichnungen, memphitiſcher und thebaniſcher Dialeƈt, haben die richtige Annahme zur Grundlage, daſs Memphis und Theben, die Centren des politiſchen Lebens, auch Centren literariſcher und ſprachlicher Thätigkeit werden konnten; wenn ſie dennoch den Thatſachen ſo wenig entſprechen, ſo müſſen die Gründe dafür anderweitig geſucht werden.

Strabo kennt noch Memphis als groſse volksreiche Stadt, es war die zweite nach Alexandrien.[1] Waren ſchon damals einzelne Theile der Stadt verödet, ſo iſt der Verfall in den folgenden Jahrhunderten ziemlich raſch eingetreten. In der Legendenliteratur, welche die diokletianiſche Chriſtenverfolgung zum Vorſchein gebracht hat, erſcheint Memphis nur einmal gelegentlich in den Aƈten des heiligen Apater,[2] an ſeine Stelle iſt das nördlich gelegene Babylon getreten, zu Strabo's Zeit eine ſtarke Feſtung und Garniſonsplatz einer der drei Aegypten bewachenden Legionen. Wenn wir Diodor's Vorlage trauen können, ſo hatte bereits Kteſias ſowohl Babylon als auch das benachbarte Troja erwähnt.[3] Nach Diodor war die erſtgenannte Stadt eine Niederlaſſung von babyloniſchen Kriegsgefangenen des Königs Seſoôſis. Wie die Griechen dem bereits in den Texten der Pyramidenzeit genannten Orte Ta-roû den ihnen geläufigeren Namen Troja gaben und dann die Gründung desſelben auf abtrünnige trojaniſche Flüchtlinge des Menelaos zurückführten, ſo ſind ſie ſicherlich bei dem Orte Babylon vorgegangen.

Es erſcheint uns mehr als wahrſcheinlich, daſs der ägyptiſche Name des Obelisken[4] , *blbl*, welcher vielleicht *babl* geſprochen wurde, dem Namen Babylon, oder wie die Kopten ſagen, wenn ſie ſich nicht einfach der griechiſchen Form bedienen, ⲃⲁⲃⲉⲗ,[5] zu Grunde liegt. Heiſst doch das Babylon im Norden unmittelbar benachbarte Heliopolis geradezu auch das ‚Haus des Obelisken', *Hat-blbl*. Haftete der Name an jener ſo obeliskenreichen Gegend, ſo iſt begreiflich, daſs die Griechen, durch den Gleichklang verleitet, in der feſten Stadt (χωρίον καρτερόν ſagt auch Diodor), die ſich dort erhob, eine Anſiedlung babyloniſcher Kriegsgefangenen erkennen konnten. Haben ſie doch

[1] S. 807.

[2] Hyvernat, Les aƈtes des Martyrs de l'Égypte, S. 94.

[3] I, 5 *b*.

[4] Vergl. Schiaparelli, Il significato simbolico delle Piramidi egiziane, S. 6.

[5] ⲃⲁⲃⲏⲗ ⲛⲧⲉ ⲭⲏⲙⲓ oder ⲧⲃⲁⲃⲏⲗ ⲛ̄ⲕⲏⲙⲉ. Das meſopotamiſche Babylon, welches in den Annalen Thutmes III. um 1500 v. Chr. erwähnt wird, heiſst auch nicht anders — *B(a)b(e)l*.

den Namen der Stadt Κοπτώ von dem griechischen κόπτειν abgeleitet.[1] Nicht anders verfuhren die Araber,[2] welche den Namen der Stadt Ḳais auf den gleichnamigen Unterfeldherrn des Amru zurückführten. In den ägyptischen Märtyreracten wird Babylon zu wiederholten Malen erwähnt,[3] in dem Apophthegmata Patrum (Leben des Arsenios) erscheinen Memphis, Troja, Babylon neben einander genannt — εἰς Τρώην τῆς ἄνω Βαβυλῶνος κατέναντι Μέμφεως. Dann verlieren wir die Spur von Memphis immer mehr. Nur die biblischen Erinnerungen, vor Allem die Kornspeicher des Joseph, sicherten ihm in der Reiseliteratur des Mittelalters eine Stelle. Nur sehr sorgfältige arabische Schriftsteller sind über die genaue Lage von Memphis im Klaren, so sehr ist der alte Sitz des ägyptischen Reiches verschollen. Aber es lebt in seinen Kindern fort, seine Ruinen sind in die etwas nördlich gelegenen Neuansiedlungen verbaut worden und damit fast jede Spur der Riesenstadt und ihrer Tempel in unseren Tagen verschwunden.

In der arabischen Zeit ersteht neben dem alten Babylon und dasselbe in sich aufnehmend, eine neue Stadt. Bei den Arabern heisst Babylon, wie das Land Aegypten selbst, مصر *Miṣr.*[4] Auch die Kopten nannten die Stadt wie das Land, ‚κημε'. Daneben beliessen sie dem ausschliesslich von Kopten bewohnten Quartiere Babylon den alten Namen und sprachen, wenn sie Fostât speciell hervorheben wollten, von einem φωςτατοn ntε Βαβγλωn. Dass sie es wirklich so gehalten haben, geht aus zahlreichen Belegen hervor.

Noch M. WANSLEB,[5] um mit dem Jüngsten anzufangen, nennt in seinem Verzeichnisse der alten Bischofsitze Aegyptens die Stadt Massr und bemerkt hiezu: ‚en Copte Chimi, ou Camia, c'est le vieux Caire'. Vor Allem wichtig sind jedoch die gleichzeitigen Zeugen, die koptischen Papyrus des Klosters Apa Jeremias im Nomos von Memphis, welche sich in Paris und Berlin befinden.[6] Dieselben erhalten durch einige arabische Papyrus in Paris und London Licht. Alle diese Stücke gehen, um nach Analogie der Vorgänge bei anderen Papyrusgruppen zu schliessen, auf eine gemeinsame Fundquelle zurück. In den koptischen Papyrus des Apa Jeremias wird wiederholt κημε erwähnt — einmal erscheint auch Babylon[7] — und es stünde um unsere bisherigen Ausführungen schlecht, wenn die Vergleichung mit den entsprechenden arabischen Stücken es ergeben würde, wie dies von anderer Seite behauptet worden ist,[8] dass κημε nicht Fostatu-Misra, sondern ‚Ober-

---

[1] Plutarch, De Iside ac Osiride, c. 14.

[2] QUATREMÈRE, Mémoires, I, 141.

[3] Vergleiche die Stellen bei QUATREMÈRE, a. a. O. I, 45.

[4] Vergl. Literarisch kritische Beilage der Monatsschrift für den Orient 1885, Mai.

[5] Histoire de l'Église d'Alexandrie, S. 19, 23.

[6] Siehe Études égyptologique, V, 103 ff.; Recueil de travaux relatifs à l'archeologie et la philologie égyptiennes et assyriennes, VI, S. 64 ff.; Zeitschrift für ägyptische Sprache, 23, 145 ff. Die erste Erwähnung des Klosters des Apa Jeremias findet sich bei dem Reisenden ins heilige Land Theodosios, der um 520 bis 530 schrieb (ed. GILDEMEISTER): Item in Aegypto est civitas Memphis... ibi sunt duo monasteria, unum est religionis Wandalorum (charakteristischer Weise wirft der Autor die Monophysiten mit den Arianern zusammen) sancti Hieremiae, Romanorum sancti Apollonii eremitae. Dann kommt das Kloster in des Chronik des Johannes von Nikiu vor (ed. ZOTENBERG), pag. 488 ff. Zu der ebendaselbst erwähnten ‚Île de Saint-Iraï, située dans le fleuve de Menouf' vergl. den Topos der Ama Irai (τοποc ⲛ̄ⲧⲁⲙⲁ ⲛ̄ⲣⲁⲓ̈) in Tạmmôu von Memphis (ⲧⲁⲙⲙⲱⲟⲩ ⲛ̄ⲧⲉ ⲙⲉⲙϥⲓ), HYVERNAT, Les Actes des Martyrs, S. 94.

[7] Siehe unten S. 56 *A*, 4.

[8] Aegyptische Zeitschrift 1885, S. 149.

ägypten‘ bedeute. Wenn auch in den beiden von DE SACY[1] publicirten und behandelten Päſſen zwei Inwohnern des Kloſters Apa Jeremias thatſächlich die Erlaubniſs gegeben wird, ins Sa'îd, nach Oberägypten, zu ziehen, ſo iſt es etwas vorſchnell, das in den koptiſchen Urkunden, welche keinesfalls eine Ueberſetzung der arabiſchen darſtellen, vorkommende ⲕⲏⲙⲉ als Oberägypten zu faſſen. Ⲕⲏⲙⲉ für Oberägypten wäre erſt zu belegen. Auch in den Faijûmer Papyrus heiſst Oberägypten nur ⲙⲁⲣⲏⲥ.

Vergl. Kopt. Pap. Nr. 1161: ⲁⲑⲁⲛⲁⲥⲓ ⲡⲗⲉⲙⲁⲣⲏⲥ.

Einfach überſehen wurde ferner, daſs noch zwei Päſſe, einer im Louvre und einer im britiſchen Muſeum[2] exiſtiren, in welchen zwei andere Unterbeamte einem Kopten, Namens Kallipeche[3] Uenaſer die Erlaubniſs ausſtellen, nach Foſtât zu ziehen. Und nur dieſe Urkunden finden ihr vollkommenes Analogon in den koptiſchen Texten. Bereits an einer anderen Stelle habe ich darauf aufmerkſam[4] gemacht, daſs die letzteren alle im Monate Paophi ausgeſtellt ſind. Es zeigt ſich, daſs die arabiſchen Päſſe für Foſtât im Monate Rabî' I des Jahres 133 der Hidſchra (= 750 n. Chr.) geſchrieben ſind. Der Monat Rabî' I ging im Jahre 133 vom 7. October bis 5. November, der Paophi vom 28. September bis 28. October; man ſieht, der koptiſche und der arabiſche Monat decken ſich in ihrem gröſseren Theile. Die Päſſe für Oberägypten dagegen ſind für die Dauer des Monats Schewwâl des Jahres 133 der Hidſchra, alſo Mai 751 n. Chr., ausgeſtellt.

Das Datum der arabiſchen Päſſe zeigt, verglichen mit dem einzigen ganz erhaltenen der koptiſchen Papyrus, daſs wir es hier nicht mit einem Ereigniſſe zu thun haben, als welches ſich der im letzten Monate des Jahres 132 erfolgte Tod des letzten Omaijaden und der Uebergang der Herrſchaft an die Abbâſiden empfehlen würde,[5] ſondern daſs wir eine Folge von regelmäſsig im Paophi ſich einſtellenden Anläſſen vor uns haben. Denn der koptiſche Papyrus gibt den Paophi der dritten Indiction, der arabiſche Paſs iſt vom October 750 ausgeſtellt, welcher Monat jedenfalls die vierte Indiction hatte. Es iſt nach dem Geſagten nicht unmöglich, daſs der koptiſche Papyrus im October 749 geſchrieben iſt. Die paläographiſchen Anzeichen entſprechen dem aus allgemeinen Erwägungen gewonnenen Anſatze. Weder aus den koptiſchen noch aus den arabiſchen Papyrus erhalten wir irgend einen Aufſchluſs über den Zweck der Reiſe der koptiſchen Mönche nach Foſtât. Vielleicht handelte es ſich um die Regelung der Kopfſteuerangelegenheiten, und hier ſei auf eine Epiſode aus der Wahlgeſchichte des damaligen Patriarchen von Alexandrien, Chaïl, hingewieſen: ‚Accidit ut eo ipso tempore monachi, tributi gravissimi ab Kacemo impositi remissionem postulaturi Misram proficiscerentur, advenirentque 13ª mensis Thoth, qua die missi a Praefecto cum literis ad desertum tendebant.‘[6] Wahrſchein-

---

[1] Mémoires de l'Inſtitut Royal de France, Academie des Inscriptions et Belles-lettres, Bd. IX, 1831, S. 66 ff. und Bd. X, S. 65 ff. Journal asiatique, IX, 1826, 220 ff.

[2] British Muſeum, Oriental 15, abgebildet in den Publicationen der Palaeographical Society ‚Arabic‘, Plate 5 (mit Transſcription und Ueberſetzung) und SILVESTRE, Paleographie Univerſelle, 1 Th., Paris 1841.

[3] In correcten Transſcriptionen entſpricht arabiſches ك einem griechiſch-koptiſchen ϫ — كيل, ϫⲁⲛⲗ — arabiſches ق dem ⲕ — قيره, ⲕⲓⲣⲉ.

[4] Recueil, VI, 79.

[5] Daran dachte bereits DE SACY, Mémoires, a. a. O., S. 72.

[6] RENAUDOT, Historia Patriarcharum Alexandrinorum, S. 209.

lich jedoch hatten die Mönche andere Geſchäfte in Foſtât und Babylon, beziehungsweiſe im Sa'id zu verrichten.

Ebenſowenig iſt die Stellung des Archimandriten einerſeits den Mönchen, anderſeits den arabiſchen Steuerbeamten gegenüber klar. Wir ſehen nur, daſs die Bürgſchaft die Folge haben ſoll, daſs der Archimandrit den Mönchen, für welche gebürgt wird, ,ⲥⲓⲙⲉⲗⲓ, beziehungsweiſe ⲥⲓⲙⲉⲗⲉ, ⲥⲓⲙⲅⲉⲗⲓ, ⲥⲓⲅⲉⲗⲓ gibt'. Deckt ſich dieſes Wort mit dem lateiniſchen sigillum, ſo bedeutet es nach koptiſchem Sprachgebrauche nicht ſpeciell einen Geleitſchein, Paſs, ſondern allgemein jede von einer Behörde ausgeſtellte, mit einem Siegel verſehene Urkunde gröſseren Formats. So heiſst es in dem Steuererlaſſe des Steuereinnehmers Raſchîd[1] aus der Mitte des VIII. Jahrhunderts:

Kopt. Pap. Nr. 1800:

Zeile 12 v. u. ⲁⲩⲱ ⲙⲡⲉⲗⲁⲙⲫⲓⲃ/

ⲉⲡⲉⲓⲥⲓⲅⲉⲗⲗⲓ ⲁⲓⲥϩⲏⲧϥ ⲁⲓⲧⲁⲁⲃⲉⲃ ϩⲛ ⲧⲁⲃⲟⲩⲗⲗⲁ.

,Macht keine Ausflüchte dieſem Sigillum gegenüber. Ich habe es geſchrieben (und) geſiegelt mit meinem Siegel (bulla).'[2]

Welcher Art das vom Archimandriten ausgeſtellte Sigillum für ⲕⲏⲙⲉ war, ob es nur allgemein die Erlaubniſs zum Verlaſſen des Kloſters oder noch weitere Rechte verlieh, wiſſen wir nicht. Jedenfalls war das für die Mönche wichtigſte Stück der von den arabiſchen Beamten ausgeſtellte Geleitſchein.

Man ſieht, daſs die Papyrus des Kloſters Apa Jeremias weit davon entfernt ſind, eine Gleichſetzung von ⲕⲏⲙⲉ und Oberägypten zu fordern, ſich vielmehr in den Gang der bisherigen Unterſuchung vorzüglich einfügen. Den weiteren Schickſalen von Foſtât, vor Allem der Gründung von el-Kâhirah, welche ſchon in die Zeit gehört, da der Papyrus vom Papier verdrängt wurde, nachzugehen, fällt auſserhalb unſerer Aufgabe. Es genüge, darauf hinzuweiſen, daſs die bereits von ZOËGA[3] auszugsweiſe mitgetheilten Acten des Märtyrers Johannes, Sohnes des Marcus, aus dem Jahre 1211 uns für Maṣr el-Kâhirah die Ueberſetzung ϫⲏⲙⲓ ⲛⲧⲉ ϯⲕⲉϣⲣⲱⲙⲓ[4] geben.

Schlimmer als Memphis iſt es der alten Reichshauptſtadt Theben ergangen. Schon unter den Rameſſiden trat der Verfall von Theben raſch ein. Die Stadt lag zu abſeits, um bei dem Gange der Weltbegebenheiten als Mittelpunkt ägyptiſchen Lebens dienen zu können. Noch eine zeitgenöſſiſche Erwähnung der Machtſtellung Thebens iſt die bekannte Stelle in der Ilias,[5] welche ſicherlich in ein höheres Zeitalter zu ſetzen iſt, als die meiſten der Erklärer ihr beizulegen geneigt ſind. Die Reſidenz Pſammetiks und ſeiner Nachfolger iſt Sais. Aber ſelbſt in der Zeit der Dodekarchie, um die Wende des VIII. und VII. Jahrhunderts thronen in Theben keine Könige, ſondern nur Fürſten und Propheten des Amon, mit Namen Montomes (Mnthmh'a) und Petiamenophis. Gehen ſchon

---

1 Siehe Mittheilungen, I, 16.

2 Aehnlich Kopt. Pap. Nr. 279: ⲙⲡⲉⲗⲁⲙⲫⲓⲃⲁⲗⲉ ⲡⲉⲓⲥⲓⲅⲉⲗⲗⲓ ⲁⲓⲧⲁⲁⲃⲉⲃ ϩⲛ ⲧ[ⲁ]ⲃⲟⲩⲗⲗⲁ ϯ. Kopt. Pap. Nr. 527: ⲁⲓⲧⲁⲃⲉⲃ ϩⲛ ⲧⲁⲃⲟⲩⲗ[ⲗⲁ. Kopt. Pap. Nr. 1022: ⲡⲁⲥⲓⲅⲉⲗⲗⲓ ⲁⲓⲧⲁⲁⲃ[ⲉ]ⲃ [ϩⲛ ⲧⲁ]ⲃⲟⲩⲗⲗⲁ.

3 Catalogus, S. 87.

4 Vergl. die vollſtändige Edition dieſer Acten im Journal asiatique 1887, S. 133 ff.

5 IX, 381 ff., vergl.: Manetho und Diodor (Sitzungsberichte der kaiſerl. Akademie in Wien, XCVI. Bd., S. 268).

die ältesten nachweisbaren Ansiedlungen der Griechen in Aegypten in das erste Viertel des VII. Jahrhunderts zurück und fällt der Beginn des Verkehrs nach Aegypten noch in eine frühere Zeit, so müssen die Phöniker in noch viel früheren Jahrhunderten in Griechenland die Kunde von dem weltbeherrschenden Theben, was es zur Zeit der ersten phönikischen Colonisationsfahrten thatsächlich war, verbreitet haben. Die Bergung der Königsmumien im Schachte von Deir-el-Bahari ist ein weiterer Beleg für die Verödung der Stadt in ihrem weiteren Umfange. Denn mehr als gegen die Gräberdiebe, denen durch die Zusammenstellung aller damals eruirbaren Königsmumien an einem Orte die Arbeit nur erleichtert werden konnte — man wird wohl kaum annehmen wollen, dass die von ferne sichtbare Eingangstelle des künstlichen Schachtes von $11^1/_2$ Meter Tiefe und die an demselben Arbeitenden verborgen bleiben konnten — war die Massregel unserer Meinung nach gegen die Schakale gerichtet, von deren zerstörender Thätigkeit in ägyptischen Gräbern ein griechischer Papyrus aus der Ptolemäerzeit [1] Kunde gibt.

Die Züge der Aethiopen und Assyrer werden dazu beigetragen haben, den Auflösungsprocess der ehemaligen Weltstadt zu fördern. Dass Herodot von Theben nur den Tempel des Ammon erwähnt — dessen Verwüstung der Ptolemäerzeit vorbehalten blieb — ist ein Beweis dafür, dass Theben im Wesentlichen damals denselben Zustand der Verödung bot wie heutzutage. In den bereits von Ktesias betretenen Bahnen wandelnd haben neuere Kritiker daraus einen Beweis für die Lügenhaftigkeit Herodots ableiten wollen:[2] ‚Herodot beschreibt die Wunderbauten Thebens nicht, also ist er in Theben trotz seiner bestimmten Angabe nicht gewesen.' Den grossen wohlerhaltenen Bauten von Unter- und Mittelägypten, zudem umgeben von einem gewaltigen öffentlichen Leben, gegenüber verschwanden Thebens ausgedehnte Trümmerstätten. Die Königsgräber und Memnons tönende Statue, die einzigen Anziehungspunkte für die griechisch-römischen Touristen, waren zu Herodots Zeit nicht zugänglich. Um die Wende des II. und III. Jahrhunderts versiegt der Touristenstrom und damit die letzte Einnahmsquelle Thebens.

Es treten sonach in der Zeit, da die Entwicklung des koptischen Schriftwesens anzunehmen ist, die alten Reichshauptstädte Memphis und Theben [3] zurück; dafür gewinnen die mittelägyptischen Städte an Bedeutung, vor Allem Oxyrrhynchos, die berühmteste unter den oberägyptischen Städten,[4] die Metropole der Eparchie Arkadien, in der es von Mönchen wimmelte, welche zum Theile in alten Tempeln ihre Wohnsitze aufgeschlagen hatten, in der es 12 Kirchen gab und die Zahl der Klöster die Zahl der übrigen Behausungen überwog.[5] Nach später Ueberlieferung soll die Stadt sogar 360 Kirchen gehabt

---

[1] Nr. 6 der akademischen Publication.

[2] SAYCE, The ancient Empire of the East, Herodotos I—III, S. XXVI, XXVII.

[3] Schon Diodor hat im Wesentlichen das Richtige, I, 50: Οὕτω δὲ καλῶς ὁ κτίσας αὐτὴν (sc. Μέμφιν) ἐστοχάσατο τῆς τῶν τόπων εὐκαιρίας ὥστε τοὺς ἑξῆς βασιλεῖς σχεδὸν ἅπαντας καταλιπόντας τὰς Θήβας τά τε βασίλεια καὶ τὴν οἴκησιν ἐν ταύτῃ ποιεῖσθαι. διόπερ ἀπὸ τούτων τῶν χρόνων ἤρξατο ταπεινοῦσθαι μὲν τὰ περὶ τὰς Θήβας, αὔξεσθαι δὲ τὰ περὶ τὴν Μέμφιν, ἕως Ἀλεξάνδρου τοῦ βασιλέως.

[4] ⲡⲉⲙϫⲉ ϯⲡⲟⲗⲓⲥ ⲉⲧϯⲉⲱⲟⲩ ⲛⲧⲉ ⲫⲙⲁⲣⲏⲥ ⲛⲭⲏⲙⲓ, ZOEGA, Catalogus, S. 117.

[5] Rufinus, Historia Monachorum, Caput V, de Oxyrrhyncho civitate: Venimus autem et ad civitatem quandam Thebaidis, nomine Oxyrrhynchum... repletam namque eam monachis intrinsecus vidimus et extrinsecus omni ex parte circumdatam. Aedes publicae et templa superstitionis antiquae, habitationes nunc erant monachorum et per totam civitatem multa plura monasteria quam domus videbantur. Sunt autem in ipsa urbe, quia est ampla valde et populosa duodecim ecclesiae.

haben.[1] Aber trotzdem nicht bedeutend genug um neben Antinoë oder Arſinoë eine ausſchlaggebende Rolle zu ſpielen. Hand in Hand mit dem Mangel an einem politiſchen Centrum geht der Mangel an bedeutenden ſchriftſtelleriſchen Perſönlichkeiten, die auf die Entwicklung des koptiſchen Schriftweſens einen nachhaltigen Einfluſs hätten gewinnen können. Der einzige Schriftſteller von Bedeutung, der uns bekannt iſt, iſt Schenute.

Unter dieſen Umſtänden erſcheint es uns nothwendig, in der Frage nach den koptiſchen Dialekten einfach topographiſch vorzugehen. Es ſollen darum vor Allem die Fragmente, deren ſprachliche Formen auſserhalb des Rahmens der Eigenthümlichkeiten fallen, welche wir als faijûmiſche zu bezeichnen uns gewöhnt haben, zuſammengeſtellt und auf ihre locale Provenienz hin geprüſt werden. Im Anſchluſſe daran ſollen die Localitäten, welche in unſeren Papyrus vorkommen, und die hauptſächlich für die Geographie Mittelägyptens von Wichtigkeit ſind, behandelt werden.

Es iſt bekannt, daſs es neben den Texten, welche, um das Auffallendſte herauszugreifen, ⲁⲛⲁⲛ und ⲗⲉⲛ ſchreiben, auch ſolche gibt, welche wohl ⲁⲛⲁⲛ, aber nicht ⲗⲉⲛ, ſondern ⲡⲁⲛ ſchreiben. Die überraſchenden Funde von Akhmîm legen zugleich die Frage uns vor nach der Zugehörigkeit der in dieſen Fragmenten enthaltenen Sprache.

In dieſem Zuſammenhange enthält der Kopt. Pap. Nr. 1865 trotz ſeiner Kleinheit (er miſst nur $4\frac{1}{2}$ Centimeter Breite : $5\frac{1}{2}$ Centimeter Höhe) erhöhte Wichtigkeit. Es iſt ein Fragment eines zweiſeitig beſchriebenen Papyrusblattes und zwar wahrſcheinlich je einer der beiden Columnen, welche auf jeder Seite desſelben ſtanden. Von den beiden Seiten ist die eine verhältniſsmäſsig gut erhalten, von der anderen ſind mehrere Buchſtaben ganz verſchwunden. Die beſſer erhaltene ſei vorangeſtellt:

Zeile 1.	// ⲟⲩⲱϣⲉ ////////////	//////////// ⲛⲣϩⲓϫⲛⲛ //
	// ϩⲛⲛ · ⲙⲛⲛⲡⲉⲧ(?) //	// · ⲉⲓⲙⲱⲛⲡⲉⲧⲣ //
	// ⲉⲩⲥⲛ̄ⲡⲧⲏⲣϥ · ⲛⲉ //	// ⲛϥϩⲟⲁϩⲣⲏⲓ̈ · ⲁϥϯ //
	// ⲧⲁⲛⲛⲉⲡⲉⲧϣⲁ //	// ⲛⲧⲛⲁϭⲛ̄ⲧⲉⲛϥⲓ //
	// ⲛⲉⲓ̈ϫⲉⲉⲧⲛⲁⲥⲟⲩ //	// ⲁⲛⲁⲃⲁⲗ · ⲧⲟⲧⲉⲁϥ //
	// ⲛ̄ⲧⲉⲉ(?)ⲙⲛⲉ · ⲛⲣⲉϥ //	//// ⲛⲁⲧϥⲧⲁⲛⲣⲟϩⲓ //
	// ⲛⲉⲛⲛⲟⲩⲁⲓ̈ⲛⲉ · //	///// ϯⲉⲁⲩⲙ̄ⲛⲉϥⲓ //
	// ⲱⲧⲛ̄ⲓ̈ⲱⲛϩⲧⲏⲣ //	//////////////////// ⲛⲓⲱⲧ //
	// ⲛ · ⲛ̄ⲧⲁⲛⲛⲉⲛⲣⲉϥ //	//////////// ⲉⲛⲁⲉⲓⲧ ////////
	// ⲛⲉ · ⲟⲩⲛ̄ⲛⲁⲁⲃⲁⲗ //	

Die einzelnen Satztheile ſind durch Punkte mitten in der Zeile getrennt. Worttheilungen habe ich bisher nur auf Papyrus beobachtet, die Pergamente ſcheinen ſie nicht anzuwenden. Noch ältere Papyrus als der hier beſprochene, welche mit möglichſter Ausnützung des Raumes auf der Vorder- und Rückſeite in ungemein dichter Schriſt geſchrieben ſind — ſie ſtellen wohl die Fragmente einer κεφαλίς[2] dar — theilen nicht

[1] Quatremère, Mémoires, I, S. 256.

[2] Dieſes in der ägyptiſchen Gräcität nicht ſelten vorkommende Wort (vergl. Pſalm 39, 8: ἐν κεφαλίδι βιβλίου γέγραπται περὶ ἐμοῦ) wird Apophthegmata Patrum erklärt: κεφαλίδα, τουτέστι τόμον γεγραμμένον ἔσωθεν καὶ ἔξωθεν (περὶ τοῦ ἁγίου Ἐφραίμ, β'). Die ſahidiſche Ueberſetzung läſst uns an dieſer Stelle in Stich: ϩⲛⲕⲉⲫⲁⲗⲓⲥ, ⲉⲧⲉ ⲛⲁⲓ ⲟⲩⲧⲟⲙⲟⲥ ⲉϥⲥⲏϩ ϩⲓϩⲟⲩⲛ ⲁⲩⲱ ϩⲓⲃⲟⲗ (Zoëga, 315). Die boheiriſche Ueberſetzung gibt Pſalm 39, 8 und Hebr. 10, 7: ⲛⲕⲁϩⲓ ⲛϫⲱⲙ.

bloſs einzelne Satztheile, ſondern auch einzelne Worte und Worttheile, die letzteren freilich durch über der Zeile befindliche Punkte, ab,[1] verfahren aber hierin, wie folgende Beiſpiele lehren, gar nicht conſequent.

/// ⲛⲙ̄ⲛ̄ⲧⲛⲁϩ̄ⲧ̄ · ϩⲏⲧ · ⲙ̄ⲛ̄ⲛⲙ̄ⲛ̄ⲧ ////
/// ϣⲓⲛⲉⲥⲉⲛⲙⲟⲩϩ · ⲛ̄ⲛⲉⲧⲛ̄ⲯⲩⲭⲏ · ⲁϩⲣⲱⲧ ////
/// ⲩⲧⲉ · ⲙ̄ⲛ̄ⲩⲟⲩⲉⲧⲉⲧⲛ̄ⲉ̄ⲛ̄ⲛⲁϩ̄ⲧ̄ · ϩⲏⲧ
ⲟⲩⲁⲁⲃⲉ · ⲛⲉⲧ · ⲟⲩⲁⲁⲃⲉⲩⲁⲣ ·
ⲙ̄ⲛ̄ⲧ · ⲣⲉϥ · ϯⲧⲱⲛ · ⲛϣⲉϫⲉ ⲙ̄ⲛ̄ϯⲧⲱⲛ

Vergleicht man unſer kleines Fragment mit den von MASPERO in Akhmim acquirirten, von BOURRIANT publicirten Texten, ſo zeigt ſich, daſs beide in ſprachlicher Hinſicht zuſammengehören. Das Fragment ſchreibt ϯⲥⲁⲩ (II, 7), in Achmîm erworbene Papyrus geben ⲉⲩϯⲥⲁⲩ ⲛ̄ⲛⲟⲩⲉⲣⲏⲩ und ϯⲥⲁⲩ ⲛ̄ⲟⲩⲁⲛ ⲛⲓⲙ und ⲕⲗ]ⲏⲣⲟⲛⲟⲙⲓ ⲙ̄ⲛⲉⲥⲁⲩⲛ̄ⲧⲛⲉ · ⲉⲣⲏⳉⲁⲣⲱⲧⲛⲉ u. ſ. w. Das Fragment ſchreibt ⲛⲟⲩⲁⲓ̈ⲛⲉ, die Papyrus ⲣ̄ⲟⲩⲁⲓ̈ⲛⲉ. Wie das Fragment ſo ſchreiben auch die Papyrus ⲧⲏⲣⲟⲩ, ⲧⲏⲣϥ (ⲛ̄ⲣⲱⲙⲉ ⲧⲏⲣⲟⲩ, ϩⲛ̄ ⲛⲓϩⲓⲉⲉ ⲧⲏⲣⲟⲩ). Das Fragment gibt ⲁⲃⲁⲗ, die Papyrus ⲁⲃⲁⲗ · ⲛ̄ⲥⲱϫⲃⲉ ⲛⲓⲙ · ⲁⲃⲁⲗ · ϩⲓⲧⲟⲟⲧⲉ̄. Die Papyrus geben die boheiriſirende Form ⲁϩⲣⲏⲓ, das Fragment hat ebenſalls ⲁϩⲣⲏⲓ. Nur in einem weſentlichen Punkte unterſcheidet ſich das Fragment Nr. 1865 von den in Achmîm erworbenen Papyrus; das Fragment kennt kein ⳉ, es hat nur ein ϩ und bezeichnet durch dieſes Zeichen oder durch das ϣ die Laute, welche in den Achmîmer Papyrus durch ⳉ wiedergegeben werden. Ein und derſelbe Dialekt liegt uns hier vor, einmal in einer urſprünglichen und dann in einer wahrſcheinlich unter Einwirkung ſahidiſcher Texte modificirten Schreibung. Es mag daran erinnert werden, daſs die Texte mit ⳉ immer in Begleitung von alten, manche Eigenthümlichkeiten aufweiſenden[2] ſahidiſchen Papyrus auf den Markt gebracht werden. Das ſind die Erwägungen, welche mich beſtimmt haben, der Schrift der Achmîmer Papyrus ein höheres Alter zuzuweiſen als dem kleinen Fragmente, welches hinwiederum ſeinerſeits die paläographiſchen Merkmale eines hohen Alters aufweiſt. Indem dieſelben es nicht geſtatten, das Fragment Nr. 1865 ſpäter als ins IV. Jahrhundert zu ſetzen, ſind die älteſten Achmîmer Papyrus dem III. Jahrhundert zuzuweiſen, und ich glaube, daſs die paläographiſche Prüfung der Stücke dieſes Ergebniſs nur bekräftigen wird.

Der Ort, an dem die Papyrus auf den Markt gebracht werden, iſt natürlich nicht maſsgebend für die Frage nach der Fundſtelle derſelben, es iſt daher ungenau und

---

[1] Aber auch koptiſche Papyrus der arabiſchen Zeit kennen dieſe Uebung, neben der allgemeineren der Wortabtrennung durch zwei oder drei Punkte. Vergl. Kopt. Pap. Nr. 370:

// ⲃⲓⲛⲉⲕ · ⲛⲉⲓⲥⲁⲃ //
// ⲕ · ϫⲉⲁⲛⲁⲕ · ⲟⲩⲧ //
// ⲙⲉϩ · ⲛⲉⲕϩⲏⲧ //
// ⲉⲓⲁ · ⲛⲁϩ · ⲉⲗⲁⲕ · //
// ⲁⲛⲟⲩⲛⲁⲣ · ⲉⲗⲁⲓ //
// ⲛⲁϫⲁⲓⲉ · ⲛⲟⲩϫⲉⲓ //

[2] So lautet der Anfang des 119. Pſalms: ⲁⲉⲓⲱϣ ⲉϩⲣⲁⲓ̈ ⲉⲣⲟⲕ ⲡϫⲟⲉⲓⲥ. Pſalm 115, 4 heiſst es dagegen: ⲁⲉⲓⲱϣ ⲉϩⲣⲁⲓ̈ ⲉⲡϫⲟⲉⲓⲥ.

verwirrend, wenn man von einem Achmimer Dialekt fpricht. Der Verbreitungsbezirk des in diefen Papyrus vorkommenden Dialektes mufs vielmehr noch gefucht werden, und es erfcheint nach dem bisherigen nicht ganz ausgefchloffen, dafs diefe Papyrus auch den Dialekt der uralten Hauptftadt Memphis geben, alfo jener Stadt, welche, wenn noch zu Strabo's Zeit bedeutend, mit jedem weiteren Jahrhundert der chriftlichen Zeitrechnung zurücktritt. Diefer allmähliche, beim Einbruch der Araber im Wefentlichen abgefchloffene Verfall würde dem Entwicklungsgange des fraglichen Dialektes entfprechen.

Papyrus aus Unterägypten waren bisher nicht vorhanden, auch die erhaltenen Handfchriften gehen in verhältnifsmäfsig fpäte Zeit. Die geographifchen und klimatifchen Bedingungen des Delta find der Erhaltung von Papyrus nicht günftig. Es ift ein glücklicher Zufall, dafs fich unter der Maffe der koptifchen Papyrus Erzherzog Rainer auch einige wenige unterägyptifcher Provenienz vorgefunden haben. Eine kurze Notiz über den befterhaltenen derfelben habe ich bereits mitgetheilt.[1] Ich laffe den Anfang des dialektifch fo intereffanten Stückes folgen.

Kopt. Pap. Nr. 1785:

Zeile 1. χεν πραν ενπνουθι ενcΖορπ νωβ νιβεν τιcχαει τιεραcπαΖεcθε ενπαμαειγουθι ενcο[ν
2. εττaιηουτ κατα cμοντ νιβεν νεμ πεκ ηει τηρφ ειcΖτΖεν κουτΖι cΖανιcΖ μενενcαναει αειερδεχι
3. νεκcχαει εκcχαει νηει εcΖπη νιτεκνι u. f. w.

Aus den fo zahlreich vorhandenen Faijûmer Briefen feien einige parallele Stellen angeführt:

Kopt. Pap. Nr. 74:

ϯ ϩⲉⲙ ⲡⲗⲉⲛ ⲉⲛⲛⲟⲩⲧⲓ ⲛϣⲁⲣⲉⲛ ⲑⲓⲣⲏⲛⲏ ⲛⲛⲟⲩⲧ
ⲛⲧⲉⲕⲙⲉⲧϫⲁⲓⲥ ⲛⲥⲁⲛ ⲉⲧⲁⲛⲟⲩⲧ ⲕⲁⲧⲁ ⲛⲉⲁⲣⲉⲧⲏ
ⲟⲩ ⲧⲏⲣⲟⲩ ⲛⲛⲟⲩⲧ ⲙⲉⲛⲉⲗⲱⲙⲓ ⲙⲉⲛⲉⲥⲁⲛⲉⲓ u. f. w.

Kopt. Pap. Nr. 56:

ϯ ϩⲉ ⲛⲗⲉⲛ ⲛⲛⲟⲩⲧⲓ ⲛ̄ϣⲁⲣⲉⲛ ⲧⲓϣⲓⲛⲓ ⲁⲩⲱ ⲧⲓⲡⲣⲟⲥⲕⲩⲛⲓ ⲛⲉⲧⲙⲁⲓⲓ ⲛⲧⲉⲕⲙⲉⲧⲉⲁⲛ ⲉⲧⲁⲓⲛⲟⲩⲧ ⲕⲁⲧⲁ ⲥⲙⲁⲧ ⲛ̄ⲕⲓⲃⲓ ⲛ̄ⲧⲉ ⲛ̄ⲛⲟⲩⲧⲓ ⲙⲉ ⲛⲉⲗⲱⲙⲓ ⲗⲟⲓⲡⲟⲛ u. f. w.

Kopt. Pap. Nr. 173: ϯ ϩⲁⲧϩⲏ ⲙⲉⲛ ϩⲱϥ ⲛⲓⲃⲓ ⲧⲓϣ[ⲓⲛⲓ] oder
Kopt. Pap. Nr. 118: ϯ ϩⲁⲑⲏ ⲙⲉⲛ ϩⲱⲃ ⲛⲓⲃⲓ ⲧⲉⲛϣⲓⲛⲓ u. f. w.

Die Wendung τιεραcπαΖεcθε findet ihr Analogon in den Schlufsformeln der Faijûmer Briefe.

Kopt. Pap. Nr. 30: ϯⲁⲥⲡⲁⲍⲉ ⲙⲙⲁⲛ ⲙⲛ̄ ⲗⲱⲙⲓ ⲛⲓⲉⲓⲃⲓ ⲉⲧⲛⲉⲙⲉⲛ ϯ.

Kopt. Pap. Nr. 41: ϯⲁⲥⲡⲁⲍⲉ ⲛⲧⲉⲕⲙⲉⲧⲉⲁⲛ ⲉⲧⲁⲓⲛⲟⲩⲧ ϯ.

Bemerkenswerth find vor Allem die Formen εcΖπη für ⲉⲑⲃⲉ, ωβ für ϩⲱⲃ. Das ϩ, welches einem hieroglyphifchen 𓉔 entfpricht, bleibt hier unbezeichnet.

Solange diefer Papyrus allein vorlag, konnte man diefe eigenthümliche Schreibart für eine Spielerei oder einen Nothbehelf halten; es liegen mir jedoch jetzt noch zwei andere Papyrus vor, welche von demfelben Principe ausgehen, und merkwürdig genug —

[1] Mittheilungen, I, S. 49.

beide zeigen den unterägyptiſchen Dialekt. Von dem einen (Kopt. Pap. Nr. 114) ſind nur einzelne Worte erhalten, wir leſen am Anfang: † φ̅ϯ̅ ενcζ[ορπ, τιcζινι, cζτωρι, τεφτζομ νεμαν; er bewegt ſich ſonach in den Bahnen des Papyrus Nr. 1785. Anders ſteht es dagegen mit dem dritten Papyrus. Dieſer kennt ein ϩ neben ϫ. Er ſchreibt: Kopt. Kap. Nr. 31:

ερε πνουτι αρεϩ εροκ εβολ απεθω̆ νιβεν ꞅ τεφcωπτι
νωτεν τετενιερπενμεβι .... ꞅ τεφτι ουνιcζ̆
εναϩι νωτεν....... ꞅ τεφναϩμεκ εβολ απεθω̆ νιβεν

(‚Gott bewahre Dich vor allem Uebel und bereite es uns, daſs Ihr unſer gedenkt, er gebe ein langes Leben Euch ... [und] rette Dich vor allem Uebel),

ferner εχουν, χω εχρηει, ειταμω, νμωφ εϩωπ νιβεν.

Bemerkenswerth ſind neben απεθω̆ (vergl. Kopt. Pap. Nr. 163: ντεϥϩαρεϩ εροκ caβaλ μπεθαγ κιμ, ντεϥcκτπαϫε μμοκ ϩα τεϥcκεπη ετογεεβ..... und ϩινα ντεκαρεϩ ερωογ εβολ ϩα πιπετϩωογ, Johannes 17, 15) die Form cωπτι für cωβτι, ϩωπ für ϩωβ, μεβι für μεγι.

Das angeblich in dem Demotiſchen wurzelnde Zeichen Ꝧ habe ich in keinem Papyrus bisher gefunden. Doch hier gilt das ‚dies diem docet'. Und ſo ſei auch bemerkt, daſs das Zeichen ⳉ, welches in den in Akhmîm gekauften Papyrus vorkommt, ein neuer Beleg dafür iſt, daſs koptiſche Buchſtaben auch durch Differenzirung bereits vorhandener entſtanden ſind. Warum entlehnten die Kopten, welche die Akhmîmer Papyrus zu einer Zeit ſchrieben, wo das Demotiſche noch nicht ausgeſtorben war, nicht das Zeichen ⳉ aus dem Demotiſchen, ſondern ſchieden das ϩ vom ⳉ durch einen Querſtrich? Man möchte vermuthen, daſs das boheiriſche Zeichen ϧ nichts anderes ſei als ϯ+ϩ, indem der differenzirende Strich an einer anderen, dem Schreibenden bequemeren Stelle geſetzt wurde, ähnlich wie bei ϭ und ϭ.[1]

Man ſieht, daſs die Uebung koptiſch ohne oder nur mit theilweiſer Benützung der dem griechiſchen Alphabete hinzugefügten koptiſchen Zeichen in Unterägypten allgemein war; daſs ſie nicht die alleinherrſchende war zeigt der in ſeiner Schreibung ſo wenig conſequente Papyrus Nr. 160 (er ſchreibt εϫαι neben εϩαι), dem wir die intereſſante Form ϭιογε (für ϭωιc, neuere Ausſprache *scheus*) entnehmen. Mehr läſst ſich bei dem jetzigen Stande unſerer Kenntniſſe mit Sicherheit nicht ſagen, doch ſei die Vermuthung zu äuſsern geſtattet, daſs die Texte im baſchmuriſchen Dialekt nach Art des Papyrus Nr. 1785 geſchrieben waren. Denn Alles, was wir über die Bewohner des Baſchmûr wiſſen, zeigt, daſs unter denſelben griechiſche Einwirkungen ſehr ſtark ſein muſsten; umſo eher aber konnten ſie ſich veranlaſst ſehen, des bloſsen griechiſchen Alphabetes auch zur Niederſchriſt koptiſcher Texte ſich zu bedienen.

Indem wir uns zu der Zuſammenſtellung der in Faijûmer und Schmûner Texten vorkommenden Ortsangaben wenden, glauben wir eine Ergänzung der noch verhältniſsmäſsig mangelhaften Kenntniſs Mittelägyptens zu liefern, zu gleicher Zeit aber auch vom koptiſchen Standpunkte aus einen kleinen Beitrag zu den Principien der altägyptiſchen Namengebung. Es ſeien auch die fragmentariſch vorhandenen Namen angeführt,

[1] Siehe Mittheilungen, I, S. 111.

denn es ist möglich, dafs diefe durch beffer erhaltene Stücke anderer Sammlungen ihre Ergänzung finden.

In den Papyrus Faijûmer Provenienz wird natürlich die Stadt Arfinoë am häufigften erwähnt. So in einer Schuldverfchreibung (Kopt. Pap. Nr. 3003):

ⲁⲛⲁⲕ ⲡⲉ ⲑⲉⲟⲇⲱⲣⲁⲕⲓ ⲡϣⲏ ⲛⲑⲱⲇⲱⲥⲓ ⲡⲁⲛⲟⲗⲓⲥ ⲉⲛⲙⲁⲙ ⲉⲉⲓⲉϩⲉⲓ
ⲓⲱⲁⲛⲛⲏⲥ ⲡϣⲏ ⲛⲫⲟⲓⲃⲁⲙⲟⲩ ⲡϣⲏ ⲡⲡⲁⲧⲁϭⲛ ⲛⲁⲧⲉⲓⲛⲟⲗⲓⲥ ⲛⲟⲩⲱⲧ u. f. w.

Einmal erfcheint in einem Papyrus aus Arfinoë ein Strafsenname:

Kopt. Pap. Nr. 20: απο λαυρ/ παρεμβολ[1]

Dafs häufig Papyrus aus ϩⲏⲛⲉ vorkommen, ward bereits erwähnt.[2]

Vergl. aufserdem Kopt. Pap. Nr. 1014:

† ϩⲙ̄ ⲡⲗ̄ⲛ̄ ⲙⲡⲛⲟⲩⲧⲓ ⲛϣⲁⲣⲉⲛ ////
ⲙⲛ̄ ⲕⲟⲗⲗⲟⲩⲑⲟⲥ ⲡϣⲏⲗⲓ ⲫ ////
ϩⲙ ⲡⲧⲁϣ ϩⲏⲛⲉ ⲛⲟⲗⲓⲥ ⲡ////

Kopt. Pap. Nr. 1286: ⲁⲃⲇⲉⲗⲗⲁ ⲛⲁⲧⲛⲱⲗⲓⲥ ϩⲏ[ⲛ]ⲉ.

Kopt. Pap. Nr. 171:

Zeile 5. ϩⲙ ⲡⲧⲁϣ ϩⲏⲛⲉ ⲧⲡⲟⲗⲓⲥ ⲙⲡⲛⲟⲙⲟⲥ ⲉⲛⲉϩⲉⲓ u. f. w.

Kopt. Pap. Nr. 329: ⲛⲁⲁⲧⲉⲱϩ ϩⲉⲙⲡⲧⲁϣ ϩⲏⲛ[ⲉ].

Daneben wird auch Babylon, wohin der Verkehr des Faijûm fich hauptfächlich richtete,[3] recht oft genannt. Die üblichen Schreibungen find:

Kopt. Pap. Nr. 189: ⲛⲁⲃⲓⲗⲱⲛ. Kopt. Pap. Nr. 2: ⲡⲁⲃⲩⲗⲱⲛ. Kopt. Pap. Nr. 40: ⲛⲁⲃⲩⲗ. Kopt. Pap. Nr. 59: ⲃⲁⲃⲩⲗⲱⲛ, und Kopt. Pap. Nr. 1324: ⲃⲁⲃⲉⲗⲱⲛ.

In einem längeren Briefe meldet ein gewiffer Jezîd an feinen Bruder Abu ʿAli feine glückliche Ankunft in Babylon.

Kopt. Pap. Nr. 803:

Zeile 2. ⲧⲓⲧⲁⲙⲟ ⲛⲧⲉⲕⲙⲛⲧⲥⲁⲛ ϫⲉ ⲁ ⲡⲛⲟⲩⲧⲉ ϫⲓⲙⲟⲉⲓⲧ[4] ⲛⲁⲛ ⲁⲛⲧⲉ ⲉϩⲟⲩⲛ
ⲉⲃⲁⲃⲓⲗⲟⲛ ⲁⲩⲱ ⲙⲡⲛⲉϩⲉ ⲉⲗⲁⲁⲩ ⲉⲙⲏⲧⲉ[5] ⲛⲉⲧⲛⲁⲛⲟⲩϥ.

Abu ʿAli wohnte wohl in Faijûm, fo kommt es, dafs der Brief feines Bruders unter den Papyrus Faijûmer Provenienz fich vorfand. In demfelben Briefe finden wir

Verfo Zeile 8: ⲡϩⲱⲣⲙⲏⲥ ⲛⲛⲁⲃⲓⲗⲟⲛ,

den Hafen von Babylon und vorher noch

Verfo Zeile 7: ⲧⲁⲗⲕⲁⲛⲧⲣⲉ ⲛⲗⲓϩⲱⲛⲉ,

alfo wohl die Brücke (القنطرة *al-qanṭare*) der Stadt ⲗⲓϩⲱⲛⲉ, es ist das altägyptifche La-ḥun (Ellaḥûn).

---

[1] Vergl. WESSELY, Prolegomena, 20; ἀπὸ ἀμφόδου παρεμβολῆς.

[2] Mittheilungen, I, S. 64.

[3] Zur Zeit der Weinlefe im Faijûm — um den 21. Juli — ift der Weg mit Leuten befäet, welche Trauben nach Cairo bringen und zurückkehren. WANSLEB, Sammlung der merkwürdigen Reifen im Orient, herausgegeben von PAULUS, III, 266.

[4] Vergl. den Papyrus aus dem Klofter des Apa Jeremias bei Memphis:

Zeile 7. ϣⲁⲣⲉ ⲡⲛⲟⲩⲧⲉ ϫⲓⲙⲟⲉⲓⲧ
8. ⲛⲁⲛ ⲉⲃⲁⲃⲩⲗⲱⲛ.

[5] εἰ μήτι.

Die griechischen Papyrus erwähnen bekanntlich öfter eine Stadt Theodosiûpolis zusammen mit der Stadt Arsinoë, vergl.: Φλς Μηνᾷ τῷ ἐνδοξοτ[άτ]ῳ cτρατηγῷ καὶ παγάρχῳ τῆc Ἀρcινοΐτων π/ καὶ Θεοδοcιουπολιτῶν.[1]

Ebenso erscheint Theodosiûpolis sowohl bei Hierokles (Eparchie Arkadien, neun Städte: Kynopolis, Oxyrrhynchos, Herakleopolis, Arsinoë, Theodosiûpolis, Neilopolis, Aphroditopolis, Pemphis (?), Letopolis), als in der Notitia I episcopatuum (Oxyrrhynchos, Metropole: Groſs-Herakleopolis, Neilupolis, Arsinoë, Theodosiûpolis, Aphroditopolis, Μεμφιλιτουc) unmittelbar nach der Stadt Arsinoë genannt. Daneben kommt sowohl bei Hierokles, als auch in der Notitia episcopatuum ein zweites Theodosiûpolis in der Eparchie Θηβαΐδοc τῆc ἔγγιcτα gleich hinter Hermûpolis-Schmûn vor. Ein koptisches Städteverzeichniſs nennt einen Ort ⲑⲉⲧⲁⲱⲥⲓⲟⲩ als dem arabischen Taha entsprechend,[2] welcher Name hier wiederum dem koptischen Stadt- und Nomosnamen ⲧⲟⲩϩⲱ entspricht.[3] Dieser Ort Theodôsiu-Tuhô liegt zwischen ⲡⲓⲕⲁⲫⲁⲣ und ⲁⲛϯⲛⲱⲟⲩ, ϣⲙⲟⲩⲛ und ⲧⲙⲟⲟⲛⲉ (Minjeh), ⲁⲛϯⲛⲱⲟⲩ und ⲧⲙⲱⲛⲛ und besteht heute noch unter dem Namen Taha el-amudên, 15 Kilometer unterhalb Minich. Es kann kein Zweifel sein, daſs die mit Arsinoë zusammen genannte Stadt Theodôsiupolis mit dem Orte Theodôsiu-Tuhô nichts zu thun hat, selbst wenn, was nicht anzunehmen, der Verwaltungsbezirk des genannten Pagarchen Menas Arkadien in seinem weitesten Umfange umfaſste, etwa wie derjenige jenes Herokellianos, welcher Hegemôn war über die drei Städte Herakleopolis (ϩⲛⲏⲥ), Oxyrrhynchos (ⲡⲉⲙϫⲉ) und Kynopolis (ⲕⲁⲓⲥ).[4] Man möchte eher vermuthen, daſs gerade unser Lihône, welches in alter Zeit Stadt des Königs Osorkôn und später wahrscheinlich Ptolemaïs hieſs,[5] den Namen Theodosiûpolis erhielt.

Stadt und Nomos Oxyrrhynchos erscheinen ebenfalls in den Papyrus.

Kopt. Pap. Nr. 42:

† εν ονοματι του θεου εκραφιμεν ν///
ⲁⲛⲁⲕ ⲡⲉ ⲓⲱⲥⲏⲫ ⲡϣⲏⲣⲓ ⲛⲛⲉⲟⲣ///
ϭⲓⲛⲙⲁϩⲟⲩⲧ ϩⲙ ⲡⲧⲁϣ ⲡⲉⲙϫⲏ ⲉ///
ⲛⲛϭⲟⲗⲓ

Damit bricht der Papyrus ab, welcher, wenn er vollständig wäre, möglicher Weise für den Dialekt von Oxyrrhynchos (ⲡⲉⲙϫⲏ) als aufschluſsreich sich ergeben würde. Wir sagen nur möglicher Weise, denn es kann trotz der Erwähnung des Nomos ⲡⲉⲙϫⲏ der Papyrus im Faijûm geschrieben sein.

Wir finden ferner einen Ort ϫⲉⲃⲉⲛⲟⲩⲧⲓ, welcher freilich mit der bekannten Heimatstadt Manetho's nichts zu thun hat. Die griechischen Papyrus zeigen, daſs hier eine Ortschaft im Faijûm gemeint ist.[6]

---

1 Wessely, a. a. O., S. 13, 15, 70.

2 Sahidische Handschrift der Nationalbibliothek, Nr. 44, fol. 79.

3 Vergl. Champollion, L'Égypte sous les Pharaons, I, 299; Quatremère, Mémoires, I, 367; Vansleb, Histoire de l'église d'Alexandrie, 25.

4 Acten des Märtyrers Epime: ϩⲉⲣⲟⲕⲉⲗⲗⲓⲁⲛⲟⲥ ϩⲱϥ ⲁⲧⲁⲓϥ ⲛϩⲏⲅⲉⲙⲱⲛ ⲉϫⲛ̄ ⲡⲟⲗⲓⲥ ϯⲡⲟⲗⲓⲥ ϩⲛⲏⲥ ⲛⲉⲙ ϯⲡⲟⲗⲓⲥ ⲡⲉⲙϫⲉ ⲛⲉⲙ ϯⲡⲟⲗⲓⲥ ⲕⲁⲓⲥ. Zoëga, Catalogus 24. Daneben erscheint auch der ⲗⲟⲧⲍ von Oberägypten (ⲙⲁⲣⲏⲥ).

5 Pianchi Stele, Zeile 77, vergl. Dümichen, Geschichte des alten Aegypten, S. 227.

6 Wiener Studien, Bd. VIII, S. 115.

Kopt. Pap. Nr. 496: ⲁϩⲁ ⲡⲗⲉⲙⲁϫⲉⲃⲉⲛⲟⲩⲧⲓ, und

Kopt. Pap. Nr. 39 und 155:

Zeile 1. ⲁⲛⲁⲕ ⲭⲁⲏⲗ ⲕⲱⲉⲙⲁ ⲁϩⲁ ⲛⲉϭⲱϣ ⲅⲉⲱⲣⲅⲉ
2. ⲁϩⲁ ⲥⲧⲁⲩⲣⲁⲅⲓ ⲥⲧⲉⲫⲁⲛⲉ ⲁϩⲁ ⲛⲉⲛⲁⲗⲁⲍ ⲁϩⲁ //// ⲫⲁⲛⲓ ⲅⲉⲱⲣⲅⲉ
3. ⲁϩⲁ ⲡⲓⲁⲕⲟⲩ ⲟⲩⲉⲛⲁⲃⲉⲗ ⲁϩⲁ ϭⲁⲙⲟⲩⲗ ⲁⲡⲁ ⲓⲟⲩⲗⲓ ⲛⲁϫⲉⲃⲉⲛⲟⲩⲧⲓ.

In derſelben Urkunde finden wir unter den Zeugen einen

ⲁⲛⲁⲕ ⲡⲓⲁⲕⲟⲩ ⲙⲱⲓⲥⲏⲥ ⲛϣⲏⲡⲓⲁⲕⲟⲩ ⲇⲁⲇ ⲡⲁⲧⲟⲩⲣⲟⲩⲃⲉⲉⲧⲓ,

wofür auch ⲧⲟⲩⲣⲟⲩⲃⲁⲥⲧⲓ ſteht.

Andere Ortsnamen lernen wir kennen in dem auch in anderer Hinſicht nicht unwichtigen

Kopt. Pap. Nr. 19:

Zeile 1. ⲁⲛⲁⲕ ⲡⲉ ϣⲉⲛⲟⲩⲧⲓ ⲛϣⲏⲛ
2. ⲕⲟⲉⲙⲁ ⲁϩⲁ ⲛⲁⲡⲛⲟⲩⲧⲓ ⲛϣⲏ ⲛⲕⲟⲉⲙⲁ ⲁϩⲁ ⲡⲓⲗⲁⲙⲟⲩ ⲛϣⲏ ⲛ
3. ⲕⲟⲉⲙⲁ ⲁϩⲁ ⲛⲏⲓⲛⲉ ⲛⲡⲉⲛⲧⲓⲙⲓ ⲧⲏⲣⲃ ⲛⲁⲛⲟⲩⲣϩⲁⲃⲉϭ
4. /// ⲧⲁ]ϣ ⲡⲓⲁⲙ ⲉⲛⲉϩⲉⲓ ⲑ[ⲉⲟ]ⲇ^ⲟⲱⲣ ⲡⲁⲣⲭⲏⲉⲩⲙ^ⲭ ⲛϣⲏ ⲛⲓⲱⲉⲛⲫ
5. ⲛⲁⲛ]ⲛⲁⲗⲁⲛⲕⲉϩ

Beachtenswerth iſt vor Allem das Amt des hier genannten Theodoros; er wird als ⲁⲣⲭⲏⲉⲩⲙ^ⲭ, alſo ⲁⲣⲭⲏⲉⲩⲙⲙⲁⲭⲟⲥ bezeichnet. Die Untergebenen des ⲁⲣⲭⲏⲉⲩⲙⲙⲁⲭⲟⲥ, die ⲉⲩⲙⲙⲁⲭⲟⲓ, werden oft in den koptiſchen Papyrus erwähnt.

Kopt. Pap. Nr. 120: ⲁϩⲁ ⲁⲡⲉⲩ : ⲙⲁⲛⲉⲓ ⲉⲓⲙⲁⲭⲓ ⲙⲁⲃⲏⲓ[1] ⲛⲁⲥϩⲉⲓ ⲛⲉⲛ

Kopt. Pap. Nr. 1287:

Zeile 11. [ⲁⲩ]ⲱ ⲁⲛⲁⲕ ⲡⲉ ⲃⲁⲣⲟⲟ^ⲗ
12. ⲡⲃ^ⲟⲟⲛ ⲛϣⲡ̄ϣⲉⲛⲟⲩ^ⲧ
13. ⲉⲓⲥϩⲉⲓ ⲥⲓϣⲓⲛⲓ ⲛⲧⲣⲓ
14. ⲛⲁⲩⲗⲉ ⲁⲩⲱ ⲁⲓⲧⲁⲙⲁ
15. [ⲙⲙⲁⲛ] ⲉⲧⲃⲉ ⲫⲟⲣⲉ
16. ⲛⲉⲩⲙⲙ^ⲭ ϫⲉ u. ſ. w.

Kopt. Pap. Nr. 56: ⲗⲟⲓⲡⲟⲛ ⲁⲡⲁ ⲁⲃⲉⲗ ⲡⲉⲩⲙ^ⲭ ⲉⲓ ⲛⲉⲓ.

Ferner aus dem Kreiſe der Schmûner Papyrus Kopt. Pap. Nr. 1623:

/// ϣⲙⲟⲩⲛ ⲧⲡⲟⲗⲓⲥ ///
ⲭⲁ]ⲏⲗ ⲡⲁⲣⲭⲏⲉⲩⲙⲙ^ⲭ ///

---

[1] Kopt. Pap. Nr. 126: ⲡⲗⲟⲙⲓ ϣⲁⲃⲏⲓ ⲧⲉⲉⲡⲓⲥⲧⲱⲗⲏ ⲛⲉⲧⲉⲛ. Nr. 1239: //ⲗⲟⲙⲓ ϣⲁⲃⲏⲓ ⲛⲁⲥϩⲉⲓ ⲛⲏⲕ. Nr. 1002:

ⲛϣⲁⲛϫⲓ ⲛⲁⲥ
ϩⲉⲓ ϭⲁⲛ ⲡⲗⲟⲙⲓ ⲉⲧⲙⲉⲩ
ⲧⲁⲟⲩⲁⲃ ⲛⲉⲓ ⲙⲉ ⲡ̄ⲗⲟⲙⲓ
ⲛϣⲁⲃⲏⲓ ⲛⲁⲥϩⲉⲓ ⲛⲉⲛ †

Es kann kein Zweiſel ſein, vollends wenn man die Stelle des Papyrus Nr. 120 ins Auge faſst, wo geſagt wird, daſs der ⲥⲩⲙⲙⲁⲭⲟⲥ ‚Briefe nicht gebracht habe', daſs σύμμαχοι hier, wie eine Stelle im Breviarium des Liberatus Diaconus[1] beſagt, Briefboten bedeuten. Von der Leiſtungsfähigkeit der ägyptiſchen Boten gibt uns M. WANSLEB[2] eine Vorſtellung, welcher ſagt: ‚Wer in Alexandrien Bote werden will, muſs in einem Korbe, der wie ein Feuerbecken gemacht und an einer mannshohen, mit vielen eiſernen Ringen beſchlagenen Stange beſeſtigt wird, ein Feuer in einem Laufe von 27 Meilen auf den Weg nach Roſette tragen und an demſelben Tage vor Sonnenuntergang wieder in die Stadt zurückkehren'. Unwillkürlich denkt man bei dieſer Schilderung an die Stelle der Chamoïsſage (V, 38): ‚Stelle dieſs Buch zurück dem Neſerchophtah, indem Du eine gabelförmige Stange in der Hand und ein Feuerbecken auf dem Kopfe trägſt', d. h. nicht bildlich geſprochen: ‚Beeile Dich, das Buch zurückzuſtellen'.[3]

Dieſen Oberbriefträger Theodoros, Sohn des Joſeph, kennen wir auch aus zwei anderen Rechtsurkunden, welche auf dem zweiſeitig beſchriebenen Papyrus Nr. 49*a* und *b* ſtehen, da es kaum anzunehmen iſt, daſs von zwei verſchiedenen Theodoros, Söhnen des Joſeph aus Pkalankeh die Rede iſt.

Kopt. Pap. Nr. 49*a*:

Zeile 1. ⲁⲛⲁⲕ ⲡⲉ ϫⲁⲛⲗ ⲛϣⲏ ⲛⲁⲃⲣⲁϩⲁⲙ ⲛⲧⲁϥⲡⲛⲗⲁⲧⲏⲥ
2. [ⲡⲁ]ⲧⲃⲱⲛⲁⲗⲁⲁⲗⲓ ⲉⲉⲓⲥϩⲉⲓ ⲛⲑⲉⲟͣ ⲛϣⲏ ⲛⲓⲱⲥⲏⲫ ⲡⲁⲡⲕⲁⲗⲁⲛⲕⲉϩ
3. ϩⲉ ⲛⲧⲁϣ ⲛⲓⲁⲙ u. ſ. w.

und ähnlich Kopt. Pap. Nr. 49*b*:

Zeile 1. ⲁⲛⲁⲕ ⲡⲉ ϫⲁⲛⲗ ⲛϣⲏ ⲛⲁⲃⲣⲁϩⲁⲙ ⲛⲧⲁϥⲡⲛⲗⲁⲧⲏⲥ ⲡⲁⲧ
2. ⲃⲱⲛⲁⲗⲁⲁⲗⲓ ⲉⲉⲓⲥϩⲉⲓ ⲛⲑⲉⲟͣ ⲛϣⲏ ⲛⲓⲱⲥⲏⲫ ⲛⲁⲡ[ⲕⲁⲗⲁⲛⲕⲉϩ] ϩⲓ ⲧⲁϣ ⲛⲟⲩⲱⲧ ⲛⲓⲁⲙ.

Der Diakon Mena, der die Urkunde geſchrieben, gibt uns in ſeiner Unterſchriſt die griechiſche Ueberſetzung des Namens des Ortes ⲧⲃⲱⲛⲁⲗⲁⲁⲗⲓ:[4]

διακ/ μη/ ἀποͯ αμπελγ/.

Ⲡⲕⲁⲗⲁⲛⲕⲉϩ iſt wohl 'Αγκων.

In dem Papyrus Nr. 91 leſen wir, ähnlich wie im Papyrus Nr. 19:

Zeile 5. ⲁϩⲁ ⲛⲕⲓⲛⲉ (= κοινόν) ⲛⲛⲉⲛⲧⲓⲙⲓ ⲧⲏⲣⲃ ⲛⲁⲧⲙⲟⲩϣⲓ ⲛⲓⲁⲙ.

---

1 Breviarium (ſiehe oben S. 45) c. XXIII: Cogitante Paulo episcopo removere Eliam magiſtrum militum, Psoius quidam diaconus et oeconomus Ecclesiae amicus Eliae, per portitores literarum velocissimos pedestres, quos Aegyptii symmachos vocant, omnia molimina Pauli Eliae scribebat. Solange dieſe Stelle allein vorlag, hat es an Verſuchen nicht gefehlt, den eigenthümlichen Namen der Briefboten aus dem ägyptiſchen abzuleiten. Vergl. WIEDEMANN, Sammlung altägyptiſcher Wörter, ſ. v. simacus und die Anzeige dieſes Werkes von BRUGSCH, Berliner philologiſche Wochenſchriſt 1884, S. 137.

2 Sammlung der merkwürdigen Reiſen in den Orient, herausgegeben von PAULUS, III. Theil, S. 246.

3 Darnach iſt manches bei HUDEMANN, Geſchichte des Poſtweſens, S. 4, richtigzuſtellen.

4 Vergl. den Ort ϣⲉⲛⲁⲗⲟⲗⲓ im Nomos Schmûn, den Geburtsort des Schenûti, ZOëGA, 34, 5; QUATREMÈRE, Mémoires, I, 446; CHAMPOLLION, I, 266. Der Text ſcheint ϣⲉⲛⲁⲗⲟⲗⲉⲧ zu geben.

Einen Ort Ⲡⲓⲧⲣⲉⲟⲥ gibt der Kopt. Pap. Nr. 1032:

Zeile 1. ϣⲏⲡⲟ]ⲩⲧⲓ ⲛϣⲏⲛⲛⲁⲛⲁ

2. ϩⲁⲙⲁⲓ ⲁϩⲁ ⲑⲉⲟⲫⲓⲗ............ⲡⲁⲡⲓⲧⲣⲉⲟⲥ ϩⲉ ⲛ

3. ⲧⲁϣ ⲛⲓⲁⲙ ⲉⲛⲉϩⲉⲓ u. ſ. w.

Ob der Ort Ⲡⲟⲩⲉⲓⲣⲓ, welcher im Kopt. Pap. Nr. 1287:

Zeile 1. ⲁⲛⲁⲕ ⲡⲉ ⲫⲟⲣⲉ

2. ⲡⲉⲧⲙⲙⲁⲭ^{ⲧ}

3. ⲡⲁⲡⲟⲩⲉⲓⲣⲓ ⲉⲓⲉϩⲉⲓ

vorkommt, im Faijûm lag, oder ſonſt eines der häufig vorkommenden Ⲡⲟⲩⲉⲓⲣⲉ: Ⲡⲟⲩⲉⲓⲣⲓ gemeint iſt, läſst ſich nicht ſagen. Vergl. auch Kopt. Pap. Nr. 292:

///ϩⲓⲧⲛ ⲇⲓⲟⲥⲕⲱⲣⲟⲥ ⲡⲁⲡⲟⲩⲉⲓ ///

Einen Ort dieſes Namens können wir aus den Schmûner Urkunden belegen.

In dem koptiſchen Sigillum Nr. 279 leſen wir unter anderen auch folgende χωριον:

χ^{o} φαινιππ^{τ}

χ^{o} φνεβι

χ^{o} πρανι

χ^{o} διασημω^{τ},

in dem koptiſchen Briefe Nr. 103 kommt das

χ^{ω} αλεξανδρ^{τ}

vor.

Wir finden in einem Papyrus, von dem nur die eine Hälfte erhalten iſt, Reſte von Namen von Localitäten.

Kopt. Pap. Nr. 15:

Zeile 1. ///ⲛⲟⲩⲧⲓ ⲁⲛⲁⲕ ⲛⲉ ⲙⲓⲁⲕⲟⲩ ϣⲉⲛⲟⲩϯ υ^{o}

///ⲧⲉⲙⲓⲛ ϩⲙ ⲡⲧⲁϣ ⲡⲓⲁⲙ ⲉⲓⲉϩⲉⲓ

///ⲍⲩⲉⲟⲥⲧⲁⲧⲏⲥ ⲡⲁⲧⲡⲟⲗⲓⲥ ϫⲉ ⲉⲡⲓⲇⲏ

u. ſ. w.

Auf der Rückſeite ſteht:

γραμ^{τ} γεναμ^{ϵ} σενου^{o} //// υπo^{χ} φεν ///

Leider fehlt in dem Kopt. Pap. Nr. 262 das Stück, in welchem wir den koptiſchen Namen des in der Zeugenunterſchriſt genannten und auch in den griechiſchen Papyrus ſo oft erwähnten Ortes Εἰκοσιπενταρουρῶν erwarten möchten.

Zeile 5. χ^{ω} εικ^{π}/ α$\rho\rho^{\tau\tau}$.

Die in dem Kopt. Pap. Nr. 1281 und 279 genannte κώμη:

ⲧⲉⲃⲉⲧⲛⲩ

iſt aus verſchiedenen griechiſchen Urkunden wohlbekannt.

Ferner lefen wir im

Kopt. Pap. Nr. 176: /// ϣⲱ ϩⲉⲙ ⲛⲧⲁϣ ⲛⲓⲁⲙ.

Kopt. Pap. Nr. 1254:

Zeile 1. † ϩⲉⲙ ⲡⲗⲉⲛ ⲉⲛⲛⲟⲩⲧⲓ ///
2. ⲡⲁⲡⲯⲓⲛⲟⲩⲣⲉⲥⲉⲃⲟ ///
3. ⲡⲓ]ⲁⲙ.

Vergl. die Ortsnamen Ψενύρις, Ψινέκταβις κώμη Αἰγυπτία, Ψενακὼ κώμη τοῦ Ἀθριβίτου νομοῦ bei STEPHAN BYZ.

Kopt. Pap. Nr. 1302:

Zeile 2. /// ⲛⲉ ϩⲉ ⲛⲧⲁϣ ⲛⲓⲁⲙ ///

Als Heimat der Zeugen wird zweimal angeführt:

χ
Zeile 9. απο καμινων.

Eine κώμη diefes Namens kennen auch die griechifchen Papyrus. Diefer Ortsname ift in einer Gegend, wo die Ziegelfabrication in grofser Blüthe ftand, nicht auffallend.[1] In einem koptifchen Briefe gefchäftlichen Inhalts erfcheinen folgende ⲭⲱⲣⲓⲟⲛ genannt.

Kopt. Pap. Nr. 1239:

ω
χ αριδεου
ω
χ μουει
ω
χ νικης.

Als Perfonennamen kommt ⲙⲟⲩⲉⲓ — griechifch Μούη, vergl. Apophthegmata Patrum, περὶ τοῦ ἀββα Μούη — vor im Kopt. Pap. Nr. 295:

ⲁⲛⲁⲕ ⲡⲉ ⲙⲟⲩⲉⲓ ⲉⲓⲥϩⲉⲓ ⲓⲁⲕⲱⲃ.

Gar häufig, und wir haben hier wieder zwei Fälle vor uns, war in Aegypten feit alter Zeit die Uebung, Ortfchaften nach Perfönlichkeiten zu benennen, denen der Grund und Boden in denfelben gehörte. So heifsen bereits in der Pyramidenzeit Ortfchaften des Thî nach ihm: ‚See, Lotos, Weinberg, Todtenopfer des Thî', oder nach einem anderen Grofsen ‚Fifchfang, Lotos des Pehen' u. f. w.

Indem wir uns zu den Urkunden, welche wir als Schmûner Provenienz bezeichnet haben, wenden, feien aus denfelben einige herausgegriffen, neben dem bereits Beigebrachten zum Beweife, dafs wir uns thatfächlich auf dem Boden des alten Schmûn und Umgebung befinden.

Kopt. Pap. Nr. 1937:

† ⲁⲛⲟⲕ ⲫⲓⲗⲓⲡⲡⲓⲕⲟⲥ ⲡϣⲉ ⲙⲡⲙⲁⲕⲁⲣⲓⲟⲥ ⲧⲁⲩⲣⲓⲛⲉ
ⲡⲣⲱⲙⲉϣⲙⲟⲩⲛ ⲉⲓⲥϩⲁⲓ ⲛⲧⲁⲣⲭⲱⲛ ϫⲉ ⲁⲓϫⲓ ⲁⲡⲗⲏⲣ[ⲟⲩ
ⲛ̄ⲧⲟⲟⲧⲉ ϩⲁⲛⲉϣⲧⲟⲣ ⲛ̄ⲛ ///

[1] Vergl. Herodot, II, 179: ἑλκύσαντες δὲ πλίνθους ἱκανὰς ὤπτησαν αὐτὰς ἐν καμίνοισι.

oder Kopt. Pap. Nr. 1353:

† ⲁⲛⲟⲕ ⲑⲉⲟⲇⲟⲣⲉ ⲡϣⲉⲛⲛⲙⲁ[ⲕⲁ]ⲣⲓ ⲥⲉⲣⲏⲛⲉ
ⲡⲣⲱⲙⲉϣⲙⲟⲩⲛ ⲉⲓⲥϩⲁⲓ̈ ////////////////// ⲛⲟⲩⲟⲟⲓ[ⲉ]
ϫⲉ ⲁⲓ̈ϫⲓ ⲁⲩⲱ ⲁⲓ̈ⲡⲗⲏⲣⲟⲩ ⲛ̄ⲧⲟⲟⲧⲕ ϩⲁ ⲡⲉϥⲫⲟⲣⲟⲥ u. ſ. w.,

oder als Vormerkung auf der Rückſeite einer Liſte, Kopt. Pap. Nr. 1330:

///ⲧⲉ ⲧⲁⲡⲟⲇⲉⲓⲝⲓⲥ ⲙⲡⲁⲙⲟⲩⲛ ⲡϣⲉ ⲙⲡⲁⲡⲛⲟⲩⲧⲉ ⲡⲣⲱⲙⲉϣⲙⲟⲩⲛ,

oder in einem Protokolle:

/// μεγιστου του θεου και cρc[1] ημων παχωνc ῑθ
/// ⲙⲡⲧⲟϣ ⲛ̄ϣⲙⲟⲩⲛ ⲧⲡⲟⲗⲓⲥ ⲉⲛⲉⲥϩⲁⲓ.

Neben der Stadt Schmûn-Hermopolis werden in den koptiſchen Papyrus auch andere Localitäten des Nomos von Schmûn genannt. So erſcheinen in einer Schuldverſchreibung (Kopt. Pap. Nr. 3002) als Schuldner Bewohner von Ⲡⲟⲩⲉⲓⲣⲉ im Nomos von Schmûn,

ⲡⲉⲣⲱⲙⲡⲟⲩⲉⲓⲣⲉ ϩⲙ ⲡⲧⲟϣ ⲡϣⲙⲟⲩⲛ ⲧⲡⲟⲗⲓⲥ

genannt. Wir finden unter denſelben einen ⲕⲟⲩⲓ ϣⲏⲣⲉ, einen ⲓⲱⲛ ⲡϣⲉ ⲛⲧⲁⲩⲣⲓⲛⲉ, einen ⲙⲟⲛⲉ ⲡϣⲉ ⲛⲡⲁⲩⲗⲉ, einen ⲗⲟⲩⲗⲟⲩ, einen ⲡⲁⲙⲱⲛ ⲡϣⲉ ⲛⲫⲟⲓⲃⲁⲙⲙⲱⲛ, einen ⲡϣⲁ[2] ⲡϣⲉ ⲛϩⲏⲣⲁⲕⲗⲉⲓⲇⲏ, einen ⲫⲓⲃ ⲡϣⲉ ⲛϩⲏⲣⲁⲕⲗⲉⲓⲇⲏ, einen ⲓⲱϩⲁⲛⲛⲏⲥ ⲡϣⲉ ⲛⲧⲁⲩⲣⲓⲛⲉ, einen ϩⲱⲣ ⲡϣⲉ ⲛⲙⲏⲛⲁ, einen ⲉⲛⲱⲭ ⲡϣⲉ ⲛⲃⲓⲕⲧⲱⲣ, einen ϣⲓⲛⲟⲩⲧⲉ[3] ⲡϣⲉ ⲛⲁⲛⲟⲩⲡ. Sie alle ſind, auffallend genug, des Schreibens unkundig. Ihre ⲥⲧⲙ[ⲓⲟⲩⲛ][4] ſtehen am Schluſſe der Urkunde. Ihre Namen hat auf ihr Verlangen der Stadtſchreiber ⲁⲡⲟⲗⲗⲱ beigefügt:

† ⲁⲛⲟⲕ ⲁⲡⲟⲗⲗⲱ ⲡⲥⲁϩ[5] ⲛⲧⲓⲙⲉ ⲁⲩⲕⲟⲣϣ ⲧⲁⲓⲥϩⲁⲓ ϩⲁⲣⲟⲟⲩ ϫⲛⲥⲉⲟⲩⲛⲟⲓ ⲛⲉϩⲁⲓ ⲁⲛ †.

Einen Ort des Namens Bûṣîr in der Nähe von Schmûn nennen die arabiſchen Autoren; nach Ibn Haukal ward in Bûṣîr der Chalif Merwân getödtet.[6] Die Schmûn gegenüberliegende Stadt Antinoë wird mehrmals in den Papyrus Schmûner Provenienz erwähnt.

Kopt. Pap. Nr. 1348: ⲛ̄ⲣⲱⲙⲁⲛⲧⲓⲛⲟⲟⲩ.

Kopt. Pap. Nr. 1773: ⲡⲣ̄ⲁⲛⲧⲓⲛⲟⲟⲩ,

---

1 Für cωτηρος.

2 Ueber den Namen ⲡϣⲁ vergl. unſere Bemerkungen in der Revue égyptologique, II, 348.

3 Beim ⲥⲧⲙ[ⲓⲟⲩⲛ] wird der Name ⲥⲉⲛⲟⲩⲑⲓ ⲁⲛⲟⲩⲡ geſchrieben. Es werden in dieſer Urkunde bei den Unterſchriften die Namen von Vater und Sohn ohne das übliche ⲡϣⲉ einfach nebeneinander geſtellt. So ⲡϣⲁ ϩⲏⲣⲕⲗ/, ⲓⲱϩⲁⲛⲛⲏⲥ ⲧⲁⲩⲣⲓⲛⲉ u. ſ. w. In dieſer aus Zeit- und Raumerſparniſs ſich ergebenden Schreibung die Erklärung der koptiſchen Doppelnamen zu erkennen, hindern uns Verbindungen wie: ⲡⲓⲁⲕⲟⲩ ⲓⲱϩⲁⲛⲉⲥ (auch abgekürzt ⲓⲱ̅) ⲡϣⲏ ⲙⲏⲛⲁ, ⲡⲓⲁⲕⲟⲩ ⲙⲱⲓⲥⲏⲥ ⲡϣ[ⲏ] ⲙⲡⲓⲁⲕⲟⲩ ⲇ̅ⲁ̅ⲇ̅, ⲡⲓⲁⲕⲟⲩ ⲙⲱⲓⲥⲏⲥ ⲡϣⲏ ⲡⲁⲣⲓ.

4 Mittheilungen, I, 66.

5 Ein anderer Papyrus (Brief) gibt: † ⲥⲁⲣⲁⲡⲓⲱⲛ ⲡⲉⲥⲭⲟⲗⲁⲥⲧⲓⲕⲟⲥ ⲡⲉϥⲥϩⲁⲓ̈ ⲛ̄ⲯⲁϩ ⲓⲥⲁⲕ ⲛ̄ⲃⲟⲏⲑⲟⲥ, und ähnlich in der Adreſſe: ⲧⲁⲁⲥ ⲛ̄ⲯⲁϩ ⲓⲥⲁⲕ ⲛ̄ⲃⲟⲏⲑⲟⲥ ϩⲓⲧⲛ̄ ⲥⲁⲣⲁⲡⲓⲱⲛ. Wegen ⲯⲁϩ vergl. Mittheilungen, I, 65, A. 4; wegen ⲃⲟⲏⲑⲟⲥ ebendaſelbſt I, 6 und Zoëga, Catalogus, S. 238: ⲓⲟⲩⲗⲓⲟⲥ ⲛ̄ⲃⲟⲏⲑⲟⲥ ⲡⲕⲟⲙⲉⲛⲧⲁⲏⲥⲓⲟⲥ (?), κομενταρήσιος; ⲥⲭⲟⲗⲁⲥⲧⲓⲕⲟⲥ iſt der Advocat.

6 Quatremère, Mémoires sur l'Égypte, I, 112; Champollion, L'Égypte sous les Pharaons, I, 294.

und wohl auch in den Papyrus 1305 (nicht Schmûner Provenienz):

ανοκ ιcακ πϣε νcεργι πρωμπολλοcανιϯνω τιμελε †

Sie war in der ſpäteren Kaiſerzeit eine der wichtigſten oberägyptiſchen Städte, die metropolis Thebaidis, wie ſich Rufin in ſeiner Hiſtoria Monachorum[1] ausdrückt, unter den Arabern iſt ſie immer mehr verfallen. In unmittelbarer Nähe der Stadt Antinoë lag, wie uns die boheiriſchen Acten des heil. Apater[2] zeigen, der Ort πⲋινιλαϥ, in welchem QUATREMÈRE[3] das Vorbild von Pſinaula erkennen wollte. Ein koptiſcher Papyrus (Nr. 3001) gibt uns einen ähnlichen Ortsnamen:

Zeile 1. † ανοκ φιβ πϣηπετηρου[4] πρωμτϫινελα ϩη πτοϣ πϣμουν τπολιc ειεϩαι ῡπαϫαειc

2. πκυρ[ ] απα ζαχαριαc ππεριβλεπτοc ῡχαρ(τ)/[5]

Unter den Unterſchriften ſteht:

ανον φιβ πϣηπετηρου τιcτοιχει ετειηνενε.

In einer anderen Rechtsurkunde kommt die Ortſchaft πcουβαϊ vor. Kopt. Pap. Nr. 1307:

Zeile 1. ///αυω φιερεωc ῡψουβαι ειεϩαι μπαϫοειc πεπⲇοϩου(α)[ ] πκυρ[ ] χριc

2. ///ριτηc ϩιτῡ πμεγαλοπρ(ε)/ πκομεc ⲇημητρι,

---

[1] C. XII.

[2] HYVERNAT, Les actes des Martyrs de l'Égypte, I, S. 95, 113 und 92: πⲋινιλαϥ εϥϧεντ εϣμουνε ϯβακι (alſo wie in den koptiſchen Papyrus ϣμουν τπολιc). Zu der Legende vom Aufenthalte Chriſti, Maria's und Josephs im Nomos von Schmûn, auf welche in dieſen Acten Bezug genommen wird (S. 82, 92) vergl. RUFINUS, Vita Monachorum, C. VII: In finibus Hermopolis, ad quam civitatem Salvatorem cum Maria et Joseph de Judeae finibus venisse, tradunt.

[3] A. a. O. I, 43.

[4] Πεττηριοc.

[5] χαρ(τ) für χαρτουλαριc, der hier den Titel περίβλεπτοc erhält. Bei dieſem Anlaſſe bemerke ich nachträglich (ſiehe Mittheilungen, I, 66), daſs der Titel εὐκλεέcτατοc in einem koptiſchen Brief dem ⲇουⲝ beigelegt wird: τεπιcτολη μπετκλεεcτατοc ῡⲇουⲝ. Es muſs keinesfalls darunter ein byzantiniſcher Statthalter der Thebais gemeint ſein, wie dies STERN (Aegyptiſche Zeitſchrift 1884, S. 154 A. 5) in einem ähnlichen Falle annimmt, um daraus ſogar Schlüſſe auf die Zeit der erwähnten Begebenheit zu ziehen. Es kann vielmehr ebenſogut ein arabiſcher Emîr gemeint ſein. Sprechen doch die Kopten noch am Ende des VII. Jahrhunderts von einem Auguſtalis in Alexandrien. Ich bemerke, daſs auch ein Emîr, wie der koptiſche Papyrus von Bulaq Nr. 1 zeigt, den Titel ευκλεεcτατοc erhielt (επι μαμετ αμιρα ετη/ αμιρα τηc παγαρχιαc ερμονθεοc). Vermuthen möchte ich, daſs das räthſelhafte κλε ετοοτη (?) εηⲇουⲝ des Berliner Papyus bei STERN für ετ]κλεεcτατοc εηⲇουⲝ verleſen iſt. Es liegt nach dem Geſagten kein Grund vor, anzunehmen, daſs in dem fraglichen Berliner Papyrus ein byzantiniſcher Dux gemeint ſei, ‚und ſonach die in demſelben erörterten Umſtände in die vorislamiſche Zeit zurückreichen' — was ohnehin mit dem übrigen Inhalte der Urkunde ſich wenig vereinbaren lieſs. Bei dieſem Anlaſſe gebe ich aus einem hieſigen Papyrus eine Stelle, durch welche die richtige Leſung des Berliner Papyrus vor dem Originale ſich herſtellen laſſen dürſte:

τι/ χρ/ ν(ο) β ⲇυω τε τελεια τιμ[η

αcει ετοοτ ηϥιτοοτη ητϊϫ ετιϫ................

....

ⲇι χειροc ειc χειρα οικοθεν ηνουβ ηⲇοκιμον

αυω πκεφαλαιον.

und unter den Zeugenunterſchriſten:

/// ⲡϣⲏ ⲙⲏⲛⲉ ⲛⲣⲱⲙⲛⲥⲟⲩⲃⲁⲓ̈ ⲧⲓⲟⲛⲙⲛⲧⲣⲉ ⲉⲧⲓϩⲟⲙⲟⲗⲟⲅⲓⲁ ⲉⲥⲟ ⲛⲛⲉⲥⲥⲏⲛ †

und wohl auch Kopt. Pap. Nr. 2050: ////// ⲃⲁⲓ̈ ϩⲙ ⲡⲧⲟϣ ⲡ̄.

Ferner finden wir Kopt. Pap. Nr. 1293: ⲡϣⲉ ⲡ̄ϩⲏⲣⲁⲕⲗⲉⲓⲇⲏ ⲛⲣⲱⲙⲛϣⲟⲧⲉ ⲉⲓⲉϩⲁⲓ̈ u. ſ. w.

Kopt. Pap. Nr. 1308, die wenig orthographiſche Unterſchriſt: ⲛⲣⲱⲙⲁϭⲓⲛⲉ ⲧⲟⲙⲛⲛⲣⲉ ⲧⲁⲥⲫⲁⲗⲓⲁ.

Kopt. Pap. Nr. 1060: /// ⲣⲱⲙⲉⲧ̄ⲗⲛⲉ ϩⲙ ⲡⲧⲟϣ ⲡ̄ϣⲙⲟⲩⲛ.

Kopt. Pap. Nr. 1062: ⲟⲩⲟⲟⲓ̈ⲉ ⲛⲉϣⲉ ⲛⲛⲙⲁⲕⲁⲣ/ ⲁⲛⲟⲩⲫ ⲛⲉⲣⲱⲙⲉⲥⲱⲛⲉ ⲛ //////.

Hiezu iſt zu vergleichen der oben beſprochene Ort ⲗⲓ-ϩⲱⲛⲉ und Strabo, 800: τὸ δὲ παλαιὸν καὶ Θῶνίν τινα πόλιν ἐνταῦθά φασιν, ἐπώνυμον τοῦ βασιλέως τοῦ δεξαμένου Μενέλαόν τε καὶ Ἑλένην ξενίᾳ. Gemeint iſt der bei Homer, 4, 228 genannte Thon, der Gemal der Polydamna, den ſpätere Griechen zum Wächter der kanopiſchen Nilmündung (Herodot, II, 114) machten.

Ein griechiſcher Contract aus Hermopolis, welcher in arabiſcher Zeit ausgeſtellt wurde, nennt einen Ort mit Namen:

ⲡⲙⲁ ϯⲛⲛⲉϩⲣⲉ.

Zum Schluſſe ſei noch ein koptiſcher Papyrus nicht Faijûmer und Schmûner Provenienz angeführt, in welchem der Ort ϣⲁⲣⲉⲛⲁⲛϭⲟⲗⲧⲓ vorkommt.

Kopt. Pap. Nr. 1305:

Zeile 6. ⲛⲟ[ⲥⲙⲁ ⲁ]ⲡⲟⲗⲗⲱ ⲕⲁⲓ ⲗⲉⲟⲛⲧⲓ ⲕⲟⲥⲙⲁ ⲕⲁⲓ ⲇⲁⲙⲓⲁ[ⲛⲉ]
ⲕⲟⲥⲙⲁ ⲕⲁⲓ ⲁⲡⲁ ⲓⲟⲩⲗⲓ ⲓⲱⲥⲏⲡ ⲛⲣⲉⲙϣⲁⲣⲉ
ⲛⲁⲛϭⲟⲗⲧⲓ.

Beachtenswerth iſt in dieſem Papyrus die Anwendung der griechiſchen Conjunction και. So ſteht Zeile 9 ⲕⲁⲓ ⲁⲙⲓ und Zeile 17 ⲕⲁⲓ ⲁⲛⲉⲙⲉⲛ.

Indem wir dieſe dialektiſchen und geographiſchen Unterſuchungen, zu denen die weitere Durchforſchung des fraglichen Materials noch zahlreiche Nachträge zweifellos liefern wird, vorläufig abſchlieſsen, geben wir als Fortſetzung des bereits Mitgetheilten eine neue Reihe noch unedirter Fragmente der koptiſchen Literatur, die Anführung der Varianten der Papyrus Erzherzog Rainer zu den bereits vorliegenden Texten uns für ſpäter vorbehaltend.

Bemerkenswerth iſt es, daſs unter der Fülle von Stücken mit einer einzigen Ausnahme (ſiehe S. 54) keine Fragmente von Rollen ſich vorgefunden haben. Die Ausnahme beſtätigt nur die Regel, denn die κεφαλίς geht in ein ganz anderes Alter — etwa III. Jahrhundert — zurück, als die Reſte der ‚Schmûner' Kloſterbibliothek. Man wird anzunehmen haben, daſs unter Einwirkung des zunehmenden Umſichgreifens des Pergaments ſeit dem IV. Jahrhundert das Papyrusbuch zur Regel wird. Sieht man ſich die ſpärlichen Reſte von lateiniſchen und griechiſchen Papyrusbüchern an, welche PAOLI in ſeiner Schriſt: ‚Del Papiro, specialmente considerato come materia che a servito alla scrittura,' S. 53 ff., zuſammengeſtellt hat, ſo kann man die Reichhaltigkeit des Fundes auch nach dieſer Seite hin würdigen.

Fragmente aus den Königsbüchern.

Von einem Codex, der die Bücher der Könige enthielt, find uns zehn kleinere Fragmente erhalten. Vorder- und Rückfeite der Papyrusblätter waren in je zwei Columnen befchrieben. Die Höhe der Blätter läfst fich bei der Kleinheit der Fragmente nicht beftimmen. Die Breite war circa 21 Centimeter. Der Gewinn an ganzen Verfen fei hier hervorgehoben. Er ift umfo bedeutender, wenn man den geringen Umfang der bisher bekannten Stücke der Königsbücher erwägt, welche in der Edition von CIASCA nur ein Blatt einnehmen.

	Vorderfeite.		Rückfeite.
2. Könige 6, 19.	ⲁⲩⲱ	2. Könige 6, 24.	ⲛⲧⲉϥⲡⲁⲣⲉⲙ
	ⲉⲗⲓⲥⲁⲓⲟⲥ ⲛⲉ		ⲃⲟⲗⲏ ⲧⲏⲣⲥ̄
	ϫⲁϥ ⲛⲁⲩ ϫⲉ		ⲁⲩⲱ ⲁϥⲉⲓ ⲉ
	ⲛⲧⲁⲓ̈ ⲁⲛ ⲧⲉ		ϩⲣⲁⲓ̈ ⲁϥϩⲙⲟ
	ⲧⲡⲟⲗⲓⲥ ⲉⲓⲥ		ⲟⲥ ϩⲓⲣⲱⲥ ⲛ̄
	ⲧⲁⲓ̈ ⲧⲉ ⲧⲉϩⲓⲏ		ⲧⲥⲁⲙⲁⲣⲓⲁ
	ⲁⲙⲏⲉⲓ̈ⲧⲛ̄	6, 25.	ⲁⲩⲛⲟϭ ⲛϩⲉ
	ⲟⲩⲉϩⲧⲏⲩⲧⲛ̄		ⲃⲱⲱⲛ ϣⲱ
	ⲛ̄ⲥⲱⲉⲓ̈ · ⲁⲩⲱ		ⲡⲉ ϩⲛ̄ ⲧⲥⲁ
	ϯⲛⲁϫⲓ ⲧⲏⲩ		ⲙⲁⲣⲓⲁ · ⲁⲩⲱ
	ⲧⲛ̄ ⲉⲣⲁⲧϥ̄		ⲉⲓⲥ ⲡⲙⲏⲏ
	ⲙ̄ⲡⲣⲱⲙⲉ		ϣⲉ ⲛ̄ⲧⲉⲩⲣⲓⲁ
	ⲡⲉⲧⲉⲧⲛ̄ϣⲓ		ⲡⲉⲧϩⲙⲟⲟⲥ
	ⲛⲉ ⲛ̄ⲥⲱϥ ·		ϩⲓⲣⲱⲟⲩ ϣⲁ (ⲛ written above ϣⲁ)
			ⲧⲉ ⲟⲩⲁⲛⲉ ⲛ̄

——— ———

2. Könige 3, 25.	////////////// ⲡⲓⲙ	ⲡⲉⲧⲛⲉϫ
	ⲉⲛⲁⲛⲟⲩⲟⲩ	ⲉⲫⲉⲛⲇⲟⲛⲏ
	ⲁⲩⲣⲁϩⲧⲟⲩ ⲉ	ⲁⲩⲕⲱⲧⲃ̄ ⲉ
	ⲡⲛⲁϩ ϣⲁⲛ	ⲧⲡⲟⲗⲓⲥ ⲁⲩ
	ⲧⲟⲩⲧⲁⲩⲉ	ϩⲓⲟⲩⲉ ⲉϩ[ⲟⲩⲛ
	ⲛ̄ⲱⲛⲉ ⲉϩⲣⲁⲓ̈	ⲉⲣⲟⲥ
	ⲙ̄ⲡⲉϫⲏ · ⲁⲩⲱ	

Pfalm 111.

Aus dem Papyrusbuche, aus welchem wir oben (Mittheilungen I, 68) einen Theil des 110. Pfalms mitgetheilt haben, geben wir den folgenden, 111. Ueber das Alter und die Zugehörigkeit diefer Papyrusblätter vergl. die Bemerkungen oben S. 55 und d, 2. Die Texte geben keine Interpunctionen.

ⲁⲗⲗⲏⲗⲟⲩⲓⲁ

ⲛⲁⲓ̈ⲁⲧϥ̄ ⲙ̄ⲡⲣⲱⲙⲉ ⲉⲧⲣ̄ϩⲟⲧⲉ ϩⲏⲧϥ ⲙ̄ⲡϫⲟⲉⲓ̈ⲥ

ⲁⲩⲱ ⲉⲣⲉ ⲛⲉϥⲟⲩⲱϣ ϩⲛ̄ ⲛⲉϥⲉⲛⲧⲟⲗⲏ

2. ⲡⲉϥⲥⲡⲉⲣⲙⲁ ⲛⲁϭⲙϭⲟⲙ ϩⲙ̄ ⲡⲛⲁ̣ϩ
ⲧⲅⲉⲛⲉⲁ ⲛ̄ⲛⲉⲧⲥⲟⲩⲧⲱⲛ ⲛⲁϫⲓⲥⲙⲟⲩ
3. ⲡⲉⲟⲟⲩ ⲙⲛ̄ ⲧⲙⲛ̄ⲧⲣ̄ⲙ̄ⲙⲁⲟ ⲡⲉⲧϩⲙ̄ ⲡⲉϥⲏⲓ̈
ⲁⲩⲱ ⲧⲉϥⲇⲓⲕⲁⲓⲟⲥⲩⲛⲏ ϣⲟⲡ ϣⲁ ⲉⲛⲉϩ ⲛ̄ⲉⲛⲉϩ
4. ⲁ ⲛⲟⲩⲟ̈ⲓⲛ ϣⲁ ϩⲙ̄ ⲡⲕⲁⲕⲉ ⲛ̄ⲛⲉⲧⲥⲟⲩⲧⲱⲛ
ⲟⲩⲛⲁⲏⲧ ⲛ̄ϣⲁⲛϩⲧⲏϥ ⲛ̄ⲇⲓⲕⲁⲓⲟⲥ ⲡⲉ ⲡϫⲟⲉ̈ⲓⲥ ⲡⲉⲛⲛⲟⲩⲧⲉ
5. ⲡⲉⲭⲣⲓⲥⲧⲟⲥ ⲛ̄ⲛ̄ⲣⲱⲙⲉ ⲡⲉ ⲛϣⲁⲛϩⲧⲏϥ ⲛ̄ⲣⲉϥϯ
ϥⲛⲁⲟⲓⲕⲟⲛⲟⲙⲓ ⲛ̄ⲛⲉϥϣⲁϫⲉ ϩⲛ̄ ⲟⲩϩⲁⲡ
6. ϫⲉ ⲛ̄ϥⲛⲁⲕⲓⲙ ⲁⲛ ϣⲁ ⲉⲛⲉϩ
ⲡⲇⲓⲕⲁⲓⲟⲥ ⲛⲁϣⲱⲡⲉ ⲛ̄ⲣ̄ⲡⲙⲉⲩⲉ ϣⲁ ⲉⲛⲉϩ
7. ⲛ̄ϥⲛⲁⲣ̄ϩⲟⲧⲉ ⲁⲛ ϩⲏⲧϥ ⲛ̄ⲟⲩⲥⲟⲉⲓⲧ ⲉϥϩⲟⲟⲩ
ⲡⲉϥϩⲏⲧ ⲥⲃ̄ⲧⲱⲧ ⲉϩⲉⲗⲡⲓⲍⲉ ⲉⲡϫⲟⲉ̈ⲓⲥ
8. ⲡⲉϥϩⲏⲧ ⲧⲁϫⲣⲏⲩ ⲛ̄ϥⲛⲁⲣ̄ϩⲟⲧⲉ ⲁⲛ
ϣⲁⲛⲧϥ̄ⲙⲉϩ ⲉⲓⲁⲧϥ̄ ⲛ̄ⲛⲉϥϫⲓϫⲉⲉⲩ
9. ⲁϥϫⲱⲣⲉ ⲉⲃⲟⲗ ⲁϥϯ ⲛ̄ⲛ̄ϩⲏⲕⲉ ⲧⲉϥⲇⲓⲕⲁⲓⲟⲥⲩⲛⲏ ϣⲟⲡ ϣⲁ ⲉⲛⲉϩ ⲛ̄ⲉⲛⲉϩ
ⲁⲩⲱ ⲡⲉϥⲧⲁⲡ ⲛⲁϫⲓⲥⲉ ϩⲛ̄ ⲟⲩⲉⲟⲟⲩ
10. ⲡⲣⲉϥⲣ̄ⲛⲟⲃⲉ ⲛⲁⲛⲁⲩ ⲛ̄ϥⲛⲟⲩϭⲥ̄
ⲛ̄ϥϩⲣⲟϫⲣⲉϫ ⲛ̄ⲛⲉϥⲟⲃϩⲉ ⲛ̄ϥⲃⲱⲗ ⲉⲃⲟⲗ
ⲧⲉⲡⲓⲑⲩⲙⲓⲁ ⲛ̄ⲛ̄ⲣⲉϥⲣ̄ⲛⲟⲃⲉ ⲛⲁⲧⲁⲕⲟ·

Markus 14, 40—46 und 49—58.

Ein zweiseitig beschriebenes Papyrusblatt gibt in je zwei Columnen mit theilweiser Ergänzung von WOIDE Markus 14, 40—46 und 49—58 in sahidischer Mundart.

ϣⲁⲣⲟⲟⲩ ⲁϥϩⲉ
ⲉⲣⲟⲟⲩ ⲉⲩⲟⲃϣ̄· ⲛⲉⲣⲉ
ⲛⲉⲩⲃⲁⲗ ⲅⲁⲣ ϩⲟⲣ̄ϣ̄ ⲡⲉ
ⲁⲩⲱ ⲛⲉⲩⲥⲟⲟⲩⲛ ⲁⲛ
ϫⲉ ⲉⲩⲛⲁϫⲉ ⲟⲩ ⲛⲁϥ
41. ⲁϥⲉⲓ̈ ⲇⲉ ⲟⲛ ⲙⲡⲙⲉϩ
ϣⲟⲙⲛ̄ⲧ ⲛⲥⲟⲡ ⲁⲩⲱ
ⲡⲉϫⲁϥ ⲛⲁⲩ ϫⲉ ⲛⲛⲟ
ⲧⲕ ⲧⲉⲛⲟⲩ ⲛⲧⲉⲧⲛ
ⲙⲧⲟⲛ ⲙⲙⲱⲧⲛ
ⲁ ⲡϩⲱⲃ ⲉⲓ̈ ⲉⲃⲟⲗ· ⲁⲩⲱ
ⲁ ⲧⲉⲩⲛⲟⲩ ⲉⲓ̈· ⲉⲓ̈ⲥ
ϩⲏⲏⲧⲉ ⲥⲉⲛⲁⲡⲁⲣⲁⲇⲓ̈
ⲇⲟⲩ ⲙⲡϣⲏ[ⲣⲉ] ⲙⲡⲣⲱ
ⲙⲉ ⲉϩⲣⲁⲓ̈ ⲉⲧⲟⲟⲧⲟⲩ
42. ⲛⲛ̄ⲣⲉϥⲣⲛⲟⲃⲉ· ⲧⲟⲩⲛ
ⲧⲏⲩⲧⲛ̄ ⲙ]ⲁⲣⲟⲛ ⲉⲓ̈ⲥ
ϩⲏⲏⲧⲉ ⲁϥϩ]ⲱⲛ ⲉϩⲟⲩⲛ

ⲛϭⲓ ⲡⲉⲧⲛ]ⲁⲣⲁ
ⲇⲓⲇⲟⲩ ⲙⲙⲟⲓ̈
....
43. ////////////////////// ⲁⲣ
ⲭⲓⲉⲣⲉⲩⲥ ⲙⲛ̄ ⲛⲉⲡⲣⲉⲥ
ⲃⲩⲧⲉⲣⲟⲥ ⲙⲛ̄ ⲛⲉⲅⲣⲁⲙ
44. ⲙⲁⲧⲉⲩⲥ· ⲡⲉⲛⲧⲁϥ
ⲡⲁⲣⲁⲇⲓ̈ⲇⲟⲩ ⲇⲉ ⲙⲙⲟϥ
ⲁϥϯⲛⲁⲩ ⲛⲟⲩⲙⲁⲉⲓ̈ⲛ
ⲇⲉ ⲡⲉϯⲛⲁϯⲡⲓ̈ ⲉⲣⲱϥ
ⲛⲧⲟϥ ⲡⲉ ⲁⲙⲁϩⲧⲉ
ⲙⲙⲟϥ ⲛⲧⲉⲧⲛϫⲓⲧϥ
45. ϩⲛ ⲟⲩⲱⲣϫ· ⲁⲩⲱ ⲛ
ⲧⲉⲣⲉϥⲉⲓ̈ ⲛⲧⲉⲩⲛⲟⲩ
ⲁϥϯⲛⲉϥⲟⲩⲟⲉⲓ̈ ⲉϩⲟⲩⲛ
ⲉⲣⲟϥ ⲉϥϫⲱ ⲙⲙⲟⲥ
ϫⲉ ⲭⲁⲓ̈ⲣⲉ ϩⲣⲁⲃⲃⲉⲓ
ⲁⲩⲱ ⲁϥϯⲡⲓ̈ ⲉⲣⲱϥ·

46. ⲛⲧⲟⲟⲩ ⲇⲉ ⲁⲩⲛⲧⲟⲟⲧⲟⲩ
ⲉϫⲱϥ ⲁⲩⲁⲙⲁϩⲧⲉ
ⲙⲙⲟϥ · ⲁ ⲟⲩⲁ ⲇⲉ ⲛⲛⲉ
ⲧⲁϩⲉⲣⲁⲧⲟⲩ ⲧⲉⲛ̄ⲙ̄
ⲧⲉϥⲥⲏϥⲉ
49. ⲁⲩⲱ ⲙⲡⲉⲧⲛ
ⲁⲙⲁϩⲧⲉ ⲙⲙⲟⲓ̈ · ⲁⲗⲗⲁ
ϫⲉⲕⲁⲥ ⲉⲩⲉϫⲱⲕ ⲉⲃⲟⲗ
ⲛϭⲓ ⲛⲉⲅⲣⲁⲫⲏ ⲛⲛⲉ
50. ⲡⲣⲟ:ⲫⲏⲧⲏⲥ · ⲧⲟⲧⲉ
ⲛⲉϥⲙⲁⲑⲏⲧⲏⲥ ⲧⲏⲣⲟⲩ
ⲁⲩⲕⲁⲁϥ ⲛⲥⲱⲟⲩ ⲁⲩ
51. ⲡⲱⲧ · ⲟⲩϩⲣϣⲓⲣⲉ
ⲇⲉ ⲉϥⲟⲩⲏϩ ⲛⲥⲱϥ
ⲉϥϭⲟⲟⲗⲉ ⲛⲟⲩⲥⲓⲛⲇⲱ
ⲛⲟⲛ · ⲛϩⲩⲡⲉⲣⲏⲧⲏⲥ
ⲇⲉ ⲁⲩⲁⲙⲁϩⲧⲉ ⲙⲙⲟϥ
52. ⲛⲧⲟϥ ⲇⲉ ⲁϥⲕⲁ ⲧⲥⲓⲛ
ⲇⲱⲛⲓⲟⲛ ⲛⲥⲱⲟⲩ ⲁϥ
ⲡⲱⲧ ⲉϥⲕⲏⲕ ⲕⲁϩⲏⲩ
53. ⲁⲩϫⲓ ⲇⲉ ⲡ̄ⲥ̄ ⲛⲛⲁϩ̄ⲣ̄ⲙ̄
ⲛⲁⲣⲭⲓⲉⲣⲉⲩⲥ ⲕⲁⲓ̈ⲫⲁⲥ

ⲁⲩⲱ ⲁⲩⲥⲱⲟⲩϩ ⲉⲣⲟϥ
ⲛϭⲓ ⲛⲁⲣⲭⲓⲉⲣⲉⲩⲥ ⲧⲏ
ⲣⲟⲩ] ///////////////////////////////
....
54, 55. ϩⲙ ⲡⲕⲱϩⲧ · [ⲛ̄ⲁⲣ
ⲭⲓ̈ⲉⲣⲉⲩⲥ ⲇⲉ ⲙ̄ⲛ̄ [ⲡⲉⲩⲛ
ϩⲩⲇⲣⲓⲟⲛ ⲧⲏⲣϥ̄ ⲛⲉⲩ
ϣⲓⲛⲉ ⲛⲥⲁ ⲟⲩⲙ̄ⲛ̄ⲧ̄
ⲙ̄ⲛ̄ⲧⲣⲉ ⲛⲛⲟⲩϫ ⲉ
ϩⲟⲩⲛ ⲉⲓ̄ⲥ̄ · ⲁⲩⲱ ⲙⲡⲟⲩ
56. ϩⲉ ⲉⲟⲩⲟⲛ · ⲁⲩⲙⲏⲏϣⲉ
ⲅⲁⲣ ⲣⲙ̄ⲛ̄ⲧⲣⲉ ⲛⲛⲟⲩϫ
ⲉⲣⲟϥ · ⲁⲩⲱ ⲛⲉⲩⲙⲛⲧ
ⲙⲛⲧⲣⲉ ⲛⲉⲩϣⲏϣ
ⲁⲛ ⲛⲉ ⲙⲛ ⲛⲉⲩⲉⲣⲏⲩ
57. ϩⲟⲉⲓⲛⲉ ⲇⲉ ⲁⲩⲧⲱⲟⲩⲛ
ⲁⲩⲣⲙ̄ⲛ̄ⲧⲣⲉ ⲛⲛⲟⲩϫ
ⲉⲣ[ⲟϥ ⲉ]ⲩϫⲱ ⲙⲙⲟⲥ
58. ϫⲉ ⲁⲛⲟⲛ ⲁⲛⲥⲱⲧⲙ ⲉ
ⲣⲟϥ ⲉϥϫⲱ ⲙⲙⲟⲥ
ϫⲉ ⲁⲛⲟⲕ [ϯⲛⲁⲃⲱⲗ ⲉ
ⲃⲟⲗ ⲙⲡ[ⲉⲓ ⲣ̄ⲡⲉ

43. W. ⲙⲛ̄ ⲛⲉⲅⲣⲁⲙⲙⲁⲧⲉⲩⲥ · ⲙⲛ̄ ⲛⲉⲡⲣⲉⲥⲃⲩⲧⲉⲣⲟⲥ.
45. W. ⲟⲩⲟⲓ̈.
50. W. ⲁⲩⲕⲁⲁϥ ⲁⲩⲡⲱⲧ.
51. W. ⲛⲉϥⲟⲩⲏϩ, ⲛⲟⲩⲥⲓⲛⲇⲱⲛ.
52. W. ⲧⲥⲓⲛⲇⲱⲛ ⲉⲃⲟⲗ ⲛ̄ⲥⲱⲟⲩ.
53. W. ⲛⲛⲁϩⲣ̄ⲛ̄, ⲁⲩⲥⲱⲟⲩϩ ⲉⲣⲁⲧϥ.
54. W. ϩⲁⲧⲙ̄ ⲡⲕⲱϩⲧ.
55. W. ⲡⲉⲩⲛϩⲉⲇⲣⲓⲟⲛ.
57. W. ϩⲟⲓ̈ⲛⲉ ⲇⲉ ⲁⲩⲧⲱⲟⲩⲛⲟⲩ ⲁⲩⲣ̄ⲙⲛ̄ⲧⲣⲉ ⲉⲣⲟϥ ⲛ̄ⲛⲟⲩϫ.

Brief an die Römer 11, 18—27, 30—36; 12, 1, 3—18.

Die folgenden Stücke werden den Freunden mittelägyptischer Texte sehr willkommen sein. Beachtenswerth ist das Schwanken in der Orthographie: ϫⲉⲕⲉⲉⲥ neben ϫⲉⲕⲁⲥ, ⲑⲉ neben ⲑⲏ, ⲗⲱⲙⲓ neben ⲣⲱⲙⲉ. Das ⲗ für ⲣ erscheint nicht consequent, so steht ⲧⲏⲣⲟⲩ, ⲧⲏⲣϥ durchgehends. Bei der Umschrift der ursprünglich wohl sahidischen Vorlage werden manche Formen derselben herübergenommen worden sein.

11, 18. ⲙⲡⲉⲗϣⲟⲩϣⲟⲩ ⲙⲙⲟⲕ ⲉϫⲉⲛ
ⲛⲉⲕⲗⲁⲇⲟⲥ · ⲉϣϫⲉ ⲕϣⲟⲩ
ϣⲟⲩ ⲇⲉ ⲙⲙⲟⲕ ⲛⲧⲁⲕ ⲉⲛ ⲉⲧ
ⲃⲓ ϩⲁ ⲧⲛⲟⲩⲛⲓ · ⲁⲗⲗⲁ ⲧⲛⲟⲩ
19. ⲛⲓ ⲧⲉⲧⲃⲓ ϩⲁⲗⲁⲕ · ⲕⲛⲉϫⲟⲟⲥ
ⲛⲏⲓ ϫⲉ ⲁⲩϣⲉⲉⲧ ϩ̄ⲛ̄ⲕⲗⲁⲇⲟⲥ ·
20. ϫⲉⲕⲉⲉⲥ ⲉⲩⲉⲧⲁϭⲧ ⲕⲁⲗⲟⲥ ·
ϩ̄ⲛ̄ ⲟⲩⲙⲉⲧⲁⲡⲓⲥⲧⲟⲥ ⲁⲩϣⲉⲉ

ⲧⲟⲩ· ⲛⲧⲁⲕ ⲇⲉ ⲉⲕⲱϩⲓ ⲉ
ⲗⲉⲧⲕ ϩ̅ⲛ̅ ⲧⲡⲓⲥⲧⲓⲥ· ⲙ
ⲡⲉⲗϫⲓⲥⲓ ⲛϩⲏⲧ ⲁⲗⲗⲁ ⲁⲗⲓϩⲁϯ·
21. ⲉϣϫⲉ ⲅⲁⲣ ⲙⲡⲉ ⲡⲛⲟⲩϯ ϯⲥⲁ
ⲉⲛⲉⲛⲗⲁⲧⲟⲥ· ⲉⲧⲉ ϩⲱⲟⲩ ⲡⲉ·
ⲛϥⲛⲁϯⲥⲁ ⲉⲗⲁⲕ ⲉⲛ ϩⲱⲱⲕ
22. ⲁⲛⲉⲩ ϭⲛ ⲉⲧⲙⲉⲧⲭ̅ⲣ̅ⲥ̅· ⲙ̅ⲛ̅
ⲧⲙⲉⲧϣⲱⲱⲧ ⲉⲃⲟⲗ ⲙⲡ̅ⲫ̅ϯ̅
ⲙ̅ⲛ̅ ⲧⲙⲉⲧⲗⲉϥϣⲱⲱⲧ ⲛ
ⲛⲉⲛⲧⲁⲩϩⲉⲛⲓ· ⲧⲙⲉⲧ
ⲭ̅ⲣ̅ⲥ̅ ⲇⲉ ⲙⲡ̅ⲫ̅ϯ̅ ⲉϫⲱⲕ· ⲉⲕ
ϣⲁⲛϭⲱ ϩ̅ⲛ̅ ⲧⲙⲉⲧⲭ̅ⲣ̅ⲥ̅·
ⲉϣⲱⲡⲓ ⲙⲙⲁⲛ ϩⲱⲱⲕ ⲉⲕ
23. ⲛⲉϣϣⲉⲉⲧⲕ· ⲛⲓⲕⲉⲛⲁⲩⲓ̈
ϩⲱⲱⲛ ⲁⲩϣⲧ̅ⲙ̅ϭⲱ ϩ̅ⲛ̅ ⲧⲉⲩ
ⲙⲉⲧⲁⲧⲛⲉϩϯ ⲥⲉⲛⲁⲧⲁϭⲟⲩ·
24. ⲉϣϫⲉ ⲛⲧⲁⲕ ⲅⲁⲣ ⲁⲩϣⲉⲉⲧ̅ⲕ̅
ⲉⲃⲟⲗ· ϩ̅ⲛ̅ ⲟⲩⲃⲱ ⲛϫⲓⲧ
ϩⲁⲟⲩⲧ ϩ̅ⲛ̅ ⲟⲩⲙⲉⲉⲓ̈· ⲁⲩⲱ
ⲛⲁⲣⲁ ⲧⲉⲕⲙⲓⲛⲓ ⲁⲩⲧⲁϭ̅ⲕ̅
ⲉⲩⲃⲱ ⲛϫⲓⲧⲡ̅ⲟⲩⲧ̅ⲙ̅· ⲡⲟ
ⲥⲟⲛ ⲙⲁⲗⲗⲟⲛ ⲛⲉⲓⲉϩⲁⲓⲛⲓ
ⲗⲱⲡⲉ· ⲥⲉⲛⲁⲧⲁϭⲟⲩ ⲉⲧⲉⲩ
ⲃⲱ ⲛϫⲁⲓ̈ⲧ ⲙ̅ⲙ̅ⲓⲛ ⲙⲙⲁⲩ:
25. ϯⲟⲩⲱϣ ⲇⲉ ⲉⲧⲣⲉⲧⲉⲧ̅ⲛ̅ⲉⲓ̈
ⲙⲓ ⲛⲁⲥⲛⲏⲩ ⲉⲡⲉⲓⲙⲩⲥⲧⲏ
ⲣⲓⲟⲛ· ϫⲉⲕⲉⲉⲥ ⲛⲛⲉⲧⲛ
ϣⲱⲡⲓ ⲛⲛ̅[ⲧ]ⲡ̅ ⲛⲥⲁⲃⲏ· ϫⲉ
ⲁⲩⲧⲱⲙ ⲛϩⲏⲧ ϣⲱⲡⲓ ϩ̅ⲛ̅
ϩⲁⲓ̈ⲛⲓ ⲙⲡⲓ̅ⲏ̅ⲗ̅· ϣⲁⲛⲧⲉ
ⲛϫⲱⲕ ⲛⲛⲓⲉⲑⲛⲟⲥ ⲉⲓ̈ ⲉϩⲟⲩ[ⲛ]
26. ⲁⲩⲱ ⲧⲉⲓ ⲧⲉ ⲑⲉ ⲛⲧⲁ ⲡⲓ̅ⲏ̅ⲗ̅
ⲧⲏⲣϥ ⲟⲩϫⲉⲓ̈· ⲕⲁⲧⲁ ⲑⲉ ⲉⲧ
ⲉϩⲛⲟⲩⲧ ϫⲉϥⲛⲏⲩ ⲉⲃⲟⲗ ϩ̅ⲛ̅
ⲥⲓⲱⲛ ⲛϭⲓ ⲡⲉⲧⲛⲟⲩϩ̅ⲙ̅ ⲛ̅ϥ̅
ⲛⲧⲁ ⲛⲧⲙⲉⲧϣⲉϥϯ ⲉⲃⲟⲗ
27. ϩ̅ⲛ̅ ⲓⲁⲕⲱⲃ· ⲁⲩⲱ ⲧⲉⲓ
ⲧⲉ ⲧⲇⲓⲁⲑⲏⲕⲏ ⲉⲧϣⲟⲟⲡ
ⲛⲏⲩ ⲉⲃⲟⲗϩⲓⲧⲟⲟⲧ· ⲉⲓϣⲁ[ⲛ]
ⲛⲱ ⲉⲃⲟⲗ ⲛⲛⲉⲧ̅ⲛ̅ ⲛⲟⲃⲓ·

30. ⲛⲑⲉ ⲅⲁⲣ ⲛⲧⲁⲧⲛ
ⲙⲉⲧⲟⲩⲁⲉⲓϣ ⲛⲧⲁⲧⲉⲧⲛ
ⲉⲗⲁⲧⲛⲉϩϯ ⲉⲡ̅ⲫ̅ϯ̅· ϯⲛⲟⲩ
ⲇⲉ ⲁⲧⲛⲉⲉⲓ̈ ⲛⲏⲧ̅ⲛ̅ ϩ̅ⲛ̅ ⲧⲙⲉⲧ
31. ⲁⲧⲛⲉϩϯ ⲛⲛⲉⲓ· ⲧⲉⲓ ⲧⲉ
ⲑⲉ ⲛⲛⲉⲓ ϩⲱⲟⲩ ⲧⲉⲛⲟⲩ· ⲉⲁⲩ
ⲉⲗⲁⲧⲛⲉϩϯ ⲉⲡⲉⲧⲛ̅ⲛⲁ·
ϫⲉⲕⲁⲥ ϩⲱⲟⲩ ⲉⲩⲉⲛⲉⲉⲓ̈ ⲛⲏⲩ·
32. ⲙ̅ⲡ̅ⲛⲉⲟⲥ· ⲁ ⲡⲛⲟⲩϯ ⲅⲁⲣ
ⲁⲛⲧ ⲟⲩⲁⲛ ⲛⲓⲙ ⲉϩⲟⲩⲛ ⲉⲩ
ⲙⲉⲧⲁⲧⲛⲉϩϯ· ϫⲉⲕⲁⲁⲥ
ⲉϥⲉⲛⲁ ⲛⲁⲩ ⲧⲏⲣⲟⲩ: —
33. ⲱ ⲡϣⲱⲛ ⲛⲧⲙⲉⲧⲣⲉⲙ
ⲙⲁⲟ· ⲙ̅ⲛ̅ ⲧⲥⲟⲫⲓⲁ· ⲙ̅ⲛ̅
ⲡⲥⲟⲟⲩⲛ ⲙⲡ̅ⲫ̅ϯ̅· ⲛⲑⲉ
ⲉⲧⲉⲙⲉⲧϣⲙⲁϣⲧ ⲡⲉϩⲉⲛ
ⲙⲡⲛⲟⲩϯ· ⲁⲩⲱ ϩⲉⲛ
ⲁⲧϭⲉⲛⲗⲉⲧⲟⲩ ⲛⲉ ⲛⲉϥϩⲓⲁⲩⲓ·
34. ⲛⲓⲙ ⲅⲁⲣ ⲡⲉⲧⲉ ⲁϥⲓⲙⲓ ⲉⲛ
ϩⲏⲧ ⲙⲡⲟ̅ⲥ̅· ⲡⲉⲓ ⲉⲧⲛⲁ
35. ⲥⲉⲃⲓⲛⲧ̅ϥ̅ ⲉⲃⲟⲗ· ⲓ̈ⲉ ⲛⲓⲙ ⲡⲉ
ⲧⲉ ⲁϥϣⲱⲡⲓ ⲛⲏϥ ⲛⲗⲉϥ
ϫⲓϣⲁϫⲛⲓ· ⲓ̈ⲉ ⲛⲓⲙ ⲡⲉ
ⲧⲉ ⲁϥⲓⲗⲓ ⲛⲏϥ ⲛϣⲁⲣⲉⲡ·
36. ⲛⲧⲁⲗⲉϥⲧⲟⲩⲓⲁ ⲛⲏϥ· ϫⲉ
ⲛⲧⲏⲣ̅ϥ̅ ϩ̅ⲛ̅ ⲉⲃⲟⲗ ⲙⲙⲁϥ
ⲡⲉ· ⲁⲩⲱ ⲉⲃⲟⲗϩⲓⲧⲁ
ⲁⲧ̅ϥ̅· ⲁⲩⲱ ⲉⲩⲡⲁⲛⲁⲧⲟⲩ
ⲉⲗⲁϥ· ⲡⲱϥ ⲡⲉ ⲡⲉⲟⲟⲩ
ⲛϣⲁ ⲛⲓⲉⲛ̅ϩ̅ ϩⲁⲙⲏⲛ:·

12.

1. ϯⲡⲁⲣⲁⲕⲁⲗⲓ ϭⲉ ⲙⲙⲁⲧⲛ
ⲛⲉⲥⲛⲏⲩ ϩⲓⲧⲛ ⲛⲉⲙⲉⲧϣⲁ
ⲛⲁϩⲧⲏϥ ⲙⲡⲛⲟⲩϯ ⲉ
ⲡⲁⲣϩⲓⲥⲧⲁ ⲛⲛⲉⲧ̅ⲛ̅ⲥⲱⲙⲁ
ⲛⲟⲩⲑⲩⲥⲓⲁ ⲉⲥⲁⲛ̅ϩ̅ ⲉⲥⲟⲩⲉⲉⲃ·
ⲉⲥⲉⲣⲁⲛⲏϥ ⲙⲡⲛⲟⲩϯ· ⲡⲉ
ⲧ̅ⲛ̅ϣⲙϣⲓ ⲛⲣⲉⲙⲛ̅ϩⲏⲧ·

ⲉⲩ
ⲣⲉⲧⲉⲧⲛ̄ ⲇⲟⲕⲓⲙⲁⲍⲉ ϫⲉ ⲟⲩⲛ
ⲡⲉ ⲡⲟⲩⲱϣ ⲙⲡⲛ̄ϯ̄· ⲉⲧ
ⲛⲁⲛⲟⲩϥ ⲉⲧⲉⲣⲁⲛⲁϥ ⲉϥ
3. ϫⲏⲕ ⲉⲃⲟⲗ· ϯϫⲱ
ⲅⲁⲣ ⲙⲙⲟⲥ ϩⲓⲧⲛ̄ ⲧⲉⲭⲁⲣⲓⲥ ⲛ
ⲧⲁⲩⲧⲉⲓϥ ⲛⲁⲓ· ⲛⲟⲩⲁⲛ
ⲛⲓⲙ ⲉⲧϩⲛ̄ⲧⲏⲛⲟⲩ ⲉϣⲧⲙ̄
ϫⲓⲥⲓ ⲛϩⲏⲧ· ⲙⲡⲁⲣⲁ ⲑⲉ
ⲉⲧⲉϣϣⲉ ⲉⲙ̄ⲙⲟⲩⲉⲓ̈· ⲁⲗ
ⲗⲁ ⲙⲙⲟⲩⲉⲓ̈ ⲛⲧⲁϥ ⲉⲥⲗⲣⲉ
ⲙⲡ̄ϩⲏⲧ· ⲛⲟⲩⲉⲉⲓ̈ ⲛⲟⲩ
ⲉⲉⲓ̈ ⲕⲑⲉ ⲛⲧⲁ ⲡⲛ̄ϯ̄ ⲧⲱϣ
ⲛⲁϥ ⲙ̄ⲡⲟⲩϣⲓ̈ ⲙⲡⲓⲥϯⲥ·
4. ⲕⲁⲧⲁ ⲑⲉ ⲅⲁⲣ ⲉⲧⲉ ⲟⲩⲛⲧⲁⲛ
ⲛⲟⲩⲁⲧⲁ ⲙⲙⲉⲗⲟⲥ ϩⲛ̄ ⲟⲩ
ⲥⲱⲙⲁ ⲛⲟⲩⲱⲧ· ⲉⲙ
ⲛⲉⲓϩⲱⲃ ⲛⲟⲩⲱⲧ ⲉⲛ ⲡⲉ
ⲧⲉⲛⲧⲉ ⲛⲙⲉⲗⲟⲥ ⲧⲏⲣⲟⲩ·
5. ⲧⲉⲓ ⲧⲉ ⲧⲛ̄ϩⲛ ⲧⲏⲣⲉⲛ ⲁⲛⲁⲛ
ⲟⲩⲥⲱⲙⲁ ⲛⲟⲩⲱⲧ ϩⲙ̄ ⲡⲉ
ⲭ̄ⲥ̄· ⲛⲟⲩⲉⲉⲓ̈ ⲇⲉ ⲛⲟⲩⲉⲉⲓ̈
ⲁⲛⲁⲛ ⲛⲉⲙⲉⲗⲟⲥ ⲛⲛⲉⲛ
6. ⲉⲣⲏⲩ· ⲉⲩⲛⲧⲁⲛ ⲇⲉ ⲙ
ⲙⲉⲩ ⲛ̄ϩⲛ̄ϩⲙⲁⲧ ⲉⲩϣⲁⲃⲉ·
ⲕⲁⲧⲁ ⲧⲉⲭⲁⲣⲓⲥ ⲛⲧⲁⲩⲧⲉⲓ̈ⲥ
7. ⲛⲁⲛ· ⲉⲓ̈ⲧⲉ ⲟⲩⲡⲣⲟⲫⲏ
ϯⲁ ⲕⲁⲧⲁ ⲛϣⲓ ⲛⲧⲡⲓⲥϯⲥ
ⲉⲓⲧⲉ ⲟⲩⲇⲓⲁⲕⲟⲛⲓⲁ ϩⲛ̄ ⲧ
ⲇⲓⲁⲕⲟⲛⲓⲁ· ⲉⲓ̈ⲧⲉ ⲡⲉⲧ
8. ϯⲥⲃⲱ ϩⲛ̄ ⲧⲉⲥⲃ̄ⲱ· ⲉⲓ̈ⲧⲉ
ⲡⲉⲧⲡⲁⲣⲁⲕⲁⲗⲓ ϩⲙ̄ ⲡⲥⲟⲡ̄ⲥ̄
ⲡⲉⲧϯ ϩⲛ̄ ⲟⲩⲙⲉⲧϩⲁⲡⲗⲟⲩⲥ·
ⲡⲉⲧⲡⲣⲟⲥϩⲓⲥⲧⲁ ϩⲛ̄ ⲟⲩⲥⲡⲟ
ⲇⲏ· ⲡⲉⲧⲛ̄ⲉⲉⲓ̈ ϩⲛ̄ ⲟⲩⲟⲩ
9. ⲣⲁⲧ· ⲧⲁⲅⲁⲡⲏ ϫⲉⲛϩⲩⲡⲟⲕ
ⲣⲓⲛⲉ· ⲉⲧⲉⲧⲛ̄ⲙⲁⲥϯ ⲙ
ⲡⲡⲉⲑⲟⲟⲩ· ⲉⲧⲉⲧⲛ̄ⲧⲱϭⲓ
ⲙⲙⲁⲧⲛ̄ ⲉⲡⲡⲉⲧⲛⲁⲛⲟⲩϥ·
10. ⲉⲧⲉⲧⲛ̄ϩⲱⲗϭ ⲉϩⲟⲩⲛ ⲉⲛⲉ
ⲧⲛ̄ⲉⲣⲏⲩ ϩⲛ̄ ⲟⲩⲙⲉⲧⲙⲁⲓⲥⲁⲛ·
ⲉⲧⲉⲧⲛ̄ϫⲓⲥⲓ ⲛⲛⲉⲧⲛ̄ⲉⲣⲏⲩ
11. ⲉⲣⲁⲧⲛ̄ ϩⲙ̄ ⲛⲧⲁⲓ̈ⲁ· ⲉⲛ
ⲧⲉⲧⲛ̄ⲁⲓ ⲛⲟϫⲉⲕ ϩⲛ̄ ⲧⲉⲥ
ⲡⲟⲇⲏ· ⲉⲧⲉⲧⲛ̄ⲃⲁⲣⲃⲉⲣ
ϩⲙ̄ ⲡⲉⲡⲛ̄ⲁ̄· ⲉⲧⲉⲧⲛ̄ⲁⲓ ⲛϩⲙ̄
12. ϩⲉⲗ ⲙⲡⲟ̄ⲥ̄· ⲉⲧⲉⲧⲛ̄ⲗⲉ
ϣⲓ ϩⲛ̄ ⲑⲉⲗⲡⲓⲥ· ⲉⲧⲉⲧⲛ̄
ϩⲩⲡⲟⲙⲓⲛⲉ ϩⲛ̄ ⲧⲉⲑⲗⲓⲯⲓⲥ
ⲉⲧⲉⲧⲛ̄ⲡⲣⲟⲥⲕⲁⲣⲧⲏⲣⲓ ⲉ
13. ⲡⲉϣⲗⲏⲗ· ⲉⲧⲉⲧⲛ̄ⲕⲓ̈
ⲛⲟⲛⲓ ⲉⲛⲉⲭⲣⲓⲁ ⲛ̄ⲛⲉⲧⲟⲩ
ⲁⲁⲃ· ⲉⲧⲉⲧⲛ̄ⲡⲏⲧ ⲛ̄
ⲥⲁ ⲧⲙⲉⲧⲙⲁⲓϣⲉⲙⲙⲁⲟ·
14. ⲥⲙⲟⲩ ⲉⲛⲉⲧⲡⲏⲧ ⲛ̄ⲥⲱⲧⲛ̄·
ⲥⲙⲟⲩ ⲁⲩⲱ ⲙⲡⲉⲗⲉⲥⲟⲩϩⲓ·
15. ⲗⲉϣⲓ ⲙⲛ̄ ⲛⲉⲧⲗⲉϣⲓ·
ⲗⲓⲙⲓ ⲙⲛ̄ ⲛⲉⲧⲗⲓⲙⲓ·
16. ⲉⲧⲉⲧⲛ̄ⲙⲉⲉⲩⲉⲓ̈ ⲉⲩⲙⲉⲟⲩ
ⲉⲓ̈ ⲛⲟⲩⲱⲧ ⲙⲛ̄ ⲛⲉⲧⲛ̄ⲉⲣⲏⲩ·
ⲉⲧⲉⲧⲛ̄ⲥⲁⲙⲉ ⲉⲛ ⲉⲛⲓⲙ ⲉⲧ
ϫⲁⲥⲓϩⲏⲧ· ⲁⲗⲗⲁ ⲉⲧⲉ
ⲧⲛ̄ⲙⲟⲟϣⲓ ⲙⲛ̄ ⲛⲉⲧⲑⲉⲃⲓ
17. ⲏⲩ· ⲙⲡⲉⲗϣⲱⲡⲓ ⲛ
ⲥⲁⲃⲏ ⲛⲏⲧⲛ̄ ⲟⲩⲁⲉⲉⲧⲧⲏⲛⲟⲩ·
ⲉⲛⲧⲉⲧⲛ̄ⲧⲱⲱⲃⲓ ⲉⲛ ⲛⲟⲩ
ⲡⲉⲑⲟⲟⲩ ϩⲁ ⲟⲩⲡⲉⲑⲟⲟⲩ ⲛ
ⲗⲁⲁⲩ· ⲉⲧⲉⲧⲛ̄ϥⲓ ⲙⲡ
ⲗⲁⲟⲩϣ ⲛⲛⲉⲡⲉⲧⲛⲁⲛⲟⲩϥ·
ⲙⲡⲉⲙⲧⲁ ⲉⲃⲟⲗ ⲛⲗⲱⲙⲓ
18. ⲛⲓⲙ· ⲉϣϫⲉ ⲟⲩⲁⲛ ϣ
ϭⲟⲙ ⲉⲗⲛⲁⲧⲁⲁⲧⲧⲏⲛⲟⲩ
ⲉⲉⲗϩⲓⲣⲏⲛⲏ ⲙⲛ̄ ⲣⲱⲙⲉ
ⲛⲓⲙ·

11, 32. Das Wort ⲟⲛⲧ, welches bereits Zoëga, 346 vorkam (ϫⲉ ⲉⲛⲓⲇⲏ ⲁⲓⲣ ϩⲁϩ ⲛⲛⲟⲃⲉ ⲟⲛⲧ ⲉϩⲟⲩⲛ ⲉⲩⲣⲓ) und dessen Existenz Peyron s. v. bestritt, wird durch unsere Stelle gesichert.

Apophthegmata Patrum.

In Ergänzung der von ZOEGA mitgetheilten Stücke der Vita Monastica seien hier folgende zwei Stücke angeführt. Der griechische Text nach MIGNE, Patres Graeci, LXV.

Ⲁⲩϫⲟⲟⲥ ⲉⲧⲃⲉ ⲁⲡⲁ ⲑⲉ	S. 196.	Ἔλεγον περὶ τοῦ ἀββᾶ
ⲟⲇⲱⲣⲟⲥ· ⲙⲛ̄ ⲁⲡⲁ		Θεοδώρου καὶ τοῦ ἀββᾶ
ⲗⲟⲩⲕⲓⲁⲛⲟⲥ ⲛⲁⲡϩⲉ		Λουκίου τῶν τοῦ
ⲛⲁⲧⲟⲛ· ϫⲉ ⲁⲩⲣ		Ἐννάτου. ὅτι ἐποίησαν
ⲧⲁⲓⲟⲩ ⲛ̄ⲣⲟⲙⲡⲉ ⲉⲩⲣ		πεντήκοντα ἔτη
ϩⲁⲗ ⲙ̄ⲡⲉⲩⲙⲉⲉⲩⲉ ⲙ		χλευάζοντες τοὺς λογισμοὺς
ⲙⲓⲛ ⲙ̄ⲙⲟⲟⲩ· ϫⲉ		αὐτῶν, καὶ λέγοντες·
ⲉⲣϣⲁⲛ ⲧⲉⲓⲣⲱⲟⲩ		Μετὰ τὸν χειμῶνα τοῦτον
ⲉⲓ ⲛⲧⲛⲛⲁⲡⲱⲱ		μεταβαίνομεν
ⲛⲉ ⲉⲃⲟⲗ ϩⲙ ⲡⲉⲓⲙⲁ		ἐντεῦθεν.
Ⲉⲣϣⲁⲛ ⲡϣⲱⲙ		Ὅτε δὲ πάλιν
ⲇⲉ ϣⲱⲡⲉ ϣⲁⲩϫⲟ		ἤρχετο τὸ θέρος,
ⲟⲥ· ϫⲉ ⲉⲣϣⲁⲛ ⲡ		ἔλεγον, ὅτι
ϣⲱⲙ ⲡⲁⲣⲁⲅⲉ ⲧⲛ		Μετὰ τὸ θέρος τοῦτο
ⲛⲁⲡⲱⲱⲛⲉ ⲉⲃⲟⲗ		ἀπερχόμεθα
ϩⲙ ⲡⲉⲓⲙⲁ·		ἐντεῦθεν.
Ⲁⲩⲱ ⲧⲁⲓ ⲧⲉ ⲑⲉ ⲛⲧⲁⲩ		Καὶ οὕτως ἐποίησαν
ⲣⲡⲉⲓⲟⲩⲟⲉⲓϣ ⲧⲏⲣϥ		πάντα τὸν χρόνον
ⲛϭⲓ ⲛⲉⲛⲉⲓⲟⲧⲉ·		οἱ (ἀείμνηστοι Πατέρες).

Ⲁϥϫⲟⲟⲥ ⲛ̄ϭⲓ ⲁⲡⲁ ⲡⲟⲓ	S. 208.	Εἶπεν ὁ ἀββᾶς Ποιμὴν
ⲙⲏⲛ ⲉⲧⲃⲉ ⲁⲡⲁ ⲓⲱ		περὶ τοῦ ἀββᾶ
ϩⲁⲛⲛⲏⲥ ⲡⲕⲟⲗⲟⲃⲟⲥ		Ἰωάννου τοῦ κολοβοῦ
ϫⲉ ⲁϥⲧⲱϩⲙ ⲙⲡⲛⲟⲩ		ὅτι παρεκάλεσε τὸν
ⲧⲉ ⲁϥϥⲓ ⲙⲡⲟⲗⲩⲙⲟⲥ		Θεόν, καὶ ἤρθη τὰ πάθη
ⲉⲃⲟⲗ ⲙⲙⲟϥ ⲁⲩⲱ		ἀπ' αὐτοῦ καὶ
ⲁϥϣⲱⲡⲉ ⲛⲁⲙⲉⲣⲓⲙ		γέγονεν ἀμέριμνος
ⲛⲟⲥ ⲁϥⲃⲱⲕ ⲇⲉ		καὶ ἀπελθὼν
Ⲁϥϫⲟⲟⲥ ⲛⲟⲩⲁ ⲛϩⲗⲗⲟ		εἶπέ τινι γέροντι·
ϫⲉ ϯⲛⲁⲩ ⲉⲣⲟⲓ ⲙⲟⲩ		Ὁρῶ ἐμαυτὸν
ⲁⲁⲧ ϫⲉ ϯⲙⲟⲧⲛ ⲉⲙⲛ		ἀναπαυόμενον, καὶ μηδένα
ⲡⲟⲗⲩⲙⲟⲥ ϩⲓϫⲱⲓ̈·		πόλεμον ἔχοντα.
Ⲡⲉϫⲉ ⲡϩⲗⲗⲟ ⲛⲁϥ ϫⲉ		Καὶ λέγει αὐτῷ ὁ γέρων·
ⲃⲱⲕ ⲡⲁⲣⲁⲕⲁⲗⲉⲓ ⲙⲡ		Ὕπαγε, παρακάλεσον
ⲛⲟⲩⲧⲉ ϫⲉⲕⲁⲁⲥ ⲉⲣⲉ ⲙ		τὸν Θεόν, ὥστε τὸν
ⲡⲟⲗⲩⲙⲟⲥ ⲉⲓ ⲛⲁⲕ·		πόλεμόν σοι ἐλθεῖν,

ϩⲓⲧⲛ ⲙⲡⲟⲗⲩⲙⲟⲥ ⲅⲁⲣ ⲉ	διὰ γὰρ τῶν πολέμων
ϣⲁⲣⲉ ⲧⲉⲯⲩⲭⲏ ⲡⲣⲟ	προκόπτει
ⲕⲟⲡⲧⲉⲓ ⲁⲩⲱ	ἡ ψυχή. καὶ
ⲛⲧⲉⲣⲉ ⲡⲡⲟⲗⲩⲙⲟⲥ	ἐλθόντος
ⲧⲱⲟⲩⲛ ⲉϫⲱϥ ⲙⲡⲉϥ	τοῦ πολέμου, οὔκ ἔτι
ⲕⲟⲧϥ ⲉϣⲗⲏⲗ ⲉϥⲓⲧϥ	εὔξατο ἀρθῆναι αὐτὸν
ⲙⲙⲁⲩ ⲁⲗⲗⲁ ⲛⲉϥ	ἀπ' αὐτοῦ, ἀλλ' ἔλεγε·
ϫⲱ ⲙⲙⲟⲥ ϫⲉ ⲡϫⲟⲉⲓⲥ	Δός μοι, Κύριε
ⲉⲡⲉ ⲧⲁⲁⲥ ⲛⲁⲓ ⲧⲁϩⲩⲡⲟ	ὑπομονὴν
ⲙⲟⲛⲏ ϩⲙ ⲡⲡⲟⲗⲩⲙⲟⲥ	ἐν τοῖς πολέμοις.

Der Satz: καὶ ἣν εἶχες πρότερον συντριβὴν καὶ ταπείνωσιν nach ἐλθεῖν fehlt im koptischen Text.

Ebenso fehlt im koptischen Texte παρεκάλεσεν οὖν nach ψυχή.

WIEN, 16. Juni 1887.

J. Krall.

LITERARISCHE FRAGMENTE AUS EL-FAIJÛM.

II. Isokrates.

Was die Quellen für eine Geschichte des Isokrates-Textes betrifft, sind wir verhältnissmäsig gut bestellt; denn ausser zahlreichen Citaten (B. KEIL, Analecta Isocratea pag. 13 sq.) und zwei alten Handschriftenclassen lernen wir nunmehr aus früheren Jahrhunderten Textesproben durch die Papyri kennen. Der Isokrates-Papyrus von Marseille ist durch die Publication A. SCHOENE's, Mélanges Graux, pag. 481 sq. und die sich anreihenden Aufsätze von F. BLASS und B. KEIL bekannt; er stammt aus dem IV. Jahrhundert unserer Zeitrechnung, nach den Schriftzügen und anderen Indicien zu urtheilen, und ist keine eigentliche Handschrift, sondern eine private Abschrift eines Theiles der Nikokles-Rede. Um mindestens zwei Jahrhunderte älter ist unser Fragment einer Buchrolle mit dem Texte der fünften Rede. Nachdem es mir gelungen, zwei Fragmente zusammenzufinden, liegt nunmehr eine Schriftcolumne vollständig abgeschlossen vor; von der vorhergehenden sind Reste nur auf dem ersten Fragmente erhalten. Der freie Raum zwischen den Columnen beträgt 2 Centimeter, der untere Rand 6 Centimeter, der obere 5 Centimeter, die Schriftcolumne ist 13·4 Centimeter hoch, 4·5 Centimeter breit.

Wenn wir durch den Papyrus Massiliensis erfahren haben, dass bereits im IV. Jahrhundert n. Chr. nicht nur überhaupt Textesfälschungen vorhanden waren, sondern guten Theils diese selben, die wir in unseren späteren Handschriften finden, so wird durch unseren Papyrus die scharfsinnige Hypothese F. BLASS' zur vollen Gewissheit erhoben, dass die Quellen dieser Verderbnisse auf die Rhetorenschulen zurückgehen. (Jahrb. für Philolog. 1884, pag. 427 ff.) Denn auch der Text unseres Papyrus geht vielfach mit der sogenannten Vulgata.

Erste Columne (Fragment I).

V, §. 114, 1. ειχΕΝΕΙϲΤΟΥϹΕΛ ,εϲ
2. ληναϲΔΥΝΑΙ'ΑΝΟ
3. μοιωθΗΝΑΙΤΟΙϹΕ
4. κεινουΒΟΥΛΕΥΜΑ
5. ϲιν εϲτιΝΔΕϹΟΙΠΕΙ
6. ϲθεντι τΟΙϹΫΠΕΜΟΥ
7. λετομενΟΙϹ·ΤΥΧΕΙΝ

8. δοξηc οιΑcΑΝΑΥΤΟC

§. 115. 9. βουληθηc ραΟΝΓΑΡ

10. εcτιν εκ των ΠΑΡΟΝ

11. των κτηcαcθΑΙΤΗΝ

1. Am Rande wird, mit einem beiſtrichähnlichen Zeichen die Variante ἐc zu εἰc angeführt. — 8. οc mit kleineren Buchſtaben, wegen Raummangel.

---

4. βουλευμαcιν v. βουλήμαcι Blass (Γ). — 9. ῥᾶον v. Blass ῥάιδιον ΓΕΛ Vict. Turr. — 11. κτηcαcθαι Γ Turr. Blass κτήcαcθαί cε Ε v.

Zweite Columne.

Fragment I.

V, §. 116, 1. ΠΕΙΡΩΜαιΠΡΟΤΡΕ

2. ΠΕΙΝΕΠΙΤΑCΕΥΕΡΓΕ

3. CΙΑCΤΩΝελληΝΩΝ

4. ΚΑΙΠΡΑΟΤΗΤΑΚΑΙ

5. ΦΙΛΑΝΘΡΩΠΙΑΝΟΡω

6. ΓΑΡΤΑCΜΕΝΧΑΛΕΠΟ

7. ΤΕΤΑCΛΥΠΗΡαcΟΥCΑC (Η über Ε)

8. ΚΑΙΤΟΙCΕΧΟΥcιΚΑΙ

9. ΤΟΙCΕΝΤΥΓΧΑΝΟΥCΙ'

10. ΤΑCΔΕΠΡΑΟΤΗΤΑC

11. ΟΥΜΟΝΟΝΕΠΙΤΩΝ

12. ΚΑΙΤΩΝ

13. ανθρωπωΝΚΑΙΤΩΝ

Fragment II.

14. Αλλων ζωων απαΝΤΩΝ

§. 117, 15. ΕΥΔοκιμουcΑCΑΛΛα

16. ΚΑιΤωΝθεωΝΤΟΥC

17. ΜΕΝΤΩΝαγΑΘΩΝ

18. ΗΜΙΝΑΙΤιΟΥCΟΝΤΑC

19. ΟΛΥΜΠΙΟυcΠΡΟCΑ

20. ΓΟΡΕΥΟΜΕνΟΥCΤοΥC

21. ΔΕΠΙΤΑΙCCΥΜΦΟΡΑΙC

22. ΚΑΙΤΑΙCΤΙΜΩΡΙΑΙC

23. τΕΤΑΓΜΕΝΟΥCΔΥCΧΕ

24. ρΕCΤΕΡΑCΤΑCΕΠΩΝΥ (ΚΑΙ über der Zeile)

25. ΜΙΑCΕΧΟΝΤΑCΚΑΙΤΩΝ

26. ΜΕΝΚΑΙΤΟΥCΙΔΙΩΤΑC

27. κΑΙΤΑCΠΟΛΕΙCΚΑΙΝΕ

28. ωCΚΑΙΒΩΜΟΥCΙΔΡΥ

5. ω klein. — 7. Ε ausgeſtrichen; darüber Η von derſelben Hand. — c klein. — 9. CΙ' klein. — 12. Die Lücke iſt für ζωων zu groſs. — 24. ΚΑΙ von derſelben Hand.

---

2. επι ταc ευεργεcιαc των] v. ἐπί τὲ τὰc εὐεργεcίαc τὰc τῶν Blass (Γ). — 4. πραοτητα (η) και φιλανθρωπιαν] Blass (Γ) πρᾳότητac καὶ φιλανθρωπίαc Ε v. — 7. χαλεποτεταc] χαλεπότηταc Blass etc. — 11. μονον] Blass (Γ) μόνων Ε. — 12. επι των...και των ανθρωπων και των αλλων ζωων απαντων] ἐπὶ τῶν ἀνθρώπων καὶ τῶν ἄλλων ζώων ἁπάντων Blass (Γ)

ἐπὶ τῶν ζώων καὶ τῶν ἀνθρώπων καὶ τῶν ἄλλων ζώων ἁπάντων v. — 18. ημιν αιτιους] v. αἰτίους ἡμῖν Blass (Γ). — 24. $\overset{\text{και}}{\text{τας}}$] τας.

III. Platon, Gorgias.

Aus einem Papyruscodex des Platonifchen Gorgias ift uns dies eine Fragment erhalten. Es mifst 8·3 Centimeter in die Breite und 8·8 Centimeter in die Höhe; Recto und Verfo find befchrieben; vom Recto aus betrachtet erfcheint die erhaltene Schriftcolumne nach unten und nach links unvollftändig in Folge des Bruches im Papyrus; oben ift ein Rand von 2 Centimeter Höhe frei. Die Schriftzüge weifen mit Sicherheit auf das III. Jahrhundert n. Chr. hin. In vielen Beziehungen ift unfer Papyrus intereffant, und nicht zum Mindeften wegen feines Formates; denn dafs beide Seiten befchrieben find, ift für uns auffällig, die wir gewohnt find, die fchöne alte Papyrusunciale regelmäfsig auf nichtopisthographen Rollen zu fehen; es liegt uns alfo vielmehr hier das ältefte Beifpiel für einen Papyruscodex vor, unter jenen Verhältniffen dem Formate für Bücher der Armen und einer armen Zeit; an eine private Abfchrift denken wir nicht, dafür find die Schriftzüge zu gleichmäfsig, forgfältig und fchön. Die eine Seite, welche jetzt unfer Recto bildet, dürfte 28 Zeilen ungefähr enthalten haben; nämlich die 13 erhaltenen und circa 15 ausgefallene; letztere Addenden erhält man bei der Divifion der Anzahl der fehlenden Buchftaben (circa 490) durch die mittlere Gröfse einer Zeile (circa 33 Buchftaben). Der Text beider Seiten, fowie die Correcturen ftammen von derfelben Hand; feine Eigenthümlichkeiten mögen hier folgen.

Das ι adfcr. fehlt: Recto 2. τη ψυχη εγγιγνομενω, doch Verfo 1. διακειμενιω. ϋ fteht in ϋγι V. 10 (dagegen R. 10 υγιεια). Ein hochragendes ī haben R. 1 ϊςχυν ϊcωc. Bei γγ (2. εγ'γιγνομενω), ττ (V. 4 ελατ'τ) fteht der bei Confonantenhäufung gebräuchliche Apoftroph. Der Lenis findet fich vor in V. 8: ουκουν. Die Paragraphos trennt V. 7 und V. 8.

Ein tieffttehender Punkt trennt kleinere Cola: ρ ταξει. ονομα, V. 1 διακειμενω. η αιτια, V. 10 πιειν. υγιαινοντα, desgleichen ein Punkt inmitten der Zeile: V. 2 ηδιcτα· η ποτα η, V. 9 αποπιμπλαναι· οιον, bei gröfseren Paufen trifft man den Punkt in der Höhe: R. 6 ερω˙ cυ δε, 12 cωματοc˙, V. 7 αναγκη γαρ˙ (falfch). Intereffant ift die Verwendung der Interpunktion bei dem Perfonenwechfel im Dialoge, der übrigens fonft nicht weiter angezeigt wird.

R. 1.	Kal.	λεγειc˙	εγωγε	So.
5.	Kal.	cωκρατεc˙	αλλ	So.
12.	So.	εcτιν˙	εcτιν	Kal.
12.	Kal.	εcτιν˙	ταιc	So.
V. 7.	Kal.	ναι :	οὐκουν	So.

Recto pag. 504 B, C, D.

Pag. 504 C, 1. ΪCΧΥΝΪCѠCΛЄΓЄΙĊЄΓѠΓЄΤΙΔЄΑυ

2. ЄΝΤΗτυΧΗЄΓ'ΓΙΓΝΟΜЄΝѠЄΚ—

3. ταξεѠCΚΑΙΤΟΥΚΟCΜΟΥΠЄΙΡѠЄΥΡειΝ

4. ειπεΙΝωCΠΕΡΕΚΕΙΝΟΤΟΟΝΟΜΑ

5. αΥΤΟCΛΕΓΕΙCωCωΚΡΑΤΕC·ΑΛΛειCΟΙ

6. εcτΙΝΕΓωΕΡω·CΥΔΕΑΝΜΕΝCοι

7. καλωCΛΕΓΕΙΝΦΑΘΙΕΙΔΕΜη

8. εΠΙΤΡΕΠΕΕΜΟΙΓΑΡΔΟΚΕι

9. cωΜΑΤΟCΤΑΞΕCΙ.ΟΝΟΜΑΕΙΝαι

Η

10. εΞΟΥΕΝΑΥΤωΥΓΙΕΙΑΓΙΓΝΕται

11. αΡΕΤΗΤΟΥCωΜΑΤΟĊΕCΤΙΤΑΥ

Pag. 504 D, 12. ·ΕCΤΙΝΤΑΙCΔΕΓΕΤΗcψυχηc

13. ΚΟCΜηcεcι

Die erften fünf Zeilen find nach rechts hin vollftändig erhalten; in Zeile 2 fteht nach εκ ein wagrechter Strich als Füllfel; in Zeile 4 ift der Schweif des Α verlängert worden; dagegen wurde aus Raummangel in Zeile 5 COI kleiner gefchrieben.

Zeile 12. Von ψυχηc find fchwache Spuren.

---

4. εκεινο] ἐκείνῳ coni. Heindorf. — 7. εγω καλωc λεγειν] καλῶc ἐγὼ λ. Γ. — 8. εμοι γαρ δοκει] ἔμοιγε δ. vlg. Schanz T ἔμοιγε γάρ B sed γαρ punctis notatum et γαρ ad γε margini adscriptum. — 9. ταξεcι] ταξεcιν vlg. cf. G. Meyer, Gr. Gr.[2] 306. — 10. υγιεια] ἡ ὑγίεια vlg. καὶ ὑ. F. — 11. εcτι ταυτα] ἔcτιν ταῦτα Schanz. — 12. ταιc δε γε τηc ψυχηc] ταῖc δὲ τῆc ψυχῆc vlg.

Verfo pag. 504 E, 505 A.

Ο

Pag. 504 E, 1. ΔΙΑΚΕΙΜΕνΙω.ΗCΙΤΙΑΠΑΛΛΟΙ·ΔΙΔΟΝαι

Η

2. ΔΙCΤΑ·ΗΠΟΤΑΚΑΙΑΛΛΟΟΤΙΟΥΝΟΜη

3. ΤΟΝΕCΘΟΤΙΠΛΕΟΝΗΤΟΥΝΑΝΤΙΟν

4. τοΝΔΙΚΑΙΟΝΛΟΓΟΝΚΑΙΕΛΑΤ·Τον

ΚΑΙ

Pag. 505 A, 5. γΑΡΟΙΜΑΙΛΥCΙΤΕΛΕΙΝΜετα

ΖΗΝ

6. ΡΙΑCCωΜΑΤΟCΕCΤΙΝΑΝΘρωπω

7. ΓαΡ·ΟΥΤωCΚΑΙΖΗΝΜΟΧΘΗΡωC

8. νΑΙ·ΟΥΚΟΥΝΚΑΙΤΑCΕΠΙΘΥΜΙ

9. ναΙ·ΟΙΟΝΠΕΙΝωΝΤΑΦΑΓΕΙΝ

10. ΗΔΙ+ωΝΤΑΠΙΕΙΝ.ΥΓΙ

11. ΙΑΤΡοΙωcτΑΠολλα

12. ΟΥΔΕποτ

Die Anfänge der Zeilen 1, 2, 3, 6, 7 ſind erhalten. Zeile 2 και iſt durchſtrichen.

---

1. διακειμενιω] l. διακειμενωι — διακειμενιω η σιτια] ΞCY Bekkeri; δ. ϲ. vlg. Schanz — π$\overset{ο}{α}$λλοι] πολλά vlg. — 2. $\overset{η}{και}$] ἤ vlg. — αλλο οτιουν] ἀλλ' ὁτιοῦν vlg. ἀλλό τι οὖν] BT. — 3. αυτον] B αὐτό vlg. Schanz — εϲθ οτι] ἔϲθ ὅτι BT ἔϲθ' ὅτε apogr. Bodl. 2 ...... Schanz — ελαττον] βλάπτον coni Vermehren, βλάψει coni Wendt. — 5. .....$\overset{και}{γαρ}$] οὐ γάρ vlg. — λυϲιτελειν] λυϲιτελεῖ vlg. — $\overset{ζην}{εϲτιν}$] ζῆν vlg. — haec fere papyr. exhibuit: καὶ οὐ γάρ, οἶμαι, λυϲιτελεῖν μετὰ μοχθηρίαϲ ϲώματοϲ ἔϲτιν ἀνθρώπῳ. ἀνάγκη γαρ· — 7. ουτωϲ] οὕτω vlg. — και ζην] b, καὶ ζῆν καί BT (ζῆν IV, ζῆν καί ϛ Bekkeri). — 8. ουκουν και] οὐκ οὖν καὶ Jambl. ουκοῦν B, οὔκουν T (καὶ add. ΞCY Bekkeri).

IV. Theokrit.

Unſer Fragment entſtammt einem Pergamentcodex des fünften nachchriſtlichen Jahrhunderts, in Quartformat ſo geſchrieben, daſs Vers und Zeile zuſammenfallen; 32 ſolche Verszeilen ſtanden auf je einer Seite; aus dem oberen Theile eines Blattes iſt unſer Stück herausgeriſſen; es iſt 5·7 Centimeter hoch, von dieſen fallen 3 auf den Rand, 2·7 auf die Schrift; die Breite beträgt 3·6 Centimeter. Es enthält auf dem Recto Idyll IV, Vers 34 bis 38, auf dem Verſo Idyll V, Vers 3 bis 8, daraus erhellt, daſs auch die Seite, aus welcher dasſelbe herausgeriſſen iſt, 32 Verſe faſste (63 — 38 + 7); ferners, daſs in der Handſchrift V auf IV folgte und nicht IV auf V, oder gar irgend ein anderes Gedicht neben IV oder IV ſtand (Wiener Studien VIII, 2). Aus IV gibt noch ein anderes Fragment eine Probe, das ſich im Louvre befindet (Musées nationaux Nr. 6678).

Recto.

IV. 34. αιγων ογδωκοντα μονοϲ κΑΤ//// ΛΆϹϹ$\overset{Α}{\text{Є}}$ΤΟμαζαϲ (über dem ersten Ϲ: Ι)

35. τηνει και τον ταυρον απ ωρεοϹΑ̂Γ·ЄΠΙЄ́ΞΑϲ

36. ταϲ οπλαϲ κηδωκ' αμαρυλλιδι τ$\overset{ΤΑΙ}{\text{ЄΔЄ}}$ΓΥΝΑικεϲ

37. μακρον αναυϲαν χω βουκολοϲ εΞЄ́ΓЄΛαϲϲεν

38. ω χαριεϲϲ' αμαρυλλι μοναϲ ϲεθεν ουΔЄ̀ΘΑνοιϲαϲ

V. 34. In der Lücke, zwei Buchſtaben groſs, ſcheint ΑΙ geſtanden zu haben; von Ι wenigſtens glaube ich Spuren zu ſehen. Dieſes ΑΙ ſtünde dann wohl für Є, wie ja auch das Pariſer Fragment 4 Recto, Idyll XIII, 56 ὨΙΧ$\overset{ε}{\text{ΑΙ}}$το bietet. — Das urſprüngliche δαϲϲετο wurde von der erſten Hand in δαιϲατο umcorrigirt, indem Ϲ[1] und Є ausgeſtrichen wurden und Ι über Ϲ, Α über Є verzeichnet ward. Als Variante wird aufgeführt ‚κατεθοίϲατο Dorv. ni fallor unde suspiceris κατεθώϲατο', eine Conjectur, die Meineke wohlgefiel.

V. 35. ἄγε πιάξαϲ, das ſich allgemein findet, ſehen wir in der Hs. p. zu ἄγ' ἐπιάξαϲ abgetheilt; einen Schritt weiter davon iſt unſer ἄγ' ἐπιέξαϲ entfernt.

V. 36. In τⲈ iſt Ⲉ durchſtrichen und mittelſt eines daruntergeſetzten Punktes gekennzeichnet; darüber ſteht, von der erſten Hand eingetragen, das richtige ται.

Verſo.

V. 3. ουκ αΠΟΤΑ͡ΑϹΑ ///// ΡΑ
4. τον μⲈΥΤᾺΝϹΥΡΙΓγα προαν κλεψαντα κοματαν
5. ταν ποΙΑΝϹΎΡΙΓγα τυ γαρ ποκα δωλε ϲιβυρτα
6. εκτα ϹⲰϹΎριγγα τι δ ουκετι ϲυν κορυδωνι
7. αρκει ΤΟΙ ΚΑλαμαϲ αυλον ποππυϲδεν εχοντι
8. ταν μοι Ⲉ́δωκε λυκων ωλευθερε

V. 3. Das Pergament ſcheint die bisher unbekannte Variante ἄκραϲ für κράναϲ zu bieten (κρῆναϲ iſt die Variante in der Handſchrift K).

V. 6. ἐκτάϲω haben c. p. k. vulg. ἐκτάϲα Brunck d. e. g.

V. 8. Von Ⲉ iſt nur mehr der oberſte Theil ſichtbar.

V. Fragmente einer polemiſchen Rede gegen Iſokrates.

Unter den literariſchen Fehden des IV. vorchriſtlichen Jahrhunderts iſt vielleicht eine der bedeutendſten die, welche auf dem Gebiete der attiſchen Beredſamkeit ausgefochten wurde, der Kampf des Iſokrates und ſeiner Nebenbuhler, insbeſonders Antiſthenes, Alkidamas und Polykrates. Die Polemik bewegte ſich nicht nur auf allgemeinem Gebiete, ſondern es gab da Streitſchriften, die gegen ein beſtimmtes Werk des Gegners gerichtet waren; ein bekanntes Beiſpiel dafür iſt des Iſokrates' Rede ‚Buſiris', in welcher im Beſonderen die gleichnamige Arbeit des Polykrates zur Beſprechung gelangt. Dafür verfuhren auch die Gegner des Iſokrates auf die gleiche Weiſe; Polykrates vergalt ſeinerſeits den Angriff, indem er ganz nach des Gegners Art die iſokrateiſche ‚Helena' verurtheilte (Hypothes. Is. Hel.); ſo gab es von Antiſthenes eine Rede, πρὸϲ τὸν Ἰϲοκράτουϲ ἀμάρτυρον (Diog. 6, 15). In einen ganz analogen Fall führen uns nun die Bruchſtücke einer polemiſchen Rede gegen Iſokrates, in welcher augenſcheinlich die neunte Rede dieſes Autors, der Euagoras angegriffen wird. Wir ſind der Meinung, daſs ſie noch aus dem IV. Jahrhundert v. Chr. ſtammt, da die perſönlich geführte Polemik uns auf jene Kreiſe der Nebenbuhler unſeres Redners weiſt; dabei wird der Euagoras richtig als ein Enkomion aufgefaſst, und darnach richtet ſich die Kritik einer Stelle; wir könnten noch hinzufügen, daſs die Citate aus Iſokrates, was die Geſtalt des Textes betrifft, mit dem codex Urbinas Γ gehen (vergl. B. Keil, Analecta Isocratea, pag. 73 ff.).

Die (fünf) erhaltenen Fragmente entſtammen offenbar einer nicht opisthographen Rolle, die in ſchönſter Schrift etwa im I. oder II. Jahrhunderte unſerer Zeitrechnung geſchrieben wurden. Die Columnen, von denen fünf fragmentariſch erhalten ſind, beſtanden aus Zeilen von je 18 bis 23 Buchſtaben. Es gelang mir zweimal, die räumliche Zuſammengehörigkeit je zweier Stücke feſtzuſtellen.

A. Erftes und zweites Fragment.

Verbunden find fie 9 Centimeter breit, 6 Centimeter hoch; das Intercolumnium beträgt 2 Centimeter, der obere Rand 1·8 Centimeter.

	Erfte Columne.	Zweite Columne.
1.	ΤΟΦΙΛΟΥϹЄΝΤΑΙϹ ΗΜЄ	ΒΟΥϹΙ . . ϹϹ
2.	ραις εΚЄΙναΙϹΜΑΛΛΟΝΑΠΑΝ	ΜΗΤΑΛΛ
3.	///// ΛΑΚЄΔΑΙΜΟΝΙΟΙϹ	ΡΙΝΝΥΝΔε
4.	///// ΟΝΤЄϹ ΒΙΟΥΝΤЄϹ ΙϹΤΟ	ΠΡΑΓΜΑτ
5.	///// ΚΑΙ ΤΟΙϹ ΜЄΝ ЄΡΓΑ	ЄΝΜЄΤΩΠ
6.	////// ΥΠΟΜΝη ////	

Sollte in II, 1, 3 eine Spur von Βούσιρις vorliegen, fo denkt man alsbald an des Polykrates Autorfchaft, an den die Hiaten in *C* dann erinnern könnten; es laffen fich ja Euagoras, Kypros, Polykrates, Bufiris im Denken verbinden; die Stilifirung jedoch, welche *C* erkennen läfst, weift vielmehr auf Alkidamas hin.

B. Drittes Fragment.

Breite 6·5 Centimeter, Höhe 7 Centimeter, Intercolumnium 1·5 Centimeter.

	Dritte Columne.	Vierte Columne.
1.	ЄΠЄΙΝΥ ////////// ϹΑ	Η
2.	ΝΓΑΡΚΑΓΩ . . ΥΝЄ	ΔЄϹΑ
3.	ΑΛΘЄΝΤЄϹ /////	ΚΑΙΑΙ
4.	ΗΔΥΝΗΘ /////	ΤΗΝϹΥ
5.	ΤΟΝΑΠΟ /////	ΤΑΥΤΑ
6.	ΚΩ ///// ΥΠЄ	ΑΛΛΟΝ
7.	///////////////	ΚΑΙΡΟΝ
8.	ΤΑϹ ΑΥΤαϲ ЄΠΡΑ	ΑϹ /// ΩΤ
9.	ЄΤΑΙ ЄΩϲ αΡΑ	ЄΤЄΡΑϹ
10.	ΜЄΝΟϹ . . ΙΤΟ	ΤΑυΤ
11.	ΤΟ . . . . . Υ	Ο
12.	ΑΝ	

Diefes Stück ift am übelften hergerichtet. Zwifchen II, 9 und II, 10 fteht die Paragraphos. Columne II und III paffen trotz II 2 und III 3 nicht zufammen.

C. Viertes und fünftes Fragment.

Nach der Höhe zusammengestellt sind sie 10 Centimeter hoch, 8 Centimeter breit. Der obere Rand beträgt 8 Centimeter, der Rest des Intercolumniums zu links 1·8 Centimeter.

Fünfte Columne.

1. Π̣ΟΙΗϹΑΙΟΥΚΕΓΚΩ
2. ΕΙ̣ΑΛ̣ΟΓΟΥΚΑΙΠΕΡΙΠΛ
3. ΕΠΟΙΗϹΑΝΤΟϹΦΑϹΑΥΤ
4. ΤΟΥϹΠΡΟΤΕΡΟΝΑΥΤΩ
5. ΟΥϹΟΝΤΑϹΤΟΥΤΟΚΑΙΥπ
6. ΛΗΝΕΠΙΨΟΓΟΝΕΙΝΑ
7. ΤΩΝΠΡΟΤΕΡΩΝΜΕΜΝΗΜ
8. ΝΩΝΑΥΤΩΝΤΑΧΥΝΤο[νκ]αι
9. ΡΟΝΛΑΚΕΔΑΙΜΟΝΙΟΙπΑρ
10. ΑϹΑΝΟΥΚΑΥΤΟΙΑΡΑΩΙϹΟΚΡΑ
11. ΤΕϹΩϹΤΕΚΑΙΤΗΝΑϹΙΑΝΚΑ
12. ΚΩϹΠΟΙΕΙΝΕΠΕΧΕΙΡΗϹΑΝ
13. Ειϲτο

Zeile 5 ist π, Zeile 8 ο und αι, Zeile 9 π, ρ, Zeile 13 ιϲτο nur in geringen Resten erhalten.

Dieses werthvollste Stück bietet wegen seiner Lückenhaftigkeit Schwierigkeiten, an die wir heranzutreten versuchen. Ein Gedanke wird alsbald klar, wenn wir Isokrates Euagoras, §. 53 zur Vergleichung heranziehen; es heisst dort von dem freundschaftlichen Verhältnisse Konons' zu Euagoras: πρῶτον μὲν γὰρ οὐκ ἔφθαϲαν ἀλλήλοιϲ πληϲιάϲαντεϲ καὶ περὶ πλείονοϲ ἐποιήϲαντο ϲφᾶϲ αὐτοὺϲ ἢ τοὺϲ πρότερον οἰκείουϲ ὄνταϲ; aus dieser Stelle wird nur der zweite Theil wörtlich angeführt und als Uebertreibung getadelt:

,καὶ περὶ πλ[είονοϲ
ἐποιήϲαντο ϲφᾶϲ αὐτ[οὺϲ ἢ
τοὺϲ πρότερον αὐτῶ[ν οἰκεί
ουϲ ὄνταϲ' τοῦτο καὶ ὑ[περβο
λὴν ἐπίψογον εἶναί [φημι.

ὑπερβολὴν (ἐπίψογον) ist in demselben Sinne gesagt wie in Euagoras, §. 72, εἴ τινεϲ τῶν ποιητῶν . . . ὑπερβολαῖϲ κέχρηνται u. dergl. Vor οἰκείουϲ ist ein αὐτῶν eingeschoben, das aus Handschriften des Isokrates nicht bekannt ist.

Da mit Zeile 2, καὶ das Citat aus Isokrates beginnt, bleibt von dem vorhergehenden Satze nur übrig: ποιηϲαι ουκ εγκωμι . . . εια λογου; hier können wir nur die Vermuthung äufsern, dafs die Worte des Ifokrates, §. 53: cuνέβη γὰρ αὐτῷ διὰ τὴν ἄφιξιν τὴν εἰc Κύπρον καὶ ποιῆcαι καὶ παθεῖν πλεῖcτ' ἀγαθά getadelt werden: es fei die Erwähnung eines Verhältniffes, bei dem beide Theile, Konon und Euagoras, fich gleich gut ftehen, kein Gegenftand einer Lobrede, und paffe alfo nicht zur Tendenz des ifokrateifchen ‚Euagoras'; darnach geben wir verfuchsweife die Ergänzung: ‚cuνέβη γὰρ αὐτῷ . . . πλεῖcτ' ἀγαθὰ καὶ παθεῖν καὶ] ποιῆcαι'· οὐκ ἐγκ[ώμιον ὑγί]εια λόγου.

In dem darauffolgenden Stücke wird Ifokrates bei dem Namen angefprochen, wie im ‚Bufiris' wiederum Polykrates von diefem, und in feinen Worten ein Widerfpruch nachzuweifen verfucht: Euagoras, §. 54: ὁρῶντες (Konon und Euagoras) γὰρ αὐτὴν (Athen) ὑπὸ Λακεδαιμονίοις οὖcαν καὶ μεγάλῃ μεταβολῇ κεχρημένην λυπηρῶς καὶ βαρέως ἔφερον, ἀμφότεροι προcήκοντα ποιοῦντες· τῷ μὲν γὰρ ἦν φύcει πατρίς, τὸν δὲ διὰ πολλὰς καὶ μεγάλας εὐεργεςίας νόμῳ πολίτην ἐπεποίηντο· cκοπουμένοις δ' αὐτοῖς, ὅπως τῶν cυμφορῶν αὐτὴν ἀπαλλάξουσι, ταχὺν τὸν καιρὸν Λακεδαιμόνιοι παρεcκεύαcαν· ἄρχοντες γὰρ τῶν Ἑλλήνων καὶ κατὰ γῆν καὶ κατὰ θάλατταν εἰς τοῦτ' ἀπληcτίας ἦλθον, ὥcτε καὶ τὴν Ἀcίαν κακῶς ποιεῖν ἐπεχείρηcαν; hier wird zuerft der Gedankengang getadelt, dafs ja von Konon und Euagoras nicht die Initiative zu den patriotifchen Thaten ausging, fondern dafs die Lakedaimonier den Anlafs erft gegeben haben:

τῶν προτέρων μεμνημ[έ
νων αὐτῶν ‚ταχὺν [τὸν κ]αι-
ρὸν Λακεδαιμόνιοι [π]α[ρεcκεύ
αcαν'· οὐκ αὐτοὶ ἄρα, ὦ Ἰcόκρα-
τες.

In dem Citate aus Ifokrates fteht deutlich ταχύν, während die Handfchriften zwifchen ταχύν cod. Γ und ταχύ Δ v. fchwanken.

Nur mehr das Citat, ohne den Tadel, enthält das Endftück des Papyrus: ὥcτε καὶ τὴν Ἀcίαν κακῶς ποιεῖν ἐπεχείρηcαν ε . . . Die geringen Buchftabenrefte nach ε fcheinen wohl den Anfang von εἰς το[ῦτ' ἀπληcτίας etc. zu geben; wir hätten dann wieder eine geringfügige Abweichung von Ifokrates' Worten bei dem Citiren zu beobachten, wie foeben bei τῶν προτέρων μεμνημένων αὐτῶν und vielleicht zu Anfang bei πλεῖcτ' ἀπαθὰ καὶ παθεῖν καὶ] ποιῆcαι.

WIEN, April 1887.

K. Weffely.

DAS ÄLTESTE LITURGISCHE SCHRIFTSTÜCK.

Während die ältesten bisher bekannten liturgischen Handschriften kaum bis zum Ende des V. Jahrhunderts hinaufreichen, enthält die Papyrussammlung Seiner Kaiserl. Hoheit des Erzherzogs Rainer, als eines der werthvollsten unter ihren zahlreichen Kleinodien, auch ein um wenigstens zwei Jahrhunderte älteres Schriftstück liturgischer Bestimmung. Es ist dies ein länglich viereckiges Papyrusblatt, 26 Centimeter breit und 11 Centimeter hoch, dessen Schrift K. WESSELY in der Oesterreichischen Monatsschrift für den Orient (1884, S. 152) dem Anfange des IV. Jahrhunderts zugesprochen hat.[1] Im September 1887 habe ich dasselbe gemeinschaftlich mit J. KRALL gelesen. Auf dem Recto des Blattes ergibt sich folgender Text:

1. † ογενηθηcεβηθλεεμκαιανατραφειcεvναζαρετκατηγηcαcεντοικαλιλεα
2. ηταμεcιμιωνεξουρανουτωαcτερωcφανεντωcπημεναιcακκραυρουντεc
3. εθαυμαcανουγονηπεcουντεcελεγανδοξατοπατριαληλουηα
4. δοξατουιωκαιτοαγιωπνεματιαληλουηααληλουηααληλουηα.

Auf dem Verso, dessen Text sich durch die plumpere, nachlässigere Schrift und auch, wie KRALL erkannt hat, durch die Art des Zusammenfaltung des Blattes als nachträgliche Zuthat zu dem ursprünglichen kundgibt, findet sich, abgesehen von drei Resten einer, wie es scheint, ausradirten älteren Schrift, folgendes:

1. τυβι ε̄
2. †† εκλεκτοcοαγιοcιωαννηcοβαπτιcτηcωκυριξαcμετανοια
3. ενολωτωκοcμωειcαφεcιντωναμαρτιωνημων.

Das wäre nach correcter griechischer Schreibweise:

Ὁ γεννηθεὶς ἐν Βηθλεὲμ καὶ ἀνατραφεὶς ἐν Ναζαρέτ, κατοικήσας ἐν τῇ Γαλιλαίᾳ, εἴδομεν σημεῖον ἐξ οὐρανοῦ· (τῷ) ἀστέρος φανέντος, ποιμένες ἀγραυλοῦντες ἐθαύμασαν· (οὐ) γονυπεσόντες ἔλεγον· δόξα τῷ Πατρί, ἀλληλούϊα· δόξα τῷ Υἱῷ καὶ τῷ ἁγίῳ Πνεύματι, ἀλληλούϊα, ἀλληλούϊα, ἀλληλούϊα.

‚Der du geboren wardst zu Bethlehem und auferzogen zu Nazareth, gewohnt hast in Galiläa, wir haben ein Wunderzeichen vom Himmel gesehen; als der Stern erschien,

[1] Eine Abbildung des Stückes in Lichtdruck wird seinerzeit im *Corpus Papyrorum Raineri* publicirt werden. Die Redaction.

ſtaunten die auf dem Felde übernachtenden Hirten; knieend ſprachen ſie: Ehre ſei dem Vater, Alleluja; Ehre ſei dem Sohne und dem heiligen Geiſte, Alleluja, Alleluja, Alleluja.'

Verſo: Τυβι ε'. Ἐκλεκτὸς ὁ ἅγιος Ἰωάννης ὁ βαπτιστής, ὁ κηρύξας μετάνοιαν ἐν ὅλῳ τῷ κόσμῳ εἰς ἄφεσιν τῶν ἁμαρτιῶν ἡμῶν.

‚Am 5. Tybi. Auserwählt iſt der heilige Johannes der Täufer, welcher Buſse gepredigt hat in der ganzen Welt zur Vergebung unſerer Sünden.'

Obgleich der obere Rand des Blattes ſehr zerfaſert und ungleich iſt, fehlt doch nichts vom Texte, als etwa die Ueberſchrift auf dem Recto, als deren Reſt über dem ν von ἐν der Endpunkt eines weit nach unten reichenden Buchſtabens, alſo eines ι, betrachtet werden könnte. Das wäre, wie ſich ſpäter zeigen wird, jedenfalls Τυβι ϛ' (am 6. Tybi). Die Deutung κατοικήσας (der du gewohnt haſt) iſt der zunächſt plauſibler ſcheinenden κατηχήσας (der du gelehrt haſt) dennoch entſchieden vorzuziehen; denn letztere ſtimmt nicht zu der ſonſtigen ‚Orthographie' unſeres Textes und hebt den hier beabſichtigten Gegenſatz der irdiſchen Unſcheinbarkeit des Heilandes mit ſeiner, durch die himmliſchen Wunder bezeugten, göttlichen Hoheit nicht hervor. In ηταμε = εἴδομεν ſoll vielleicht ν durch die Verlängerung des mittleren Querſtriches des ε bezeichnet ſein, wie auch durch die lange Ausſchwenkung des letzten α von μετανοια ein ſchlieſsendes ν angedeutet ſcheint. Der Gedanke ‚wir haben ein Zeichen vom Himmel geſehen' iſt bei der ſolidariſchen Einheit der Kirche aller Zeiten mit den Augenzeugen der Erſcheinung Chriſti unbedenklich. Statt αστερως φανεντως könnte man auch αστερας φανεντας leſen, was die Schriftzüge ſogar näher legen; doch iſt hier auf jeden Fall der Genitivus abſolutus beabſichtigt. Das ου vor γονυπεσουντες (nach WESSELY aus γονυπετουντες durch Ueberſchreiben eines ς corrigirt) wäre im Textzuſammenhange nur dann erklärbar, wenn man in οὐ γονυπεσόντες eine rubriciſtiſche Anweiſung an die Gemeinde finden könnte, hier nicht niederzuknieen. Ich glaubte daher früher, das folgende Wort ἐλέησον leſen zu müſſen, bis mich WESSELY von der Nothwendigkeit, darin ελεγαν = ἔλεγον anzuerkennen, überzeugte. So entſteht ein ſchön zuſammenhängender und zu einer einzigen Periode abgerundeter Sinn des ganzen Textes, wenn man die Wörtchen οὐ und τῷ (letzteres durch fünf darüberſtehende Punkte bezeichnet), die ſich keinem möglichen Gedankengange anpaſſen, als Anfänge von Pſalmverſen faſst; vergl. weiterhin.

Die liturgiſche Beſtimmung unſerer Texte ergibt ſich nicht nur aus ihrem Inhalte und der Angabe des Tages, für den ſie beſtimmt ſind, ſondern auch aus einem äuſseren Merkmale. KRALL erkannte nämlich in vier rundlichen Löchern die Stellen, wo die Finger des Sängers das Schriftſtück feſtgehalten und ſo allmählich durchgerieben hatten. Die beiden beim Recitiren des urſprünglichen Textes entſtandenen Durchlöcherungen ſtehen etwa 3 Centimeter vom unteren Rande, die rechte 6 und die linke 7 von dem jedesmaligen Seitenrande ab; während bei den beiden anderen, welche dem Abſingen des Verſotextes ihre Entſtehung verdanken, die entſprechenden Zahlen 4, 8 und 9 ſind, da hier der leere Raum viel höher hinaufreicht. Dabei iſt noch zu beachten, daſs der obere Rand des Rectotextes der untere des Verſotextes iſt.

Auf ſolchen einzelnen Blättern ſtanden alſo wechſelnde liturgiſche Geſangstexte, welche für je ein beſtimmtes Feſt des Kirchenjahres dienten. Wurden ſpäter neue Feſte eingeführt oder mit eigenen Antiphonen verſehen, ſo half man ſich wohl auch durch nachträgliche Aufzeichnung ihres Textes auf dem Verſo des Blattes, auf deſſen Recto der Text für das zunächſt eintreffende Feſt ſtand. So erklärt ſich hier die Lobpreiſung Johannis des Täufers für den 5. Tybi. Darunter wäre zunächſt der 31. December zu verſtehen. Da ſich aber keine Spur eines an dieſem Tage gefeierten Feſtes des Täufers findet, während der koptiſche Ritus in der Vigil des Epiphanienfeſtes, alſo am 5. Januar, noch jetzt das Lob dieſes Heiligen ſtark hervorhebt,[1] ſo wird man annehmen müſſen, daſs Tybi hier ausnahmsweiſe als bloſses Aequivalent für den Januar des julianiſchen Kalenders ſtehe, der angegebene Tag alſo der 5. Januar ſei, ähnlich wie die Syrer die Namen ihrer urſprünglich nach dem Mondumlauſe regulirten Monate ſpäter auf die römiſchen übertragen haben. Die ägyptiſche Kirche feierte alſo am Tage vor Epiphanie Johannes den Täufer wegen ſeiner nahen Beziehung zu einem Hauptgegenſtande der Feier, der Taufe Chriſti; dasſelbe thun aus gleichem Grunde die Griechen, Maroniten und Jakobiten am 7. Januar, die Neſtorianer am Freitag nach Epiphanie, die Armenier am erſten Tage nach der Octav dieſes Feſtes, der kein Sonntag, Mittwoch oder Freitag iſt.

Der urſprüngliche Text muſs ſowohl wegen der Zeitbeſtimmung des Verſotextes, als auch wegen des Inhaltes, namentlich der Erwähnung des wunderbaren Sternes,[2] für Epiphanie ſelbſt (6. Januar) beſtimmt geweſen ſein. Ein eigenes Weihnachtsfeſt beſtand, wenigſtens im Orient, am Anfange des IV. Jahrhunderts überhaupt noch nicht, daher hier auch die Geburt Chriſti noch mit zu den auf Epiphanie gefeierten Ereigniſſen gehört.

Das hohe Alter unſeres Papyrus erleichtert ſehr die Beantwortung der Frage, in welchem Theile der Liturgie ſeine beiden Feſttexte zur Verwendung kamen. Damals gab es nämlich, abgeſehen von den Pſalmen ſelbſt und den übrigen Lectionen aus der heiligen Schrift, noch keine anderen wechſelnden Beſtandtheile der Liturgie und des Officiums, als die Antiphonen (damals ‚Akroſtichien', auch Hypakoë oder Reſponſorien genannt) zu den Pſalmen. Sie waren Refrains, welche das Volk, beſonders der Chor der Sängerknaben, wie in unſerem ‚Invitatorium', nach je einem oder zwei Verſen des von einem einzigen Sänger vorgetragenen Feſtpſalmes der Liturgie reſpondirte, um dieſe dadurch in engere Beziehung zu dem Gegenſtande der Feier zu bringen. Auch unſere beiden Texte waren alſo ſolche Refrains zu dem Feſtpſalme der betreffenden Tage, welcher am Anfange der Liturgie zwiſchen den altteſtamentlichen und den neuteſtamentlichen Lectionen vorkam. Die Doxologie, welche ſpäter den Schluſs der Pſalmen bildete, iſt hier noch ein integrirender, ja untrennbarer, Beſtandtheil des Feſtreſponſoriums, indem ſie den Hirten von Bethlehem in den Mund gelegt wird.

Während das kurze Reſponſorium für die Vigil nach jedem Pſalmverſe einfach wiederholt ward, muſs das lange für Epiphanie in drei Abſätze eingetheilt geweſen ſein, welche nacheinander als Refrains zu ebenſovielen Abſchnitten des Feſtpſalmes dienten. Denn die räthſelhaften Wörtchen τῷ und οὐ können nur die Anfangsworte derjenigen Pſalmverſe ſein, mit welchen ein neuer Refrain begann. Der Feſtpſalm für Epiphanie muſs der 32. (hebr. 33.) geweſen ſein. Nach jedem ſeiner fünf erſten Verſe oder Diſtichen

[1] Vergl. in Tuki's koptiſchem Miſſale den ‚Canon' für Veſper und Matutin der Paramone oder Vigil von Epiphanie (S. 207). Der Canon für die Nocturn des Epiphanienfeſtes ſelbſt (S. 208) wird auch am Feſte Johannis des Täufers gebraucht.

[2] Für Epiphanie findet ſich ſogar der Name ‚Feſt des Sternes', z. B. in dem iriſchen Stowe Miſſal (von deſſen zweiter Hand aus dem IX. Jahrhundert).

wiederholte das Volk oder der Chor das erste Drittel unseres Textes von ὁ γεννηθεὶς bis ἐξ οὐρανοῦ. Vom 6. Verse an, welcher mit τῷ beginnt, respondirte man ebenso das zweite Drittel von ἀστέρος bis ἐθαύμασαν; endlich vom 16., mit οὐ beginnenden Verse bis zum Schlusse des Psalmes das letzte Drittel von γονυπεσόντες bis zum letzten Alleluja.

Beide Texte gehören zwar als Antiphonen, wie man sie nach unserem jetzigen Sprachgebrauch nennen würde, oder besser als Responsorien, der christlichen Hymnologie an, zeigen auch deutlich poetische Diction und einen gewissen freien Rhythmus, wie andere Dichtungen aus den ersten christlichen Jahrhunderten, z. B. Gloria in excelsis, Te decet laus, Φῶς ἱλαρόν, Vesperhymnus der apostolischen Constitutionen, die Hymnen von Clemens Alexandrinus auf den Erlöser und von Methodius im Symposion. Jedoch binden sie sich weder an die prosodische Metrik der Hellenen, noch an die syllabarische Rhythmik, welche die byzantinischen Meloden später von den Syrern entlehnten. Jedenfalls stehen sie einzig da als liturgische Urkunden aus einer Zeit, welche der aller bisher gefundenen um Jahrhunderte vorausgeht und, nach der irrigen Behauptung vieler Gelehrten, die Formulare der Liturgie blofs mündlich überliefert haben soll.

Dies paläographisch feststehende hohe Alter wird auch durch die eigenthümliche Fassung der Doxologie bestätigt, welche der vorarianischen Zeit angehören mufs, da später die Katholiken an der abgesonderten Erwähnung des Vaters, die Arianer aber an der Gleichstellung der göttlichen Personen Anstofs genommen haben würden.

INNSBRUCK.

G. Bickell.

Anmerkung. Auch in sprachlicher Beziehung erscheint dieser Text merkwürdig, als ein Monument des vulgären Griechisch. Vor allem macht sich der Jotacismus bemerkbar: γενηθης, ηταμε (η = ει), τοι, πημεναις, κατηπησας (οι — η), σιμιων, αληλουηα (η — ι, ει = ι), γονιπειτουντες, κυριξας (η = υ). — Ο steht für ω und umgekehrt: σιμιων, αστερως, φανεντως, το πατρι, το υιω, το αγιω πνεματι, ω κυριξας; αι ist gleich ε: πημεναις; die neugriechische Aussprache des ευ gab Anlafs zu der Form πνεματι, G. MEYER, Gr. Gr. §. 121. Schwund des Nasals findet statt in εβηθλεεμ, MEYER, §. 294, vergl. επολι = ἐμ πόλι ibid. Consonantengemination wird nicht geschrieben, γενηθης, MEYER, §. 287. Media und Tenuis werden mit einander vertauscht, wir finden nicht nur τ für δ, sondern auch κ für γ und γ für κ (ηταμε = εἴδομεν, MEYER, §. 197; κατηγησας, καλιλεα, ακκραυρουντες). Die Articulation des λ ist in letzterem Worte gehemmt durch das benachbarte ρ; vergl. πρηρουταν = πληρουντα (a. 487 p. Chr.). Zu den von MEYER, §. 533 verzeichneten Aoristen gehört ηταμε; eine ähnliche Erscheinung bietet ελεγαν für ελεγον.

K. Wessely.

DAS ARABISCHE PAPIER.

(Eine hiftorifch-antiquarifche Unterfuchung.)

Mit der Lichtdrucktafel III und zwei in den Text gedruckten Abbildungen.

Die erzherzogliche Sammlung fchliefst unter ihren mannigfachen Schriftfchätzen auch einen hervorragenden Beftand von Papieren in fich. Von den Uranfängen der Papierbereitung, deren Kenntnifs der empfängliche Genius der Araber von den Grenzen des himmlifchen Reiches her der Cultur des Abendlandes vermittelt, bis in das fpäte Mittelalter, aus einem fechshundertjährigen Zeitraume, breitet fich vor unferen Augen eine faft unüberfehbare Menge von Papierdocumenten aus, ein Bild der umwälzenden Entwickelung des Befchreibftoffes liefernd, wie es in folcher Vereinigung und Grofsartigkeit anderswo nicht zu fchauen ift.

Soweit die Papiere der erzherzoglichen Sammlung von mir geordnet, geprüft und gezählt find, umfaffen fie 12.500 Stücke, und noch ift der Vorrath nicht erfchöpft. Die älteften gehen, wie fpäter nachzuweifen fein wird, wohl in die letzten Decennien des II. Jahrhunderts der Hidfchra (796 bis 815 n. Chr.) zurück, das jüngfte datirt aus dem Jahre 1388. Es ift eine gefchloffene Kette, an der kein Glied fehlt.

Angefichts eines in folcher Vollkommenheit fich darbietenden Materiales fchien der Gedanke an die ftoffliche Prüfung auf naturwiffenfchaftlichem Wege unabweisbar. Nur von ihr allein konnte man pofitive Refultate erwarten, ergebnifsreiche Auffchlüffe für die Gefchichte des Papiers, welche zu erlangen die hiftorifche Forfchung auf Grund abendländifcher Quellen bisher vergebens angeftrebt. Und diefe Auffchlüffe find uns in reichem Mafse, in überrafchender Weife zu Theil geworden.

Schon vor nahezu drei Jahren hat fich Profeffor WIESNER auf meine Bitte diefer mühevollen Arbeit zu unterziehen begonnen, und es war mir durch feine Güte vergönnt, bald darauf eine Mittheilung über feine Entdeckungen in die Oeffentlichkeit gelangen zu laffen.[1] Später hat WIESNER felbft, im erften Jahrgange diefer ‚Mittheilungen', in einer vorläufigen Anzeige über diefen Gegenftand fich vernehmen laffen[2] und berichtet jetzt in einer folgenden Abhandlung (S. 179 ff.) abfchliefsend über den Gang und die Ergebniffe feiner tiefeingreifenden Unterfuchungen.

---

[1] In einem am 23. Jänner 1885 im k. k. Oefterreichifchen Mufeum gehaltenen populären Vortrage. Vergl. Oefterreichifche Monatsfchrift für den Orient, 1885, 165 ff.

[2] ‚Mikrofkopifche Unterfuchungen der Papiere von el-Faijûm', I, 45 ff.

Was das bewaffnete Auge Wiesner's mit autoritativer Sicherheit aus den altehrwürdigen Papierreſten herauszuleſen verſtanden, geſtaltet ſich gar vielfach fruchtbringend. In erſter Linie wird ihm die hiſtoriſche Forſchung Dank wiſſen. Die durch ihn auf naturwiſſenſchaftlichem Wege gewonnenen Reſultate geben ihr ein erſtes und ſicheres Fundament, auf welchem ſich weiter bauen läſst; ſie haben unumſtöſslich dargethan, daſs die bisherige Auffaſſung gewiſſer Cardinalfragen in der Geſchichte der Papierbereitung, wie die Kriterien der Papiererkennung, verfehlte waren; ſie räumen gründlich mit alteingewurzelten Irrthümern auf, welche von den Lehrſtühlen herab immer wieder Verbreitung fanden und bahnen eine neue Ordnung der Dinge an, welcher ſich auch die hartnäckigſten Zweifler wohl oder übel werden anbequemen müſſen. Schon allein daſs Wiesner den jahrhundertalten Wahn von der Exiſtenz des Baumwollenpapiers zerſtört, macht ſein Verdienſt um unſere Wiſſenſchaft zu einem bleibenden.

Erfreulich iſt es nun zu ſehen, wie hier zum erſten und wohl nicht zum letzten Male naturwiſſenſchaftliche Kriterien in einer eminent hiſtoriſch-antiquariſchen Frage mit entſcheidendem Schwergewicht eintreten. Die Wichtigkeit des Zuſammenwirkens dieſer zwei an ſich ſo divergirenden Forſchungsmethoden ſpringt aber noch um vieles deutlicher in die Augen, wenn wir die zum Ueberdruſs ausgeſogenen abendländiſchen Quellen und ihre zweifelhaften Ergebniſſe verlaſſen, um uns dem Ausgangspunkt der Papierfrage, dem Orient ſelbſt, zuzuwenden. Man betritt damit freilich ein Gebiet, von dem unſere Paläographen kaum mehr als vom Hörenſagen wiſſen. Darin liegt meines Erachtens eben auch ein Entſchuldigungsgrund dafür, wenn die Bedeutung orientaliſcher Studien für die Löſung uns berührender culturgeſchichtlicher Probleme unterſchätzt wird und man die darauf abzielende Richtung derſelben vor gar nicht langer Zeit noch als unebenbürtig aus dem Bereich allnährender Lehrſtätten verwieſen ſehen wollte.

In den folgenden Blättern will ich daher zu zeigen verſuchen, daſs eben auch für die Geſchichte des Papiers unſer alter Lehrmeiſter desſelben als ſolcher von Neuem ſich bewährt; daſs gerade vom Oriente her die mikroſkopiſche Löſung jener wichtigſten Fragen, worin uns die abendländiſchen Quellen im Stiche laſſen, glänzend beſtätigt und mit der Macht urkundlicher Zeugniſſe geſtützt wird.

Gehen wir daran, den Anfängen des Papiers unter den Arabern nachzuforſchen und das endliche Obſiegen dieſes Beſchreibſtoffes über Papyrus und Pergamen zu fixiren; ſo werden wir uns zunächſt mit dem durch eine glückliche Fügung dargebotenen antiquariſchen Materiale zu befaſſen haben.

In Beziehung auf ſeine Provenienz iſt Folgendes zu bemerken.

Während die Papyrus der erzherzoglichen Sammlung ihrer Hauptmaſſe nach, trotz der von einer Seite dagegen erhobenen nichtigen Einwände, wie anderwärts bewieſen werden ſoll, einem Fundorte in dem Weichbilde von Arſinoë-Faijûm entſtammen, kommen unſere Papiere nur zum allergeringſten Theile von dort her: ihre Fundſtätte iſt, was ich früher ſchon einmal ausgeſprochen (Mittheilungen, I, 66, 107), das Gebiet von el-Uſchmûnein, الاشمونين, koptiſch ϣⲙⲟⲩⲛ, Schmun, das Ἑρμούπολις der Griechen und Hauptſtadt des gleichnamigen Gaues. Das arabiſche Uſchmûn اشمون oder el-Uſchmûnein الاشمونين nach der vulgären Bezeichnung,[1] ehedem eine volkreiche Provinzialhauptſtadt

[1] Merâṣid el-iṭṭilâ', I, 69.

Mittelägyptens und Sitz bedeutender Manufacturen, lag drei Stationen vom weſtlichen Nilufer,[1] nahe dem Joſephs-Canal; heute gehört die kaum 10.000 Einwohner zählende Stadt zu dem Mudirat des drei Kilometer entfernten el-Minjeh.[2]

Nach Ausſage der arabiſchen Finder nämlich ward die Papiermaſſe aus dem Uſchmûner Boden gehoben. Zahlreiche Schriftſtücke beſtätigen dies. Wir ſehen in ihnen je nach der Bedeutung ihres Inhaltes die Stadt in verſchiedentlichen Beziehungen genannt. Steuerurkunden ſind daſelbſt ausgeſertigt: ſie ſtammen entweder من ديوان الاشمونين ‚aus dem Diwân von el-Uſchmûnein' für ein beſtimmtes Steuerjahr (Papier 8143) oder beziehen ſich auf die كورتين الاشمونين ‚beiden Uſchmûner Verwaltungsdiſtricte' (7281). Der provinziale Tributarier bezahlt عنا يجب عليه من الجباية بالاشمونين ‚gemäſs dem, wozu er verpflichtet iſt, von dem Tribut in el-Uſchmûnein' (8133) ſeine Quote und erhält daſelbſt die Quittirung. Vielſach werden Acte in den اعمال الاشمونين ‚Amtsbezirken von el-Uſchmûnein' abgehandelt (7249, 8102, 8132), über welche der والي الاشمونين ‚Statthalter von el-Uſchmûnein' geſetzt erſcheint (9457); Vorladungsſchreiben الى مجلس الحكم العزيز بمدينة الاشمونين ‚zum hohen Tribunal in der Stadt el-Uſchmûnein (7329, 7352, 8108) geben Zeugniſs von dem Rechtsleben der Stadt. Leute, welche ſich ‚gebürtige Uſchmûner' (الاشموني) nennen, ſenden und empſangen Briefe oder erſcheinen in Actenſtücken (4074, 5310, 7327, 7495), oder es wird der Stadtname ſelbſt auf den Adreſſen der Correſpondenzen erſichtlich gemacht, und zwar an Briefen aus und nach el-Uſchmûnein (7418, 8227, 8232); ſo ſchreibt z. B. ein vertrauter Sklave: بجامع مدينة الاشمونين ‚bei der Hauptmoſchee der Stadt el-Uſchmûnein' ſeine Epiſtel (7328); ein Brief (3090) gelangt nach el-Uſchmûnein von einer zärtlichen Mutter an ihren daſelbſt wohnenden Sohn. Von einer zweiten Dame, der ‚Mutter des Huſein' gelangt ein Brief an dieſen in das Quartier der Faradſch-Moſchee der Stadt (2088), wieder ein anderer kommt .... من سوقها الاعظم بخط مسجد ‚von ihrem groſsen Marktplatz im Moſcheeviertel N. N.' (10.276), wie überhaupt zahlreiche Documente ausdrücklich die Uſchmûner Provenienz vermerkt an ſich tragen.[3] Handel und Wandel, wie beide in ihren hauptſächlichſten Formen durch unſere Papiere zum Ausdruck kommen, weiſen gleichſalls dahin: ſo die aus el-Uſchmûnein datirten Rechnungen (4122), ſo das Papier 7158, worin von beſtimmten الشون للفيوم ‚zweihundert und fünfzig Speicher für el-Faijûm' die Rede iſt, oder das aus dem IX. Jahrhundert ſtammende Papier 7334, in welchem der Aſtrolog 'Omar ibn Suleimân nach dem Uſchmûner Pfundgewichte (بالرطل الاشموني) rechnet. Dieſe und andere, wegen ihrer groſsen Zahl hier ſchwer aufzuführende Belegſtücke, beweiſen demnach klar die Herkunſt unſerer ganzen Papiermaſſe. Aber nicht der Inhalt allein, auch die äuſsere Erſcheinung des Materials in Form, Farbe und gewiſſe charakteriſtiſche Eigenthümlichkeiten der Schreibart laſſen mit zwingender Nothwendigkeit die eine Provenienz mit wenigen Ausnahmen für alle Stücke erkennen: es iſt das Territorium von el-Uſchmûnein, vorzüglich mit der gleichnamigen Metropole und dann mit noch anderen Orten — deren jeder Sitz eines Landamtes (ديوان الناحية) war — wie: ابشاده Ibſchâde = ⲡⲉ-ϣⲁⲧⲉ,

[1] Abû-l-fedâ, Taḳwîm el-buldân ed. SCHIER, 91.

[2] Kitâb atsâr el-adhâr, Beirût 1291 H. (1875), I, 191.

[3] Papier 3111, 3306, 3439, 6656, 6657, 6947, 7121, 7249, 7356, 7372, 7417, 8013, 8016, 8036, 8103, 8146, 8159, 8225, 8226, 8231, 8233 u. ſ. w.

دلجه Dalſche, طحا Tahâ = ⲧⲟⲧϩⲱ, تروط oder دروط Terot = ⲧⲉⲣⲱⲧ, انصنى oder انصنا Anṣina = ⲁⲛϯⲛⲟⲟⲩ, Antinoë etc.

Daſs dieſe vollkommene Sicherheit in der Zutheilung unſerer Papiere für die dialektiſche Beurtheilung der in ihrer Reihe ſich vorfindenden koptiſchen Schriftſtücke von Wichtigkeit iſt, leuchtet ein. Dieſe letzteren machen indeſs nur einen geringen Bruchtheil des Ganzen aus: gegenwärtig an 500 Stücke gegenüber den 12.000 Arabiſchen.

Es würde mich von dem vorgeſteckten Ziele weit entfernen, wollte ich auf eine Schilderung des Inhaltes dieſer Papiere eingehen, der, ſo unvollkommen erhalten auch die Mehrzahl der Stücke ſein mag, in hunderterlei Beziehungen neue Geſichtspunkte eröffnet, neue Kenntniſſe uns vermittelt. Selbſt die kleinſten Stückchen der disiecta membra ſind ſchätzbar, Unica, deren jedes nach irgend einer Richtung hin als willkommener auſſchluſsgebender Fund ſich erweiſen kann. Und daneben ſteht eine herrliche Reihe von Hunderten der ſchönſten, wohlerhaltenen Urkunden.

Sieht man davon ab, daſs unſere Papiere, wie ſie ſind, im ganzen oder fragmentariſchen Zuſtande, an ſich ſchon als eine epochemachende Erſcheinung auf dem Gebiete des orientaliſchen Urkundenweſens ganz unerwartet auftauchen, daſs durch ſie culturgeſchichtlich wichtige Fragen, wie z. B. die der Erfindung des Buchdruckes, in ein neues Licht gerückt werden; ſo iſt es vorzüglich das hohe ehrwürdige Alter einzelner Stücke, welches von dem Standpunkte des hier zu behandelnden Gegenſtandes, den Papieren der erzherzoglichen Sammlung eine beſondere Bedeutung verleiht. An dieſe älteſten, hart an die Grenze der erſten arabiſchen Papierbereitung hinanreichenden merkwürdigen Schriftdenkmäler, ſchlieſst ſich aber eine chronologiſche Reihe von Papierdaten, wie ich ſie ähnlich an den Papyrus nachzuweiſen ſo glücklich war (Mittheilungen, I, 50, 124), Daten, welche im gegenſeitigen Zuſammenhalt, auch in der ſo oft behandelten Frage des völligen Unterganges der Papyrusfabrication in Aegypten eine entſcheidende Wendung herbeizuführen berufen ſind. So darf es ungeſcheut ausgeſprochen werden: unſere Papiere repräſentiren ein in ſeiner Art einziges Unterſuchungsmaterial, eine greifbare Geſchichte dieſes Beſchreibſtoffes.

Die älteſten Stücke der Sammlung, obwohl gut erhalten, ſind leider nicht datirt; doch hilft die auf Grund vergleichender Prüfung datirter Papyrustexte geſammelte Erfahrung einigermaſsen über dieſen Mangel hinweg, zumal ja die Schreibſchulung der einen Epoche ſtets eine conſtante charakteriſtiſche Eigenart vor der anderen aufweiſt und daher zwiſchen dem Ductus am Papyrus und Papier, woſern er gleichzeitig ſein ſoll, ein Parallelismus ausgeſprochen ſein muſs. In der That finden wir dies ſogleich an dem älteſten bisher von mir aufgefundenen Papier 7161, deſſen Schriftzüge in die Zeit zwiſchen 180 bis 200 d. H. = 796 bis 815 n. Chr. weiſen, beſtätigt. Ein oder zwei andere Stücke gehören möglicherweiſe auch noch in das II. Jahrhundert der Hidſchra.

Aus dem III. Jahrhundert der Hidſchra oder IX. Jahrhundert n. Chr. mehrt ſich die Zahl der ſicheren Papiere bis auf etwa zwei Dutzend. Als früheſtes Datum möchte man an Nr. 7800 das Jahr 203 H. = 819 n. Chr. anſehen; indeſs ſcheint dieſe Annahme nicht über alle Zweifel erhaben. Denn die dort in den vereinzelt ſtehenden Zügen ϲγ سنه d. i. ϲγ تيبه ‚Tybi (Jänner) 203‘ bemerkbaren griechiſchen Zahlbuchſtaben könnten allenfalls auch ſtatt des Jahresdatums eine Zahlungs- oder Einnahmevormerkung für jenen Monat bedeuten. Die Leſung سنه ‚Jahr‘ für تيبه ‚Tybi‘ iſt aber ausgeſchloſſen.

In dem Papiere 4092 wird eines der ſechs kanoniſchen Traditionarier, des zeitgenöſſiſchen Suleimân ibn el-Aſcha'th es-Sidſchiſtânîjj, geb. 202 (817), geſt. 275 (889) gedacht. Da derſelbe auf ſeinen behufs Sammelns von Traditionen unternommenen Reiſen auch Aegypten beſuchte, und zwar in Begleitung und unter Mitwirkung ſeines 230 (845) geborenen Sohnes 'Abdallâh, ſo iſt dadurch die Zeit des Papiers einigermaſsen beſtimmt.[1]

Ein drittes, gleichſalls noch aus dem III. Jahrhundert, vom Redſcheb 287 datirtes Stück (7801) fällt ſchon in das Jahr 900 n. Chr. (2. bis 31. Juli); ein viertes (Nr. 10973) trägt das Datum Safar 296, d. i. November 908 n. Chr.

Anders ſteht es mit den Papieren des IV. und der folgenden Jahrhunderte. Dieſe enthalten reichlich Jahresdaten. Sie beginnen, ſoweit ich bis jetzt ſolche conſtatiren konnte, mit 300 (912) und endigen mit 790 (1388). Ihre Reihe, die ſich insbeſondere in dem IV. Jahrhundert glänzend entwickelt, bietet die Mittelglieder, aus welchen ſichere Schlüſſe für die Zeitbeſtimmung der groſsen Maſſe nichtdatirter Papiere gezogen werden können. Die Jahresdaten ſind zweierlei Art: arabiſch in Worten ausgeſchrieben oder in griechiſchen Zahlbuchſtaben ausgedrückt. Letztere, ziemlich ſelten, bilden nur die Fortſetzung einer in den arabiſchen Papyrus häufig zum Ausdruck gelangten Gepflogenheit. So ſtehen demnach in den Papieren die Jahresdaten:

τζ	d. i.	307	d. H.	=	919	n. Chr.
τκϛ	„	326	„	=	938	„
τλ	„	330	„	=	942	„
τλζ	„	337	„	≐	948/9	„
τλη	„	338	„	=	949/50	„
τλθ	„	339	„	=	950/1	„
τμβ	„	342	„	=	953	„
τμδ	„	344	„	=	955	„
τμη	„	348	„	=	959/60	„
τμθ	„	349	„	=	960	„
τν	„	350	„	=	961	„
τνϛ	„	356	„	=	967	„
τνη	„	358	„	=	969	„
τϙ	„	390	„	=	1000	„
τκζ	„	427	„	=	1036	„
φιγ	„	513	„	=	1119	„

Das Datum φιγ fällt als ein ſpätes Vorkommen ſofort auf. Und doch iſt der Nachweis der durch die Kanzleien in Aegypten volksthümlich gewordenen Verwendung griechiſcher Schriftzeichen mit dieſem Beiſpiel bei weitem nicht abgeſchloſſen; denn ich habe ſie in unſeren arabiſchen Papiertexten ſelbſt noch bis in das XIV. chriſtliche Jahrhundert verfolgen können! Handelt es ſich auch dabei lediglich nur um Rechnungsbeiſpiele, ſo ſind ſelbſt dieſe, bei unſerer gegenwärtigen Unbekanntſchaft mit dem griechiſchen Urkundenweſen des Mittelalters für die Kenntniſs der Entwicklung griechiſcher Curſive neben den bekannten Buchſchriſten von nicht zu unterſchätzender Bedeutung.

---

[1] Nawawî, Kitâb tahdîb el-asmâ, ed. WÜSTENFELD, 710, 712; Ibn Challikân, Kitâb wefajât el-a'jân, ed. WÜSTENFELD, Nr. 271; Abû-l-Mahâſin, Annales ed. JUYNBOLL, II, 79, 234.

Die gewöhnliche Art der Datirung iſt ſelbſtverſtändlich die arabiſche, d. h. die Schreibung der Jahreszahlen mit Worten, wodurch die weitgehendſte Sicherheit in der chronologiſchen Beurtheilung des geſammten Schriſtenmaterials verbürgt wird. Die Reihenfolge der Zahlenſtellen iſt ſtets die gewöhnliche, mit der Einheit beginnende, z. B. خمس وعشرين وثلاثمائة ‚fünf und zwanzig und dreihundert‘, während die umgekehrte Ordnung: ثلاثمائة وخمس وعشرين ‚dreihundert fünfundzwanzig‘ durchaus auf einen Rechnungsinhalt hinweiſt. Ich bemerke dies ausdrücklich, weil ſelbſt die bloſse Erkennung der Jahresdaten in unſeren Papieren nicht ſelten zu den anſtrengendſten Leiſtungen des Entzifferers gehört. Während meiner zwanzigjährigen paläographiſchen Studien habe ich nicht ſo ſchwierige, oft unüberwindlich ſcheinende Schrifttexte geſehen, wie die der Uſchmûner Documente. Ihr Ductus iſt vom IV. Jahrhundert der Hidſchra an gewöhnlich die ſogenannte قرمطة Karmatha, von der man fälſchlich annimmt, ſie ſei das ‚gekünſtelte‘ Lapidare oder ‚verzierte Kûfî‘ der epigraphiſchen Denkmäler geweſen. Unſere مقرمط ‚karmathiſch‘ geſchriebenen Urkunden zeigen ein bis zur Widerſinnigkeit fortgeſchrittenes Syſtem von Ligaturen in den drei Hauptkategorien der Homogenität, des Gegenzuges und der Kreuzung, ſowie eine weitausgedehnte Anwendung der Involutio litterarum, auch bei allen gewiſſer Verbindungen unfähigen Buchſtabenformen, alſo compacte Verſchlingungen, welche ſelbſt dem gewiegteſten Schriſtkenner des Arabiſchen wie unlösbare Räthſel erſcheinen müſſen und die Divinationsgabe des Entzifferers in hohem Grade herausfordern. Kurz, die Schrift unſerer Papiere iſt, dem Entſtehungscharakter der meiſten Urkunden entſprechend, ein vielfach verſchlungener, gedrängter Kanzlei- oder Diwân-Zug und قرمطة ‚Karmatha‘ iſt nur der ältere Name für die ديوانى ‚Dîwânî‘ genannte, in allen Principien mit ihr identiſche Curſive, welche mit Unrecht als eine türkiſche Erfindung für Diplomtexte angeſehen wird.[1]

Um nun die in unſeren Papieren ſich entgegenſtellenden graphiſchen Schwierigkeiten, noch mehr aber die trotz alledem verbürgte Sicherheit in der Leſung der für die hiſtoriſche Behandlung des Beſchreibſtoffes ſo ungemein wichtigen Jahresdaten zu zeigen, gebe ich im Folgenden 51 charakteriſtiſche Beiſpiele derſelben, welche zugleich die Bewegung der Urkundenſchrift während einer Epoche von fünfthalbhundert Jahren wenigſtens andeutungsweiſe erkennen laſſen.[2]

Die Schriſtproben ſind von mir facſimilirt und ſodann in Einſechſtelreduction photographiſch wiedergegeben.

---

[1] Profeſſor DE GOEJE hat in der zweiten Auflage ſeines vortrefflichen ‚Memoire sur les Carmathes du Bahraïn et les Fatimides‘, 1886, 199 ff. eine dankenswerthe Zuſammenſtellung von Textbelegen über die Bedeutung des Namens der Karmathen gegeben. Daraus beziehen ſich die folgenden Stellen auf die Erklärung der Karmatha-Schrift: Ibn Doreid, Dſchamharat al-lugha, III, Fol. 391 r: والقرمطة مداناة الخطو ومقاربتة ومنه قرمطة الكتاب; Dſchauharî: القرمطة فى الخط مقاربة السطور; Kâmûs mit Comm. des Tâdſch el-'arûs: القرمطة فى الخط دقة الكتابة وتدانى الحروف والسطور وقرمط الكاتب إذا قارب بين كتابة; Ibn Challikân, Nr. 186, pag. 124: والقرمطى والقرمطة فى اللغة تقارب الشئ بعضه من بعض يقال خط مقرمط ومشى مقرمط اذا كان كذلك.

[2] Sehr inſtructiv ſind in dieſer Beziehung auch die weiter oben beſprochenen, im Anhange vollſtändig edirten und auf Tafel III abgebildeten fünf Papierdocumente. Nr. 5 iſt Donnerſtag den 8. Juli 1036 n. Chr. in compactem, verſchlungenem und ligaturenreichem Karmatha-Ductus ausgefertigt.

Papier Nr.	Text.	Auflösung.	Jahre d. H.	Jahre n. Chr.
7810		وكتب فى مسرى سنة اثنتين وعشرين وثلثمائة	322	934
8133		سنة ثمان وعشرين وثلثمائة الخراجية	328	940
8035		وكتب فى سنة ثمان وثلثين وثلثمائة	338	950
7847		سنة اثنتين واربعين وثلثمائة	342	953
7882		لخراج سنة اربع وستين وثلثمائة	364	974/5
7901		سنة سبع وتسعين وثلاثمئة الخراجية	397	1006/7
8139		لسنة احدى واربعمائة	401	1010/11
8130		سنة اثنتين واربعمائة	402	1011/12
7915		لسنة خمس واربعمائة الخراجية	405	1014/5
8321		ابيب سنة ست واربعمائة	406	1015/6
7967		سنة ثلث عشرة واربعمائة	413	1022/3
7929		شهور سنة ست عشرة واربعمائة الخراجية	416	1025
8132		باعمال الاشمونين لسنة اربع وعشرين واربعمائة الخراجية	424	1033
7877		كتب فى شهر صفر سنة ثلثين واربعمائة	430	1038/9
8146		لشهر بونيه سنة تلثين واربعمائة الخراجية	430	1038/9

Papier Nr.	Text.	Auflösung.	Jahre d. H.	Jahre n. Chr.
7802		سنة اثنتين وثلثين واربعمائة	432	1040/1
7941		شعبان سنة اربع وثلثين واربعمائة	434	1042/3
8006		لسنة اربع وثلثين واربعمائة الخراجية	434	1042/3
7881		لاثنتا عشرة خلون من شهر ربيع الاخر سنة اربع وثلثين واربعمائة	434	1042
7807		سنة ست وثلثين واربعمائة الخراجية	436	1044/5
7945		سنة تسع وثلاثين واربعمائة الخراجية	439	1047/8
7885		سنة تسع وثلثين واربعمائة	439	1047/8
7883		سنة تسع وثلثين واربعمائة	439	1047/8
7948		سنة خمس واربعين واربعمائة	445	1053/4
7861		سنة احدى وخمسين واربعمائة	451	1059
7959		سنة سبع وخمسمائة	507	1113/4
7963		سنة اربعين وخمسمئة	540	1145/6
8371		سنة خمس واربعين وخمسمئة	545	1150/1
8149		ذى القعدة سنة اثنتين وتسعين وخمسمئة	592	1196
6650		سنة ثمان وستمئة	608	1211/2
7968		سنة عشرة و ستمئة	610	1213/4
7972		سنة تسع وثلثين وستمئة	639	1241/2
6590		سنة اربعين وستمئة	640	1242/3
7974		سنة اثنتين واربعين وستمئة	642	1244/5

Papier Nr.	Text.	Auflösung.	Jahre d. H.	Jahre n. Chr.
7976		لـنة ثلت واربعين وستمئة	643	1245/6
8364		لـنة سبع وخمسين وستمئة	657	1259
7975		ربيع الاوّل سنة ثمان وستين وستمائة	668	1269
7980		وكتب لـنة ثلث وثمانين وستمئة	683	1284/5
8164		سنة تسعين وستمئة	690	1291
8156		سنة ست وتسعين وستمائة	696	1297
8008		صفر سنة ثمان وتسعين وستمئة	698	1298
7982		سنة سبعمئة	700	1300/1
8158		سنة خمس وسبعمئة	705	1305 6
7985		سنة سبع وسبعمائة	707	1307/8
7987		سنة اربع عشرة وسبعمائة	714	1314/5
7989		من شهر جمادى الاول سنة ثلثين وسبعمائة	730	1330
7991		سنة ست وثلاثين وسبعمائة	736	1335/6
7993		رجب الفرد من سنة خمس واربعين وسبعما[ئة]	745	1344
8142		سلخ من جمادى الاول سنة اربع واربعين سبعمئة	744	1343
7995		صفر سنة تسع [و]ستين [و]سبعمئة	769	1367
7998		سنة اثنتين وثمنين وسبعمئة	782	1380

Infofern als diefe graphifchen Beifpiele einen Begriff von der textlichen Befchaffenheit der Papiere liefern und die Sicherheit in Betreff ihrer Zeitbeftimmung darthun, möchten fie vorläufig genügen. Was nun die chronologifche Reihe der Papiere anlangt, fo dürfte es zweckmäfsig fein, fie im Anfchluffe an die Papyrusdatirungen vorzuführen, indem ich bemerke, dafs die einzelnen Jahresangaben keineswegs ebenfo viele Stücke bedeuten; im Gegentheil, manche Jahre erfcheinen documentarifch vielfach belegt.

Papyrus.

I. Jahrhundert der Hidfchra.

(622 bis 718 n. Chr.)

a) Indictionsjahre: XV. Indiction (641—642 Chr. = 20—21 H.).
I. „ (642—643 Chr. = 21—22 H.).
II. „ (643—644 Chr. = 22—23 H.).
VI. „ (647—648 Chr. = 27—28 H.).
XI. „ (652—653 Chr. = 32—33 H.).

b) Hidfchrajahre: 22, 30(?), 73, 76, 84, 90, 91, 95.

II. Jahrhundert der Hidfchra.

(719 bis 815 n. Chr.)

104, 106, 111, 112, 116, 117, 119, 124, 125, 130, 137, 142, 144, 150, 154, 162, 164, 169, 170, 171, 174, 175, 176, 177, 178, 179, 180, 183, 189, 191, 192, 194, 196, 197, 198, 199.

III. Jahrhundert der Hidfchra.

(816 bis 912 n. Chr.)

200, 201, 202, 203, 204, 205, 206, 207, 208, 209,
210, 211, 212, 213, 214, 215, 216, 217, 218, 219,
220, 221, 222, 223, 224, 225, 226, 227, 228, 229,
230, 231, 232, 233, — 235, 236, 237, 238, 239,
240, 241, 242, 243, 244, 245, 246, 247, 248, 249,
250, 251, 252, 253, 254, 255, 256, 257, 258, 259,
260, 261, 262, 263, 264, 265, 266, 267, 268, 269,
270, — 272, 273, 274, 275, 276, 277, 278, 279,
280, 281, 282, 283, 284, 285, 286, 287, 288, 289,
290, 291, 292, — 294, — — 297, — 299.

IV. Jahrhundert der Hidfchra.

(913 bis 1009 n. Chr.)

305, 306, 308, 310, 311, 314, 319, 320, 323.

Papiere.

IV. Jahrhundert der Hidschra.

(913 bis 1009 n. Chr.)

300, 302, 303, 304, 305, 306, 307, 315, 320, 322, 323, 324, 325, 326, 327, 328, 329, 330, 331, 332, 333, 335, 336, 337, 338, 339, 340, 341, 342, 343, 344, 345, 346, 347, 348, 349, 350, 351, 352, 353, 354, 355, 356, 357, 358, 359, 360, 361, 362, 363, 364, 365, 366, 367, 368, 369, 370, 371, 373, 374, 375, 376, 377, 381, 382, 384, 385, 386, 388, 389, 390, 394, 395, 396, 397, 398, 399.

V. Jahrhundert der Hidschra.

(1010 bis 1106 n. Chr.)

400, 401, 402, 403, 404, 405, 406, 407, 408, 409, 410, 411, 412, 413, 414, 415, 416, 417, 418, 419, 421, 422, 423, 424, 425, 427, 428, 430, 431, 432, 433, 434, 435, 436, 437, 438, 439, 440, 441, 442, 443, 444, 445, 446, 447, 449, 451, 460, 464, 470, 475, 480, 482, 490.

VI. Jahrhundert der Hidschra.

(1107 bis 1203 n. Chr.)

500, 504, 506, 507, 513, 517, 521, 530, 540, 543, 545, 561, 584, 592.

VII. Jahrhundert der Hidschra.

(1204 bis 1300 n. Chr.)

600, 603, 604, 608, 610, 612, 613, 616, 619, 621, 622, 624, 626, 627, 634, 635, 637, 639, 640, 641, 642, 643, 644, 649, 651, 657, 659, 660, 661, 664, 665, 666, 668, 673, 674, 678, 679, 680, 681, 683, 685, 686, 687, 688, 689, 690, 692, 693, 695, 696, 698.

VIII. Jahrhundert der Hidschra.

(1301 bis 1397 n. Chr.)

700, 703, 704, 705, 706, 707, 711, 712, 713, 714, 715, 716, 724, 725, 726, 727, 728, 730, 732, 734, 736, 737, 740, 741, 742, 743, 744, 745, 747, 750, 751, 755, 757, 764, 769, 771, 780, 782, 783, 785, 789, 790.

Diese über einen achthundertjährigen Zeitraum sich erstreckenden chronologischen Reihen gewähren, wie man anerkennen wird, einen grossartigen Einblick in die Urkundenbewegung gerade der glänzendsten islâmitischen Epochen des Nillandes. Sie geben, wie ich schon einmal (Mittheilungen, I, 50) betont, nicht allein ein sehr anschauliches Bild von dem Umfange der arabischen Papyrusfabrication in Aegypten in nachbyzantinischer Zeit; sondern dienen auch zur endgiltigen Lösung der vielfach erörterten Frage ihrer Dauer. Denn als statistisches Material genommen, lassen unsere Jahresdaten genau die

Zeitgrenzen erkennen, bis zu welchen der Papyrus trotz dem in den öftlichen Provinzen des Chalifates auftauchenden Papiere, in den weftlichen Ländergebieten, auch des Abendlandes, erfolgreich fich zu behaupten wufste; wie dann beide mit einander concurriren, bis endlich das Papier, als billigeres und technifch weit vollkommeneres Schreibmaterial, über den Papyrus obfiegte und diefen durch Jahrtaufende in Aegypten eingebürgerten nationalen Befchreibftoff endlich ganz verdrängte.

Diefer Zeitpunkt ift bis jetzt in unferer chronologifchen Reihe mit dem Jahre 323 d. H. = 935 n. Chr. fixirt. Diefes Jahr ift das letzte der datirten Papyrus, nachdem bereits vom Beginne des IV. Jahrhunderts die Papiere mit ihnen Jahr für Jahr concurrirend auftreten. Früher, im III. und gegen die Wende des II. Jahrhunderts, ift das Papier als neuer Handelsartikel, wie wir oben an der Hand der Daten gefehen, wohl auch in Aegypten eingedrungen, ohne indefs eigentlich dafelbft feften Fufs gefafst zu haben. Es kann daher mit vieler Wahrfcheinlichkeit die ägyptifche Fabrication des Papyrusbefchreibftoffes um die Mitte (zweite Hälfte) des X. Jahrhunderts n. Chr. im Grofsen und Ganzen als erlofchen angenommen werden.

Befragen wir nun unfere arabifchen Quellen, was fie in diefer Beziehung zu berichten wiffen. Aus allen ihren Angaben geht hervor, dafs das Papier in Aegypten während des III. Jahrhunderts d. H., alfo im IX. chriftlichen Säculum, thatfächlich den Papyrus nicht zu verdrängen vermocht hat, da diefer, wie ja unfere Urkunden beweifen, wenigftens in der erften Hälfte des genannten Jahrhunderts, der guten alten Zeit entfprechend, noch manufacturgemäfs und, nach Angabe el-Kindî's († 246 H. = 860 n. Chr.), ohne Concurrenz erzeugt wurde; auch das Volumen der Rollen hatte damals noch keine Einbufse erlitten, denn man fertigte folche in der Länge von 30 Ellen (14·5 Meter) und darüber, und in der Breite einer Spanne (gemeffen zwifchen Daumen und Zeigefinger).[1] Als der Chalife el-Mu'taṣim billâh im Jahre 221 d. H. (836 n. Chr.) fich entfchlofs, die alte unzufriedene Refidenz am Tigris zu verlaffen und Sâmarrâ, etwa drei Tagereifen nördlich von Bagdad, neu zu gründen,[2] liefs er dorthin aus vielen Städten des Reiches Künftler und Gewerbsleute mit ihren Familien verpflanzen, welche diefer Stadt der Paläfte alsbald zu einem märchenhaften Auffchwunge verhalfen. Der fehr alte Ja'ḳûbî (er fchrieb im Jahre 891) erinnert ausdrücklich an diefe Colonifation:[3] mit den Kräften aus Aegypten wurde der Verfuch gemacht, die Papyrusfabrication in die neue Refidenz, wo die Vorbedingungen hierzu, wenn nicht durch Lieferungen des Schilfgewächfes aus Aegypten (vergl. Roms Papyrusfabrik zu Plinius' Zeit!), fo doch in dem Vorkommen desfelben am Euphrat und in Paläftina gegeben waren, einzuführen.[4] Ein Beweis, dafs diefer Induftriezweig gegenüber dem bereits von Often her mächtig andringenden Papiere noch widerftandsfähig geblieben, dafs die althergebrachte Gewohnheit durch die Neuerung nicht fchnell genug entwurzelt

[1] Sojûthî, Husn el-muhâdhare, Ausgabe von Bulâḳ, 1299 H., II, 230.

[2] Siehe Mittheilungen, I, 96.

[3] Kitâb el-buldân, ed. JUYNBOLL, 39.

[4] Die Stelle lautet: وحمل من مصر من يعمل القراطيس. Es waren eben nur Vertreter gewerblicher Specialitäten, welche aus allen Theilen des Reiches herbeigeholt wurden; aus Baffora kamen die Arbeiter für Glas- und Thonwaren und die Flechter der bekannten Binfenmatten (ḥuṣur), Kûfa fandte feine Töpfer und Parfumeure etc.

werden konnte. Es ftanden fich eben zwei verfchiedene, durch die beiden Befchreibftoffe zum Ausdruck gelangende Culturbewegungen gegenüber, jede für fich eine halbe Welt in Anfpruch nehmend. Dies geht deutlich aus einer Aeufserung des Dfchâhiz († 255 H. = 869 n. Chr.) hervor, indem er fagt:[1] وقراطيس مصر للمغرب ككواغد سمرقند للمشرق ‚die Papyrusblätter Aegyptens find für den Weften das, was die Papiere Samarkand's für den Often find.' Hiermit find die beiden Centren diefer Befchreibftoffe genannt: Aegypten als Papyrusland und Samarkand, die Metropole des Papierlandes, von woher das Papier, wie gezeigt werden wird, feinen Umzug durch die Welt antrat. Und noch Ibn el-Fakîh, welcher fein geographifches Buch um 903 n. Chr. fchrieb, bemerkt darin von den Aegyptern: ولهم القراطيس التي لايشركهم فيها احد ‚fie haben die Papyrusblätter, bezüglich welcher fie ohne Concurrenten find.'[2] So verforgte das Nilland nach Often hin die nähergelegenen Provinzen des Chalifenreiches felbft dann noch mit Papyrus, als, wie ich fpäter darlegen werde, bereits die Regierungskanzleien Harûn-ar-Rafchîd's und diefer Fürft felbft zu eigenem Bedarf fich des Papiers bedienten. Denn noch fehen wir 816—817 Chr. die Papyrushändler (اصحاب القراطيس) in dem bekannten kaufmännifchen Viertel (Karch) von Bagdâd ihre Gefchäfte betreiben,[3] und Abû Naṣr Bifchr ibn el-Harith (†227 H. = 842 Chr.[4]) erzählt ein eigenes Erlebnifs, wie er in Bagdâd ein vom Erdboden aufgelefenes Papyrusblatt mit Rofenwaffer gewafchen und mit Mofchus parfümirt habe (غسلت القرطاس بالماورد وطيّبته بالمسك).[5]

Während des ganzen IX. Jahrhunderts blieb diefe Congruenz der beiden Befchreibftoffe in jenen Ländern beftehen; hiezu gefellte fich, wie kaum bemerkt zu werden braucht, felbftverftändlich auch das Pergamen. Ja, es reicht fchon an die Schwelle des X. Jahrhunderts hinan, wenn der Iṣfahâner 'Alî ibn el-Azhar († 307 H. = 919/20 Chr.[6]) in einem an Freundes Adreffe gerichteten Briefe eine Charakteriftik verfchiedener Gattungen von Rohrfedern (الاقلام) bezüglich des Verhältniffes ihrer Verwendung für die Papiere (الكواغد), Pergamene (الجلود) und Papyrus (القراطيس) gibt.

Ganz dasfelbe gilt auch von allen weftlichen Gegenden des arabifchen Weltreiches, und felbft Spanien. Auch da ift die Rivalität zwifchen den beiden Befchreibftoffen eine ausgefprochene, und es ift wichtig, zu bemerken, dafs man bei Anbeginn des X. Jahrhunderts am Guadalguivir ebenfogut noch den Papyrus, wie fchon das Papier kannte und gebrauchte.[7] Beweis deffen das herrliche, auf fpanifchem Boden entftandene Werk ‚el-'Iḳd', in Wahrheit wie der Titel befagt, ‚die Juwelenfchnur' der arabifchen anthologifchen Literatur, deffen Verfaffer Ibn 'Abd rabbihi (860 bis 940), ein gebürtiger Cordovaner, nicht nur jenen

[1] Ta'âlibî († 1038 n. Chr.), Laṭâif el-ma'ârif, ed. Jong, 97; Sojûṭhî, l. c. II, 238.

[2] Muchtaṣar kitâb el-buldân, ed. de Goeje, 66.

[3] Tabarî, Annales ed. S. Guyard, III, IV, 999.

[4] Ibn el Athîr, Chronicon ed. Tornberg, VI, 377.

[5] Kazwînî, 'Adfchâib el-machlûḳât, ed. Wüstenfeld, II, 214.

[6] Abû-l-Mahâfin, Annales ed. Juynboll, II, 208.

[7] Mukaddafî's (Kitâb aḥfân et-taḳâfîm, ed. de Goeje, 239) Bemerkung: وكلّ مصاحفهم ودفاترهم مكتوبة فى رقوق ‚alle ihre (der fpanifchen Araber) Korânexemplare und Bücher (διφθέραι) find auf Pergamen gefchrieben' betrifft natürlich nur zwei ganz fpecielle Handfchriftenclaffen. Was die ‚Bücher', alfo Manufcripte profanen Inhalts anbelangt, fo dürften trotzdem wohl genug Ausnahmen zu conftatiren fein.

Brief über das Verhalten des Papiers und Papyrus gegenüber verschiedenen Arten von Schreibfedern mittheilt, sondern auch sonst über die gangbaren Schreibmaterialien, namentlich den Papyrus, wohlunterrichtet sich ausläfst.[1]

Freilich über die Schwelle des X. Jahrhunderts vermochte der Papyrus dem Papiere gleichen Schrittes nicht mehr zu folgen. Es war der Zeitpunkt vollständigen Niederganges für den ersteren angebrochen. Sehr deutlich und instructiv vermögen wir dies an unseren arabischen Documenten zu beobachten. Mit dem an ihren chronologischen Daten wahrnehmbaren Auftauchen und Fortschreiten der Papiere zu Anfang des genannten Jahrhunderts geht das rapide Sinken der Qualität der gleichzeitigen Papyrus parallel. Ihr ‚Gewebe‘ (δικτύον, plagula, نسج *nasadsch*) ist vollständig degenerirt. Von der ehemaligen Feinheit oder Dünnheit (tenuitas, رقّة) und seiner Ebenheit (levitas, مستوى النسج) ist keine Spur mehr zu finden. Die Markstreifen (σχίζα, schida, scissura, سحاءة *sihâ'e*) sind dichtwandig, meist schwammig, nachlässig sortirt, ungleich gelegt, unvollkommen conglutinirt und geglättet.[2] Diese groben, rauhen, glanzlosen Blätter überwiegen die feineren Sorten bei weitem; an diesen letzteren aber kann man stets die Wahrnehmung machen, dafs sie aus viel früherer Zeit stammen, dafs sie Maculaturblätter sind, die schon einmal (auf einer Seite) beschrieben, nur hervorgeholt wurden, um neuerlich benützt zu werden. Es ist demnach keine zufällige Erscheinung, wenn unsere jüngsten arabischen Papyrusurkunden fast ausschliefslich Opistographen sind.

Alle diese äufserlichen Merkmale lassen im Vereine mit den chronologischen Ergebnissen deutlich erkennen: die Zeit des ‚Nilpapieres‘ war vorüber. Und wenn ich oben in Erwägung solch zusammenwirkender Momente den entscheidenden Wendepunkt um die Mitte (zweite Hälfte) des X. Jahrhunderts gesucht; so findet sich hiefür auch in den Quellen wieder der entsprechende Fingerzeig. Es ist bedeutungsvoll, dafs der vielgereiste, wohlunterrichtete und mittheilsame Mukaddasî in den den Specialitäten Aegyptens und dessen von dort ausgeführten Handelsartikeln gewidmeten Blättern seines köstlichen, 375 H. = 985/6 Chr. geschriebenen Buches[3] den Papyrus — wie es Ibn el-Faḳîh 903 noch thut — nicht mehr erwähnt. Unter den von ihm aufgezählten 42 Specialitäten Aegyptens befinden sich wohl die vorzüglichen Schreibfedern, nicht aber der Papyrus, an dessen Statt Mukaddasî anderwärts lobpreisend der Papiere gedenkt.

Nichts beweisend ist daher, wenn der Verfasser des ‚Fihrist‘,[4] eines Buches, das zwei Jahre später, 377 H. = 987 Chr., geschrieben ward, dort zunächst die alte Zeit ins Auge fassend sagt: وكتب اهل مصر فى القرطاس المصرى ويعمل من قصب البردى ‚Die Aegypter schrieben (und schreiben) auf ägyptischem Papyrus, welcher aus der Papyrusstaude bereitet wird.‘ Dafs die Erzeugung des Beschreibstoffes zu seiner Zeit noch nicht gänzlich erloschen, soll nicht bestritten werden; wohl wurde er eine Zeit lang auch darüber hinaus haupt-

---

[1] Ibn ʿAbd rabbihi, el-ʿIḳd el-farîd, Bulâker Ausgabe vom Jahre 1293 H., II, 223. Das spanische ‚albardin‘ ist die Ueberlieferung der arabischen Benennung der Papyruspflanze البردى al-bardî; im Dialekt von Valencia hat sich der Name ‚albardi‘ ganz unverändert erhalten. DOZY-ENGELMANN, Gl., 66 f.

[2] El-ʿIḳd el-farîd, l. c. II, 221.

[3] Kitâb ahsân et-taḳâsîm, ed. DE GOEJE, 32 ff., 193 ff., 202 ff.

[4] Muhammed ibn Ishâḳ, Kitâb el-fihrist, ed. FLÜGEL, I, 21.

fächlich zu talismanifchen und pharmaceutifchen Zwecken bereitet. Seine Bedeutung als Schreibmaterial und Handelsartikel hatte er damals gewifs fchon eingebüfst.[1]

Damit ftimmt, was Ibn Haukal, der im Jahre 367 H. = 977/8 Chr. eine Geographie herausgab, gelegentlich feines Berichtes über das ficilifche Papyrusfchilf, auf welches ich fogleich des Näheren zu fprechen kommen werde, darin[2] bemerkt: er kenne mit Ausnahme desfelben auf der ganzen Erde nichts, was der ägyptifchen Papyrusftaude ähnlich wäre. Es ift hier vergleichsweife eben nur von den Pflanzen die Rede, nicht von dem daraus zubereiteten Befchreibftoff, über welchen er, trotz feines Befuches von Aegypten (359 H. = 969 Chr.), in dem diefem Lande und feinen Erzeugniffen gewidmeten Capitel gänzliches Stillfchweigen beobachtet. Die Wahl feiner Worte zeigt eben, dafs er zur Zeit der Schaffung des Werkes blofs die in Aegypten wachfende, zu anderen gewerblichen Zwecken cultivirte[3] Pflanze als Träger einer ruhmreichen Vergangenheit ins Auge zu faffen gewillt war.

Ganz unhaltbar ift es daher, wenn man den Untergang diefer Induftrie Aegyptens zufolge einer gegen Ende des XII. Jahrhunderts von Euftathios, παρεκβολαὶ ad. Odyss. XXI, 390 mit Bezug auf diefe Sache gethanen Aeufserung: ὧν ἡ τέχνη ἄρτι ἀπήλειπται in diefes Jahrhundert verfetzen will.[4] Die Worte befagen gewifs nichts Anderes, als was wir von dem gleichzeitigen Botaniker en-Nabâtî, der 613 H. = 1216 Chr. nach Aegypten kam, erfahren, dafs nämlich, obfchon die Pflanze dort noch vorkomme, die Papyrusfabrication aufgehört habe.[5]

Solange nun die Fabriken in Aegypten thätig waren erklärt fich leicht der Gebrauch des Papyrus zu Urkunden in der abendländifchen Chriftenheit. Denn noch bewahrte er da neben dem Pergamen fein Uebergewicht über das im Oriente bereits mit Erfolg concurrirende Papier.

---

[1] Einer viel früheren Zeit gelten auch die im Anfchluffe an das Obige folgenden Worte des Fibrift: والروم تكتب فى الحرير الابيض والرق وغيره وفى الطومار المصرى وفى الفلجان وهوجلود الحمير الوحشية ,und die Byzantiner (Griechen) fchreiben auf weifse Seide, Pergamen und Anderes, auf ägyptifche Papyrusblätter und auf Faldfchân, d. f. aus der Haut von Wildefeln bereitete Pergamene.' (Ueber ,Efelpergamene', fiehe WATTENBACH, Schriftwefen, 98.) Mit dem Wort الفلجان *el-faldfchân*, ,die zwei Hälften' find offenbar die *Duplices* oder *Diptycha* (δίπτυχα) gemeint, deren beide Hälften, d. h. Deckel, nicht immer wie urfprünglich mit Wachs, fondern auch mit Pergamenblättern belegt wurden. Daher die Verbindung des Wortes mit Pergamen im Fibrift, wo auch fpäter noch, S. 40, in demfelben Sinne von alten arabifchen جلود فلجان ,faldfchân Pergamenen' die Rede ift. Siehe auch S. 353 und dazu II, 188, Note. Die Methode der Befchreibung blofs zweier, durch Faltung miteinander zufammenhängenden Innenfeiten fcheint fich auch unter den Arabern fpäterer Zeit noch erhalten zu haben, wenigftens bietet die erzherzogliche Sammlung aus dem XIII. Jahrhundert ein fehr fchönes Beifpiel dafür (Papier 7973; 24·5 × 18 Centimeter; Jahr 639 H. = 1241 Chr.).

[2] Kitâb el-mafâlik wa-l-memâlik, ed. DE GOEJE, 85 f.

[3] Makrîzî, Chit. I, 186.

[4] WATTENBACH, Das Schriftwefen im Mittelalter, 1875, 85; GARDTHAUSEN, Griechifche Paläographie, 35.

[5] Ibn Baitar, arabifcher Text, I, 86 ff. Der Ausdruck قرطاس bei Makrîzî, Chit. II, 274 und Calcafchandî, herausgegeben von WÜSTENFELD, 189, den man vielleicht als ,Papyrusblatt' und Beweis für das Vorkommen diefes Befchreibftoffes in fpäter Fatimiden-Zeit nehmen könnte, bedeutet eine ,Düte', welche mit wohlriechendem Räucherpulver gefüllt war. DOZY, Suppl. II, 321 f. v.

Man geht daher nicht fehl, unter den *carta tomi L*, welche der merovingiſche König Chilperich II. im Jahre 716 dem Kloſter Corbie bewilligte, wie auch WATTENBACH[1] gegen DELISLE und SICKEL annimmt, Papyrus zu verſtehen; und zwar Rollen, entſprechend dem arabiſchen طومس *tûmus*[2] = τόμος, Abſchnitt von قرطاس = χάρτης, welch letzterer Ausdruck in unſeren Urkunden gegebenen Falls auch die Papyrusrolle (aber nicht ein Theilſtück, einen Abſchnitt derſelben, ſondern ſo wie ſie aus der Fabrik kommt) bezeichnet. Jüngere Erwähnungen dieſes Stoffes diesſeits der Alpen ſind WATTENBACH nicht bekannt, mit Ausnahme noch einer Stelle vom Jahre 862, welche ihm zweifelhaft blieb. Sie betrifft Deutſchland; ein Umſtand, welcher SICKEL'S Bedenken erregte und ihm die Stelle als eine bedeutungsloſe, alſo nichts beweiſende Phraſe erſcheinen läſst.[3] Es handelt ſich um die Worte, welche bei der Zuſammenkunſt der Könige Ludwig und Lothar zu Mainz 862 die Biſchöfe zu dem Schreiben der Könige an den Papſt hinzufügen. Sie ſeien ſehr eilig geweſen, ſchreiben ſie: *unde etiam actum est, quod non iuxta morem antiquum in tuncardo conscripta cernitur (epistola) sed in membranis.*[4] Das ſonſt unbekannte Wort *tuncardo*, meint WATTENBACH, kann nach dem Zuſammenhang wohl nur Papyrus bedeuten, deſſen Gebrauch zu Schreiben an den päpſtlichen Hof alſo von der Etikette erfordert wurde. Ich muſs bezüglich der Wortauslegung WATTENBACH beiſtimmen. Meines Erachtens iſt nämlich *tuncardo* die ſinnloſe, doch leicht erklärliche Verſchreibung aus *tumario*, in vulgärer Verdumpfung (wie *tumus* und *tumulus* bei BIRT, 240) von *tomario* = τομάριον, arabiſch طومار *tûmâr*, und bezeichnet gegenüber dem τόμος = طومس, ein noch kleineres Theilſtück (*tomulus*) desſelben, ein mehr oder minder umfängliches Papyrusblatt. Es iſt in unſeren Papyrus oft gebraucht. Da heiſst es طومار قرطاس, d. i. τομάριον χάρτου, ‚ein Tûmâr einer Papyrusrolle', oder من القراطيس طومار ‚von den Papyrusrollen ein Tûmâr.' So beſtellt der ägyptiſche Finanzdirector el-Haſan ibn Sa'îd in einem mit ſeinem Inſiegel verſehenen Billet (Papyrus 1054) am 1. Muharrem 196 H. = 23. September 811 Chr.:

بسم الله الرحمن الرحيم	Im Namen Gottes des Barmherzigen, des Erbarmenden!
ادفع الى رسولى من القراطيس	Uebergib meinem Boten von den reinen[4]
النقيه طومار ۲ إن شاء الله	Papyrusrollen 1/3 Tûmâr, ſo Gott will!
وكتب فى المحرم ا سنة ١٩٦	Geſchrieben am 1. Muharrem des Jahres 196.

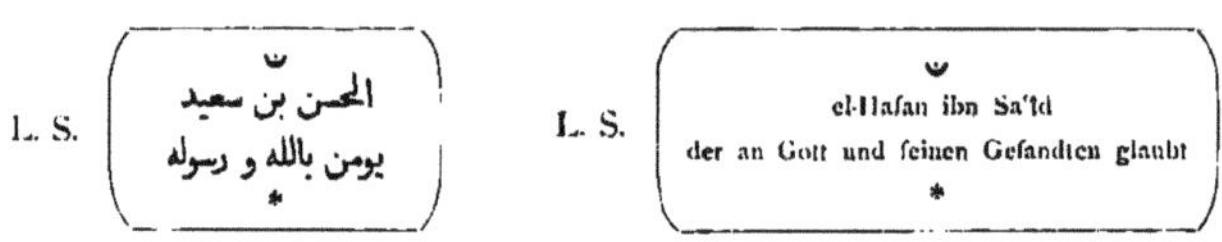
L. S.
الحسن بن سعيد
يومن بالله و رسوله
L. S.
el-Haſan ibn Sa'îd
der an Gott und ſeinen Geſandten glaubt

[1] L. c. 88, und HEYD, Geſchichte des Levantehandels, I, 99.

[2] Vergl. dazu FLEISCHER bei DOZY, Suppl. II, 74 f. v.

[3] Hiſtoriſche Zeitſchrift von H. v. SYBEL, XXVII, 445.

[4] D. h. noch unbeſchriebenen (ἄγραφα).

Zwölf folche aus den Jahren 811 bis 815 datirende Beftellbriefe und dann noch andere Documente laffen uns die hauptfächlichften Theilftücke, refpective Abfchnitte, طومار, pl. طوامير, der Rolle fammt den damals gangbaren Preifen feftftellen. Darnach ergibt fich bei der Normallänge von 30 arabifchen Ellen (14·5 Meter) für eine Rolle und der Fixirung des Goldkarats (1/24 Dînâr Courant) jener Zeit auf 0·177 Grammes folgende Tabelle:

Rolle	Abfchnitte		Preis in			
χάρτης	τόμος	τομάριον	Dînâr	Karat	Drachme	Dânik
1	—	—	1/4	6	3	—
2/3	1	—	1/6	4	2	—
1/2	—	—	1/8	3	1 1/2	—
1/3	1/2	—	1/12	2	1	—
1/6	—	1	1/24	1	1/2	—
1/12	—	1/2	1/48	1/2	1/4	—
1/18	—	1/3	—	1/3	1/6	1

Somit koftete in Aegypten eine Papyrusrolle in der erften Hälfte des IX. Jahrhunderts 6 Goldkarate (قيراط, κεράτιον) oder 1/4 Dînâr (دينار, Solidus) à 4·25 Grammes normal, d. i. 1·0625 Grammes Gold, nach heutigem Geldwerthe circa 3·25 Francs. Ein Tûmâr (τομάριον) war etwa 2·42 Meter lang und koftete 54 Centimes; ein Drittel-Tûmâr bewerthete fich bei einer Länge von 80·5 Centimeter auf circa 18 Centimes. Der Export von Papyrusrollen mufste fohin für die egyptifchen Finanzen erträgnifsreich gewefen fein.

Im Abendlande hatten fie fich im Verlaufe auch diefes Jahrhunderts ein weites Verbreitungsgebiet gefichert: die letzten fränkifchen Papyrusurkunden find vom Jahre 862 datirt;[1] ein Brief des Papftes Nicolaus I. ift am 28. April 863, eine Bulle Stephan VI. im Jahre 891 auf Papyrus gefchrieben. Ja, noch während des X. Jahrhunderts, wofür WATTENBACH zu den Jahren 972 und 973 die Nachweife beibringt, ift der Papyrus für päpftliche Bullen (*ex papyreo tomo*) ausfchliefslich verwendetes Material. Im Anfange des XI. Jahrhunderts war der Stoff augenfcheinlich fchon ausgegangen und man bequemte fich zum Pergament, obwohl fein Gebrauch felbft bis auf Victor II., 1055 bis 1057, nicht völlig aufgehört hat.[2] Es fcheint mir indefs mehr als zweifelhaft, ob derlei jüngfte Ausfertigungen der päpftlichen Kanzlei mit der ägyptifchen Papyrusfabrication in Verbindung gebracht werden dürften. Nach den Ergebniffen der vorausgegangenen Unterfuchung dünkt es mir richtiger, fie als ficilifche Fabrikate zu beanfpruchen. Grund zu diefer Annahme gibt ein pofitives Zeugnifs aus der zweiten Hälfte des X. Jahrhunderts, das

1 TARDIF, Archives de l'empire; chartes et diplômes, Paris 1864, Nr. 74; GARDTHAUSEN, l. c. 35

2 WATTENBACH, l. c. 90 f.; C. PAOLI, Del Papiro, 44, 64.

uns über die Cultur der Papyrusſtaude bei Palermo und Zubereitung des Beſchreibſtoffes aus derſelben, wichtigen Aufſchluſs bietet. Es iſt die oben erwähnte Stelle bei Ibn Haukal:[1]

.... قد غلب عليها البربير وهو البردى المعمول منه الطوامير ولم اعلم لما بمصر من هذا البربير نظيرًا بوجه الارض الّا ما بصقلّية منه واكثره يفتل حبالاً للمراكب واقلّه يعمل للسلطان منه طوامير لاتزيد على قدر كفايته

‚.... und das Sumpfgebiet Palermo's iſt bereits vollſtändig überwuchert von dem ‚Papyrus' (*barbîr*), d. i. Bardî-Schilf, aus welchem die Tûmâr (Urkundenblätter) zubereitet werden. Ich kenne auf der Erdoberfläche Nichts, was dem ‚Papyrus' Aegyptens ähnlich wäre, mit Ausnahme deſſen in Sicilien. Aus dem Meiſten davon werden Schiffstaue gedreht, das Wenigſte wird für den Herrſcher zu Tûmâr verarbeitet, jedoch ſtets nur nach Maſsgabe ſeines Bedarfs.'

Die Faſſung der Schluſsworte Ibn Haukal's involvirt durchaus keinen Widerſpruch gegen meine Beweisführung. Seit der Niederſchrift ſeines Werkes, oder genauer, ſeit ſeinem zwiſchen 972/3 fallenden Aufenthalt in Palermo, konnte aus dem perſönlichen, jedwede Exportfähigkeit des Papyrus ausſchlieſsenden Beſitz des Fürſten doch wohl eine Einnahmequelle für den Staat erwachſen ſein, wie das thatſächlich noch im XIII. Jahrhundert der Fall war. Anders verhält es ſich mit den oben citirten Bullen von 972 und 975. Ihnen ſteht, in zeitlicher Congruenz, der beſtimmte Wortlaut eines umſichtigen, ſcharf beobachtenden Reiſenden entgegen, welcher ſie als ſiciliſch anzuſprechen verbietet. Kommt noch hinzu, daſs in Hinblick auf dieſe ſpäten Datirungen an eine gleichzeitige ägyptiſche Provenienz kaum gedacht werden kann, ſo erübrigt nur anzunehmen, man habe in Ermangelung friſcher ägyptiſcher Papyrusrollen, die Ueberbleibſel ſolcher aus älteren Sendungen zum Gebrauche herangezogen. Bekannt iſt ja, daſs ſich der Papyrusſtoff lange Zeit hindurch beſchreibfähig erhalten lieſs. Viele Stücke der erzherzoglichen Sammlung zeigen ſelbſt nach einem Jahrtauſend und trotz ihrer ungünſtigen Conſervirungsverhältniſſe noch heute bei voller Geſchmeidigkeit eine taugliche Beſchreibfläche. Daſs man nun wirklich, und zwar ſchon in der Epoche des beginnenden Niederganges der ägyptiſchen Papyrusfabrication im Abendlande gezwungen war, hin und wieder aus decennienalten Rollenvorräthen zu ſchöpfen, dafür will ich ſogleich ein ſchlagendes Beiſpiel eben aus der päpſtlichen Kanzlei vorführen.

Es handelt ſich um die berühmte, 3·9 Meter lange, zu Gunſten des franzöſiſchen Kloſters Tournus ausgefertigte Bulle Johann VIII. vom Jahre 876, welche in der Pariſer Nationalbibliothek bewahrt wird. Dieſelbe trägt an ihrer Spitze noch ein anſehnliches Stück der arabiſchen Fabriksmarke (πρωτόκολλον), d. h. die die Provenienz und Echtheit des Fabrikates verbürgende Schriftſignatur in Verbindung mit einem religiöſen Formeltext, der, wie man ſieht, das Haupt der abendländiſchen Chriſtenheit gegen deſſen Annahme durchaus nicht bedenklich ſtimmte.

Man hat ſich mit dieſem Protokoll vielfach beſchäftigt. Maſsgebend für die Erkenntniſs desſelben und die Herleitung des daran gefügten Beſchreibſtoffes war bisher AMARI'S Verſuch zur Enträthſelung jener Schriftzüge, von denen er jedoch nur die Worte الله

[1] Kitâb el-mesâlik wa-l-memâlik, 85 f.

Allâh und .... سعيد بن *Sa'îd ibn* .... zu entziffern vermochte.[1] Ich habe bei Betrachtung der von CHAMPOLLION-FIGEAC[2] gebotenen Abbildung fofort erkannt, dafs es fich da um eine ägyptifche Provenienz handle. Der grofse Faijûmer Fund hat uns mit mehreren hunderten Beweisftücken diefer Art aus byzantinifcher und arabifcher Zeit bedacht. Nach Form und Charakter fügt fich demnach das Protokoll der Bulle genau in die Reihe jener ein, welche in die erfte Hälfte des IX. Jahrhunderts gehören. Selbft die Rollenbreite ftimmt: nach AMARI 58 Centimeter, nach CHAMPOLLION-FIGEAC 2 alte Parifer-Fufs = 65 Centimeter; dem entfprechend ein faft gleichzeitiges Drittel-Protokoll der erzherzoglichen Sammlung (Papyrus 5364) zu 20 Centimeter auf eine ganze Breite von 60 Centimeter hinweift. Wenn AMARI, l. c. fagt: ,la leggenda arabica, tramezzata di qualche linea rossa, si scorze in capo del ruolo in caratteri corsivi grandi e franchi,' fo hat er richtig gefchildert. Die zwifchen die Schriftzeilen gelegten rothen Doppellinien, die kräftigen, grofsen, fchwungvollen, aber ligaturenreichen Züge entfprechen der Anordnung und Formgebung unferer arabifchen Protokollfchriften der bezeichneten Epoche, welche im gegenwärtigen Falle durch den Inhalt der theilweife erhaltenen erften Zeile ganz genau beftimmt wird. Diefelbe ift nämlich zu lefen:

[على ي]دى سعيد بن عبد [ا]لرحما[ن]

,Unter der Leitung des Sa'îd ibn 'Abd er-rahmân.'

Die Formel على يدى ,unter der Leitung' führt hier wie in allen Protokollen, wo fie angewendet ift, den Finanzdirector von Aegypten (عامل خراج مصر oder متولى خراج مصر) ein, dem als Nachfolger des *Comes largitionum sacrarum* der byzantinifchen Zeit, die ärarifchen Papyrusfabriken auf die Autorität des Statthalters hin unterftellt waren: er war, wie der Comes largitionum, befugt, feinen Namen in das Protokoll der Rollen einzufügen.[3] Wenn nun auch in Folge fchlechter Confervirung das üblicherweife beigefetzte Datum der Rollenemiffion fehlt, fo ift uns durch einen glücklichen Umftand gegönnt, die Zeit der Amtswirkfamkeit des Finanzdirectors Sa'îd ibn 'Abd er-rahmân zu ermitteln. Eine fchöne, mit dem Infiegel verfehene Urkunde der erzherzoglichen Sammlung (Papyrus arab. 4965) vom Jahre 223 H. = 838 Chr. bezeugt eben die Ablieferung eines gewiffen Steuerbetrages:

4. .... الى اسحق بن سمعون

5. القطال بحضرة صلح بن الوليد خليفة[4] عبد الله

6. بن خلف عامل سعيد بن عبد الرحمن مولى امير المومنين

4. .... an Ifaak Sohn des Simeon
5. den Säckelmeifter, in Gegenwart des Şâlih ibn el-Walîd, Stellvertreters des 'Abd allâh
6. ibn Chalef, Steuereinnehmers des Sa'îd ibn 'Abd er-rahmân, des Freigelaffenen des Fürften der Gläubigen.[5]

---

[1] Storia dei Musulmani di Sicilia, II, 1858, pag. 299.

[2] Charte latine sur Papyrus d'Egypte de l'année 876. Paris 1835, pl. 1.

[3] Oefterreichifche Monatsfchrift für den Orient, 1885, 164.

[4] Papyrus: خلفه.

[5] Ueber den ägyptifchen Finanzdirector und feine Unterbeamten fiehe diefe Mittheilungen, I, 5 ff., 99.

Dieſes Document ſetzt es auſser Zweiſel, daſs der in dem Protokoll der Bulle Johann VIII. genannte Sa'îd ibn 'Abd er-rahmân mit dem hier auftretenden gleichnamigen Finanzdirector identiſch ſei. Daraus folgt, daſs die Bulle ſelbſt auf einer viel älteren Papyrusrolle als ihr Datum 876 vermuthen läſst, ausgefertigt wurde, da zwiſchen dieſem und dem aus unſerem Papyrus 4965 conſtatirten Amtsjahre des Sa'îd, 838, ein Zeitraum von 38 Jahren liegt, der ſich eher um ein paar Jahre vergröſsern, keinesfalls aber verringern kann, weil für das folgende Jahr 839 bereits ein anderer Finanzdirector Aegyptens ernannt war.

Iſt hiemit die ägyptiſche Provenienz der Rolle erwieſen, ſo fallen alle Conjecturen AMARI'S und PAOLI'S bezüglich ihrer ſiciliſchen Herkunft und die von dem Letzteren daran geknüpfte Hypotheſe einer ſelbſt bis in das VIII. Jahrhundert zurückreichenden Papyrusinduſtrie der Inſel.[1]

Hält man ſich nur kritiſch an die vorliegenden, wenn auch ſpärlichen Nachrichten, dann eröffnet ſich für eine ſo frühe Exiſtenz dieſer Induſtrie auf Sicilien durchaus keine Möglichkeit. Schon mit Ibn Haukal's Worten von der unbedeutenden, bloſs dem perſönlichen Schreibbedürfniſſe des Machthabers angepaſsten Manufactur gegenüber der weitgehenden Ausnützung des palermitaniſchen Bardî-Schilfes zu maritimen Zwecken, iſt der Vorausſetzung einer langgeübten, vollentwickelten Papyrusfabrication auf Sicilien aller Grund und Boden entzogen: und das noch im letzten Drittel des X. Jahrhunderts! Zu Beginn desſelben hat ſie aber überhaupt noch gar nicht exiſtiren können, da Ibn el-Fakîh, ein kritiſch angelegter Berichterſtatter, noch um 903, wie wir oben geſehen, poſitiv die ägyptiſche Papyrusfabrication von jedweder Concurrenz frei erklärt.

Zweifellos ſcheint mir daher der Beginn der ſiciliſchen Papyrusproduction mit dem Verfall dieſer Induſtrie in Aegypten unmittelbar zuſammenzuhängen.[2] Vielleicht, daſs der letztere mit der Auswanderung von Papyrusarbeitern eine Verpflanzung des Bardî-Schilfes auf ſiciliſchen Boden zur Folge gehabt, damit ſich ihnen in der Fremde eine Erwerbsquelle in der von den Vätern ererbten Weiſe wieder eröffne. Das wäre in der Geſchichte der gewerblichen Künſte des Orients keinesfalls beiſpiellos.[3]

Leider fand ich bisher nirgends in den Quellen eine lichtverbreitende Andeutung über die Stellung des Papiers in Sicilien zu dem einheimiſchen Papyrus während der beregten Epoche. Denn daſs dem erſteren Beſchreibſtoff bei ſeinem Vordringen über Nordafrika nach Spanien ſein Eintritt in das arabiſche Sicilien verwehrt geweſen, iſt ſchlechterdings nicht anzunehmen.

Es entſteht nunmehr die Frage: welcher Zeitraum trennt die Origines des Papiers unter den Arabern von ſeinem hier geſchilderten völligen Sieg über den Papyrus?

Wenn ich hiemit der Frage über das erſte Vorkommen und die Weiterverbreitung des Papiers im Islâm nähertrete, bin ich mir wohl bewuſst, eines der ſchwierigſten und

---

[1] AMARI, Storia dei Musulmani di Sicilia, II, 299; CESARE PAOLI, Del Papiro, Firenze 1878, 37 f.

[2] Der von PARLATORE, Mémoires de l'Académie de sciences, Paris 1854, XII, 469 ff., ſo ſicher aufgeſtellten Behauptung von dem Import einer ſyriſchen Papyrusſpecies nach Sicilien durch die Araber, der auch CESARE PAOLI, l. c. 37 und TH. BIRT, Das antike Buchweſen, 223, folgen, fehlt jede hiſtoriſche Beglaubigung.

[3] Aehnliches geſchah, als zu Juſtinians Zeit viele Seidenarbeiter aus Tyrus und Berytus in Folge des die Privatinduſtrie ſchädigenden ärariſchen Monopols nach Perſien auswanderten. Procopius, Anecdota ed. Bonn, III, 140 ff.

dunkelſten Capitel aus der Culturgeſchichte der Menſchheit anzufaſſen. Viel iſt über dieſen Gegenſtand ſchon abgehandelt worden. Man hat mit groſsem Aufwand von Scharſſinn und Gelehrſamkeit den dieſe Urgeſchichte des Papiers umgebenden dichten Schleier zu lüſten verſucht, ohne aber dabei viel mehr als Hypotheſen erreicht oder Behauptungen aufgeſtellt zu haben. Die von dem Standpunkte der Buchgelehrſamkeit mit Heſtigkeit geführte Erörterung der ſubſtanziellen Beſchaffenheit der älteſten Papiere, war ebenſowenig fördernd, wie die Prüfung derſelben unter dem Mikroſkope oder mit Hilſe des Taſtſinnes, welch letztere Methode auch ihre energiſchen Vertreter gefunden hat.

Der von WIESNER (unten S. 183 bis 190) im erſten Capitel gegebene hiſtoriſche Ueberblick über die bisherigen auf die Prüfung alter Papiere bezugnehmenden Forſchungen, überhebt mich, der Literatur über dieſen Gegenſtand noch einmal nachzugehen.[1] Nur ſoviel ſei daraus hervorgehoben, daſs es zwei Fundamentalſätze — die wichtigſten der ganzen Papiergeſchichte — ſind, welche allgemein als erwieſen betrachtet werden. Sie lauten:

1. Die älteſten (gefilzten) Papiere ſind aus roher Baumwolle erzeugt worden.

2. Die Baumwollenpapiere ſind die Vorläufer des Hadernpapiers geweſen, deſſen Erfindung den Deutſchen oder Italienern zuzuſchreiben iſt.

Der erſte, uns zunächſt intereſſirende Punkt ſteht mit dem früheſten Vorkommen des Papiers in Mittelaſien in Zuſammenhang; die Araber ſollen nämlich die Methode, aus Baumwolle Papier zu bereiten, von den Chineſen erlernt, nach Anderen ſelbſtſtändig erfunden und dann nach dem Abendlande weiterverbreitet haben. Da begegnen wir denn allerdings gewiſſen Quellenangaben und ſelbſt urkundlichen Belegen, welche in Sachen der Bezeichnung der Papierſubſtanz an Beſtimmtheit und Deutlichkeit nichts zu wünſchen übrig laſſen: ſie wiſſen in der That ſtets nur von einer *charta bombycina* oder *bombycis, gossypina, cuttunea* zu berichten — was ſollte dies anderes bedeuten, wenn nicht Baumwollenpapier? Ein ſchwerer Irrthum! Wir Alle, ohne Ausnahme, ſind ihm unterlegen. Man muſs indeſs nur den Muth haben, ihn zu bekennen, um der Wahrheit in der neu-angebahnten Richtung mit Verſtändniſs folgen zu können.

JULIUS WIESNER hat, wie ich Eingangs ſchon erwähnt, dieſen Weg gezeigt, indem er auf Grund mikroſkopiſcher Papierunterſuchungen und hiſtologiſcher Kriterien unwiderleglich dargethan, daſs es ein aus roher Baumwolle erzeugtes Papier nie gegeben habe, daſs vielmehr die orientaliſch-europäiſche Papierbereitung mit dem Hadernpapiere anhebt.

Es tritt demnach an mich die Forderung heran, zu zeigen, wie dieſe Frage nach den Berichten der Araber ſich hiſtoriſch geſtaltet.

So ſehr die arabiſchen Quellen, wenn auch zerſplittert und zerſtreut, eine Fülle aufſchluſsreicher Notizen enthalten, die als Leſefrüchte geſammelt, ſich zu einem ebenſo groſsartigen wie inſtructiven Bild gewerblicher Blüthe des Islâm im Mittelalter vereinigen

[1] Ich muſs hier bemerken, daſs Profeſſor WIESNER, wie er S. 190 ſelbſt ſagt, an die naturwiſſenſchaftliche Unterſuchung der Papiere, ohne in die Geſchichte des Gegenſtandes eingeweiht zu ſein, alſo ganz vorurtheilsfrei, herantrat. Auch von meinen hiſtoriſchen, ſeine mikroſkopiſchen Reſultate beſtätigenden Ergebniſſen hatte er, während ſeine Unterſuchungen im Gange waren, keine Kenntniſs, wie denn überhaupt unſere beiden Arbeiten vollſtändig unabhängig von einander entſtanden ſind.

laſſen, iſt doch in Bezug auf die Papierfabrication verhältniſsmäſsig wenig, ſehr wenig von ihnen überliefert worden. Und dieſer Mangel betrifft gerade denjenigen Culturträger, der die literariſche Bewegung mächtig förderte, mit dem die Schreibluſt der Araber ins Erſtaunliche gewachſen iſt. Nichtsdeſtoweniger dürſen dieſe an ſich ſpärlichen literariſchen Behelfe, nach Umfang und poſitivem Gehalt, über die die Papiergeſchichte betreffenden Quellenbefunde des Abendlandes geſetzt werden.

I. Der Beginn der Papierbereitung im Islâm wird mit Facten in Zuſammenhang gebracht, deren innere Unwahrſcheinlichkeit ſchon obenhin zu Tage tritt: ‚Die Bereitung von Papier aus Baumwolle', ſchreibt WATTENBACH,[1] ‚ſoll bei den Chineſen ſeit uralter Zeit üblich und bei der Eroberung von Samarkand um das Jahr 704 den Arabern bekannt geworden ſein.' Dieſer die Papiergeſchichte einleitende Satz iſt in allen ſeinen Theilen irrig. Daſs die Chineſen aus (roher) Baumwolle — einem, nebenbei geſagt, für dieſen Zweck wenig tauglichen Materiale — Papier gemacht haben ſollten, iſt nicht bewieſen; unter den mannigfachen, in ihren Schriften aufgezählten, zur Papierfabrication verwendeten Rohſtoffen fehlt die Baumwolle.[2] Begreiflich, denn die Cultur der Baumwollſtaude war den Chineſen in ſo früher Zeit gänzlich unbekannt; ſie ſoll erſt während der Regierung Kubilai Chân's, 1257 bis 1294, aus Ma'bar (ſüdliches Indien) ins Mittelreich eingeführt worden ſein.[3]

Man ſieht, die Annahme der Exiſtenz chineſiſcher Baumwollenpapiere iſt eine rein willkürliche; ſie iſt aber alt und weitverbreitet[4] und hat eben in WATTENBACH nur ihren bekannteſten Vertreter gefunden. Wahrſcheinlich gründet ſie ſich auf einen Rückſchluſs von den ſogenannten *chartis bombycinis* des europäiſchen Mittelalters, einer Bezeichnung, von der, wie wir ſehen werden, auch ſonſt alles Unheil ausgegangen iſt. Genug dem, ebenſo wie die Prämiſſe iſt auch die Folgerung falſch; denn die Araber konnten gar nicht von den Chineſen die Papierbereitung aus Baumwolle gelernt haben. In der That berichten ihre Quellen etwas ganz Anderes.

Feſt ſteht vor Allem, daſs Chineſen die Lehrmeiſter in der Papierbereitung geweſen ſind. Alle Nachrichten ſtimmen darin überein. Ueber den Zeitpunkt, wann dies geſchehen, gehen aber die Angaben auseinander.

Als früheſte Erwähnung des Papiers überhaupt iſt das Jahr 30 d. H. = 650/1 n. Chr. genannt;[5] da ſoll es zum erſtenmale als Handelsartikel aus China nach Samarḳand, die Capitale von Ṣoghd (Sogdiana), eingeführt worden ſein. Auf die Genauigkeit dieſes Datums iſt nicht zu bauen; gleichwohl bezeichnet es die Epoche chineſiſchen Einfluſſes in Transoxanien.[6] Ueber die Weiterverbreitung des Papiers lagen bisher nur wirre, durch den Orientaliſten MICHELE CASIRI vermittelte Zeugniſſe vor, die heute noch mit hiſtoriſcher

---

[1] Das Schriftweſen im Mittelalter, 115.

[2] ST. JULIEN, Industries anciennes et modernes de l'Empire Chinois d'après des notices traduits du chinois. Paris 1869, 145.

[3] Zeitſchrift der D. M. G., I, 224.

[4] KEFERSTEIN in der Allgemeinen Encyklopädie von ERSCH und GRUBER, 3. Section, XI. Theil, pag. 84.

[5] 'Alî ibn Muhammed el-Fârisî in Burhân-i Ḳâṭhi', Calcutta 1818, App. ſ. v. قرطاس; CASIRI, Bibl. Arab. Hisp., II, 9.

[6] REINAUD, Mémoire géographique, hiſtorique et scientifique sur l'Inde, 1849, 305.

Beweiskraft in den meiſten unſerer Schriften zu Recht beſtehen. Wieder iſt es zunächſt ſein Gewährsmann ʿAlî ibn Muhammed el-Fâriſi, der die Propagirung des Papiers von der Eroberung Samarḳands durch die Araber im Jahre 85 d. H. = 704 n. Chr. ausgehen läſst. Ein gewiſſer Jûſuſ ſoll damals das Papier nach Mekka gebracht haben, worauf es drei Jahre ſpäter, 88 d. H. = 707 n. Chr., zum erſtenmale daſelbſt fabricirt worden ſei. Letzteres Datum wird gegründet auf eine von dem Mekkaner Abû ʿAlî Muhammed el-Ghazâli überlieferte Nachricht: اول من صنّف [suppl. صنعة] القرطاس عمر فى مكة سنة ثمانية [l. ثمان] وثمانين وسلكت بين العرب, welche nach CASIRI'S Ueberſetzung[1] lautet: ‚Anno Egirae 88. Christi 706.[2] quidam *Josephus*, cognomento *Amru*, omnium primus Chartam in urbe Meccana invenit, ejusque usum Arabibus induxit‘·[3] Ein Blick auf den arabiſchen Text lehrt die Unverläſslichkeit dieſer Ueberſetzung. Dort heiſst nämlich der ſogenannte ‚Erfinder‘ weder Jûſuf noch ʿAmru, ſondern ʿOmar, und dieſer kann nicht Jûſuf, und Jûſuf kann nicht cognomento ʿAmru geheiſsen haben. Die Verwirrung wird noch gröſser, wenn man in dem 1818 zu Calcutta herausgegebenen perſiſchen Wörterbuch Burhân-i-Ḳâthiʿ[4] folgende Darſtellung des Sachverhaltes lieſt:

کاغذ و آن از مدت دیرباز در ملک چین مستعمل بود که از ریزهای ابریشم می ساختند تا آنکه
در سال سی ام هجری طرح ساختن آن در سمرقند رواج یافت چنانچه علی بن محمد فارسی
صاحب تاریخ عرب نوشته و در سال هشتاد و پنجم هجری چون ملک سمرقند مفتوح مسلمانان شد
یوسف بن عمرو طریق ساختن کاغذ در آنجا آموخته در مکه آمد و بمردمان آموخت و در آن زمان چیزیکه
بدان قرطاس ساخته میشد صرف پنبه بود و در سال هشتاد و هشت هجری اول قرطاس
در مکه ساخته شد

‚Das Papier, welches aus Abſällen von Rohſeide zubereitet wurde, war ſeit langer Zeit nur im Reiche China in Gebrauch, bis es im Jahre 30 der Hidſchra nach Samarkand gelangte und von da aus in den Verkehr kam, wie dies ʿAlî ibn Muhammed Fâriſi, der Verfaſſer einer Geſchichte der Araber, ſchreibt. Im Jahre 85 der Hidſchra, als das Königreich Samarkand den Muslimen erobert wurde, lernte dort Jûſuf ibn ʿAmr die Zubereitung des Papiers kennen und kam nach Mekka, wo er die Kunſt anderen Individuen mittheilte. Und das, was man damals (zur Vervollkommnung) mit jenem Papiere unternahm, war der (ſtoffliche) Wechſel der Baumwolle. Im Jahre 88 der Hidſchra wurde dann das erſte Papier in Mekka gemacht.‘

Dieſe Stelle iſt auch in VULLERS' Lexicon Persico-latinum, II, 720 abgedruckt, glücklicherweiſe nur als perſiſcher Text, nicht auch in Ueberſetzung, denn ſonſt hätte ſie gewiſs den gröſsten Schaden verurſacht. Namentlich würden die Verfechter der

---

[1] Bibl. Arab. Hisp., II, 9.

[2] Das Jahr 88 d. H. beginnt mit dem 12. December 706 und endigt mit dem 30. November 707!

[3] Darnach auch SCHÄFER, Geſchichte von Spanien, II, 126.

[4] Muhammed Huſein ibn Chalef et-Tibrîzî, Burhân-i-Ḳâthiʿ, Calcutta 1818, App. ſ. v. قرطاس.

Theorie vom Baumwollenpapier und mit ihnen ihr jüngſter Anwalt, CESARE PAOLI,[1] darin den ſtringenten Beweis für ihre Anſichten gefunden haben. Damit dies nun aber hier nicht möglich werde, muſs ich gleich beifügen, daſs die ganze ſchöne Geſchichte, mit all ihrem ſchmuckreichen Beiwerk, wie der Herausgeber des Burhân-i Ḳâthi' einbekennt, von: ميكائيل كسيرى, d. i. Michael Caſiri († 1791) herrührt! Es iſt darin Wahres mit Falſchem, fremdes und eigenes Gut vermiſcht. Das, was el-Ghazâlî berichtet, ſieht hier ſo aus, als käme es aus der Feder des el-Fâriſî. Einzig dankenswerth iſt die correcte Mittheilung des Namens يوسف بن عمرو, ,Jûſuf ibn 'Amr', denn jetzt erkennt man CASIRI'S Verfahren: er ſuchte den unbequemen 'Omar mit Jûſuf in Einklang zu bringen; deswegen machte er عمر 'Omar zu عمرو 'Amr(u) und dieſen zum Beinamen (!) des Jûſuf, weil ihm wiederum der von el-Fâriſî genannte ,Jûſuf Sohn des 'Amr(u)' nicht paſste. Aus der Vereinigung beider Namen wurde aber die dreijährige Lehrzeit zu Gunſten der Mekkaner Papiercompoſition abgeleitet. So hat CASIRI gearbeitet!

Hieraus folgt, daſs das von den beiden Autoren el-Fâriſî und el-Ghazâlî Berichtete nicht in connexivem Zuſammenhange ſteht, ſchon darum nicht, weil 'Omar im Jahre 88 das Papier, welches Jûſuf 85 nach Mekka brachte, dahier nicht ,erfinden' konnte. Nur die ,Umwandlung in Baumwolle' iſt eine Erfindung, doch die des CASIRI. Und weiter, können Ghazâli's Worte überhaupt keine Beziehung zur Papierfabrication haben. Dieſer, ein Schriftſteller aus ſpäterer Zeit (XIII. Jahrhundert), hat einen verdorbenen Text überliefert. Dieſs beweiſt zunächſt die unpaſſende Setzung القرطاس, ,charta' für das erforderliche الكاغد, ,Papier', und das Verbum صنف, welches in der ihm vindicirten Bedeutung ,erfinden' eine wenig ſachgemäſse Anwendung erfahren hätte, wird wohl aus صرف verſchrieben ſein, ſo daſs die Stelle meines Erachtens zu lauten hat: اول من صرف القرطاس عمر فى مكة الخ, ,der Erſte, welcher das Papier (zum Schreiben) gebrauchte, war 'Omar in Mekka etc.' Denn zweifellos iſt es, daſs unter dieſem 'Omar keine ſonſt unbedeutende Perſönlichkeit, ſondern der nachmalige zweite Chalife dieſes Namens, welcher im Jahre 88 in Mekka ſich aufhielt,[2] gemeint ſei. Die ſchlichte Namensnennung in Verbindung mit der für ſie hiſtoriſchen Jahreszahl genügt. Im anderen Falle hätte die Urquelle des Ueberlieferers gewiſs nicht verabſäumt, zu dem ,'Omar', wie üblich, auch noch das Patronymicon hinzuzufügen. Es liegt hier eben ein beſtimmter Fall der ſogenannten Primitien (الاوائل) vor. Omar, indem er ſich des Papiers in Mekka bediente, favoriſirte es gegenüber den gangbaren Beſchreibſtoffen und ſanctionirte dadurch gewiſſermaſsen den Gebrauch desſelben, der ſich ſeit dieſem Zeitpunkte in der arabiſchen Halbinſel verallgemeinerte. Dieſes Papier war zweifellos chineſiſches Fabricat (ورق صينى). Wenn Jûſuf ibn 'Amr wirklich Proben desſelben nach Mekka gebracht, kann dies nur in der Abſicht, ihm daſelbſt ein Abſatzgebiet zu ſchaffen, geſchehen ſein. Handelsartikel war es längſt ſchon; ſo berichtet der Verfaſſer des Fihriſt, daſs er bei einem Sammler alter Manuſcripte unter Anderen auch eine autographiſche Abhandlung des Grammatikers Abû-l-Aswad († 69 H. = 688 Chr.) geſehen habe, welche, wie er ſich zu entſinnen glaubt, auf vier Blätter chineſiſchen Papiers (من ورق الصين) geſchrieben war. Andere arabiſche Manuſcripte derſelben Sammlung wieſen den gleichen

[1] Archivio storico italiano, 1885, XV, 230.

[2] Tabari, Annales ed. GUIDI, II, IV, 196; El-Fâſî, Schafâ el-gharâm, ed. WÜSTENFELD, 301.

Beschreibstoff auf.[1] In Arabien existirte zu Beginn des VIII. Jahrhunderts noch keine einheimische Papierfabrication, und als man damit begann, war sicherlich Mekka nicht der Ort, wo man Papier zuerst erzeugte, geschweige denn erfunden hätte. Doch über die Papiermanufacturen Arabiens später.

Um nichts besser steht es mit dem zweiten Hauptpunkt, der Eroberung von Samarkand im Jahre 85 H. = 704 Chr., welche allgemein zum Schlagwort für die Zeitbestimmung der Papieranfänge unter den Arabern geworden ist. Man muss sich nur wundern, wie diese Fabel sich so lange erhalten konnte. Die arabischen Geschichtschreiber der Eroberungszüge, welche es bei ihren reichlichen Daten an glaubwürdigen Zeugnissen niemals fehlen lassen, wissen von einer selbst nur vorübergehenden Occupation Samarkands in dem für die Propagirung des Papiers von 'Alî ibn Muhammed angegebenen Jahre nichts zu berichten. Es steht vielmehr fest, dass gerade anno 85 der Tarchûn von Sogdiana in ungeschmälertem Machtbesitz zu Samarkand Ruhe und Frieden genoss.[2]

Die erste ‚Eroberung' dieser altberühmten Stadt geschah im Jahre 56 H. = 676 Chr. durch Sa'îd, den Sohn des Chalifen Osmân, der von diesem zum Statthalter von Chorâsân, ernannt worden war. Freilich wollte dieselbe nicht viel besagen. Sie kam auf Grund friedlichen Uebereinkommens zu Stande, indem der arabische Feldherr ‚und Wer sonst noch wollte' die Bewilligung erhielt, bei einem Thore in die Stadt hinein und bei einem anderen Thore hinauszuziehen.[3] Die Araber hatten in den Gefilden Transoxaniens noch durch viele Jahre harte Kämpfe zu bestehen, bis der ungebändigte Sinn der Türken sich endlich unter das Joch des Islâm beugte. So blieb auch das schätzereiche Samarkand mit seinen Künsten, trotzdem es mehrmals dem Namen nach erobert wurde, dennoch ‚verschlossen' (انغلقت) der arabischen Beutegier, infolge der zähen Widerstandskraft und Tapferkeit seiner wehrhaften Bevölkerung, sowie der explosiven Heftigkeit, mit welcher sie das fremde Joch immer wieder abzuschütteln wusste.[4] Entschieden wurde ihr Schicksal erst, als der tapfere Kuteiba ibn Muslim mit dem Plane der gründlichen Eroberung und Bekehrung des Oxuslandes zum Islâm auszog. Doch fällt die in diesem Feldzug erfolgte Belagerung und Einnahme der soghdischen Hauptstadt erst in das Jahr 93 d. H. = 712 n. Chr. Von nun ab blieb sie dem Islâm unterthan, denn der abziehende Sieger liess seinen Bruder 'Abdallâh mit einer starken Besatzung und strengen Vorschriften zur Niederhaltung der widerspenstigen Bevölkerung daselbst zurück.[5]

Unter den hier kurz angedeuteten historischen Umständen kann natürlich an eine gewerbliche Beziehung zwischen den beiden nationalen, von einander sich feindlich abschliessenden Elementen, demnach auch an die Reception des Papiers durch die Araber in Samarkand, vor 712 nicht gedacht werden; für ein solches Geschehniss in diesem Jahre liegt aber kein Zeugniss vor. Es ist daher die Conclusion HAMMER-

---

[1] Kitâb el-fihrist, l. c. 41.

[2] Ibn el-Athîr, Chronicon ed. TORNBERG, IV, 403.

[3] Belâdsorî († 892 Chr.), Kitâb futûh el-buldân, ed. DE GOEJE, 415; Tabari, Annales, ed. THORBECKE, II, I, 179; Târîch Abî-l-fedâ, Constantinopler Ausgabe vom Jahre 1286, I, 197.

[4] Ja'kûbî, Kitâb el-buldân, ed. JUYNBOLL, 74: انغلقت سمرقند بعد ان افتتحت عدة مرار لمنعتها وشجاعة رجالها وشدة ابطالها.

[5] Belâdsorî, l. c. 421 f.; Tabarî, l. c. II, IV, 1241 ff., 1252.

PURGSTALL'S, mittelſt welcher dieſer eine in Ta'âlibi's ‚Buch der Stützen' befindliche Stelle über die Verbreitung des Papiers mit dem Jahre der erſten Eroberung Samarkands, 676, in Verbindung bringt, von vornherein abzuweiſen. Berühmt iſt, ſchreibt HAMMER-PURGSTALL nach ſeiner Quelle, ‚das Papier Samarkands, weil das erſte Papier im Islâm von China über Samarkand nach Perſien und Arabien kam, im Jahre wo Zijâd b. Sâlih nach der Schlacht von Athlah die Bewohner von Samarkand gefangen fortgeführt. Da Samarkand erſt im Jahre 56 d. H. erobert ward, ſo wird hierdurch die Epoche der Einſuhr des Papiers, welche CASIRI nach einem arabiſchen Schriftſteller ins 30. Jahr d. H. geſetzt, um 26 Jahre näher gerückt.'[1]

Die Geſchichte der Eroberungsepoche kennt keinen Heerführer Namens Zijâd Sohn des Ṣâlih; ebenſowenig berichtet ſie über eine Schlacht bei ‚Athlah', richtig: Athlach.

In einem anderen Werke theilt Ta'âlibî dieſelbe Relation, doch in veränderter Faſſung mit, woraus erſichtlich iſt, daſs HAMMER-PURGSTALL es mit ſeiner Quelle nicht genau genommen hat. Die ſehr wichtige Stelle lautet:

ومن خصائص سمرقند الكواغيد التى عطّلت قراطيس مصر وجلود التى كان الاوائل يكتبون فيها لانّها اخسن وانعم واوفق ولا تكون الّا بها وبالصين ذكر صاحب الكتاب المسالك والممالك انّه وقع من الصين الى سمرقند فى سبى سباهم زياد بن صالح من اتّخذ الكواغيد بها ثم كثرت الصنعة واستمرّت العادة حتى صارت متجرًا لاهل سمرقند فعمّ خيرها والارتفاق بها فى الافاق ،

‚Von den Beſonderheiten Samarkands ſind die Papiere zu erwähnen, welche die Papyrusrollen Aegyptens und die Pergamene, deren man ſich früher zum Beſchreiben bediente, verdrängt (wörtlich: vernichtet) haben, weil ſie ſchöner, angenehmer und tauglicher ſind.[2] Man findet ſie nirgends als da und in China. Der Verfaſſer des Werkes „Die Reiſerouten und Königreiche" berichtet, daſs das Papier von China durch Kriegsgefangene nach Samarkand gelangte, und zwar iſt es Zijâd Sohn des Ṣâlih geweſen, welcher dieſe Kriegsgefangenen machte, unter denen ſich welche befanden, die daſelbſt das Papier zubereiteten. Darnach wuchs die Papierfabrication und ward zum bleibenden Gebrauch, bis ſie für die Bevölkerung von Samarkand die Bedeutung einer Handelsmanufactur gewann. So wurde ſie der menſchlichen Geſammtheit in allen Ländern der Erde zu Nutz und Frommen.'[3]

Aehnlich ſchreibt el-Kazwînî:[4]

وبسمرقند من الاشياء الطريفة تنقل الى سائر البلاد منها الكاغد السمرقندى الذى لايوجد مثله الّا بالصين وحكى صاحب الممالك والمسالك انّه دفع من الصين الى سمرقند سبى كان فيهم من يعرف صنعة الكاغد فاتّخذها ثم كثرت حتى صارت متجرًا لاهل سمرقند فمنها تحمل الى سائر البلاد ،

[1] Zeitſchrift der D. M. G., VIII. 529.

[2] Dieſe Worte liefern neuerdings einen unzweideutigen Beleg für die Richtigkeit des oben fixirten Zeitpunktes des Unterganges der ägyptiſchen Papyrusfabrication.

[3] Laṭâif el-ma'ârif, ed. JONG, 126.

[4] 'Adſchâib el-machlûkât, ed. WÜSTENFELD, II, 360.

‚Zu Samarḳand gibt es verſchiedenerlei hübſche Sachen, die über alle Länder verbreitet werden; ſo das Samarḳander Papier, welches man in gleicher Art nirgends auſser in China findet. Es erzählt der Verfaſſer des Werkes ‚Die Königreiche und Reiſe-routen‘, daſs Kriegsgefangene dieſes Papier von China aus, Samarḳand zugebracht haben, indem ſich unter ihnen Leute befanden, welche die Kunſt der Zubereitung des Papiers verſtanden, worauf ſie es daſelbſt fabricirten. Seit dieſer Zeit vermehrte es ſich, bis es für die Bevölkerung Samarḳands zum Handelsartikel wurde, den man von hier aus nach allen Ländern exportirte.‘

Dieſe äuſserſt koſtbaren Zeugniſſe ſind von entſcheidender Bedeutung: ſie ermöglichen in der That den Zeitpunkt des erſten Auſtretens des Papiers im Islâm auf das Genaueſte zu fixiren.

Während die öſtlichen Gebiete des Chaliſates noch in aufrühreriſcher Bewegung gegen den erſten Abbâſiden verharrten, vollzogen ſich in den angrenzenden Türkenländern unausgeſetzt politiſche Umwälzungen, denen gegenüber die Araber unmöglich ruhige Zuſchauer bleiben konnten. Insbeſondere war es der fortdauernde chineſiſche Einfluſs in den ſich befehdenden Türkenſtaaten, welcher der angeſtrebten islamitiſchen Suprematie bislang unüberſteigliche Schranken entgegenſetzte, die Araber jedoch zur gelegentlichen Einmiſchung veranlaſste. So geſchah es auch, als in der bezeichneten Epoche zufolge Zwiſtigkeiten ein Krieg zwiſchen zwei benachbarten turkiſtâniſchen Machthabern, dem Ichſchid von Ferghâna und Beherrſcher von Schâſch, dem heutigen Taſchkend, ausbrach. Der Ichſchid, zu ſchwach im Widerſtande, flehte den Kaiſer von China um Hilfe an, welche ihm auch gewährt wurde. Nunmehr durch bedeutende chineſiſche Streitkräfte verſtärkt, gelang es ihm, den Herrſcher von Schâſch zu bezwingen, worauf auch dieſer die Oberhoheit China's anerkannte. Dies war offenbar der Anlaſs für den berühmten abbâſidiſchen Emiſſär in Chorâſân, Abû Muslim, ſeinen Unterſtatthalter von Samarḳand, Zijâd ibn Ṣâliḥ, an der Spitze einer Armee gegen die beiden Türkenfürſten auszuſenden. Am Tharâzfluſse ſand der blutige Zuſammenſtoſs ſtatt. Der Kampf endigte mit einer völligen Niederlage der Ungläubigen, welche nach ſchweren Verluſten an Todten und nach Zurücklaſſung zahlreicher Gefangener von dem Sieger bis zur chineſiſchen Grenze, über welche ſie flohen, verfolgt wurden. Dies geſchah im Monate Dſû-l-hiddſcha 133, d. i. Juli 751 n. Chr.[1]

Es kann gar nicht anders ſein, als daſs die von Ta'âlibî nach ſeinem ſehr alten Gewährsmanne erzählte Begebenheit mit dieſem hiſtoriſchen Factum zuſammenfällt. Auch die Bezeichnung der Localität, wo der Kampf ſtattfand, ſtimmt beiderſeits: Athlach, اطلخ, eine ſehr bedeutende, an Gröſse der Provincialhauptſtadt Isbîdſchâb nahe kommende Stadt, war dem nordöſtlich von Taſchkend an einem gleichnamigen Fluſſe liegenden, moſchusberühmten Tharâz benachbart.[2]

Jetzt hellt ſich auch in ſchönſter Weiſe der Sinn einiger Worte im Fihriſt[3] auf, welche ſonſt die Genauigkeit ſeines vortrefflichen und gewiſſenhaften Verfaſſers in zweifel-

[1] Ibn el-Athîr, Chronicon ed. TORNBERG, V, 344; Târîch Ibn Chaldûn, Bulâḳer Ausgabe vom Jahre 1284, III, 178.

[2] Ibn Ḥauḳal, l. c. 390; Muḳaddaſî, l. c. 263.

[3] Kitâb el-fihriſt, l. c. 21.

haſtem Lichte erſcheinen laſſen könnten. Sie lauten: ويقال انه (الكاغد) حدث فى ايام بنى امية وقيل فى الدولة العباسية ‚Einige ſagen, das Papier ſei unter den Omaijaden in Gebrauch gekommen, andere behaupten dies von der Zeit der Abbâſiden.‘ Aus der vorangehenden Darſtellung ergibt ſich zur Evidenz, daſs dieſes Ereigniſs gerade noch in die bewegte Epoche des Ueberganges der Herrſchaft von den Omaijaden auf die Abbâſiden fiel!

Es kann ſomit hiſtoriſch ſicher das Jahr 751 n. Chr. als die Epoche, und Samarḳand als der Ausgangspunkt der Papierſabrication im Islâm angenommen werden.

II. Welcher Nationalität gehörten dieſe erſten Samarḳander Papiermacher an? Aus den mitgetheilten Berichten geht unzweifelhaft hervor, daſs es nicht gefangene ‚Bewohner von Samarḳand‘, ſoghdiſche Türken, waren, welche Zijâd ibn Ṣâlih mit ſich fortgeführt, ſondern Kriegsgefangene, die er von Auſsen her nach Samarkand brachte. Die Faſſung der vorſtehenden arabiſchen Texte läſst ſchon mit Gewiſsheit ſchlieſsen, daſs unter jenen Kriegsgefangenen ſich Chineſen als Papiermacher von Profeſſion befunden haben müſſen; ausdrücklich wird jedoch im Fihriſt geſagt: ان صناعًا من الصين عملوه بخراسان ‚es ſeien Arbeiter aus China geweſen, welche es (das erſte Papier) in Chorâſân machten‘.[1] Es iſt dies eine culturgeſchichtliche Erſcheinung, deren Analogien — nicht allein im Oriente — ſtets da zu finden ſind, wo kriegeriſche Ereigniſſe eine Verſchiebung von Bevölkerungselementen zur Folge hatten. Als Sapor II., Sohn des Hormizdas, um die Mitte des IV. Jahrhunderts die an die Römer verlorenen Provinzen durchzog, ſoll er, wie einſt Darius mit den Mileſiern aus Kleinaſien verfuhr,[2] eine gewiſſe Anzahl kriegsgefangener Einwohner Meſopotamiens nach Suſa und anderen Städten von Perſis verpflanzt haben; weil aber unter dieſen Coloniſten viele in der Weberei erfahrene Arbeiter ſich befanden, datiren die Araber ſeit jener Zeit den unvergleichlichen Auſſchwung der Sammtſabrication von Sûs und der Atlasweberei von Tuſter.[3] Gleichen Beweggründen entſprang die bekannte gewaltſame Entführung griechiſcher Seidenweber durch die ſiciliſchen Normannen König Roger's, 1147.[4] Oder, um noch ein zeitlich näherliegendes Beiſpiel zu nennen, wiſſen wir, wie auch die arabiſchen Kriegsgefangenen zu Conſtantinopel im IX. und dem folgenden Jahrhunderte als Sclaven zur Ausübung profeſſioneller Arbeiten verhalten wurden. ‚Aber‘, fügt der Berichterſtatter hinzu, ‚klug iſt Derjenige von ihnen, welcher, wenn er nach ſeinem Gewerbe gefragt wird, dasſelbe nicht einbekennt‘.[5]

In Samarḳand wurde alſo zunächſt, das iſt ſicher, Papier nach chineſiſcher Art (على مثال ورق الصين) erzeugt. Die Subſtanzen derſelben beſtanden, wie angegeben wird, aus Gräſern und Pflanzen (الحشيش والكلاء).[6] In Wirklichkeit hat man in China bereits unter der Regierung des Kaiſers Kao-tſung, 649 bis 683, mit der Fabrication einer neuen Gattung Papieres aus einer Art Hanfſaſer (ſog. chineſiſches Gras, Baſtſaſern von

---

[1] Kitâb el-fihriſt, l. c. 21.

[2] Herodot, VI, 20.

[3] Mas'ûdî, Murûdſch eds-dſahab, Bulâḳer Ausgabe, I, 124.

[4] Nicetas, Bonner Ausgabe Lib. II, cap. I, 99; II, 8, pag. 129 f.; Otto Frising. Episc. de gestis Friderici I, Lib. I, cap. XXIII in Monum. Germ. Hist., Script. tom. XX, 370.

[5] Mukaddaſî. l. c. 148.

[6] Kitâb el-fihriſt, l. c. 21; Dîwân el-inſchâ in Raſchid ed-dîn, Hist. des Mogols, ed. Quatremère, CXXXIV.

Böhmeria [Urtica] *nivea*) begonnen, deſſen man ſich wegen ſeiner beſonderen Dauerhaftigkeit zu amtlichen Schriftſtücken, und als es 715 vervollkommnet wurde, zur Ausfertigung kaiſerlicher Befehle bediente.[1] Die gewöhnlichen, damals wie noch heute allgemein in China zu Papier verarbeiteten Rohſtoffe ſind jedoch die Baſtfaſern des Papiermaulbeerbaumes *(Broussonetia papyrifera)* und die jungen Schöſslinge des Bambusrohres.

Dieſe eigentlich ‚chineſiſchen' Papiere Samarḳands errangen ſich bald weite Abſatzgebiete und hoben die commercielle Bedeutung der Stadt. Nicht umſonſt galt ja von den Chorâſânern der Satz, ſie ſeien ſo geſchickt in allen Künſten, als wäre ihr Land ein Stück von China![2] Eine geraume Zeit hindurch wuſsten ſie, die ſich als gelehrige Schüler ihrer chineſiſchen Meiſter zeigten, ihre Kunſt monopoliſirt zu halten; deshalb gab es auſser in China nirgendwo Papier, als eben in Samarḳand. Als jedoch die Araber ſeine Zubereitung kennen lernten, verbreitete ſich dieſe Kenntniſs raſch über den ganzen Erdkreis.[3]

III. Aber das Fabricat, welches mittlerweile unter dem Namen ‚Samarḳander Papier' (الكاغد السمرقندى) oder in weiterer geographiſcher Beziehung[4] ‚Chorâſâner Papier', (الورق الخراسانى) in der geſammten islâmitiſchen Welt berühmt wurde, bezeichnet bereits einen unendlichen Fortſchritt in der ſubſtantiellen Darſtellung des Ganzzeuges, einen Sieg fremden Ingeniums über die Erfindungsgabe der Chineſen. Sobald von dieſen das Princip der Darſtellung gefilzter Papiere, das heiſst die Herſtellung eines ſeinfaſerigen Ganzzeuges und das Schöpfen desſelben zur Papierform gegeben war, ſchritt man gleich zur Bereitung des Beſchreibſtoffes aus Hadern oder Lumpen: ‚Was das chorâſâniſche Papier betrifft', ſchreibt 987 Muhammed ibn Ishâk im Fihriſt,[5] ‚ſo wird es aus Linnen zubereitet, (فامّا الورق الخراسانى فيعمل من الكتّان).

Man hat den in dieſer merkwürdigen Stelle gebrauchten Ausdruck الكتّان *el-kattân* mit ‚Flachs' oder ‚Lein' überſetzen wollen.[6] Kein Zweifel, daſs dieſe Bedeutung ihm zukommt: الكتّان iſt *Linum usitatissimum* L. Allein man kommt damit nach keiner Richtung aus.

Erſtens, techniſch betrachtet, wäre die Verwendung des rohen Pflanzenſtoffes ſtatt der im alten Gewebe bereits ausgenützten, mürben Leinenfaſer an und für ſich ſchon ſchwer annehmbar; zweitens kommt vom materiellen Geſichtspunkte hinzu, daſs die Leincultur in Chorâſân, einſchlieſslich Transoxanien, für jene Zeit überhaupt nicht nachweisbar iſt, mindeſtens aber ihrer Geringfügigkeit wegen für dieſen technologiſchen Zweck ganz und gar unzulänglich geweſen wäre. Bezeichnend hiefür iſt das geflügelte Wort des Dſchâhiz († 869 n. Chr.): قد علم الناس ان القطن لخراسان وان الكتّان لمصر, ‚Alle Menſchen wiſſen es ja

---

[1] Ersch und Gruber, l. c. 105; St. Julien, l. c. 145.

[2] Ibn el-Faḳîh, l. c. 316.

[3] 'Izz ed-dîn 'Abd el-'azîz el-Ḳâſim, Kitâb el-muchtâr min nuzhat en-nâzir, bei Casiri, l. c. I, 209; Diwân el-inſchâ, l. c. CXXXIV.

[4] Ibn el-Faḳîh, l. c. 321 f.

[5] Kitâb el-fihriſt, l. c. 21.

[6] De Sacy, Mémoires de l'Académie des Inscriptions etc., Tom. I., 188 f.; Sprenger, Das Leben und die Lehre des Muhammad, III, xcii; Gardthausen, Griechiſche Paläographie, 49.

ganz gut schon, dass Chorâsân das Baumwollenland, Aegypten aber das Flachsland ist.'[1] Dass dem so ist, kann man aus jenen zahlreichen, die jeweiligen Landesproducte behandelnden Stellen der arabischen Geographen entnehmen. Sprachlich unterliegt die Deutung von الكتان als ‚Linnen' selbstverständlich gar keiner Schwierigkeit; es herrscht bei diesem Worte dasselbe Begriffsverhältniss wie bei dem griechischen λίνον. Demnach erklärt es, um nur ein paar Belege anzuführen, Zamachscharî in seinem arabisch-persischen Wörterbuch mit ‚*pannus linteus*';[2] die syrischen Lexikographen erklären: الكتان الرقيق مثل القصب الديقى, ‚feiner Kattân, ähnlich dem (ägyptischen) Dabîkîj-Linnen', syrisch ܒܘܨܐ *bûsā*, ‚feines Linnen'.[3] Von den ägyptischen Ortschaften Bûṣîr und Samannûd wird berichtet, dass فيها من الكتان الذى يحمل الى سائر بلاد الاسلام والكفر وما يستعمله الملوك وغيرهم يكتب فيها ‚daselbst eine Gattung Kattân (Leinwand) erzeugt wurde, welche man in alle Länder des Islâm und des Unglaubens verführte, und welche die Herrscher, sowie andere Leute zum Beschreiben gebrauchten.'[4]

Wenn hier also unter der Bezeichnung ‚*kattân*' durchaus nicht die rohe Leinfaser, sondern dieselbe in ihrer textilen Verarbeitung zu verstehen ist, so wird sich später der analoge Vorgang in Betreff einer anderen Sorte Papier ‚aus Hanf' (قنب) nachweisen lassen. Es wird sich auf Grund bestimmter Commentirung ergeben, wie auch dieser Terminus nicht die Rohfaser, sondern ein künstlich erzeugtes Product aus Hanf bedeutet. Die Redewendung من الكتان, ‚aus Leinwand', entspricht also dem in den Leges Alfonsi von 1263 vorkommenden ‚*de paño*'.[5]

Aus dem Gesagten geht zweierlei hervor:

1. Es fällt auf und wirkt entscheidend, dass bei Beschreibung der Substanz der Papiere eines Baumwollenlandes par excellence nur vom Linnen die Rede ist. Daraus folgt, dass man schon damals in Chorâsân selbst die baumwollenen Lumpen — von dem Rohmaterial abgesehen — zur Papierbereitung untauglich befunden und erkannt haben musste, dass dieselben wegen der natürlichen Elasticität der Baumwollfaser nur ein schwammiges, wassereinsaugendes, weiches, lockeres, wenig zweckentsprechendes Papier geben, welches, wenn nicht ausgiebig geleimt, ganz und gar zu Löschpapier, also unbeschreibbar wird. Und die ältesten Papiere des Islâm, welche die erzherzogliche Sammlung bewahrt, waren überhaupt sehr wenig geleimt! (WIESNER, unten S. 227.) Somit ist die Aufstellung: das Linnenpapier habe sich erst aus dem Baumwollhadernpapier entwickelt, was keiner besonderen Erfindung bedurfte (WATTENBACH, 117), unhaltbar.

2. Da die Samarḳander nicht im Besitze der Leinpflanze als Culturproduct waren, verfielen sie sogleich auf die in alten, abgetragenen Geweben (Hadern) sich ihnen

---

[1] Wörtlich: ‚. . . . dass die Baumwolle für Chorâsân und dass der Flachs für Aegypten ist.' Ta'âlibî, Laṭâif etc. 97; Zeitschrift der D. M. G., VIII, 526, wo aber ‚Lein' für ‚Hanf' zu lesen ist.

[2] Kitâb muḳaddimet-el-adab, ed. WETZSTEIN, 62. Vergl. auch D. H. MÜLLER, Burg. I, 63, 10: جليل الكتان

[3] Bar Alî, Lex. ed. G. HOFFMANN, I, 82, Nr. 2309; PAYNE-SMITH, Thes., I, 472.

[4] 'Alî el-Dschauharî, ed-Durr ets-tsamîn, Cod. 917 (A. F. 282) der k. k. Hofbibliothek in Wien, Fol. 71*a*, wo nach ägyptischer Aussprache ‚*kittân*' vocalisirt ist (vergl. SPITTA, Grammatik des arabischen Vulgärdialektes von Aegypten, 101). Die erzherzogliche Sammlung besitzt eine Reihe solcher Beschreiblinnen mit koptischen und arabischen Texten.

[5] KEFERSTEIN, l. c. 85, Anmerkung 25, wo MAJANSIUS gegen ihn Recht behält.

darbietende Leinenfafer, als der tauglichften zur Papierbereitung, da fie das feinfte, glattefte, dichtefte und feftefte Papier liefert.

IV. Welcher Nationalität gebührt die Ehre der Erfindung des Hadernpapiers? Im negativen Sinne beantwortet fich diefe Frage leicht von felbft. Weder die Italiener, noch die Deutfchen, von welch letzteren man es als am wahrfcheinlichften angenommen, haben um die Wende des XIII. Jahrhunderts das Hadernpapier erfunden.[1] Das fteht nun feft, fowohl durch WIESNER'S mikrofkopifchen Befund an den weit älteren arabifchen Papierdocumenten der erzherzoglichen Sammlung, wie durch das Ergebnifs unferer hiftorifchen Unterfuchung.

Die Erfindung ift erfichtlich in viel früherer Zeit im Oriente gemacht worden. Es ift aber nicht China, das Mutterland des Papiers, dem diefer weitere grofse, von unermefslichen Folgen begleitete Fortfchritt zuzufchreiben ift. Denn einer Nachricht zufolge ift die Herftellung von Papier aus abgetragenen Zeugen (Hadern, Lumpen) in China gegen 940 n. Chr., alfo erft dann aufgebracht worden,[2] als man fchon im ganzen Umkreis des arabifchen Ländergebietes des Lumpenpapiers fich bediente und die Fabrication desfelben fchwungvoll betrieb.

Somit bleibt nur die Entfcheidung zwifchen den Arabern und Perfern.

Die von Samarkand ausgegangene perfifche, von den Arabern angenommene Bezeichnung كاغد *kâghad* oder *kâghid* für ‚Papier', liefse eher auf eine intenfivere Befchäftigung des irânifchen Volksftammes mit der aufkeimenden Induftrie fchliefsen. Bedenklich ftimmt nur die von den Perfern felbft gegebene Etymologie des Wortes. Kâghid, fagen fie, fei entftanden aus كاغ *kâgh* ‚Geräufch, Lärm' und dem Suffix د *d* (دال نسبت), wodurch das infolge der Bewegung des Papiers verurfachte knifternde Geräufch bezeichnet werde.[3] Eine fehr gekünftelte Ableitung. Viel wahrfcheinlicher ift *kâghid* als perfifches Lehnwort auf einen chinefifchen Papierterminus zurückzuleiten.

In Samarkand fafsen eben die erften chinefifchen Papiermacher inmitten einer perfifch redenden Bevölkerung. Das arabifche erobernde und herrfchende Element trat in den erften Decennien des Befitzes der Stadt lediglich nur mit militärifcher Autorität auf. Mit Fug und Recht kann daher der Zeitraum von dem erften Auftauchen des Papiers in Samarkand, 751, bis zu deffen Fabrication und Weiterverbreitung durch die Araber, was, wie ich fogleich nachweifen werde, erft gegen Schlufs des Jahrhunderts gefchah, als die erfte und perfifche Epoche der Papierbereitung im Islâm betrachtet werden. Mit aller Wahrfcheinlichkeit darf daraus gefchloffen werden, dafs perfifche Kräfte die Samarkander Papierfabrication und mit ihr die Verwendung der Leinenhadern in Schwung gebracht.

Das Samarkander Papier hat feit feinem Entftehen bis zum Ausgange des Mittelalters nicht allein die öftlichen Märkte beherrfcht, fondern ift infolge feines Rufes auch fehr weit nach dem Weften verführt worden. Dies war insbefondere noch der Fall während des ganzen X. Jahrhunderts, wie in den gleichzeitigen Geographien des Iṣtachrî,[4]

---

[1] G. M. S. FISCHER in ERSCH und GRUBER'S Encyclopädie, l. c. 90.

[2] G. CH. LICHTENBERG, Vermifchte Schriften, V, 508 bis 510.

[3] Muṣṭelchât-i behâr-i 'adfchem, Calcutta 1853. f. v. كاغد.

[4] Kitâb el-akâlîm, ed. DE GOEJE, 288.

Ibn Haukal [1] und Mukaddaſî [2] zu leſen iſt. Der letztere weiſs noch das كاغد سمرقند ‚Papier Samarkands' als unvergleichlich zu rühmen. [3] Wir ſind in der Lage, die bis dahin gangbarſten Sorten desſelben verzeichnen zu können: [4]

1. الفرعونى *el-Fira'ûnijj*, d. h. das Fira'ûniſche, alſo Pharao-Papier, offenbar ſo genannt, weil es als Concurrenzartikel gegenüber dem ägyptiſchen Papyrus, mit dieſem in der Mache, was die Doppelſchichtigkeit, Selisbreite, Colleſis u. ſ. w. betrifft, wie wir ſpäter ſehen werden, auch äuſserlich ähnlich zu ſein, Anſpruch erhob.
2. السليمانى *es-Suleimânijj*, d. h. das Suleimâniſche, wahrſcheinlich benannt nach Suleimân ibn Râſchid, dem Finanzdirector von Chorâſân unter der Regierung des Chaliſen Harûn ar-Raſchîd, 170 bis 193 H. = 786 bis 809 n. Chr.
3. الجعفرى *el-Dſcha'farijj*, d. h. das Dſcha'fariſche, benannt nach dem berühmten, allgewaltigen Barmekiden Wezîr Dſcha'far ibn Jahja († 187 H. = 803 Chr.), welcher den Gebrauch des Papiers in die Staatskanzleien einführte.
4. الطلحى *eṭ-Ṭalhijj*, d. h. das Talhaiſche Papier, ſo benannt nach Ṭalha, dem Sohne des Ṭâhir, zweitem Statthalter von Chorâſân aus dem berühmten Geſchlechte der Tâhiriden, 207 bis 213 H. = 822 bis 828 Chr.
5. الطاهرى *eṭ-Ṭahirijj*, d. h. das Ṭâhiriſche, nach Tâhir II. ibn 'Abdallâh, dem Beherrſcher von Chorâſân, 230 bis 248 H. = 844 bis 862 Chr.
6. النوحى *en-Nûhijj*, d. h. das Nûhiſche, nach Nûh I. ibn Naṣr, dem Samâniden-Herrſcher über Chorâſân und Transoxanien, 331 bis 343 H. = 942 bis 954 Chr.

Im XI. Jahrhundert ſcheint die Fabrication etwas zurückgegangen, die Papierqualität verroht zu ſein, wenigſtens werden gewiſſe Sorten anderer Localitäten, wie z. B. das Papier der ſyriſchen Fabrik von Tripolis über das Samarkander geſtellt. [5] Auch die ägyptiſchen Papiere excellirten ſchon in Feinheit und Glätte des Zeuges. [6] Immerhin blieb aber Samarkand auch in den folgenden Jahrhunderten ein von den Schriftſtellern unter den Stätten der Papierinduſtrie mit Lob genannter Ort [7] und das كاغدى سمرقندى *kâghidi ſamarkandî* ein in ganz Perſien gekannter Artikel. [8] Die Papiererzeugung unterlag dort ebenſogut wie anderwärts dem Wechſel; es gab trotzdem vorzügliche Sorten, welche dann ſchon durch ihre Namen gekennzeichnet waren, ſo das سلطانى سمرقندى ‚Samarkander Sultânpapier', oder das حريرى سمرقندى ‚Samarkander Seidenpapier', welch letzteres, weit entfernt einen animaliſchen Beſtandtheil zu beſitzen, aus leinenen Lumpen erzeugt, nur ſo genannt wurde, weil es ganz dünn, weich und ſeidenartig anzufühlen war. Es wurde ſelbſt noch in neuerer Zeit erzeugt, [9] und zwar gab es glänzend weiſse und

[1] Kitâb el-meſâlik wa-l-memâlik, l. c. 337.

[2] Kitâb ahſân et-takâſim, l. c. 326.

[3] Gardthausen, Griechiſche Paläographie, 48 war demnach irrig berichtet worden, wenn er behauptet, Mukaddaſî nenne unter den Ausfuhrartikeln von Samarkand kein Papier.

[4] Kitâb el-fihriſt, l. c. 21.

[5] Nâſiri Chosrau, Sefer nâmeh, ed. Schefer, 41.

[6] Ta'âlibî in der Zeitſchrift der D. M. G., VIII, 526.

[7] Kazwînî, 'Adſchâib el-machlûkât, l. c. II, 360; Sojûthî, Husn el-muhâdhare, Bulâker Ausgabe, 1299 H., II, 288; Hâdſchî Chalfa, Dſchihân Nümâ, Conſtantinopel 1145 H., 350.

[8] Muṣtelehât-i behâr-i 'adſchem, Calcutta 1853, ſ. v. كاغد.

[9] Poncelin de la Roche Tilhac, Philoſophiſche Beſchreibung des Handels und Beſitzes der Europäer in Aſien und Afrika, I, 25.

verſchiedenfärbige ſilbergeblumte Arten, welche in ganz Perſien einen ausgezeichneten Ruf genoſſen. Die ſchwache Leimung dieſer Seidenpapiere ward durch Seiſe, ihre Glätte, wie in alter Zeit, durch gläſerne Polirſteine erzielt. Es darf, gerade mit Bezug auf dieſe letztere Papiergattung, wohl die Vermuthung ausgeſprochen werden, daſs die ſpät-mittelalterliche Papiermanufaſtur Samarkands wieder unter chineſiſchen Einfluſs zurückgekommen ſei. Die Stadt unterhielt ja immer rege Handelsbeziehungen mit China, wo ihr Name wohlbekannt war. Im Yün-ſchi und anderen chineſiſchen Werken der Mongolenzeit heiſst ſie *Sie-mi-ſze-kan*;[1] ſie wird auch *Sün-ſze-kan* und auf einer chineſiſchen Karte von 1330 *Sa-ma-rh-kan* genannt. Andere Benennungen ſind *Ho-chung-fu* (die Stadt zwiſchen den Flüſſen) und *Ho-fu*. Der vortreffliche Ch'ang-ch'un, welcher 1221 bis 1224 die weſtlichen Länder Aſiens bereiſte, erzählt, wie allenthalben hier chineſiſche Arbeitsleute lebten.[2] In der That drückt ſich chineſiſcher Einfluſs hier, wie entlang der ganzen Oſtgrenze des Chaliſenreiches, in verſchiedenen Zweigen der gewerblichen Künſte unverkennbar aus.

V. Zu allgemeiner volkswirthſchaftlicher Bedeutung gelangte das Papier erſt, als es von der ihm anhaftenden Localiſirung in Samarkand befreit, ſeinen Siegeslauf durch die civiliſirte Welt in Oſt und Weſt antrat. Dieſes groſse Ereigniſs iſt epochemachend in der Culturgeſchichte der Menſchheit, es bezeichnet einen wichtigen Abſchnitt in der Geſchichte des Beſchreibſtoffes.

Die wunderbar raſche und groſsartige Ausbreitung der Papierſabrication unter den Arabern ſteht, zunächſt veranlaſst durch die Entwicklung der Staatsverwaltung auf einer breiteren Grundlage des Kanzleiweſens, mit dem Emporblühen der geiſtigen Thätigkeit, mit dem Aufſchwunge einer nationalen Literatur und der eifrigen Pflege wiſſenſchaftlicher Studien im innigſten Zuſammenhange.[3] Hören wir darüber den berühmten Geſchichtsphiloſophen Ibn Chaldûn († 1408 n. Chr.):[4]

وكانت السجلّات اولاً لانتساخ العلوم وكتب الرسائل السلطانيّة والاقطاعات والصكوك فى الرقوق المهيّاة بالصناعة من الجلد لكثرة الرفه وقلّة التواليف صدر الملّة كما نذكره وقلّة الرسائل السلطانيّة والصكوك مع ذلك فاقتصروا على الكتاب فى الرقّ تشريفًا للمكتوبات وميلًا بها الى الصحّة والاتقان ثم طما بحر التواليف والتدوين وكثر ترسيل السلطان وصكوكه وضاق الرقّ عن ذلك فأشار الفضل بن يحيى بصناعة الكاغد وصنعه وكتب فيه رسائل السلطان وصكوكه واتّخذه الناس من بعده صحفًا لمكتوباتهم السلطانيّة والعلميّة وبلغت الاجادة فى صناعته ما شاءت ،

‚In den erſten Zeiten des Islâm, als man die Urkundenblätter zur Niederſchriſt wiſſenſchaftlicher Kenntniſſe benützte, wurden die fürſtlichen Sendſchreiben, die Verleihungsurkunden und andere officielle Aftenſtücke auf künſtlich aus Thierhäuten bereiteten Pergamenen geſchrieben, und zwar geſchah dies, weil man im Ueberfluſs lebte,[5] weil

[1] Mit welcher Namensform das *Semiscant* des abendländiſchen Mittelalters auffallend ähnlich iſt.

[2] BRETSCHNEIDER, Notes etc., 1875, 38, note 93; 45.

[3] A. v. KREMER, Culturgeſchichte des Orients, II, 307 f.

[4] Mukaddime, Bûlâker Ausgabe 1284, I, 352; Prolégomènes, Texte arabe par M. QUATREMÈRE, I, II, 350.

[5] Weshalb man ſich den Luxus des theueren Pergamens wohl verſtatten konnte.

ferner die geiftige Production jener Zeit fehr gering war, wie wir fpäter darthun werden, und weil nur felten fürftliche Refcripte und Kanzleiacten ausgefertigt wurden. Man verwendete dazu das Pergamen, um diefen Documenten einen Grad höherer Feierlichkeit zu geben, fowie um ihre Dauer und Authenticität zu fichern. Aber bald darauf ftieg die Fluth geiftiger Productionen in folchem Grade, vermehrten fich die Refcripte des Fürften und die Ausfertigungen feiner Kanzleien fo fehr, dafs das Pergamen fich quantitativ als unzulänglich erwies. Da rieth el-Fadhl ibn Jahja Papier anzufertigen. So gefchah es nun. Man verwendete fürderhin diefen Befchreibftoff zu den Sendfchreiben des Fürften und feinen übrigen Erläffen. Nachher war der Gebrauch der Papierblätter ganz allgemein, fowohl für die Schriftftücke der Regierungsämter, als auch für die wiffenfchaftlichen Werke, und die Papierfabrication gelangte zu einem hohen Grade der Vollendung.'

Der Zeitpunkt der Einführung, beziehungsweife Beginn der Fabrication des Papiers in Bagdâd, zufolge welcher die Chalifenrefidenz im wahren Sinne des Wortes auch wieder zu einer ,Stadt des Heils' ward, läfst fich nach den vorftehenden Daten genau beftimmen, zumal, wenn man fie einer zweiten, hiftorifch ebenfo wohlbegründeten Nachricht gegenüberhält. In den arabifchen Kanzleien, fo überliefert nämlich der berühmte Makrizî aus ficherer Quelle,[1] verwendete man bis zum Sturze der Omaijaden vorzüglich Papyrusrollen (صحف مدرجة). Nachdem der erfte Abbâfide Abû-l-'Abbâs as-Saffâh den Barmekiden Chalîd ibn Barmek zu feinem Wezîr ernannt, wurde diefes Befchreibmaterial mehr und mehr aus den Kanzleien verdrängt, indem man vornehmlich Pergamen gebrauchte, bis endlich unter Harûn ar-Rafchîd der obengenannte, zur Verwaltung der Reichsangelegenheiten berufene Dfcha'far ibn Jahja einen neuen Wechfel veranlafste, indem er das Papier in die Kanzleien und anregend auch unter die Bevölkerung einführte, wo es fich feitdem erhalten hat (الى ان تصرف جعفر بن يحيى بن خالد بن برمك فى الامور ايام الرشيد فاتخذ الكاغد تداوله الناس من بعده الى اليوم). Einer der Hauptbeweggründe zu diefer Neuerung war, von der Koftfpieligkeit des Pergamens abgefehen, dafs man, wie ein anderer Hiftoriker berichtet,[2] die Schrift an diefen und anderen Befchreibftoffen, z. B. den Papyrus, auskratzen oder abwafchen und durch eine andere erfetzen konnte, was man bei dem Papiere nicht leicht, ohne die Spuren zu merken, wagen durfte.

Das in der Gunft ihres Herrn gleich feftftehende barmekidifche Brüderpaar el-Fadhl und Dfcha'far wird alfo, wie man fieht, mit der umwälzenden Veränderung im arabifchen Kanzleiwefen durch den Fortfchritt zum Papiere in Beziehung gebracht. Erfterer foll den Rath hiezu ertheilt, Letzterer die Ausführung desfelben übernommen haben. Diefe Verbindung beider Namen mit dem denkwürdigen Ereigniffe mufs demnach ihren hiftorifchen Grund in der amtlichen Pofition, welche ihre Träger zu einer und derfelben Zeit einnahmen, gehabt haben. Wirklich finden wir el-Fadhl von 178 bis 179 H. = 794 bis 795 Chr. als Statthalter in Chorâfân,[3] indefs fein Bruder Dfcha'far die Gefchäfte des Wezirat's führte. Schon mit Beginn des nächftfolgenden Jahres 180

---

[1] Chitat, Bulâker Ausgabe, I, 91.

[2] Diwân el-infchâ, in Rafchîd ed-dîn, Hist. des Mogols, ed. Quatremère, I, CXXXIV.

[3] Er wurde fchon 177 H. = 793 Chr. ernannt, traf jedoch erft zu Beginn des folgenden Jahres in Chorâfân ein. Ibn el-Athîr, l. c. VI, 96, 100, 101.

von diesem Amte abberufen, ward Dscha'far für nur 20 Tage zum Gouverneur von Chorâsân, sodann zum Obercommandanten der Garde ernannt.[1]

In Chorâsân mag el-Fadhl den praktischen Werth des seit mehr als 40 Jahren daselbst heimischen billigen Beschreibstoffes im amtlichen Verkehre erprobt und von dort aus die Einführung desselben auch für die Kanzleien der Reichscentralverwaltung bei seinem derselben vorstehenden allmächtigen Bruder Dscha'far befürwortet haben. Dass dieser durch die Anerkennung der chorâsânischen Papiermanufactur, sodann durch die Aufnahme und Popularisirung des Papiers sich in den Augen aller Volksclassen ein grosses Verdienst erworben, erhellt wohl am besten aus der ehrenden Bezeichnung einer chorâsânischen Papiergattung mit seinem Namen, welche wir oben kennen gelernt haben.

Kurz, es ist soviel wie gewiss, dass die Errichtung der ersten Papierfabrik zu Bagdâd, der zweiten des Reiches, von wo aus durch die Araber die Weiterverbreitung des Beschreibstoffes erfolgte, zwischen 794 und 795 n. Chr. stattfand.

VI. In ungemein rascher Aufeinanderfolge entstanden, als von der Regierung in Bagdâd einmal der Anstoss hiezu gegeben war, allerorten Papierfabriken. Aus den Andeutungen der morgenländischen Autoren kann man auf die Rapidität des Aufschwunges der Papiermanufactur schliessen. Leider sind sie, was die Nennung der Localitäten betrifft, vielfach nur bei Andeutungen geblieben, die indess selbst in ihrer Dürftigkeit schon das überraschende Bild einer glücklich blühenden Industrie von ungemessener örtlicher Ausdehnung liefern. Wie bei anderen Zweigen der orientalischen gewerblichen Künste, z. B. der Weberei und Keramik, könnte man auch hier die Frage, an welchen Orten man Papier fabricirt habe, eher umkehren und fragen: Wo ist kein Papier gemacht worden?

Es sind also nur wenige Stätten, Hauptcentren der Papierfabrication, welche wir aus den muhammedanischen Schriften bisher namhaft zu machen vermögen. Indem ich sie hier aufzähle, wird sich später noch die Gelegenheit ergeben, die eine oder andere eingehender zu besprechen. Es sind folgende:

1. Samarkand, سمرقند, die Mutterstadt aller Papierfabrication im Islam, welche oben ausführlich besprochen wurde. In späterer Zeit sind, anschliessend an Samarkand, noch andere Papierfabriken in Chorâsân errichtet worden.

2. Bagdâd, بغداد, in officieller Benennung während des Chalifats مدينة السلام, ‚die Stadt des Heils'. Hier erhielt sich — soweit meine Nachrichten reichen — die Papierfabrication auf alter Höhe bis tief in das XIV. Jahrhundert.[2] Auch wurden da zuerst Papiere grössten Formates erzeugt, wie später des Näheren dargethan werden wird. Um die Wende des XII. Jahrhunderts befand sich nach dem Berichte des Geographen Jâķût, welcher seine Jugendzeit und einen grossen Theil seines reiferen Alters bis zum Jahre 1213 in Bagdâd verlebte,[3] die Papierfabrik in dem grossen Stadtquartier دار القز *Dâr el-ķazz*, d. i. ‚Seidenhaus', so benannt, weil dort früher eine Manufactur für Seidengespinnste in Thätigkeit

[1] Ibn el Athîr, l. c. VI, 104.

[2] Geschichte Aegyptens unter Sultân Nâṣir von 691 bis 741 d. H., Codex 406 der königl. Hofbibliothek zu München, Fol. 97*a*; 'Askalânî, Ed-durrar el-kâmine, Arabische Handschrift der k. k. Hofbibliothek zu Wien, Codex 1172, II, Fol. 59*a*.

[3] Zeitschrift D. M. G. XVIII, 399.

war, von wo wahrſcheinlich die im benachbarten Quartiere العتّابيين, ‚der Attâbier' etablirten Weber der ſogenannten (geſtreiſten) Attâbiſtoffe ihr Rohmaterial bezogen.[1]

3. Tihâma, تهامة, ſüdweſtlicher Küſtenſtrich Arabiens. Hier iſt wohl die drittältefte Stätte der Papierſabrication im Islâm. Das ‚tihâmiſche Papier' (ورق تهامى) hat mit dem chorâſâner Papier gewiſs ſehr bald und erfolgreich concurrirt; es wird mit dieſem zugleich beſonders hervorgehoben.[2]

4. Jemen, اليمن, das Hinterland von Tihâma, der Sitz uralter ſabäiſcher Cultur, mit der berühmten Metropole Ṣan'a, صنعاء.[3] Die Papierſabrication in Verbindung mit der Buchbinderei war im X. Jahrhundert, wie ſpäter gezeigt werden wird, in Jemen zu hoher Vollkommenheit gediehen.[4]

5. Aegypten, مصر. Die Vorbedingungen zur Papierſabrication waren hier wie in keiner anderen Provinz ſo günſtig. Als ‚Flachsland' producirte es rieſige Quantitäten *Linum usitatissimum*. Die Ausſaat geſchah im Pharmuthi, 27. März bis 25. April, die Gelbreiſe trat ſchon ein im Hathor, 26. April bis 25. Mai. Sechs Scheffel Ausſaat für einen Feddân von 6034·18 Quadratmeter[5] gaben eine Fechſung von etwa 30 Ballen Strohflachs. Der Pachtzins für den Feddân betrug je nach der Güte des Flachsbodens in alter Zeit in Mittelägypten zwiſchen 5 und 3 Dînâre (à 13 Francs Gold), in Dallâṣ gar 13 Dînâre.[6] Die Verwandlung des Baſtes in feine ſpinnbare Faſer erzielte man nicht auf dem langwierigen, rein mechaniſchen Wege durch Drücken, Klopfen, Reiben etc., ſondern verband bereits die Methode der chemiſchen Behandlung der Stengel im Rotteproceſs (تعطين) mit nachfolgender mechaniſcher Bearbeitung. Faſt in allen Gauen Aegyptens gab es Plätze für dieſes Rotte- oder Gährungsverfahren, insbeſondere aber waren ſie zahlreich in el-Faijûm.[7] Die beſte Flachsſorte war die von el-Dſchîze. Strenge polizeiliche Vorſchriften ſorgten dafür, daſs bei der Flachsſpinnerei das ägyptiſche Material nicht mit jenem von Nablûs in Syrien vermiſcht wurde, was als Betrug geahndet wurde.[8]

Von dieſer ſo ergiebigen, den Wohlſtand ganzer Bevölkerungsclaſſen begründenden Flachscultur, geben auch die arabiſchen Documente der erzherzoglichen Sammlung vielfach unmittelbares Zeugniſs.[9]

[1] Jâḳût, Mu'dſchem el-buldân, ed. WÜSTENFELD, II, 522.

[2] Kitâb el-fihriſt, l. c. 40.

[3] Hamdânî, Kitâb ṣiffa dſchezîret el-'Arab, ed. D. H. MÜLLER, 55.

[4] Makaddaſî, l. c. 100.

[5] Der Papyrusfund von el Faijûm, Denkſchriften der kaiſerl. Akademie der Wiſſenſchaften, Philoſ.-hiſtor. Claſſe, 1882, XXXIII. S. A. 14.

[6] Maḳrîzî, Chiṭ. I, 102, wo die Zeit der Ausſaat und Reiſe mit einander verwechſelt ſind.

[7] Chiṭ. I, 481, 43: والفيوم فيه ..... ومواضع تعطين الكتان شئ كثير.

[8] En-Nabrawî, Nihâjet er-rutbe fi-talab el-hisbe, Mſpt. der k. k. Hofbibl. in Wien, N. F. 272, Fol. 28*a*.

[9] Ich citire bloſs Nr. 4110, 7164, 7246. — Bemerkt ſei hier noch, daſs die Aegypter in arabiſcher Zeit auch die Baumwollpflanze (*Gossypium*) cultivirten, vergl. Papyrus Nr. 368 und die Papiere 9583 bis 9585, welche mit einer Fütterung aus Baumwolle verſehen ſind. Das Vorkommen der Baumwollſtaude (شجر القطن) in Nubien iſt durch Maḳrîzî († 1442) bezeugt. In Aegypten ſäete man zu ſeiner Zeit die Baumwolle im Pharmuthi, 27. März bis 25. April, und zwar 4 Maſs Samen für den Feddân. Die Reiſe trat im Tôt, 29. Auguſt bis 27. September ein, wobei die Ernte 8 Centner pro Feddân ergab (Chiṭ. I, 102, 191). Das Papier 7281 der erzherzoglichen Sammlung enthält, um nur ein Beiſpiel anzuführen, die Beſtätigung, daſs اذى عبد الله بن الوليد

Es darf daher nicht Wunder nehmen, wenn Aegypten in der Leinweberei das Vollkommenste leistete und mit diesem vorzüglichsten Manufact seiner koptischen Weber einen Welthandel trieb. Wie berühmt und kostbar die feinsten Kaṣab- und Dabîḳij-Linnen waren, welche Verwendung sie gefunden, habe ich an anderem Orte nachgewiesen.[1] Genug dem, der gewaltige Leinwandverbrauch Aegyptens zu Hadern, die unerschöpflichen, seinen Gräbern und Schutthügeln jeder Zeit entnommenen Leinwandsetzen haben das für die Papierbereitung schätzbarste Material geliefert.

Wenn nun im IX. Jahrhundert die ägyptische Papierfabrication überhaupt schon bestanden, so kann sie, aus den oben entwickelten Gründen, nur sehr wenig productiv gewesen sein. Der von mir eingangs constatirte Gebrauch des Papiers zu damaliger Zeit setzt keineswegs ein Landeserzeugniss voraus, denn die ältesten Papiere der erzherzoglichen Sammlung können ebensogut chorâsâner, bagdâder oder arabischer Provenienz sein, wie jene Papierrolle, aus welcher ein Sachverständiger bei dem Baue der grossen Tûlûn-Moschee zu Fostât (Alt-Kairo), 876 bis 878, die architektonische Form des zu erbauenden Minarets herausschnitt.[2]

Anders vom X. Jahrhundert angefangen. Da gab es in Aegypten bereits Papier in Hülle und Fülle. Seinem eigenen Fabricat rühmt Ta'âlibî (961 bis 1038) besondere Feinheit und Glätte nach,[3] was bestätigt wird durch ein ausserordentlich dünnes und zartes Stück der erzherzogl. Sammlung (Nr. 4133), das mit der Signatur: واحد ورق مصرى, ,Ein ägyptisches Papier' versehen, bei einer Oberfläche von 75 Quadratcentimeter und wahrscheinlicher Imprägnirung mit Erdstaub, bloss 0·375 Grammes wiegt! Es gehört in das XI. Jahrhundert.

Als der Perser Nâṣiri Chosrau auf seiner 1035 bis 1042 unternommenen Reise auch Aegypten besuchte, gewahrte er im Bâzâr der Altstadt zu Kairo, el-Fostât, wie

در بازار آنجا از بقال وعطار وپیلهور هرچه فروشند باردان آن ازخود بدهند اگر زجاج باشد واگر
سفال واگر کاغذ فی الجمله احتیاج نباشد که خریدار باردان بردارد

,die Gemüseverkäufer, Specerei- und Kurzwarenhändler sich selbst mit den nöthigen Gläsern und Fajencegefässen, sowie mit dem Papiere versehen, worin all' das, was sie verkaufen, entweder schon enthalten ist oder eingewickelt wird. Es ist nicht nöthig, dass sich der Käufer um die Versorgung dessen, was er gekauft, kümmert.'[4]

Es war dies also starkes Packpapier, zweifellos einheimischer Fabrication, wie es noch um 1200 in Aegypten erzeugt wurde. Ein damals Aegypten bereisender Arzt aus Bagdâd, der bekannte Abd-el-latîf, erzählt, wie die Beduinen und Fellâhen die Grabkammern durchsuchten, um die darin gefundenen Mumienleinwanden entweder, falls sie noch genügende Haltbarkeit hatten, für sich zu Kleidungsstücken zu verwenden oder an

---

٢٧ القطنى, ,'Abd allâh ibn el-Walîd der Baumwollpflanzer $3^2/_3$ Dinâre' für die in den beiden Uschmûner Verwaltungsbezirken fällige Steuer gezahlt habe.

[1] Die persische Nadelmalerei Sûsandschird, Leipzig, 1881, 187 f.

[2] Abû-l-mahâsin, Annales, ed. JUYNBOLL, II, 8: فاخذ دَرْجًا من الكاغد.

[3] Zeitschrift der D. M. G., VIII, 526.

[4] Sefer nameh, ed. CH. SCHEFER, persischer Text 53.

die Papiermacher zu verkaufen, welche daraus Packpapier für die Spezereihändler verfertigten.[1]

Leider find wir über die ägyptifchen Fabricationsplätze des Näheren gar nicht unterrichtet, trotzdem das ورق مصرى, ‚ägyptifche Papier‘, wie wir fehen werden, felbft zu Bagdâd unter den Chalifen eine grofse Rolle im Kanzleiwefen fpielte und auch fonft über Format, Benennung und Gebrauch desfelben bis in das fpäte Mittelalter wichtige Details berichtet werden. Ob etwa die alten Papyrusfabriken, z. B. im Delta in dem Städtchen Bûra, بورى, einem Küftenorte des Bezirkes Damiette,[2] oder in el-Faijûm nach und nach zu Papierfabriken umgewandelt wurden, mufs ich dahingeftellt fein laffen. Doch kann mit einiger Sicherheit angenommen werden, dafs der Hauptfitz aller ägyptifcher Papierbereitung zu el-Ḳâhira (Kairo) war. Dort drängte fich auch der Verkehr im Papierhandel zufammen. Die ‚Strafse der alten Papiermacher‘ (الوراقون القدماء) wurde durch den von der Azhar-Mofchee herführenden ‚Türkenweg‘ (درب الاتراك) gekreuzt.[3] Der ‚Chân des Papiermachergefchäftes‘ (خان الوراقة) lag in dem zwifchen der Behâ ed-dîn-Strafse und dem kleinen Marktplatz des Emîr el-Dfchujûfch befindlichen Quartier, das öftlich von dem Markt der Keffelmacher begrenzt wurde. Diefer, aus einer ehemaligen Stallung der Kammerpagen entftandene Chân umfafste einen Complex von Wohnungen mit einer Papiermühle (طاحون).

6. Syrien, الشام. Der erfte Platz für die Papiermanufactur diefer Provinz war ihre Hauptftadt, die paradiefifche ‚Weltbraut‘ (عروس الدنيا[4]) und ehemalige omaijadifche Chalifenrefidenz Damaskus, Δαμασκός, دمشق, zugleich der Centralpunkt mittelfyrifcher Gewerbethätigkeit. Das ‚Damascenifche Papier‘, auch im Abendlande als *charta Damascena* wohlbekannt, ward fchon im X. Jahrhundert, wie Muḳaddafî, 985/6, berichtet, mit verfchiedenen berühmten kunftgewerblichen Erzeugniffen, darunter Atlas (Damaft), von dort exportirt.[5] Im fpäteren Mittelalter den Muhammedanern auch unter dem Namen الورق الشامى, ‚Syrifches Papier‘ oder kurzweg الدمشقى, ‚*Damascener*‘ bekannt, hat die *charta Damascena* fehr bald mit dem bagdâder Papier zu rivalifiren begonnen, wie denn auch die verfchiedenen fyrifchen Papiermanufacturen nach und nach in die von Damaskus aufgegangen find. Es wird dies fpäter bei Befprechung der Damascener Papiergattungen und ihrer Verwendung nachgewiefen werden. Ich füge nur noch hinzu, dafs zu Ibn Batûta's Zeit, 1327, nahe dem grofsen öftlichen Thore der 'Omar-Mofchee (Bâb Dfchairûn) der ‚Markt der Papierhändler‘, سوق الوراقين, fich befand, wo diefelben Papier, Federn und Tinte verkauften.[6]

In Paläftina finden wir eine zweite Papierfabrik in der alten galiläifchen Stadt Tiberias, طبرية, am See, deren Papiere, ebenfalls von Muḳaddafî bezeugt, fo alt wie

[1] Abd el-Latîf, Relation de l'Égypte, par S. DE SACY, 198.

[2] Ja'ḳûbî, Kitâb el-buldân, l. c. 126 f.; A. v. KREMER, Culturgefchichte der Chalifen, II, 305.

[3] Makrîzî, Chit. II, 10, 23. Die Bezeichnung الوراقون geht hier nicht etwa auf die ‚Buchhändler‘. Für diefe hat Makrîzî einen anderen Ausdruck, indem er II, 102 über den سوق الكتبيين, ‚Buchhändlermarkt‘, handelt.

[4] Muḳaddafî, l. c. 159.

[5] L. c. 181.

[6] Ibn Batûta, Kitâb rihle, Bulâker Ausgabe 1287 II. I, 53.

die Damascenifchen, gleich diefen exportirt wurden.[1] Zu bemerken ift die auffallende Thatfache, dafs die gewerbereiche Stadt neben der Leinenmanufactur auch einen anderen, auf ihre Papierbereitung vielleicht nicht ohne Einflufs gebliebenen Induftriezweig cultivirte, nämlich die Herftellung von Matten und Tauen, welche man aus dem in ihrer Umgebung vorkommenden حلفاء, Halfa, *Stipa tenacissima*, flocht,[2] alfo aus einem Material, das man feit längerer Zeit in den englifchen Papierfabriken in erheblicher Menge zur Bereitung des Stoffes verwendet, der, mit Strohftoff vermifcht, ein befonders fchönes, feftes und nicht transparentes Papier liefert.

Wenden wir uns der nördlichen fyrifchen Küfte zu, fo treffen wir in der Reihe der altberühmten phönikifchen Städte auf Tripolis, طرابلس, als Sitz einer ausgezeichneten Papiermanufactur. Der obengenannte perfifche Reifende Nâșiri Chosrau[3] fagt darüber: وآنجا كاغذ نيكو سازند مثل كاغذ سمرقندى بل بهتر, ‚Dort macht man gutes Papier, ähnlich dem Samarkander Papier, doch beffer als diefes.' Die Stadt war abhängig von dem ägyptifchen Chalifate der Fatimiden. Und da fie, wie Nâșiri Chosrau verfichert, ein von den griechifchen, fränkifchen, fpanifchen und maghribinifchen Kauffahrern gern befuchter Handelsplatz war, fo dürften die tripolitanifchen Papiere damals fchon (1035 bis 1042) auch in das Abendland gedrungen fein.

Im nördlichen Syrien, etwas höher als Apameia, lag in dem fruchtbaren Orontes-Thal eine vierte Papiermanufacturftätte: die altchetitifche Königsftadt Hamath, von Antiochus IV. Epiphanes *Epiphaneia* umgenannt, bei den Arabern neuerdings Hamâ, حماة. Im früheren Mittelalter war das Papier von Hamâ, الحموى *el-Hamawijj*, wohl fehr verbreitet und beliebt. Als dann diefe Manufactur nach Damaskus übertragen wurde, hat man es dafelbft unter dem alten Namen weiter erzeugt.[4]

Noch wäre eine fünfte fyrifche Papierfabriksftadt zu erwähnen, welche, wenn auch nicht direct in den arabifchen Schriften als folche bezeichnet, doch aus gewiffen nothwendigen Gründen, wie mich dünkt, dafür angefehen werden kann. Es ift das in quellenreicher Oafe an der grofsen, aus Nordfyrien nach Mefopotamien führenden Heerftrafse, nahe dem Euphrat gelegene *Hierapolis*, Ἱεράπολις, arabifch منبج *Mambidsch*. Ich werde diefe Annahme im Folgenden an gehöriger Stelle zu begründen fuchen.

7. Nordafrika, المغرب ‚*el-Maghrib*'. Aus dem gefammten nordafrikanifchen Länderbefitz des Islâm, von der Syrtenlandfchaft (Tripolis) angefangen, bis zu dem weftlichften gebirgigen Küftenftrich des Mittelmeeres und des angrenzenden atlantifchen Küftenlandes, alfo dem fogenannten المغرب الاقصى, ‚äufserften Weften' der Araber oder *Mauretania* der Römer, ift nur diefes Gebiet, aus welchem uns eine Kunde über die mittelalterliche Papierfabrication zugekommen ift. Sie hat da fpäteftens im XII. Jahrhundert gewifs fchon die höchfte Blüthe in der 808 von den Idrifiden gegründeten Hauptftadt *Fes*, فاس, erreicht.[5] Dafs hier der Gebrauch des Papiers zu damaliger Zeit bereits vollftändig

---

[1] Mukaddafî, l. c. 180.

[2] L. c. 162.

[3] Sefer Nâmèh, ed. Chr. Schefer, 41.

[4] Diwân el-infchâ, l. c. CXXXV.

[5] El-Bekrî, Kitâb el-maghrib, ed. de Slane, Alger 1857, 115; Kitâb el-iftibșâr fî 'adfchâib el-amșâr, ed. A. v. Kremer, 69.

eingebürgert war, beweist — wenn schon nicht maghribinische Papiercodices und vollständige Korânexemplare in Papier vorlägen — die folgende historische Begebenheit.

Von besonderer Pracht in der ornamentalen Ausschmückung war die sogenannte Gebetnische *(mihrâb)*[1] in der Ḳarawijîn-Moschee zu Fes, indem sie rings von herrlichen gold- und farbenreichen Arabeskensculpturen umgeben war. Als nun 1145 der Almohade ʿAbd el-Mûmin in Fes einzog, fürchtete man in der Stadt von der puritanischen Gesinnung dieses Fürsten einen Gewaltstreich gegenüber jenem Moscheenschmuck. So ersann man denn zur Errettung des Kunstwerkes eine List, indem man es eiligst mit Papier überklebte, darauf einen Gipsbelag anbrachte, diesen weiss übertünchte und glättete und so unter der kahlen Fläche die kunstvollen Sculpturen verschwinden liess.[2]

Man hatte also bei dieser Procedur ersichtlich ein geleimtes Papier aus mittelfeiner oder ordinärer Masse von gehöriger Stärke und Festigkeit zur Verfügung gehabt. Dieser Umstand, sowie das Vorhandensein feinerer, beschreibfähiger Papiersorten in den noch erhaltenen maghribinischen Codices unserer Bibliotheken, berechtigt zur Annahme einer in ihren Sorten mannigfaltigen Papierproduction der mauretanischen Hauptstadt und aller anderen nicht genannten Concurrenzmanufacturen. Zur willkommenen Illustration dient daher der statistische Nachweis, dass einige Decennien später, 1184—1213, in Fes nicht weniger denn 400 Mahlsteine für die Papiererzeugung thätig waren.[3]

8. Spanien, الاندلس. Obwohl das Papier in der iberischen Halbinsel schon von so frühen spanischen Autoren wie Ibn ʿAbd rabbihi, 860—940, gekannt und besprochen wird,[4] und man weiss, dass der grosse Bibliothekskatalog des Chalifen el-Hakam II, 961—976, aus Heften zu je 20 Blättern Papier bestand,[5] geht die erste positive Kunde einheimischer Fabrication doch erst aus viel späterer Zeit uns zu. Und zwar ist es nur die eine Stadt *Xativa*, شاطبة *Schâtiba*, das alte *Saetabis*, heute San Felipe in Valencia, welches als ein Hauptsitz der Papiermanufactur zuerst von el-Idrîsî, 1154, gerühmt wird: ومدينة شاطبة مدينة حسنة ولها قصاب يضرب بها المثل فى الحسن والمنعة ويعمل بها من الكاغد ما لا يوجد له نظير بمعمور الارض ويعم المشارق والمغرب ‚Schâtiba ist eine hübsche Stadt mit Schlössern, deren Schönheit und Festigkeit sprichwörtlich geworden ist. Man bereitet daselbst Papier, wie man es in der ganzen civilisirten Welt nicht findet und exportirt es nach Ost und West.'[6] Bedeutend war seine Ausfuhr nach Maghrib und anderen Theilen Afrika's.[7] Wenn Jaḳût († 1228) von Xativa schreibt: ويعمل الكاغد الجيد فيها ويحمل الى ساير بلاد الاندلس ‚Man fabricirt daselbst ausgezeichnetes Papier und verführt es in die übrigen Städte Spaniens',[8] so liegt darin gewiss keine Beschränkung der soeben berichteten Extensität der Ausfuhr, da ja zu seiner Zeit ein grosser Theil Spaniens wie Nordafrika den Almohaden unterthan war.

[1] Siehe meine ‚Persische Nadelmalerei Sûsandschird', 124 f.

[2] Abû-l-Hasan, el-Ḳartâs, ed. Tornberg, 35: فنصبوا على ذلك النقش والتذهيب الذى فوق المحراب وحوله بالكواغيد ثم لبسوا عليه بالجص وغسل عليه بالبياض وذلك فنقصت تلك النقوش كلها وصارت بياضًا ،

[3] El-Ḳartâs, l. c. 26.

[4] El-ʿIḳd el-farîd, l. c. II, 223.

[5] Maḳḳarî, History of the Mahometan Dynasties of Spain, by P. Gayangos, II, 139, 169.

[6] Idrîsî, Description de l'Afrique et de l'Espagne, ed. Dozy et de Goeje, 192 (Text).

[7] Maḳḳarî, l. c. I. 67, 94.

[8] Muʿdschem el-buldân, ed. Wüstenfeld, III, 235.

Begreifen kann ich nicht, wie KEFERSTEIN[1] behaupten konnte: ‚Die Araber verfertigten fchon früh zu Septa ...., dem heutigen Ceuta in Afrika, Papier und verforgten von da aus lange Zeit das benachbarte Spanien'. Die hier gemeldeten Facten find mir unbekannt geblieben. Eine Verwechslung ift es auch, wenn GARDTHAUSEN[2] den Idrîsî (nach JAUBERT'S Ueberfetzung II, 37) melden läfst, dafs neben Xativa noch Valencia und Toledo in der Papierfabrication eines befonderen Rufes fich erfreuten. Gewifs, nur wird dies nicht aus arabifcher Zeit berichtet.[3]

Auch in Spanien ward, ähnlich wie in Aegypten, die Fabrication des Leinenpapiers mächtig gefördert durch den bedeutenden Verbrauch der von der einheimifchen Induftrie gebotenen Leinenzeuge, welche fchon zu Plinius' Zeiten berühmt waren: Et Hispania citerior habet splendorem lini praecipuum.[4]

9. Perfien. Wenn wir nach dem Often zurückkehren, nachdem Samarḳand und die Chorâfâner Papierfabrication bereits eingehend befprochen wurde, fo gefchieht es, weil uns jüngere Nachweife irânifcher Papierinduftrie wieder dahin zurückverweifen. Vornehmlich ift es da Tebrîz, تبريز, Haupt- und Stapelplatz der alten Landfchaft Media Atropatene, 'Αδορβιγάν der Byzantiner, arabifch-perfifch اذربيجان Adferbeidfchân. Die Stadt, von dem perfifchen Hiftoriker Waṣṣâf 1312 ‚Klein-Kairo' genannt, hatte von jeher durch ihre gewerbfleifsige Bewohnerfchaft einen guten Namen. Ganz befonders dankte fie ihren Wohlftand den textilen Erzeugniffen, die freilich bei näherer Betrachtung fich als Copien fremder Mufter darftellen. So weifen ihre buntgeftreiften, halbfeidenen 'Attâbî-Stoffe und prächtigen fchweren Siḳlatûn- (Siglaton-) Gewebe[5] nach Bagdâd, die Chatâji Stoffe nach China und das el-Choiji benannte Zeug auf die perfifche Stadt Choi.[6] Als die Mongolen 1231 ins Land einbrachen, unterwarfen fich die Tebrîzer und erkauften die Gunft des Châns durch ihre koftbaren Gewebe und die Anfertigung eines prachtvollen goldgeftickten Atlaszeltes.[7]

Auch das ‚Tebrîzer Papier', perfifch كونى تبريزى *Günij tebrîzî*, d. h. ‚Tebrîzer Specialität', wird fich wohl trotz feines Namens fremden Vorlagen angelehnt haben, wie überhaupt die ganze jüngere perfifche Papiermanufactur diefe Richtung zeigt. Das 1293 in Tebrîz zuerft erzeugte und emittirte ilchânidifche Papiergeld war nach chinefifchen Vorlagen gearbeitet und adjuftirt. Das خطاقى *Chatâji* genannte perfifche Papier geht, wie die gleichnamigen Tebrîzer Seidenftoffe, auch wieder auf eine chinefifche Mufteranleihe zurück. Begreiflich, denn auch in vielen anderen, dem perfifchen Reiche des Ilchân einverleibten oder im Unterwürfigkeitsverhältnifs ftehenden Städten des arabifchen und perfifchen Irâḳ, Kirmân und Chorâfân, fowie von Mefopotamien, Dijâr Bekr und Dijâr Rebi'a, in Mofful, Meijafârikin und Schirâz, entwickelten nach dem Târich-i Waffâf

[1] ERSCH und GRUBER's Allgemeine Encyclopädie, l. c. 85, Note 23.

[2] Griechifche Paläographie, 51.

[3] WATTENBACH, l. c. 118.

[4] Hist. nat., lib. 19, cap. 2.

[5] Vergl. meine Abhandlung: Ueber einige Benennungen mittelalterlicher Gewebe. I. 1882, 2 ff.

[6] Ibn Dfchobair, Rihle, ed. W. WRIGHT, 227; Jâkût, Mu'dfchem el-buldân, I, 822; Kazwînî, 'Adfchâib el-machlûkât, II, 227; BARBIER DE MEYNARD, Dict. géogr. de la Perse, 133.

[7] Ibn el-Athîr, Chron., XII, 328 f.

1293 die Papierfabriken behufs Erzeugung von Papiergeld eine ungemeine Thätigkeit. Sehr beliebt war unter den farbigen Papieren Perfiens das fogenannte مخير *muchajer*, ‚moirirte (gewäfferte) Papier', welches wohl unferem heutigen Mafer- oder Fladerpapier entfprochen haben dürfte. Was das قاسم بيكى *Kâsim-begi* für eine Papiergattung war, wird nicht gefagt.

10. Indien. Nicht minder unbeftimmt lauten die Nachrichten über die hindoftânifche Papiermanufactur, foweit fie uns eben durch neuere perfifche Quellen vermittelt werden. Es treten uns nur Namen, ohne jede Erklärung entgegen. Unter der allgemeinen Bezeichnung هندى *Hindî*, ‚indifches Papier' verbirgt fich eine farbenreiche Scala. Das حريرى هندى, ‚indifche Seidenpapier' ift jedenfalls mit dem obengenannten Samarkander Seidenpapier nahe verwandt; die Gattungen نظام هندى *Nizâmi Hindî* und عادلشاهى *Adilschâhî* laffen ihrem Namen nach auf eine feine, vornehme Art fchliefsen. Nur allein die Bezeichnung دولت آبادى ‚*Dauletabâdî*'-Papier gibt zu erkennen, dafs die im nordweftlichen Gebiet des Nizâm gelegene Stadt Dauletabâd Sitz einer Papiermanufactur war.

VII. Die arabifchen Papierftoffe. Ueberblickt man das ungeheure Gebiet der mittelalterlichen islâmitifchen Papierfabrication, fo mufs man fich fragen, ob denn wohl allerorten ausfchliefslich derfelbe Stoff, den wir bereits kennen gelernt, nämlich die Leinenhadern, zur Bereitung der Papiere dienten? Vom hiftorifchen Standpunkte mufs diefe Frage mit Nein beantwortet werden; wie denn auch Wiesner auf Grund feiner mikrofkopifchen und hiftologifchen Unterfuchungen zu demfelben Refultate gelangt ift (S. 191). Den zweiten von ihm auf diefem Wege eruirten, zur arabifchen Papierbereitung verwendeten Stoff bilden die aus Hanffafern (Baftfafern von *Cannabis sativa* L.) erzeugten Gewebe, alfo Hanfhadern, welche, was die aus Aegypten kommenden arabifchen Papiere der erzherzoglichen Sammlung betrifft, ein weit geringeres Contingent zu ihrer Bereitung geliefert haben, als die Leinenhadern (S. 237); denn es ftellt fich das Verhältnifs der Fälle von Leinenpapieren zu denen der Hanfpapiere wie 3 : 1 (S. 254).

Aus den arabifchen Quellen erfahren wir nun Näheres über die Fabricationsmethode diefer letzteren Papiergattung. Sie wird nach dem Diwân el-infchâ aus der Hanfpflanze, [illegible], κάνναβις, *Cannabis sativa* L., zubereitet. Man bezeichnet fie auch mit dem Ausdruck الخندريس *el-chandarîs*, ihr Korn, den Hanffamen mit الشدانق *fchadânek*, d. i. arabifch شهدانج *fchahdânedfch* aus dem Perfifchen شهدانه *fchahdâneh*, ‚Königskorn', arabifch: تنوم *tannûm.*[1]

Weit entfernt, dafs hiermit die rohe Hanffafer als Papierftoff gemeint ift, hat man unter diefem ‚Papier aus Hanf', wie ich es gelegentlich der Befprechung des vermeintlichen Papiers ‚aus Lein' fignalifirt habe, die in künftlichen Producten bereits ausgenützte Hanffafer zu verftehen. Ausdrücklich erklärt dies der Verfaffer des Diwân el-infchâ wie folgt:

Nachdem man die gröfsere und ftärkere weibliche Hanfpflanze (Bäftling), deren Stengel die äufserfte Kürze (der männlichen Pflanze, Fimmel) überfteigt, in der Höhe alfo des perfifchen Schilfrohres, ausgerauft, wird fie gebrochen und gehechelt, d. h. erweicht und verdünnt, zum Reinhanf gemacht. Aus diefem dreht man fodann dicke Stricke, fo wie man fie zu dem Takelwerk der Schiffe verwendet. Erft wenn diefe durch den Gebrauch

---

[1] Diwân el-infchâ, l. c. CXXXV; J. Löw, Aramäifche Pflanzennamen, 211, 348.

von ihrer Stärke verloren haben, d. h. abgenützt find, verkauft man fie und bringt fie in die Papierfabriken, um fie in diefe Papierfubftanz zu verwandeln. Die Güte des daraus erzeugten Papieres hängt ab von der Vollendung des Wachsthumes der Pflanze (denn erft die vollendete Reife gibt den groben, zu Seilerarbeiten dienlichen Baft), von der Jahreszeit, in welcher es zubereitet wird — am beften im Frühjahre (Bleiche zum Halbzeug) — von der Sorgfalt, mit welcher man das Material in der Schwemme reinigt, von der Reinheit des dazu verwendeten Waffers, von dem hinreichenden Grade der Maceration durch das Kochen des Zeuges in Kalkmilch, von der Feuchtigkeit des Bodens, auf dem man es fabricirt (indem das Zeug vor der Stampfe in feucht gehaltenen Gruben bewahrt wird) und von der Glätte, welche man dem Papiere durch das Reiben der beiden Seiten mit dem (Polir-) Glafe gibt.

Soweit der Dîwân el-infchâ.

Die Verwendung von alten Hanfftricken oder Tauen, welche fich felbft in der modernen Papierfabrication erhalten hat, mufste wegen der natürlichen groben und feften Befchaffenheit der Hanffafer ein fehr feftes, doch minder feines Zeug als das aus Leinenmaterial bereitete geben. Selbftverftändlich hat man auch alte Hanffchnüre aller Dimenfionen dazu benützt. In dem Papier 7331 der erzherzoglichen Sammlung (X. Jahrhundert) glückte es mir, das Ueberbleibfel einer der Stampfe entronnenen Hanffchnur (oder Reft eines Hanfpacktuches?) von 17 Millimeter Länge und 1·5 Millimeter Dicke herauszupräpariren. Indefs unterliegt es nach den oben gegebenen Normen der Hanfpapierbereitung, fowie dem Ergebniffe von WIESNER'S mikrofkopifcher Unterfuchung keinem Zweifel, dafs man für diefelbe ebenfogut und in der Regel auch aus Hanffafern erzeugte Gewebe, Hanfleinwand, Hanfpacktücher u. f. w. verwendet habe, wie folche aus den durch mich veranlafsten ägyptifchen Gräberfunden feinerzeit zu Tage gefördert worden find.[1]

Zu verwundern wäre es, wenn die Araber, welche doch mit China ftets in inniger Relation geftanden find, von dorther nicht die Verwendung von Hadernfurrogaten zur Papierbereitung angenommen hätten. Zunächft wäre wohl dabei, von einer noch zu befprechenden Art abgefehen, an das aus den jungen Schöfslingen des Bambusrohres zubereitete Papier zu denken; denn in ganz Vorderafien, unter den Arabern wie unter den Perfern, kannte man das Bambus, بنبو *bambû*, perfifch خيزران *chaizurân*, welches man vielfach auch aus Indien bezog. Intereffant ift es daher immerhin, dafs in einem aus el-Ufchmûnein ftammenden Privatinventar des X. Jahrhunderts unter den Habfeligkeiten eines gewiffen Abû-l-Hafan, auch ein Bündel بانبو *Bâmbû* aufgeführt erfcheint (Papier 8240). Allein die von WIESNER auf Hadernfurrogate hin angeftellte Prüfung unferer Papiere hat kein Refultat ergeben. Das Hadernpapier war eben am bequemften und billigften herzuftellen. Die Araber blieben im Grofsen und Ganzen bei den beiden im Vorftehenden befprochenen Hauptarten des Leinen- und Hanfpapiers ftehen. Ueberall, wo auch Baumwollfafern conftatirt wurden, handelt es fich nur um die Spuren eines fporadifchen Vorkommens, vielleicht um eine zufällige Erfcheinung in Folge ungenügender Sortirung des Lumpenmaterials (WIESNER, 253). Aus roher Baumwolle erzeugtes Papier hat es nie gegeben.

VIII. Die Entftehung der Fabel vom Baumwollenpapier. Die arabifchen und perfifchen Quellen, foweit ich nach einer faft zwanzigjährigen einfchlägigen Lectüre

[1] Vergl. meinen ‚Katalog der Theodor Graf'fchen Funde in Aegypten, Nr. 2 bis 6, 22 bis 25.

derfelben urtheilen kann, bewahren über das angeblich aus Baumwolle, قطن *kutn*, perfifch پنبه *pembeh*, *Gossypium* zubereitete Papier gänzliches Stillfchweigen. Das einzige Vorkommnifs habe ich oben (S. 109 f.) als eingefchoben und von CASIRI herrührend nachgewiefen.

Die abendländifchen Quellen hingegen überliefern Bezeichnungen, welche nach der Wortbedeutung wohl mit gewiffer Berechtigung den Schlufs auf die Baumwolle als Papierftoff ableiten laffen. Diefelbe ift denn auch weidlich ausgenützt worden, zuletzt durch CESARE PAOLI in feinem gegen BRIQUET gefchriebenen Auffatze ‚Carta di cotone e carta di lino'.[1] Nichtsdeftoweniger wollen mir die dafür ins Feld geführten Gründe nur als Scheingründe, die daraus gezogenen Schlüffe nur als Trugfchlüffe einleuchten.

Ohne die fchon genugfam bekannten, von MURATORI und MONTFAUCON an bis auf WATTENBACH und PAOLI gefammelten Belegftellen hier neuerdings vorführen zu wollen, feien zunächft blofs die häuptfächlichften der in Frage kommenden Papier-Termini genannt: *charta bombycis, bombacis, de bambace, de bombice, de bambasio, bombycina, bambacina, bambasina, bombagina, bambagina,* χάρτης βομβύκινος, *bombacynum, bombaceum, bambucinum, bambicinum,* βαμβάκινον, *bambasium, bambacium* u. f. w.

Nichts deutet darauf hin, dafs mit diefen Ausdrücken wirklich und bewufsterweife die ‚Baumwolle' als Papierzeug gekennzeichnet fei. Im Gegentheil, viele Gründe fprechen für die conventionelle Aufnahme derfelben zur Bezeichnung einer blofs im Anfühlen oder Ausfehen der Baumwolle ähnlichen Papiermaffe. Dies war umfo leichter der Fall, als βάμβαξ, *bambax, bombyx* im fpäteren Sprachgebrauch jede feinere Fafer bezeichnet.[2] Wie nun, mit Beziehung auf unfere Papierfrage, die Wandlung von dem Scheine zur Wirklichkeit auf kurzem Wege fich vollzog, dafür liegt mir ein zutreffender Beleg vor.

Der von dem chinefifchen Papiergeld handelnde alte lateinifche Text des Marco Polo[3] fagt: ‚(Magnus Kaan) facit accipi corticem cujusdam arboris .... et de isto cortice facit fieri cartas sicut de bambace.' Auch Oderico da Pordenone[4] (etwa 1317 bis 1329) fpricht von ‚cartae ad instar bombycis'. Und diefer durch die Aehnlichkeit der äufseren Erfcheinung naheliegende Vergleich veranlafste Rubruk[5] (1253 bis 1255) zu dem Irrthum: ‚vulgaris moneta Cathaie est carta de wambasio (d. i. bambasio).'[6] Alle Unterrichteten wufsten trotzdem, dafs das chinefifche Papiergeld aus der ‚Rinde' (*cortex*), richtiger den Baftfafern des Papiermaulbeerbaumes (*Broussonetia papyrifera* L.) und nicht aus Baumwolle erzeugt wurde, dafs diefe Maffe aber dicht, weich, fanft anzufühlen, zäh, faft fchwammig war, leicht Näffe annahm, fich zog und anquoll, mit einem Worte: wie Baumwolle fich anfühlte und ausfah. Was M. Polo und

---

1 Archivio storico italiano 1885, XV, 230 bis 234.

2 Zeitfchrift der D. M. G., VIII, 214.

3 Recueil de voyages et de mémoires, publ. par la Société de geographie, pag. 384.

4 Oderico da Pordenone, Peregrinatio, ed. by YULE (Cathay and the way thither), II, App. I, pag. XXVI.

5 Itinerarium Willelmi de Rubruk, ed. D'AVEZAC im Recueil de voyages et de mémoires, publ. par la Société de géographie, IV, 329; vergl. auch Guillaume de Rubruk, Récit de son voyage, traduit par L. DE BACKER, Paris 1877, 194.

6 HEYD, Gefchichte des Levantehandels, II, 251.

Oderico bewusstermassen vergleichsweise aussagten, fand durch den sachlich nicht unterrichteten Rubruk eine falsche Interpretation im Sinne des Thatsächlichen. So wird es sich auch in den allermeisten Fällen mit Bezug auf das im mittelalterlichen Europa gangbare Leinenlumpenpapier verhalten haben. Ebensowenig Werth wie Rubruk's Angabe kann daher in unseren Augen auch nur eine solche haben, wie die des ACCURSIUS in der Erklärung der von Friedrich II. als gleichbedeutend gebrauchten Ausdrücke *chartae papyri* und *chartae bombacinae*: ‚quia appellatione chartarum continentur quae de bombice sunt.‘[1] Und wenn die Consuln der Pisaner Kaufleute 1321 schwuren, ihr Breve zu copiren ‚*in carta di bambace*‘ und ihre Notare versprachen, Blätter ‚*di bambace sane*‘ zu verwenden,[2] so geschah dies zu einer Zeit, in welcher der Ausdruck ‚*di bambace*, für ein aus ‚baumwollähnlichem‘ Zeug verfertigtes Papier, längst zu einem conventionellen Begriff geworden war. Das äusserliche Verhalten der Leinenlumpenpapiere macht dies begreiflich. Mag man orientalische oder occidentalische Papierproben jener Zeit in die Hand nehmen, so wird man oft an den zur Papiermasse verarbeiteten Leinenhadern den Eindruck baumwollenen Zeuges erhalten, wie denn auch schon in alter (arabischer) Zeit gutes, schäbefreies, gebleichtes und dann sorgfältig gekratztes Flachswerg eine zur Fütterung von Stoffen, Papiermützen, Bucheinbänden u. s. w. verwendete Watte als Baumwollsurrogat geliefert hat (Nr. 10.416 bis 10.420 der erzherzoglichen Sammlung). Auch wissen wir, dass durch gewisse Proceduren — man bezeichnet sie mit ‚Cotonisiren‘ — heute die verschiedensten Bastfasern, also auch von Lein und Flachs, in eine sehr zarte, geschmeidige, weisse, baumwollene Masse umgewandelt werden können (WIESNER, 186). Es bedurfte daher nur eines Schrittes, wenn man die feine flachsfaserige Papiermasse ‚*di bambace*‘ auch als ‚*gossypina*‘ oder ‚*cuttunea*‘ ansprach: es waren dies lediglich nur andere Ausdrücke für denselben alten Begriff. Keinem Sachverständigen konnte es dabei in den Sinn gekommen sein, darunter wirklich Baumwolle zu verstehen, ebensowenig wie wir heutzutage in dem Stoffe unserer Kattun-, Seiden- und Sammtpapiere etwa eine Composition aus Baumwolle, Seide oder Sammt werden suchen wollen. Für die grosse Menge waren und sind derlei Namen aber stets bezeichnend geblieben im Sinne des äusserlichen Merkmales.

Im Verlaufe der näheren Untersuchung dieser ‚Baumwoll‘-Frage hat sich mir als Ergebniss historischer Daten nun eine Vermuthung aufgedrängt, nach welcher die Entstehung der Bezeichnung *charta bombycina* im letzten Grunde und direct nicht auf die Aehnlichkeit des Papierzeuges mit Baumwolle sich zurückleiten lässt, dass vielmehr dieser der rein äusserlichen Erscheinung der Papiere allerdings entsprechende Wortbegriff erst in zweiter Linie sich herausgebildet habe.

Meine Gründe sind die folgenden:

Oben bei der Besprechung der Fabricationsstätten ist von mir bereits als eine fünfte Papiermanufactur der syrischen Provinz auf *Hierapolis*, Ἱεράπολις, hingewiesen worden (S. 125). Es ist diese Stadt das alte ܡܒܘܓ *Mabôg*, d. i. ‚Quelle‘, woraus durch Corrumpirung der griechische Stadtname Βαμβύκη, lateinisch *Bambyce*,[3] arabisch منبج

[1] WATTENBACH, l. c. 116.

[2] C. PAOLI, l. c. 231.

[3] Strabo, XVI, 748; Plinius, Hist. nat., V, 23; Plutarch Anton. c. 37; Zeitschrift der D. M. G. VIII, 209 ff.

Mambidsch, und danach die byzantinische Form Μέμπετζε,[1] entstanden ist. Bei den Franken hiefs sie *Bambych.*[2]

Diese ehemalige Hauptstadt der von Constantin dem Grofsen errichteten sogenannten euphratensischen Provinz[3] lag fünf Tagreisen von Antiochia, drei von Aleppo, eine vom Euphrat entfernt. Zu Justinian's Zeit war sie Bischofssitz;[4] 540 von den sâsânidischen Persern erobert,[5] verarmte und verödete sie in der Folge unter den oströmischen Kaisern, bis sie nach der Eroberung durch den auch über Syrien siegreich sich ausbreitenden Islâm[6] zu neuer Blüthe gelangte. Die von Nordsyrien nach Mesopotamien führende Heerstrafse beherrschend, ward Mambidsch oder Bambyce ein festes und strategisch wichtiges Bollwerk der nördlichen militärischen Grenzprovinz Syriens, das als immerwährender Zankapfel zwischen Christen und Muhammedanern, nicht selten Kreuz und Halbmond auf seinen Zinnen wechseln sah. Schon Nicephorus Phokas hatte Bambyce in seine Gewalt gebracht.[7] Seitdem wieder abgefallen, eroberte 975 Johannes Tzimisces die Stadt von Neuem.[8] Im XI. Jahrhundert sehen wir Bambyce wieder in christlichen Besitz übergehen, indem Romanus IV. Diogenes sie 1068 den Händen des Mirdasiten-Emirs Mahmûd entrifs.[9] Das griechische Heer mufste nach Zurücklassung einer Besatzung in der Citadelle das Weichbild der Stadt in Folge einer daselbst ausgebrochenen Hungersnoth bald verlassen. Erst nach sieben Jahren, 1075, fiel Mambidsch wieder an die Mirdasiten unter Naṣr, dem Sohne Mahmûd's, zurück.[10] Hiemit endeten aber keineswegs ihre Kriegsnöthen. Schon 1086 eroberte sie der Seldschûke Melikschâh und 1108 ward sie von dem treubrüchigen Joscelin von Courtenay berannt und geplündert. Als 1111 Tankred, der Verweser von Antiochia, zur Eroberung von Bambyce auszog, fand er die Stadt verlassen, da deren Bewohner aus Furcht vor den Franken entflohen waren; der Citadelle konnte er aber mit Gewalt nicht beikommen.[11] Die Christen wachten eifersüchtig darüber, dafs diese wichtige Stadt nicht in die Hände solcher Feinde gelangte, deren Macht dadurch zu sehr erstarken konnte. Deswegen halfen sie 1124 Hassân, dem Herrn von Mambidsch, wider den kriegerischen Ortokiden von Aleppo, der zur Eroberung der Veste ausgezogen war, aber glücklich während der Belagerung getödtet wurde.[12] Freilich wurden alle diese Pläne zerstört, als in dem furchtbaren Christenfeind 'Imâd ed-dîn Zengî ein noch mäch-

---

[1] LEO DIAK., IV, 10; X, 4.

[2] R. POCKOCKE's Beschreibung des Morgenlandes, II, 242.

[3] Malala, Chron. L, XIII; Ammian. XIV, 8.

[4] Ibn el-Athîr, Chron. I, 238.

[5] Tabari, Geschichte der Sâsâniden, übersetzt von TH. NÖLDEKE, 239; Ibn el-Athîr, l. c. I, 317.

[6] Ibn el-Athîr, Chron., l. c. II, 386.

[7] LEO DIAK., S. 71.

[8] LEO DIAK., Seite 166—168; Ibn el-Athîr, Chron., VIII, 423.

[9] CEDRENI Opp. II, Seite 673; Ibn el-Athîr, l. c. X, 40.

[10] Ibn el-Athîr, l. c. X, 69.

[11] L. c. 98, 322, 325, 338.

[12] Guill. Tyr. Hist. rerum in partibus transmarinis gestarum, XIII, 11; Ibn el-Athîr, l. c. X, 436; Abû-l-faradsch, Târîch muchtaṣar ed-duwal, ed. E. POCOCK, 379.

tigerer Fürſt aufſtand, welcher im Siegeslauf Bambyce alsbald (1128) ſeinem raſch anſchwellenden Länderbeſitz einverleibte.[1]

So ſehr alſo, wie man ſieht, die als wichtiger Beſitz erkannte Stadt den kriegeriſchen Stürmen aller Zeiten ausgeſetzt war und darunter hart zu leiden hatte, ſo ward ſie doch keineswegs in ihrer Entwicklung gehemmt. Zumal unter dem groſsen Saladin, und als ſie nach deſſen Tode, 1193, bei der Erbtheilung dem aijûbidiſchen Hauſe verblieb, brachen für Mambidſch die glücklichſten Zeiten an,[2] denen ſelbſt der bis unter ihre Mauern ſich nähernde Mongolenſturm, 1260, nicht viel anzuhaben vermochte.[3]

Von allen Reiſenden, welche ſie im Verlauf der eben geſchilderten Epoche beſucht, werden die Stadt, ihr Klima, ihre Culturen und Induſtrien gerühmt. Der Perſer Nâṣiri Chosrau, welcher ſie auf ſeiner Reiſe im Jänner 1047 berührte, ſah auſserhalb der Stadtmauern keine Bauwerke, alſo wohl nur Anpflanzungen.[4] Der Sicilier Ibn Dſchobair kam im Juni 1184 dahin und ſchildert die mächtige Citadelle, die breiten Straſsen und groſsen Marktplätze der Stadt, ihre Läden und Schänken, welche den Herbergen und Magazinen an Gröſse und Höhe gleich ſeien, ſowie ihre gedeckten Bâzâre. Die Bewohner, bemerkt Ibn Dſchobair, ſeien vortrefflich und gutmüthig, Handel und Induſtrie bei ihnen reell, ihre Zuſtände conſolidirt.[5] Und ſelbſt Kazwînî († 1283) beſchreibt noch Mambidſch als eine groſse wohlhabende Stadt mit weitläufigen Culturanlagen, Schulen, Vorſtädten, umgeben mit gewaltigen maſſiven Mauern, verſehen mit einem vortrefflichen Canaliſationsſyſtem zur Waſſerverſorgung,[6] deſſen Ueberreſte noch Pococke geſehen.[7] Aber ſchnell trat an ſie der Verfall heran. Denn obwohl Dimiſchḳî († 1327) ohne eine weſentliche Beifügung ſie noch erwähnt,[8] ſagt Abû-l-fedâ († 1331) ſchon, daſs der gröſsere Theil der Stadt und ihrer Umfaſſungsmauern verfallen ſei.[9]

Dieſe Stadt Bambyce oder Mambidſch nun, meine ich, wenn mir eine Vermuthung auszuſprechen geſtattet iſt, hat den Bombycin-Papieren zuerſt ihren Namen gegeben. Wie die textile Kunſt daſelbſt geblüht und deren Erzeugniſſe gemäſs der Ausſage des el-Bekrî († 1094) nach der Stadt الثياب المنبجانية ‚*vestes bambycinae*‘ (εἵματα βαμβύκινα) oder ‚*panni bambycini*‘, d. h. ‚bambyciſche Zeuge‘ genannt wurden,[10] ſo mag auch eine dort in Thätigkeit geweſene Papiermanufactur ihren Producten zu demſelben Namen verholfen haben, der, wie jener der Damascener Papiere, weit über die heimatlichen Grenzen nach Weſten in das Abendland gedrungen iſt. Und ſo möchte es nicht bloſs als eine zufällige Erſcheinung anzuſehen ſein, wenn in Michael Attaleiates' Διάταξις gerade zur Zeit des griechiſchen Beſitzes von Βαμβύκη unter Romanus Diogenes,

---

[1] Ibn el-Athîr, l. c. X, 458.

[2] Abû-l-faradſch, l. c. 422, 426.

[3] Abû-l-faradſch, l. c. 532.

[4] Nâṣiri Chosrau, Sefer namèh, l. c. 31.

[5] Ibn Dſchobair, Rihle, ed. W. Wright, 250 f.

[6] 'Adſchâib el-machlûkât, ed. Wüstenfeld, II, 182.

[7] Beſchreibung des Morgenlandes, 1754. II, 242.

[8] Kitâb nochbet ed-dahr, ed. Mehren, 205 f.

[9] Taḳwîm el-buldân, ed. Schier, 152.

[10] Kitâb mu'dſchem ma-ſta'dſchem, ed. Wüstenfeld, II, 543.

1068 bis 1075, von βιβλία τέccαρα βαμβύκινα· ἕτερον βιβλίον βαμβύκινον und einer Μετάφραcιc βαμβύκινοc die Rede ist.[1]

Von der χάρτηc βαμβύκινοc oder *charta bambycina* der Griechen und Franken, in deren nächstem Bereich das Manufact nach den entwickelten historischen Daten gelegen war, also von dem bambycischen oder mambidscher Papiere an, bis zur χάρτηc βομβύκινοc oder *charta bombycina*, d. i. dem angeblichen ‚Baumwollenpapier‘ war, wenn man die oben in der Nomenclatur aufgeführten Mittelglieder in ihrer, der äusseren Erscheinung der Papiere entsprechenden Entwicklung in Betracht zieht, kein grosser Sprung. Hat doch die Stadt selbst einer ähnlichen Verwechslung der Griechen ihren Namen zu danken, den man als ‚Baumwollenstadt‘ deuten wollte! Und merkwürdig: Gleichzeitig mit dem beginnenden Verfalle von Bambyce ereignete sich auch die Auflösung, beziehungsweise Uebertragung der nordsyrischen Papierfabrication nach Damascus,[2] wo das bambycische Papier, wie das der aufgelassenen Hamâer Fabrik (siehe oben S. 125), unter dem alten Namen weiter erzeugt worden sein mag. Daraus nur würde es sich erklären, wie aus dem Oriente gerade die ‚*charta bombycina sive Damascena*‘[3] noch weiter den Ruf ihres Namens zu uns herübergebracht.

Darf nach der bisherigen Darlegung angenommen werden, dass man im Mittelalter mit der Bezeichnung Bombycin-Papier, wenn schon man sich nicht immer von dem Ursprunge derselben Rechenschaft zu geben vermochte, doch nur die äusserliche qualitative Erscheinung des Papierstoffes charakterisiren wollte und konnte; so wird diese Annahme durch ein sehr auffallendes Beispiel indirect bestätigt. In seinem bekannten Tractat, Caput XXIII, schreibt Theophilus,[4] indem er von dem Einlegen des Blättergoldes *(petula auri)* zwischen Papierblätter handelt: ‚*Tolle pergamenam graecam quae fit ex lana ligni*‘. Dass unter *pergamena graeca* ein im Körper, nach Farbe, Glanz und Glätte pergamenartiges Papier, wie wir es aus den mittelalterlichen orientalischen Provenienzen kennen gelernt, zu verstehen sei, darüber ist man einig; ebenso, dass der zweite Theil des Satzes ‚*quae fit ex lana ligni*‘ beweise, dies Papier sei aus Baumwolle hergestellt worden. Nun hätten aber schon die alten Copisten dies nicht glauben können, weil sie eben wussten, dass es kein Baumwollenpapier gebe. Beweis dessen finden sich in den ältesten, wie der Wolfenbüttler Codex aus dem XII. Jahrhundert stammenden Theophilus-Handschriften die Lesarten *lini* statt des ihnen unverständlichen *ligni*; so in dem Wiener Codex Nr. 2527 und dem der Editio Hendrie, Londini 1847, zu Grunde gelegten Harleian-Manuscript (Cap. XXIV). Der im Jahre 1431 geschriebene Codex regius der Pariser Nationalbibliothek hat sogar: ‚*ex lana lini id est papirum*‘. Dass Theophilus, welcher bis Anfang des XII. Jahrhunderts lebte,[5] indem er wirklich ‚*lana ligni*‘ niederschrieb, dabei selber an Baumwolle gedacht, ist von diesem in die technischen Künste eingeweihten Mönche nicht anzunehmen. Die Bedeutung von *lana ligni* = Baumwolle, analog dem herodotischen

[1] SATHAS, Bibl. graeca medii aevi, I, 66, 67, und 50 die jüngere Variante βομβύκινον.

[2] Diwân el-insehâ, l. c. CXXXV.

[3] MONTFAUCON, Dissert. sur la plante app. Papyrus, in Mém. de l'Acad. des inscr. T. IX, 326.

[4] Theophili Presbyteri Diversarum artium schedula I, herausgegeben von A. ILG, in den Quellenschriften für Kunstgeschichte, VII, 1874, pag. 51.

[5] A. ILG, in der Einleitung zu seiner Theophilus-Ausgabe, l. c. XLI.

εἴρια τὰ ἀπὸ ξύλων, wäre für die mittlere Latinität zunächſt erſt nachzuweiſen. Wie mir ſcheint, läſst ſich hier aber eine andere Auslegung mit mehr Grund vorſchlagen, wie denn überhaupt ſich das Bedürfniſs nach einem ſachgemäſsen, von dem jüngſten Herausgeber in Ausſicht geſtellten Commentar des Tractes dringlich geltend macht.

Ich ſehe demnach in dem ſtrittigen Paſſus *lana ligni* weder ‚Baumwolle' noch *lana lini* ‚Flachswolle, ſondern Baſtfaſern, d. h. das dem Holze (Baumſtamm) entnommene, auch verwebbare Faſermaterial ‚*lana ligni*' (Holzwolle), das bekanntlich (ſiehe oben S. 130) eine wie Baumwolle ſich anfühlende und ausſehende Papiermaſſe lieferte. Dazu eignete ſich vorzüglich der unter der Rinde liegende Baſt gewiſſer Bäume, ſpeciell des Maulbeerbaumes, *Morus alba*, und ſeiner verſchiedenen Spielarten, welche den Chineſen ein vortreffliches Material zur Bereitung ihrer Papiere dargeboten haben.[1] Das Verhalten desſelben iſt ein derartiges, daſs man ſchon nach der Wäſche und Bleiche des in reiner Aſchenlauge gekochten Faſerwerkes ein vollkommen wollen- oder flachsartiges Zeug erhält, das mit Leichtigkeit der weiteren Procedur der Papierbereitung unterzogen werden kann.

Man hat im Mittelalter, ſo ſcheint es, ganz allgemein — wie Marco Polo — dieſen Baumbaſt mit der Rinde (*cortex*) ſelbſt verwechſelt. Darauf bezieht ſich vielleicht die ſo vielfach miſsverſtandene Bezeichnung *charta corticea* (WIESNER, 184 f.), unter welcher in manchen Fällen[2] wohl ein Baumbaſtpapier fremder, möglicherweiſe ſogar chineſiſcher Provenienz zu verſtehen ſein dürſte, das aber keinesfalls mit ξυλοχάρτιον oder ξυλότευκτον,[3] dem Papyrus, in Verbindung gebracht werden kann.[4] Dieſer ganz nach Art des Lumpenpapiers durch Verfilzung des Faſerwerkes zubereitete Beſchreibſtoff war alſo Baumbaſtpapier, deſſen mittelalterliche Benennung uns offenbar wieder in der *charta xylina* entgegentritt.

Daſs die Araber, und dann die byzantiniſchen Griechen, in Kleinaſien, Nordſyrien und den ſüdkaſpiſchen Provinzen die Baſtfaſern als Hadernſurrogat zur Papierbereitung verwendet, ſomit die doppelte Ausnützung des behufs Seidenzucht in jenen Gegenden cultivirten Maulbeerbaumes auch wieder den Chineſen abgelernt, dünkt mir ziemlich ſtichhältig zu ſein, trotzdem keines der von WIESNER bisher mikroſkopiſch unterſuchten Papiere eine ſolche Diagnoſe ermöglicht hat. Den Arabern war die Beziehung der Bereitungsmethode zu dem Maulbeerbaume nicht unbekannt geblieben.[5]

Unter allen Gegenden Vorderaſiens war eben keine wegen ihrer Seidenzucht ſo bekannt, wie die Umgebung von Βαμβύκη, Bambyce, von welchem Namen man daher das griechiſche βόμβυξ = Seidenraupe herzuleiten verſucht hat.[6] Hier ward die Cultur der Maulbeerbäume in ſo groſsartigem Maſsſtabe betrieben, daſs durch ſie faſt alle anderen Anpflanzungen verdrängt wurden.[7] Es wäre demnach immerhin denkbar und dürfte, falls

---

1 ST. JULIEN, Industries anciennes et modernes de l'empire chinois, 141, 145, 149.

2 WATTENBACH, l. c. 347.

3 SATHAS, Bibl. Graeca medii aevi, I, 68.

4 Wie dies GARDTHAUSEN, Paläographie, 49 thut. Vergl. auch FISCHER in ERSCH und GRUBER's Allgemeiner Encyklopädie, 83.

5 Makrîzî, Rafâîl in DE SACY's Chresth. arabe, II, 473.

6 Zeitſchrift der D. M. G., VIII, 214.

7 Abû-l-fedâ, Kitâb takwîm el-buldân, ed. SCHIER, 152; Hâdſchî Chalfa, Dſchihân Nümâ, Conſtantiopler Ausgabe, 598.

ſich künftig einmal die Papiermanufactur von Bambyce poſitiv nachweiſen lieſse, unbedingt angenommen werden, daſs man ſich hier in erſter Linie jenes mit Leichtigkeit zu gewinnenden Surrogates ſtatt der in anderen Manufacturſtätten verwendeten Leinen- und Hanfhadern bediente.

IX. Zur Technologie des Papiers. Das Papier erhielt, wie wir oben S. 117 geſehen, urſprünglich den wahrſcheinlich aus dem Chineſiſchen entlehnten perſiſchen Namen كاغد *kâghad* oder *kâghid*, in arabiſcher Schreibung auch كاغذ *kâghidh* oder كاغد *kâghid*,[1] Plural كواغد *kawâghîd* und كواغد *kawâghid*, oder كغود *kughûd* vom Singular كاغد *kâghid*.[2] Davon bildete ſich arabiſch كاغدة *kâghide* ‚ein Blatt Papier‘,[3] كغاد *kaghghâd*, ‚Papiermacher‘[4] perſiſch كاغدى *kâghidi* oder كاغدگر *kâghidger*;[5] dann perſiſch كاغد خانه *kâghid chânè*, ‚Papierfabrik‘ und كاغد فروش *kâghid firûſch*, ‚Papierhändler‘.

Die eigentlich arabiſchen, auf das Papierweſen ſich beziehenden Ausdrücke lehnen ſich an ورق *wáraḳ*, urſprünglich ‚Blatt‘, dann ſo viel wie ‚Papier‘, z. B. قرطاس ورق ‚ein Blatt (χάρτης) Papier‘,[6] Plural اوراق *auràḳ*;[7] davon الوراق *el-warràḳ*, ‚der Papiermacher‘,[8] الوراقة *el-wirâḳe*, ‚das Papiermachergeſchäft‘.[9]

Viele Andeutungen berechtigen zu dem Schluſſe, daſs ſich die ſtaatliche Autorität gleich von Anbeginn der Papiermanufactur bemächtigt, ſie in äräriſchen Fabriken ausüben lieſs, ſo der Privatinduſtrie wenig freien Spielraum übriglaſſend. An der Spitze einer äräriſchen Papierfabrik كاغد خانه *kâghid-chânè*, d. h. ‚Papier-Haus‘ (eines Vorläufers des deutſchen Papir-Huſs)[10] ſtand der Vorſteher, نايب *nâib*, Plural نواب *nuwwâb*.[11]

Mit dieſen ‚Fabriken‘ waren maſchinelle Einrichtungen verbunden, mittelſt welchen das macerirte oder gefaulte Lumpenmaterial nach deſſen Reinigung und Bleiche behufs Darſtellung der Materie, welche wir heute ‚Halbzeug‘ nennen, einer weiteren Zerkleinerung unterzogen wurde. Dies geſchah entweder in Papierſtampfen oder Papiermühlen. Es muſs angenommen werden, daſs das erſtere Verfahren, wobei man nach chineſiſcher Manier das Papierzeug in einem ſteinernen Mörſer mittelſt hölzernen Stöſsels bis zu einem flüſſigen Brei zerſtampſte, dem des letzteren voranging, dann aber dieſem bald unterlag. Wohl hat man die Exiſtenz von Papiermühlen ſchon mit den Origines der

---

[1] Liſân el-'arab, IV, 384; Abû-l-Haſan, el-Ḳartâs, ed. Tornberg, 26, 35; Inventaire de biens d'un juif marocain, nommé Muſâ ibn Jahjâ et décédé en 1751, dans le man. de Leyde No. 1376 (Catal. I, pag. 164) bei Dozy, Suppl. II, 475.

[2] Dozy, Suppl. II, 475; Hebräiſch = כאגד, Löw, Aramäiſche Pflanzennamen, 55.

[3] Mukaddaſi, l. c. 6, Anmerkung *a* und Bibl. geogr. IV, 341; Makrîzî, Chit. I, 481: مائة كاغدة فى كل كاغدة ثلاثة دراهم ومائة كاغدة فى كل كاغدة درهما.

[4] Vocabulista in arabico (XIII. Jahrh.) pubblic. da Schiaparelli, Florenz 1871, bei Dozy, Suppl. II, 475.

[5] Muṣṭelehati behâr-i 'adſchem, l. c. ſ. v.

[6] Alf leila wa leila, ed. Habicht-Fleischer, V, 273.

[7] Quatremère, l. c. CXXXIII.

[8] Abdollatif, Historiae Aegypti compendium, 146.

[9] Ueber die anderen Bedeutungen von *warrâḳ* als Papier- und Schreibwarenhändler, Copiſt, Buchhändler, Buchbinder vergl. Ibn Chaldûn, Proleg., Bulâḳer Ausgabe, I, 352 ſ.; Quatremère, Histoire des Mogols etc. pag. CXXXVIII.

[10] Wattenbach, 120, zu Schornreuth im Jahre 1407.

[11] Târîch-i Waṣṣâf, bei Hammer-Purgstall, Ilchâne, I, 433.

Papierſabrication in Verbindung zu bringen geſucht. So lieſt und überſetzt MORDTMANN im ‚Buch der Länder' von Iṣtachrî [1] die betreffende Stelle in MÖLLER'S facſimilirter Ausgabe des *Liber Climatum*, als wäre der letzte Sâſâniden-König Jezdikert in Merw in einer Papiermühle, طاحونة ورق, getödtet worden, und ſtellt die Papierſabrication um dieſe Zeit, 651 n. Chr., als etwas Gewöhnliches hin. Wie es ſich damit verhält, haben wir bereits geſehen. In der That iſt jene Stelle correct zu leſen: قتل بها في طاحونة زرق, ‚er (Jezdikert) wurde bei Merw in einer Mühle des Dorfes Zarḳ getödtet', [2] denn das Dorf زرق Zarḳ — nicht ورق *waraḳ*, ‚Papier' — lag bei Merw am Fluſſe الرزيق, er-Razîḳ, welcher deshalb auch نهر الزرق, ‚Fluſs von Zarḳ' genannt wurde. [3] Nichtsdeſtoweniger ſind die Papiermühlen im Oriente alt und als eine ſichere arabiſche Erfindung gewiſs um vieles älter wie die erſten europäiſchen Papiermühlen. Alſo auch in dieſer Beziehung wird Europa den für ſich in Anſpruch genommenen Vorrang an den Orient abtreten müſſen. Auch die Errichtung von Papiermühlen mit Benutzung der Waſſerkraft — in Deutſchland zuerſt 1390 zu Nürnberg — iſt weder von Italien (Fabriano), noch von Spanien (Xativa) ausgegangen, und vollends irrig iſt es, wenn KEFERSTEIN [4] ſagt: ‚Wir Teutſchen haben uns wahrſcheinlich gleich von Anfang an nicht wie die Italiener es von den Mauren erlernten, der Stampfwerke zum Zerkleinern der Papiermaſſe bedient, ſondern für dieſen Zweck eine eigene Erfindung, die der Handmahlmaſchinen, benutzt.' Denn lange vor jener erſten Einrichtung einer wirklichen Papiermühle zu Nürnberg, erhalten wir die Kunde von arabiſchen, mit der Hand oder durch Waſſerkraft getriebenen Mahlſteinen (حجر), alſo Hand- und Waſſermühlen (رحى *râhan*, Plural ارحاء *arhâ'* oder ارحية *ârhije*, und طاحونة *ṭahûne*, Plural طواحين *ṭawâhîn*). Im XII. Jahrhundert benützte man ſie unter den Arabern ſchon ganz allgemein. Auch die ‚Mauren', weit entfernt damals noch etwa ‚Stampfwerke' zu gebrauchen, hatten unter der Regierung der Almohaden Ja'ḳûb ibn Jûſuf ibn 'Abd-el-mûmin, 1184 bis 1198, und ſeines Nachfolgers en-Nâṣir ibn Ja'ḳûb, 1198 bis 1213, in Fês bereits nicht weniger denn 400 Mahlſteine für die Papiererzeugung im Gange (وكان فيها اربع مائة حجر لعمل الكاغد). Daſs unter dieſen ‚Steinen' nicht vorweg lauter Handmahlmaſchinen, ſondern gutentheils auch durch Waſſerkraft getriebene Papiermühlen zu verſtehen ſind, geht aus einer weiteren Notiz desſelben Berichterſtatters über die Waſſermühlen der almohadiſchen Reſidenz hervor, bezüglich welcher er ſeine ſtatiſtiſchen Angaben nach eigener Zählung gemacht hat. [5]

Das Material, welches dieſe Papiermühlen zu verarbeiten hatten, waren, wie nunmehr zweifellos hiſtoriſch und naturwiſſenſchaftlich feſtgeſtellt iſt, vielleicht nur mit Ausnahme des Baumbaſtes, durchwegs Hadern oder Lumpen. Soweit ich an belangloſen Abfällen unſerer Papierhauſen Proben anſtellen konnte, ergab ſich ſowohl nach dem Verbrennen, wie Durchnäſſen derſelben ſtets ein penetranter Haderngeruch. Es

---

[1] Hamburg 1845, pag. 116, 171.

[2] Kitâb el-akâlîm, ed. DE GOEJE, 262.

[3] Iṣṭachrî, Kitâb el-akâlîm, l. c. 261, 265.

[4] In ERSCH und GRUBER's Allgemeiner Encyclopädie, l. c. 90 f.

[5] Abû-l-Hasan, l. c. 26: واحصت الارحاء التى دار عليها سور المدينة فوجدت اربع مائة حجر واثنين وسبعين حجرا دون ما بخارجها من الارحاء.

beweiſt dies auch, daſs man die von mir oben feſtgeſtellte Reinigung des Lumpenmaterials mittelſt Kalkbeize nicht immer ſorgfältig genug durchzuführen pflegte. Dasſelbe gilt auch von der Vermahlung ſelbſt. Ihre vollſtändige Durchführung war bei der enormen Widerſtandsfähigkeit der Leinenfaſern, ſowie der trotz alledem noch unvollkommenen maſchinellen Einrichtung der älteſten Papierfabriken, ſowohl unter der Stampfe, als auch unter dem Mahlſteine mit nicht geringen Schwierigkeiten verbunden. Deshalb laſſen ſich aus unſeren arabiſchen Papieren gar nicht ſelten noch intakte Garnfäden und ſogar Geweberudimente mit Kette und Einſchlag aus dem Papierkörper herauslöſen. Zu den von WIESNER, S. 238 f., bereits mitgetheilten Beiſpielen, unter welchen die an dem Papiere 7827 der erzherzoglichen Sammlung blosgelegten drei gedrehten Garnfäden (ſiehe unten S. 141 die Abbildung) beſonders inſtructiv ſich darſtellen, füge ich noch die Papiere 7331, 7463 (mit weiſsem Garnfaden), 7495 (mit beſonders langem Garnfaden), 8051, und 11044 mit verſchiedenen intacten Leinwandſtückchen, hinzu.

Die nächſte Procedur nach der Herſtellung des durch die Vermahlung der Lumpen gewonnenen breiartigen Papierzeuges war die Leimung desſelben. Es iſt WIESNER'S groſses Verdienſt, dieſes mittelſt Stärkekleiſter durchgeführte Verfahren unter dem Mikroſkop an den alten arabiſchen Papieren der erzherzoglichen Sammlung entdeckt und nachgewieſen zu haben, daſs die von BRIQUET behauptete Traganth-, Harz- und combinirte Traganth-Harzleimung, welche der Leimung mit Thierleim vorangegangen ſein ſoll, unbegründet ſei. Nach WIESNER ſteht es feſt, daſs der Stärkekleiſter, alſo vegetabiliſcher, nicht thieriſcher Leim, das älteſte Material für die Leimung der Papiere geweſen ſei.

Hand in Hand mit dieſer arabiſchen Stärkekleiſter-Leimung ging — ein weiterer glücklicher Nachweis WIESNER'S — die Füllung der Papiere mit demſelben Stärkematerial (unveränderter, unverletzter Stärkekörnchen). Wie jene, die Leimung, dazu diente, die ‚flieſsenden' Papiere beſchreibbar zu machen, ſollte dieſe, die Füllung, denſelben mehr Weiſse verleihen.[1] Auf Grund mikrometriſcher Unterſuchungen gelang es WIESNER nun, die in unſeren Papieren vorkommenden Stärkekörnchen auf Weizen zurückzuführen, folglich darzuthun, daſs ihre Leimung mittelſt Weizenſtärkekleiſter, ihre Füllung hingegen mit Weizenſtärke geſchehen ſei (S. 228 f.)

Ich bin nun in der glücklichen Lage, dieſen Ergebniſſen die hiſtoriſche Beſtätigung hinzufügen zu können. Schon aus dem X. Jahrhundert dringt zu uns die ſichere Kunde, daſs die Araber thatſächlich die Weizenſtärke zu bereiten verſtanden und zu dem genannten techniſchen Zwecke zu verwenden wuſsten: es iſt نشاء *naſchâ*, perſiſch نشاسته *niſchâſtè*, arabiſch نشاستج *naſchâſtedſch*, *Amidon*, Ἄμυλον, Weizenſtärke, von حنطة, *Triticum*, (gewöhnlich قمح), πυρὸς, cῖτος.[2] In Jemen wurde ſie 985/6 nach Mukaddaſi's ausdrücklichem Zeugniſs in der Papiermanufactur ausſchlieſslich zur Leimung und Füllung verwendet: وباليمن يلزقون الدروج ويبطّنون الدفاتر بالنشاء, ‚Und in Jemen leimen ſie die Papierblätter zuſammen und füttern die Buchdeckeln mit Weizenſtärke.'[3] Indem ich auf dieſe ‚Leimung' der Papierblätter ſpäter zu ſprechen komme, will ich nur bemerken, daſs es

[1] WIESNER, unten S. 180, 224 ff., 227 f., 229, 254.

[2] DOZY, Suppl. II, 669; VULLERS, l. c. II, 1315; LÖW, Aramäiſche Pflanzennamen, 157.

[3] Mukaddaſi, l. c. 100.

fich, was die Fütterung, d. h. Füllung der Buchdeckeln betrifft, zweifelsohne um die gefchöpfte (nicht durch Zufammenkleben mehrerer fertiger Papierbogen entftehende geleimte) Pappe handelt, behufs deren Herftellung man das Zeug dicker als bei der Verfertigung des Papiers halten, alfo demfelben, ähnlich wie noch heute, entfprechend viel Weizenftärke zufetzen mufste, um die Härte und das Gewicht der Pappe zu vermehren. Man fieht, dafs die Weizenftärke bei der Füllung gewiffer Papierarten, alfo auch dazu diente, um diefelben fubftanziöfer und fchwerer zu machen.

Intereffant ift, dafs man damals in anderen Gegenden, z. B. in Paläftina, ftatt des Weizenftärkekleifters den Kleifter von Asphodelus-Wurzel, fyrifch ܚܣܪܐ, arabifch اشراس *afchrâs*, 'Ασφόδελος,[1] welcher in Jemen ganz unbekannt war,[2] gebrauchte. In Aegypten waren beide als Marktartikel gekannt. Die Weizen- und Asphodelusftärke, zwei in verfchiedenen technifchen Induftriezweigen vielfach verwendete Nutzftoffe, unterlagen eben deshalb der ftrengen polizeilichen Controle. Denn mit Asphodelusftärke fuchte man betrügerifcherweife nicht felten Seidenfäden und farbige Leinwand, mit Glanzftärke (النشاء المدثّر) die Seide fchwerer zu machen, refpective zu appretiren, was unterfagt war.[3] Im Jahre 1389 ward die bis dahin in Aegypten auf die Weizenftärke ruhende Abgabe mittelft Edictes (von Donnerstag den 6. Mai) aufgehoben.[4]

Was nun die nächfte Stufe der Papierbereitung betrifft, nämlich das Schöpfen des fertigen breiartigen Ganzzeuges zu Papierbogen, fo zeigen fchon die älteften arabifchen Papiere, und zwar nicht allein die ficher aus dem IX. Jahrhundert datirbaren, fondern auch die mit Wahrfcheinlichkeit noch in das Ende des VIII. Jahrhunderts zurückreichenden Stücke der erzherzoglichen Sammlung eine hohe Vervollkommnung durch den Gebrauch der Drahtform, welche man bisher zuerft an den abendländifchen Papieren des XII. Jahrhunderts bemerkt haben will.[5] Durch unfere Papiere ift nun die wichtige Thatfache feftgeftellt, dafs die Araber fchon bald nachdem fie Papier zu machen begonnen, das aus dem Mahlwerk in die Schöpfbütte abgelaffene Ganzzeug in die Form eines mit Drahtgitter befpannten Rahmen ausgefchöpft, alfo auch echte und rechte fogenannte gerippte Papiere erzeugt haben! Eine genaue, auf die Schöpfform gerichtete Prüfung diefer Papiere, fowie zahlreiche Meffungen ergaben mir die folgenden Refultate. Die zur Erzeugung der älteften arabifchen Papiere angewandten Schöpfformen müffen, fowcit fich aus den von mir unterfuchten Stücken entnehmen läfst, dreierlei Art gewefen fein: *a)* Formrahmen mit auf Querftegen ruhenden geraden und parallelen Bodendrähten; *b)* mit folchen Drähten ohne fichtbare Stege (z. B. Papier Nr. 6275) und *c)* mit feinftem Drahtfieb, ähnlich wie an unferen Velinformen. Wie die beiden erfteren als gerippte Formen hauptfächlich zur Erzeugung geringerer oder mittlerer Papiere von ungleichmäfsiger Dicke dienten, deren Bogen als getreue Abdrücke von der Form beim Durch-

---

[1] Löw, Aramäifche Pflanzennamen, 290 f.

[2] Muḳaddafî, l. c. 100.

[3] Nabrawî, Nihâjet er-rutbe, Handfchrift der Wiener Hofbibliothek, Cod. 1831 (N. F. 272), Fol. 27 *r*, 28 *a*.

[4] Ibn el-Furât, Târîch ed-duwal wa-l-mulûk, arabifche Handfchrift der k. k. Hofbibliothek zu Wien, A. F. 117, IX. Band, Fol. 42 *a*: وفى هذه اليوم امر الملك الظاهر بان ينادى بابطال مكس النشاء ومكس النحاس والجلود فنودى بذلك.

[5] Keferstein in der Allgemeinen Encyclopädie von Ersch und Gruber, l. c. 85.

ſehen gegen das Licht dieſelbe als helle transparente Linien ausgedrückt enthalten; konnten mit der dritten Form, freilich bei gröſserer Mühe, daher mit mehr Zeitverluſt, feinere Gattungen geſchöpft werden, deren Bogen ihrer gleichförmigen Dicke wegen und nach der Preſſe beim Durchſehen ohne helle Linien erſcheinen. Nur an einzelnen der dünnſten Exemplare vermochte ich bei aufmerkſamer Betrachtung in der Transparenz noch Spuren des Drahtgeflechtes erkennen. Ich werde im Folgenden mittheilen, welche techniſche Verwendung als Hilfsbogen dieſe dünnſten arabiſchen Velinpapiere in der Papierfabrication fanden.

Die Rippenmaſse anlangend, ergaben ſich bei 1 Millimeter Abſtand eines Rippendrahtes von dem anderen, auf 1 Centimeter ſechs Rippen, alſo z. B. in dem Papiere 6059 an deſſen 15 Centimeter meſſender Länge die Zahl von 90 Drähten. Und dies gilt durchſchnittlich, ſo auch an den Papieren 6154, 6275, 6384 u. ſ. w.; nur ſelten, wie z. B. bei Nr. 7348, konnten bloſs 5 Rippen auf 1 Centimeter gezählt werden. Auf der dieſer Abhandlung beigegebenen Tafel III habe ich zwei gerippte Papiere in Lichtdruck abbilden laſſen: Nr. 1, ein feſtes, geglättetes, glänzendes Papier vom Jahre 950, gibt ſelbſt in der Reproduction noch die Spuren der Drahtſtäbe zu erkennen; Nr. 2, ein ſehr feines ägyptiſches Papier vom Jahre 953 läſst, nachdem es auf ſchwarzer Unterlage photographirt wurde, die hellen transparenten Drahtlinien dunkel, deren Zwiſchenräume hingegen licht erſcheinen.

Sobald die geſchöpften Bogen von dem Rahmen weg gekautſcht und getrocknet worden waren, ging man an das Glätten derſelben, indem ſie einzeln mit gläſernen Polirſteinen gerieben wurden. Die Art des Kautſchens, d. h. die Ablegung der friſch geſchöpften, naſſen und auſserordentlich weichen Bogen auf eine rauhe Unterlage, entweder nach chineſiſcher Manier auf eine mit Feuer oder durch die Sonne erhitzte Mauerfläche oder auf grobe Filze, zu deren Flächen ſie mehr Adhäſion zeigten, als zu dem Drahtgeflechte des Schöpfrahmens, mag die Urſache geweſen ſein, daſs die arabiſchen Papiere ungleiche Flächen boten, indem eine Seite weniger glatt als die andere, daher minder gut zu beſchreiben war. Alſo muſste man, ſollte das Papier auf beiden Seiten beſchreibfähig ſein, zwei Bogen zuſammenleimen. Wir ſind darüber nicht ohne hiſtoriſche Nachricht. Es iſt die oben S. 138 bereits citirte wichtige Stelle aus Muḳaddaſî, nach welcher ‚man in Jemen die Papierbogen mit (Kleiſter aus) Weizenſtärke zuſammenklebte‘. Sie erhält weiteres Licht und gewährt uns erſt volles Verſtändniſs durch die Papiere der erzherzoglichen Sammlung, an welchen man in der That beobachten kann, daſs ſie zum allergröſsten Theile auf ſolche Weiſe waren hergeſtellt worden. Dieſe Leimung, obwohl ungemein ſorgfältig und äuſserlich unkennbar durchgeführt, verbindet die Blätter keineswegs unzertrennlich mit einander. Es gelang mir, unbeſchadet den Schrifttexten, verſchiedene mitunter ſehr inſtructive Proben durch Lostrennung der beiden Papierſchichten darzuſtellen.[1] Stets ſind die Innenflächen nach der Loslöſung rauh, filzig oder wollig (z. B. Nr. 5044) anzuſehen. Das nebenſtehende, bei elektriſcher Beleuchtung als Transparentbild aufgenommene Papier zeigt bei *a* die undurchſichtige Fläche der Doppelſchicht, bei *b* den nach Ablöſung der oberen Schicht zu Tage tretenden wolligen

[1] Ich führe hier nur an: Nr. 2082, 3462, 3536, 3537, 3565, 4010, 4074, 4112—4121, 4133, 4158, 5044, 5045, 5554, 5930, 6016, 6059, 6154, 6275, 6384, 7180—7182, 7315, 8015, 8107, 8200, 8228 u. ſ. w.

Inhalt der Klebeflächen. Wie die aus dickflüſſiger Papiermaſſe geſchöpſten einfachen, ſind auch die doppelten Bogen in der Regel undurchſichtig. Man benützte zu ihrer Herſtellung gewöhnlich ungleich dicke Bogen, von welchen dann der ſtärkere ſtets der gerippte (Nr. 6154), der ſchwächere hingegen der aus der Velinform geſchöpfte war, deſſen Verwendung zu dieſer Klebung ich oben hereits angedeutet. Nur die feineren Sorten derſelben bewahrten die Transparenz, und zwar in der Weiſe, daſs bei Durchſicht gegen das Licht auch noch die Erſcheinung der Rippen zur Geltung kommt. Merkwürdig iſt es aber, wie man ſelbſt die dünnſten und leichteſten Papiere durch dieſe künſtliche Zuſammenfügung zweier Bogen auf beiden Seiten beſchreibbar zu machen verſtand. Das oben S. 123 erwähnte ägyptiſche Papier 4133 liefert dafür den entſprechenden Beleg. Solche zweiſchichtige, auf beiden Seiten glatte Papiere nannten die Perſer ‚zweigeſichtig'.[1] Sie ſind von Anbeginn bis zum Ausgang des Mittelalters erzeugt worden. Man wird bis in das XV. Jahrhundert kaum eine orientaliſche Handſchrift finden, deren Blätter, falls ſie einen ſtärkeren Körper aufweiſen, nicht ‚zweigeſichtig' zuſammengeleimt worden wären.

Papier Nr. 7827.

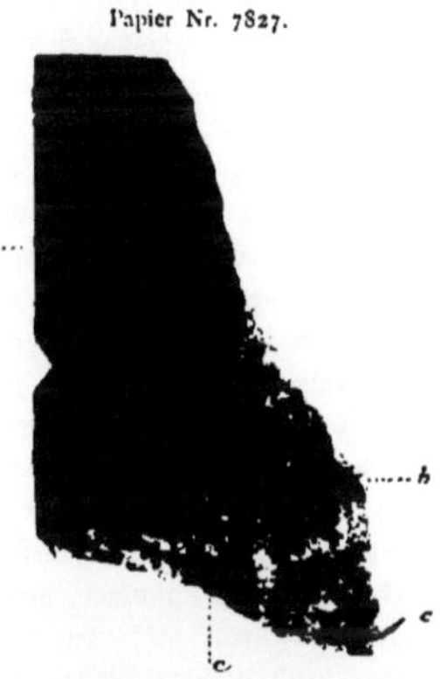

Aus dem Jahre 946/947 n. Chr.
a doppelſchichtig, undurchſichtig; b nach Ablöſung einer Schicht als transparentes Lichtbild aufgenommen. c Garnſaden.

Die fertigen Bogen, aus denen man verſchiedene Formate oder Blätter ſchnitt, überſchritten nicht die durch das Schöpſverfahren bedingte, anfänglich ſehr mäſsige Gröſse. Denn wenn im X. Jahrhundert von dem oben S. 118 erwähnten, in Chorâſân erzeugten ſogenannten ‚Suleimâniſchen Papiere' geſagt wird, daſs ومقدار ما فيها عشرون سطرا اعنى فى صحيفة الورقة, jedes Blatt (Halbbogen) desſelben auf einer Seite 20 Zeilen (Verſe) faſſe,[2] ſo ſind darunter Codexblätter zu verſtehen, welche nach mittlerer Schätzung auf ein Buchformat von 24 : 16 Centimeter, demnach auf einen Bogen von etwa 32 Centimeter Länge und 24 Centimeter Breite ſchlieſsen laſſen. Die allgemein gebräuchlichen Bezeichnungen für derlei Blätter ſind die folgenden. Ein Bogen, ſowohl der einfache, als auch der durch mechaniſche Zuſammenſetzung vergröſserte, wie wir ſpäter ſehen werden, hieſs درج *dardſch*, Plural دروج *durûdſch*; ein Blatt قرطاس *ḳarṭâs* = χάρτης = *charta*, Plural قراطيس *ḳarâṭis*, ſo im Commentar zu Hariri:[3] القرطاس قطعة من كاغد, ‚el-Ḳarṭâs iſt ein Stück Papier'. Auch كاغد *kâghid*, ورق *wárak*[4] und صحيفة *ṣahîfe*.

Erſt in ſpäteren Jahrhunderten verſtand man ſich auf das Schöpfen von erheblich vergröſserten Bogen. Das Vollkommenſte erzielten darin die Papiermanufactur von Bagdâd,

---

[1] Târîch-i Waṣṣâf, l. c. I, 434.

[2] Kitâb el-fihriſt, l. c. 159.

[3] Kitâb makâmât, ed. DE SACY, 552.

[4] Hâfiz Abrû († 1431) in Collections scientifiques de l'Institut des langues orientales, III. Manuscrits persans, décrits par ROSEN, St. Pétersbourg 1886, 107: وبر مثل سكه زد بر اوراق كاغذ نهند وبوى تسليم كنند.

die mit ihr rivaliſirende Fabrik in Damaskus und die ägyptiſchen Manufacturſtätten. Mit dem im Jahre 815 d. H. = 1412 n. Chr. unter der Regierung des Mamlûken-Sultâns el-Melik el-Mu'ajjad Scheich nach dem Muſter des Bagdâder zum erſtenmale erzeugten ſogenannten الطومار الكامل, ‚vollkommenen Tûmâr-Papier' wurden auch in Aegypten Bogen (دروج) in der anſehnlichen Breite von 1½ Weberellen (à 48·886 Centimeter) = = 73·329 Centimeter geſchöpft. Da die von mir aus den an orientaliſchen Handſchriften europäiſcher Bibliotheken vorgenommenen Meſſungen gewonnene Erfahrung lehrt, daſs die Breite der Buchblätter durchſchnittlich zwei Drittel ihrer Länge miſst, ſo wird die Länge (Höhe) dieſer gröſsten ägyptiſchen Papierbogen auf 109·9 Centimeter anzuſetzen ſein; das gäbe nämlich aus dem Bogen einfach gefaltete Buchblätter (مدرجة) von 73·3 Centimeter Höhe und 36·6 Centimeter Breite. Nun weiſt der prachtvolle, 1683 bei der Erſtürmung von Ofen durch die ſächſiſchen Truppen erbeutete, im Jahre 1306 im Auftrage des Hulaguiden-Sultân Öldſchâitû Chudâbendè Chân zu Bagdâd geſchriebene Korân der Leipziger Stadtbibliothek,[1] ein (allerdings beſchnittenes) Blattformat von 66·2 Centimeter Höhe und 47·7 Centimeter Breite auf, welch' letztere in Folge der einfachen Faltung zur Blattlage doppelt genommen, eine Länge von 95·4 Centimeter und eine Breite von 66·2 Centimeter für einen Bagdâder Ganzbogen gröſsten Formates, der mit dieſem Korân unzweifelhaft vorliegt, ergibt. Daraus erſieht man weiters, daſs jenes ‚Vollkommene Tumâr-Papier' der ägyptiſchen Fabriken in der That dem Muſter des ſogleich zu erwähnenden Bagdâder Ganzpapieres entſprach. Noch ein anderes Beiſpiel aus Damaskus. Der daſelbſt 738 d. H. = 1337 n. Chr. geſchriebene Codex CCXXXVII der königl. Bibliothek zu Kopenhagen (vergl. auch WIESNER, S. 246, Nr. 53), ergab mir bei der Meſſung eine Höhe von 22·1 Centimeter, eine Breite von 15·5 Centimeter. Da auch hier wieder die letztere im Zweidrittel-Verhältniſs zur erſteren ſteht, ſo ſtellt ſich die ganze Länge des für dieſe Buchlagen benützten Bogens auf 88·4 Centimeter, deſſen Breite auf 62 Centimeter; ſomit war es ein Bogen nach dem Muſter der ſogenannten bagdâdiſch unvollkommenen Dimenſion (ſiehe unten S. 157 die Tabelle), welcher für den Codex Einſechzehntel-Blätter, beziehungsweiſe acht einfach gefaltete Bogen (مدرجة) oder Doppelblätter eines Heftes (*kurrâs*) lieferte.[2]

Es iſt ſelbſtverſtändlich, daſs die den Handſchriften entnommenen Maſse eine durch den Buchſchnitt erlittene Reduction involviren. Nimmt man daher die für das ägyptiſche ‚Vollkommene Tûmâr-Papier' gegebene Breite von 1½ Ellen = 73·329 Centimeter als Ganzpapierpapier nach Bagdâder Muſter zur ſicheren Baſis für die Berechnung der fabriksmäſsigen Gröſse unbeſchnittener Bogen, ſo reſultirt für den

a) Bagdâder Ganzbogen:	Länge	109.9	Centimeter,	Breite	73·329	Centimeter.
b) Bagdâder Halbbogen:	„	73·329	„	„	48·8	„
c) Vollkommenes Tûmâr-Papier:	„	109·9	„	„	73·329	„

[1] Vergl. meine Beſchreibung desſelben im ‚Catalog der hiſtoriſchen Ausſtellung der Stadt Wien, 1883', 3. Auflage, S. 228, Nr. 697.

[2] Natürlich kann ich mich hier auf weitere in den Bereich der Handſchriftenkunde fallende Details nicht einlaſſen. Die Ergebniſſe meiner diesbezüglichen Studien müſſen der Veröffentlichung bei anderer Gelegenheit vorbehalten bleiben.

Diefe Papiere gröfster Dimenfion führten die Bezeichnung قطع *ḳaṭ'*, d. h. ‚Stück, Abfchnitt' oder قطع الورق, ‚Stück Papier',[1] alfo dasfelbe was τομάριον ift, womit eigentlich das Format eines Blattes charakterifirt wird. Weiter bezeichnete القطع الكبير, ‚das grofse Ḳaṭ'' oder القطع الكامل, ‚das vollkommene Ḳaṭ'' das Ganzpapier gröfsten Formates, نصف قطع, ‚ein halbes Ḳaṭ'' das Halbpapier. So lieft man in der Lebensbefchreibung des auch als Schönfchreiber berühmten Mamlûken-Emîr's Schîhû († 1351), dafs er kalligraphifche Prachtleiftungen في القطع البغدادى الكبير, ‚auf grofsem Bagdâder Papier' der Omaijaden-Mofchee geftiftet habe.[2] Im Jahre 1300 langte in Damaskus ein mit dem Infiegel verfehener Brief des Ilchâniden-Sultân Ghâzân Mahmûd an, وهو مكتوب بالمغلى بخط غليظ [في] قطع البغدادى, ‚und er war gefchrieben in mongolifcher Schrift von fchwerem Ductus auf einem Blatt Bagdâder Papier.'[3] Der berühmte Ilchâniden-Wezîr und Hiftoriker Rafchîd ed-dîn (geb. 1240, geft. 1318), welcher fein grofses perfifches Gefchichtswerk Dfchâmi' et-tewârich 1310 vollendete, berichtet felbft, wie davon Copien على قرطاس فى غاية الجودة واللطافة بقطع كبير بغدادى بخط مليح صحيح, ‚auf einem Papiere von äufserfter Güte und Schönheit des grofsen Bagdâder Formates, in hübfchem lesbarem Ductus' angefertigt wurden.[4] Weiter lieft man an anderen Orten: الكتاب مشتمل على ستين كراسًا من قطع الكامل, ‚das Buch war zufammengefetzt aus 60 Heften von vollkommenem Papiere,[5] dann: ما وضع فى الفوطة من القطع الكامل, ‚was von dem vollkommenen Papiere in dem Schnupftuch deponirt war',[6] oder: الكتاب مكتوب بخط غليظ فى نصف قطع البغدادى, ‚das Werk war mit fchwerem Ductus gefchrieben auf einem halben Blatt Bagdâder Papier',[7] und الكتاب هو من قطع نصف البغدادى, ‚das Buch war auf dem Formate eines halben Bagdâder Papiers gefchrieben.'[8] Endlich erwähnt noch Sachâwî († 1245) in feiner Gefchichte der ägyptifchen Richter[9] ein Werk, deffen 40 Bände aus Papieren verfchiedener Provenienz gebildet waren: fünf Bände gröfsten Formates beftanden aus fyrifchem Halbpapier, drei oder weniger aus ‚vollkommenem Papier', die übrigen aus ägyptifchem Papier und — wie merkwürdig! — aus ‚Quartblättern von Papieren der fränkifchen Länder'. Wie man fieht, hatte die europäifche Papierfabrication bereits in der erften Hälfte des XIII. Jahrhunderts in den Augen der Orientalen einen folchen Grad der Vervollkommnung erfahren, dafs ihre wahrfcheinlich aus Italien oder Frankreich ftammenden Erzeugniffe auf dem ägyptifchen Papiermarkte mit den einheimifchen Producten erfolgreich zu concurriren vermochten.

---

1 Diwân el-infchâ, l. c. CXXXIII.

2 Askalânî, Durret el-kâmine etc., Handfchrift der k. k. Hofbibliothek in Wien, Cod. 1172, II, Fol. 9*a*: وشيخو العلوى الناصرى الساقى احد الامراء بمصر والشام وكان يكتب خطًا حسنًا كتب بخطه ربعه بقلم المحقق فى القطع البغدادى الكبير و وقفها بالجامع الاموى.

3 Cod. arab. 406 der königl. Hof- und Staatsbibliothek, Fol. 97*a*.

4 Rafchîd ed-dîn, Hist. des Mogols par Quatremère, CLXVIII.

5 Chalîl ez-Zâhirî, Cod. arab. 695, Fol. 4*r* der Parifer Nationalbibliothek bei Quatremère, l. c. CXXXIII.

6 Diwân el-infchâ, l. c.

7 Abû-l-mahâfin, Cod. arab. Paris. 663, Fol. 49, bei Quatremère, l. c. CXXXIII.

8 Makrîzî, Kitâb es-folûk, Cod. arab. Paris. Nr. 672, I, pag. 562, bei Quatremère, l. c. CXXXII.

9 Cod. arab. Paris. Nr. 690, Fol. 8*r*, bei Quatremère, l. c. CXXXIII.

Wer den auf äuſserlichen Pomp gerichteten Sinn der Orientalen kennt, wird ſich nicht wundern dürfen, daſs das Streben derſelben ſchon frühzeitig darauf hinausging, ſowohl in dem brieflichen Verkehr der Groſsen untereinander, als auch in den bedeutſameren Acten der Kanzleien (wie Inveſtiturdiplome, Stiftungsurkunden etc.) prunkhaft aufzutreten. In erſter Linie ſuchte man daher durch den Umfang der Documente und die Gröſse und kalligraphiſchen Verſchlingungen der Schriftzüge die Feierlichkeit der Emanationen darzuthun. Für derlei officielle Anforderungen reichte natürlich das übliche Format der Papiere nicht aus; man muſste auf eine Vergröſserung desſelben bedacht ſein. Da ſich dieſelbe jedoch auf dem gewöhnlichen Wege der Papierbereitung des Schöpfens nicht erzielen lieſs, kam man auf den Gedanken, Bogen gröſseren und gröſsten Formates, ſowie ganze Rollen auf mechaniſchem Wege durch Anſtückelung oder Aneinanderleimung herzuſtellen, zumal als man in den noch gangbaren Papyrusrollen dafür die bequemſten Vorbilder hatte.

So ward denn die Colleſis der Papyrus-Selides vollſtändig in die Papiermanufactur übertragen. Die Papiere der erzherzoglichen Sammlung liefern hiezu die erſten recht merkwürdigen Belege.

Wie bei der ϲελίϲ des Papyrus, nahm man an dem Papiere die Breite des Blattes zur Länge für die Colleſis, die auch hier, dem althergebrachten Uſus gemäſs, ſo ziemlich gleich blieb. Man ſieht, wenigſtens nach den bisher an völlig intacten Colliirungen möglich geweſenen Meſſungen, daſs dieſe Blattlängen (eigentlich Breiten) den mittleren Paginabreiten der gewöhnlichen Papyrusſorten gleichkamen. Wie unter dieſen die *hieratica* 20·33 Centimeter, die *Fanniana* 18·48 Centimeter, die *amphiteatrica* 16·63 Centimeter u. ſ. w. in der Breite maſsen (Birt, 248 f.), welche Zahlen auch in der ſpäteren arabiſchen Zeit noch als durchſchnittliches Mittelmaſs gebräuchlich waren, gibt die Blattbreite unſerer colliirten Papiere des X. Jahrhunderts, z. B. an Nr. 7276 bei drei aneinandergeleimten Selides (die vierte iſt abgeriſſen), für jede Selis 17·5 Centimeter, an einem zweiten Stücke 19 Centimeter (Nr. 10.915). Erſichtlich hat dieſe in der Mache äuſserlich zu Tage tretende Conformität der Papierrolle mit der Papyrusrolle jenem oben (S. 118) erwähnten älteſten Choràſàner ‚Pharao-Papier' zu ſeinem Namen verholfen.

Jedes zur Colleſis kommende Blatt hieſs طبق *ṭábaḳ*, Pl. *aṭbâḳ* oder S. طباق *ṭibâḳ*,[1] d. i. ‚ein Blatt, das zu einem anderen paſst', perſ. تخته *tachtè*; die Colleſis ſelbſt, d. h. die durch die Aneinanderleimung markirte Verbindung der Selides heiſst وصل *waṣl*, Pl. اوصال *auṣâl*, ‚Verbindung'; die aus ſolch mechaniſcher Zuſammenſetzung von Papierblättern entſtehende Rolle nannte man درج *dardſch*, Pl. دروج *durûdſch*. So lieſt man im Diwân el-inſchâ:[2] المراد بالدرج فى العرف العام الورق المستطيل المركب من عدة اوصال, ‚Unter *dardſch* verſteht man im gewöhnlichen Sprachgebrauch das durch eine Anzahl Verbindungen (*auṣâl*) verlängerte, zuſammengeſetzte Papier.' Wie dieſe Zuſammenleimung geſchah und ausſah, iſt an dem Tafel III, Nr. 1 abgebildeten Billet vom Jahre 950 n. Chr., deſſen Colleſis nur 4 Millimeter beträgt, erſichtlich. Die fertigen Papierrollen kamen ſelbſtverſtändlich durch den Handel in Verkehr; ſo finden ſich auf dem Papiere Nr. 8201

---

[1] 'Askalânî, ed-Durrar el-kâmine, Manuſcript der k. k. Hofbibl. in Wien, Mxt. 245, Fol. 3 r.

[2] Man. arab. Paris. Nr. 1573, Fol. 109 v in der Histoire des Sultans Mamlouks par Makrîzî, traduit par Quatremère, II, ii, 221.

unter allerlei Handelsartikeln notirt: دروج ثلاثين درج, ‚Papierrollen: 30 Rollen'. Indem man fie zu den verfchiedenften Befchreibzwecken gebrauchte, zerfchnitt und befchrieb man fie ohne Rückficht auf die Collefis, welche immerhin eine kleine Unebenheit der Schreibfläche verurfachte. Aus den erzherzoglichen Papieren laffen fich hiefür hunderte Beifpiele anführen: fo hat an dem Papier 3074 (X. Jahrh.) der Zufchnitt zwei Colliirungen getroffen, d. h. in die Schreibfläche gebracht, desgleichen an Nr. 2971 (XI. Jahrh.) u. f. w.

Es ift einleuchtend, dafs man auf Wunfch aus den Fabriken beliebig lange Rollen oder umfangreiche Blätter erhalten konnte, dann war eine folche Rolle oder das Blatt معهود *ma'hûd*, d. h. ‚in der Länge vertragsmäfsig bedungen'. So befpricht Beihaḳî,[1] der Zeitgenoffe des Ghaznewiden Mas'ûd, in feiner perfifchen Lebensbefchreibung diefes Sultâns zum Jahre 421 d. H. = 1030 n. Chr. ein Diplom, welches auf drei (colliirte) Blätter Papier in Ḳarmatha-Schrift ausgefertigt worden war: ومنشور برسه تخته كاغذ بخط من موقط نبشته شد. Der oben erwähnte Wezîr und Hiftoriker Rafchîd ed-dîn fchreibt über die von ihm beabfichtigte Anfertigung von Landkarten[2]: وكان من الضرورة ان يكون اوراقها اكبر ليحصل الغرض المذكور اسهل وايسر فلا جرم جعلنا اوراقها بحيث يكون كل منها مقدار ستة اطباق من القطع البغدادى المعهود ‚In Erwägung, dafs der erwähnte Zweck leichter und beffer würde erfüllt werden, wenn den (Landkarten-) Blättern die gröfstmöglichfte Dimenfion gegeben würde, haben wir fie denn unter vertragsmäfsiger Stipulation in der Weife anfertigen laffen, dafs jedes einzelne Kartenblatt aus fechs zu einander paffenden Theilen *(aṭbâḳ)* von Bagdâder Ganzpapier angefertigt wurde.' Von koloffaler Länge war das in einer Rolle aus nicht weniger denn 70 Bagdâder Bogen (51 Meter) beftehende, von Muhjî ed-dîn 'Abd ez-Zâhir kalligraphifch ausgefertigte Sendfchreiben, welches der ägyptifche Mamlûken-Sultân Beibars, 1262, an den Mongolen Bereke Chân abfandte.[3]

Während die auf folche Weife durch Zufammenleimung entftandenen Rollen in jeder Länge erzeugt werden konnten, in ihrer Dimenfion demnach an keine Norm gebunden waren, kamen die einfachen Blätter nur nach genau beftimmten Sorten und Formaten gezählt und zufammengelegt in den Handel. Je nach der Zeit und Localität wechfelten ihre Bezeichnungen. Während man in Syrien den gewöhnlichen Bogen طلح *ṭalah* nannte, hiefs er in Aegypten فرخة *farcha*. Das Buch führte hier den Namen دست *daeft* (aus dem Perfifchen), d. i. ‚Hand' (met. Blatt), daher franz. *main de papier;* in Syrien: كفّة *keffa*, die arabifche Ueberfetzung des perf. *daeft*. Das Riefs nannte man رزمة *rizme*, ‚Bündel, Packet', davon ital. *risma*, fpan. *resma*,[4] franz. *rame*, engl. *ream*, deutfch *rizz* (XIV. Jahrh.),[5] Riefs. Von den Bogen *farcha* (3584·7 Quadratcentimeter Flächeninhalt), machten 25 ein Buch, 5 Buch ein Riefs.[6] In dem Papiere Nr. 8201 der erzherzoglichen Sammlung (X. Jahrh.) finde ich dementfprechend erwähnt: ورق فرخ رزمين ‚Zwei Riefs Farch-Bogen' und in Nr. 8200 unter verfchiedenen aufgezählten Papierforten auch: ربع رزمة ورق αγ ‚¼ Riefs

---

1 Târîch-i Beihaḳî, Ausgabe von Calcutta, 1861, 168.

2 Rafchîd ed-dîn, Histoire des Mogols, l. c. CXLVIII.

3 Hammer-Purgstall, Ilchâne, l. c. I, 216 f.

4 P. de Alcala überfetzt: *resma de papel*, Dozy-Engelmann, Gloff. 333.

5 Wattenbach, l. c. 121.

6 Dîwân el-Infchâ, l. c. CXXXV.

Papier, Preis: $1^2/_3$ Karat' d. i. circa 1·25 Francs. Natürlich richtet ſich der Preis nicht allein nach der Gröſse der Bogen, ſondern auch nach ihrer Stärke und ſonſtigen Beſchaffenheit, ſowie nach der Farbe. Unter den mir vorliegenden Papieren des mehrhundertjährigen Zeitraumes finden ſich die verſchiedenartigſten Sorten. Wir bemerken da unter den feinſten ägyptiſchen Papieren[1] ſolche, die leicht, dünn, faſt durchſichtig ſind; andere Papiere hingegen haben einen ſchweren Körper, ſind dabei glatt, feſt, dicht, undurchſichtig, pergamenartig, viele andere wieder ſind rauh oder filzig,[2] wenn auch mitunter ſehr zart und dünn (Nr. 2215), auch wollig[3] und flieſspapierartig. Die Lichtdruckbilder auf Tafel III veranſchaulichen genügend deutlich einige charakteriſtiſche Sorten: Nr. 1 iſt geglättet, dünn, feſt, pergamenartig; Nr. 2 rauh, doch fein und dünn, im Körper durchſichtig; Nr. 3 filzig, mittelſtark, undurchſichtig; Nr. 4 filzig, faſt tuchartig, dicht und ſtark im Körper; Nr. 5 endlich glatt, ſehr ſtark, pergamenartig, undurchſichtig.

So mannigfaltig wie dieſe an den Papieren uns deutlich in die Augen ſpringende Verſchiedenheit, war auch ihre ſonſtige Erſcheinung in Bezug auf eine farbenreiche Abwechslung.

Wenn ich nun auf die Papierfärberei zu ſprechen komme, ſo ſtellt ſich zunächſt die Frage: Welches war die Grundfarbe der älteſten Papiere? Hat man urſprünglich ganz weiſse Papiere zu erzeugen verſtanden?

Unſere Paläographen behandelten wohl auch die Farbenfrage, d. h. ſie ſprachen über ‚gefärbte' Papiere,[4] haben jedoch zu ſagen unterlaſſen, was ſie grundſätzlich unter ‚ungefärbten' Papieren verſtehen. Es gilt nämlich keineswegs für ſo ſelbſtverſtändlich, die weiſse Farbe ſei die Grundfarbe der älteſten, die gewöhnliche Farbe überhaupt, der Papiere geweſen. Denn wir wiſſen ja, daſs die Grundfarbe im techniſchen Sinne abhängig iſt, nicht allein von dem materiellen Inhalt des Ganzſtoffes, ſondern auch von der mehr oder minder energiſchen Durchführung der Koch-, Mahl- und Bleichproceſſe des Lumpen- oder Hadernmateriales.

WIESNER'S Unterſuchungen haben nun auch in dieſer Beziehung zu dem entſcheidenden Ergebniſs geführt, daſs die Pigmentirung unſerer in den mannigfachſten Farbtönen abgeſtuften Papieren — von den künſtlich gefärbten Stücken natürlich abgeſehen — auf einen Humificationsproceſs zurückzuleiten ſei, daſs zum mindeſten die beſſeren Sorten derſelben urſprünglich eine ‚weiſse oder nahezu weiſse Farbe' hatten (ſiehe unten S. 224).

Eine groſse Zahl mir vorliegender älteſter Papiere der erzherzoglichen Sammlung[5] geſtattet bei Betrachtung mit freiem Auge ſchon die Richtigkeit dieſes Satzes zu erproben, und die arabiſchen Quellen treten dazu beſtätigend ein. Kein Zweifel alſo, die Araber haben ganz ſo wie unſere Zeit die Bleiche entweder ſchon mit unverarbeiteten Lumpen oder nach der Darſtellung des Halbzeuges (défilage) mit dieſem vorzunehmen,

---

[1] Z. B. die Nummern 2215, 4074, 4133—4138, 7416, 8023, 8219 etc.

[2] Nr. 3064, 3462, 7203, 7354, 7355, 7357, 7463, 7473 u. ſ. w.

[3] Nr. 7185—7187, 8060—8064, 8121, 8122 etc.

[4] WATTENBACH, l. c. 115.

[5] Ich greife nur wenige Nummern heraus: 7132, 7185—7187, 7246, 7248, 7354, 7355, 7385, 7448—7454, 8012, 8013, 8060 bis 8064 u. ſ. w.

ſomit ganz weiſse Papiere zu erzeugen verſtanden. Inwieweit aber die Grundlage dieſes Verfahrens bei den erſteren von jener des Bleichens der neuen Leinwand (التبيض) abwich oder in welcher Weiſe dasſelbe bei dem Halbzeuge prakticirt wurde, wiſſen wir nicht, wenngleich die von WIESNER ermittelte Leimung der verkleinerten Papiermaſſe mit Stärkekleiſter und noch mehr die Verſetzung derſelben mit unverkleiſteter Stärke ſchon eine beträchtliche Steigerung der Weiſse herbeigeführt haben müſste.

Genug dem, an vielen Stücken unſerer Papiere erſcheinen noch heute ſtellenweiſe Flächen von auffallender Weiſse, wenn eine glückliche Lage des Papiers in der Fundſtelle oder ein hinreichender Schutz ſeiner Oberfläche durch Faltencomplexe die humificirenden Einflüſſe von ihm abgehalten haben.

Damit ſtimmt, was wir in unſeren Quellen darüber leſen.

Schon die Bezeichnung قرطاس *ḳarṭâs* = χάρτης, ‚ein Blatt Papier', ſchlieſst in ſich den Begriff ‚weiſs' ein. Man ſagt daher von einem Schimmel: قرطاسى ‚weiſs wie Papier'.[1] Weiſs werden auch ſonſt ausdrücklich die Papierblätter, دروج بيض, genannt.[2] Dasſelbe beſagt auch der berühmte Schönſchreiber Ibn el-Bawwâb († 1022) in einem der ‚Kalligraphie' (صناعة الخط) gewidmeten Lehrgedicht mit dem auf die Beſchreibung der Tintenbereitung folgenden Verſe:

حتّى اذا ما خمّرت فاعمد الى ☆ الورق النقيّ الناعم المخبور

‚Sobald dieſe Miſchung genügend ausgegohren iſt, nimm das reinweiſse, glatte, erprobte Papier.'[3]

Der techniſche Ausdruck بياض, ‚Weiſse, weiſser Fleck zur Bezeichnung von Lacunen in alten handſchriftlichen Texten geht auch wieder zurück auf die urſprüngliche Farbe des Beſchreibſtoffes, alſo in dieſem Falle gerade des Papiers, wie denn gegenſätzlich der Ausdruck عتّق, ‚alt werden laſſen oder machen', d. h. bräunen, mit Beziehung auf das Papier eine Praktik der Urkundenfälſchung charakteriſirt.[4]

---

[1] Chafâdſchî, Schifâ el-ghalîl, Conſt. Ausgabe vom Jahre 1282, 180: القرطاس الفرس الابيض. Dagegen kann das Wort auch eine Falbe bezeichnen (Makrîzî, Hist. des Sult. Mamlouks par QUATREMÈRE, I, 1, 135), nicht allein in Hinblick auf die Farbe der Papiere, welche eben wechſelte und von denen es auch bleichgelbe Sorten gab, ſondern ſelbſt noch in Beziehung auf قرطاس = ‚ein Blatt, eine Rolle Papyrus', ſo lange eben dieſer Beſchreibſtoff temporell in Betracht kommt. Die eigentliche techniſche Bezeichnung dieſer Papyrusgattung iſt aber منقوف *manḳûf* ‚falb, blaſsgelb', Pap. Erzh. Rainer 6954 (früh VIII. Jahrhundert): ثلثى قرطاس منقوف نصف درهم d. h. ‚eine Zweidrittel-Papyrusrolle blaſsgelber Sorte, Preis: 1/2 Dirhem.' — Der Vergleich der Kameelwange mit einem ‚Syriſchen Ḳarṭâs' in Tarafa's Mu'allaḳa, ed. ARNOLD, 46, Vers 31: وخدّ كقرطاس الشآمى, geht jedoch auf Pergamen.

[2] QUATREMÈRE, l. c. I, 2, 176; II, 2, 221.

[3] Ibn Chaldûn, Prolégomènes, ed. QUATREMÈRE, I, II, 347. Das von Ibn el-Bawwâb gegebene intereſſante Tintenrecept iſt: Mit Weineſſig oder dem Safte unreifer Trauben angemachter Kienruſs, dem etwas mit Auripigment und Kampher zerriebener und vermiſchter rother Ocker beigemengt wird.

[4] Arg betrieb dieſes Geſchäft ein gewiſſer Danieli im Jahre 319 H. = 931 Chr. zu Bagdad: وكان يعتّق الكاغذ ويكتب فيه بخطّ ما يشبه الخطّ العتيق الخ ‚er gab dem Papiere ein altes Ausſehen und beſchrieb es mit einem Ductus, der den alten Schriftzug imitirte.' Ibn el-Athîr, Chron. ed. TORNBERG, VIII, 169.

Die Kunst, ganz weisse Papiere zu erzeugen, hatten die Araber überallhin, soweit ihre Zunge reichte, verbreitet; demnach auch auf europäischen Boden, nach Spanien. Der Geograph Idrisi[1] schreibt 1176 darüber, indem er von der Feste Bocayrente und einer Gattung ihrer Textilerzeugnisse spricht: Dieselben seien von unvergleichlicher Güte, ‚so dass man in Bezug auf Feinheit und Weisse zwischen ihnen und dem Papiere keinen Unterschied herausfindet (حتى لايفرق بينها وبين الكاغد فى الرقة والبياض)‘. Dass die vollkommene Weisse des arabischen Papiers endlich selbst zu zweifelhaften dichterischen Licenzen Anlass gegeben, dafür ein Beispiel. Als 1250 Ludwig IX. bei Damiette in die Gefangenschaft der Saracenen fiel, sandte Sultân Turânschâh den Mantel des Frankenkönigs in Begleitung eines Siegesschreibens an den Statthalter von Damaskus, Emîr Dschemâl ed-dîn. Die Ankunft dieser kostbaren, aus rothem Scharlach bestehenden,[2] mit Hermelinpelz gefütterten Trophäe begrüsste ein Scheich[3] mit den Worten:

ان غفارة الفرنسيس جاءت * فهى حقًّا لسيد الامراء
كبياض القرطاس لونًا ولكن * صبغتها سيوفنا بالدماء

Der Mantel des Franzosen kam
Als Lohn für uns'ren Grossemîr;
Das Schwert ihm seine Farbe nahm,
Die weiss erst glänzte wie Papier.[4]

Wenden wir uns nun den ‚gefärbten Papieren‘ zu, so findet man für das ‚Schriftwesen im Mittelalter‘ bei WATTENBACH, l. c. 115, bislang nur eine Farbe, die blaue, belegt und diese bloss in zwei Beispielen, von welchen das erstere und ältere auf einer falschen Uebersetzung aus dem Arabischen beruht. Denn der von dem byzantinischen Kaiser an den spanischen Chalifen 'Abd er-rahmân gesandte, mit Goldschrift angeblich auf ‚blauem Papier‘ geschriebene Brief ist in Wirklichkeit ein Sendschreiben auf Purpur-Pergamen gewesen.[5] Der spanisch-arabische Historiker Ibn Adharî[6] beschreibt ausführlich den Empfang der griechischen Abgesandten, wobei er fortfährt: ودفعوا كتاب ملكهم فى رق مصبوغ سماءى مكتوب بالذهب وكان على الكتاب طابع ذهب وزنه اربعة مثاقيل على الوجه الواحد منه صورة المسيح عم وعلى الاخر صورة قسطنطين الملك وصورة ولده, ‚Und sie übergaben den auf Hyacinth-

---

[1] Ed. DOZY et DE GOEJE, 192.

[2] Es gab auch gelben Scharlach.

[3] Nedschm ed-dîn ibn Isrâil, bei Makrîzî, Chit. I, 322.

[4] Wörtlich: ‚seine Farbe war so weiss wie Papier, doch färbten ihn unsere Schwerter mit Blut (roth).‘

[5] Der Ausdruck رق bei Makkarî (History of the Mahometan Dynasties of Spain, II, 141) lässt nur die eine Deutung ‚Pergamen‘ zu. Zamachscharî, l. c. 50 erklärt ihn auf Persisch: كاغد از پوست آهو, ‚ein Blatt aus Ghazellenhaut‘. Und Beidhawî (ed. FLEISCHER, II, 288) merkt zu رق منشور, d. i. ‚ausgebreitetes Pergamen‘ im Korân, Sûre 52, Vers 3 an: الرق الجلد الذى يكتب فيه استعير لماكتب فيه الكتاب, ‚rikk ist das Pergamen, auf welchem geschrieben wird; im bildlichen Sinne für das Material, auf welchem das göttliche Buch geschrieben wurde‘. Der Fihrist endlich (l. c. 21) gebraucht, um die Beispiele genug sein zu lassen, رق, ‚Pergamen‘ geradezu im Gegensatz zu ورق, ‚Papier‘.

[6] Ibn Adharî, el-Bajân el-Maghrib, ed. DOZY, 229. 231.

purpur-Pergamen mit Goldtinte gefchriebenen Brief ihres Herrfchers. Diefer Brief war mit einer goldenen Bulle im Gewicht von vier Mitskalen verfehen, auf deren einer Seite das Bild des Erlöfers — Heil über ihn! — auf der anderen Seite aber die Bildniffe Kaifer Conftantin's und feines Sohnes aufgeprägt waren'. Es war demnach Conftantin VII. Porphyrogennetos, welcher während der Mitregentfchaft feines Sohnes Romanos, 338 d. H. = 949 n. Chr. die Botfchaft an den Chalifen abgeordnet hatte.[1] Die von Ibn Adharî und Makkarî für die Färbung des Pergamens gebrauchte Bezeichnung مصبوغ سماوى und مصبوغ بلون سماوى, ‚gefärbt mit Himmelsfarbe' entfpricht dem perfifchen آسمانجونى *âsmândfchunî*, d. h. himmelfarbig oder hyacinthfarbig, womit der violette Ianthin-, Amethyft- oder Hyacinthpurpur bezeichnet erfcheint. Als eine Species der *purpura blatta* (βλάττιον, *blattin*, fyrifch *baltîn*), war diefer Purpur eine der köftlichften, zugleich theuerften Farben, welche nicht fowohl am byzantinifchen Hof und feinem Gynaeceum, als auch an den königlichen Prunkftoffen der fâfânidifchen Perfer und dann der Araber zur Verwendung kam.[2]

Abgefehen davon, dafs die Ueberfendung eines ‚blauen' Briefes von Seiten des Kaifers an den Chalifen in den Augen vieler Muslimen feines Reiches für eine tödtliche Beleidigung desfelben angefehen worden wäre, da die blaue Farbe nicht allein die verachtete war, weil fie zur gewöhnlichen Farbe der Kopfbekleidung der Chriften ward, fondern auch weil fie in einem grofsen Theile der muhammedanifchen Welt als die Trauerfarbe galt, wenngleich die fpanifchen Omaijaden felbft, die weifse Farbe als folche anerkannten:[3] fo läfst fich die blaue Pigmentirung dennoch in der arabifch-perfifchen Buntpapier-Fabrication nachweifen.

Unzweifelhaft ift aber diefe Farbe, wie alle anderen Pigmente, in älterer Zeit lediglich nur zu fchlichten einfärbigen Papieren gebraucht worden und haben fowohl Körperfarben, wie Saftfarben in der Papierfärberei theils zu felbftftändiger Anwendung, theils zu Mifchungen gedient.

Die blaue Indigo- oder Kobaltfärbung nun, wie man fie den Papieren applicirte, war nur in ganz fpeciellen Fällen gebräuchlich. Wie bemerkt, drückte eben die blaue Farbe die Trauer aus, daher gilt ازرق *ázrak* ‚blau' in alter Zeit — unter den Abbâfiden fchon — foviel wie اسود *áswad* ‚fchwarz' für die Trauer.[4] In Perfien pflegte man bei Todesfällen von Fürften fogar die Minârets und Mofcheenkanzeln mit blauen Filzdecken zu überziehen. Auf blauen Papieren aber wurden in Aegypten und Syrien die Todes-

[1] So datirt S. 231 mit Recht Ibn Adharî. Aus der obigen Befchreibung ergibt fich die Ungenauigkeit eines jeden anderen Datums, deren mehrere überliefert find. Romanus trat 948 die Mitregentfchaft an. Die während derfelben geprägten Goldmünzen tragen genau denfelben Typus, wie die von dem arabifchen Hiftoriker befchriebene Goldbulle: Av./ **COhSTAhT' CE ROMAN' AVGG IA**, die Bruftbilder des Kaifers und feines Mitregenten, dazwifchen das griechifche Kreuz. Rev./ ✠ **IhS XPS REX REGNANTIVM**, Bruftbild des Heilandes von vorn.

[2] Bar Ali, Lex. ed. HOFFMANN, I, 87, Nr. 2451; PAYNE-SMITH, Thef. f. v. baltîn, Bar Bahlûl; Fauftus von Byzanz, Gefchichte Armeniens, aus dem Armenifchen von M. LAUER, Köln 1879, 197; Hamza von Ispahân, Annales, ed. GOTTWALDT, I, 48 ff. Derfelbe Hiftoriker (er fchrieb in der zweiten Hälfte des X. Jahrhunderts) gibt in der Folge, pag. 50 ff., auch die obige Bezeichnung: *lôn es-femâ'*, ‚Himmelsfarbe' für den Hyacinthpurpur.

[3] DOZY, Vêtm., 20.

[4] Kitâb el-'ujûn, ed. DE GOEJE, 292 und Gloff. 33; DOZY, Suppl. I, 588.

beſehle (اكتب الازرق) ausgeſertigt.[1] Blau war auch die Farbe der Entſagenden, im Sinne von Gottesergebenheit. Daher gebrauchte man in Perſien vorzüglich blaues Papier, كاغد كبود *kâghid-i kabûd*, zum Einhüllen der Medikamente, denn nur darin ſah man eine gute Vorbedeutung, was bei dem weiſsen Papiere, كاغد سفيد *kâghid-i sefîd*, nicht der Fall war.[2] Aus demſelben Grunde trugen auch die Anhänger des Scheich Haſan Azraḳpûſch d. i. des Blaugekleideten, blaue Coſtüme, um anzuzeigen, daſs ſie ihre von irdiſchen Gelüſten reine Seele zu Gott erhöben. Sie waren die Betrachtenden, im Gegenſatz zu einer anderen Claſſe der Sûfî, welche die Roſenſarbenen hieſsen, d. h. die Genieſsenden waren.

Die rothe Farbe, in jeder Nüancirung, war in der That eine vornehme Farbe,[3] die des Glücks[4] und der Feſtlichkeit.[5] Trotzdem ſie der Prophet zu des ‚Satans Schmuck' (زينة الشيطان) geſtempelt,[6] erfreute ſie ſich einer groſsen Beliebtheit. Zunächſt was die roſenſarbigen, d. h. licht nüancirten Papiere betrifft, ſo findet man ſie gar häufig zu Büchern gebunden. Die erzherzogliche Sammlung bewahrt unter ihren Papieren mehrſache Proben (z. B. Nr. 5374, 5554 u. ſ. w.) und das bereits oben erwähnte Papierverzeichnis Nr. 8200 (X. Jahrhundert) führt geradezu zwei Poſten ورق مورد *wáraḳ muwárrad*, ‚roſenfarbiges Papier' auf. Dunklere Pigmentirungen von Roth (Zinnober und Ocker)[7] finden ſich an den Papieren Nr. 3361, 4095, 4096 etc. Der Gebrauch des rothen Papiers, الورق الاحمر *el-wáraḳ el-ahmar*, in den Kanzleien, ſowie zur Correſpondenz der Groſsen mit dem Herrſcher, galt als ein Vorrecht hohen Ranges und Beweis auszeichnender Bevorzugung. So genoſſen nur allein der Vicekönig von Damaskus (كافل السلطنة بالشام) und der Gouverneur der Feſtung el-Karak (نايب الكرك) — des Refugiums ſo mancher abgeſetzter Sultâne — das Vorrecht, ihre Correſpondenz mit dem Hoſe (der Hohen Pforte) zu Kairo auf rothem Papiere führen zu dürſen.

Aber nicht allein den ‚Genieſsenden' ward das Roth zur Leibſarbe; es wurde auch zur Farbe der Humanität. Als die auffallendſte unter allen Farben, trugen es die Unterdrückten und Dürſtigen, um dadurch die öffentliche Aufmerkſamkeit zu erregen. Der bagdâder Scheich Abû Sa'îd las einſt Nizâm el-Mulk († 1092 n. Chr.) eine von ihm für dieſen berühmten ſeldſchukiſchen Wezîr geſchriebene, hauptſächlich zum Vorwurf gereichende Predigt vor, weil Nizâm el-Mulk den Armen die Unterſtützungen entzogen. Darin hieſs es (nach der perſiſchen Ueberſetzung des arabiſchen Textes), ein tauber indiſcher König habe einſtens angeordnet, ‚daſs alle Unterdrückten und Dürſtigen ein rothes Kleid anziehen ſollten, und daſs auſser ihnen kein Anderer in einem ſolchen Anzuge erſcheinen

---

[1] Rukn ed-dîn Beibars († 1328), Tohfet el-mulûkijje fî daulet et-turkijje, Handſchrift der k. k. Hofbibliothek in Wien, Cod. 904, Mxt. 665, Fol. 64 *a*, 67 *a*.

[2] Burhân-i Ḳaṭi', l. c. ſ. v. كاغد.

[3] Ibn el-Chatîb, Raudh el-achjâr, Handſchrift der k. k. Hofbibliothek in Wien, N. F. 63, Fol. 121 *r*.

[4] Diwân-i Hâfiz, ed. Rosenzweig, I, 834.

[5] Daher gebraucht man im Perſiſchen جامهء عيد *dſchâmè-i 'îd*, ‚Feſtkleid', metonymiſch für ‚rothes Kleid'.

[6] Ibn el-Chatîb, l. c. Fol. 121 *r*.

[7] Wie der durchgehends aus rothen damasceniſchen Blättern zuſammengeſetzte Cod. CCXXXVII vom Jahre 738 (=1337 Chr.) der königl. Bibliothek in Kopenhagen.

dürfe, damit er ohne die Schwierigkeit der Unterredung die Beschaffenheit der Lage gleich erkennen könne.'[1] Das war eine aus dem Leben gegriffene Fabel. Denn in ganz Persien galt die Sitte Kleider aus rothem Papier zu fertigen, welche Diejenigen anzogen, die bei dem Könige ein Gesuch oder eine Klage vorzubringen hatten, indem sie sich auf seinen Weg stellten, um seine Aufmerksamkeit zu erregen. Ein Gleiches thaten auch die Kläger vor dem Richter. Daher spricht Waṣṣâf von dem ‚Papierhemd der Bedrückten' es ist persisch کاغدین پیراهن *kâghidin pirâhen*, ‚Papierenes Hemd' oder کاغدین جامه *kâghidin dschâmè*, ‚Papierenes Kleid' und پیراهن کاغدی *pirâhen-i kâghidi* ‚Hemd von Papier' wird metonymisch von der ‚gerichtlichen Klage' gesagt. So singt Hâfiz:[2]

کاغذین جامه بخونابه بشویم که فلک
رهنمونیم بپای علم داد نکرد

Blut'ge Thränen muss ich weinen
Auf's papierne Bettlerkleid;
Weil für mich Gekränkten keinen
Trost hat die Gerechtigkeit.

Unter den übrigen Papierfarben war gelb nächst roth am beliebtesten. Schon seit alter Zeit (VII. bis VIII. Jahrhundert) färbten die Araber nach dem Vorgange der Perser ihre Beschreibstoffe, und zwar vor der Einführung des Papiers, die Pergamene und Papyrus vorzüglich gern mit Safran gelb (صحف مصفرة بالزعفران), wie Belâdsorî († 892) des Näheren darlegt.[3] Die Safranfarbe genoss eben in allen Verhältnissen, welche die technischen Künste betrafen,[4] grosses Ansehen. Was die gelbe Papierfärbung in der Epistolographie mitunter zu bedeuten hatte, geht aus dem Vergleich der ‚Safranfarbigen Wangen' mit leidenschaftlich Liebenden, deren Melancholie auf ihren Wangen gemalt ist, hervor: ‚Das Gold der Verliebten', sagt treffend Dschelâl ed-dîn Rûmî, ‚ist ein gelbes Gesicht, (زر عاشق زرد واصفریست).[5] Es gelang mir bisher aus unseren Papieren nur ein einziges auffallend gelbes Stück (Nr. 3538) herauszufinden, wiewohl andere deutlich einen Stich ins Gelbe aufweisen. Wer viele orientalische Handschriften gesehen, muss erstaunt sein über die Mannigfaltigkeit der Nüancen, welche die arabisch-persische Papierfärberei überhaupt zu produciren vermocht hat. Denn neben hell- oder blassgelben Sorten finden sich dunkelgelbe, graugelbe, grüngelbe, röthlichgelbe, braungelbe, erbsenfarbige, hellorangefarbige und Papiere chamois. Seltener sind die grauen, grünen und hechtblauen Papiere als

---

[1] MIRCHOND, Hist. Seldsch., ed. VULLERS, persischer Text, 130.

[2] Diwân des Hâfiz († 1389), herausgegeben von ROSENZWEIG-SCHWANAU, I, 336.

[3] Belâdsorî, Kitâb futûh el-buldân, ed. DE GOEJE, 464 f.; das von WATTENBACH, l. c. 113 aus der zehnten Actio der Synodus VI von 680 angeführte βιβλίον ἐν σώμασι κροκωτοῖς, *liber membranaceus crocatus*, welches MABILLON einfach für purpurfarben hielt, ist natürlich auch safranfarbig, d. h. gelb gewesen.

[4] Vergl. meine Persische Nadelmalerei Sûsândschird, 52 ff.

[5] Dschâmi', Jûsuf und Zuleicha, ed. ROSENZWEIG, 202, 224.

Codexblätter. Ein tieferes Eingehen auf den Gebrauch und die verfchiedenen Arten von Buntpapieren, worunter insbefondere die gefprenkelten keine untergeordnete Rolle fpielten, würde, als in das Gebiet der Handfchriftenkunde fallend, das hier gefteckte Ziel mich weit überfchreiten laffen.

X. Zur arabifchen Diplomatik. Indem ich unter diefem Schlagworte an die Befprechung eines letzten mit der arabifchen Papierfabrication in engfter Beziehung ftehenden Punktes gehe, ift doch gleich zu bemerken, dafs damit ein Feld gelehrter und kritifcher Beobachtung geftreift wird, welches bisher, wie kein anderes in den Bereich der orientalifchen Difciplinen fallendes Forfchungsgebiet fo ganz vernachläffigt worden ift. Was wir bislang von einer arabifchen Urkundenlehre wiffen, ift gleich Null. Eine unverdroffene, auf ausgebreitete Lectüre der hiftorifchen Schriften fich ftützende Akribie *in rebus diplomaticis*, die fich zunächft mit dem Sammeln und Sichten der an taufend Orten zerftreuten Notizen und Andeutungen zu befaffen hätte, müfste vorerft den Grund legen; das Urkundenmaterial der erzherzoglichen Sammlung aber würde die Bauftcine zu dem Gebäude liefern. Daraus geht wohl hervor, dafs es beileibe nicht meine Abficht fein kann, in diefem Sinne fchon hier den erften Spatenftich zu vollführen. Nur infoweit will ich im Folgenden einige hiftorifche Daten diplomatifchen Inhalts heranziehen, als davon der im Vorftehenden, anläfslich unferer ägyptifchen Papiere behandelte Gegenftand unmittelbar betroffen erfcheint.

Den Zeitpunkt, zu welchem das Papier zum erften Male in den arabifchen Kanzleien Aufnahme gefunden, habe ich oben S. 119 bis 121 zu fixiren verfucht; danach fällt diefes wichtige Ereignifs zwifchen 794 und 795 n. Chr. Bis dahin wechfelten Pergamen und Papyrus miteinander ab, indem der eine oder andere Befchreibftoff je nach den Zeitumftänden und Oertlichkeiten mehr oder minder beanfprucht ward. Mu'âwija, der erfte Omaijade, liefs bei feiner Erhebung auf den Thron des Chalifats vorzüglich das Pergamen, رق *raḳḳ*, verwenden, um den Erläffen feiner Kanzlei einen von den anderen verfchiedenen Charakter zu verleihen.[1] Seine Nachfolger verwendeten dann, bis zum Sturze der Dynaftie, vorzüglich Papyrusrollen.[2] Eine Umkehr zum Pergamen vollzog dann nach dem Uebergange der Herrfchaft an die 'Abbâfiden unter Abû-l-'Abbâs as-Saffâh, deffen erfter Wezir Châlid ibn Barmek. Doch fchon unter dem zweiten 'Abbâfiden el-Manṣûr war es derfelbe Barmekide in feiner Eigenfchaft als Statthalter von Fâris (Perfis), welcher, indem er dafelbft die Aemter des Krieges und der Finanzen in feiner Hand vereinigte, ftatt der bis dahin verwendeten Rollen die Regifter feiner Kanzleien in Buchform aus Pergamen und Papyrus anlegen liefs.[3] So blieben diefe Zuftände fchwankend bis Harûn ar-Rafchîd,[4] als das Papier durch die Zufuhr von Chorafân her

---

[1] Diwân el-infchâ, l. c. CXXXIV.

[2] Maḳrîzî, Chit. I, 91.

[3] Ta'âlibî, Kitâb laṭâif el-ma'ârif, 15: أوّل من جُمع له الحرب والخراج خالد بن برمك حين ولّاه المنصور فارس حربها وخراجها وكانت الدفاتر فى الدواوين صحفًا مدرجةً فاوّل من جعلها دفاتر من جلود وقراطيس خالد بن برمك . Die erzherzogliche Sammlung bewahrt Refte folcher Papyrusregifter in Buchform aus den ägyptifchen Kanzleien.

[4] Diwân el-infchâ, l. c. CXXXIV.

schon ziemlich gemein geworden war. Da vollzog sich der oben beschriebene Umschwung zum **Papier** in der chalifischen Reichskanzlei zu Bagdâd.

Betrachten wir nun das speciell mit Bezug auf das Papier durch die Register gesicherte Urkundenwesen, sowie die auf Grund von Vorschriften geregelte Geschäftsführung in den Regierungskanzleien Aegyptens und seines damit oft vereinigten Nachbarlandes Syrien, so läßt sich das in denselben verwendete Papier in folgende Arten unterscheiden:[1]

I. Das **Bagdâder Papier**, الورق البغدادى, *el-wárak el-bagdâdijj*. Es wurde in Aegypten eingeführt, blieb aber daselbst stets ein seltener Artikel. So oft und so lange es dort in den Kanzleien zur Verwendung kam, geschah dies ausschließlich nur zum Copiren der Verträge, der Investiturafcte und Erläſſe der Fürsten, deren ganze Correspondenz im früheren Mittelalter auf diesem Papiere geführt wurde. Die gewaltige Concurrenz, welche jedoch die zu Damaskus aufblühende Papiermanufactur dem Bagdâder Fabrikat machte, veranlaßte diese einschränkende Benützung des letzteren in den ägyptischen Kanzleien. Es fand demnach dort neben dem Bagdâder Papier auch Verwendung

II. das sogenannte **Syrische Papier**, الورق الشامى, welches zu Damaskus fabricirt wurde. Man unterschied drei Varietäten:

a) Das **Papier von Hamâ**, الورق الحموى *el-wárak el-hamawijj*, eine Sorte, welche diesen ihren Namen nach der Manufacturstätte Hamâ (siehe oben S. 125) auch dann noch führte, als man sie nach Damaskus übertrug und daselbst das Papier in alter Weise weiter zubereitete. Im XIV. Jahrhundert ward dieses ‚Hamâer Papier' nur mehr selten in der ägyptischen Staatskanzlei verwendet.

b) Das **Papier von Syrien**, الورق الشامى *el-wárak esch-schâmijj*, eigentlich ‚**Damascener Papier**', الورق الدمشقى, die *charta Damascena* der Abendländer, ließ, als das in Syrien berühmteste, daselbst keine Concurrenz aufkommen. Oben, S. 145, haben wir die Namen für Bogen und Buch dieser Papiersorte kennen gelernt. Es ward in den Kanzleien von Syrien, den östlichen Provinzen, in Jemen, Rûm (Kleinasien) und in Hidschâz verwendet. In Aegypten benützte man es zu verschiedenerlei Kanzleizwecken. In den Bureaux der Hofkanzlei diente es zu den Anweisungen (التذاكير) und anderen ähnlichen Actenstücken; im Depeschenbureau wurde es zur Anlegung von Registern gebraucht. Zuweilen geschah es, daß man sich dieses syrischen Papiers wohl auch für die Correspondenz und die Investiturpatente bediente, doch ausnahmsweise nur dann, wenn in der Hofkanzlei während der Reisen, welche sie in Begleitung des Herrschers machte, plötzlich Mangel an ägyptischem Papiere eingetreten war. In diesem Falle mußte der Chef der geheimen Correspondenz (كاتم السرّ) vorerst die Erlaubniß des Sultâns sich dazu erbitten und durch ein Rescript desselben dazu autorisirt werden, denn das Papier von Aegypten genoß in allen Gegenden und an den Höfen sämmtlicher Souveräne ein ganz besonderes Ansehen, so daß man, wie gesagt, nur in zwingenden Fällen von dem Gebrauch desselben abging, um sich an dessen Statt des syrischen Papiers zu bedienen. Das rothgefärbte syrische Papier durften der Vicekönig von Syrien und der Gouverneur von el-Karak (siehe oben S. 150) für ihre Correspondenzen mit dem Hofe zu Kairo benützen.

---

[1] Diwân el-inschâ, l. c. CXXXIV bis CXXXVII.

c) Das Papier der Vögel, ورق الطير *wárak eṭ-ṭeir*, auch Papier der Depeſchen, ورق البطائق *wárak el-baṭâik*, genannt. Dieſes Papier war auſserordentlich dünn; ein Blatt wog nur $1^1/_2$ Drachmen. Es ward ausſchlieſslich zu doppeltem Zwecke verwendet: für geheime Briefchen delicaten Inhalts, الملطفات *el-muláṭṭafât*, und für die Correſpondenz mittelſt Taubenpoſt, indem man die daraus geſertigten Depeſchen an den Flügeln der ſogenannten Depeſchentauben, حمام البطائق *hamâm el-baṭâik*, befeſtigte. Ich werde ſpäter über dieſen Gegenſtand noch mehr zu ſagen haben.

III. Das Aegyptiſche Papier, الورق المصرى *el-wárak el-miṣrijj*, worunter man folgende Gattungen verſtand:

a) Das Manṣûrî'ſche Papier, الورق المنصورى *el-wárak el-manṣûrijj*, auch الكامل *el-kâmil*, das ‚Vollkommene' Manṣûrî-Papier, wohl nach dem Fatimiden-Chaliſen Abû 'Alî el-Manṣûr el-Âmir bi-ahkâm illâh, 495 bis 524 H. = 1101 bis 1130 n. Chr., benannt. Es war von ſtärkſtem Körper und maſs eine Elle in der Breite = 48·886 Centimeter, in der Höhe 73·329 Centimeter, mit dem Flächeninhalt von 3584·7 Quadratcentimeter. Seine Buch- und Rieſseintheilung haben wir oben S. 145 kennen gelernt. Vorzüglich diente es für die Beſtallungsdiplome (دروج الولايات) der Statthalter etc. und die hauptſächlichſten Correſpondenzen des Depeſchenbureaus. Man hat dieſe Papierſorte, welche gleichwohl auch unter den Chaliſen zu Bagdâd in Gebrauch ſtand, wie Muhammed ibn 'Omar el-Madînî (geb. 1108, geſt. 1185) in ſeinem ‚Buch von der Feder' (*Kitâb el-ḳalam*) berichtet, damals auf Grund geſetzlicher Beſtimmungen in fünf verſchiedene Formate eingetheilt. Demnach waren vorgeſchrieben:

$^2/_3$ Bogen, Breite 32·5, Höhe 48·8 Centimeter, um an einen Chaliſen zu ſchreiben.
$^1/_2$ Bogen, Breite 24·4, Höhe 36·6 Centimeter, für die Emîre.
$^1/_3$ Bogen, Breite 16·2, Höhe 24·4 Centimeter, für die Intendanten und Secretäre.
$^1/_4$ Bogen, Breite 12·2, Höhe 18·3 Centimeter, für die Kaufleute und andere Perſonen der analogen Claſſe.
$^1/_6$ Bogen, Breite 8·1, Höhe 12·2 Centimeter, für die Rechenmeiſter und Feldmeſſer.

Dieſe Abſtufungen zu vorſchriftsmäſsigem Gebrauch des Papiers waren noch bis in das XV. Jahrhundert auch in Aegypten in voller Geltung, wenngleich hie und da in veränderter Anwendung. Eine zweite, der Dimenſion nach um ein Weniges — zwei Finger in der Breite — verminderte Manṣûrî-Papier, alſo 44·814 : 67·221 Centimeter, ward gleichfalls in den Verkehr gebracht.

b) Die Papierſorten, welche in den Depeſchenbureaux gebraucht wurden. Es gab bezüglich ihrer Formate neun Varietäten:

1. Das Vollkommene Ṭûmâr-Papier, الطومار الكامل *eṭ-ṭûmâr el-kâmil*, wurde zum erſtenmale bei dem Regierungsantritt des tſcherkeſſiſchen Mamlûken-Sultâns el-Melik el-Mu'ajjad Scheich, im Jahre 815 H. = 1412 n. Chr., nach dem Muſter des Bagdâder Ganzpapiers erzeugt. Seine Dimenſionen waren: Breite $1^1/_2$ Ellen, 73·329, Höhe 109·9935 Centimeter, Flächeninhalt eines Bogens 8065·7 Quadratcentimeter. Es iſt dies eben ein Format, welches ſich noch bequem durch das Schöpfen erzielen lieſs. Auf ihm wurde durch den Imâm el-Muſta'în billâh der Inveſtituract für Scheich ausgefertigt. Dies geſchah 1412, indem el-Muſta'în billâh, als Chaliſe und Sultân regierend, damit alle auſserhalb der chaliſiſchen Machtſphäre gelegenen Herrſcherrechte an Scheich übertrug, noch bevor derſelbe den

Titel ‚Sultân' erhalten. In der Folge wurden alle Acte derſelben Art auf ſolchem ‚Vollkommenen Tûmâr-Papier' ausgeſertigt.

2. Das Bagdâder Papier, الورق البغدادى *el-wárak el-bagdâdijj*, ägyptiſcher Fabrication, ſo genannt, weil es in der Dimenſion dem Bagdâder Halbpapier entſprach. In der Breite maſs es nämlich 1 Elle = 48·886 Centimeter, in der Höhe 73·329 Centimeter, mit dem Flächenausmaſs von 3584·7 Quadratcentimeter. Seit dem Emporkommen der Mamlûken-Dynaſtie (1250) pflegte man die Vertragsurkunden (عهود) der ägyptiſchen Sultâne auf dieſem Papiere auszufertigen, ebenſo die an die Châne und Beherrſcher Irân's und Turân's erlaſſenen Sendſchreiben. Bei etwaigem Mangel dieſes oder des ihm entſprechenden Original-Bagdâder Halbpapieres benützte man für dieſe Zwecke die früher erwähnte zweite, etwas kleinere Manṣûrî-Sorte. Ein ſolcher Anlaſs war es denn auch, als 832 H. = 1429 n. Chr. das an den Fürſten von Chârizm und Deſcht Ḳiptſchaḳ, Muhammed Chân gerichtete Sendſchreiben auf Manṣûrî-Papier zweiter Gattung ausgefertigt wurde.

3. Das Verminderte Bagdâder Papier, الورق البغدادى الناقص *el-wárak el-bagdâdijj en-nâḳiṣ*, ägyptiſcher Fabrication. Ein Bogen desſelben maſs in der Breite um vier Finger weniger als das Vollkommene Bagdâder Ganzpapier; alſo war es 65·185 Centimeter breit und 97·7775 Centimeter hoch, mit einem Flächenausmaſse von 6360·2 Quadratcentimeter. Es kam unter der zweiten Dynaſtie der tſcherkeſſiſchen Mamlûken auf, indem es bei der erſten Thronbeſteigung des Sultân el-Melik en-Nâṣir Faradſch (1399) in Ermangelung des entſprechenden Bagdâder Fabrikates, das man ſich nicht verſchaffen konnte, für die Niederſchrift des Inveſtituractes diente. Seine Nachfolger blieben dabei, indem ſie dieſes Papier zu gleichen Zwecken adoptirten.

4. Das Zweidrittel-Ḳaṭ'-Papier, قطع الثلثى *ḳaṭ' et-tultijj*, des Namens, weil es die Zweidrittelgröſse des Vollkommenen Manṣûrî-Papiers beſaſs. Seine Breite betrug 2/3 Ellen = 32·5906 Centimeter, die Höhe 48·886 Centimeter, der Flächeninhalt des Bogens 1586 Quadratcentimeter. Man verwendete es zur Ausfertigung des Inveſtiturpatentes (تقليد) für den Vicekönig von Syrien, der Beſtallungsdiplome (مناشير) der Groſsſtatthalter, für die Ernennungsdecrete des Chefs der Staatskanzleien (صاحب دواوين الانشاء), des Wezirs, des Uſtâd ed-dâr (Major domus), des Inſpectors der kaiſerlichen Privatgüter, des Armeeinſpectors, der vier Oberſten Richter und des Gouverneurs von Alexandria.

5. Das Manṣûrî-Halbpapier, wie der Name zeigt, von der halben Gröſse des Vollkommenen Manṣûrî-Papiers genommen. Seine Breite war 1/2 Elle = 24·443 Centimeter, die Höhe 36·6645 Centimeter, der Flächeninhalt 893 Quadratcentimeter. Es war beſtimmt für einige Verleihungsurkunden und Belehnungsdiplome (تفاويض), für die meiſten kaiſerlichen Gnadenbriefe (المسامح), ferner zur Ausfertigung von Officierspatenten der Tablchânâh und der in Syrien garniſonirenden Reiteroberſten über Tauſend, dann für die an die regierenden Häupter der Mittelſtaaten (Mächte zweiten Ranges: الطبقة الثانية من الملوك) zu richtenden Sendſchreiben, endlich für die an die geiſtlichen und weltlichen Würdenträger, den Oberſten Scheich, die höchſten geiſtlichen und weltlichen Beamten von Syrien, insbeſondere Damaskus und Aleppo, gelangenden Correſpondenzen.

6. Das Manṣûrî-Drittelpapier, in der Gröſse eines Drittels des Vollkommenen Manṣûrî-Papiers: Breite 1/3 Elle = 16·2953, Höhe 24·443 Centimeter, Flächenausmaſs 395·2 Quadratcentimeter. Es gehörte für die meiſten Kundmachungen (التواقيع) und die

kaiserlichen Gnadenbriefe minderer Classe, für kleine Erlässe an die Festungscommandanten, an die Fürsten dritten Ranges und die dem Range eines persischen Emîr-Olûs gleichstehenden Würdenträger, sodann zur Ausstellung der Patente für die Emîre über zehn Reiter (الامراء العشراوات), sowie aller geistlichen Functionäre und Civilbeamten dritter Rangordnung. Grösse und Form dieses stark verbrauchten Drittel-Manṣûrî-Papiers waren streng normirt, seine Verwendung ging stets nur auf den wirklichen Rang, nicht etwa auf den blossen Titel. Der Vorgang bei Ausfertigungen an die bestimmten Glieder der geistlichen und weltlichen Hierarchie des Staates war formell so genau präcisirt, dass das Personal der Kanzlei unter keiner Bedingung davon abweichen durfte. Demnach kam es gar nicht vor, dass der mit dem Copiren von Ausfertigungen beschäftigte Schreiber (وراق *warrâḳ*) der Kanzlei einen solchen Drittel-Manṣûrî-Bogen etwa zerschnitten und sodann durch Aneinanderleimung verlängert hätte; es konnte auch nicht geschehen, dass derselbe dem vorräthigen Riess einen Bogen entnommen hätte, ohne von dem Kanzleichef zu einer Ausfertigung an eine bestimmte Person beauftragt gewesen zu sein.

7. Das Gemeine Papier, القطع العادة. Seine Breite war $^1/_4$ Elle mehr 1 Karat = 14·2575 Centimeter, die Höhe 21·38625 Centimeter, Flächeninhalt 302·4 Quadratcentimeter. Man gebrauchte es zu gewissen Verordnungen (التواقيع), kleinen Depeschen, Anstellungsdecreten der Officiere und Soldaten der Halḳatruppe, für die kleinen Emîre in Syrien und die Turkmânen, welche die Ungläubigen befehdeten, weiters für einige Gnadenbriefe und Verkündigungen von Amnestien, zur Niederschrift der Schwurformeln und als Blätter für Marschrouten (اوراق الحلف والطريق), endlich zu mancherlei Correspondenzen, ausgenommen jene, welche an gewisse Souveräne adressirt wurden. Dieses sogenannte ‚Gemeine Papier' war, wie schon sein Name errathen lässt, dasjenige, welches weitaus am häufigsten, nämlich ganz massenhaft in den Kanzleien der Staatsverwaltung gebraucht wurde.

8. Das Papier der Geheimdepeschen, ورق الملطفات *wáraḳ el-mulaṭṭafât*. Meistens verwendete man hiezu das ‚Vogelpapier'. Dessenungeachtet war das Format nicht unabänderlich bestimmt, denn in dieser Beziehung war Alles dem Ermessen des Chefs der Geheimen Kanzlei überlassen: er verfügte das, was ihm die Klugheit und das Bedürfniss des Geheimnisses zu fordern schien.

9. Das Papier der Depeschen, ورق البطائق *wáraḳ el-baṭâiḳ*, für die Taubenpost. Also ein ägyptisches Fabricat leichtester Art und kleinster Dimension (صغير خفيف), wie wir oben ein ähnliches aus der damascenischen Fabrik kennen gelernt haben. Das Blatt war drei Finger breit = 6·108 Centimeter und 9·161 Centimeter hoch, mit dem Flächeninhalt von 55.95 Quadratcentimeter. Diese Dimension war eine festgesetzte; sie blieb unverändert, gleichviel ob es sich um Depeschen von kaiserlicher Hand oder irgendwelchem anderen Briefschreiber handelte. Dieses feinste Beschreibmaterial mit dem officiellen Namen ‚Vogelpapier', ورق الطير *wáraḳ eṭ-ṭeir*, wurde eigens zu dem genannten Zwecke erzeugt und gehörte dem Depeschenbureau zu. Die Kosten für dasselbe wurden auf Anweisung des Chefs der Kanzlei aus dem Erträgnisse der Kairiner Seidenfärberei bestritten. Solch eine Taubendepesche hiess بطاقة *buṭâḳa*, Plural بطائق *baṭâiḳ*, Zettel, Billet,[1] aus πιττάκιον, koptisch пιттакı,[2] *pitacium*. Man befestigte sie an dem Flügel

[1] Mittheilungen aus der Sammlung der Papyrus Erzherzog Rainer, I, 106, Anmerkung 1.

[2] In den Papieren der erzherzoglichen Sammlung häufig.

der Brieſtaube (حمام الرسائل), zu welchem Behufe man die ſchwarzblaue Gattung (الحمام الازرق) wählte. Die Brieſtaubenſtationen (مراكز) lagen drei gewöhnliche Poſtſtationen (مراكز البريد) von einander entfernt. Jeder Vogel flog ſtets nur von einer zur anderen, d. h. zu ſeiner Station, ohne dieſelbe zu übergehen. Daſelbſt wurde dem gefiederten Boten die Depeſche abgenommen und dem nächſten an die Reihe kommenden Vogel an dem Flügel befeſtigt, und ſo ging es fort von Station zu Station, bis die letzte Poſttaube an die Endſtation bei dem Sultânspalaſt in der Bergcitadelle von Kairo anlangte. Von hier brachte ſodann der Taubenthurmwächter, البراج *el-barrâdſch*, die Taube dem Chef der Geheimkanzlei, welcher die Depeſche abnahm und ſie las. Auf dieſe Weiſe langten täglich Taubenpoſten aus Syrien und Aegypten, ja aus der Hauptſtadt ſelbſt an, aus welcher demnach alle Neuigkeiten und Ereigniſſe, als: Brände, Mordthaten, Diebſtähle u. dergl., wie ſie eben die Tageschronik einer Weltſtadt bot, ſchnellſtens zur Kenntniſs des Herrſchers gelangten.[1] Man erſieht daraus, daſs auch der Verbrauch der feinſten und koſtbarſten aller Papierſorten ein immenſer geweſen ſein mag. —

So die in den ägyptiſchen Kanzleien gebräuchlichen Papiergattungen, welche uns auf hiſtoriſchem Wege überliefert worden ſind. Einer ſpäteren Bearbeitung bleibt es vorbehalten, die Bedeutung dieſer Ergebniſſe in Verbindung mit den uns in der erzherzoglichen Sammlung erhaltenen Originaldocumenten weiter zu verfolgen. Zur Ueberſicht füge ich hier eine Tabelle an, aus welcher man zugleich das gegenſeitige Verhältniſs der ſoeben beſprochenen Papierformate entnehmen kann.

Die mittelalterlichen Papierformate der ägyptiſchen Regierungskanzleien.

Sorten	Bogen	Dimenſionen					
		Breite in			in Centimeter		Flächeninhalt in Quadratcentimeter
		Ellen	Finger	Karat	Breite	Höhe	
a) Bagdâder Fabricate:							
I. **Ganzpapier**	1	1½			73·3	109·9	8065·7
II. **Halbpapier**	1	1			48·8	73·3	3584·7
b) Aegyptiſche Fabricate:							
I. **Vollſtändiges Tûmâr**	1	1½			73·3	109·9	8065·7
a) Bagdâdiſch	1	1			48·8	73·3	3584·7
b) Bagdâdiſch, unvollkommen	1	1½	—4		65·1	97·7	6360·2
c) Zweidrittel-Ḳaṭ'	1	⅔			32·5	48·8	1586
d) Halb-Manṣûriſch	1	½			24·4	36·6	893
e) Drittel-Manṣûriſch	1	⅓			16·2	24·4	395·2
f) Gemeines Papier	1	¼		+1	14·2	21·3	302·4
g) Vogelpapier	1		3		6·1	9·1	55·9

[1] Makrîzî, Chiṭ. II, 211; vergl. auch Sojûṭhî, Ḥusn el-muḥâdhare, II, 220 bis 226.

Sorten	Bogen	Dimenfionen					
		Breite in			in Centimeter		Flächeninhalt in Quadrat-centimeter
		Ellen	Finger	Karat	Breite	Höhe	
II. Vollftändiges Manṣûrî	1	1			48·8	73·3	3584·7
" "	2/3	2/3			32·5	48·8	1586
" "	1/2	1/2			24·4	36·6	893
" "	1/3	1/3			16·2	24·4	395·2
" "	1/4	1/4			12·2	18·3	223·2
" "	1/6	1/6			8·1	12·2	98·8
III. Vermindertes Manṣûrî	1	1	—2		44·8	67·2	3012·4

Schlufs.

Die Ergebniffe der vorftehenden, in knappen Umriffen gehaltenen hiftorifch-antiquarifchen Unterfuchung, mit welcher, wenn der Anfpruch nicht zu unbefcheiden klingt, der erfte Anfang zu einer Gefchichte des arabifchen Papiers von feinem Urfprunge bis zum Ausgange des Mittelalters gemacht ift, laffen fich, foweit fie die Origines betreffen, in die folgenden drei Hauptpunkte zufammenfaffen.

1. Die Annahme, der Urfprung des Papiers fei in ein dichtes Dunkel gehüllt, welches nie völlig gelüftet werden dürfte, fowie dafs alle Verfuche, diefe Erfindung an einen beftimmten Namen oder beftimmte Zeit zu knüpfen, vergebens feien, läfst fich nicht mehr in vollem Umfange aufrecht erhalten. Die Papiergefchichte erhält vielmehr durch neue Quellen neues Licht und eine gänzlich veränderte Geftaltung ihrer wefentlichften Punkte. Vor allem die Zeitdaten. Ohne genaue Quellen- und Sachkenntnifs, lediglich nur auf unzulängliche, überdies falfch verftandene Angaben fufsend, hat man die Zeit der Fabrication und Weiterverbreitung des Papiers durch die Araber in eine zu frühe Epoche verfetzt. Weder die Jahre 650 oder 676, noch, wie von den Meiften angenommen wurde, 704, fondern das Jahr 751 n. Chr. kann nunmehr hiftorifch ficher als die Epoche aller Papierbereitung im Islâm angenommen werden. Erft nach der Entftehung der zweiten Reichspapierfabrik zu Bagdâd, 794 bis 795, von wo aus durch die Araber die Weiterverbreitung des Befchreibftoffes nach Weften erfolgte, kann von einer Bekanntfchaft mit dem Papiere in den Staaten der abendländifchen Chriftenheit ernftlich die Rede fein.

2. Während diefer Zeit des Auffchwunges der Papiermanufactur im Oriente hatte der neue Befchreibftoff den Concurrenzkampf mit dem insbefondere alle weftlichen Länder beherrfchenden Papyrus zu beftehen. Die vielfach ventilirte, aber noch unentfchieden gebliebene Frage des völligen Untergehens des letzteren infolge Obfiegens des Papiers läfst fich nunmehr auf Grund der Statiftik von Jahreszahlen, welche in der erzherzoglichen Sammlung für beide Befchreibftoffe reichlich zur Verfügung ftehen, im Zufammenhalt mit den arabifchen Quellennachrichten endgiltig löfen: darnach ift der Zeitpunkt des Unterganges der ägyptifchen Papyrusfabrication, welcher nach der herrfchenden Anficht in das XII. Jahrhundert gefallen wäre, in die zweite Hälfte des

X. Jahrhunderts zurückzuverſetzen, und damit hängt als Nachblüthe der Beginn einer neuen, der ſiciliſchen Papyrusſabrication zuſammen. Alle bisherigen Combinationen, welche von einer viel älteren, ſelbſt in das VIII. Jahrhundert zurückreichenden Papyrusinduſtrie der Inſel handeln, fallen in ſich zuſammen, da die zum Beweis ihrer ſiciliſchen Herkunft herangezogene berühmte Bulle des Papſtes Johann VIII. vom Jahre 876, wie jetzt erwieſen iſt, auf einer Papyrusrolle ägyptiſcher Provenienz ausgefertigt wurde.

3. Die mit der Papierbereitung in Verbindung gebrachte Streitfrage über das höhere Alter des Baumwollen- oder Linnenpapiers iſt gegenſtandslos geworden. Denn es ſteht jetzt feſt, daſs die älteſten und in der Urſprungsfrage maſsgebendſten Quellen, alſo die der Araber, von der Exiſtenz eines Baumwollenpapiers nichts wiſſen. Indem ſie die Papierbereitung ihres Bereiches mit dem Linnenpapier (Hadernpapier) anheben laſſen, wodurch die Annahme, dasſelbe habe ſich erſt aus dem Baumwollhadernpapier entwickelt, unhaltbar wird, befinden ſie ſich in vollſtändiger Uebereinſtimmung mit dem Reſultate, zu welchem der mikroſkopiſche Beſund an den älteſten, an die Grenze der erſten arabiſchen Papierbereitung hinanreichenden Beweisſtücken der erzherzoglichen Sammlung gelangt iſt. Eine weitere Beſtätigung aus den hiſtoriſchen Schriften ergab ſich hinſichtlich des Hanſpapieres, ſowie der Leimung und Füllung des Papierzeuges mit Weizenſtärke. Daſs die Araber von allem Anſang an auf der Drahtform geſchöpſte, alſo gerippte Papiere zu erzeugen verſtanden, hat ſich aus den Stücken der erzherzoglichen Sammlung feſtſtellen laſſen. Was man aber bisher von einem Baumwollenpapier, d. h. einem aus rohen Baumwollfaſern erzeugten, von Anbeginn bis zum XIII. Jahrhundert alleinherrſchenden Beſchreibſtoff geſabelt hat, läſst ſich mit Wahrſcheinlichkeit auf eine durch äuſserliche Merkmale veranlaſste Namensverwechslung zurückführen.

Mit dieſen Ergebniſſen ſind, wie jeder Kenner des Sachverhaltes zugeben wird, einige für die Entwicklung unſeres Beſchreibſtoffes hochwichtige Thatſachen ans Licht getreten; Thatſachen, welche dazu angethan ſind, den für unſeren Erdtheil, in gewiſſer Beziehung auch von unſerer Zeit unverdient in Anſpruch genommenen Ruhm der Entdeckung in der Vervollkommnung eines wichtigſten Culturträgers gebührend einzuſchränken. Aber auch ſonſt weiſt die Geſchichte des arabiſchen Papiers Erſcheinungen auf, welche im Zuſammenhange mit der allgemeinen Culturbewegung der islâmitiſchen Welt betrachtet, dieſe in ungemeſſener örtlicher Ausdehnung glücklich blühende Induſtrie in ihrer vollen, epochemachenden Bedeutung uns erkennen läſst. ‚Vom culturgeſchichtlichen Standpunkte', ſagt denn A. v. Kremer, auch dieſen Gegenſtand mit ſeinem weiten Blick umfaſſend, ‚iſt die Fabrication des Schreibpapiers, der Handel hiemit und die mit demſelben Hand in Hand gehende Verminderung des Preiſes des Schreibmaterials eine Thatſache von hoher Wichtigkeit. Bücher auf Pergament oder Papyrus waren ſo überaus theuer, daſs ſie nur einem ſehr kleinen Theile zugänglich waren; indem die Araber ein billiges Schreibmaterial herſtellten und hiemit nicht bloſs die Märkte des Oſtens, ſondern auch jene des chriſtlichen Occidents verſahen, ward die Wiſſenſchaft Allen zugänglich gemacht, ſie hörte auf, das Vorrecht einer Kaſte zu ſein und hiemit war der Anſtoſs gegeben zu einem raſchen Emporblühen der geiſtigen Thätigkeit, die mehr und mehr ſich kräftigte, bis ſie endlich die Feſſeln ſprengte, welche der Fanatismus, der Aberglaube oder die Despotie ihr auferlegen wollten. Hiemit war auch eine neue Epoche der Civiliſation angebrochen, und zwar die, in der wir ſelbſt leben' (Culturgeſchichte, II, 308).

Anhang.

Transſcription, Ueberſetzung und Erklärung der auf Tafel III abgebildeten arabiſchen Papiere.

1. Nr. 4290. Billet, Tybi 338 d. H. = Jänner 950 n. Chr.

Papier: dünn, feſt, gerippt, ſatinirt, gelblich-weiſs glänzend. Länge 16, Höhe 7 Centimeter; Colleſis 4 Millimeter.

(Zu Seite 140, 144, 146.) Abgebildet auf Tafel III, Nr. 1.

بسم الله الرحمن الرحيم 1.

ادفع يابا السرىّ اعزّك الله الى موسى الرجل من اجرته دينار واحد معسول 2.

عدد إن شاء الله وكتب فى طوبه سنة ثمان وثلثين وثلثمائة 3.

حسبنا الله ونعم الوكيل 4.

1. Im Namen Gottes des Barmherzigen des Erbarmenden!
2. Uebergib, o Abû-s-Sárijj, Gott möge Dich ſtärken! an Mûſa, den Mann, von ſeinem Lohne einen Dînâr, richtig
3. gezählter Münze, ſo Gott will. Geſchrieben im Tybi des Jahres acht und dreiſsig und dreihundert.
4. Gott iſt unſer Genüge und der beſte Sachwalter!

Zeile 1. Ueber die Entwicklung der Basmala-Formel habe ich in dieſen Mittheilungen an anderer Stelle gehandelt. (Unten S. 268 ff.) Der Strich über dem *Sîn* von بسم, wie in der dritten Zeile über شاء, iſt kein Fatha, ſondern ein Differentialzeichen, dazu beſtimmt, die im flüchtigen curſiven Zuge zu einem geraden Strich verflachten drei Zacken des *Sîn*, alſo das Vorhandenſein dieſes Buchſtabens ſelbſt anzudeuten. Es erſcheint früheſtens ſchon in den Papyrus aus dem Ende des II. Jahrhunderts der Hidſchra und wird von da an ungemein häufig: Papyrus 506 in اهناس, 527 in شاء من الاشياء, 538 إن شاء الله, 564 شيرج, 666 شرع, 730 المتعان, 782 احسن الله, 1006 لاسيا, 1034 عدس, 1046 شاء und عشرة etc. In den ſpäteren Jahrhunderten iſt dieſes Differentialzeichen zu ˇ geworden.

Zeile 2. In يابا iſt die bekannte contrahirte Schreibung ſtatt يا ابا zu bemerken. Ueber *Tâ* von اجرته ſtehen die beiden, in dieſer ungemein flüchtigen Curſive zum Striche ligirten diakritiſchen Punkte. Schwierig erſcheint die Leſung معسول عدد nach dem vorliegenden Text. Sie iſt aber geſichert durch ein zweites faſt gleichlautendes Billet, Papier 8035, deſſen Leſung ich unten folgen laſſe, und noch andere Papiere. Der Ausdruck معسول, ‚wahr, richtig' in obigem Sinne kennen unſere Wörterbücher nicht; nur معسول المواعيد, ‚wahr, treu (in Verſprechungen)', Tâdſch el-'arûs (Lane). Der Sinn iſt hier alſo: wahr, richtig ‚an Zahl'; der Dinâr ſollte eben in kleiner Münze zugezählt, nicht zugewogen werden. Daher lieſt man im Papier Nr. 8491, Jahr 437 = 1045 Chr.: من

العين المعدد دينار واحد, ‚von gezähltem Golde ein Dînâr', oder Papier Nr. 5043, Jahr 3(9)6 = 1006 Chr.: دينارين حاكمية عدد, ‚zwei hâkimische Dînâre an Zahl', mit der am oberen Rande der Urkunde ausgeworfenen Vermerkung: β عدد, ‚Stückzahl: 2'. Also wie الف دينار معدة, ‚Tausend gezählte Dînâre' bei Maḳrîzî, Chit. I, 481, oder تام العدد, ‚voll an Zahl', Bîrûnî, 64. Dagegen heisst es von zugewogenem Golde: Papier Nr. 8450, Jahr 354 = 965 Chr.: بدينار واحد ونصف معسول وزن, ‚um einen und einen halben Dînâr richtigen Gewichtes', und Papier 7893, Jahr 382 = 992 Chr.: تسعة الدنانير ونصف وافية معسولة, die neun und ein halb vollwichtigen richtigen Dinâre'; im Sinne beider Rechnungsarten, Papier Nr. 7303: ιβ دينارًا عدد الوزن ι, ‚zehn Dînâre an der Zahl, im Gewichte von zwölf'. Kürzer und unbestimmter in den Papieren Nr. 7826, Jahr 333 = 945 Chr.: دينار واحد معسول, ‚ein richtiger Dînâr'; Nr. 8426, Jahr 349 = 960 Chr.: دينار واحد وثلثى ونصف قيراط معسولة, ‚richtige ein und zwei Drittel Dînâre und ein halber Karat'; Nr. 7804, Terôt, Jahr 350 = 961 Chr.: دينار وثلث معسولة, ‚ein und ein Drittel richtiger Dînâr'; Nr. 7814, Jahr 325 = 937 Chr.: منه عن ثمن القمح ى معسولة, davon für den Preis des Weizens, sechs richtige (Dinâre)'; Nr. 7852, Jahr 345 = 956 Chr.: عشرة الدنانير معسولة, ‚die zehn richtigen Dinâre'; Nr. 7820, Jahr 329 = 641 Chr.: وهى ثمنية وثلثون دينارًا وثلثى معسولة, ‚das sind acht und dreissig und zwei Drittel richtige Dînâre'. — Die Formel كتب فى erscheint wie كى; eine gewöhnliche Ligatur. Der Monatsname طوبه, in dieser Form in den Papieren häufig, nach Bîrûnî, 49 und Maḳrîzî, Chit. I, 263, neuere Schreibung für طوبى = Tuβi; doch kommt in unseren Papyrus auch die Form تيبه vor, z. B. Papyrus 6248: تيبه سنة η ϧ ϛ ρ (= 815 Chr.), dann تيبه, Papyrus 1050: كتب فى تيبه ϧ سنة ى ϛ ρ (= 812 Chr.) ferner طفه, Papyrus 1057 vom selben Jahre und طفه, Papier 11.270 vom Jahre 415 (= 1025 Chr.).

Zeile 4. Die Auflösung der Sigle حسبنا الله ونعم الوكيل ist aus der Vergleichung vieler Texte, an denen sich die Entwicklung derselben genau verfolgen lässt, möglich geworden. Es wechselt auch حسبى الله الخ, ‚Gott ist mein Genüge etc.'; vergl. Papier Nr. 5165, 6765, 7509, 7845, 8022, 8486 u. s. w.

Das oben erwähnte zweite Billet Nr. 8035 (Länge 11, Höhe 5·4 Centimeter) lautet:

1. بسم الله الرحمن الرحيم
2. ادفع اعزّك الله الى احمد بن موسى الرجل من اجرته
2. دينار واحد معسول عدد إن شاء الله وكتب فى سنة ثمان
3. وثلثين وثلثمائة

1. Im Namen Gottes des Barmherzigen des Erbarmenden!
2. Uebergib, Gott möge dich stärken! an Ahmed ibn Mûsa, den Mann, von seinem Lohn
2. einen Dînâr richtig gezählter Münze, so Gott will! Geschrieben im Jahre acht
3. und dreissig und dreihundert.

Der Geldbetrag ist hier dem Sohne des im ersten Billet genannten Mûsa angewiesen. Das Datum habe ich oben S. 93 facsimilirt, und bemerke nun hier, um einem Missverständniss vorzubeugen, dass das dort an erster Stelle sichtbare Wort nicht etwa, wie man leicht verführt werden könnte, als Monatsdatum بشنس *Pachons* zu fassen sei, sondern sich als Sigle von وكتب في auflöst.

Zu dem Inhalte beider ist nur zu bemerken, daſs es in Aegypten, nach unseren Urkunden zu schlieſsen, üblich war, dem Namen untergeordneter männlicher Individuen oft noch die Bezeichnung الرجل, ‚der Mann' hinzuzufügen oder als genauere Bestimmung folgen zu lassen. Zuweilen begnügte man sich mit dem Epitheton allein:

Papyrus 8170, Höhe 21·5, Breite 10·5, IX. Jahrhundert:

بسم الله الرحمن الرحيم	Im Namen Gottes des Barmherzigen des Erbarmenden!
ادفع ابقاك الله ذلك الدينر	Uebergib (Gott erhalte Dich am Leben!) jenes Goldstück,
الذى معك الذى اخذته من	welches bei Dir ist und das Du genommen hast von
جذع الى هذا الرجل الساعة	Dschids', diesem Manne augenblicklich
ولا تؤخره به إن شاء الله	und ohne Verzug, so Gott will!

Papyrus 3102, Länge 14, Höhe 7·6 Centimeter, IX. Jahrhundert:

بسم الله الرحمن الرحيم	Im Namen Gottes des Barmherzigen des Erbarmenden!
يابا العباس ابقاك الله اطلق هذا الرجل لابى سهل	O Abû-l-'Abbâs (Gott erhalte Dich am Leben!) lafs' diesen Mann frei für Abû Sahl,
أكرمه الله ان شاء الله	(dem Gott sich wohlthätig erweisen möge!) so Gott will!

---

2. Nr. 8347. Kopfsteuerquittung, Paophi 344 d. H. = October 953 n. Chr.
Papier: rauh, dünn, gerippt. Höhe 12·5, Breite 4·5 Centimeter.
(Zu Seite 140, 146.) Abgebildet auf Tafel III, Nr. 2.

γ' η' د	نجم بابه	Rate Paophi $^1/_3 + ^1/_8$ D(inâr).
	بسم الله الرحمن الرحيم	Im Namen Gottes des Barmherzigen des Erbarmenden!
	ادّى بقطر بن ونافر السقاءعن	Es hat gezahlt Victor Sohn des Venâfer, der Wasserträger, von
	الجالية بالاشمونين قبا	der Kopfsteuer in el-Uschmûnein in Gegenwart
	لة ابو (sic) العباس بن هلل اعزّه	des Abû-l-Abbâs Sohnes des Hilâl, den Gott stärken möge!
	الله ثلث ثمن دينار مروّج	einen Drittel- und einen Achtel-Dinâr cursirender Münze
	الى قوريل بن دانيل لخراج سنة	an Kyrillos Sohn des Daniel für die Steuer des Jahres
	اربع واربعين وثلثمائة	vier und vierzig und dreihundert.
	τμδ	344.
	γ' η' د	$^1/_3 + ^1/_8$ D(inâr).

Zeile 1. نجم ‚Rate', auch نجمة, Papyrus 741: النجمة الرابعة على يدى ميمون بن نافع, ‚die vierte Rate bezahlt durch Maimûn Sohn des Nâfi''. Der Steuerbetrag war ratenweise

auf den Namen des Steuerpflichtigen in dem Regifter, طبل = τάβλ(ον), koptifch ⲧⲁⲃⲗⲓⲛ, eingetragen: Papyrus 7569, Jahr 179 H. = 796 Chr.: تدفع ذلك منجمة عليك فى طبول المسلمين, ‚Du zahlft jene Abgabe, welche ratenweife für Dich eingetragen ift in den Regiftern der Muslimen‘; منجّم foviel wie توزّع, Papyrus 7453, Jahr 162 H. = 779 Chr.: تدفع الخراج توزّعًا فى الطبول, ‚Du zahlft die in den Regiftern nach dem Betrage (gemäfs den gefetzlich fixirten Terminleiftungen) eingetragene Steuer‘. Mit diefen Eintragungen correfpondirten gewöhnlich die ausgefertigten Quittungen, Mittheilungen, I, 98, Anmerkung 4; 99, Anmerkung 4. Die Beftimmung der Raten, gleichviel ob die Kopf- oder Grundfteuer betreffend, war, wie bei anderer Gelegenheit des Näheren dargethan werden wird, zu verfchiedenen Zeiten verfchieden; es gab deren fechs, fünf, vier, drei und zwei (Tabari, 626 ff., Ibn el-Athîr, VI, 85 f., Abû-l-Mahâfin, I, 475 f., Ibn Chaldûn, III, 218 f., Maḳrîzî, Chit. I, 270 ff.), z. B. Papyrus 8025, VIII. Jahrhundert, über eine Cumulativzahlung:

دينر
ذلك النجم الخامس ριβ ς γ′ ιβ′ مائة واثنا عشر دينرًا ونصف وثلث ودرهم

Dînâr
‚Jenes dort ift die fünfte Rate: $112\frac{1}{2} + \frac{1}{3} + \frac{1}{12}$ (in Worten) hundert und zwölf Dinâre und ein halber und ein Drittel-Dînâr und ein Dirhem‘ ($\frac{1}{12}$ Dînâr = 2 Karate = 1 Dirhem).

In einem Schuldbriefe vom Jahre 242 H. = 856 Chr., Papyrus 7515: منجمة عليهما ثلثة انجم, ‚indem es Euch beiden ratenweife zu zahlen obliegt in drei Raten‘. In Quittungen und Contracten bedeutet der Dualis نجمين, ‚zwei Raten‘ foviel wie نصفين, ‚zwei Hälften‘, (auch Ibn el-Faḳîh, XLIX), Papyrus 8461, Jahr 205 H. = 820 Chr.:

على ان تؤدى الىّ هذا المال فى نجمين فى كلّ ستة اشهر وهو ثلثين دينرًا الخ

Auf dafs Du mir diefes Capital bezahleft in zwei Hälften (nach Verlauf) von je fechs Monaten und das find dreifsig Dinâre etc.

In unferer Quittung handelt es fich um eine Sechftel-Jahresrate, wie aus einer Reihe zufammengehöriger Papiere hervorgeht; die fechs Raten waren fällig im Payni, Mefori, Paophi, Choiak, Mechir und Pharmuthi, fomit ift die in unferem Papiere genannte, die dritte Rate, welche pünktlich im Termin bezahlt wurde. Da die Ratenziffern nicht immer gleich waren, läfst fich aus der vorliegenden Angabe $\frac{1}{3} + \frac{1}{8} = \frac{11}{24}$ Dînâr, der für das ganze Jahr entfallende Kopffteuerbetrag nicht ermitteln. Auch in diefem Papiere ift بابه die jüngere, d. h. arabifche Schreibung für باوبى oder بروبى = Φαωφι. Das د vor der ausgeworfenen Ratenfumme ift die gebräuchliche Abkürzung für دينار Dînâr.

Zeile 2. ادّى term. techn. für die Steuerzahlung, daher مُؤدًّا, der Ort, wo die Steuer entrichtet wird, Belâdfori 68, Gloff. 11. بقطر = ⲃⲓⲕⲧⲱⲣ, ift gefichert durch den Papyrus 3144: بقطر يحنس, ‚Victor Johannes‘ mit dem diakritifchen Punkt unter dem *Kâf*; der Name ift häufig: Papyrus 6311: بقطر اركليدس, ‚Victor Herakleides‘, Papier Nr. 3189, 3418, 7415, 7868 (Jahr 355 H. = 966 Chr.) etc. Zu bemerken ift, dafs die Schreibweife *b* für *v* (*f*) und *p* wechfelt, fo fteht بيوده Papyrus 544, 550 etc. für ⲡⲁⲛⲛⲟⲩⲧⲉ, باتوب Papyrus 557 für ⲡⲁⲛⲟⲩⲃ u. a. Dagegen ift in dem Patronymicum zu Victor: ونافر = ⲟⲩⲉⲛⲁⲃⲉⲣ, griechifch Οὐενάφριος, Ὀννόφριος etc. *Fê* gebraucht, Papyrus 7482, 7489 (von Ibfchâde). So lefe ich auch den von DE SACY in dem Papyrus des Jahres 133 H. nicht erkannten Namen ونافر; ⲁⲡⲁ ⲟⲩⲉⲛⲁⲃⲉⲣ endlich fchreiben die Araber ابونافر, abgekürzt für ابا ونافر, wie ابقيره = ⲁⲡⲁ ⲕⲩⲣⲉ, ابوله = ⲁⲡⲁ ⲡⲁⲩⲗⲉ u. f. w. Das nächftfolgende Wort, durch Tintenflufs zu العما geworden, ift zweifellos السقاء, ‚der Wafferträger', eine in unferen Steuerdocumenten ebenfo häufig wiederkehrende Berufsbezeichnung (z. B. Papyrus 377), wie الحمّال der Laftträger, Papyrus 2736; الاجير der Taglöhner, Papyrus 4135; الراعى der Hirte, Papyrus 463; السائس der Wärter, Papyrus 7411; حارس القرية der Dorfwächter, Papyrus 5219; حارس القبط der Wächter der Kopten, l. c.; الصيّاد der Fifcher, Papier 8216; السمّاك der Fifchhändler, Papyrus 457; الغسّال der Wäfcher, Papier 8204; الخيّاط der Schneider, Papyrus 2598; النجّار der Schreiner, Papyrus 945 (هرميس Jeremias); الخبّاز der Bäcker, Papyrus 3378; القصّاب der Metzger, Papyrus 729; الطبّاخ der Koch, Papyrus 1593; البيّاع der Kaufmann, Papyrus 551; الطحّان der Müller, Papyrus 569; النسّاج der Weber, Papyrus 7484; الزجّاج der Glafer, Papyrus 4135; الصايغ der Goldfchmied, Papyrus 645; البنّا der Baumeifter, Papyrus 3378; المغنى der Sänger, Papier 7437 u. f. w.

Zeile 4. الجالية oder جالية راسه, Papyrus 2578, fo viel wie جزية oder جزية راسه, Papyrus 9314, mit جباية abwechfelnd, für welche drei Termini auch خراج fchlechtweg gebraucht wird. Diefen die Kopftaxe anzeigenden Ausdruck جالية *dfchâlija* (*gâlija*) fand ich als *zilia* und *gelia* in diefem Sinne noch in den italienifch-ägyptifchen Vertragsurkunden des XIII. und XIV. Jahrhunderts (Lib. commemorialis), ein Beweis, dafs man in Aegypten das lange *Elif*, *â*, mit dem Umlaut (*Imâle*) ausgefprochen. Das in der Worttrennung gefchriebene قُبَالَة, ‚vor, in Gegenwart', foviel wie فى قبالة, Gloff. Edris. 362, DOZY, Suppl. II, 306, kommt auch in der folgenden, faft gleichlautenden Kopffteuerquittung, Papier Nr. 7850, vom felben Jahre 344 H. = 953 Chr. (Höhe 8·5, Breite 5·5 Centimeter) vor:

دينر صحّ ذلك نجم مسرى ς γ' ι β'	Rate Mefori. Für richtig befunden! Dînâr $1/2 + 1/3 + 1/12$
بسم الله الرحمن الرحيم	Im Namen Gottes des Barmherzigen des Erbarmenden!
ادّى يحنّس بن انثياس الصبّاغ عن	Es hat gezahlt Johannes Sohn des Anthyas der Färber, von
الجالية بالاشمونين ثلثى وربع دينا	der Kopffteuer in el-Ufchmûnein Zweidrittel- und einen Viertel-Dînâr
رالى قوريل بن دانيل لخراج سنة اربع	an Kyrillos Sohn des Daniel für die Steuer des Jahres vier
واربعين وثلثمائة قبالة ابو (sic)	und vierzig und dreihundert in Gegenwart des Abû-
العباس بن هلل τμδ	l-Abbâs Sohnes des Hilâl. 344
دينر ς γ' ι β'	Dînâr $1/2 + 1/3 + 1/12$

(Eine 5 Millimeter breite Collesis geht rechts im Worte مسرى beginnend vertical durch den Text. $^2/_3+^1/_4=^1/_2+^1/_3+^1/_{12}=^{22}/_{24}$ Dinâr.)

Ferners finden wir den Ausdruck in den Papyrus 3378 (Jahr 291 H. = 904 Chr.) und 5158. Dazu kommen die Synonyma قِبَل, Papyrus 3362, Jahr 287 H. = 900 Chr., und besonders häufig بحضرة oder بحضر, Papyrus 2578, Jahr 241 H. = 861 Chr., Papyrus 3351, Jahr 244 H. = 858 Chr., Papyrus 3342, Jahr 265 H. = 879 Chr. u. s. w. Eingeleitet wird mit jedem dieser Termini der die Steuern einnehmende Stellvertreter, الخليفة القابل, des Finanzdirectors, Papyrus 3358 vom 8. Mesori 246 H. = 1. August 860 Chr.: وذلك بحضر من خليفتين القابلين, ,und solches in Gegenwart von zweien die Steuern einnehmenden Stellvertretern' etc.

Zeile 6. ثلث ثمن statt ثلث وثمن ist, wie der entsprechende griechische Doppeltext γ' η' zeigt, $^1/_3+^1/_8$, nicht $^1/_{24}$. Die Copula و wird nicht selten ausgelassen. Also wie geschrieben wird:

Papyrus 1047: نصفو نصفثمن دينر ϛ κ δ' ↄ $= {}^1/_2+{}^1/_{16}$ Dinâr, $^1/_2+^1/_{24}+^1/_{48}$ (d. i. $^1/_2$ Dînâr + $1\,^1/_2$ Karat

Papyrus 674: وثلث وثمن وسدس ثمن $= {}^1/_3+{}^1/_8+{}^1/_{48}$

Papyrus 681: نصف سدس = نصعدس $= {}^1/_{12}$

Papyrus 681, Verso: نصف ونصف ثمن فدّان $= {}^1/_2+{}^1/_{16}$ Feddân

heisst es auch z. B. im Papyrus 803:

نصريع ثمن = نصف ربع ثمن $= {}^1/_2+{}^1/_4+{}^1/_8$,

فداس وىل وىلمں = فدّانين وثلث وثلث ثمن $= 2+{}^1/_3+{}^1/_{24}$ Feddân,

فدان وىل وىں = فدّان وثلث وربع وثمن $= 1+{}^1/_3+{}^1/_4+{}^1/_8$ Feddân.

Zeile 7. Das unpunktirte Nom. propr. فوريل lässt zwei verschiedene Auslegungen zu: قورنل, ,Cornelius' und قوريل, ,Kyrillos'. Im ersten Bande dieser Mittheilungen, S. 7 und 99, habe ich die erstere Lesung vorgezogen, weil der letztere Name in einem unserer Papiere Nr. 7491 قورللوس geschrieben erscheint und derselbe auch sonst bei ägyptischen Schriftstellern in der Form كيرلص vorkommt (Makrîzî, Copt. 14). Nun habe ich ihn aber in dem Papiere 7291 (X. Jahrhundert) punktirt gefunden: قوريل, so dass jeder Zweifel schwindet. Er muss Kyrillos gelesen werden.

---

3. Nr. 8663. Kopfsteuerquittung, Epiphi 370 H. = Juni 980 Chr.

Papier: fein, filzig, mittelstark, undurchsichtig, Höhe 7·5 Centimeter, Breite 6·1 Centimeter.

(Zu Seite 146.) Abgebildet auf Tafel III, Nr. 3.

ايب			Epiphi
ديـــنر	نجم بوونه	Rate Payni	Dinâr
٢ﺩ			½+⅓
ﺩ	بسم الله الرحمن الرحيم	Im Namen Gottes des Barmherzigen des Erbarmenden!	¹/₄₈
	ادّى فلاوه الاشمونى عن	Es hat gezahlt Flave der Ufchmûneiner von	
	الخراج بابشاده لسنة سبعين	der Steuer in Ibfchâde für das Jahr fiebzig	
	وثلثمائة نصف وثلث ونصف قيراط	und dreihundert ½+⅓ und ½ Karat.	
	وكتب جريج بن قوريل الجهبذ	Gefchrieben von Georgios Sohn des Kyrillos dem Säckelwart.	

Zeile 1. ابيب, oder nach älterer koptifcher Schreibung der Papyrus ابيفه, Papyrus 544, 945 (VIII. Jahrhundert), 1055: ρϥθ وكتب فى ابيفه η سنة (199 H. = 815 Chr.) = ايفا, Chit. I, 263 und افيفى, Bîrûnî, 49 = Ἐπιφί.

Zeile 2. بؤونه, ebenfo Papier 2216, 7464, 7868 (Jahr 355 H. = 996 Chr.) u. v. a., auch بونيه und بونه, Papyrus 411, 455, dann باونه, Papyrus 279 = παωνε, bei den citirten arabifchen Schriftftellern باونى, als die angeblich ältere Form, aber griechifch παῦνὶ entfprechend. Die für Payni, dem Beginne des Steuerjahres fällige, voraus zu bezahlende Rate wurde im nächftfolgenden Monat Epiphi entrichtet. Es war eine Halbjahresrate, woraus fich ein Kopffteuerbetrag von 1½ Dînâr für das Ganzjahr ergibt.

Zeile 4. Die Bedeutung der Sigle ﺩ = ¹/₄₈ Dînâr oder ½ Karat habe ich fchon 1882 in meiner Publication ‚Der Papyrusfund von el-Faijûm' nachgewiefen. Durch den Text der fiebenten Zeile wird fie nun deutlich erklärt.

Zeile 5. Der Name des Steuerzahlers فلاوه läfst auch wiederum zwei Möglichkeiten offen: entweder ift er قلاوه oder فلاوه zu punktiren. Erfterer Name findet fich in dem ftatiftifchen Ortsverzeichniffe von 1376 (Abdollatif, 666, Nr. 178, 179) als der zweier ägyptifcher Dörfer, welche Thatfache übrigens feiner Beanfpruchung als Perfonenname nicht entgegenftehen würde. Indefs fcheint mir فلاوه *Flave* = φλαουε, d. i. Flavius, Φλάυιος eher zu paffen, gebildet nach Analogie von κλαυδε aus Κλαύδιος, ευсεβε aus Εὐσέβιος, γεωργε aus Γεώργιος, μερκουρε aus Μερκούριος u. f. w. Der Name فلاوه *Flave* ift fehr häufig, fo im Papyrus 2736 هميسه فلاوه, Homife Flave (ϩωμισε, Papyrus 6205: اثناس هميسه, Athanas Homife; Papier 7437, 8129: هميسه المغنى, Homife der Sänger etc., nicht aber arab. Nom. propr. خميس *Chomeis*!). Zu bemerken ift noch, dafs unfer Name auch mit Auslaffung des Elif productionis, فلوه, Papyrus 3506, vorkommt. Die folgende Nisbe, eher wie العرمرى oder القرمزى (in Schmûn war die Kermesfärberei zu Haufe! Chit. I, 239) ausfehend, wird durch ähnliche Schreibungen als الاشمونى verbürgt. Das *Elif* vom *Lâm-Elif* ift eben nach Art des Dîwânî-Zuges zur Schlinge mit dem folgenden, tief herabgehenden *Schin* ligirt.

Zeile 6. Ueber خراج vergl. das oben unter Nr. 2 zu Zeile 4 Gefagte. ابشاده *Ibfchâde*, Ort im Schmûner Bezirk, Abd-el-latif, l. c. 692, Nr. 3 und fonft noch zweimal in anderen Gegenden Aegyptens nachweisbar, l. c. 631 Nr. 5, 657 Nr. 2. Der Name gilt gleichfalls für Perfonen: Papyrus 359 بطرس بن ابشاده, ‚Petrus Sohn des Ibfchâde';

dann Papyrus 6336 und 7160, Jahr 297 (= 909 Chr.) سويره بن ابشاده, ‚Severos Sohn des Ibſchâde' etc. Auch bei Makrizi, Copt. 96 und Heil. Kal. II, 260. Iſt ⲡⲉ-ⲯⲁⲧⲉ = Ψάτης (Mittheilungen, I, 3), daher Papier 10636 mit der Nisbe البشادى el-Beſchâdijj.

Zeile 8. جريج بن قوريل. Ueber جريج ſiehe dieſe Mittheilungen, I, 2, Anmerkung 1. Die beiden Namen treffen öfter zuſammen, ſo im Papyrus 3421, Jahr 917 Chr.:

لخراج سنة خمس وثلثمائة Für die Steuer des Jahres fünf und dreihundert.

ⲧⲉ

وكتب جريج بن قوريل بخطه Geſchrieben von Georgios Sohn des Kyrillos mit ſeinem eigenen Schriftzug, 305.

Natürlich iſt dieſer Schreiber mit unſerem Georgios Sohn des Kyrillos vom Jahre 980 nicht identiſch. الجهبذ, auch Papier 7421 u. v. a., iſt perſiſch كهبد, Gloſſ. frag. hiſt. Arab. 13, Dozy, Suppl. I, 226, Vullers, II ſ. v., hier ſoviel als der in den Papyrus häufigere Amtstitel القطال, welcher von mir (Mittheilungen, I, 6 f.) als القطار = κυαίστωρ = *quaestor* nachgewieſen wurde. Kommt indeſs zuweilen auch in den jüngeren faijûmer Papyrus vor: Papyrus 3358 vom 8. Meſori 246 H. = 1. Auguſt 860 Chr. سهل بن داود جهبذ كورة الفيوم, ‚Sahl Sohn des Dawûd, Säckelwart des Bezirkes el-Faijûm'. Die Auflöſung des zur Sigle gewordenen Ḳarmaṭa-Zuges gründet ſich auf zahlreiche Beiſpiele in den zur Vergleichung herangezogenen Papieren.

---

4. Nr. 8788. Kopfſteuervorſchreibung vom Jahre 390 H. = 1000 Chr.
Papier: filzig, faſt tuchartig, dicht und ſtark, Höhe 12·5, Breite 4 Centimeter.
(Zu Seite 146.) Abgebildet auf Tafel III, Nr. 4.

بسم الله الرحمن الرحيم	Im Namen Gottes des Barmherzigen des Erbarmenden!
صح لجريج بن ابلهيو	Es iſt richtig befunden (zu zahlen) für Georgios Sohn des Apa Laheu
الراعى عما يجب	den Hirten, gemäſs dem was ihm
عليه من الجالية	obliegt von der Kopfſteuer
لخراج سنة تسعين	für die Steuer des Jahres neunzig
وثلثمائة دينار واحد	und dreihundert, ein Dinâr
ونصف عزيزى	und ein Halber, ʿAzîziſchen Gepräges.
وكتب الحسن بن	Geſchrieben von el-Ḥaſan, Sohn
اسحق بخطه	des Isḥâḳ mit ſeinem eigenen Schriftzug.

Zeile 2. صح. Dieſer techniſche Ausdruck ward für gewiſſe Billets der Steuerbehörde gebraucht. Es waren dies Anweiſungen, womit den betreffenden Individuen die für ſie bemeſſenen Steuerbeträge auf amtliche Ordre kundgegeben wurden, alſo: Steuervorſchreibungen. So lieſt man in dem ſchönen Papier 8426 vom Jahre 349 H. = 960 Chr.

صح لسورس بن كيل	Es ift richtig befunden (zu zahlen) für Severos Sohn des Chaël
عن ما يجبه عليه	gemäfs dem was ihm obliegt
من الخراج الخ	von der Steuer etc.

Oefters hat man die Richtigkeit des bezahlten Betrages an der Quittung felbft nochmals durch eine Vermerkung (*Vidimus*) mit demfelben Ausdrucke beftätigt. So an der oben S. 164 befchriebenen zweiten Steuerquittung des Jahres 344 d. H., dann an einer zweiten (Nr. 11630) des Jahres τμθ = 349 H. = 960 Chr., welcher der chriftliche Säckelwart fein ein ✠ enthaltendes Thonfiegel aufgedrückt, wo am unteren Rande von zweiter Hand und anderer Tinte das amtliche Vifa: صح ذلك, ,für richtig befunden!' fteht. Einmal, Papier Nr. 7900, Jahr 394 = 1009 Chr., ift ftatt صح die zweite Form صحّ nachzuweifen. ابلهيوه ein fchwieriger Name. Er ift zweifelsohne kopt. ⲗⲁϩⲟⲩ (von J. KRALL in dem kopt. Papyr. Nr. 328 gefunden), griech. Λαηυ und Λαηο, von K. WESSELY nachgewiefen in ,Griech. Papyr. des Brit. Muf.', 250 f. und ,Ber. über Griech. Papyri', 43, wo fogar Λαηο ποιμένι, wie لهيوه الراعى ,Laheu der Hirte' im Papyr. 10358 vom Jahre 285 H. = 898 Chr. Vergl. auch Papier 11426, Jahr 397 H. = 1007 Chr.: لهيوه الحارس ,Laheu der Wächter'. Ueber die contrahirte Schreibung ابلهيوه für ابالهيوه = ⲁⲡⲁ ⲗⲁϩⲟⲩ ift das oben unter Nr. 2, Zeile 2 Bemerkte zu vergleichen. In den griechifchen Papyrus ift der Name felten, häufiger in den arabifchen Schriftftücken.

Zeile 3. عما يجب عليه, ftehende Formel für Steuerurkunden, Papier Nr. 8133, 8136 u. v. a., in den Papyrus gewöhnlich عما يلزمه.

Zeile 7. عزيزى, 'Azîzifches Gepräge: Goldftücke des Fatimiden-Chalifen Abû Manṣûr Nizâr el-'Azîz-billâh, 365 bis 386 H. = 975 bis 996 Chr. In anderen Papieren ebenfalls: Nr. 7221, Jahr 381 H. = 991 Chr., من العين العزيزى, ,von 'azîzifchem Goldgepräge' etc.; auch für Silbercourant, Papier Nr. 2096:

من صٰلح بسم الله الرحمن الرحيم	Im Namen Gottes des Barmherzigen des Erbarmenden! Von Ṣalih.
ادفع اعزّك الله الى احمد بن محمد درهم ونصف	Uebergib, Gott möge Dich ftärken! an Ahmed den Sohn des Muhammed einen und einen halben Dirhem
عزيزى وكتب على بيده إن شاء الله	'azîzifchen Gepräges. Gefchrieben von 'Ali mit feiner Hand. So Gott will!

Vier gläferne, mit dem Namen des Chalifen

الامام العزيز ,der Imâm el-'Azîz',

العزيز بالله ,el-'Azîz billâh',

الامام نزار ,der Imâm Nizâr'

fignirte Normalmünzgewichte, in meinem Befitz, geben 2·90 Grammes für den 'azîzifchen Dirhem, ein fünftes wiegt 1·45 Grammes, ift demnach deffen Halbftück. Nimmt man das zu damaliger Zeit übliche $^7/_{10}$-Verhältnifs zwifchen Gold- und Silberprägung an, d. h. dafs 7 Goldftücke (Dînâre) auf das Gewicht von 10 Silberftücken (Dirhem) gehen, fo ergibt fich $\frac{2{\cdot}90 \times 10}{7} = 4{\cdot}14$ Grammes für den 'azîzifchen Dînâr, 2·07 Grammes für deffen Halbftück (نصف). Darauf weifen auch die von mir an Originalen — nach Ausfcheidung der durch Abnützung oder Befchädigung zu fehr an Gewicht verminderten Stücke — vorgenommenen reichlichen Wägungen hin, welche ein Durchfchnittsgewicht von 4·1 (genauer 4·09813) Grammes für den Dînâr, alfo 2·05 Grammes für den halben Dînâr ergaben. Es zeigt fich alfo, dafs das Effectivgewicht der 'azîzifchen Goldpräge von dem Normalgewicht 4·25 Grammes des alten 'Abd-ul-Melik-Dînârs nicht erheblich abwich. Was die in unferem amtlichen Schriftftück dem Hirten Georgios zugemeffene Kopftaxe von $1^1/_2$ Dînâre pro Steuerjahr 1000 zu bedeuten hatte, werde ich fpäter zu zeigen verfuchen. Dafs diefe unter dem chriftenfeindlichen Chalifen el-Hâkim bi-amr-illâh (386 bis 411 H. = 996 bis 1020 Chr.) vorgefchriebene Steuer in einem anderen als deffen Goldgepräge entrichtet wurde, hat feinen Grund darin, dafs das unter dem Vorgänger maffenhaft ausgebrachte Gold noch vielfach circulirte. Ja, man bezahlte die Steuern hin und wieder felbft mit dem Golde feines zweiten Vorgängers Abû Temîm Ma'add el-Mu'izz li-dîn allâh (341 bis 365 H. = 952 bis 975 Chr.): Papier 7917, Jahr 406 H. = 1015 Chr. سدس دينر معزّق, ,ein Sechftel-Dînâr Mu'izzifchen Gepräges', wie Chit. II, 274 من العين المعزّق, ,von Mu'izzifchem Goldgepräge'. Reichlich fielen indefs auch die Zahlungen mit Hâkimifchem Golde aus: Papier 7193 العين الحاكى, ,hâkimifchen Goldes'; Papier 5043, Jahr 396 H. = 1006 Chr. دينارين حاكية عدد, ,zwei hâkimifche Dînâre an Zahl'. Und weiter, Papyrus 7921, Jahr 412 H. = 1021 Chr. دنانير حاكية الى الديوان ,hâkimifche Dînâre an den Dîwân (zu liefern)'; Papier 7933, Jahr 418 H. = 1027 Chr. دينارين ونصف حاكية اعلى استعمال, ,zwei und ein halb hâkimifche Dînâre befter Fabrik' etc.

---

5. Nr. 7379. Kopfſteuerquittung, Donnerftag 14. Epiphi oder 11. Ramadhân 427 d. H. = 8. Juli 1036 n. Chr.

Papier: Stark, fehr glatt, undurchfichtig, pergamenartig. Länge 7, Höhe $5^1/_2$ Centimeter.

(Zu Seite 92, 146.) Abgebildet auf Tafel III, Nr. 5.

1. يوم الخميس ابيب ×δ' دينر η' ς' لسنة
2. ϡκζ
3. بسم الله الرحمن الرحيم الحمد لله وحده
4. ادّى ابو ادريس بن مينا عن الجزية بالمدينة لسنة ست و
5. عشرين واربعمائة لقاسم بن محمد من العين العزيزىّ [سدس ثُ]ن
6. وكتب مرقوره بن شنوده الجهبذ يوم الخميس
7. الحادى عشر من شهر رمضان سنة سبع [و] عشرين
8. واربعمئة الخراجية

1. Donnerſtag, Epiphi 24., Dinâr $1/_6+1/_8$, für das Jahr
2. 427
3. Im Namen Gottes des Barmherzigen des Erbarmenden! Lob ſei Gott dem Einen!
4. Es hat gezahlt Apa Enoch Sohn des Menas von der Kopfſteuer in der Stadt (el-Uſchmûnein) für das Jahr ſechs und
5. zwanzig und vierhundert, für el-Ḳâſim Sohn des Muhammed von ʿaziziſchem Gold $1/_6+1/_8$ (Dînâr).
6. Geſchrieben von Merkûre Sohn des Schanûde den Säckelwart, Donnerſtag
7. den eilften des Monates Ramadhân vom Jahre ſieben (und) zwanzig
8. und vierhundert, dem Steuerjahre.

Dieſes in compactem, verſchlungenem und ligaturenreichem Karmatha-Ductus ausgefertigte Schriftſtück gehört zu den allerſchwierigſten Leſeſtücken für den Entzifferer.

Zeile 1. Die Sigle für دينر enthält nur den contrahirten Zug von ينر mit Weglaſſung des د, welches, wie wir oben geſehen, für ſich allein als Sigle gleicher Bedeutung vorkommt. Wie die Entſtehung der vorliegenden, durch verſchiedene Papiere ſichergeſtellten Sigle zu denken ſei, lehrt am deutlichſten die Schreibung von دينر auf dem Papiere 2 der Tafel III, Zeile 2. — Was die griechiſchen Zahlbuchſtaben anlangt, ſo ſind auch ſie, wegen ihrer ſtarken curſiviſchen Verflachung ſonſt kaum erkennbar, mit Hilfe paralleler Schriftſtücke lesbar geworden. Namentlich die bekannte alte Form des η iſt hier und in allen anderen Documenten derſelben Epoche, zu einem ſenkrechten, auf der Linie ſtehenden Strich I geworden.

Zeile 2. Die griechiſche Zahl υκζ erſcheint auf anderen Papieren an gleicher Stelle durch das arabiſche Jahresdatum erſetzt.

Zeile 3. Die ſchwierige Gruppe الحمد لله وحده nach der Basmala bietet wiederum einen durch Abkürzung und Ligirung faſt unkenntlich gewordenen Formeltext. Schon ſeit dem IV. Jahrhundert der Hidſchra war es gebräuchlich geworden, der Basmala noch eine fromme Formel hinzuzufügen. Es liegen hiefür verſchiedene Beiſpiele vor, aus denen ich die gebräuchlichſten hier anführe:

Papier 8477,	Jahr 344:	الحمد لله وحده	Lob ſei Gott dem Einen!
„ 8307,	Jahr 377:	والحمد لله شكرًا	Und Lob ſei Gott und Dank!
„ 7939,	Jahr 427:	الحمد لله وليّ كلّ نعمة	Lob ſei Gott dem Herrn jeglicher Wohlthat!
8415,	Jahr 433:	الحمد لله وحده	Lob ſei Gott dem Einen!
„ 6736,	Jahr 440:	إن شاء الله	So Gott will!
„ 7352,	V. Jahrh.:	الحمد لله وحده	Lob ſei Gott dem Einen!
8206:	„	حسبي الله وعليه توكّلت	Gott iſt mein Genüge und auf ihn baue ich!
8153,	Jahr 685:	والحمد لله وحده	Und Lob ſei Gott dem Einen!
„ 8207,	VII. Jahrh.:	وبه أكتفي	Und in ihm finde ich mein Genüge!
2252:	„	وصلى الله على سيدنا محمد	Und Segen Gottes über unſern Herrn Muhammed!

Zeile 4. ابو ادريس *Abû Idrîs* ift ⲁⲡⲁ ⲉⲛⲱϫ, häufig in den Papieren, z. B. Nr. 7434 ابو ادريس البنا, ‚Apa Enoch der Baumeifter' etc. Zu مينا = ⲙⲏⲛⲁ, griechifch Μηνᾶς, fei bemerkt, dafs diefer Name (feltener) auch مينه gefchrieben erfcheint, Papier 7864, Jahr 352 H. = 963 Chr. كيل بن مينه, ‚Chaël Sohn des Mena'. Sonft gehört er zu den gemeinften der in unferen vielfprachigen Urkunden vorkommenden Eigennamen.

Zeile 5. عشرين واربعمائة ift Sigle.

Zeile 6. مرقوره *Merkure* ift die bereits oben erwähnte, arabifch transfcribirte koptifche Form von ⲙⲉⲣⲕⲟⲩⲣⲉ = Μερκούριος. Ein einzigesmal fand ich den Namen مركوره gefchrieben, Papyrus 6336 مركوره الشماس, ‚Merkûre der Diakon'. — شنوده, einer der bekannteften Namen, Papyrus 137, 138, 191, 213, 361 u. f. w., griechifch Cεννούθιος, Cενούθιος. Im Papier Nr. 2127, als bisher einziges Vorkommnifs شنوتى بن مرقوره, ‚Schenûti Sohn des Merkûre' = ϣⲉⲛⲟⲩⲧⲓ.

Zeile 8. الخراجية fchliefst fich als Sigle den oben S. 93 und 94 graphifch dargeftellten Formen an. Weitere Belege bieten die Papiere 8104, 8141, 8143, 8145, 8146 etc. Ein koptifches Papier (Nr. 11890) transfcribirt: ⲁⲗϧⲁⲣⲁϭⲓ = الخراجى.

Commentar.

Die Papiere 2 bis 5 bedürfen einer Erläuterung.

Die Texte der Kopffteuerquittungen, fo belanglos fie ihrem Inhalte nach dem uneingeweihten Lefer erfcheinen mögen, find von Wichtigkeit für das Verftändnifs des durch den census capitis beftimmten Verhältniffes zwifchen ‚Ungläubigen' und ‚Gläubigen' in den erften Jahrhunderten der islâmitifchen Weltherrfchaft. Sie liefern bei unmittelbarer Anfchauung ein getreues Bild äufserft merkwürdiger, aus dem Doppelgebilde einer neuen Religions- und Staatsform gezeitigter Culturverhältniffe. Denn diefe unfere Urkunden laffen hierin in rafchem Wechfel ebenfo die härtefte und unverföhnlichfte Seite des religiöfen Fanatismus, wie eine durch die weitgehendfte Toleranz gemilderte ftaatskluge Auffaffung erkennen.

Der erobernde Islâm kannte gegenüber den feinen Glaubensgeboten fich nicht Unterwerfenden nur eine Alternative: die Kopffteuer oder das Schwert.[1] Der praktifche Sinn der Eroberer hat in den meiften Fällen die erftere für genügend befunden. In ihrer ftaatsrechtlichen Auffaffung der Kopffteuer lag ja die Gewähr einer nachfolgenden freiwilligen Unterwerfung der noch im ‚Unglauben' verharrenden Bevölkerungsclaffen. Indem, wie wir fehen werden, die Kopffteuer an fich und die Entrichtung derfelben realiter eine fchimpfliche Herabwürdigung bedeutete, welche den Betroffenen in den Zuftand der Infamation verfetzte, hat man die Steuerzahler, anfänglich wenigftens, gezwungen, mit Ausfchlufs jedes Stellvertreters, perfönlich die Kopffteuer abzuliefern: ‚denn' — fo calculirten die Gefetzgeber — ‚vielleicht glauben fie fchliefslich an Gott und feinen Propheten und dann find fie ohnehin von diefem fchimpflichen Joch befreit.'[2]

---

[1] Ibn el-Athîr, Chron. ed. Tornberg, II, 387.

[2] Scheich Ahmed ed-Derdîr in Journ. Asiatique, 1852, XIX, 108.

Aus Nr. 5 der vorhin beſchriebenen Papiere werden wir erſehen, wie ein abtrünniger Chriſt dieſen Wink ſich zu Nutze gemacht.

Der die Kopfſteuer Bezahlende ſteht zu dem muhammedaniſchen Staate in einem Vertragsverhältniſs; der letztere gewährt ihm einen Schutzvertrag (عقد الذمّة) oder Tributarvertrag (عقد الجزية) und betrachtet ihn als ſeinen ‚Schutzgenoſſen' (ذمّى). Nur mit Solchen iſt ein Tributarvertrag einzugehen, welche Beſitzer eines heiligen Buches ſind, alſo: Juden und Chriſten. Bald hat man aber auch die das Feuer anbetenden Perſer hinzugerechnet, da in Folge einer milderen Anſchauung die heiligen Bücher des Zoroaſter als ‚etwas der Thora und Bibel ähnliches' erachtet wurden. Desgleichen auch die Sabier und Samaritaner, inſofern ſie in gewiſſen Glaubensartikeln (عقايد) mit den erſtgenannten Schriftbeſitzern übereinſtimmen.[1] Indem die Ungläubigen oder Schutzgenoſſen den Tribut (الجزية, die Kopfſteuer) zu entrichten und den Geſetzen des Islâm ſich zu unterwerfen geloben, iſt der Tributarvertrag perfect; ſie haben bei den Muslimen für Leib und Gut, ſowie gegen jeden Uebergriff der letzteren Schutz erlangt. Die Kopfſteuer wird nicht entrichtet von Knaben, Sklaven, Weibern, Hermaphrodyten und Solchen, welche mit perennirendem Wahnſinn behaftet ſind.[2] Eingefordert wird ſie hingegen von paralytiſchen Leuten, Blinden, Mönchen, hinfälligen Greiſen, preſshaften Bettlern (zahlbar vom erbettelten Gewinn). Wer von dieſen Perſonen mittellos iſt, dem wird ein Aufſchub bis zur Zeit beſſerer Vermögensverhältniſſe gewährt. Freilich hat die Praxis auch darin einer milderen Auffaſſung gehuldigt, indem wenigſtens die Blinden und Armen in der Regel von der Kopfſteuer ausgenommen wurden.[3]

Eine wichtige Frage, welche ſich bald den arabiſchen Juriſten ergab, war die, wie es mit den während eines Steuerjahres zum Islâm übergetretenen Schutzgenoſſen zu halten ſei, da doch der Grundſatz galt: von einem Muslim wird keine Kopfſteuer erhoben. Darüber hat der Kâdhî Abû Júſuf († 798 Chr.), einer der eifrigſten Anhänger und unmittelbarer Schüler des berühmten Rechtslehrers Abû Hanîfa († 767 Chr.)[4] in ſeiner an den Chalifen Harûn ar-Raſchîd in Sachen des muslimiſchen Staats- und Verwaltungsrechtes gerichteten Denkſchrift wichtige Aufſchlüſſe ertheilt. Darnach war es erlaubt, von einem Muslim die Kopſtaxe zu erheben, wenn die Bekehrung desſelben nach Beginn des Steuerjahres geſchehen iſt. Hatte dieſelbe aber ein oder zwei Tage, ein oder zwei Monate, oder etwas darüber oder darunter vor Ausgang des Steuer-

---

[1] Ibn Dſchemâ'at († 1416), Tahrîr el-ahkâm fî tadbîr ahl el-Islâm, Handſchrift der k. k. Hofbibliothek in Wien, N. F. 271. Der prächtige Codex, vom 5. Schawwâl 843 H. (= 10. März 1440) datirt, iſt eine Widmung des Mamlûken Kurtbai an den ägyptiſchen Sultân Dſchakmak und beſpricht in 17 Capiteln unter der Ueberſchrift: ‚Ueber den Schutzvertrag und ſeine Satzungen, ſowie über das zu ſeiner Verpflichtung Nothwendige' auf 18 Groſsoctav-Seiten (Fol. 124 *r* bis 133 *a*) in gedrängter, leichtfaſslicher Darſtellung alles Wiſſenswerthe über den in Frage ſtehenden Gegenſtand.

[2] Der vom Wahnſinn Geheilte hatte, wenn die Geneſung ein Jahr hindurch anhielt, für dieſen Zeitraum die Kofſteuer zu entrichten. Der Rechtslehrer Abû Hanîfa ſagt hingegen, daſs in dieſem Falle das Plus entſcheide: wenn nämlich der Wahnſinn länger angedauert als die Geneſung, ſo entfällt die Steuer; hat letztere aber länger gewährt als die erſtere, dann iſt ſie nothwendig.

[3] Kâdhî Abû Júſuf, Kitâb el-charâdſch, Bulâker Ausgabe vom Jahre 1289, 233.

[4] A. v. Kremer, Culturgeſchichte, I, 492.

jahres ſtattgeſunden, ſo durfte von ihm keine Kopſtaxe gefordert werden. Wenn nun der Fall eintrat, daſs ein noch zur Abtragung der Kopſſteuer verpflichteter neubekehrter Muslim vor der Einhebung oder nach Entrichtung eines Theiles derſelben ſtarb, ſo durften weder ſeine Erben noch ſeine Verlaſſenſchaft dafür in Zahlungspflicht genommen werden. Ebenſo entfiel die Abtragung des Steuerreſtes, wenn ein ſolcher zur Zeit der Bekehrung übriggeblieben war.[1]

Unſer Papier Nr. 5 illuſtrirt in merkwürdiger Weiſe dieſe für die adminiſtrative Geſetzgebung der älteſten Epoche leitend gebliebenen Grundſätze. Das köſtliche Stück beſcheinigt die Thatſache, daſs Kaſim Sohn des Muhammed, alſo ein Muslim, am 8. Juli 1036 die Kopſſteuerrate von $^{1}/_{8}+^{1}/_{8}$ Dînâr in el-Uſchmûnein bezahlt habe. Kâſim muſste daher bald nach Beginn des Steuerjahres zum Islâm übergetreten ſein. Als Muslim hatte er keinesfalls mehr die Verpflichtung, in eigener Perſon vor dem mit der Einhebung der Kopſtaxe betrauten Steuerbeamten zu erſcheinen; daher leiſtete ſeine Zahlung per procurationem der koptiſche Chriſt Apa Enoch.

In der That waren die Vorſchriſten in Bezug auf die Art der Tributentrichtung demüthigend genug für die Schutzgenoſſen. Die arabiſche Staatsrechtslehre gründet nämlich das Inſtitut der Kopſſteuer auf das Gebot des Korân (Sure 29, Vers 9): ‚Bekämpfet diejenigen Schriftbeſitzer, welche nicht glauben an Gott und den jüngſten Tag und das nicht verbieten, was Gott und ſein Geſandter verboten, und ſich nicht zur wahren Religion bekennen, ſo lange, bis ſie ihren Tribut baar entrichten und demüthig unterworfen ſind.‘[2] Daraus leitete die muslimiſche Geſetzgebung für die Schutzgenoſſen den Zuſtand der Verachtung und Herabwürdigung ab, in welchen ſie durch den Act der Tributleiſtung zu verſetzen ſind. Dies geſchah in ſolgender Weiſe: ‚Der Schutzgenoſſe, Chriſt oder Jude, geht an einem beſtimmten Tage (die Sendung eines Stellvertreters iſt ausgeſchloſſen!) in Perſon zu dem mit der Kopſſteuereinhebung betrauten Emîr. Dieſer ruht auf einem erhöhten thronartigen Sitz. Der Schutzgenoſſe tritt vor ihn hin, die Kopſtaxe in der Mitte ſeiner flachen Hand darbietend, von wo ſie der Emîr nimmt, ſo daſs die Hand desſelben obenauf, die des Schutzgenoſſen darunter iſt. Hernach gibt ihm der Emîr einen Fauſtſchlag ins Genick, und ein Mann, der in aufrechter Stellung vor dem Emîr ſteht, jagt den Schutzgenoſſen barſch fort. Dann kommt ein Zweiter, Dritter u. ſ. w., indem ein Jeder der gleichen Behandlung unterzogen wird. Jedermann iſt zum Genuſſe dieſes Schauſpiels zugelaſſen.‘ Es unterliegt keinem Zweifel, daſs dieſe rohe Procedur in den gewöhnlichen Zeitläuſen vorwaltender Toleranz durch einen, wenn auch noch immer an ſich entwürdigenden ſymboliſchen Act gemildert ward. Die Formel, mittelſt welcher dieſer Vorgang in den aufliegenden Kopſſteuerliſten protokollirt wurde,

---

[1] Kâdhî Abû Jûſuf, l. c. 70: ولايؤخذ من مسلم جزية رأسه الا ان يكون أسلم بعد خروج السنة فانه اذا أسلم بعد خروجها فقد كانت الجزية وجبت عليه وصارت خراجا لجميع المسلمين فتؤخذ منه وان أسلم قبل تمام السنة بيوم أو يومين أو شهر أو شهرين أو أكثر أو أقل لم يؤخذ بشئ من الجزية اذا كان أسلم قبل انقضاء السنة وان وجبت عليه الجزية فمات قبل ان تؤخذ منه أو أخذ بعضها وبقى البعض لم يؤخذ بذلك ورثته ولم تؤخذ من تركته لان ذلك ليس بدين عليه وكذلك ان أسلم وقد بقى عليه شئ من جرية رأسه لم يؤخذ بذلك ،

[2] Mâwerdî, Kitâb el-ahkâm es-ſultânijje, ed. Enger, 246; Ibn Dſchemâ'at, l. c. Fol. 124r.

lautete: عن نفسه, d. h. N. N. zahlte ‚für fich' perfönlich. Hier ein Beifpiel aus der Tributarierlifte einer Kopffteuerrolle des Ortes el-Badramûn im Ufchmûner Bezirke, VIII. Jahrhundert (Papyrus 13812):

البدرمون[1]

ϛʹϛʹ ادّى مويه[2] النجار عن نفسه

يوم ٥ امشير ιϛ

- ϛʹϛʹ ادّى سمين بوسطلس[3] عن نفسه

يوم ٤ امشير ιζ

. ɿ ادّى زكرى وينافر[4] عن نفسه

يوم ϛ امشير ιη

ϛʹϛʹ ادّى مونه[5] جاموس عن نفسه

ɿ ادّى ثيدر (sic) جاموس عن نفسه

ϛʹϛʹ ادّى هالر الصباغ عن نفسه

يوم ζ امشير ιθ

ϛʹ ادّى ثيدرس هميه الشماس عن نفسه

El-Badramûn:

1/6 1/6	Es bezahlte Mouei der Tifchler für fich (perfönlich).
Mittwoch, 16. Mechir.	
„ 1/6 1/6	Es bezahlte Simon Poftolos für fich (perfönlich).
Donnerftag, 17. Mechir.	
„ 1/48	Es bezahlte Zacharias Venafer für fich (perfönlich).
Freitag, 18 Mechir.	
1/6 1/6	Es bezahlte Mone Gamûs für fich (perfönlich).
1/48	Es bezahlte Theodor Gamûs für fich (perfönlich).
1/6 1/6	Es bezahlte Helis der Färber für fich (perfönlich).
Samftag, 19 Mechir.	
1/6	Es bezahlte Theodoros Homife der Diacon für fich (perfönlich).

---

[1] In dem ftatiftifchen Ortsverzeichniffe von 1376 (Abdollatif, l. c. 693, Nr. 12) ift der Name البدرمان ‚el-Badramân' gefchrieben. Ebenfo in der Description de l'Égypte, 18, 3, E. M. pag. 100. Die Gemeindegründe diefes Ortes betrugen im XIV. Jahrhundert 2042 Morgen (Feddân).

[2] Ift der Perfonenname ⲙⲟⲩⲉⲓ, Μούη, fiehe oben S. 63; der Papyrus punktirt مويه. Der Mann erlegte alfo zweimal 4 Karate, d. i. 1/3 Dînâr in Kleinmünze.

[3] ʹΑπόϲτολοϲ. Der Name سمين, welcher punktirt ift, wird gewöhnlich سمعون gefchrieben.

[4] Eine andere Form ونافر haben wir oben S. 162, 164 kennen gelernt.

[5] Der Papyrus punktirt مونه, ift koptifch ⲙⲱⲛⲏ.

Es gab indefs ausnahmsweife Fälle, wo der Schutzgenoffe durch einen Stellvertreter die Kopftaxe abliefern laffen durfte. Dies lehren unfere Papyrus; fo Nr. 13820 aus der Steuerrolle einer Tributarierlifte:

مرقس الشماس وا[1] عن اصطفن α γ′ η′

Markos der Diakon. Und er bezahlte für Stephanos $1\frac{1}{3}+\frac{1}{8}$ (Dinâr).

An unferem oben publicirten Papiere 5 finden wir eine andere Form, die Präpofition ل ‚für', angewandt. Mit Abficht. Denn es handelt fich da um die Zahlung eines zum Islâm übergetretenen Schutzgenoffen, für den ein Erfatzmann eintritt, um die eben befchriebene Procedur über fich ergehen zu laffen.

Der Preis der nationalen und religiöfen Selbftftändigkeit der Schutzgenoffen war mit folch infamirender Behandlung noch nicht voll bezahlt. Die Duldfamkeit des Islâm offenbarte fich auch noch in anderer, höchft eigenthümlicher Weife, indem die Tributarier zur Beftätigung des geleifteten Kopfgeldes an den Hälfen und Händen befeftigte **Toleranzmarken** auf die Dauer der finanziellen Controlszeit zur Schau tragen mufsten. Diefe unferen Hundemarken vollkommen entfprechenden Steuermarken wurden aus Blei hergeftellt. Damit ward auch äufserlich fichtbar den Schutzgenoffen ein Zeichen der Schmach und Entehrung aufgedrückt. Dafs dem fo war, dafür liegen mehrere Zeugniffe vor. Als der berüchtigte Heddfchâdfch Statthalter von Medîna war ختم ايدى جماعة من الصحابة بالرصاص استخفافا بهم كما يفعل باهل الذمّة ‚fiegelte er die Hände einer Anzahl der Genoffen des Propheten mit Blei, um ihnen dadurch feine Verachtung zu bezeugen, fo wie man es mit den Schutzgenoffen machte' (692 Chr.).[2] Noch bezeichnender ift Folgendes: Der Verfaffer des Buches der Gefänge[3] erzählt nach einer Ueberlieferung eines Betheiligten, dafs, als letzterer ein Gedicht des Befchfchâr ibn Bord († 789 Chr.) recitirte und zu dem fünften und letzten Verfe kam:

ختم الحبّ لها فى عنقى ✻ موضع الخاتم من اهل الذمم

‚Die Liebe zu ihr hat meinem Nacken das Siegel aufgedrückt
An der Stelle des Siegels der Schutzgenoffen',

fagte Befchfchâr: ‚Von wem haft Du diefen Vers genommen?' Der Recitirer erwiderte: Von Deinem Ueberlieferer N. N. Da rief der Dichter: Gott verdamme ihn! Bei Gott, niemals habe ich diefen Vers gefprochen; findeft Du denn nicht in ihm eine gemeine Handlungsweife ausgedrückt, welche ihn häfslich erfcheinen läfst? Erkennft Du denn

---

[1] Sigle für وادّى ‚und er bezahlte'. Sie tritt häufig auf; fo auch im Papyrus 6311, Tributarierlifte des Bezirkes Ḳahḳawa, VIII. Jahrhundert: α η′ مينا وا عن نفسه ‚Mena, und er bezahlte für fich (perfönlich) $1\frac{1}{8}$ Dînâr.

[2] Ibn Chaldûn, Allgemeine Gefchichte, Bulâḳer Ausgabe, III, 39.

[3] Kitâb el-aghânî, Bulâḳer Ausgabe, III, 26; VI, 52.

nicht den gröſsten Unterſchied zwiſchen ſeiner und meiner Diction? Da fiel einer der Anweſenden ein und ſagte: Jawohl, der Ueberlieferer hat den Vers hinzugefügt.‘[1]

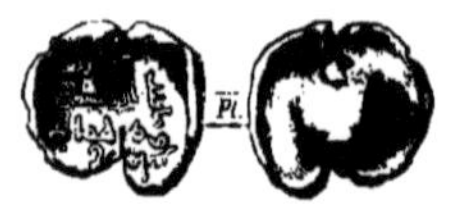

Die Ausdrücke für die Plombirung der Schutzgenoſſen ſind ختم فى الارقاب und ختم الاعناق ‚die Nacken ſiegeln‘ oder ختم الايدى ‚die Hände ſiegeln‘ oder ختم ‚ſiegeln‘ allein.[2] Es haben ſich glücklicherweiſe derlei Steuermarken erhalten. Ich ſelbſt beſitze deren einige, von welchen das nebenſtehend abgebildete Stück zur Erklärung dienen mag:

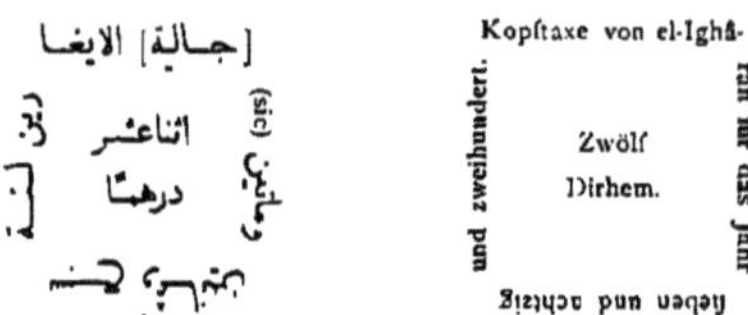

[جـالية الايغا
اثناعشر
درهما
Kopftaxe von el-Ighâ-
rân für das Jahr
sieben und achtzig
und zweihundert.
Zwölf
Dirhem.

Jahr 287 d. H. = 900 n. Chr.[3] Der hier genannte Steuerbetrag von 12 Dirhem entſpricht der niedrigſten Claſſe der Kopftaxe, welche in drei Claſſen eingetheilt wurde: 1 Dinâr reinen Goldes (دينار خالص) jährlich oder deſſen Acquivalent in Silber (12 Dirhem) entſprach der unterſten Claſſe, als Steuerſatz der Armen, 2 Dinâr (24 Dirhem) waren beſtimmt für die Bemittelten und 4 Dinâr (48 Dirhem) für die Reichen. Selbſtverſtändlich variirte das Acquivalent je nach dem Stande der herrſchenden Währung.[4] Abû Hanîfa hält es für erlaubt, daſs bedingungsweiſe mehr als 4 Dinâre eingefordert werden; nicht ſo Mâlik. Weniger als 1 Dinâr zu verlangen iſt aber keinesfalls geſtattet. So die einer kanoniſchen Vorſchrift gleichkommende geſetzliche Bemeſſung (تقدير شرعى) der Kopftaxe.[5] In der Praxis hat man ſich oft genug darüber hinweggeſetzt. Freilich ſelten im Sinne der milderen Auffaſſung Mâlik's; doch ſind aus unſeren Urkunden Fälle conſtatirbar, wo die politiſche Klugkeit den richtigen Augenblick erfaſſend, ſelbſt unter das geſetzlich niedrigſte Maſs herabzugehen ſich entſchloſs.[6]

---

[1] Der Vergleich, ähnlich wie im obigen Verſe, iſt übrigens auch ſonſt angewandt worden, Ibn el-Athîr, Chron. VI, 284.

[2] Kâdhî Abû Jûſuf, l. c. 72 f.; Belâdſorî, Futûh el-buldân, 271 f., 445, Gloſſ. 33; Ibn el-Athîr, l. c. V, 2 f.; Makrîzî, Chit. I, 76 f. etc.

[3] Unter الايغاران el-Ighâran, d. h. ‚die beiden Freigüter‘ ſind die bei Hamadân gelegenen Städte el-Karadſch und el-Burdſch gemeint. Jâkût, Mu'dſchem el-buldân, I, 420, 548 f.; IV, 250 f.

[4] Ibn Dſchemâ'at, l. c. Fol. 125a; Mâwerdî, Kitâb el-ahkâm es-sultânijje, ed. Enger, 249.

[5] Tortûſchî, Sirâdſch el-mulûk, Alexandriner Ausgabe vom Jahre 1289, 233. Nach dieſer Grundtaxe wurden auch die fremden Potentaten eingeſchätzt, falls der unglückliche Ausgang eines Feldzuges ſie zur Tributzahlung an die Araber verpflichtete. Auch Nikephoros Phokas ſandte 806 an den Chalifenhof für ſeinen Kopf 4 Dinâr, für den ſeines Sohnes 2 Dinâr und ebenſoviel für jeden Patrizier. Ibn el-Athîr, Chron. VI, 134.

[6] So hat ſich z. B. zur Zeit des Bruderkrieges zwiſchen Harûn ar-Raſchîd's Söhnen, der ältere, el-Mâmûn, in Aegypten mit jährlich $1/2$ Dinâr für einen Kopf der unterſten Claſſe begnügt. Papyrus Erzherzog Rainer, Nr. 495 vom Jahre 196 (Mai 812 Chr.) pro 195 (811).

Die Zeit, in welche unfere Papiere 2 bis 5 gehören, war insbefondere für die chriftlichen Schutzgenoffen oder Tributarier Aegyptens keine glückliche. Schon die aus diefen Urkunden erfichtliche Thatfache der fixirten Höhe der Taxe von $1^{1}/_{2}$ Dînâr pro Jahr und Kopf der unterften Claffe, bedeutete für einen anfehnlichen Bruchtheil der Bevölkerungsmaffe eine enorme Laft, einen unerhörten Druck, von dem gerade die Aermften betroffen wurden. Wie fchon der Kâdhî Abû Jûfuf in humaner Erkenntnifs, Jeden, der durch feiner Hände Arbeit (العامل بيده) fich das tägliche Brod verdiente, alfo den Ackersmann, Schneider, Färber, Schuhmacher, Schuhflicker etc. der Wohlthat der geringften Kopftaxe theilhaftig zu machen vorfchlug,[1] fehen wir in unferen Papieren eben diefe Menfchen der graufamften Gelderpreffung von Seiten der ägyptifchen Finanzbehörden preisgegeben. In diefer Hinficht ift der an bezüglichen Urkunden reiche Beftand der erzherzoglichen Sammlung von lehrreichfter Bedeutung. Unter den oben befprochenen Papieren zeigt Nr. 4, dafs einem Hirten, Namens Georgios, für das Steuerjahr 1000 n. Chr. $1^{1}/_{2}$ Dînâr, alfo etwa 20 Francs in Gold, Kopffteuer vorgefchrieben wurden. Nicht weniger wird fchon 953 der Wafferträger Victor (Nr. 2) von feinem im Schweifse des Angefichts erarbeiteten Verdienfte der Steuerbehörde haben opfern müffen. Andere Documente aus dem Beginne des zweiten Jahrtaufends unferer Zeitrechnung laffen eine noch wefentlichere Erhöhung der niedrigften Kopftaxe erkennen, womit auch eine hiftorifche Angabe ftimmt, derzufolge diefelbe zeitweife fogar auf $1^{3}/_{4}$ Dînâr + 2 Karat hinaufgefchraubt wurde, was bei gleichzeitiger Fixirung der Mittelclaffe auf 2 Dînar + 2 Karat und der höchften auf $4^{1}/_{6}$ Dinâr, eine unverhältnifsmäfsige Bedrückung der Armen in fich fchlofs.[2]

Unter der Regierung des fatimidifchen Chalifen el-Hâkim bi-amr illah, 386 bis 411 H. (996 bis 1020 Chr.), brach eben für die Chriften eine Zeit der furchtbarften Drangfale herein; fchrecklicher noch als unter dem Tanûchiten Ufâma, dem Finanzdirector Aegyptens (715 bis 717), der den Mönchen mit glühenden Eifen auf die Hand Ringmale einbrennen liefs, welche den Namen des Mönches fammt Altersangabe und den des Klofters enthielten — als Befcheinigung gezahlter Kopffteuer.[3] Gewifs, eine in ihrer Art einzige Toleranzmarke. Wenn aber Ufâma bei feinem brutalen Verfahren, gemäfs der Weifung des Chalifen: ‚Melke die Milch, bis fie zu Ende ift und zapfe das Blut ab bis auf den letzten Tropfen‘,[4] von dem Beweggrunde fchändlicher Erpreffung fich leiten liefs, entfprang hingegen bei el-Hâkim das über die Chriften gekommene Unheil dem religiöfen Hafs. Diefer Chalife, ein Volksfreund und Wohlthäter der Armen, infofern es fich um die Glaubensgenoffen handelte, war ein blutgieriger Tyrann gegen alle Andersgläubigen. Was die arabifchen Hiftoriker hierüber von dem in wahnwitziger Selbftvergötterung untergegangenen Defpoten berichten, läfst ihn im neronifchen Lichte erfcheinen. Vor Allem erneuerte er die alte omarifche Chriften- und Judenordnung, zufolge welcher diefe Religionsgenoffen, was ihre fociale Stellung zu den Muhammedanern, fowie ihre äufsere Erfcheinung betraf, wie Auswürflinge behandelt wurden. Dazu kam, dafs von nun

[1] Kâdhî Abû Jûfuf, l. c. 69, 70 f.: وعلى المحتاج الحراث العامل بيده اثناعشر درهمًا .... واثناعشر درهمًا على العامل بيده مثل الخياط والصباغ والاسكاف والخراز ومن أشبههم الخ.

[2] Kalkafchandî, l. c. 163.

[3] Makrîzî, Chit. II, 492 f.

[4] Abû-l-mahâfin, Annales, I, 257.

ab die Christen ellenlange hölzerne Kreuze im Gewichte von fünf ägyptischen Pfunden am Halse tragen mufsten. Den Juden waren ebenso schwere Baumstrunke zugedacht.[1] Kirchen, Klöster und Synagogen wurden demolirt oder in Moscheen verwandelt, die Kreuze verbrannt. Innerhalb dreier Jahre, 403 bis 405 H. (1012 bis 1015 Chr.), waren nach einer glaubwürdigen Schätzung in Aegypten und den dazu gehörigen Provinzen an tausend und einige dreifsig grofse christliche Gebäude und Kirchen zerstört. Ihre Schätze fielen dem Fiscus anheim, welcher unter dem Titel der Steuern auf Raub ausging. Als endlich die Austreibung aller Christen und Juden decretirt wurde, da vermochte noch ihr Flehen vor dem Palaste des Chalifen diesen zum Widerruf der harten Mafsregel zu bewegen. Aber viele Christen waren inzwischen zum Islâm übergetreten. Von diesen Zeiten schwerster Bedrängnifs des Christenthums in Aegypten geben die Papiere der erzherzoglichen Sammlung Jahr für Jahr ein anschauliches Bild, das, mehr als es innerhalb des Rahmens der hier gestellten Aufgabe geschehen durfte, gelegentlich ihrer Publication aufgerollt werden soll.

[1] Makrîzî, l. c. II, 496.

WIEN, am 20. September 1887.

J. Karabacek.

3.

2.

4.

5.

1.

1. Geripptes ſatinirtes Papier. Billet, Jänner 950 n. Chr. — 2. Feines ägyptiſches Papier, gerippt. Kopfſteuerquittung von el-Uſchmûnein, October 953 n. Chr. — 3. Feines filziges Papier. Kopfſteuerquittung von Ibſchâdeh, Juni 980 n. Chr. — 4. Grobes filziges Papier. Kopfſteuervorſchreibung vom Jahre 1000 n. Chr. — 5. Starkes geglättetes Papier. Kopfſteuerquittung von el-Uſchmûnein, Donnerstag, 8. Juni 1036 n. Chr.

(Originalgröſse.)

DIE FAIJÛMER UND USCHMÛNEINER PAPIERE.

Eine naturwiffenfchaftliche, mit Rückficht auf die Erkennung alter und moderner Papiere und auf die Entwicklung der Papierbereitung durchgeführte Unterfuchung.

(Mit 15 Holzfchnittfiguren und 1 Lichtdruck.)

Einleitung.

Der reiche Documentenfchatz aus el-Faijûm, welcher im öfterreichifchen Mufeum zu Wien in der Sammlung ‚Papyrus Erzherzog Rainer' vereinigt ift, enthält bekanntlich vier Hauptarten von Befchreibftoffen: 1. Thierhäute (incl. Leder), 2. Pergamene, 3. Papyrus, endlich 4. Papiere.

Nur die zuletzt genannten Befchreibftoffe bildeten den Gegenftand meiner auf den folgenden Blättern mitgetheilten Unterfuchungen.[1] Diefelben find Papiere im modernen Sinne, Erzeugniffe, welche die Technologie als ‚gefilzte' oder ‚gefchöpfte' Papiere näher bezeichnen würde.

Die Faijûmer Papiere[2] repräfentiren ein höchft wichtiges Unterfuchungsmateriale, vielleicht das wichtigfte, welches bisher zur Löfung von Fragen über die Gefchichte des Papiers herangezogen werden konnte, denn diefe Papiere find die älteften, welche bisher einer genauen naturwiffenfchaftlichen Unterfuchung zugänglich gemacht werden konnten: fie gehen nach ficheren, von Herrn Profeffor KARABACEK gefundenen Datirungen in das neunte, ja in einzelnen Fällen wahrfcheinlich fogar bis ins achte Jahrhundert unferer Zeitrechnung zurück.

Die auf diefen Papieren ftehenden Schriftzeichen find noch wohlerhalten, der Zufammenhang der Fafern im Allgemeinen ein fehr dichter; diefe Papiere befinden fich ferner auch jetzt noch zum grofsen Theile im befchreibbaren Zuftande, fo dafs fchon von vorneherein mit Wahrfcheinlichkeit angenommen werden konnte, es werde gelingen, die

[1] Eine einleitende hiftorifch-antiquarifche Unterfuchung der Faijûmer und Ufchmûneiner Papiere, mit Beziehung auf die arabifche Papierfabrication im Allgemeinen, hat Profeffor KARABACEK in diefen Mittheilungen zu veröffentlichen unternommen (oben S. 87 bis 178).

[2] Wenn nichts Anderes bemerkt wird find im Folgenden unter ‚Faijûmer Papiere' auch die Ufchmûneiner zu verftehen.

Faſern zu ermitteln, aus welchen ſie bereitet wurden, die Subſtanzen feſtzuſtellen, mit welchen ſie beſchrieben und mit welchen ſie geleimt wurden.

Es iſt, wie ich vorgreifend gleich bemerken will, in der That geglückt, die Frage nach der Faſerart, nach dem Leimungsmateriale und nach der zur Herſtellung der Schriftzeichen dienenden Subſtanz in völlig befriedigender Weiſe zu löſen.

Was zunächſt das Faſermateriale anlangt, ſo war nach der herrſchenden Meinung zu erwarten, daſs ſich dasſelbe als Baumwolle erweiſen werde.

Es wird ja heute noch faſt allgemein die Erfindung des Hadernpapiers ins XIV. Jahrhundert geſetzt und Papiere älteren Datums werden für Baumwollenpapiere, d. i. für Beſchreibſtoffe, welche aus unverſponnener, alſo roher Baumwolle gefilzt wurden, erklärt.

Meine mikroſkopiſchen Unterſuchungen haben aber gegen alle Erwartung den Beweis geliefert, daſs kein einziges der Faijûmer Papiere ein Baumwollenpapier iſt, ſondern daſs ſie durchwegs aus Hadern (Lumpen), vornehmlich Leinenhadern, bereitet wurden.[1]

Die Kunſt der Papiererzeugung aus Hadern iſt mithin viel älter als bisher angenommen wurde. Dieſe meine Auffindung erledigt aber auch die Frage über den Urſprung dieſer Erfindung: Die Hadernpapiererzeugung iſt nämlich weder eine italieniſche, noch eine deutſche, ſondern eine orientaliſche Erfindung.

Dieſe Auffindung gab mir die Anregung, die in jüngſter Zeit lebhaft ventilirte Frage: ob es überhaupt jemals ein Baumwollenpapier gegeben hat, in den Kreis meiner Unterſuchungen zu ziehen, und ich glaube auf Grund ſehr eingehender Unterſuchungen dieſe Frage mit Beſtimmtheit verneinen zu dürfen.

Durch chemiſche Prüfungen, welche zum Theil mit Zuhilfenahme des Mikroſkops ausgeführt wurden, konnte ich zeigen, daſs die Araber zum Leimen ihres Papiers Stärkekleiſter benützten. Dieſe Auffindung hat eine nach meiner Auffaſſung nicht zu unterſchätzende Wichtigkeit, denn erſtlich lehrt ſie, daſs nicht der thieriſche Leim, ſondern der Stärkekleiſter das älteſte Material war, durch welches man die ‚fließenden' Papiere beſchreibbar gemacht hat. Aber es ließs ſich aus dieſer Thatſache auch der Zuſammenhang der europäiſchen Papierbereitung mit der arabiſchen nachweiſen. Ich hoffe auch zeigen zu können, daſs man die ſo leicht nachzuweiſende Stärkeleimung unter Anwendung beſtimmter Vorſichten zur Altersbeſtimmung der Papiere wird heranziehen können.

Schon aus dieſen Anführungen iſt erſichtlich, wie ſich die Grenzen meiner Arbeit erweiterten und wie ich, angeregt durch die an den Faijûmer Papieren unmittelbar gemachten Beobachtungen, zu anderem Materiale griff und ſo nach und nach in die Lage kam, einen zuſammenhängenden Beitrag zur Geſchichte des Papiers zu liefern, in welchem gerade einige der Hauptfragen in der Erzeugung alter Papiere ihre Erledigung finden.

---

[1] Die erſte Mittheilung über dieſe Auffindung wurde in einem Vortrage bekannt gegeben, welchen Herr Profeſſor Karabacek im öſterreichiſchen Muſeum am 23. Jänner 1885 hielt. Der genannte Vortrag iſt in der öſterreichiſchen Monatsſchrift für den Orient, 1885, pag. 165 ff. abgedruckt.

Ganz von ſelbſt ergaben ſich aber im Fortgange meiner Unterſuchungen Reſultate, welche auch über den Rahmen einer Geſchichte des Papiers hinausreichen. Ich will einige der intereſſanteren dieſer Ergebniſſe hier in Kürze anführen.

Die zur Leimung der Faijûmer Papiere dienende Stärke wurde häufig nur halb verkleiſtert. Ein Theil der Stärke blieb dann faſt ganz unverändert, wodurch die Papiere an Güte im Allgemeinen, beſonders aber an Weiſse gewannen. Dieſem Umſtande verdanken wir die Kenntniſs der Stärkeart, mit welcher die Araber ihre Papiere leimten und zweiſellos noch zu vielen anderen Zwecken benützten. Es war dies in der Regel Getreideſtärke (Weizen-, Gerſten- oder Roggenſtärke; Hafer und Reis ſind vollkommen ausgeſchloſſen), höchſtwahrſcheinlich Weizenſtärke.

Da die Kleiſterleimung ſowohl durch Stärke (Stärkemehl, Amylum) als auch durch das Mehl der betreffenden Getreideart vorgenommen worden ſein konnte, wie denn auch jetzt hin und wieder das letztere für den genannten Zweck dient,[1] ſo lag es nahe, die mikroſkopiſche Prüfung auf die Entſcheidung dieſer Alternative zu lenken, und es konnte dieſe Frage ebenſo leicht als ſicher gelöſt werden. Da die Gegenwart der Stärke ſchon durch die Reaction auf Jod ſich zu erkennen gab, dieſer Mehlbeſtandtheil aber eine geringere Reſiſtenz der Einwirkung des Waſſers, der Luft etc. gegenüber zeigt, als die meiſten übrigen Mehlbeſtandtheile, beſonders die Zellenwände, dieſe letzteren aber zwiſchen den Papierfaſern nicht zu finden waren, ſo ergibt ſich, daſs zum Zwecke des Leimens des Papiers Stärke verwendet wurde und nicht Mehl. Es muſste ſohin in der Zeit, in welcher die Faijûmer Papiere erzeugt wurden, die Fabrication der Stärke aus Mehl in Aegypten, beziehungsweiſe im Orient bereits betrieben worden ſein.

Einzelne der Faijûmer Papiere ſind nicht mit gewöhnlicher Getreideſtärke (Amylum aus Weizen, Roggen oder Gerſte), ſondern mit einer anderen Stärkeſorte geleimt, welche unter allen nach unſeren dermaligen Kenntniſſen über die Cultur von Mehlpflanzen im Oriente in Betracht zu ziehenden Sorten, am meiſten mit jener des Buchweizens übereinſtimmt. Dieſe Wahrnehmung legt die Vermuthung nahe, daſs der Buchweizen, deſſen Anbau ſich bisher nicht weiter als bis in die Mitte des XV. Jahrhunderts zurückverfolgen lieſs, ſchon in viel früherer Zeit cultivirt worden ſein mochte.

Ich habe meine Unterſuchungen, wie ſchon oben erwähnt wurde, auch auf die Tinte ausgedehnt, mit welcher die Faijûmer Papiere beſchrieben wurden. Ich konnte mit Sicherheit zwei Arten von Tinten feſtſtellen: eine, deren Hauptbeſtandtheil gerbſaures Eiſen bildete, die alſo wohl kaum etwas anderes als eine Galläpfeltinte geweſen iſt, und eine zweite, als deren Hauptbeſtandtheil ſich feine Kohle herausſtellte, die wahrſcheinlich aus Ruſs oder einem ähnlichen Materiale bereitet wurde und die manche Aehnlichkeit mit dem Tuſch aufweiſt.

Eingehendere Studien über antike Spinnfaſern lenkten meine Aufmerkſamkeit auf die Mumienbinden, bezüglich welcher heute wohl Niemand zweifelt, daſs dieſelben aus Leinenfaſern beſtehen. Allein eine kritiſche Prüfung der vorhandenen Daten läſst das

---

[1] Siehe MUSPRATT'S Chemie. (Encyklopädiſches Handbuch der techniſchen Chemie. Von BRUNO KERL und F. STOHMANN. 3. Aufl., Bd. V, pag. 747.)

bisher gewonnene Reſultat noch nicht einwurfsfrei erſcheinen, denn es iſt wohl bewieſen, daſs dieſes Gewebe nicht aus Baumwolle beſtehen könne, ſondern ſich aus verſponnenen Baſtfaſern zuſammenſetze; der ſtricte Beweis für die Leinennatur der letzteren iſt aber nicht erbracht worden. Es geſchieht dies in einem der nachfolgenden Capitel, woſelbſt auch einige Bemerkungen über die materielle Beſchaffenheit des Papyrus Platz finden werden.

Dieſe Einleitung enthält — in rohen Umriſſen — dasjenige, was ſonſt am Ende einer Abhandlung zu ſtehen pflegt: die Hauptergebniſſe der Unterſuchung. Ich glaubte das Intereſſe der Leſer für meine ihrer Natur nach ſehr trockenen Detailunterſuchungen nicht wirkſamer erwecken zu können als durch den Hinweis auf das, was das bewaffnete Auge aus den Faijûmer Papieren herausleſen konnte.

Auch die zur Erlangung der oben angeführten, auf die Feſtſtellung des Faſermaterials bezugnehmenden Unterſuchungen geſtalteten ſich viel umfangreicher als man vermuthen dürfte, und als ich ſelbſt anfänglich beabſichtigte. Die bisherigen Methoden der mikroſkopiſchen Papierunterſuchung muſsten mit Bezug auf unſer höchſt ſchwieriges Object hinſichtlich ihrer Sicherheit neuerdings geprüft werden. Dies war aus zweierlei Gründen nothwendig: erſtlich, weil Papier ſo hohen Alters der Auffindung des Rohmaterials, aus dem ſie erzeugt wurden, bei weitem nicht jene Anhaltspunkte darbieten, wie moderne Papiere, bezüglich welcher eine in die kleinſten Details eingehende Literatur mit allem zugehörigen Materiale und allen Bereitungsweiſen bekannt macht, und zweitens, weil die Faijûmer Papiere ſich in einem ſo ſtark veränderten Zuſtande befinden, in welchem Papiere bisher zur Unterſuchung noch nicht vorlagen. Es muſste deshalb auf zahlreiche Verhältniſſe der Papierfaſern eingegangen werden, welche bei derartigen Unterſuchungen bisher noch keine Berückſichtigung gefunden haben.

Auch die Methoden zur Eruirung des Leimungsmaterials der Papiere haben in dieſer Abhandlung eine beträchtliche Förderung erfahren.

Die in dieſer Einleitung in Kürze angegebenen Reſultate meiner Arbeit habe ich zunächſt in einer vorläufigen Anzeige veröffentlicht, welche im Juni des Jahres 1886 dem Drucke übergeben und in den ‚Mittheilungen aus der Sammlung der Papyrus Erzherzog Rainer‘ erſchienen iſt.[1]

Der auf die Faijûmer Papiere bezügliche Theil der Abhandlung wurde zum gröſsten Theile, ferner das zweite Capitel bis auf die ausdrücklich bezeichneten Nachträge im Mai 1886 fertiggeſtellt. Die Beſchaffung des Materials für das Schluſscapitel, in welchem hauptſächlich die Frage über die Exiſtenz der ſogenannten Baumwollenpapiere zur Entſcheidung kommt, war der Hauptgrund des verſpäteten Abſchluſſes der vorliegenden Abhandlung.

---

[1] Wien, k. k. Hof- und Staatsdruckerei 1886. Heft 1 und 2, pag. 45 unter dem Titel: ‚Mikroſkopiſche Unterſuchungen der Papiere von el-Faijûm.‘

Erstes Capitel.

Historischer Ueberblick über die bisherigen auf die Prüfung alter Papiere Bezug nehmenden Forschungen.

Die Geschichte des Papiers ist namentlich mit Rücksicht auf die Entstehung und Entwicklung der europäischen Papierfabrication oft und mehrmals höchst ausführlich abgehandelt worden. Es wäre deshalb ein sehr überflüssiges Unternehmen, diesen Gegenstand neuerdings auseinanderzusetzen.

Hingegen scheint es mir geradezu geboten, in dieser Abhandlung die Argumente zu beleuchten, auf welchen die Ansichten über die zur Bereitung der alten Papiere dienenden Materialien beruhen. Unter ‚alten Papieren' verstehe ich hier die sogenannten Baumwollenpapiere, also hauptsächlich diejenigen, welche vor dem XIV. Jahrhunderte erzeugt wurden. Denn dass im XIV. Jahrhunderte in Europa das Papier aus Hadern oder Lumpen erzeugt wurde, wird gewiss von keiner Seite bestritten.[1]

Ich werde in dieser Abhandlung nachweisen, dass unwiderlegliche Beweise für die Ansichten über die Materialien zur Erzeugung dieser alten Papiere nicht existiren, ich hoffe aber Beweise von genügender Kraft für die Behauptung bringen zu können, dass die arabisch-europäische Papierbereitung mit dem Hadernpapiere anhebt und dass es nie ein Baumwollenpapier gegeben hat. Diese Beweise sind in der materiellen Untersuchung des Papiers zu suchen, wie man ja schon vor langer Zeit erkannte; zu finden sind sie aber nur durch strenge Anwendung bestimmter histologischer und zum Theile chemischer (inclusive mikrochemischer) Untersuchungsmethoden. Es fielen aber viele Papieruntersuchungen in eine Zeit, in welcher die phyto-histologischen Methoden noch zu wenig ausgebildet waren, um eine sichere Unterscheidung der Gespinnst- und Papierfasern zu gestatten.

Die Anfänge der Papierbereitung sind, wie allseitig zugestanden wird, in tiefes Dunkel gehüllt.[2] Aber selbst die Ausgangspunkte unserer europäischen Papierfabrication sind keineswegs als völlig klargelegt zu betrachten.

Gewöhnlich wird angenommen und von den meisten Seiten als bewiesen betrachtet, dass die ältesten (gefilzten) Papiere aus roher Baumwolle erzeugt worden seien. Es sollen die Araber zur Zeit der Eroberung von Samarkand (704) die Kunst, aus Baumwolle Papier zu erzeugen, erlernt haben; das Baumwollenpapier soll viel früher von den Chinesen erfunden worden sein. Solche Baumwollenpapiere sind nach der herrschenden Meinung sehr frühe schon nach Europa gebracht und später daselbst auch erzeugt worden, bis sie am Ende des XIII. oder im Anfange des XIV. Jahrhunderts durch ‚Leinwandpapier', d. i. also durch gefilzte, aus leinenen Hadern erzeugte Papiere ersetzt wurden. Die Kunst, aus Hadern Papier zu erzeugen, wird, wenn von einigen später zu erwähnenden Hypothesen abgesehen wird, für eine europäische Erfindung gehalten.[3]

[1] Siehe hierüber WATTENBACH, das Schriftwesen im Mittelalter. 2. Aufl., Leipzig 1875, besonders S. 119.

[2] Vergl. WATTENBACH, l. c. pag. 114.

[3] Siehe hierüber die Artikel von KEFERSTEIN und FISCHER in der Encyclopädie von ERSCH und GRUBER (3. Section, 11. Theil, pag. 75 ff.).

Nach neueren hiſtoriſchen Forſchungen haben die Araber die Methode, aus Baumwolle Papier zu bereiten, ſelbſtſtändig erfunden[1] und lernten von den Chineſen bloſs die Herſtellung einer feinfaſerigen, zur Papierbereitung dienlichen Maſſe und die Formung derſelben kennen, alſo gewiſſermaſsen das Princip der Darſtellung gefilzter Papiere. Da die gefilzten chineſiſchen Papiere nicht aus Baumwollenfaſern (Haaren), ſondern aus Baſtzellen verſchiedener Pflanzen beſtehen,[2] ſo erhält dieſe neue Auffaſſung auch eine gewiſſe thatſächliche Unterlage.[3]

Ich werde weiter unten die Frage eingehend discutiren, ob man jemals aus roher Baumwolle Papier erzeugt habe. Vorher will ich aber einen noch nicht ganz aus der Welt geſchafften Irrthum berichtigen. Es ſollen nämlich vor Verwendung der Baumwollenpapiere die Baſtfaſern verſchiedener Baumarten hauptſächlich auf europäiſchem Boden zur Erzeugung von Papier verwendet worden ſein. Ein ſolches Baumbaſtpapier (charta corticea) wäre nach einer oft reproducirten Angabe des Petrus Venerabilis[4] in Frankreich noch im XII. Jahrhunderte in Verwendung geſtanden.

Dieſes Baumbaſtpapier ſoll nach mehrfachen Angaben eine faſerige, geleimte Maſſe, alſo eine Art gefilzten Papiers, geweſen ſein. In dieſem Falle wäre es als ein Vorläuſer unſeres Papiers zu betrachten. Allein nach Angaben anderer Autoren, welche mehr Berückſichtigung gefunden haben, iſt die Charta corticea ein Beſchreibſtoff geweſen, welcher nach dem Muſter des Papyrus bereitet wurde und deshalb mehr dieſem als unſerem Papiere vergleichbar wäre. Gleich dem echten Papyrus, bereitet aus dem Stengelmark von Cyperus Papyrus, ſoll nämlich das Baumbaſtpapier aus mehreren gekreuzten Baſtlagen zuſammengeſetzt geweſen ſein, welche durch eine Klebmaſſe und durch mechaniſche Bearbeitung zu dichten papyrusartigen Blättern vereinigt worden wären.

Es werden nur ſehr wenige derzeit noch exiſtirende Baumbaſtpapier-Manuſcripte angeführt,[5] darunter ein in der k. k. Hofbibliothek zu Wien befindliches, welches unter Berufung auf MONTFAUCON,[6] MABILLON[7] und SCHWARZ[8] von mehreren älteren Autoren als unbeſtritten echte Charta corticea betrachtet wird.

---

[1] KARABACEK, l. c. pag. 165.

[2] In meinem Buche: ‚Techniſche Mikroſkopie', Wien 1867, theile ich pag. 234 bis 237 die Reſultate meiner Unterſuchungen der chineſiſchen Papiere mit. Es ſind dies zum Theil Mark-, zum Theil gefilzte Papiere. In dieſen letzteren wies ich die Faſer des Strohs (namentlich Reisſtrohs) und des Bambusrohres nach.

[3] Es iſt indeſs ſchon in früherer Zeit bezweifelt worden, ob die Araber die Erzeugung des Baumwollenpapieres von den Chineſen erlernt haben, ſo von KEFERSTEIN, welcher darauf hinweiſt, daſs das Baumwollenpapier der Chineſen japaniſchen Urſprunges iſt und nicht zum Beſchreiben, ſondern zum Verpacken und zur Anfertigung von Bekleidungsſtücken diene. Es kann aber heute wohl keinem Zweifel unterliegen, daſs es ſich da gar nicht um Baumwollenpapier, ſondern um ein Papier handelt, welches ſeit Alters her in Japan aus den Baſtfaſern des Papiermaulbeerbaumes (Broussonetia papyrifera) in groſsem Maſsſtabe und für die verſchiedenſten Zwecke bereitet wird.

[4] Vergl. FISCHER, l. c. pag. 84.

[5] Zuſammengeſtellt bei FISCHER, l. c. pag. 84.

[6] Palaeogr. Lib. I, c. 2, pag. 15.

[7] De re dipl. Lib. I, c. 8.

[8] De ornamentis librorum veterum etc., Diss. IV, pag. 112.

Da alle auf das Baumbaſtpapier bezüglichen Angaben auf hiſtoriſchen Daten und nicht auf materieller Prüfung beruhen, ſo habe ich das betreffende Object[1] einer Unterſuchung unterzogen. Herr Hofrath v. BIRK, Director der k. k. Hofbibliothek, hatte die Güte, mir dieſes werthvolle, aus drei Fragmenten beſtehende Manuſcript zur Anſicht vorzulegen. Jedes dieſer Fragmente ſetzt ſich aus parallelfaſerigen, zum Theile ſchief aufeinander geklebten Schichten zuſammen. Eine genaue, mit Zuhilfenahme der Loupe vorgenommene Prüfung zeigte, daſs die Faſern (Gefäſsbündel) parallel verlaufen und durch breite parenchymatiſche Gewebszüge von einander iſolirt werden, ſo daſs das Vorhandenſein eines Dicotylenbaſtes — und nur um einen ſolchen kann es ſich handeln, wenn von ‚Baumbaſt' die Rede iſt — vollkommen ausgeſchloſſen iſt. Nur bei flüchtiger Betrachtung könnte man ſich verleiten laſſen, aus der ſchiefen Kreuzung der Faſern auf Baumbaſt zu ſchlieſsen; allein an einzelnen Stellen erkennt man die ſenkrechte Kreuzung der Faſerzüge, und dies kommt bei Dicotylenbaſten nie vor. Ueberdies liegen die ſich kreuzenden Faſern in verſchiedener Höhe, woraus ſich ſchon ergibt, daſs dieſe Charta corticea nichts Anderes als Papyrus iſt.

Jeder, der echten Papyrus einmal aufmerkſam angeſehen hat, wird die genannten Fragmente für Papyrus erklären, und Herr Hofrath v. BIRK theilt mir mit, daſs er dieſes Manuſcript nie für etwas Anderes gehalten hat. Die Sache war ſchon nach Betrachtung mit der Loupe ſo klar, daſs ich es gar nicht für nöthig hielt, eine weitere Bekräftigung durch mikroſkopiſche Prüfung zu finden. Im Laufe meiner Unterſuchungen über die Beſtandtheile alter Papiere habe ich die Frage nach dem Baumbaſtpapier nicht aus dem Auge verloren, aber ich habe weder unter den orientaliſchen, noch unter den europäiſchen Beſtandtheile der Baumrinde gefunden.

Die Angaben über Exiſtenz, Verbreitung und Eigenſchaften der Baumwollenpapiere lauten ſehr ſicher. KEFERSTEIN[2] glaubt Folgendes quellenmäſsig mit Sicherheit conſtatiren zu können. Das Baumwollenpapier kam im IX. Jahrhundert von Aſien nach Europa. Bis ins XI. Jahrhundert verſorgten die Araber Europa ausſchlieſslich mit einem aus roher Baumwolle gefertigten Papier. Im XI. Jahrhundert kam die Papiermacherkunſt durch die Mauren nach Spanien und verbreitete ſich von hier aus über Italien nach dem übrigen Europa. Im XII. Jahrhundert erfuhr dieſe Kunſt durch Anwendung der Drahtform beim Schöpfen weſentliche Verbeſſerungen. Immer iſt es in dieſer Zeit die rohe Baumwolle, welche als das einzige Rohmaterial der Papiererzeugung ſowohl in Arabien als in Europa angeſehen wurde.

In ähnlicher Weiſe äuſsert ſich auch FISCHER,[3] demzufolge das aus roher Baumwolle bereitete Papier bis in die Mitte des XV. Jahrhunderts in Verwendung ſtand, dann aber durch das aus Leinenhadern bereitete Papier völlig verdrängt wurde. Die Erfindung des Hadernpapiers fällt in das Ende des XIII. oder in den Anfang des XIV. Jahrhunderts. Es bleibt dahingeſtellt, ob die Erfindung des Hadernpapiers den Deutſchen oder den Italienern gebühre.

---

[1] In: NESSEL, Catalogus Bibliothecae Caesareae, V, pag. 105 (vom Jahre 1690) abgebildet, beſchrieben und als Baumbaſtpapier (Charta corticea) erklärt.

[2] L. c. pag. 84 ff.

[3] L. c. pag. 90 ff.

Diese in Bezug auf die wesentlichsten Punkte ausgesprochenen Behauptungen stützen sich auf Untersuchungen, welche im vorigen Jahrhundert von mehreren Forschern: Mabillon, Montfaucon, hauptsächlich aber von Meermann ausgeführt wurden. Die Resultate ihrer Forschungen behielten bis auf unsere Zeit Geltung, wie ich weiter unten noch näher auseinanderzusetzen haben werde.

Die zur Begründung ihrer Angaben herangezogenen Argumente sind zweierlei Art gewesen, historische und materielle, d. i. auf die Eigenschaften der Papiersubstanzen gegründete. Dass die letzteren, also solche, welche aus der Natur des Papiers abgeleitet sind, im Allgemeinen schwerer wiegen als die ersteren, sofern nur die Datirung der Papiere eine völlig sichere ist, wird wohl allseits eingeräumt werden, denn es lässt sich auf Grund materieller Argumente die ausgesprochene Behauptung jederzeit beweisen oder doch der Genauigkeitsgrad der Prüfung bestimmen. Wenn man beispielsweise aus dem für fragliche Papiere angewendeten Namen ‚Charta bombycina' den Schluss ziehen würde, dass dieselben aus Baumwolle bereitet worden sind, oder den gleichen Schluss aus der Thatsache, dass in der Gegend, in welcher diese Papiere erzeugt wurden, Baumwolle gepflanzt worden ist, ableiten wollte, so wäre diese Folgerung weniger zwingend, als wenn man die natürlichen und deshalb unveränderlichen Structureigenthümlichkeiten der Baumwolle zur Bestimmung des Papiermaterials herangezogen hätte.

In eine Kritik der historischen Argumente werde ich mich nicht einlassen, sondern beschränke mich darauf, in eine kritische Erörterung der materiellen Prüfungen der alten Papiere eintreten.

Offenbar ist es vor allem die auffällige Langfaserigkeit der alten Papiere gewesen, welche die Untersucher auf die Meinung lenkte, Baumwolle als Rohmaterial dieser Beschreibstoffe zu bezeichnen.[1] Man muss sich in die Lage der Forscher, welche diese Meinung vertreten, zurückversetzen, um ihren Irrthum entschuldbar zu finden. Die alten sogenannten Baumwollenpapiere sind durchwegs durch Langfaserigkeit ausgezeichnet, während die zur Zeit Meermann's, also im XVIII. Jahrhundert erzeugten Papiere in Folge sehr weit gehender Vermahlung sehr kurzfaserig waren, desgleichen viele andere ältere Papiere. Auf der einen Seite standen sehr langfaserige, auf der anderen kurzfaserige Papiere; dies erweckte den Gedanken, dass dieser Unterschied im Material begründet sei: die langfaserigen erklärte man für aus roher Baumwolle, die kurzfaserigen für aus Hadern bereitete Papiere. Meermann gibt auch ausdrücklich als Kennzeichen der Baumwollenpapiere an, dass dieselben am Rande lange Fasern besitzen und bei nicht zu gewaltsamem Zerreissen sehr langfaserige neue Grenzen erhalten.

Auf dieses Kennzeichen ist aber gar kein Gewicht zu legen, denn aus den übrigen Gespinnstfasern (Lein, Hanf etc.) lässt sich ja sehr leicht, sowohl auf chemischem als auf mechanischem Wege, oder durch Combinirung beider eine Fasermasse herstellen, welche an Langfaserigkeit mit den schönsten rohen Baumwollen wetteifert, ja durch Proceduren, welche man heute als Cotonisiren bezeichnet, können die verschiedensten Bastfasern in eine sehr zarte, geschmeidige, weisse, baumwollenartige Masse umgewandelt werden.

[1] Siehe hierüber hauptsächlich: Gerardi Meermann et doctorum virorum ad eum epistolae atque observationes de chartae vulgaris seu lineae origine. Edidit ac praefatione instruxit J. van Vaassen. La Haye 1767.

Es kommt alſo bei Beurtheilung der Lang- oder Kurzfaſerigkeit der Papiere ein wichtiges, von MEERMANN überſehenes Moment in Betracht: wie das Rohmateriale behufs Erzeugung der Papiermaſſe behandelt wurde.

Wir haben nun gar keinerlei irgendwie verläſsliche Nachrichten über die Proceduren, welche vor Einführung der ‚Papiermühlen' angewendet wurden, um den Rohſtoff in Papiermaſſe umzuwandeln. Wahrſcheinlich iſt der Papiermühle eine ſehr primitive Papierſtampfe vorausgegangen, welche die Faſern nur wenig angriff, vor Allem die an ſich ſehr langen Baſtfaſern nur wenig zerſtückte. Nun beſteht aber zwiſchen ſogenanntem Baumwollenpapier und den ſpäteren Hadernpapieren kein anderer weſentlicher Unterſchied als der, daſs die Faſer des erſteren der Länge nach viel wohlerhaltener iſt als die der letzteren, während ſie häufig gequetſcht und gequollen erſcheint. Es liegt ſomit die Vermuthung nahe, daſs die Faſer der ſogenannten Baumwollenpapiere durch Stampfen erhalten wurde.

Jedenfalls ging aber der Papiermühle ein auf anderem Principe beruhender Papiererzeugungsproceſs voraus, welcher die Faſern nicht ſo verkleinerte, als dies ſpäter der Fall war, und dieſe Thatſache kann zweifellos in manchen Fällen zur Altersbeſtimmung der Papiere herangezogen werden, wie ich in einem ſpäteren Capitel noch näher begründen werde.

Die oft ſtarke Aufquellung der in den ſogenannten Baumwollenpapieren vorhandenen Faſern bringt mich auf die Vermuthung, daſs man behufs Erzeugung der Papiermaſſe nebſt den mechaniſchen auch chemiſche Mittel angewendet hat, welche wohl auch dahin geführt haben mochten, der Faſermaſſe eine gröſsere Weichheit zu geben.

Wie dem auch ſei, als Unterſcheidungsmerkmal zwiſchen aus roher Baumwolle und aus Hadern erzeugtem Papiere wird man die Länge der Faſer nicht benützen können.

Ich gehe nun zu den übrigen von MEERMANN angeführten Kennzeichen der Baumwollenpapiere über. Dieſelben ſollen grob, dick, pergamentartig, etwas gebrechlich ſein, ferner mit etwas Glanz eine gelbliche Farbe verbinden. Alle dieſe Eigenthümlichkeiten, bis auf die Färbung, beruhen aber nicht auf Qualitäten der Baumwollenfaſern, ſondern auf Proceduren, welche bei der Papierbereitung vorkamen, namentlich auf der Leimung. Was aber die Farbe betrifft, ſo unterliegen alle Pflanzenfaſern mit der Zeit einer ‚Vergilbung', nämlich einer partiellen Humificirung, und es iſt ſehr begreiflich, daſs die ſogenannten Baumwollenpapiere, als die älteren, eine ſtärkere Vergilbung aufweiſen werden als die ſpäteren unangezweifelten Hadernpapiere. Es mag ja übrigens auch irgend eine bei der Erzeugung der ſogenannten Baumwollenpapiere angewendete Procedur dahingeführt haben, die Humificirung zu beſchleunigen, aber keineswegs kann man aus der Färbung der ſogenannten Baumwollenpapiere ableiten, ſie wären aus roher Baumwolle erzeugt worden.

Hingegen wird von MEERMANN das Hadernpapier als weiſser, dünner, geſchmeidiger und feſter bezeichnet, was aber ſelbſtverſtändlich auch nichts beweiſt. Nur die Angabe, daſs in den Hadernpapieren ſich noch Garnfäden und überhaupt geformte Beſtandtheile von Geweben auffinden laſſen, kann als echtes Kennzeichen der Hadernpapiere angeſehen werden. Allein auch dieſes Kennzeichen iſt inſoferne wenigſtens nicht verläſslich, als in allen beſſeren Hadernpapieren die Garnfäden vollſtändig fehlen, nämlich in ſeine Fäſerchen zerlegt der Papiermaſſe einverleibt ſind.

Der auf die materielle Prüfung der Papiere bezugnehmende Theil der MEERMANN'ſchen Studien iſt mithin bezüglich des Hauptpunktes nicht beweiskräftig, denn die von ihm aufgeſtellte Hypotheſe, den Hadernpapieren wären aus roher Baumwolle erzeugte Papiere vorangegangen, iſt durch keine einzige Thatſache geſtützt, hingegen ſind jene ſeiner Beſtimmungen, in welchen er aus der Anweſenheit von Garnfäden auf Hadernpapiere ſchloſs, richtig.

Die Behauptungen MEERMANN'S und ſeiner Anhänger haben aber trotz der Mangelhaftigkeit der betreffenden Motivirung ſo durchgegriffen, daſs alle gegentheiligen, hin und wieder aufgetauchten Meinungen ohneweiters als unrichtig zurückgewieſen wurden. So ſehr hielt man an dem MEERMANN'ſchen Dogma feſt, daſs man ſelbſt in wichtigen Fällen die Datirung eines Papiers als maſsgebend für deſſen Subſtanz erachtete und die materielle Unterſuchung unterlieſs. Der denkwürdigſte diesbezügliche Fall iſt folgender. Im Jahre 1788 hatte SCHWANDNER[1] bekannt gegeben, daſs in der kaiſerlichen Hofbibliothek zu Wien ſich eine aus dem Jahre 1243 (nach ſpäteren genaueren Beſtimmungen: aus dem Jahre 1228) ſtammende Urkunde Friedrich II. befinde, welche auf Hadernpapier geſchrieben iſt. F. J. BODMANN hat aus der durch die Göttinger Geſellſchaft der Wiſſenſchaften feſtgeſtellten Authenticität der genannten Urkunde abgeleitet, daſs die Jahreszahl ſchon einen Beweis gegen SCHWANDNER bilde, da es in der Zeit, in welcher die Urkunde ausgeſtellt wurde, noch kein Hadernpapier gegeben habe. BODMANN hat die genannte Urkunde nie geſehen und doch blieb ſeine Behauptung bis auf den heutigen Tag in Geltung.[2]

Auch DUCARELL ſetzt die Erzeugung des Hadernpapiers weiter zurück als MEERMANN; nach ſeiner Anſicht befinden ſich in England Codices aus den Jahren 1282 bis 1347, welche auf Leinenpapier geſchrieben ſind. Er macht ferner die ſehr zutreffende Bemerkung, daſs er in England Niemand kenne, welcher Leinen- von Baumwollenpapier gehörig unterſcheiden könne.[3]

Die neueren paläographiſchen Autoritäten ſtehen in den weſentlichſten Fragen der Geſchichte des Papiers noch auf dem MEERMANN'ſchen Standpunkte: ſie alle behaupten die Exiſtenz des Baumwollenpapiers als Vorläuſer des Hadernpapiers. So, um nur die hervorragendſten Vertreter dieſes Forſchungsgebietes zu nennen, SICKEL[4] und WATTENBACH[5] in den deutſchen Ländern, WAILLY[6] in Frankreich, GLORIA[7] in Italien.[8] Mikroſkopiſche

---

[1] Siehe deſſen Schrift: De charta linea antiquissima ex cimeliis biblioth. august. Vindobona 1788.

[2] Vergl. u. a. J. L. A. HUILLARD-BRÉHOLLES: Introduction à l'histoire diplomatique de l'Empereur Frédéric II, Paris 1859, pag. 70, woſelbſt SCHWANDNER'S Angabe gleichfalls als Irrthum hingeſtellt wird. Ich bemerke vorgreifend, daſs ich in der Lage war, dieſe in unſerer Frage berühmt gewordene Urkunde mikroſkopiſch zu unterſuchen. Es gelang mir, aus derſelben Garnfäden herauszupräpariren, alſo die Bereitung des betreffenden Papiers aus Hadern auf das Unzweifelhafteſte zu beweiſen und ferner zu zeigen, daſs dieſes Papier wie die Faijûmer Papiere aus Leinenfaſer beſteht und mit Stärkekleiſter ſtark geleimt iſt. Siehe hierüber unten im letzten Capitel.

[3] Vergl. ERSCH und GRUBER, l. c. pag. 87.

[4] Hiſtoriſche Zeitſchrift, XXVII, pag. 447.

[5] Das Schriftweſen im Mittelalter. 2. Aufl., 1875, pag. 114 ff.

[6] Éléments de paléographie. Paris 1838.

[7] Compendio de paleografia e diplomatica, Padova 1870.

[8] Unter den genannten Autoritäten ſcheint SICKEL am meiſten die Unzulänglichkeit der herrſchend gewordenen Lehre gefühlt zu haben. Er fand nämlich in Papieren, welche ihrem Alter nach noch in die Periode der ‚Baumwollenpapiere' fielen, einige Beſonderheiten, welche auf Hadernpapiere hinwieſen, was ihn zur Annahme gemiſchter Papiere führte, welche aus Baumwolle und Lumpen bereitet worden wären.

Nachweife über die Papierfafern fehlen noch in ihren Schriften, wohl aber berufen fich einzelne diefer Forfcher auf die bekannten Angaben SCHLEIDEN'S[1] und REISSEK'S[2] über die Unterfcheidungsmerkmale der Gefpinnftfafern, welche aber zur ficheren Prüfung der Papiere nicht ausreichen, wie ich im nächften Capitel zeigen werde.

Die genannten und andere neuere Forfcher haben in anderen, die Gefchichte des Papiers betreffenden Punkten vieles Dankenswerthe zu Tage gefördert. Ich hebe aus diefen Ergebniffen hiftorifcher Unterfuchung nur eines hervor, das mit meinen fpäter folgenden Darlegungen im innigen Zufammenhange fteht.

Es wurde fchon früher einmal[3] unter Berufung auf eine Stelle in Petrus Venerabilis (Cluniacenfis) wahrfcheinlich gemacht, dafs fchon im XII. Jahrhundert Hadern zur Papiererzeugung verwendet worden fein mochten. Auch WATTENBACH führt dies an,[4] fpricht aber weiter die Vermuthung aus, dafs Aegypten, welches in alter Zeit das Abendland mit Papier (Papyrus) verforgte, die Heimath des Hadernpapiers gewefen fein dürfte. Er fagt diesbezüglich:[5] ‚Der Engländer YATES hat in feinem Textrinum antiquorum pag. 385 aus dem Berichte des Abd-ul-Latif, eines Arztes aus Bagdad, der um das Jahr 1200 Aegypten bereifte, eine Stelle angeführt, welche beweift, dafs man damals dort die Mumienbinden zu Papier, freilich nur zu Packpapier verarbeitete, und diefe Mumienbinden find nach den neueren Unterfuchungen alle linnen....... Nach YATES ift eine orientalifche Handfchrift fchon um das Jahr 1100 auf Linnenpapier gefchrieben.‘

Meine Unterfuchungen haben WATTENBACH'S Vermuthungen infoferne beftätigt, als die Araber in Aegypten thatfächlich nur in Gefpinnftform ausgenützte Leinenfafern zur Papierbereitung verwendeten. Aber fchon viel früher erzeugten fie gute Schreibpapiere, welche jenen gegenüber, die YATES erwähnte, fchon als fehr veredelte Erzeugniffe bezeichnet werden müffen.

WATTENBACH[6] ftellt ferner die Hauptorte der Papierbereitung zufammen und folgert daraus die arabifche Herkunft des Papiers. Ich werde nach naturwiffenfchaftlicher Methode den Beweis erbringen, dafs die älteften europäifchen Papiere im Wefentlichen mit den Faijûmer Papieren übereinftimmen, nicht nur was die Fafer, fondern auch was die Leimung anbelangt, worin ich eine weitere Stütze für die Annahme finde, dafs die europäifche Papierfabrication auf eine Erfindung der Araber zurückzuführen ift.

Auch die jüngften auf die Frage der Baumwollenpapiere bezugnehmenden Unterfuchungen haben keine Entfcheidung herbeigeführt. Auf der einen Seite fteht BRIQUET[7] mit der Behauptung, dafs es niemals Baumwollenpapiere gegeben habe, und beruft fich

---

[1] Die Pflanze und ihr Leben. Leipzig 1848.

[2] Denkfchriften der kaiferl. Akademie der Wiffenfchaften zu Wien. Math.-naturw. Claffe. Bd. IV.

[3] Vergl. z. B. ERSCH und GRUBER, l. c. pag. 85.

[4] Hiegegen erklärt HUILLARD-BRÉHOLLES diefe Stelle des Petrus Cluniacenfis anders; er meint, dafs es fich hier nicht um Hadernpapier, fondern um Pergament handle.

[5] L. c. pag. 117.

[6] Vergl. l. c. pag. 119, wo es heifst: ‚Die früheften Hauptorte der Papiererzeugung zeigen deutlich die Herkunft von den Arabern‘ und pag. 120: ‚Von den Arabern wurde auch das Wort ‚razmah‘, Bündel, mit dem Papier übernommen, fpanifch resma, italienifch risma, franzöfifch rame, englifch ream, deutfch ‚Riefs‘.

[7] BRIQUET, La Légende paléographique du papier de coton. Journal de Genève 1884.

hiebei hauptſächlich auf mikroſkopiſche Unterſuchungen genau datirter Papiere aus dem XI. bis XIV. Jahrhundert. Dieſe mikroſkopiſchen Unterſuchungen wurden theils von BRIQUET, theils auf deſſen Anſuchen von BRUN, Profeſſor der Medicin in Genf, ausgeführt. Auf der anderen Seite ſteht PAOLI,[1] welcher die herrſchende Anſicht vertritt und ſich dabei auf mikroſkopiſche Unterſuchungen ſtützt, welche CARUEL, Profeſſor der Botanik in Florenz, mit ſeinem damaligen Aſſiſtenten Dr. MORI, auf Veranlaſſung LUPI'S ausführte, welcher letzterer in der Frage des Baumwollenpapiers gleichfalls auf dem herrſchenden Standpunkte ſteht. Die genannten Botaniker prüften Papier aus dem XII. bis XIV. Jahrhundert und geben an, in keinem derſelben auch nur eine Spur von Leinenfaſer, ſondern durchaus nur Baumwolle gefunden zu haben.

So war der Stand der Sache, als ich meine Unterſuchung der Faijûmer Papiere begann. Die Geſchichte des Gegenſtands war mir damals gänzlich unbekannt und ich trat an die naturwiſſenſchaftliche Prüfung dieſer Papiere heran, nach keiner Richtung voreingenommen.

Ich glaube im nächſten Capitel zeigen zu können, daſs das hiſtologiſche Problem, zu welchem die Frage der alten Papiere ſich zugeſchärft hat, vollkommen lösbar iſt und ich bin der Meinung, daſs die in ſpäteren Capiteln folgenden Forſchungsergebniſſe jeden Zweifel über die Erzeugungsmaterialien der alten Papiere nunmehr ausſchlieſsen und die Frage über den Urſprung unſerer Papiere ebenſo einfach als ſicher gelöſt iſt.

Die Unterſuchung des Papiers iſt ſchwieriger, als es den Anſchein hat und wenn vor mir die Löſung der betreffenden Grundfragen nicht geglückt iſt, ſo liegt dies wohl in dem Umſtande, daſs die früheren Unterſucher die Geſammtheit jener naturwiſſenſchaftlichen Methoden nicht ſo zu handhaben verſtanden, als dies zur Erreichung endgiltiger Reſultate erforderlich geweſen wäre. Die Forſcher der hiſtoriſchen Richtung werden wohl einräumen müſſen, daſs ſie zur Löſung von ſo ſchwierigen, rein naturwiſſenſchaftlichen Fragen die Eignung nicht beſitzen und ſowohl Profeſſor LUPI als Profeſſor PAOLI haben dies in ihren Schriften offen ausgeſprochen.[2]

Um ſo bereitwilliger wird man die materielle Prüfung des Papiers als eine ſubtile, ein beſonderes Studium erfordernde Specialfrage anſehen, als ja ſelbſt Botaniker in ſolchen Unterſuchungen geirrt haben. Ich werde ſpäter zeigen, daſs CARUEL, den wir als Forſcher auf vielen botaniſchen Gebieten ſo hoch halten, bei ſeiner doch wohl nur gelegentlichen Unterſuchung der früher genannten Papiere zu irrthümlichen Reſultaten gekommen iſt. Aber auch BRIQUET'S in Gemeinſchaft mit BRUN ausgeführte mikroſkopiſche Studien können einer ſchärferen Kritik nicht ſtandhalten, wenngleich ich auch ſeinen Schluſsfolgerungen, bezüglich der Nichtexiſtenz der Baumwollenpapiere, vollkommen zuſtimmen muſs.

---

[1] PAOLI, Carta di Cotone e carta di lino. Archivio storico italiano. T. XV, 1885.

[2] So ſagt LUPI (Paleografia 1875) bezüglich der mikroſkopiſchen Prüfung der Papierfaſern — ich überſetze nach dem Originale: ‚Gleichwohl glaube ich, es ſei beſſer und ſicherer, lieber einer Partei zu vertrauen, welche prüſt wie die Botaniker vom Fach, als ſich auf die eigene Beobachtung zu ſtützen, die, wie genau und vollendet ſie ſein mag, niemals den Opponenten ſo beruhigt, wie das Wort eines Specialiſten....' PAOLI (l. c.) bemerkt, daſs er ſich in einen Kampf mit den Mikroſkopiſten nicht einlaſſen werde, da er ihnen gegenüber ſich als incompetent erklären müſſe.

Zweites Capitel.

Die Entwicklung, der heutige Zuftand und die Sicherheit der mikrofkopifchen Papierunterfuchung.

1. Die technifche Unterfcheidung der Papiere vor Auftreten der fogenannten Hadernfurrogate.

So lange die europäifche Papierinduftrie fich keines anderen Faferftoffes zur Bereitung ihrer Producte bediente, als der Hadern, war zur Prüfung der Papierrohftoffe, wenigftens technifcherfeits, keine Veranlaffung vorhanden. Bis zum Ende des vorigen Jahrhunderts blieb auch das Hadernmateriale ein ziemlich einheitliches. Wenn nämlich von der Verwendung fchafwollener Hadern — die feidenen und noch einige andere animalifche kommen wegen der Geringfügigkeit ihrer Verwendung gar nicht in Betracht — abgefehen wird, welche blofs zur Erzeugung von fogenanntem Löfchpapier dienten, fo beftanden diefe Rohmaterialien der Papiererzeugung im Wefentlichen blofs aus einer einzigen Sorte von Pflanzenfafern, nämlich aus im Gewebe bereits ausgenützter Leinenfafer (Linnenfafer, Flachsfafer; Baftfafer von *Linum usitatissimum*).

Wohl führte fchon in früheren Jahrhunderten der indifche Handel Baumwollengewebe vielen Ländern Europa's zu; allein erft vom Jahre 1772 an begann man in England aus roher Baumwolle Gewebe zu erzeugen,[1] und erft von da an wurden die Baumwollenhadern ein erhebliches, immer mehr an Bedeutung gewinnendes Rohmateriale der modernen Papiererzeugung. Was vor diefer Zeit in den europäifchen Papiermühlen an Baumwollengewebe verarbeitet wurde, kommt im Vergleiche zu dem Leinenmateriale wenig in Betracht.[2] Ein Gleiches gilt bezüglich der damals zur Papiererzeugung benützten, aus Hanffafern (Baftfafern von *Cannabis sativa* L.) und Neffelfafern erzeugten Gewebe.

Auf gleiche Weife erzeugte Leinen- und Baumwollenhadern-Papiere weichen in ihren äufseren Eigenfchaften im Ganzen nicht unwefentlich von einander ab. Es liegen auch zahlreiche Zeugniffe dafür vor, dafs man diefelben äufserlich — durch den blofsen Augenfchein, durch den ‚Griff', die Rifsform etc. — von einander unterfcheiden könne. Dies mag früher, nämlich vor Einführung der Mafchinenpapierfabrication, auch einige Berechtigung gehabt haben. Bei dem heutigen hohen Stande der Papierinduftrie, welche der Appretur durch Leimung und Füllung eine weitgehende Einflufsnahme auf die Qualität des Endproductes einräumt, wird dies kein Sachverftändiger mehr zugeben.

Wie dem auch fei: bis in die Mitte unferes Jahrhunderts war das Bedürfnifs, durch ftreng wiffenfchaftliche Unterfuchung die Papiermaterialien in dem fertigen Producte nach-

---

[1] Nachweife hierüber gab ich in dem Werke: Die Rohftoffe des Pflanzenreichs, Leipzig 1873, pag. 330 ff.

[2] Man erkennt wohl fofort den Widerfpruch zwifchen diefen Thatfachen und der herrfchenden Anficht der Paläographen, welche die fchon früher mehrfach hervorgehobene Behauptung aufftellten, dafs vor dem XIV. Jahrhundert rohe Baumwolle auch in Europa das einzige, oder doch wenigftens das wichtigfte Papiermateriale gebildet habe. Aber felbft noch im Anfange unferes Jahrhunderts ift die Menge der in den europäifchen Papieren auftretenden (verfponnen gewefenen) Baumwolle im Vergleich zur Leinenfafer noch eine fehr geringe. Ich komme im letzten Capitel auf diefen Gegenftand noch zurück.

zuweiſen, techniſcherſeits nicht vorhanden, und alle etwaigen Unterſuchungen blieben auf roh empiriſche Methoden beſchränkt.

2. Mikroſkopiſche Unterſuchungen antiker Gewebe und Papiere bis zur Mitte unſeres Jahrhunderts.

Von Seiten der Geſchichtsforſcher tauchte oftmals, auch ſchon vor der Epoche unſerer Maſchinenpapierinduſtrie, die Frage nach den Rohſtoffen alter Papiere auf und ging häufig Hand in Hand mit jener nach den Materialien alter Geſpinnſte und Gewebe.

Solche Prüfungen wurden theils roh empiriſch mit freiem Auge, theils mit Zuhilfenahme des Mikroſkopes vorgenommen. Die makroſkopiſche Unterſuchung konnte natürlich zu keinem ſicheren Ergebniſſe führen; aber auch den mikroſkopiſchen Unterſuchungen hafteten durchaus noch ſo viele Fehler an, daſs den Reſultaten entweder gar keine oder nur bedingte Sicherheit zugeſprochen werden kann.

Ich brauche hier auf die ganz werthloſen, durch den bloſsen Augenſchein vorgenommenen Unterſuchungen alter Papiere nicht mehr einzugehen, da ich dieſen Gegenſtand ſchon im vorhergehenden Capitel erledigt habe. Was die älteren mikroſkopiſchen Unterſuchungen von Papieren und Geſpinnſtfaſern anbelangt, ſo will ich bloſs die relativ beſte über dieſen Gegenſtand vorhandene Arbeit auf ihren Werth prüfen. Ich werde zeigen, daſs auch dieſe zu unumſtöſslichen Ergebniſſen nicht führen konnte und daſs mehr der Tact des Unterſuchers als die Sicherheit der Methode auf die richtige Fährte leitete. Ich meine die bekannte Abhandlung von JAMES THOMSON und FRANCIS BAUER über Mumienzeuge und Papiere.

Bekanntlich hielt man die Faſer der Mumienbinden lange für Baumwolle. Man berief ſich hiebei auf die oftcitirten Angaben von ROUELLE, LARCHER und J. R. FORSTER. Dieſelben ſtützten ſich aber auf den bloſsen Augenſchein und keineswegs auf die für derartige Unterſcheidungen geradezu unentbehrliche mikroſkopiſche Prüfung, welche umſo leichter zur Entſcheidung der geſtellten Frage hätte herangezogen werden können, als ja ſchon ein Jahrhundert früher der um die mikroſkopiſche Forſchung hochverdiente LEEUWENHOEK[1] die auffälligſten Unterſcheidungsmerkmale zwiſchen Baumwolle und Leinenfaſer bekannt gegeben hatte.

Erſt durch die wichtige Schrift von THOMSON in den Annals of Philosophy für das Jahr 1834[2] wurde die bis dahin in Geltung geſtandene Meinung umgeſtoſsen und die heute herrſchende Anſicht — auf mikroſkopiſche Befunde geſtützt — begründet, daſs die Faſer dieſer Stoffe Leinen und nicht Baumwolle ſei.

Wir können heute die Argumente, auf welche THOMSON ſeine Anſchauung gründete, ſchärfer, als dies damals möglich war, prüfen und auf ihren wahren Werth zurückführen.

So viel mir bekannt, wurden die von THOMSON zur Begründung ſeiner Angaben herangezogenen Argumente niemals einer objectiven, auf hiſtologiſche Erfahrungen geſtützten Kritik unterzogen.

---

[1] Philoſ. Transact. für 1678.

[2] In LIEBIG's und WÖHLER's Annalen der Chemie und Pharmacie, Bd. 69 für das Jahr 1846 mit Verbeſſerungen und Zuſätzen in deutſcher Sprache unter dem Titel: ‚Ueber das Gewebe an den ägyptiſchen Mumien' veröffentlicht.

Wenn ich fage, dafs THOMSON's Behauptung bezüglich des Materials der Mumiengewänder aufrecht erhalten werden mufs, fo wird man vielleicht mein Vorhaben, in eine Kritik feiner Argumente einzugehen, für überflüffig halten. Aber gewifs mit Unrecht. Denn ich werde zeigen, dafs die damals benützten Kennzeichen nur unter Vorausfetzungen entfcheidend find, welche damals gar nicht gemacht wurden, dafs diefelben bei Prüfung der Faijûmer Papiere völlig in Stich laffen würden, ja, für die Papierunterfuchung überhaupt als unzureichend fich erweifen.

THOMSON war felbft nicht Mikrofkopiker. Er erbat fich in der Frage über die Fafer der Mumienbinden das Urtheil des FRANCIS BAUER, welcher nicht nur zahlreiche ihm überfendete Mumiengewebe mikrofkopifch unterfuchte, fondern auch nach dem Mikrofkope zeichnete.[1] Die mikrofkopifchen Bilder der Baumwollen- und der Leinenfafer find der citirten Abhandlung beigegeben. Die erftere wird als dünne, abgeplattete, fchraubenförmig um ihre Axe gedrehte, die letztere gleichfalls als eine dünnwandige, aber cylindrifche, gerade geftreckte und gegliederte Röhre dargeftellt. THOMSON vergleicht auf Grund der BAUER'fchen Befchreibung die Leinenfafer mit dem Schilfrohre: gleich diefem fei fie gegliedert (fiehe Fig. 1).

Fig. 1.

Vergröfserung 400. *a* Baumwollenfafer, *b* Leinenfafer aus einer Mumienbinde. (Nach FRANCIS BAUER, aus THOMSON's Abhandlung über das Gewebe an den ägyptifchen Mumien.)

Nach unferen heutigen fehr genauen Kenntniffen über die morphologifchen Verhältniffe beider genannten Fafern können wir fagen, dafs BAUER die Baumwolle unvollftändig, die Leinenfafer aber unrichtig befchrieben hat, denn die letztere ift fo dickwandig, dafs der Hohlraum der einzelnen Zelle (Fafer) häufig blofs auf eine dunkle Linie reducirt erfcheint. Jene regelmäfsige Gliederung, welche BAUER der Leinenfafer zufchreibt, fehlt ihr vollftändig. Auch die in feiner Zeichnung fo markant ausgedrückten Einfchnürungen exiftiren nicht, vielmehr kommen an der mechanifch bearbeiteten Fafer in fchmalen Zonen Erhabenheiten vor, auf welche ich fpäter zurückkomme.

Da nun die Baumwollenfafer im Gewebe fehr häufig und oft in höchft augenfälliger Weife gedreht ift, eine Eigenthümlichkeit, welche den die Mumiengewebe conftituirenden Fafern vollftändig fehlt, fo konnte BAUER aus feinen Beobachtungen ableiten, dafs die fragliche Fafer Baumwolle nicht fein könne. Im übrigen wäre er auf Grund feiner Beobachtungen nur berechtigt gewefen, zu fagen, dafs die Fafer eine wahrfcheinlich einer dicotylen Pflanze angehörige Baftzelle ift. Welcher Art aber diefe Pflanze ift, hätte erft durch weitere Nachforfchungen entfchieden werden können.

---

[1] Es ift für uns auch heute noch erfreulich, ein ehrenvolles Zeugnifs über die Leiftung unferes Landsmannes S. PLÖSSL als Mikrofkopverfertiger aus damaliger Zeit anführen zu können. THOMSON fagt (l. c. pag. 5), dafs BAUER dem Mikrofkope von PLÖSSL, was Vergröfserung und Reinheit des Bildes anbelangt, vor jedem anderen, das er zu gebrauchen Gelegenheit hatte, den Vorzug gebe.

Trotzdem mufs aber das von THOMSON und BAUER ausgefprochene Refultat als richtig errathen bezeichnet werden. Dasfelbe ift fpäter nie mehr in Zweifel gezogen worden, und es hat auch Niemand mehr den noch immer erft zu erwartenden Beweis erbracht. Wohl hat FRANZ UNGER[1] die Richtigkeit der BAUER'fchen Beftimmung zugegeben, aber es fehlt in feiner den Gegenftand nur flüchtig berührenden Abhandlung der nähere hiftologifche Nachweis.

Wenn UNGER'S Lifte der Pflanzen des alten Aegypten vollftändig ift, dann ift, falls diefer grofse Pflanzenanatom nur die Dimenfionen der fraglichen Fafer mit jenen der Leinenfafer übereinftimmend gefunden hat, nicht daran zu zweifeln, dafs die Mumienfafer die Baftzelle des Flachfes gewefen ift.

Allein ein pofitiver Beweis hierfür fcheint in einer fo wichtigen Frage nicht werthlos zu fein, weshalb ich meine diesbezüglichen bisher noch unveröffentlichten Beobachtungen hier in Kürze mittheilen will.

Im Jahre 1866 erhielt ich von meinem verehrten Freunde und Collegen Profeffor REINISCH Stücke von Mumiengeweben, die er auf feiner erften ägyptifchen Reife erworben hatte. Die Fafern liefsen auf das Beftimmtefte alle jene Eigenthümlichkeiten erkennen, die ich kurze Zeit nachher in meiner technifchen Mikrofkopie[2] als Charakteriftika der Leinenfafer bezeichnete. Zudem, und gerade dies ift in der Frage entfcheidend, hatte ich nach mühevollen Prüfungen aus diefen Mumienbinden Gewebftücke herauspräparirt, welche theils mit der Oberhaut, theils mit dem Holzgewebe des Leinenftengels vollkommen übereinftimmten, fo dafs über die Abftammung der Mumiengewebsfafer botanifcherfeits gar kein Zweifel mehr obwalten kann.

Es waren zwei verfchiedene Arten von Mumienbinden, von welchen mir Profeffor REINISCH Proben übergab. Die eine Art ftellte ein feines, licht gelblich gefärbtes, höchft wohlerhaltenes Gewebe dar, die andere ein grobes, tief bräunliches, brüchiges Product. Die Binden der erften Art bildeten die innere, die der zweiten Art die äufsere Umhüllung der betreffenden Mumie.

Die Leinenfafer der erfteren ift von erftaunlicher Reinheit und vielfach noch fo wohlerhalten, als wäre fie eben aus dem Leinftengel herauspräparirt worden; fie ift mechanifch weniger angegriffen als die Leinenfafer moderner Gewebe, was zunächft auf eine ungemein forgfältige Methode der Faferabfcheidung fchliefsen läfst. In diefem Gewebe habe ich nichts an Nebenbeftandtheilen der Flachsfafer gefunden, wohl aber in dem Gewebe der zweiten Art.

Ich kehre zu BAUER'S mikrofkopifcher Unterfuchung zurück. Er fagt,[3] dafs er auf Grund der aufgefundenen mikrofkopifchen Kennzeichen auch im Papier die Leinenfafer von der Baumwollenfafer unterfcheiden könne. Ich kann dies nicht zugeben, denn im Papiere find die Fafern in einem mechanifch fchon fo ftark veränderten Zuftande, dafs zur Unterfcheidung von Leinen- und Baumwollenfafern Kennzeichen herangezogen werden

---

[1] Botanifche Streifzüge auf dem Gebiete der Culturgefchichte. IV. Die Pflanzen des alten Aegypten. Sitzungsberichte der kaiferl. Akademie der Wiffenfchaften, mathematifch-naturwiffenfchaftliche Claffe, Bd. 38 (1859). Vergl. hauptfächlich Separatabdruck pag. 64.

[2] Wien 1867, pag. 108 ff.

[3] l. c. pag. 6.

müffen, die ihm völlig unbekannt geblieben find. Verfucht man beifpielsweife die Faijûmer Papiere nach BAUER'S Kriterien auf ihre Fafer zu prüfen, fo fteht man völlig rathlos da. Alle Papiere, welche auf Grund der von BAUER angegebenen, fo bekannt gewordenen Kennzeichen auf ihre Fafer geprüft wurden, find als unficher beftimmt anzufehen.[1]

3. Mikrofkopifche Unterfuchungen der Gefpinnft- und Papierfafern von SCHLEIDEN, REISSEK und SCHACHT aus den Jahren 1848 bis 1853.

Da felbft noch in neueren technologifchen und paläographifchen Werken auf diefe als verläfslichfte über die Mikrofkopie der Fafern fich verbreitende Schriften hingewiefen wird,[2] fo dürfte es nicht überflüffig fein, die Kriterien zu prüfen, welche von den genannten Autoren zur Unterfcheidung der Papierfafern herangezogen werden.

Fig. 2.

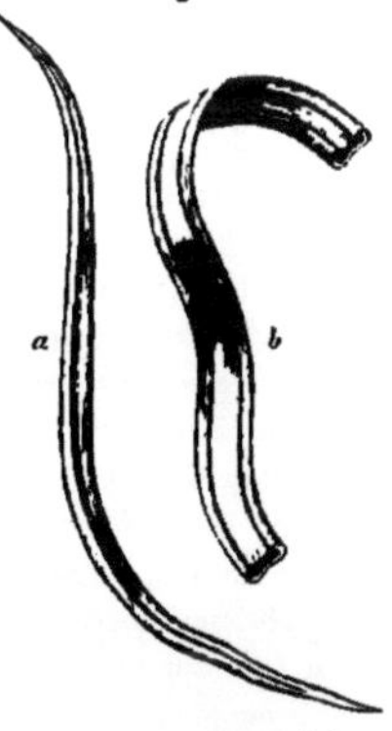

Vergröfserung circa 300. a Leinen-, b Baumwollenfafer; nach SCHLEIDEN.

SCHLEIDEN fafst fich in feinem bekannten Buche ‚Die Pflanze und ihr Leben' fehr kurz bezüglich der Unterfcheidung von Baumwolle und Lein. Er fagt:[3] ‚Die Baumwolle bildet fehr lange, aber dünnwandige Zellen, weshalb fie in trockenem Zuftande zufammengefallen ein plattes Band mit etwas rundlichen Rändern, und nicht wie die Baftfafern einen überall gleich dicken cylindrifchen Faden bilde (Fig. 2). Durch diefen fcharfen Unterfchied ift man in den Stand gefetzt, jede Vermifchung des Leinens mit Baumwolle augenblicklich unter dem Mikrofkope zu erkennen und felbft an den Zeugen, mit denen die ägyptifchen Mumien umwickelt find, noch ihren Urfprung auszumachen.'

Durch Vergleich der oben angeführten, von BAUER und THOMSON aufgeftellten Kennzeichen mit den von SCHLEIDEN hervorgehobenen fieht man fofort, dafs der letztere, was auch aus der Abbildung hervorgeht, nur die unverletzte Baftzelle des Leins vor Augen hatte, während fchon der gebrochene und gehechelte Flachs, noch mehr aber die verfponnene Fafer unter dem Mikrofkop bereits ein ganz anderes Bild darbietet. Die Befchreibung der Baftzelle des Leins und der Baumwolle ift aber auch fonft noch fehr unvollkommen und für die Papierunterfuchung ganz unzureichend. Die Abbildung der Flachszelle ift, abgefehen von der abnormen Kürze, fo vag gehalten, dafs fie auch als Beifpiel für faft jede andere Baftzelle gelten könnte.

---

[1] Der deutfchen Ueberfetzung des THOMSON'fchen Auffatzes (aus dem Jahre 1849), nach welcher ich hier citirte, find zwei Figurentafeln beigegeben, von denen die eine das mikrofkopifche Bild der Baumwollen-, das andere das der Leinenfafer gibt. Im Texte wird auf diefe, im Vergleiche zu den Abbildungen BAUER'S viel befferen Zeichnungen nicht hingewiefen. Diefe beiden Tafeln find fignirt von C. VARLEY und W. KELSALL.

[2] So z. B. von WATTENBACH, l. c. pag. 114, wo SCHLEIDEN (‚Die Pflanze und ihr Leben') und REISSEK'S fpäter genannte Abhandlung citirt find.

[3] L. c. pag. 46.

Reissek[1] hat den Geſpinnſtfaſern (Flachs, Hanf, Neſſelfaſer und Baumwolle) eine ſehr ausführliche Abhandlung gewidmet, welche in erſter Linie wohl auf die Entwicklungsgeſchichte der betreffenden Zellen abzielte, die aber mit Bezug auf die Baſtzellen, welche nach ihm intercellulare Bildungen ſein ſollen, völlig verunglückt iſt.

Die Beſchreibung der Faſern iſt ſchon eine vollkommenere als bei Bauer und Schleiden, indem er bereits auf die morphologiſchen Veränderungen (Längsſtreifung, Riſsbildung, Knotenbildung) hinweiſt, welche der Flachs durch das Brechen und Hecheln erleidet. Da er aber ſelbſt zugiebt, daſs die Baumwolle auch geradegeſtreckt und dickwandig ſein kann, ihm aber die Cuticula der letzteren entgangen iſt, ſo wird erſichtlich, daſs gemiſchte Gewebe oder gar Papier nach ſeinen Kennzeichen nicht mit Sicherheit auf die Faſer geprüft werden können. Nach Reissek ſoll die Leinenfaſer manchmal wenigſtens ſtellenweiſe ganz ſolid ſein, was von keinem der ſpäteren Beobachter beſtätigt wurde.

Nach Reissek's Schema werden ſich die genannten Faſerſtoffe wenigſtens im groſsen Ganzen in gut erhaltenen Geweben, nicht aber im Papier mit Sicherheit nachweiſen laſſen.

Der erſte, welcher auf Grund hiſtologiſcher Erfahrungen die Papierunterſuchung gefördert hat, war der hervorragende Pflanzenanatom Hermann Schacht. In ſeiner Schrift: ‚Die Prüfung der im Handel vorkommenden Gewebe durch das Mikroſkop und durch chemiſche Reagenzien', Berlin 1853, hat er der Unterſuchung des Papiers ein eigenes, wenn auch kurzes Capitel gewidmet.[2]

Die Unterſcheidung der Papierfaſern baſirt Schacht noch durchwegs auf die urſprünglichen Eigenſchaften der Zellen (z. B. der Baſtzellen des Leins, des Baumwollenhaars etc.), die er in früheren Capiteln eingehender und richtiger als alle ſeine Vorgänger beſchrieben hat, namentlich die Baumwolle, deren Cuticula er mit richtigem Blick als Unterſcheidungsmerkmal heranzieht. Die ſo wichtigen Zerſtörungserſcheinungen der Papierfaſern ſind von Schacht noch nicht beachtet worden; er kann deshalb im Papier die Faſern nur dann beſtimmen, wenn ſie noch den urſprünglichen morphologiſchen Charakter an ſich tragen. Bei dieſem Autor finden ſich auch bereits die erſten Andeutungen über den Nachweis der Stroh- und Holzfaſern im Papiere. Es hatten aber damals dieſe Surrogate noch nicht feſten Fuſs gefaſst und lieferten noch ſehr ſchlechte Producte, beiſpielsweiſe erwarb Schacht damals zur Unterſuchung als Strohpapier nur ordinäres Packpapier.

4. Mikroſkopiſche Unterſuchungen der Papierfaſern, welche ſeit Einführung der Hadernſurrogate unternommen wurden.

Das Verlangen nach genaueren Methoden zur Feſtſtellung der Papierfaſern erwachte erſt vor etwa einem Vierteljahrhundert, als der enorm geſteigerte Papierverbrauch Erſatzmittel für Hadern gebieteriſch forderte.

---

[1] Siegfried Reissek, die Faſergewebe des Leins etc. Denkſchriften der kaiſerl. Akademie der Wiſſenſchaften, Bd. IV. 1852.

[2] Berlin 1853, pag. 43 bis 50.

Wohl liegen fchon aus dem vorigen Jahrhundert beachtenswerthe Verfuche vor, die verfchiedenartigften Pflanzenftoffe zur Papiererzeugung heranzuziehen,[1] allein erft nach vielen verunglückten Experimenten gelang es, einige fchon früher als brauchbar anerkannte vegetabilifche Rohmaterialien auf rationelle und rentable Weife für den genannten Zweck nutzbar zu machen. Durch die induftrielle Verwerthung diefer Hadernfurrogate erfolgte bekanntlich eine vollftändige Umgeftaltung der europäifchen Papierfabrication. Es mufste bei Herftellung vieler unter Zufatz folcher Surrogate erzeugter Papiere die Geringwerthigkeit der Fafer durch Leimung und Füllung gedeckt werden, und gerade diefer Umftand rief das Bedürfnifs nach der mikrofkopifchen Papierprüfung hervor.

Die weitaus wichtigften diefer Hadernfurrogate find bekanntlich: Holz (gefchliffenes Holz = Holzfchliff, und chemifch ifolirte Holzfafer), Stroh (inclufive Esparto, den Blättern des Grafes *Stipa tenacissima*) und diverfe moderne Spinnfafern, namentlich Jute, häufig in Form von Abfällen. Holzfchliff wird immer, die anderen in der Regel mit Hadernpapierftoff gemengt verarbeitet.

Die erften Verfuche, die mikrofkopifche Prüfung des Papiers nach wiffenfchaftlichen Principien, d. i. geftützt auf hiftologifche Kennzeichen der die Papiere conftituirenden Zellen durchzuführen, rühren, wie ich fchon früher erwähnte, von SCHACHT her. Seine Unterfuchungen fielen aber in eine Zeit, in welcher die Surrogate nur in roheſter Form oder nur als Gegenftand des Experimentes Eingang gefunden haben.

Ich unternahm meine diesbezüglichen Unterfuchungen in einer diefelben förderlicheren Epoche, im Beginne der Sechziger-Jahre, zu welcher Zeit durch im grofsen Mafsftabe erfolgte Einführung der Surrogate eine vollkommene Umgeftaltung der Papierinduftrie fich vollzog.

Ich war damals — eben durch die Zeit begünftigt — in der glücklichen Lage, durch umfaffende und fyftematifch durchgeführte Studien die Grundlagen zu einer mikrofkopifchen Unterfuchung der modernen Papiere zu liefern, und ich darf wohl hinzufügen, dafs man die auf meine Studien gegründete mikrofkopifche Unterfcheidung der Papierfafern bis jetzt für ausreichend gehalten hat; denn fo viel mir bekannt, ift man felbft in den ausführlichften, dem Papier und der Papierunterfuchung gewidmeten Werken und Abhandlungen über die von mir hingeftellten Kriterien nicht hinausgegangen. Von berufenfter Seite wurde die Bedeutung der mikrofkopifchen Papierunterfuchung vollauf anerkannt; nichtsdeftoweniger ift in manchen technifchen Kreifen die Meinung verbreitet, man könne durch die chemifche Unterfuchung die Papiere auf ihr Rohmaterial mit genügender Sicherheit prüfen. Diefer irrthümlichen Auffaffung bin ich fchon früher gelegentlich entgegengetreten. Noch nachdrücklicher mufs es in diefer Abhandlung gefchehen, in welcher ich mir unter Anderem die Aufgabe geftellt habe, die der Feftftellung der Papierfafern dienenden Methoden auf den Grad ihrer Genauigkeit zu prüfen. Zu diefem Behufe will ich zuerft die Refultate der auf den Gegenftand bezugnehmenden Originalarbeiten mittheilen und fo weit es mir nothwendig erfcheint, kritifch beleuchten.

---

[1] Vergl. hauptfächlich das Werk von JACOB CHRISTIAN SCHÄFFER: ‚Neue Verfuche und Mufter, das Pflanzenreich zum Papiermachen und anderen Sachen wirthfchaftsnützlich zu verwerthen.‘ Regensburg 1766. Dafelbft auch hiftorifche Nachweife über frühere derartige Verfuche.

Meine ersten Studien über mikroskopische Papieruntersuchung veröffentlichte ich unter dem Titel: ‚Mikroskopische Untersuchung der Papierfasern' im Jahre 1864 in der Oesterreichischen botanischen Zeitschrift.[1] In diesen Studien wird die Schärfe der mikroskopischen Untersuchung, sowohl gegenüber der roh empirischen als der chemischen Prüfung nachgewiesen und gezeigt, wie sich die Fasern der Hadernpapiere von jenen der Holz- und Strohpapiere auf Grund histologischer Kennzeichen unterscheiden lassen. Bald darauf folgte eine eingehende mikroskopische Untersuchung der Maisfaserproducte,[2] worin das Hauptgewicht auf die Erkennung der damals in Oesterreich stark verbreiteten AUER-schen Maispapiere (erzeugt aus den Kolbenblättern der Maispflanze) gelegt wurde.

Nach Veröffentlichung der genannten Detailuntersuchungen habe ich in meinem Werke über technische Mikroskopie[3] den Versuch gemacht, eine systematische Uebersicht über die mikroskopische Untersuchung des Papiers zu geben. Es wurde in dem betreffenden Abschnitte in erster Linie auf moderne europäische geschöpfte und Maschinenpapiere Rücksicht genommen, in einem Anhange aber auch die mikroskopischen Kennzeichen der so merkwürdigen japanischen und chinesischen Papiere, endlich auch des Papyrus der Alten präcisirt.

Fig. 3.

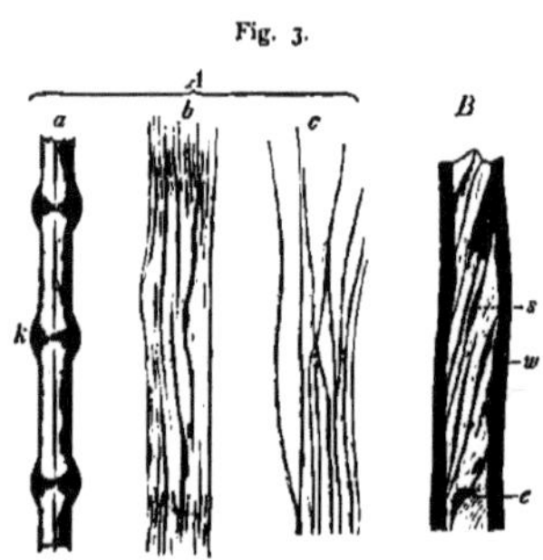

Vergrösserung 300. A. Mechanisch angegriffene Leinenfaser. a mit Knoten (k) aus gezwirntem Garn. b, c zerklüftetes und zerfasertes Bruchstück einer Leinenbastzelle aus Papier.
B. Mechanisch angegriffene Baumwollenfaser (Bruchstück). w Zellwand, s Spalten, c Cuticula (Technische Mikroskopie, pag. 221).

Es kamen dabei nicht nur die Kennzeichen der Papierfasern in Frage, sondern auch der Nachweis der Leimung, der Füllstoffe und der gewöhnlichsten Färbemittel.

Eine besondere Aufmerksamkeit wurde den Zerstörungserscheinungen der Papierfasern gewidmet. Würden die Pflanzenfasern in unverändertem Zustande, wie dieselben in den todten, sonst aber unveränderten Pflanzentheilen vorliegen, an der Zusammensetzung des Papiers Antheil nehmen, so würde die Prüfung des letzteren auf die Faser in der Regel nicht viel Schwierigkeiten bereiten. Allein die Fasern der aus Hadern erzeugten Papiere wurden zuerst im Gewebe ausgenützt, vorher aber schon durch das Spinnen, Weben, eventuell durch das Zwirnen, freilich nur in unerheblicher Weise geändert. Zu Papierrohstoffen geworden erfuhren sie andere oft sehr tiefgreifende Veränderungen. Ich legte einige der wichtigeren Gestaltänderungen klar, die Leinen- und Baumwollenfasern durch die im Holländer vorsichgehenden mechanischen Angriffe erleiden, und es gelang mir, selbst sehr stark demolirte Baumwollenfasern von derlei Bastfasern des Flachses zu unterscheiden.

---

[1] Herausgegeben von Dr. A. SKOFITZ. Nr. 3, pag. 65 bis 77. Vollständig abgedruckt in dem bekannten Werke von Dr. W. F. EXNER: Die technischen Eigenschaften des Papiers. Wien 1864.

[2] DINGLER's polytechn. Journal 1865, Bd. 175, pag. 225 ff.

[3] Einleitung in die technische Mikroskopie, nebst mikroskopisch-technischen Untersuchungen. Wien, Braumüller, 1867, pag. 218 bis 239.

In meinem Werke: ‚Die Rohftoffe des Pflanzenreiches‘ [1] habe ich mich auf die Charakteriftik der Papierfafern befchränkt, ohne auf die Zuftände einzugehen, in welchen diefelben im Fabricate vorkommen und ohne weitere Rückficht auf Leimung, Füllung und Färbung. Dennoch enthält auch diefes Capitel viele zur Prüfung der Papiere dienliche Daten, da die mittlerweile in der Papierfabrication in Verwendung gekommene Jute dort charakterifirt wurde, ferner die Fafer der japanefifchen Papiere und die Holzfafer eine eingehendere Befprechung fanden, als in meinen früheren Schriften.

Inzwifchen haben einige der Hadernfurrogate, deren Charakteriftik in den genannten Schriften verfucht wurde, befonders das Holz in gefchliffenem Zuftande, eine fo grofse Bedeutung als Papierrohftoff erlangt, dafs der Wunfch auftauchte, die immerhin fchwierige, häufig auch complicirte mikrofkopifche Prüfung durch einfache chemifche Reactionen zu erfetzen.

In einem von SCHAPRINGER [2] im Jahre 1865 veröffentlichten Auffatze wurde ein folcher Verfuch mit vielem Glücke unternommen, und fowohl fein Verfahren, als einige fpäter aufgetauchte analoge chemifche Prüfungen ftehen auch heute noch für gewiffe Zwecke in Verwendung.

Auf ältere von RUNGE, A. W. HOFMANN und Anderen herrührende Beobachtungen zurückgehend, denen zu Folge farblofe Salze des Anilins und anderer ähnlicher organifcher Körper Fichtenholz intenfiv gelb färben, zeigte er, dafs eine Auflöfung von fchwefelfaurem Anilin nicht nur Fichtenholz, fondern auch andere von ihm geprüfte Nadel- und Laubhölzer gelb färbe, und dafs fich durch diefes Reagens im Papiere die Gegenwart der Holzfafer nachweifen laffe.

Gegenüber der mühevollen und eingehende hiftologifche Kenntniffe vorausfetzenden mikrofkopifchen Unterfuchung fcheint die SCHAPRINGER'fche Methode fehr vortheilhaft. Man braucht ja nur einen Tropfen einer Löfung von fchwefelfaurem Anilin auf das zu prüfende Papier zu bringen; wird letzteres gelb, fo fchliefst man auf Holzfafer. Allein gegen die Zuverläfslichkeit diefer Methode laffen fich zwei fchwere Bedenken erheben, welche ich gelegentlich einer eingehenden mikrofkopifchen Unterfuchung der Espartopapiere [3] ausfprach. Das genannte Reagens zeigt nämlich nicht Holz, fondern, wie ich zuerft nachgewiefen habe, Holzfubftanz (Lignin) an, einen Stoff (nach neueren, fpäter zu nennenden Unterfuchungen ein Stoffgemenge), welcher zu den verbreitetften Körpern der Pflanzengewebe gehört. So werden, wie ich zeigte, Hollundermark, die Fafern der gelben Rübe, die inneren Fafern irgendwelcher krautigen Pflanze, oder um von Papiermaterialien zu fprechen: die Jute durch das Reagens ebenfo intenfiv gelb gefärbt als Holz. Ein aus Jute erzeugtes Papier würde als ein an ‚Holzftoff‘ reiches, ein Strohpapier als ein mit ‚Holzftoff‘ verfetztes Papier nach Ausweis der SCHAPRINGER'fchen Probe zu betrachten fein. Gegen die unbedingte Verläfslichkeit diefer, wie überhaupt aller chemifchen Methoden zum Nachweis der Papierfafern fpricht aber noch folgender Umftand. Eine der Hauptaufgaben der Papierfabrication befteht in der Reinigung des Fafermaterials, genauer gefagt in der Befeitigung aller in der Fafer neben der Cellulofe ($C_6H_{10}O_5$) auftretenden Körper, vor

1 Leipzig. Engelmann, 1873. Cap. Papierfafern, pag. 446 bis 461.

2 Wochenfchrift des niederöfterreichifchen Gewerbevereines. XV, pag. 326.

3 Wochenfchrift des niederöfterreichifchen Gewerbevereines, 1865, XXVI, pag. 597 ff.

allem der Holzfubftanz, was bekanntlich durch Bleichung, Behandlung mit alkalifchen Laugen etc. gefchieht.[1] Seitdem man das Holz, behufs Verwandlung in Papiermaffe, nicht mehr blofs mechanifch — durch den Schleifprocefs — zerkleinert, fondern auf chemifchem Wege in feine Gewebsbeftandtheile zerlegt, ift ein Holzpapier, welches keine Holzfubftanz enthält, nichts ungewöhnliches. In diefen Papieren bringt weder das fchwefelfaure Anilin, noch das auf Lignin noch empfindlicher reagirende, gleichfalls von mir für hiftologifche Zwecke zuerft angewendete Phloroglucin,[2] noch irgend ein anderer analog reagirender Körper eine auf Holz weifende Reaction hervor. Es zeigen diefe Reagentien nur gefchliffenen und unvollftändig gebleichten Holzftoff an und diefen auch nicht mit abfoluter Sicherheit, wie ich früher auseinanderfetzte. Es wird alfo doch ftets des Mikrofkops bedürfen, um Holzfafer oder überhaupt die Qualität einer Papierfafer mit Sicherheit nachweifen zu können. —

Inwieweit die Werke über chemifche und mechanifche Technologie und fpeciell die dem Papier und feiner Fabrication gewidmeten Werke, an die man fich ja in der Regel wendet, wenn es fich um die Methoden der Papierunterfuchung handelt, die mikrofkopifche Papierunterfuchung berückfichtigen und inwieweit diefe Quellen verläfslich find, will ich nunmehr in Kürze unterfuchen.

Die Werke über Technologie ftehen im Allgemeinen auf einer höheren wiffenfchaftlichen Stufe als die bisherigen Specialwerke über Papierfabrication, deren Verdienftlichkeit in Bezug auf die Praxis indefs nicht in Abrede geftellt werden foll.

Von Werken der letzteren Kategorie will ich nur die neueren ins Auge faffen, da die Verfaffer der älteren Schriften gar keine brauchbaren Materialien in Bezug auf die Prüfung des Papiers vorfanden.

C. HOFMANN's grofses, in deutfcher und englifcher Ausgabe erfchienenes Werk[3] enthält in Bezug auf unfere Frage nur wenige und unzureichende Daten. Die Fafern werden als rund (Leinen- und Hanffafern) und mehr oder weniger gerieft (?), oder als flach (Baumwolle) etc. bezeichnet, ohne näheren Angaben über die charakteriftifchen morphologifchen Eigenthümlichkeiten und über jene Zuftände, in welchen die Fafern im Papiere auftreten. Abbildungen der Fafern find dem Texte nicht beigegeben.

Etwas beffer fteht es in diefer Beziehung mit dem gleichfalls fehr ausführlichen Werke von Dr. L. MÜLLER.[4] Es ift doch wenigftens eine der Holzfafern (Fichte) des Papiers durch eine Zeichnung gut veranfchaulicht. Hingegen reichen die auf die übrigen Fafern bezugnehmenden Angaben zur Beftimmung der Fafern nicht aus. Beifpielsweife weift die auf pag. 104 abgebildete Espartofafer keine der fo leicht aufzufindenden und

[1] Es dürfte nicht ohne Intereffe fein, wenn ich bemerke, dafs die Subftanz, welche durch fchwefelfaueres Anilin, durch das unten erwähnte Phloroglucin oder durch ein anderes ‚Ligninreagens' im Holze und überhaupt in den verholzten Geweben angezeigt wird, nach Unterfuchungen, welche in meinem Laboratorium von Dr. MAX SINGER ausgeführt wurden, Vanillin ift.

[2] Seit ich auf die merkwürdige Eigenfchaft des Phloroglucins, felbft fchwach verholzte Gewebe nach Zufatz von Salzfäure intenfiv rothviolett zu färben, aufmerkfam machte, wird diefes Reagens mit befonderer Vorliebe zur Papierunterfuchung verwendet; leider wird aber fehr häufig nicht berückfichtigt, unter welchen Vorausfetzungen die Reaction zuverläffig ift.

[3] Praktifches Handbuch der Papierfabrikation. Berlin 1875.

[4] Die Fabrication des Papiers. 4. Aufl. 1877.

mit aller Sicherheit zur Erkennung anwendbaren Eigenthümlichkeiten auf und könnte leicht auf andere Fasern leiten.

Weit gründlicher behandelt Professor EGBERT HOYER in seinem Buche: ‚Das Papier, seine Beschaffenheit und seine Prüfung',[1] die Erkennung der Papierfasern. Es gehen seine Angaben allerdings in keinem Punkte über die in den obengenannten Detailarbeiten angeführten Kennzeichen hinaus; allein es ist doch alles verläfslich wiedergegeben. Zu bemängeln ist nur, dafs der Verfasser auf die Zerstörungsformen der Fasern gar keine Rücksicht genommen hat, so dafs die Fasern aller aus stärker vermahlenen Fasern erzeugten Papiere weder an der Hand seiner Beschreibungen, noch an der Hand seiner Abbildungen zu bestimmen sein werden. —

Die Handbücher der chemischen und mechanischen Technologie gehen, wie schon bemerkt, in der Regel tiefer als die früher genannten Werke in die wissenschaftliche Papieruntersuchung ein und gewähren auch durch das Bestreben, die vorgebrachten Daten auf Quellen zurückzuführen, einen höheren Grad von Verläfslichkeit.[2] Doch gehen auch diese Werke über die früher genannten Quellen nicht hinaus.[3] —

Was nun die Sicherheit der mikroskopischen Papieruntersuchung anbelangt, so liegt, abgesehen von einigen von mir herrührenden gelegentlichen Bemerkungen über diesen Gegenstand, noch nichts vor. Ich gehe auf diesen mir wichtig scheinenden Gegenstand ein, nicht nur um einen Mafsstab für die Genauigkeit meiner auf die Faijûmer Papiere bezugnehmenden Resultate zu geben, sondern auch in der Hoffnung, dafs diese meine kritischen Betrachtungen auch späteren Papieruntersuchungen zugute kommen werden.

Nur wenige Papiere lassen sich mit einiger Sicherheit schon mit freiem Auge bezüglich des zu ihrer Darstellung benützten Materiales erkennen. Es sind dies die sogenannten chinesischen Reispapiere und der Papyrus der Alten.

Die ersteren führen ihren Namen nur mit Unrecht, denn sie werden nicht aus der Reispflanze bereitet[4], sondern aus dem Marke der zu zu den Araliaceen gehörigen *Fatsia (Aralia) papyrifera* Miq. auf kunstvolle Weise geschnitten. Sie werden im Erzeugungslande verwendet, um darauf mit Wasserfarben zu malen und sind durch die auch bei uns häufig anzutreffenden charakteristischen chinesischen Gemälde sehr bekannt. Bei uns dient dieses Papier zur Herstellung von Kunstblumen und anderen Objecten. Dieses chinesische Papier ist schon durch das freie Auge an seinem parenchymatischen Charakter erkennbar, der begreiflicher Weise durch die Lupe und das Mikroskop noch viel deutlicher hervortritt.[5] Eine Verwechslung mit anderen Objecten ist nicht zu besorgen, da dieses Papier nicht nachgeahmt werden kann und ähnliche Papiere nicht existiren.

Der Papyrus stellt sich bekanntlich als eine Masse dar, welche der Länge und der Breite nach gestreift ist. Diese charakteristische Eigenthümlichkeit erklärt sich einerseits

---

[1] München 1882.

[2] Vergl. beispielsweise STOMANN's vortrefflichen Artikel über Papier in MUSPRATT's Technischer Chemie l. c. pag. 653 ff.

[3] Nachträgliche Anmerkung. In HÖHNEL's jüngst erschienener ‚Mikroskopie der Faserstoffe' (Wien 1887), Capitel ‚Papier', ist gleichfalls im Wesentlichen nichts neues zu finden.

[4] Hingegen bestehen viele der bekannten chinesischen Tapetenpapiere aus den Fasern des Reisstroh. Siehe WIESNER, Technische Mikroskopie, pag. 235.

[5] Nähere Angaben über die Textur dieses Papieres sind zu finden in meinem Werke: Rohstoffe pag. 460.

aus dem anatomischen Bau der Stengel, aus welchem dieser Beschreibstoff erzeugt wurde, anderseits aus der Art der Erzeugung. Der Stengel oder Stamm der Papyrusstaude (*Cyperus Papyrus*) besteht aus einem von Strängen (Gefäfsbündeln) durchsetzten Marke und einem durch Baststränge verdickten Oberhautgewebe. Dieses letztere wurde von den Stengeln abgelöst und das Mark zur Bereitung der Papyrus in der Weise hergerichtet, dafs man es der Länge nach in fingerbreite Streifen zerschnitt, welche in der Längs- und in der Querrichtung mit einander verbunden und durch Hämmer geglättet und verdichtet wurden. So erklärt es sich, warum die im Stamme parallel auftretenden Stränge im Papyrus sich kreuzen. Durch das Mikroskop läfst sich sowohl die Textur der Gefäfsbündel, als auch nach passender Vorbehandlung die der sehr charakteristisch gefügten, die letzteren verbindenden Parenchymzellen erkennen.[1]

Bei dieser Gelegenheit sei es mir gestattet, auf einige von mir jüngsthin aufgefundene Eigenthümlichkeiten des Papyrus aufmerksam zu machen, welche — soviel mir bekannt — bis jetzt noch nicht beobachtet wurden und die als Beitrag zur Kenntnifs der Bereitungsart dieser Beschreibstoffe nicht unwillkommen sein dürften.

Die von mir untersuchten Papyrus[2] geben auf Zusatz von (wässeriger) Jodlösung keine auffällige Reaction. Wenn dieselben aber vorher der Einwirkung von gewöhnlicher Salzsäure ausgesetzt und hierauf erst mit Jodlösung behandelt werden, so tritt eine mehr minder tiefe Bläuung der ganzen festen Substanz oder doch wenigstens der Flüssigkeit ein.[3] Unter Mikroskop erkennt man tiefblaue Flocken. Offenbar ist eine Art von Stärkekleister zur Aneinanderleimung der aus dem Papyrusmark geschnittenen Blätter oder Streifen angewendet worden, und dieser Kleister wird eben durch die Jodreaction angezeigt. In den Zellen finden sich hin und wieder noch wohlerhaltene, kleine, rundliche Stärkekörner vor, welche selbstverständlich der Papyruspflanze angehören. Die Menge dieser Körner verschwindet im Vergleiche zur Kleistermasse, welche dem Gewebe überall von aufsen anhaftet. Die Verkleisterung der angewendeten Stärke war in den von mir untersuchten Papyrus stets eine so vollkommene, dafs sich die Pflanze, welcher die zur Kleisterbereitung benützte Stärke entstammte, nicht mehr ermitteln liefs.[4] —

Alle gefilzten (geschöpften und Maschinenpapiere) lassen sich gleich dem Papyrus schon makroskopisch als solche erkennen, selbst wenn sie völlig glatt und homogen

---

[1] Die mikroskopischen Kennzeichen des Papyrus habe ich (Technische Mikroskopie, Wien, 1867, pag. 238) angegeben. Der damals zur Untersuchung benützte Papyrus (Papyrus Usurtesen, etwa aus der Mitte des zweiten Jahrtausends v. Chr.) verdankte ich der Güte des Herrn Professors Reinisch. Jeder derselben bestand aus je drei von einander leicht loslösbaren Schichten. (Vergl. Karabacek l. c. pag. 163.)

[2] Zu meinen Versuchen dienten folgende Objecte: Proben aus der Sammlung der Papyrus Erzherzog Rainer etwa aus dem VII. bis IX. Jahrhundert, ferner aus der Sammlung des Instituts für österreichische Geschichtsforschung: ‚Fragment. Papyr. bullae saec. IX.‘, ‚Pap. Cod. lat. ante ann. 400 script.‘ Aus derselben Sammlung: ‚Papyrusscheiben aus dem botanischen Garten in Wien vom Jahre 1859‘ und ‚Moderner Papyr. aus Palermo.‘ Diese beiden letzten geben die Jod-Salzsäurereaction nicht. Der ‚moderne Papyrus‘ ist also auf andere Weise als der Papyrus der Alten bereitet worden.

[3] Weshalb der Stärkekleister hier nicht direct durch wässerige Jodlösung, ondern erst nach Vorbehandlung mit Salzsäure angezeigt wird, wird weiter unten bei Erörterung der Leimung der Faijûmer Papiere auseinandergesetzt werden.

[4] Nach einigen unserer Beobachtungen hat es den Anschein, als würde statt reiner Stärke auch ein stärkereiches Abfallproduct der Mehlbereitung als Klebmasse bei der Papyrusbereitung verwendet worden sein.

erscheinen, und zwar an der faserigen Beschaffenheit jeder beliebigen Rißstelle. Nach Aufweichung in Wasser zerfallen sie direct oder nach Behandlung mit den Präparirnadeln in Fäserchen.

Daß die Qualität der Faser auf chemischem Wege mit absoluter Sicherheit nicht festzustellen ist, habe ich bereits auseinander gesetzt, und es wird sich jetzt nur noch darum handeln, den Grad der Genauigkeit, zu welchem die mikroskopische Untersuchung führt, zu ermitteln.[1]

Die mikroskopische Untersuchung ermöglicht mit absoluter Sicherheit sofort folgende Papiermaterialien nachzuweisen:

1. Strohfaser,
2. Holzfaser,
3. Bastfaser dicotyler Pflanzen,
4. Baumwolle.

1. Strohfaser. Dieselbe ist im Papiere deshalb so sicher und auch so leicht zu erkennen, weil neben und theilweise auch an den Bastfasern, welche den wesentlichen Bestandtheil dieses Hadernsurrogates bilden, höchst bezeichnende histologische Elemente auftreten. Es sind dies wohlerhaltene Oberhautzellen, ferner Gefäßbündelbestandtheile (Ring- und Schraubengefäße). Seit dieser Auffindung sind von mir und meinen Schülern wohl Hunderte von aus Stroh bereiteten Papieren untersucht worden; aber in keinem einzigen fehlten die Oberhautzellen. Die Zuverlässigkeit dieses Kriteriums ist auch von keiner Seite bestritten worden.

Als Beispiel eines aus Stroh bereiteten Papiers führe ich die zweite Auflage des bekannten, in dieser Abhandlung mehrfach citirten Werkes von WATTENBACH ‚Das Schriftwesen im Mittelalter' an. Ich habe alle Exemplare dieses Werkes, die ich in Wien auftreiben konnte, mikroskopisch untersucht[2] und in jedem Fragmente von etwa einem Quadratmillimeter Oberfläche wurden zahlreiche Oberhautzellen, ferner neben den Bastzellen des Strohs und Hadernfasern noch viele Gefäßfragmente gefunden.

Die Bastzellen und Gefäße der Stroharten gehen in ihren Eigenschaften nicht viel auseinander; hingegen bieten die Oberhautzellen nach Form, Größe und innerer Structur so sichere Anhaltspunkte der Unterscheidung dar, daß man beispielsweise mit aller Bestimmtheit entscheiden kann, ob das Papier aus Roggen- oder Espartostroh bereitet wurde. Dies sind die gegenwärtig in Europa am häufigsten in der Papierfabrication verwendeten Stroharten. Aber auch die Auffindung von Reisstroh (in echten chinesischen Tapetenpapieren etc.), Maiskolbenblättern, Stroh von Hafer, Weizen, Gerste, macht keinerlei Schwierigkeiten.[3]

Auf Grund dieser Unterscheidungsmerkmale konnte mit Bestimmtheit erwiesen werden, daß Roggenstroh (neben Hadern) das Rohmaterial zur Darstellung des Papiers der zweiten Auflage des oben genannten WATTENBACH'schen Werkes bildete.

---

[1] In der nachfolgenden Discussion sehe ich von animalischen Fasern völlig ab, da dieselben zur Herstellung gefilzter Beschreibmaterialien ganz ungeeignet sind.

[2] Dabei unterstützte mich Herr stud. med. KONRAD BÜDINGER in dankenswerther Weise.

[3] Ueber die Nachweisung der Stroharten in den Papieren: WIESNER, Technische Mikroskopie, pag. 223 bis 227.

2. Holzfaſer. Dieſelbe läſst ſich durch das Mikroſkop mit derſelben Sicherheit im Papiere erkennen, wie die Strohfaſer; allein die Eruirung der Holzart ſtöſst in vielen Fällen auf Schwierigkeiten und iſt manchmal gar nicht durchführbar, und zwar aus zweierlei Gründen: erſtlich weil die Zahl der in Betracht zu ziehenden Holzarten eine ſehr groſse iſt und begreiflicher Weiſe die Wahrſcheinlichkeit einer Beſtimmung im Allgemeinen deſto geringer wird, je mehr die Anzahl der in Vergleich zu ziehenden Arten wächſt. Aber noch ein anderer Umſtand kommt in Betracht. Bei der Fabrication des Papiers gehen in manchen Fällen, auf die ich unten noch aufmerkſam machen werde, gewiſſe für die Artbeſtimmung des Holzes unentbehrliche Zellformen verloren.

Zur Papierbereitung dienen theils Nadel- theils Laubhölzer. Es wird ohne Mühe gelingen, zu entſcheiden, ob in einem zu prüfenden Papiere die Faſern der einen oder der anderen enthalten ſind. Man braucht nur zu beachten, daſs das Holz der Nadelbäume gefäſsfrei iſt,[1] das der Laubbäume mehr oder minder reichlich Gefäſse führt und daſs die ſo charakteriſtiſch geformten Gefäſse in gut erkennbarem Zuſtande ſelbſt in ſtark vermahlenen Papieren enthalten ſind.

Die in der Regel nicht ſehr wichtige Frage, welche Holzart zur Erzeugung eines beſtimmten Papiers verwendet worden, iſt leicht und ſicher zu entſcheiden, z. B. in den gewöhnlichen, aus ‚geſchliffenem Holzſtoff' erzeugten Papieren, als deren Rohmateriale in Europa Fichten- und Tannenholz, beziehungsweiſe das Holz der Pappel und Linde zu bezeichnen iſt. Fichten- und Tannenholzfaſern ſind ſehr leicht durch die im ‚geſchliffenen Holzſtoff' und in dem daraus erzeugten Papiere nie fehlenden Markſtrahlenzellen von einander zu unterſcheiden. Hingegen läſst ſich in vielen aus auf chemiſchem Wege dargeſtellten Holzfaſern beſtehenden Papieren dieſe Frage nicht mehr löſen, weil in ſolchen Papieren merkwürdiger Weiſe die Markſtrahlenzellen vollkommen fehlen.[2] Die beiden genannten Laubholzgattungen können ohne Schwierigkeit in der Papiermaſſe erkannt werden. Hingegen iſt die Beſtimmung der betreffenden Laubholzarten kaum ausführbar oder geradezu unmöglich. So iſt eine Unterſcheidung des Holzes unſerer gemeinen Pappelarten *(Populus alba, nigra* und *tremula)* im Mikroſkope nicht mehr mit Sicherheit ausführen. Ja ich gehe nicht zu weit, wenn ich ſage, daſs das Holz der Weiden (beſſere Weidenholzſorten werden in der Papierfabrication angewendet) von jenem der Pappeln im Papiere nicht gelingen wird. Unter den amerikaniſchen, aus Laubholz erzeugten Papieren habe ich viele unbeſtimmbar gefunden.

3. Baſtfaſern dicotyler Pflanzen. Die Baſtfaſern ſind durch Länge, ſtarke Verdickung und einfachen Bau von den meiſten anderen faſerförmigen Elementen der Pflanzengewebe leicht zu unterſcheiden und könnten, für ſich betrachtet, nur mit den im Holze auftretenden Libriformfaſern verwechſelt werden. Eine ſolche Verwechslung kann aber deshalb bei Unterſuchung von Textilobjecten und Papieren nicht vorkommen, da die als

---

[1] Strenge genommen enthält auch der Stamm der Nadelbäume Gefäſse, aber bloſs in jener ſchmalen Zone, welche das Mark umgibt. Die Maſſe dieſer — übrigens im Vergleiche zu den Gefäſsen der Laubbäume ſehr wenig augenfälligen Gebilde — verſchwindet geradezu gegenüber den Holzfaſern, ſo daſs die Wahrſcheinlichkeit, bei der mikroſkopiſchen Papierunterſuchung auf Nadelholzgefäſse zu ſtoſsen, nahezu gleich Null iſt.

[2] So z. B. in dem nach dem Verfahren von A. Ungerer erzeugten Holzpapier. Vergl. Wiesner in Dingler's polytechniſches Journal, Bd. 201, pag. 158.

Begleiter der Libriformfasern auftretenden Gefäfse und Tracheiden deren wahre Natur sofort verrathen würden.

Die Baftfasern der Dicotylen vereinigen fich im Stamme diefer Gewächfe zu fo homogenen Bündeln, dafs eine Verwechslung derfelben mit denen der Monocotylen nicht zu befürchten ift, namentlich wenn es fich um Papier handelt, in welchem, falls eine Monocotylenbaftfafer vorläge (wie z. B. im Stroh), die Refte begleitender Gewebsbeftandtheile, Gefäfse, Tracheiden, Markzellen etc. über die Herkunft Rechenfchaft geben würden.

Man wird alfo mit der gröfsten Leichtigkeit und Sicherheit feftftellen können, ob ein Gewebe oder ein Papier aus den Baftfasern dicotyler Pflanzen befteht oder nicht. Mit diefer Beftimmung ift aber Niemandem gedient; man will wiffen, welche dicotyle Pflanze die Fafer für das Erzeugnifs lieferte. Vor diefe Frage geftellt, ergeben fich Schwierigkeiten, die gewöhnlich nicht genügend beachtet werden.

Man gibt fich — um ein naheliegendes Beifpiel zu erwähnen — gewöhnlich zufrieden, die Baftfafer eines Gewebes als Leinenfafer zu erklären, wenn fie lang, cylindrifch und faft bis zum Verfchwinden des Lumens verdickt ift. Nun gibt es aber vielleicht Hunderte von Pflanzenarten, deren Baftfasern in den genannten Eigenthümlichkeiten mit der Leinenfafer übereinftimmen. Ift die Frage in beftimmter Weife eingegrenzt, lautet fie beifpielsweife fo: befteht das zu unterfuchende Gewebe aus Leinen- oder Baumwollenfafern; oder aber: wurde das zu prüfende Textilobject aus Leinen- oder Jutefafern erzeugt; fo läfst fich diefelbe in der Regel mit voller Sicherheit beantworten. Wird die Frage aber ganz allgemein geftellt, fo gelingt deren Löfung rafch und ficher nur dann, wenn neben den Baftzellen noch andere Beftandtheile der Gefpinnftpflanze: Rindentheilchen oder Holzfragmente vorkommen. Es ift begreiflich, dafs die Hoffnung, folche Nebenbeftandtheile zu finden, defto geringer fein wird, je forgfältiger das Erzeugnifs bereitet wurde. In groben Leinwandgarnen begegnet man folchen Gewebsreften häufig, in feinen Batiften wird man fie hingegen vergebens fuchen.

Ich will nun unterfuchen, inwieweit man durch Heranziehung der feinften Structurverhältniffe der Baftfasern, deren Dimenfionen und deren Verhalten zu Reagentien dennoch im Stande ift die Qualität einer Baftfafer im Papiere zu erkennen.

Im Allgemeinen wird die Erkennung der Fafer eines modernen Gewebes oder Papiers beftimmter Provenienz leichter gelingen, als die eines Textilobjectes oder Papiers unbekannter Herkunft oder hohen Alters, weil in den letzteren Fällen die Zahl der die Qualität der Fafern betreffenden Möglichkeiten eine weitaus gröfsere ift, als in den erfteren. Handelt es fich beifpielsweife um ein modernes, im Deutfchen Reiche oder in Oefterreich aus Pflanzenfafern erzeugtes Gefpinnft oder Gewebe, fo kommen in erfter Linie nur folgende vier Fafern in Betracht: Leinen, Baumwolle, Hanf, Jute. In zweiter Linie wäre noch auf Ramié- oder Chinagrasfafer Rückficht zu nehmen. Aber felbft in diefer fo einfachen Frage ergeben fich manche, für gewöhnlich unberückfichtigt bleibende Schwierigkeiten. Es ift nämlich ganz leicht, die Baumwolle von den Baftfasern, die Jute von Flachs und Hanf zu unterfcheiden; allein Flachs und Hanf auseinander zu halten, erfordert zahlreiche mühevolle Meffungen und anderweitige Prüfungen, ja ein fehr gründlicher Forfcher, Profeffor Cramer in Zürich, vertritt die Meinung, dafs die Baftzellen des Hanfes von denen des Flachfes fich nicht unterfcheiden laffen.

Der herrfchenden Meinung zufolge läfst fich die Baftzelle des Hanfes von jener des Flachfes unterfcheiden. Auf diefem Standpunkte ftanden, wie fchon oben erwähnt, SCHACHT und REISSEK; auf diefem Standpunkte ftehe auch ich, wenn ich es auch für nothwendig halte, Merkmale zur Unterfcheidung zu benützen, welche von den beiden genannten Forfchern noch nicht in Erwägung gezogen wurden. Im Wefentlichen find Hanf- und Flachsfafern gleich gebaut; die erftere ift aber in der Regel dicker und weitlumiger als die letztere. Um die Dickenunterfchiede zu conftatiren, ift es nothwendig, von jeder Fafer den maximalen Durchmeffer und aus den fo gewonnenen Zahlen die häufigften Werthe abzuleiten. Hat man intacte Fafern vor fich, fo gelingt die Unterfcheidung, wenn auch nach langwierigen Meffungen; find die Fafern aber ftark mechanifch angegriffen oder

Fig. 4.

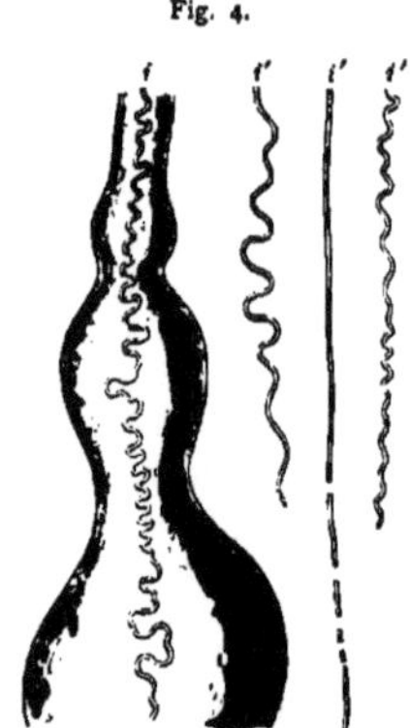

Vergröfserung 400. A Fragment einer Leinenbaftzelle nach Behandlung mit Kupferoxydammoniak; i Innenhaut. i'i' nach Einwirkung von Kupferoxydammoniak zurückbleibende Innenhäute der Leinenfafer.

Fig. 5.

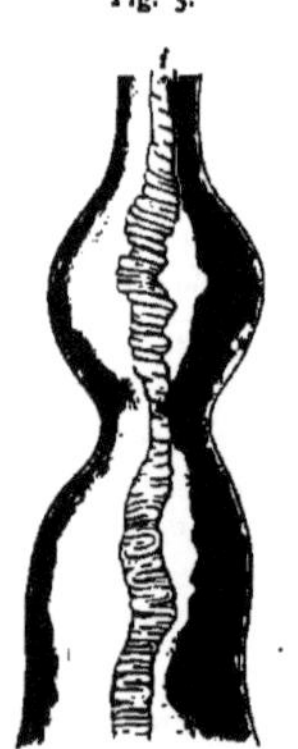

Vergröfserung 400. Fragment einer Hanfbaftzelle aus einem fehr gut gerößteten, von der Holzfubftanz völlig befreiten Hanf, nach Behandlung mit Kupferoxydammoniak; i Innenhaut.

Fig. 6.

Vergröfserung 300. Hanffaferfragment aus einem rohen, ftark verholzten Hanf, nach Behandlung mit Kupferoxydammoniak. a a äufsere verholzte, in Folge der Einwirkung des Reagens faltig gewordene Zellhautfchichte; i Innenhaut.

durch Macerationsmittel gequollen, fo wird der Nachweis der Hanf-, beziehungsweife Flachsfafer unficher, ja häufig geradezu unausführbar, wenn nicht die bei Flachs und Hanf im grofsen Ganzen verfchiedene Innenhaut noch fo weit erhalten ift, dafs fie zur Unterfcheidung herangezogen werden kann. In diefem Falle läfst fich Folgendes leicht conftatiren. Die Innenhaut der Leinenfafer ift in der Regel ein ungemein enger Schlauch, welcher der Einwirkung des Kupferoxydammoniaks lange widerfteht und als ein fchraubig oder wurmförmig hin und her gebogener, auch ftreckenweife geradegeftreckter Schlauch erhalten bleibt, während der übrige Körper der Zellwand fchon völlig aufgelöst ift. (Fig. 4.) Die Innenhaut der Hanffafer ift in der Regel breiter und tritt nach Einwirkung von Kupferoxydammoniak gewöhnlich als quergefalteter Schlauch in Erfcheinung.[1] (Fig. 5.)

---

[1] WIESNER, Technifche Mikrofkopie, pag. 108—110 und ‚Rohftoffe', pag. 376.

In jüngſter Zeit habe ich noch folgendes Unterſcheidungsmerkmal zwiſchen Flachs- und Hanffaſer aufgefunden. Die äuſserſten Zellwandſchichten beider leiſten der Einwirkung von Kupferoxydammoniak gröſseren Widerſtand als die inneren, an die Innenhaut angrenzenden. Während aber hiebei die äuſsere Zellwandſchichte der Flachsbaſtzelle nichts Beſonderes erkennen läſst, werden die correſpondirenden Schichten der Hanfbaſtzelle häufig reichlich quergefaltet. Offenbar erfuhren dieſe Schichten bei der Einwirkung des Kupferoxydammoniaks die gleiche Veränderung wie die Innenhaut. Weder dieſe noch jene quellen ſo ſtark wie die übrige Zellwandmaſſe, namentlich aber vermögen die äuſsere Schichte und die Innenhaut der bei der Quellung der übrigen Zellwandmaſſe ſich einſtellenden Verkürzung in der Richtung der Längsachſe nicht zu folgen und erleiden dabei die genannten charakteriſtiſchen Geſtaltänderungen. Grobe, ſtark verholzte Hanffaſern zeigen dieſes Verhalten beſonders deutlich. (Fig. 6.)

Fig. 7.

Vergröſserung 300. Enden von Hanfbaſtzellen; bei *a* einfach, bei *c* und *d* gabelig. *v* für Poren gehaltene Bildungen. Nach SCHACHT.

Die Enden der Flachs- und Hanfbaſtzellen weichen in der Form häufig von einander ab, indem die der erſteren in der Regel ſpitz, die der letzteren in der Regel ſtumpf bis völlig abgerundet, auch mehr oder minder deutlich gabelig ſind,[1] doch kommen, wie ich mich neuerlich überzeugte, auch Leinenfaſern mit runden, und wie ich früher zeigte, auch Hanffaſern mit ſpitzen Enden vor.[2] Hat man ungemiſchte Hanf-, beziehungsweiſe Flachsproducte vor ſich, ſo läſst ſich der angeführte Unterſchied oft mit Vortheil benützen. In gemiſchten Producten ſind aber alle graduellen Unterſchiede (Dicke, Weite des Lumens, Geſtalt der Innenhaut und Geſtalt der Enden) in der Regel nicht mehr völlig verläſslich, und nur wenn man gabelige Enden, oder, nach Behandlung mit Kupferoxydammoniak, breite quergefaltete Auſsen- und Innenhäute antrifft, ſo kann man auf Anweſenheit von Hanffaſern mit Sicherheit ſchlieſsen.

CRAMER[3] verwirft alle aus den Baſtzellen allein abgeleiteten Unterſcheidungsmerkmale der Leinen- und Hanffaſer und hält die Entſcheidung der Frage, ob Hanf- oder Flachsfaſern vorliegen, nur dann für durchführbar, wenn den zu unterſuchenden Objecten noch Rindenbeſtandtheile des Stengels der Mutterpflanze anhaften.

Geht CRAMER auch zu weit, indem er für alle Fälle die Unterſcheidung der Flachsbaſtzellen von den Hanfbaſtzellen als trüglich erklärt, ſo hat ſeine Arbeit doch den groſsen Werth, einige Kriterien gebührend betont zu haben, welche gerade in den ſchwierigſten Fällen eine Entſcheidung der Frage herbeiführen können, wenn es ſich nämlich um die

---

[1] Vergl. hierüber SCHACHT, l. c. pag. 25. WIESNER, Techniſche Mikroſkopie pag. 110.

[2] Nachträgliche Anmerkung. In der lange nach Abſchluſs dieſer Abhandlung erſchienenen Schrift v. HÖHNEL's ('Mikroſkopie der Faſern', Wien 1887, pag. 38) wird der angeführte Unterſchied gleichfalls betont, aber, wie ich meine, ſchärfer hingeſtellt, als es den thatſächlichen Verhältniſſen entſpricht.

[3] C. CRAMER: Drei gerichtliche mikroſkopiſche Expertiſen, betreffend Textilfaſern. Programm des ſchweizeriſchen Polytechnikums für das Jahr 1881 auf 1882.

Beſtimmung von Objecten handelt, in welchen die daſſelbe zuſammenſetzenden Faſern ſehr ſtark mechaniſch angegriffen ſind.

CRAMER'S Methode kann aber nur zur Prüfung grober Textilobjecte und von Papieren, welche aus ſehr wenig gereinigten Faſern erzeugt wurden, angewendet werden. Handelt es ſich um aus ſehr gut gereinigten Faſern beſtehende Textilien oder derlei Papiere, ſo läſst ſich dieſelbe nicht verwenden; dann kann nur noch die erſtangegebene Methode benützt werden. Freilich bleiben auch Fälle übrig, in welchen weder die eine noch die andere Methode zum Ziele führt, wenn nämlich ſehr wohlgereinigte, aber ſtark demolirte Faſer vorliegt.

CRAMER'S Methode hat mir bei der Prüfung der Faijûmer und anderer Papiere ausgezeichnete Dienſte geleiſtet und iſt überhaupt in den angegebenen Fällen ganz unerſetzlich, weshalb ich dieſelbe hier in Kürze ſkizziren will. [1]

Fig. 8.

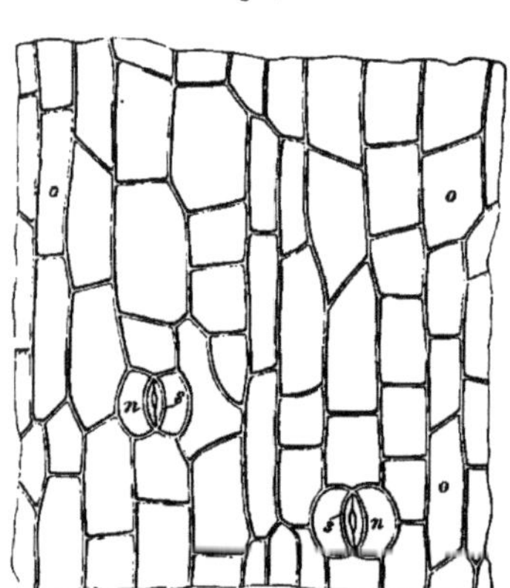

Vergröſserung 300. Oberhaut des Flachsſtengels mit Spaltöffnungen. *s* Schlieſszellen, *n* Nebenzellen der Spaltöffnung. *o* Oberhautzellen.

Fig. 9.

Vergröſserung 300. Oberhaut des Hanfſtengels. *oo* Oberhautzellen, *h* von einem abgefallenen Haar in der Oberhaut zurückgebliebene Lücke; *n* Nebenzellen des Haars.

CRAMER ſtützt die Unterſcheidung von Flachs- und Hanffaſern hauptſächlich auf folgende hiſtologiſche Merkmale des Hanf-, beziehungsweiſe Flachsſtengels. 1. Auf langgeſtreckte, zwiſchen den Baſtzellen des Hanfes auftretende Parenchymzellen, welche mit einem intenſiv rothbraunen Inhalt gefüllt ſind, der kochender Kalilauge und concentrirter Schwefelſäure lange Widerſtand leiſtet. Zellen dieſer Art fehlen dem Flachsſtengel vollſtändig. 2. Auf die Oberhaut, welche am Hanfſtengel ſehr arm, am Flachsſtengel reich an Spaltöffnungen iſt. Die Oberhaut des Hanfſtengels enthält nämlich per Quadratcentimeter durchſchnittlich bloſs 12, die des Flachsſtengels hingegen 3000 Spaltöffnungen. Die Oberhaut des Flachſes iſt frei von Haaren, während die des Hanfes einzellige, kegelförmige, etwas

[1] Ueber einen früheren Verſuch, ‚Nebenbeſtandtheile' zur Identificirung der Faſer des Mumienbindengewebes mit der Leinenfaſer heranzuziehen ſiehe oben pag. 194.

gekrümmte, mit Warzen beſetzte Haare trägt, welche beim Abfallen groſse, in der Oberhaut leicht kenntliche Narben zurücklaſſen. Die Zellen mit rothbraunem Inhalte ſind in gehecheltem Hanf ſtets zu finden, häufig auch in Hanſtuch, Oberhäute hingegen ſind nach Cramer ſelbſt in gebleichten Hanf- und Flachstüchern ſtets zu beobachten.

Ich kann dieſe Angaben im Weſentlichen beſtätigen. Nur muſs ich bemerken, daſs nach eingehenden von mir unternommenen Unterſuchungen in feineren Leinengarnen und Leinengeweben häufig keine Spur mehr von den zur Unterſcheidung herangezogenen Gewebsbeſtandtheilen zu finden iſt. Hingegen laſſen ſich in gröberen Hanf- und Flachsſorten, in gröberen aus dieſen bereiteten Garnen und Geweben die genannten Gewebsbeſtandtheile, namentlich Oberhautfragmente ſtets auffinden; ja noch mehr, ich habe in dieſen Erzeugniſſen oft auch Holzfragmente des Flachs-, beziehungsweiſe Hanfſtengels gefunden, welche mit groſsem Vortheil zur Unterſcheidung benützt werden können, und zwar nicht nur weil die Gefäſse beider von einander ſehr abweichen, ſondern weil die Gefäſse in wohlerhaltenem Zuſtande auftreten, während die Rindenbeſtandtheile (Oberhaut und Rindenparenchym) oft nahezu bis zur Unkenntlichkeit verändert ſind. Von der Oberhaut des Flachsſtengels finde ich in den Leinengeweben häufig nichts mehr als die Cuticula, welche übrigens bei ſehr genauer Prüfung durch die Spaltöffnungsreſte ihre Herkunft zu erkennen gibt. Die Gefäſse des Flachsſtengels haben einen mittleren Durchmeſſer von 0·02, die des Hanfſtengels von 0·05 Millimeter. Die äuſseren Gefäſse ſind in beiden Fällen getüpfelt (bei Flachs mit meiſt einreihigen, bei Hanf mit meiſt mehrreihig angeordneten Hoftüpfeln verſehen, von welchen die erſteren einen Durchmeſſer von circa 0·002, die letzteren von 0·005 Millimeter beſitzen), die inneren, d. i. die an das Mark angrenzenden, ſind ſchraubig verdickt.

Fig. 10.

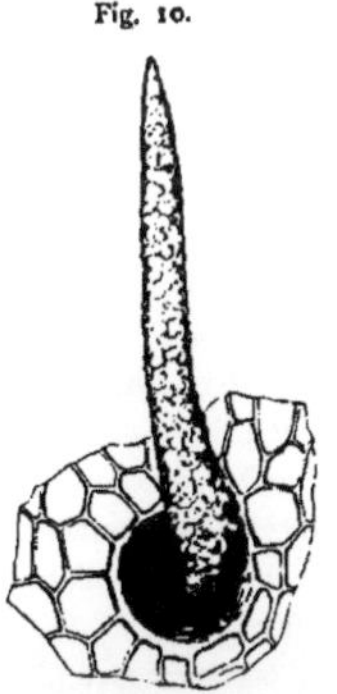

Vergröſserung 300. Haar vom Stengel des Hanfes mit einem Oberhautfragment.

Manche Baſtfaſerproducte ſind hingegen leichter zu erkennen.

So wird man das japaneſiſche Papier (aus den Baſtfaſern des Papiermaulbeerbaumes [*Broussonetia papyrifera*] erzeugt) leicht an den neben den Baſtzellen auftretenden, mit Kryſtallen von oxalſaurem Kalk gefüllten parenchymatiſchen Zellen erkennen können und bezüglich der Beſtimmung völlig ſicher gehen, wenn man auch auf die Form- und Gröſsenverhältniſſe der Baſtzellen, auf die Form und Gröſse der kryſtallführenden Zellen, endlich auf die Form und Gröſse der Kryſtalle ſelbſt Rückſicht nimmt.[1] Auch die Jute iſt leicht zu erkennen, und zwar an der ungleichmäſsigen Wandverdickung, welche ſie freilich gleich ihrer ſtarken Verholzung noch mit mehreren anderen Faſern theilt; allein von dieſen unterſcheidet ſie ſich durch eine unter den aus Baſt dargeſtellten Textilobjecten exceptionelle Homogenität; denn ſelbſt grobe Jutegewebe beſtehen bloſs aus Baſtzellen, ſind alſo frei von Markſtrahlen-, Baſtparenchymzellen und anderen in den meiſten Geſpinſtfaſern auftretenden Nebenbeſtandtheilen.[2] Durch ihre rieſigen Dimenſionen zeichnet ſich die

1 Näheres hierüber ſiehe Wiesner, Rohſtoffe, pag. 459.

2 Ueber die Kennzeichen der Jute ſiehe Wiesner, in ‚Ausland' 1869, pag. 830 ff. Ueber dieſe und ähnliche Faſern: ‚Rohſtoffe,' pag. 393 ff.

‚Chinagras' genannte Faſer (Baſtzellen von *Böhmeria nivea*) und die Ramié-Faſer (von *Böhmeria tenacissima*) von faſt allen übrigen vegetabiliſchen Textilrohſtoffen aus. Die erſtere erreicht die beiſpielloſe Länge von 22 Centimetern, und auch die letztere iſt um ein Mehrfaches länger als die Baſtzellen der übrigen vegetabiliſchen Spinnfaſern. Auch die Dicke dieſer Baſtzelle iſt eine exceptionelle und beträgt im Durchſchitt das drei- bis vierfache der gewöhnlichen Baſtzellen. Freilich gibt es unter den oſtaſiatiſchen Neſſeln auſser den beiden genannten Böhmerien noch einige andere zu textilen Zwecken gebaute Arten, deren Baſtfaſern ſich denen des Chinagraſes und der Ramié nähern. Kämen auch jene für die europäiſche Induſtrie derzeit noch gänzlich bedeutungsloſen Faſern bei einer mikroſkopiſchen Unterſuchung in Betracht, ſo würden ſich bei der Beſtimmung zweiſellos Schwierigkeiten ergeben und es läſst ſich heute aus Mangel an den nöthigen Daten noch gar nicht ſagen, ob die Beſtimmung durchführbar wäre.

Dieſe meine Darlegungen werden wohl zur Genüge gezeigt haben, welche Schwierigkeiten ſich ergeben, wenn Baſtzellen dicotyler Gewächſe auf eine beſtimmte Stammpflanze zurückgeführt werden ſollen. Dieſe Schwierigkeiten ſind häufig unüberſteiglich, wenn nicht durch Feſtſtellung der Provenienz des Objectes oder auf andere Weiſe die Frage, welche durch die mikroſkopiſche Unterſuchung entſchieden werden ſoll, in enge Grenzen gebannt wurde.

4. Baumwolle. Die Baumwolle iſt ein Haargebilde; ſie beſteht bekanntlich aus den Samenhaaren mehrerer Goſſypium-Arten. Da kein anderes vegetabiliſches Haargebilde exiſtirt,[1] welches wie die Baumwolle zu textilen Zwecken und zur Papierbereitung benützt werden kann, ſo läſst ſich dieſe Faſer, zumal in unverletztem Zuſtande, auf das Sicherſte nachweiſen, und zwar ſchon auf Grund jener Merkmale, welche dieſe Faſer als Haargebilde charakteriſiren. Eben ſo leicht und ſicher, wie eine Baſtzelle als ſolche, läſst ſich ein vegetabiliſches Haar als ſolches erkennen. Dort aber treten dem Beobachter, nachdem er die Faſer als Baſtzelle erkannt hat, hunderte von Möglichkeiten entgegen, hier beſtimmt der Claſſenunterſchied allein ſchon die Art der Faſer.

Gewöhnlich begnügt man ſich, eine Faſer als Baumwolle zu erklären, wenn ſie korkzieherartig gedreht iſt, und daraufhin haben THOMSON und BAUER, wie ich oben zeigte, erklärt, daſs die Mumiengewänder nicht aus Baumwolle gewebt worden ſein konnten. Häufig wird als Kennzeichen der Baumwollenfaſer noch Dünnwandigkeit und ſtarke Abplattung angegeben.

Ich habe aber ſchon früher gezeigt, daſs dieſe Kennzeichen nicht als rationell gewählt zu betrachten ſind, da dieſelben mit der Natur der Baumwolle als einem vegetabiliſchen Haar nichts zu thun haben, daſs dieſe Eigenthümlichkeiten auch an Baſtzellen vorkommen können, ja noch mehr, daſs auch die Baumwollenfaſer ganz geradegeſtreckt und ſehr dickwandig ſein kann.[2] Ich muſs aber noch hinzufügen, daſs im Papier auch die Leinenfaſer ſtellenweiſe gedreht erſcheinen kann.

---

[1] Ueber andere vegetabiliſche Haare, welche praktiſch verwendet werden (Wolle der Wollbäume und vegetabiliſche Seide), ſiehe WIESNER, Rohſtoffe, pag. 350 bis 359. Ich habe den dortigen Angaben nur noch hinzuzufügen, daſs keines dieſer Materiale für textile Zwecke ſich bewährt hat und auch alle Verſuche, dieſe viel zu zarten oder allzugebrechlichen Faſern zur Papierbereitung zu verwenden, als vollkommen geſcheitert zu betrachten ſind.

[2] WIESNER, Rohſtoffe, pag. 340.

Die durchgreifendſten und deshalb rationellſten Kennzeichen der Baumwolle ſind in jenen hiſtologiſchen Eigenthümlichkeiten zu ſuchen, durch welche ſie ſich als vegetabiliſches Haar charakteriſirt. Als ſolches hat jede Baumwollenfaſer zwei ungleiche Enden, wie jeder Kegel ein breites und ein ſpitz zulaufendes. Im Weſentlichen iſt auch jedes Baumwollenhaar ein ſtark in die Länge gezogener Kegel, während die Leinenfaſer einer an den beiden Enden zugeſpitzten Walze gleicht. Das flache Ende der Baumwollenfaſer iſt offen, das ſpitze geſchloſſen. Auf dieſe ſo augenfällige, an jeder unverletzten Baumwollenfaſer wahrnehmbaren Eigenſchaft wird bei mikroſkopiſchen Faſerunterſuchungen niemals Rückſicht genommen und doch gibt es kein einfacheres und ſichereres Mittel, um Baumwolle nachzuweiſen, beziehungsweiſe auszuſchlieſsen, als dieſes. Freilich iſt zur Handhabung dieſer Eigenſchaft erforderlich, daſs die Faſer der ganzen Länge nach erhalten iſt.

Fig. 11.

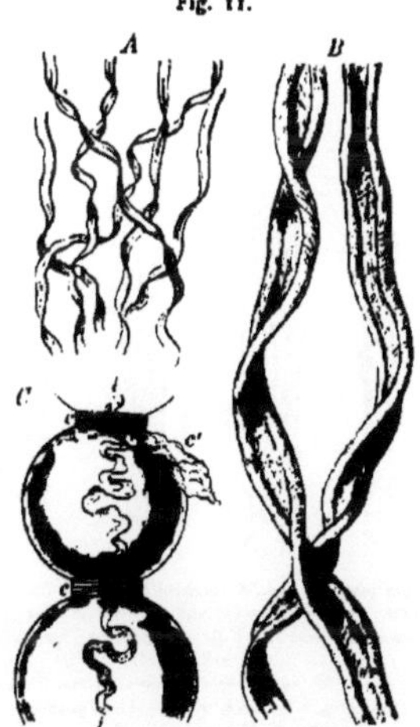

Baumwolle. *A* Vergröſserung 50. *B* und *C* Vergröſserung 400. *C* nach Behandlung mit Kupferoxydammoniak. *c* faltig zuſammengeſchobene, *c'* fetzenförmig abgelöſte Cuticula; *ii* Innenhaut.

Ich will hier gleich bemerken, daſs man auf Grund der jetzt ſchon angeführten Kennzeichen mit Leichtigkeit bei Unterſuchung der Mumiengewandfaſer die Baumwolle ausſchlieſsen kann. Es iſt an dieſen Objecten leicht nachzuweiſen, daſs jede der Länge nach unverletzte Faſer — und ſolche finden ſich ſehr häufig vor — zwei ſpitze Enden beſitzt. Auch in den langfaſerigen Sorten der Faijûmer Papiere kann man durch Nachweis zweiſpitziger Faſern ſofort zeigen, daſs in dieſem Beſchreibſtoffe Baſtfaſern enthalten ſind, und daſs die Annahme, dieſe Papiere würden ganz und gar aus Baumwollenfaſern beſtehen, nicht richtig ſein kann.

Ein anderes nicht minder wichtiges Kennzeichen bildet die **Cuticula**, jenes feine Häutchen, welches die Oberhautgewebe der Pflanzen bedeckt und nur an **Pflanzenfaſern** auftreten kann, welche **Oberhautgebilde** ſind. Es gibt aber auſser den Haaren keine anderen faſerförmigen Oberhautgebilde. Die Cuticula iſt mithin für die Baumwollenfaſer charakteriſtiſch. Sie bildet ein feines Häutchen, welches gekörnelt oder unregelmäſsig ſchraubig geſtrichelt iſt. Wie ich ſchon vor längerer Zeit zeigte,[1] tritt die Cuticula der Baumwolle am ſchärfſten hervor, wenn die Faſer trocken präparirt wird, alſo ohne jede Flüſſigkeit zwiſchen den Präparirgläſern (Objectträger und Deckgläschen) liegt. Aber auch an in Waſſer oder Weingeiſt präparirten Faſern tritt ſie immer, häufig ſehr klar, hervor und nur an der feinſten ‚ſeidigen' Baumwolle erſcheint ſie bei Präparation in Flüſſigkeiten undeutlich. Durch Kupferoxydammoniak läſst ſich die Cuticula von den übrigen Körpern des Haares trennen; ſie wird dann entweder, während die übrige Zellwand ſtark quillt und ſich ſchlieſslich auflöſt, theils in Form von Fetzen abgeworfen, theils an einzelnen Stellen

[1] Techniſche Mikroſkopie, pag. 63.

zusammengeschoben, wobei über diesen Stellen starke blasenförmige Auftreibungen der Fasern entstehen.[1]

Die hier mitgetheilten mikroskopischen Kennzeichen genügen vollauf um die unverletzte Baumwollenfaser von allen anderen Spinn- und Papierfasern zu unterscheiden.[2]

Ein strenges Auseinanderhalten der Bastzellen ist, wie wir gesehen haben, in der Regel mit grossen Schwierigkeiten verbunden, die sich aber noch mehr steigern, wenn die Fasern starken mechanischen Insulten ausgesetzt gewesen sind. Solche mechanisch stark beschädigte Fasern kommen in den Geweben nicht selten, im Papier ganz gewöhnlich vor. Die Baumwollenfaser ist solchen Angriffen gegenüber im Ganzen resistenter; wohl zerreisst sie leichter als Hanf- und Flachsfaser, aber sie erhält beim Zerstampfen, Zerreiben etc. viel länger ihre Textur. So kommt es, dass sie in den Geweben fast immer in wohlerhaltenem Zustande zu finden ist und auch im Papier wohlerhaltener erscheint als die genannten Bastfasern.

Fig. 12.

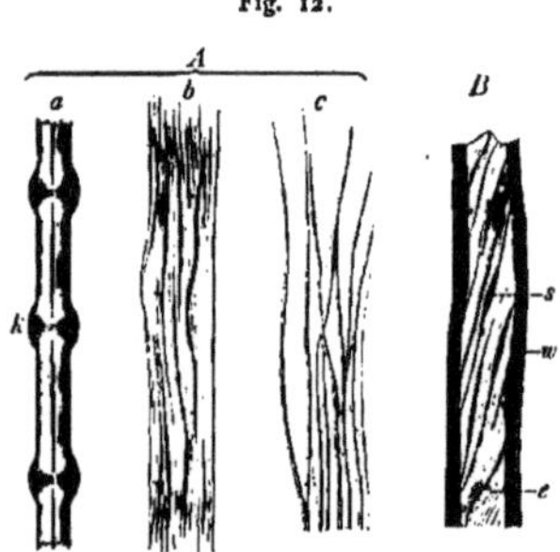

Vergrösserung 300. *A* mechanisch angegriffene Leinenfaser. *a* mit Knoten (*k*) aus gezwirntem Garn; *b* zerklüftetes, *c* zerfasertes Bruchstück einer Leinenbastzelle aus Papier.
B mechanisch angegriffene Baumwollenfaser (Bruchstück). *w* Zellwand, *s* Spalten, *c* Cuticula (Technische Mikroskopie, pag. 221).

Auf die Erscheinungen mechanischer Zerstörung der Fasern ist bei der Untersuchung des Papiers besonders Rücksicht zu nehmen und die Ausserachtlassung dieses Theiles der Papierprüfung ist die Hauptursache der unsicheren und fehlerhaften Resultate, zu denen viele Beobachter gelangten.

Ich habe auf diesen Gegenstand zuerst die Aufmerksamkeit gelenkt und versuchte in der ‚technischen Mikroskopie' (pag. 220 ff.) die wichtigsten Zerstörungserscheinungen der Flachs-, Hanf- und Baumwollfasern zusammenzufassen. Ich habe schon damals darauf aufmerksam gemacht, dass die Wand der Baumwollfasern oft selbst nach sehr heftigen mechanischen Angriffen ihre Textur behält, und in Stücke zerfallen, doch noch den doppelten Contour der Zellwand zu erkennen gibt, dabei allerdings von schiefen, also schraubig verlaufenden Klüften und Sprüngen durchsetzt ist, welche, reichlich auftretend, ihr ein schraubig-gestreiftes Aussehen verleihen.[3] Hingegen zeigte ich, dass die Lein- und Hanfbastzellen bei selbst nur geringen mechanischen Angriffen der Länge nach so reichlich zerklüftet werden, dass sie ein paralellstreifiges Aussehen erhalten und bei weiteren Insulten zerfasert erscheinen. Der relativ sprödere Charakter der Hanfbastzelle gibt sich in der relativen Kürze der Spaltfaser zu erkennen. Doch sind diese Unterschiede zwischen der zerfaserten Hanf- und Flachsbastzelle nur graduelle.

---

[1] Technische Mikroskopie, pag. 63, Rohstoffe, 341 ff.

[2] Durch welche morphologischen Eigenthümlichkeiten die verschiedenen Arten der Baumwolle sich charakterisiren lassen, habe ich in den ‚Rohstoffen' (pag. 335 bis 345) darzulegen versucht. Eine so weitgehende Unterscheidung liegt nicht im Plane dieser Abhandlung, weshalb ich auf diesen Gegenstand hier nicht weiter eingehe.

[3] Siehe Technische Mikroskopie, Fig. 120B auf pag. 220.

Auch auf das Knotigwerden der Leinenfaſer in Folge mechaniſchen Angriffes habe ich damals ſchon aufmerkſam gemacht. Die Knoten werden an jenen Stellen der Faſern gebildet, an welchen der Zuſammenhang der Theilchen am geringſten iſt und die ſich Anfangs als ſehr ſchmale, mehr oder minder genau querverlaufende Streiſen der Zellwand zu erkennen geben. SCHACHT und ich haben dieſe Streifen früher für Porencanäle erklärt. Die Sache iſt indeſs verwickelter, als es auf den erſten Blick ſcheint. Als quere ſchmale Bänder erſcheinen an der natürlichen Baſtzelle häufig die Reſte von Querwänden der den Baſtzellen anhaftenden Baſtparenchymzellen. Drückt oder dreht man die Faſer, ſo erſcheinen ſodann mehr oder minder zahlreiche, zarte, quere Streiſen und Linien, oder bei ſtärkerem mechaniſchem Angriff die früher genannten Knoten, welche durch Querfaltung oder Einknickung der Verdickungsſchichten der Zellwand entſtehen. Die Knoten ſind gewiſs ein Kunſtproduct, ob aber alle Querlinien (Streifen) erſt künſtlich entſtanden ſind, oder ob nicht auch in Folge von Spannungsverhältniſſen ſchon in der lebenden Pflanze einzelne dieſer Streiſen entſtehen können, oder alle entſtehen, bleibt dahingeſtellt.[1]

Fig. 13.

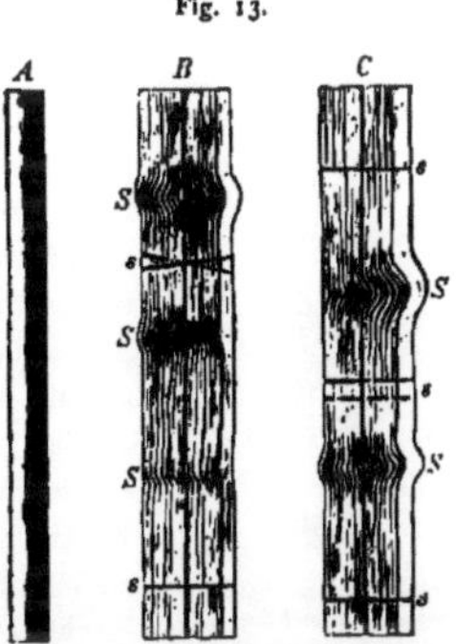

A 200-mal, *B*, *C* 400-mal vergröſsert. Bruchſtücke von Leinenfaſern. *A* in völlig unverletztem Zuſtande. *B* und *C* mechaniſch angegriffen. *ss* ‚Streifen', *SS* ‚Knoten'.

In keinem Falle ſind alſo die Knoten als natürliche Eigenthümlichkeiten der Baſtzellen zu betrachten, auch kommen ſie nicht nur bei der Leinen-, ſondern auch bei der Hanffaſer und zahlreichen anderen Baſtzellen vor; dieſelben können ſomit nicht als Charakteriſtika der Leinenfaſer angeſehen werden, wie FR. BAUER meinte.

Um die Faſern der Faijûmer Papiere mit möglichſter Sicherheit beſtimmen zu können, habe ich die Zerſtörungserſcheinungen der Flachs- und Hanfbaſtzelle, ferner der Baumwollenfaſer einer neuerlichen eingehenden Prüfung unterzogen.

Ich fand zunächſt, daſs bei nicht zu heftigem mechaniſchen Angriff die Baumwollenfaſer faſt gar nicht verändert wird, während die beiden genannten Baſtzellenarten unter den gleichen Verhältniſſen ſchon ſehr beträchtliche Alterationen erfahren. Wenn man z. B. bündelweiſe zuſammengefaſste Baumwollenfaſern dreht, alſo einer Procedur unterwirſt, wie eine ſolche beim Spinnen und namentlich beim Zwirnen vorkommt, ſo erſcheinen die Faſern ziemlich unverändert, während an in gleicher Weiſe behandelten Leinenbaſtzellen ſchon zahlreiche ‚Streifen' und ſtellenweiſe auch ſchon Knoten auftreten. Aehnlich ſo verhält ſich auch die Hanfbaſtzelle. Schon bei mäſsigem Druck erſcheinen an der Flachs- und Hanfbaſtzelle zahlreiche Querlinien (Streiſen), während die Baumwolle unter gleichen Verhältniſſen noch keine merkliche Veränderung zu erkennen gibt.

---

[1] Nachträgliche Anmerkung. v. HÖHNEL hat in ſeiner oben genannten Schrift (pag. 10) dieſe Streiſen als ‚Verſchiebungen der Zellwand' beſchrieben und iſt der Meinung, daſs dieſelben ſtets ſchon in der lebenden Pflanze durch ungleichmäſsigen Gewebedruck entſtanden ſind. v. HÖHNEL hat dieſe Verſchiebungen auch für andere Baſtzellen angegeben in PRINGSHEIM's Jahrbüchern für wiſſenſchaftliche Botanik, Bd. XV, pag. 311.

Ferner fand ich, daſs beim Vermahlen die Baumwollenfaſer einer in gleicher Weiſe behandelten Leinenfaſer in der äuſseren Erſcheinung oft ſo nahe kommt, daſs ein mit den morphologiſchen Verhältniſſen der natürlichen und der mechaniſch angegriffenen Faſer nicht genau vertrauter Beobachter dadurch zu groben Verwechslungen verleitet werden kann. Dennoch läſst ſich ſelbſt die ſtark vermahlene Baumwollenfaſer von einer in gleicher Weiſe mechaniſch angegriffenen Baſtzelle des Flachſes und Hanſes in der Regel noch ſicher unterſcheiden. Hingegen gelingt es nur ſelten, die Leinenfaſer von der Hanffaſer im zerſtampften oder vermahlenen Zuſtande mit voller Sicherheit zu unterſcheiden. Dies gelingt nur dann, wenn die obenerwähnten Nebenbeſtandtheile der Hanf- und Flachsfaſer (Oberhäute etc.) noch vorhanden oder die Innenhäute noch wohlerhalten ſind und dann noch durch Goldchlorid nachgewieſen werden können, in welchem Reagens dieſe Zellhauttheile nach 12 bis 24 Stunden eine tief rothviolette Farbe annehmen, oder endlich wenn gabelige Faſerenden nachweislich ſind, in welchem Falle auf die Anweſenheit von Hanffaſern geſchloſſen werden darf.

Fig. 14.

Vergröſserung 300. Fragment einer mechaniſch (durch Vermahlung) ſtark angegriffenen, in Folge der ſchraubigen Windung baumwollenartig ausſehenden Leinenfaſer. s ‚Knoten', a äuſsere dichtere Wandpartie.

Wird Baumwolle mit Waſſer im Eiſenmörſer mit ſchwerem Piſtill geſtampft, ſo wird ſie wohl zerſtückt, aber im übrigen bleibt die Wand wohl erhalten: Auſsen- und Innenwand der Zellhaut ſind beinahe an allen Stellen ſcharf zu ſehen. Die Wand erſcheint faſt überall ſchief geſtreift. In der Reibſchale nach Befeuchtung mit Waſſer zerrieben (vermahlen) zerfällt ſie in kleine Stücke, aber auch hier bleibt die Wand im übrigen gut erhalten, ſo daſs man den äuſseren und inneren Contour der Zellhaut meiſt deutlich ſehen kann. Doch iſt die Wand ſehr ſtark aufgelockert, vielfach zerklüftet, meiſt ſchief, hin und wieder nahezu parallel zur Zellaxe geſtreift, ſo daſs ſie im letzteren Falle den Eindruck einer zerſtampften oder vermahlenen Baſtzelle des Leines oder Hanfes macht. Doch wird man bei aufmerkſamer Beobachtung an dem am beſten durch Kupferoxydammoniak feſtzuſtellenden Vorhandenſein der Cuticula, dem doppelten Wandcontour, die Faſer ſicher beſtimmen können, beſonders wenn man jedes Faſerfragment ſeiner ganzen Länge nach verfolgt, in welchem Falle man wohl ſtets Stellen finden wird, welche die wahre Natur der Faſer zu erkennen geben. Die zerſtampfte oder vermahlene Baumwollenfaſer iſt viel breiter als die intact gebliebene. Die zum Verſuche verwendete Baumwollenfaſer hatte eine natürliche (maximale) Breite von 0·019 bis 0·027 Millimeter; in vermahlenem Zuſtande ſteigt die (maximale) Faſerbreite auf 0·029 bis 0·049 Millimeter.

Wird die Leinen- oder Hanffaſer geſtampft, ſo bietet ſie ein im Weſentlichen ganz anderes Bild dar, als die in analoger Weiſe behandelte Baumwollenfaſer. Sehr bald nach dem Beginne des Stampfens wird die Faſer der Länge nach geſtreift, indem die Verdickungsſchichten der Zellwand auseinanderbrechen, und an Stelle der ſich bei dieſer Procedur ſehr frühzeitig einſtellenden ‚Streifen' kommen Knoten zum Vorſchein. Der (maximale) Durchmeſſer der Faſern — im normalen Zuſtande in der Regel bei Flachs nicht über 0·026, bei Hanf nicht über 0·028 hinausgehend — ſteigert ſich in der zerſtampften Faſer häufig bis 0·06 Millimeter. Die Innenhaut löſt ſich als hin- und hergewundener Schlauch von den benachbarten Verdickungsschichten ab und ist namentlich nach Einwirkung von Goldchloridlösung leicht anschaulich zu machen. Bei weiter fortgesetztem Stampfen lösen sich mehr minder lange Streifen, welche im Mikroskop meist als feine Fasern erscheinen, von den Bastzellen los, besonders an den durch Bruch entstandenen Enden.

Auch beim Vermahlen (Zerreiben) der Leinen- oder Hanffaser ergeben sich dieselben Erscheinungen, nur mit der Abänderung, dass viele Fasern um ihre Axe gedreht erscheinen, wobei sie nicht nur das äussere Ansehen der gewöhnlichen Baumwollenfasern erhalten, sondern der letzteren auch darin gleichen, dass sie schief gestreift erscheinen. Der Durchmesser der Leinen- und Bastzelle steigert sich noch vor Eintritt des Zerfalles bis auf 0·08 Millimeter, was etwa das Fünffache des mittleren Durchmessers der natürlichen Faser beträgt.

Ich will bei dieser Gelegenheit noch auf ein Mittel hinweisen, durch welches man Leinen- und Hanffasern einerseits und Baumwolle anderseits selbst in gestampftem oder vermahlenem Zustande leicht und rasch unterscheiden kann, wenn nur mit der nöthigen Aufmerksamkeit vorgegangen wird.

Wenn man nämlich jenes Reagens, welches wir Pflanzenanatomen gewöhnlich kurzweg als ‚Chromsäure' bezeichnen,[1] das aber im Wesentlichen ein Gemenge von verdünnter Chromsäure und Schwefelsäure ist, auf Leinenfasern einwirken lässt, so führt schon nach wenigen Secunden leichter Druck oder Verschiebung des Deckgläschens zu einem charakteristischen Zerfall der Fasern in quer abgeschnitten erscheinende Stücke. Es macht etwa den Eindruck, wie wenn man einen Baumstamm durch die Säge in Klötze zerlegt hätte. Ganz so verhält sich auch die Hanfbastzelle und wahrscheinlich noch viele andere Bastzellen. Hingegen wird die Baumwollenfaser im Beginne der Chromsäurewirkung in unregelmässig begrenzte, zumeist zerfasert aussehende Stücke und fast augenblicklich darauf in eine Unmasse kleine Splitter zerfällt.

In jenen oben angeführten Fällen, in welchen die Fasern durch Stampfen oder Mahlen stark der Länge nach zerklüftet wurden, kann man sich dieses Mittels mit Vortheil bedienen. Solange die Fasern noch zu einem Körper verbunden sind, zeigen sie, wenn auch noch so sehr zerklüftet, doch das angegebene Verhalten.

Durch fortgesetzte Einwirkung von Chromsäure zerfällt jede vegetabilische Faser schliesslich in kleine Elementarkörperchen, in die von mir entdeckten Dermatosomen.[2]

Desgleichen erfolgt nach sehr lange andauerndem Vermahlen der Faser schliesslich ein Zerfall in kleinste Zellhautkörperchen.

Dass ein innerer Zusammenhang zwischen den durch mechanischen Angriff an der Leinen- und Hanfbastzelle entstehenden queren ‚Streifen' und den durch Chromsäurewirkung erfolgenden queren Spaltflächen besteht, soll hier nur kurz angedeutet sein.

5. Briquet's und Caruel's mikroskopische Untersuchung alter Papiere.

Wie schon oben erwähnt, gelangte Briquet durch mikroskopische Prüfung von Papieren, welche aus dem XI. bis XIV. Jahrhunderte stammten, zu dem Resultate, dass

[1] Ueber dieses Reagens siehe Wiesner, Technische Mikroskopie, pag. 38.

[2] ‚Untersuchungen über die Organisation der vegetabilischen Zellwand' in den Sitzungsberichten der kaiserl. Akademie der Wissenschaften, Bd. 93, 1885.

es keine Baumwollenpapiere gegeben habe und die unterfuchten Papiere fich im Wefentlichen aus Leinen- oder Hanffafern zufammengefetzt erwiefen.

Dagegen fprach fich PAOLI in einer gleichfalls fchon erwähnten Schrift gegen BRIQUET aus, indem er fich auf eine mikrofkopifche, von CARUEL in Gemeinfchaft mit MORI unternommene Prüfung von Papieren aus dem XII. bis XIV. Jahrhunderte beruft. Diefe Prüfung foll gelehrt haben, dafs alle diefe Papiere aus Baumwolle bereitet worden wären.

Die hiftologifchen Argumente, welche von den genannten Forfchern zur Entfcheidung der Frage herangezogen wurden, ftimmen im Wefentlichen überein; es find dies: cylindrifche Geftalt und Geradftreckung der Leinenfafer und abgeplattete und gedrehte Form der Baumwollenzelle, Eigenthümlichkeiten, welche zur Unterfcheidung von Papierfafern, wie ich genugfam gezeigt habe, nicht ausreichen. Die fo wichtige Cuticula, das Verhalten der Innenhäute, ferner die nicht minder wichtigen Zerftörungserfcheinungen der Papierfafer, die fogenannten Nebenbeftandtheile etc. werden nicht berückfichtigt.

Nachträgliche Anmerkung. Das vorliegende Capitel wurde im Mai des Jahres 1886 beendigt. Im darauffolgenden December erhielt ich von Herrn BRIQUET deffen nach Erfcheinen meiner Mittheilungen über die Faijûmer Papiere (Juni 1886) herausgegebene ausführliche Schrift: ‚Recherches sur le premiers papiers employés en Occident et en Orient du Xe au XIVe siècle‘.[1]

Meine Refultate über die Faijûmer und Ufchmûneiner Papiere aus dem VIII. und IX. Jahrhunderte waren Herrn BRIQUET bei der Niederfchrift feiner Brofchüre unbekannt.

Da BRIQUET in diefer neuen Schrift die bei Prüfung der Papiere verwendeten mikrofkopifchen Unterfchiede zwifchen Leinenfafern, Hanffafern und Baumwolle eingehender als in feiner Abhandlung ‚La légende paleographique etc.‘ befchreibt, fo fchalte ich hier eine Kritik feiner hiftologifchen Argumente ein.

Um möglichft objectiv vorzugehen, will ich meine Kritik feinen eigenen Worten folgen laffen. Was über die mikrofkopifche Unterfcheidung in feinem Werke gefagt wurde, lautet:

l. c. p. 45 ff.: ‚Des 1828, les études entreprises par HEILMANN[2] avaient donné la possibilité de distinguer, à l'aide de cet instrument (Mikrofkop), les fibres de coton de celles de chanvre et de lin. Depuis cette époche les progrès de la micrographie, et en particulier l'emploi de la lumière polarisée, ont fait connaître de nouveaux traits distinctifs entre ces différentes fibres.

Les fibres de coton, vues sous un fort grossissement, affectent la forme de rubans aplatis dont les bords se terminent en bourrelets brillants, très étroits; elles sont habituellement longues et tordues en spirales; leurs extrémités sont, non pas pointues, mais larges et arrondies.

Les fibres de chanvre ou de lin se manifestent sous la forme de petits cylindres généralement cannelés, striés ou fissurés dans le sens de la longueur, avec des renflements fréquents ou de nodosités qui leur donnent l'apparence du bambou.

Avec la lumière polarisée et à l'aide d'un grossissement linéaire de 120 à 150, on distingue plus facilement encore le coton du chanvre et du lin. Le coton apparaît

---

[1] Paris 1886. Extrait des Mémoires de la Société national des Antiquaires de France, tome XLVI.

[2] Voyez Bulletin de la Société industrielle de Mulhouse, tome I, pag. 5.

comme un étroit ruban plissé et brille d'un vif éclat. On ne voit à sa surface ni striés longitudinales, ni cloisons transversales. Les fibres de lin ou de chanvre brillent aussi dans le champ visuel du microscope, mais avec moins d'éclat. Leur aspect n'est pas rubané et leur forme cylindrique est ordinairement reconnaissable, sauf pour les papiers dont l'état de conservation laisse beaucoup à désirer; cependant, même dans ceux-là, et quel que soit leur âge, les fibres offrent toujours de légères stries longitudinales, inégales et irrégulièrement espacées, puis, de distance en distance, elles ont des traits rectilignes qui traversent obliquement tout la largueur du cylindre. Ces traits obliques sont des restes des cloisons cellulaires; ils se croisent d'ordinaire deux par deux, sous forme de chevalets. Ces sortes des chevalets ou de croix se reconnaissent malgré les teintes vives et variées que ce mode d'éclairage donne aux fibres.'

L. c. p. 51: ‚Il est malaisé de distinguer au microscope les fibres de lin de celles de chanvre; elles ne diffèrent guère entre elles que par les dimensions plus faibles des premières; aussi n'avons-nous pas attaché à cette distinction une grande importance, tant il est vraisemblable que les chiffons de lin auront été habituellement mêlés, sous tout les climats, en proportions variables, à ceux de chanvre . . . . . '

An der Hand der hier von BRIQUET angegebenen Kennzeichen wird man wohl im Stande ſein, wohlerhaltene Baumwolle von wohlerhaltenen Leinen- und Hanffaſern im groſsen Ganzen gut zu unterſcheiden. Etwas zerſtückte, gerade und dabei ſtark verdickte Baumwollenfaſern (ſ. oben pag. 210) würden aber auf Grund dieſer Kennzeichen wahrſcheinlich für Baſtzellen erklärt werden. Wenn nun aber die Baumwolle und die Leinenfaſern im vermahlenen oder geſtampften Zuſtande vorliegen, ſo reichen die von BRIQUET angegebenen Kriterien nicht mehr aus, denn dann ergeben ſich, wenn nicht auf die von mir angeführten Kennzeichen Rückſicht genommen wird, keine durchgreifenden Unterſchiede und auch mit dem polariſirten Lichte iſt dann nichts anzufangen, weil die Helligkeit des Aufleuchtens im dunklen Geſichtsfelde des Polariſationsmikroſkops ein ziemlich gleiches iſt, wenn die Faſern im mechaniſch ſtark angegriffenen Zuſtande unterſucht werden, und das iſt ja gerade bei der mikroſkopiſchen Papierprüfung der Fall.

Die Beſchreibung der Leinen-, beziehungsweiſe der Hanffaſern iſt bei BRIQUET mehrfach unrichtig, beſonders zeigt ſeine Annahme von ‚cloisons cellulaires', welche die Baſtzellen durchqueren ſollen, daſs der Autor in der Hiſtologie der Pflanzen nicht bewandert iſt. Die Baſtzelle iſt ja, wie der Name ſchon ſagt, eine einzelne Zelle, ſie kann alſo keine Scheidewände haben. Was BRIQUET als ‚cloisons cellulaires' bezeichnet, ſind entweder die oben genannten ‚Streiſen', oder die an deren Stelle ſich bildenden Knoten, vielleicht auch die Reſte anhaftender Baſtparenchymzellen. Da BRIQUET ſeine Objecte bei ſehr ſchwachen Vergröſserungen vornahm, ſo iſt wohl anzunehmen, daſs das, was er als ‚cloisons cellulaires' bezeichnet, hiſtologiſch ſehr Heterogenes geweſen ſei.

Eine ernſtliche Unterſcheidung der Leinen- von den Hanffaſern wird von BRIQUET nicht verſucht, ſondern blos angegeben, daſs dieſelbe ſchwierig ſei und ſich nur auf den Gröſsenunterſchied der Querſchnitte ſtütze. Nun habe ich aber gezeigt, daſs dieſes Unterſcheidungsmerkmal bei Prüfung der Papiere und überhaupt, wenn es ſich um die Unterſcheidung mechaniſch ſtark angegriffener Baſtfaſern handelt, gänzlich in Stich läſst, und daſs ganz andere morphologiſche Eigenthümlichkeiten zur Feſtſtellung der Faſerqualität herangezogen werden müſſen, die aber doch nur bis zu einer beſtimmten Grenze anwendbar find, fo dafs doch Fälle genug übrig bleiben, in welchen nicht entfchieden werden kann, ob Leinen- oder ob Hanffafer vorliegt.

Trotz diefer ganz unzureichenden Unterfcheidung zwifchen den genannten Fafern wird in den Tabellen der BRIQUET'fchen Abhandlung, welche die Refultate der Papierunterfuchung im Einzelnen enthalten, doch ohne Vorbehalt angegeben, ob das betreffende Mufter Leinen- oder Hanffafer enthielt. Dafs vollends bezüglich vieler Papiere angegeben ift, fie feien Gemenge von Leinen- und Hanffafern, läfst — gelinde gefagt — die Verläfslichkeit feiner mikrofkopifchen Befunde wohl fehr zweifelhaft erfcheinen.

Dafs BRIQUET mit fo grofser Sicherheit in allen alten Papieren Leinen-, beziehungsweife Hanffafern aufgefunden zu haben glaubt, und dafs bei der Mangelhaftigkeit der von ihm in Anwendung gebrachten Kriterien in ihm kaum der Zweifel auftaucht, ob die von ihm gefehenen Fafern nicht doch Baumwolle gewefen feien, hat offenbar feinen Grund darin, dafs er zum Vergleiche fich ftets intacter Baumwolle bedient haben mufste. Diefe leuchtet thatfächlich zwifchen den gekreuzten Nicols des Polarifationsmikrofkopes im Vergleiche zu intacten Hanf- oder Leinenfafern intenfiver auf. Hätte BRIQUET aber, wie es für die Zwecke der Papierunterfuchung nothwendig erfcheint, geftampfte oder gemahlene Baumwolle zum Vergleiche gewählt, fo würde er gewifs das Bedürfnifs gefühlt haben, neue und fchärfere Kriterien als die von ihm gewählten ausfindig zu machen.

Möge mir Herr BRIQUET verzeihen, wenn ich feinen hiftologifchen Unterfuchungen mit einer fo fcharfen Kritik entgegentrete, welche vielleicht im Hinblick auf den Umftand, dafs wir in einem der wichtigften Endrefultate übereinftimmen, nicht berechtigt erfcheint. Indem ich aber kritifch vorgehe, fetze ich den Werth der im hiftorifchen Theile feiner Unterfuchungen enthaltenen Refultate keineswegs herab und verfahre im Grunde genommen fo wie er: auch er hat das, was ihm an gefchichtlichen Forfchungsergebniffen unrichtig erfchien, angefochten und Vieles mit voller Berechtigung befeitigt. Wie BRIQUET aus feinen gewifs tiefen hiftorifchen Forfchungen die Berechtigung zur Kritik der gefchichtlichen, die alten Papiere betreffenden Unterfuchungen fchöpft, fo fühle ich mich als Naturforfcher ebenfo berechtigt wie verpflichtet, an die mangelhaften, die materielle Unterfuchung des Papiers betreffenden Veröffentlichungen die kritifche Sonde anzulegen. Es ift eben unerläfslich, hier wie dort Kritik zu üben: fonft ift eine endgiltige Löfung der fo verwickelten und fich fo lange hinfchleppenden Frage über das Wefen der alten Papiere nicht herbeizuführen.

Drittes Capitel.

Prüfung der Leimung des Papiers.

Welche Wichtigkeit die Kenntnifs der Leimung für die Beurtheilung des Papiers befitzt, ift fchon oben (pag. 180) dargelegt worden.

Technifcherfeits hat man auf diefen Gegenftand auch ftets das gebührende Gewicht gelegt. Hingegen würdigten die Paläographen die Bedeutung der aus der Leimung des

Papiers fich ergebenden Kennzeichen des Papiers nicht genügend, und nur Herr BRIQUET fchlug auch in diefer Beziehung den richtigen Weg ein. Er zeigte nämlich, dafs jene alten Papiere, welche man bisher irrthümlich als Baumwollenpapiere anfah, fich von den fpäteren nicht durch die Qualität der Fafer, fondern hauptfächlich durch die Leimung unterfcheiden.[1]

Die von den Technologen angewendeten, zur Beftimmung des Leimungsmateriales dienenden Methoden beftehen in der gewöhnlichen qualitativen und quantitativen Beftimmung der zur Leimung verwendeten Subftanzen und können, wenn von der durch Jodlöfung fo leicht zu erkennenden Stärke abgefehen wird, felbftverftändlich nur angewendet werden, wenn gröfsere Papierquantitäten zur Dispofition ftehen. Dies ift aber bei Unterfuchung alter Papiere gewöhnlich nicht der Fall, hier mufs mit Stücken von einigen Quadratcentimetern Fläche, oft noch mit kleineren Fragmenten das Auslangen getroffen werden. Es ift alfo nothwendig, einen Weg zu finden, um auch mit fo wenig Materiale eine fichere Entfcheidung herbeizuführen.

Offenbar mufste BRIQUET folche Methoden anwenden, denn ihm ftanden aus den alten Archiven gewifs nur kleine Papierproben zur Verfügung. Leider hat er die wichtige Frage, wie er Traganth, Harz und Leim nachwies, nicht mit einem Worte berührt.[2]

Ich will nun zeigen, wie man durch einige Reagentien im Stande ift, an jedem Stückchen Papier Farbenreactionen hervorzurufen, welche in der Regel einen ficheren Schlufs auf das Leimungsmateriale geftatten, felbftverftändlich vorausgefetzt, dafs es noch in genügender Menge und in unzerfetztem Zuftande vorhanden ift. Ich werde genau angeben, in welchen Fällen die von mir angegebenen Reactionen fich nicht als verläfslich erweifen, und ich hoffe zeigen zu können, dafs die auf Grund meiner Methode gewonnenen Refultate die Frage über die Leimungsmaterialien der alten Papiere — über die der neuen Papiere find wir ja ohnehin genügend unterrichtet — vollftändig löfen.

Zum Nachweife des thierifchen Leimes im Papiere bediene ich mich feit Jahren[3] des bekannten Reactivs auf Eiweifskörper, nämlich des MILLON'fchen Reagens (falpeterfaures Queckfilber).

Es ift aber nothwendig, mit befonderer Vorficht diefes Reagens anzuwenden, um nicht durch dasfelbe irregeleitet zu werden. Da über den Nachweis des Leimes im Papiere aufser meiner kurzen Notiz in der ‚Technifchen Mikrofkopie' und in den ‚Mittheilungen aus der Sammlung der Papyrus Erzherzog Rainer' nichts bekannt ift, der Gegenftand aber doch bei Unterfuchung der Papiere eine grofse Wichtigkeit hat, fo will ich an diefer Stelle meine Erfahrungen mittheilen.

---

[1] Recherches sur les prem. pap. Paris 1886, pag. 41.

[2] BRIQUET (l. c., pag. 41 ff.) bringt zahlreiche Daten über Leimung alter Papiere. Die älteften der von ihm in diefer Beziehung geprüften Papiere ftammen aus dem XI. Jahrhundert; diefelben follen zum Theile mit Traganth, zum Theile mit Harz geleimt fein. Papiere aus dem XII. Jahrhundert fand er theils mit Harz, theils mit Gelatin (Leim), Papiere aus dem XIII. Jahrhundert aufserdem mit Leim und einem Gemenge von Leim und Traganth geleimt. Im XIV. Jahrhundert erfcheinen nach feiner Angabe Harz, Leim und eine Mengung von Harz und Leim, im XV. Jahrhundert Harz und Leim und im XVI. Jahrhundert nur mehr Gelatin als Leimungsmaffe. Inwieweit diefe Angaben richtig find, wird fpäter gezeigt werden.

[3] Siehe hierüber WIESNER, Technifche Mikrofkopie 1867. pag. 232.

Wenn ich irgend eine Probe käuflichen Leimes, z. B. gemeinen Tiſchlerleim oder feinſte, völlig farbloſe Gelatine mit dem MILLON'ſchen Reagens befeuchte, ſo tritt ſchon in der Kälte eine roſen- bis ziegelrothe Färbung auf, raſcher und intenſiver, wenn ich ſchwach erwärme. Chemiſch reine Leimſubſtanz, die aber im Handel nicht erſcheint und ſelbſtverſtändlich in früherer Zeit gar nicht erſcheinen konnte, zeigt allerdings dieſe Reaction nicht, was aber praktiſch gar nicht in Betracht kommt.

Die Rothfärbung durch das MILLON'ſche Reagens wird gewöhnlich als eine Reaction auf Eiweiſskörper angeſehen, dies iſt aber nur bedingt richtig. Das MILLON'ſche Reagens zeigt nämlich blos einfach hydroxylirte aromatiſche Gruppen an, die im Eiweiſs niemals fehlen, die aus den Eiweiſsſubſtanzen in den käuflichen Leim übergehen, die aber auch unabhängig von den Eiweiſskörpern auftreten können.

Es iſt alſo, wenn aus dem Zutreffen der MILLON'ſchen Reaction auf Leim geſchloſſen werden ſoll, erforderlich, zu zeigen, daſs weder Eiweiſsſubſtanzen, noch einfach hydroxylirte aromatiſche Körper vorhanden ſind. Eiweiſs wird, wenn von den ſogenannten Eiweiſspapieren der Photographen abgeſehen wird, in den Papieren nie als Zuſatz zu finden ſein, hingegen kommen Eiweiſsſubſtanzen in Form von kleinen Protoplasmareſten im Innern der Papierfaſer vor, während der bei der Papierbereitung zugeſetzte Leim an und zwiſchen den Papierfaſern ſich vorfinden wird.

Von einfach hydroxylirten aromatiſchen Körpern iſt bei der Papierunterſuchung nur auf einen Rückſicht zu nehmen, nämlich auf das Vanillin, welches einen weſentlichen Beſtandtheil aller verholzten Membranen bildet, alſo vornehmlich in den aus Holz erzeugten Papieren anzutreffen ſein wird (vergl. oben pag. 200). Die verholzten Membranen geben nun in Folge deſſen wohl auch die MILLON'ſche Reaction, allein ſie zeigen auch die den Eiweiſskörpern und dem Leim fehlende Reaction mit ſchwefelſaurem Anilin und Phloroglucin (ſiehe oben pag. 200). Es iſt mithin in dieſer Hinſicht leicht, jeden Zweifel auszuſchlieſsen.

Tritt alſo die MILLON'ſche Reaction im Papiere auf und rührt dieſelbe von auſserhalb der Papierfaſern auftretenden Stoffen her, ſo wird man auf Leimung des Papiers mit [illegible] Leim zu ſchlieſsen haben.[1]

Die MILLON'ſche Reaction ſetzt ein wohl bereitetes Reagens voraus, ſonſt ſchlägt ſie gewöhnlich fehl. Es dürfte deshalb angezeigt ſein, an dieſer Stelle die regelrechte Bereitung des MILLON'ſchen Reagens anzugeben. Ein gewogenes Quantum von Queckſilber wird mit der gleichen Gewichtsmenge von rauchender Salpeterſäure verſetzt, einige Stunden ſtehen gelaſſen, darauf wird die Flüſſigkeit mit dem gleichen Volum deſtillirten Waſſers gemengt und zwölf Stunden ſtehen gelaſſen, endlich filtrirt. Das ſo bereitete Reagens behält ſeine Wirkſamkeit durch zwei bis vier Wochen.

Nachweiſung des Traganths als Leimungsſubſtanz. Der Traganth iſt bekanntlich eine in Waſſer ſtark quellende, aber nur wenig lösliche Gummiart. Wenn kleine Papierquantitäten vorliegen, ſo wird man am zweckmäſsigſten in folgender Weiſe vorzugehen haben, um dieſe Subſtanz nachzuweiſen.

---

[1] Nur wenn ſich groſse Mengen von Stärkekleiſter im Papier vorfinden, iſt es nicht unmöglich, daſs nebenher, und zwar auſserhalb der Zellen, Eiweiſskörper in Form von Kleber auftreten, welcher in ſchlechten Stärkeſorten in kleiner Menge die Amylumkörnchen begleitet. Ein aufmerkſamer Beobachter wird ſofort erkennen, daſs die MILLON'ſche Reaction in dieſem Falle nicht auf Leim deutet.

Das zu prüfende Papier wird in der Eprouvette mit einigen Tropfen einer concentrirten Orcinlöfung (oder einem kleinen Kryftall von Orcin) verfehen, hierauf Salzfäure im Ueberfchufs zugefügt und gekocht. Ift irgend eine Gummiart (Traganth, arabifches Gummi etc.) vorhanden, fo wird die Flüffigkeit violett gefärbt und es fcheidet fich fodann ein indigoblauer Niederfchlag ab.[1] Die Empfindlichkeit der Probe ift eine aufserordentlich grofse, fo dafs ein Quadratmillimeter grofses Stück eines abfichtlich mit Traganth geleimten Papiers die Probe noch fehr fchön zeigt. Läfst fich das Leimungsmittel erft durch langandauernde Einwirkung von Waffer entfernen, fo wäre auf Traganth zu fchliefsen, der wegen des oft vorkommenden Einfchluffes an Stärke häufig durch Jodlöfung auch gebläut wird. So weit braucht man aber nicht zu gehen, indem bei Prüfung alter Papiere die Orcinprobe niemals eine Reaction ergibt und fomit die Angabe, die alten Papiere wären mit Traganth oder mit einer anderen Gummiart geleimt, unrichtig ift, was ich weiter unten noch näher begründen werde.

Die Nachweifung der Stärkeleimung gefchieht bekanntlich durch eine wäfferige Jodlöfung, welche eine Violett- bis Blaufärbung hervorruft. Prüft man alte Papiere, fo ift manche Vorficht zu beachten, auf die ich aber erft bei der Charakteriftik der Faijûmer Papiere zu fprechen komme, wo ich auch auf jene Eigenthümlichkeiten mancher alten Papiere aufmerkfam machen werde, welche die Nachweifung durch wäfferige Jodlöfung erfchweren.

Nachweifung der Harzleimung. Die von mir angewendete Methode ift ganz neu und dürfte, wenn es fich nicht gerade um quantitative Beftimmungen handelt, auch zur Prüfung moderner Papiere fehr gute Dienfte leiften.

Auf die zu befchreibende Methode wurde ich durch meinen Affiftenten Herrn Dr. MOLISCH geführt, welcher mich bei Durchführung der im Schlufscapitel mitgetheilten Unterfuchungen in dankenswerther Weife unterftützte.

Herr Dr. MOLISCH erinnerte fich an eine ältere Angabe RASPAIL'S, der zufolge auch Harze und Fette ähnlich wie Eiweiskörper mit Zuckerlöfung und Schwefelfäure behandelt eine intenfiv rothviolette Farbe annehmen (RASPAIL'fche Reaction). In der That werden Harze, z. B. das gemeine Harz, Colophonium, Sandarak, Benzoë und andere durch Zuckerlöfung und Schwefelfäure rothviolett. Moderne mit Harz (harzfaurer Thonerde) geleimte Papiere geben mit Zuckerlöfung und Schwefelfäure die genannte charakteriftifche Färbung. Es läfst fich alfo die RASPAIL'fche Reaction zur Prüfung der Leimung der Papiers verwenden, vorausgefetzt, dafs Eiweifskörper und Fette ausgefchloffen find.[2]

Beim Studium diefer Harzreaction überzeugte ich mich, dafs die obengenannten Harze fchon durch Schwefelfäure allein die genannte Färbung annehmen. Wenn ich ein Stück Colophonium zerreibe oder einige Kryftalle von Abietinfäure nehme, oder Sandarak, Benzoë im verkleinerten Zuftande, jede diefer Subftanzen mit concentrirter Schwefelfäure behandle, fo bekomme ich in jedem Falle, befonders fcharf bei Gegenwart von Cellulofe,

---

[1] Ueber diefe Reaction fiehe WIESNER, ‚Ueber das Gummiferment'. Sitzungsberichte der kaiferl. Akademie der Wiffenfchaften, mathematifch-naturwiffenfchaftliche Claffe, Bd. 92 (1885).

[2] Holzfchliffpapier wird durch Schwefelfäure fo intenfiv (fchmutzig) grün gefärbt, dafs die nebenher auftretende Harzreaction völlig gedeckt wird. Für Haderupapiere, und überhaupt für alle Papiere, welche aus unverholzten Fafern beftehen, ift aber die genannte Reaction gut verwendbar.

welche durch Schwefelsäure in Zucker verwandelt wird, eine rothviolette Färbung. Durch diese Wahrnehmung bin ich in den Stand gesetzt, meine Methode sehr zu vereinfachen. Ich brauche nämlich nur einen Tropfen Schwefelsäure auf das zu prüfende Papier zu träufeln, um zu finden, ob Harz zur Leimung benützt wurde oder nicht. Färbt sich das Papier (Hadern- oder ein anderes aus unverholzten Fasern bestehendes Papier) nicht rothviolett, so ist gewiss keine Harzleimung anzunehmen, tritt aber die Färbung auf, so wird man sich zu vergewissern haben, ob nicht Eiweisskörper oder Fette zugegen sind, welche bei Anwendung von Schwefelsäure ja die RASPAIL'sche Reaction geben müsten, da durch Einwirkung dieser Säure auf Cellulose Zucker entsteht, somit sämmtliche Bedingungen zum Eintritt der RASPAIL'schen Eiweissreaction vorhanden wären.

Ich werde im letzten Capitel, entgegen der Angabe BRIQUET'S zeigen, dass weder die alten orientalischen noch die alten europäischen Papiere mit Harz geleimt wurden, die Harzleimung vielmehr erst in unserem Jahrhundert zur Anwendung gekommen ist.

Viertes Capitel.

Prüfung der Faijûmer Papiere.

1. Charakteristik der Faijûmer Papiere.

Die Zahl der Papierblätter und Papierblattfragmente, welche die Sammlung ‚Papyrus Erzherzog Rainer' enthält, beträgt jetzt schon, obgleich noch nicht alle Stücke des grossen Faijûmer Schatzes sortirt sind, viele Tausende. Ich hatte Gelegenheit, alle charakteristischen und bezüglich des Alters besonders wichtigen Stücke der Collection zu untersuchen und habe gefunden, dass alle diese Papiere in den wesentlichen Eigenschaften mit einander übereinstimmen, vor Allem, dass sie aus dem gleichen Material (Hadern) erzeugt wurden, und dass auch die Art der Leimung dieselbe gewesen zu sein scheint, da in allen Papiersorten, in denen sich die Leimungsmasse noch mit Sicherheit constatiren liess, als solche Stärkekleister oder dessen Zersetzungsproducte nachgewiesen werden konnten.

Ich werde in diesem Abschnitte zunächst das Aussehen dieser Papiere, sodann ‚Leimung' und ‚Füllung' dieser Beschreibstoffe charakterisiren und endlich alle jene mir wichtig erscheinenden Beobachtungen zusammenstellen, welche sich auf die ‚Faser' dieser Objecte beziehen.

Was zunächst die Dicke dieser Papiere betrifft, so entspricht dieselbe meist etwa jener der gewöhnlichen durch Handarbeit gewonnenen gefilzten (geschöpften) Papiere und schwankt nach den mikroskopisch gewonnenen Messungen zwischen 0·17 und 0·56 Millimeter. Die dünnsten, z. B. Nr. 39 (4. H. = X. Chr.[1]), habe ich dicht und ziemlich glatt, die übrigen rauh bis filzartig gefunden. Mittlere Dicke besitzt z. B. Nr. 38 (4. H. = X. Chr.).

---

[1] Ausserhalb der Klammern befinden sich die Nummern, unter welchen das betreffende Object in die erzherzogliche Sammlung eingereiht wurde. Innerhalb der Klammern das Jahrhundert, beziehungsweise Jahr, in welchem das Papier beschrieben wurde und zwar nach der Hidschra (H.) und nach Christi Geburt (Chr.).

Zu den dickſten gehört Nr. 476 (5. H. = XI. Chr.). Die filzartige Beſchaffenheit iſt wahrſcheinlich nicht im urſprünglichen Charakter des Papiers begründet und vielleicht nur die Folge ſpäterer äuſserer Einwirkungen. Doch kann dieſe Auffaſſung auch eine irrthümliche ſein, da ſich auf vielen ſolcher Papiere ſelbſt mit gewöhnlicher Tinte noch ſchreiben läſst, freilich wegen der groſsen Rauhigkeit nicht ohne Schwierigkeit.

Farbe. Alle Papiere beſitzen eine eigenthümliche Farbe. Ich möchte dieſelbe als iſabellgelb bis zum Braun des Feuerſchwammes bezeichnen. Im Farbentone ſtimmen die einzelnen Stücke ſelbſtverſtändlich nicht überein. Manche Stücke ſind ſehr licht (Nr. 1311, IV. H.), andere dunkler (z. B. Nr. 981, IV. H.) gefärbt.[1] Schlechterhaltene wurmſtichige Blätter (Nr. 351, V. H.)[2] ſind braun und ſehr ungleichmäſsig in der Farbe. Im Allgemeinen zeigen jene Stücke auf welchen die anfangs zweifellos ſchwarze Schrift (ſiehe den ſpäter folgenden Abſchnitt über die Tinten, mit welchen die Faijûmer Papiere beſchrieben ſind) ſchmutzigbraun geworden iſt, ſtärkere Färbungen als die übrigen, woraus wohl abgeleitet werden kann, daſs die Färbung der Papiere keine urſprüngliche Eigenſchaft derſelben bildete, vielmehr als eine Folge ſpäterer Einflüſſe zu betrachten ſein dürfte.

Die Faſern der Faijûmer Papiere können durch Chromſäure leicht von dem gelben oder bräunlichen Pigmenten befreit werden. Nach ſolcher Behandlung bleibt bloſs Celluloſe zurück.

Es entſteht die Frage, welcher Art dieſe Farbſtoffe ſind. Die zur Unterſuchung disponible Papiermenge war zu gering, um eine eingehende Prüfung der Pigmente zuzulaſſen. Was ſich unter den gegebenen Verhältniſſen feſtſtellen lieſs, iſt Folgendes.

In kaltem Waſſer löſt ſich nur ein kleiner Theil des Pigmentes auf, etwas mehr in kochendem Waſſer. Faſt vollſtändig geht dasſelbe in Löſung, wenn man das Papier durch längere Zeit in einer Löſung von kohlenſaurem Natron kocht. Engt man die ſo gewonnene Löſung auf dem Waſſerbade ein, ſo nimmt ſie eine honigbraune Farbe an. Salzſäure fällt aus dieſer Löſung eine organiſche Subſtanz in Form bräunlicher Flocken aus, welche ſich in kohlenſaurem Natron löſt. Tiefbraun gefärbte Papiere geben ihr Pigment an Waſſer und kohlenſaures Natron nicht vollſtändig ab, ſondern werden erſt durch Kochen in Kalilauge davon vollkommen befreit. Aus der alkaliſchen Löſung läſst ſich durch Salzſäure wieder ein flockiger Niederſchlag abſcheiden. Alle dieſe Thatſachen, ferner der Umſtand, daſs Pflanzenfaſern, welche lange Zeit hindurch der Einwirkung der Luft und der Feuchtigkeit ausgeſetzt waren, partiell in Huminſubſtanzen umgewandelt werden, läſst wohl mit groſser Beſtimmtheit annehmen, daſs die Färbung der Faijûmer Papiere auf einen Humificationsproceſs zurückzuführen iſt, bei welchem dreierlei Huminkörper gebildet wurden: ſolche, die in Waſſer löslich ſind (Quellſäure, Quellſatzſäure), ſolche, die erſt in einer wäſſerigen Löſung von kohlenſaurem Natron in Löſung gehen (Huminſäure oder Geïnſäure, oder beide), endlich ſolche, welche erſt durch Löſungen ätzender Alkalien aufgelöſt werden (Humin oder Geïn, oder beide).

---

[1] Um die Farbe möglichſt genau und objectiv zu charakteriſiren, habe ich die betreffenden Blätter mit der (groſsen) internationalen Farbenſkala von Radde (Hamburg 1877) verglichen, welche 42 Gammen in 900 conſtanten Farbentönen enthält. Papier Nr. 1311 entſpricht Gamme Nr. 33 (braun) lit *s*. Papier Nr. 981 der Gamme Nr. 33 lit. *l*.

[2] Gamme Nr. 33 lit. *s* bis *o*.

Welches die urſprüngliche Färbung der Faijûmer Papiere war, läſst ſich mit Beſtimmtheit nicht mehr eruiren, doch halte ich es aus folgenden Gründen für wahrſcheinlich, daſs dieſe Papiere nach ihrer Fertigſtellung weiſs oder nahezu weiſs waren.

Die Papiere beſtehen aus feinen Faſern, zum gröſsten Theile aus iſolirten Baſtzellen. Wenn ein Baſtgewebe, ſei es durch die Athmoſphärilien, ſei es auf künſtliche Weiſe in ſeine Elementarbeſtandtheile (Zellen) zerlegt wird, ſo erſcheinen die letzteren in der Regel ſchon ziemlich farblos, da bei der Zerlegung die neben der Celluloſe in den Zellwänden enthaltenen Körper, alſo auch die Pigmente, zerſtört werden. Wird dieſer Proceſs ſehr weit getrieben, wie bei der Bleichung, ſo bleibt ſchlieſslich nichts Anderes als Celluloſe in reinweiſser Farbe zurück. So weit ging man indeſs bei der Darſtellung der Papiere nicht, wie ja ſchon der Umſtand beweiſt, daſs manche Baſtzellen noch mit anderen ganz oder theilweiſe in Verbindung ſtehen und hin und wieder ſogar noch andere Gewebsreſte den Faſern anhaften. Die ſo zerkleinerte Papiermaſſe mag eine grauliche oder grauweiſse Farbe gehabt haben. Nun wurde dieſelbe aber, wie ich ſpäter genauer nachweiſen werde, mit Stärkekleiſter geleimt. Schon durch dieſe Stärkeleimung gewinnen die Papiere an Weiſse. Allein ich werde zeigen, daſs man den Papieren auch unverkleiſterte Stärke zugeſetzt hat, wodurch eine weitere ſehr beträchtliche Steigerung der Weiſse herbeigeführt worden ſein muſste. Es unterliegt ſomit wohl kaum einem Zweifel, daſs zum mindeſten die beſſeren Sorten der Faijûmer Papiere urſprünglich eine weiſse oder nahezu weiſse Farbe hatten.

2. Die Leimung der Faijûmer Papiere.

Es iſt ſchon in der Einleitung erwähnt worden, daſs die Faijûmer Papiere geleimt waren und zum groſsen Theile auch jetzt noch beſchreibbar ſind, ſich alſo in einem Zuſtande befinden, welcher die Auffuchung der Leimungsmaſſe zuläſst.

Nach der Angabe der Technologen hatte man die Leimung des Papiers anfänglich mit Leim vorgenommen; daher werde auch der Ausdruck ‚Leimung' für die Procedur des Beſchreibbarmachens des Papiers angewendet. Erſt im Anfange unſeres Jahrhunderts ſei die Harzleimung (vegetabiliſch-mineraliſche Leimung) an Stelle der ‚animaliſchen Leimung' getreten.[1] Die Anwendung der Stärke bei dieſer Procedur (als Zuſatz zur Harzleimung) wird von dieſer Seite als eine in die neue Periode der Maſchinenpapierſabrication gehörige Erfindung bezeichnet.

Damit ſtimmen die Angaben der Paläographen nicht überein. Nach BRIQUET ſollen Harz und Traganth dem Leim als Mittel zur Leimung vorangegangen ſein (ſiehe oben pag. 219).

Ich habe mich zunächſt davon überzeugt, daſs Harz zur Leimung der Faijûmer Papiere nicht gedient haben konnte. Schon die oben angegebene Schwefelſäureprobe (pag. 221) gab ein negatives Reſultat. Damit begnügte ich mich aber nicht, ſondern ſammelte ſo viel Material, um direct auf Harz prüfen zu können. Die von mir geſammelten Papierſchnitzeln wurden direct mit Aether, Benzol und abſolutem Alkohol extrahirt, ſodann nach Vorbehandlung mit Salzſäure, aber in keinem Falle erhielt ich ein Harzextract.

---

[1] Ueber die Erfindung der Leimung des Papiers mittelſt harzſauerer Thonerde durch ILLIG, ſiehe ERSCH und GRUBER, l. c. pag. 112, wo auch angegeben iſt, daſs dieſe wichtige Erfindung erſt im Jahre 1827 bekannt wurde.

Die Faijûmer Papiere geben die MILLON'ſche Reaction nicht, woraus folgt, daſs dieſelben mit thieriſchem Leim nicht geleimt worden ſind. An einigen Papieren zeigte ſich allerdings mikroſkopiſch ſtellenweiſe eine Röthung, dieſelbe rührte aber von kleinen Kleberquantitäten her, deren Anweſenheit in unſeren Papieren ſpäter vollkommen aufgeklärt werden wird.

Da Traganth im Orient zur Leimung des Papiers angewendet worden ſein ſoll, derſelbe aber oft durch Jodlöſung eine violette Färbung annimmt in Folge des häufigen Auftretens von Stärkekörnchen inmitten dieſer Gummiart, ſo ſtudirte ich das Verhalten der Faijûmer Papiere gegen Jodlöſung. Alle beſſererhaltenen Faijûmer Papiere wurden in der That durch wäſſerige Jodlöſung violett. Allein dies beweiſt nur die Anweſenheit von Stärke (oder Stärkekleiſter) im Papiere und es galt zu entſcheiden, ob Traganth oder Stärkekleiſter als Leimungsmaſſe vorhanden iſt. Durch die oben (pag. 221) genannte Orcinprobe iſt man in den Stand geſetzt, die Gegenwart des Traganths zu conſtatiren. Ich erhielt bei Anwendung dieſer feinen Reaction durchaus negative Reſultate, woraus ſich ergibt, daſs Traganth zur Leimung der Faijûmer Papiere nicht verwendet worden ſein konnte.

Daſs aber die Violett- und Blaufärbung, welche die mit wäſſeriger Jodlöſung befeuchteten Papiere annehmen, von abſichtlich zugeſetzter Stärke herrührt, dafür werde ich ſogleich den directen Beweis liefern.

Wenn man jene Faijûmer Papiere, welche durch wäſſerige Jodlöſung deutliche Blau- oder Violettfärbung geben, unter Mikroſkop unterſucht, ſo findet man in vielen noch zahlreiche Stärkekörnchen in ſo unverletztem Zuſtande, daſs man dieſelben geradezu beſtimmen und als Getreideſtärkekörnchen erkennen kann. Ich komme auf dieſe Stärkekörnchen in dem der ‚Füllung' der Papiere gewidmeten Theile dieſer Abhandlung noch zu ſprechen; hier ſei die Anweſenheit dieſer Stärkekörnchen nur als Beweis dafür angeführt, daſs die Leimung durch Stärkekleiſter und nicht etwa durch Traganth erfolgte.

Ich habe alle mir zugänglich geweſenen Faijûmer Papiere mit Jodlöſung geprüſt und gefunden, daſs darunter manche ſind, welche die ausgeſprochenſte Bläuung zeigen und andere, welche keine Spur einer Blau- oder Violettfärbung zu erkennen geben. Von dem einen Extrem zum anderen ſah ich alle möglichen Uebergänge, und ſchon dieſer Umſtand läſst mit der gröſsten Wahrſcheinlichkeit annehmen, daſs alle Faijûmer Papiere mit Stärke geleimt worden ſind, daſs aber die Leimungsmaſſe in verſchiedenem Grade erhalten blieb.

Dieſe Annahme findet ihre Bekräftigung in folgenden Beobachtungen.

Die Jodreaction auf Stärke unterbleibt unter beſtimmten Verhältniſſen. Sie tritt nicht ein, wenn die Stärke oder der Stärkekleiſter in einer alkaliſch reagirenden Flüſſigkeit ſich befindet; ſie unterbleibt auch bei Anweſenheit von Fermenten, ſowohl geformten (z. B. Hefe, vielen, vielleicht allen Bacteriaceen) als ungeformten Fermenten, ſogenannten Enzymen (z. B. Diaſtaſe etc.).[1] In beiden Fällen kann die Gegenwart der Stärke durch Jod nachgewieſen werden, wenn man die Probe zuerſt mit Salzſäure verſetzt. Thatſächlich werden alle jene Faijûmer Papiere, welche ſchon direct durch Jodlöſung mehr oder

[1] Vergl. über die Aufhebung der Jodbläuung der Stärke meine oben citirte Abhandlung über das Gummiferment, pag. 46 (Separatausgabe pag. 7).

weniger deutlich blau oder violett gefärbt wurden, nach vorhergehender Behandlung mit Salzſäure durch Jodlöſung intenſiv blau oder blauviolett gefärbt. Aber auch zahlreiche Papiere, welche direct auf Jod nicht reagirten, geben die Stärkereaction nach vorhergehender Behandlung mit Salzſäure.

Welcher Umſtand die Jodſtärkereaction in den Faijûmer Papieren verhindert, lieſs ſich leicht und ſicher entſcheiden. Es zeigt nämlich keines der Papiere die geringſte Spur alkaliſcher Reaction; es findet ſich aber an den Faſern der meiſten Papiere namentlich reichlich an denjenigen, welche durch Jod weder blau noch violett gefärbt werden, eine Unmaſſe kleiner Fermentorganismen (Mikrococcen und kleine hefeartige Gebilde), und dieſe ſind es zweifellos, welche in unſeren Papieren die Jodreaction auf Stärke verhindern.

Einzelne von den Papieren nehmen ſelbſt nach Vorbehandlung mit Salzſäure weder eine blaue noch eine violette Farbe an; in dieſen iſt gewiſs keine Spur von Stärke oder Stärkekleiſter enthalten.

Von dieſen Papieren werden einzelne durch Jod mehr oder minder deutlich röthlich (weinroth), andere gar nicht gefärbt. Die weinrothe Farbe und einige andere Eigenthümlichkeiten, welche ich hier übergehe, ſprechen dafür, daſs an der Papierfaſer jene Form des Dextrins hafte, welche man ihrer Jodreaction halber als Erythrodextrin bezeichnet. Die durch Jod ungefärbt bleibenden Papiere enthalten häufig Achroodextrin.

Es iſt alſo in einigen dieſer Papiere Dextrin enthalten. Man kann ſich leicht davon überzeugen, daſs durch eine Dextrinlöſung Flieſspapier in den ‚geleimten', alſo beſchreibungsfähigen Zuſtand gebracht werden kann. Dieſer Umſtand legt die Vermuthung nahe, daſs einige der Faijûmer Papiere durch Dextrin geleimt worden ſein mochten. Dieſe Vermuthung wird aber durch das Papier Nr. 2176 (4. H.) gegenſtandslos. Die mikroſkopiſche Unterſuchung weiſt nämlich zwiſchen und an den Faſern dieſes Papiers alle möglichen Uebergänge von eingetrocknetem Kleiſter zum Achroodextrin nach. Es muſs mithin angenommen werden, daſs der an den Papieren haſtende Stärkekleiſter ſich unter den Einflüſſen, welchen dieſe Papiere ausgeſetzt waren, mehr oder minder reichlich in Dextrin verwandelt hat. Es iſt ja überhaupt zu verwundern, daſs an ſo vielen Papieren die Stärke oder der eingetrocknete Kleiſter ſich durch viele Jahrhunderte unverändert erhalten hat.

Ich glaube auf Grund dieſer meiner Beobachtungen zu der Ausſage berechtigt zu ſein, daſs die Faijûmer Papiere mit Stärkekleiſter geleimt wurden. Dieſer blieb in vielen Papieren vollkommen erhalten; in anderen ging er ganz oder theilweiſe in Dextrin über. Ich will nicht unerwähnt laſſen, daſs in einigen Papieren ſogar die Gegenwart von Zucker (Glucoſe) nachgewieſen werden konnte, welche offenbar durch weitergehende Einwirkungen aus dem Dextrin entſtanden iſt. Durch die Kupferprobe lieſs ſich der Zucker in den Extracten der Papiere nicht eruiren, wohl aber durch jene feine Reaction (mit α-Naphthol), welche jüngſthin Herr Dr. MOLISCH in meinem Laboratorium entdeckte.[1]

Zur näheren Bezeichnung des Mitgetheilten führe ich folgende Daten an:

a) Durch wäſſerige Jodlöſung wurden folgende Papiere direct deutlich blau oder violett gefärbt: Nr. 8156 (7. H. = XIII. n. Chr.); Nr. 8157 (7. H. = XIII. n. Chr.); Nr. 7086

[1] Zwei neue Zuckerreactionen. Sitzungsberichte der kaiſerl. Akademie der Wiſſenſchaften. Bd. 93.

(6. H. = XII. n. Chr.); Nr. 301 (Jahr 306 H. = 918 bis 919 n. Chr.); Nr. 859 (Jahr 412 H. = 1026 n. Chr.) etc.

b) Schwache Reaction nach Zufügung von wäfferiger Jodlöfung, deutlicher nach Vorbehandlung mit Salzfäure: Nr. 734 (4. H. = X. n. Chr.); Nr. 1500 (5.H. = XI. n. Chr.); Nr. 39 (4. H. = X. n. Chr.); Nr. 1072 (Jahr 490 H. = 1097 n. Chr.) etc.

c) Keine Stärke-, wohl aber Erythrodextrinreaction gaben: Nr. 3412 (4. H. = X. n. Chr.); Nr. 3671 (4. H. = X. n. Chr.) und Nr. 4885 (5. H. = XI. n. Chr.).

d) Keine Stärke-, wohl aber Achroodextrin- und Zuckerreaction bei Nr. 1417 (4. H. = = X. n. Chr.).

e) Gar keine Reaction auf Stärke und deren Abkömmlinge: Nr. 5062 (5. H. = XI. n. Chr.); Nr. 167 (Jahr 375, Rebi I; Juli—Auguft 985 n. Chr.); Nr. 384 (Jahr 356 H. = 967 n. Chr.) etc.

Nimmt man zur Prüfung nur fehr wohlerhaltene Papiere, fo ergibt fich eine ziemlich klare Beziehung zwifchen der Leimung und dem Alter des Papiers.

Ich finde nämlich, dafs eine ausgiebige, wenn auch nicht gerade ftarke Leimung den Papieren aus dem Anfange bis zur Mitte des X. Jahrhunderts n. Chr. zukommt, und erft von da ab eine ftarke Stärkeleimung vorgenommen wurde.

Die Papiere aus dem IX. Jahrhundert find bezüglich der Leimung fehr ungleich, einzelne find deutlich, andere mehr oder minder kenntlich mit Stärkekleifter geleimt. Es fcheint als würde die Stärkeleimung fich erft nach und nach eingebürgert haben.

Dafs aber eine ftarke Stärkeleimung erft fpäter aufgekommen ift, möchte ich nach meinen Wahrnehmungen als feftftehend betrachten. Als Belegftücke für diefe meine Meinung führe ich folgende Papiere an:

Nr. 974 (Jahr 351 H. = 962 n. Chr.); Nr. 165 (Jahr 355 H. = 966 n. Chr.); Nr. 162 (Jahr 400 H. = 1009 n. Chr.); Nr. 841 (Jahr 400 H. = 1010 n. Chr.); Nr. 842 (Jahr 402 H. = 1012 n. Chr.); Nr. 859 (Jahr 417 H. = 1026 n. Chr.); Nr. 936 (Jahr 464 H. = = 1071 bis 1072 n. Chr.); Nr. 4455 (5. H. = XI. n. Chr.); Nr. 7086 (6. H. = XII. n. Chr.); Nr. 8156 (7. H. = XIII. n. Chr.); Nr. 8157 (7. H. = XIII. n. Chr.); Nr. 5487 (Jahr 500 H. = 1006—1007 n. Chr.).

Alle diefe Papiere find ftark mit Stärkekleifter geleimt und geben fehr auffällige Jodreaction.

3. Die Füllung der Faijûmer Papiere.

Ich habe fchon oben der Gegenwart unveränderter Stärkekörnchen in der Papiermaffe unferer Unterfuchungsobjecte Erwähnung gethan. Diefe Thatfache fcheint mir fehr bemerkenswerth. Da nämlich im Waffer fuspendirte Stärke bei der Kleifterbildung fo verändert wird, dafs fich die einzelnen Stärkekörnchen nicht mehr unterfcheiden laffen, vielmehr alle Körnchen ftark bis zur Unkenntlichkeit aufquellen und fchliefslich in eine gelatinöfen Maffe zufammenfliefsen, fo ift das Vorkommen von unveränderten Stärkekörnchen nur unter der Annahme erklärlich, dafs dem Kleifter Stärke zugefügt wurde.

In welcher Abficht wurde die unveränderte Stärke dem Stärkekleifter beigegeben? Ich will verfuchen diefe Frage zu beantworten.

Seit Einführung der Mafchinenpapierfabrication wird die Operation des ‚Füllens' der Papiere betrieben, welche darin befteht, fein vertheilte mineralifche Stoffe, namentlich

Kaolin, Gyps, Schwerſpath, Zinkweiſs zwiſchen die Faſern zu bringen, um das Papier ſubſtanziöſer, beſonders um es ſchwerer zu machen.

Ich glaube, in dem Zuſatz von Stärke zu dem als Leimungsmaſſe dienlichen Kleiſter eine techniſche Procedur erblicken zu dürfen, welche der ‚Füllung' entſpricht. Nur hatte, meine ich, die Füllung des Papiers mit Stärke weniger den Zweck, das Papier ſubſtanziöſer, als vielmehr den, es weiſser zu machen.

Die Stärkefüllung der Papiere iſt jedenfalls als ein weiterer Fortſchritt zu betrachten. Am klarſten finde ich dieſelbe in den Papieren aus dem XII. bis XIII. Jahrhundert ausgeprägt. Als Belege führe ich an: Nr. 4983 (6. H.=XII. n. Chr.); Nr. 7086 (6. H.=XII. n. Chr.); Nr. 8156 (7. H.=XIII. n. Chr.).

Es ſcheint mir auch die Frage berechtigt, ob die Faijûmer Papiere nicht auch mit mineraliſchen Subſtanzen gefüllt wurden. Denn zwiſchen und auf den Faſern dieſer Papiere finden ſich ſtets zahlreiche feine Körnchen, die auf Jod nicht reagiren und zum gröſseren Theile unverbrennlich ſind. Kämen ſolche Körnchen in modernen Papieren vor, ſo würde man ſie unbedenklich als ‚Füllmaſſe' erklären.

Die geſtellte Frage muſs aber auf das Beſtimmteſte verneint werden, denn wie ich weiter unten zeigen werde, ſind dieſe Körnchen nichts anderes als Staubtheilchen, welche in groſser Maſſe und im Zuſtande auſserordentlich feiner Vertheilung in das Innere der Papiermaſſe eindrangen und ſich zwiſchen und an den Faſern feſtſetzten.

Es ſcheint mir erwähnenswerth, daſs in vielen Sorten moderner japaneſiſcher, aus Papiermaulbeerbaſt erzeugten Papiere Stärke als Füllmaſſe vorkommt und auch jene feinen, unter dem Namen ‚chineſiſches Seidenpapier' bekannten, zum Abdrucken feinſter Xylographien und Stiche verwendeten Papiere unveränderte Weizenſtärke enthalten, worauf ich ſchon vor Jahren hingewieſen habe.[1]

Der Nachweis der ‚Füllung' der Faijûmer Papiere iſt nicht nur deshalb intereſſant, weil er uns zeigt, daſs die Araber dieſe techniſche Procedur, welche man als eine Errungenſchaft der neueſten Zeit anzuſehen geneigt iſt, erfunden haben, ſondern auch deshalb, weil die Auffindung von unverletzten Stärkekörnchen in der Papiermaſſe uns in den Stand ſetzt, zu conſtatiren, aus welchen Pflanzen die Araber die zur Leimung der Papiere benützte Stärke darſtellten.

Die unverletzten Stärkekörnchen der Faijûmer Papiere ſtimmen vollkommen mit denen unſerer gewöhnlichen Getreidearten (Weizen, Roggen, Gerſte) überein. Man kann nämlich wie bei dieſen in vielen unſerer Papiere leicht zweierlei Körnchen unterſcheiden: groſse linſenförmige, welche durchſchnittlich beiläufig 0·03 Millimeter und kleine, kugelige, theilweiſe abgeplattete, deren Durchmeſſer circa 0·006 Millimeter beträgt. Die genannten Getreideſtärkekörnchen laſſen ſich leicht von anderen, z. B. von denen des Hafers, des Reis, des Mais, der Kartoffel u. ſ. w. unterſcheiden. Nur durch eine groſse Zahl von genauen Meſſungen der Stärkekörnchen kann man zeigen, daſs eine beſtimmte Getreideſtärkeſorte von Weizen, Roggen oder Gerſte herrührt. Sind zwei Sorten gemiſcht, ſo iſt die Unterſcheidung häufig unausführbar.

Auf Grund der von mir angeſtellten mikrometriſchen Unterſuchungen möchte ich die in den Faijûmer Papieren vorkommenden Stärkekörnchen auf Weizen zurückführen.

---

[1] Techniſche Mikroſkopie, pag. 237.

Die Zahl der Meffungen war aber wegen des befchränkten Materiales doch eine zu geringe, als dafs ich diefe meine Angabe als bewiefen hinftellen dürfte. Indefs darf ich zur weiteren Begründung meiner Angaben noch anführen, dafs die Araber und Aegypter den Roggen nicht gekannt haben,[1] mithin nur noch die eine Möglichkeit vorliegt, dafs die zur Leimung und Füllung der Papiere benützte Stärke von Gerfte herrührte. Mit diefer Annahme ftimmen aber die mikrofkopifchen Werthe nur wenig, auch laffen die Erfahrungen der Neuzeit, denen zu Folge die Darftellung der Stärke aus Gerfte im Vergleiche zu jener aus Weizen fo wenig rationell erfcheint, dafs diefelbe nirgends betrieben wird, annehmen, dafs die Araber, welchen in Aegypten fowohl Weizen als Gerfte zu Gebote ftand,[2] zur Gewinnung der Stärke den erfteren benützt haben.

Es ift fomit, glaube ich, als fo gut wie gewifs zu betrachten, dafs die Faijûmer Papiere mit Weizenftärkekleifter geleimt wurden. —

Die Stärke, welche zur Füllung der Papiere angewendet wurde, ift noch ein ziemlich rohes Product gewefen, welches Kleberrefte und andere Mehlbeftandtheile (aus der gemeinfchaftlichen Frucht- und Samenhaut herrührend) enthielt. Solche Kleienbeftandtheile findet man in den Papieren nicht felten, gewöhnlich aber in nicht gut erhaltenem Zuftande. Die Anwefenheit von kleinen Klebermengen gibt fich an einzelnen Papieren durch fchwache MILLON'fche Reaction der betreffenden Formbeftandtheile zu erkennen (vergl. pag. 220). —

Zur Füllung und Leimung der Faijûmer Papiere wurde in der Regel, wie oben auseinandergefetzt wurde, gewöhnliche Getreideftärke (höchftwahrfcheinlich Weizenftärke) benützt. In zwei Papierforten (Nr. 476 aus dem XI. Jahrhunderte n. Chr. und Nr. 39 aus dem X. Jahrhunderte n. Chr.) habe ich aber eine Stärkeforte aufgefunden, welche von der Getreideftärke fich auf das Beftimmtefte unterfcheidet. Diefelbe befteht aus Körnchen, welche nach Gröfse, Form und Zufammenfetzung mit jenen der Stärke des Buchweizens *(Fagopyrum esculentum)* fehr genau übereinftimmen (vergl. über diefe Amylumart: WIESNER, Technifche Mikrofkopie, pag. 206, und Rohftoffe, pag. 280). Dafs diefelbe weder mit den kleinen Stärkekörnchen des Weizens (oder Roggens oder der Gerfte) noch mit denen des Hafers, des Reifes und des Mais, welche letztere übrigens aus anderen Gründen völlig aufser Betracht kommt, identifch find, kann ich auf das Beftimmtefte ausfagen. Von der Buchweizenftärke abgefehen wüfste ich die genannte Stärke auf keine der bekannten mehlliefernden Pflanzen zurückzuführen.

Es wäre umfo verlockender, diefe meine Beobachtung zur Aufftellung einer Hypothefe über das Alter und die Ausdehnung der Buchweizencultur in früheren Zeiten heranzuziehen, als gerade die Nachrichten über Herkunft und die frühere Cultur diefer Mehlfrucht fehr unficher find und fich bisher nicht weiter als bis in die Mitte des XV. Jahrhunderts zurückverfolgen liefsen,[3] und die in Europa nach Einführung diefer Getreideart entftandenen

---

[1] Vergl. UNGER, botanifche Streifzüge auf dem Gebiete der Culturgefchichte. I. Nahrungspflanzen des Menfchen, pag. 9 des Separatabdruckes. Sitzungsberichte der kaiferl. Akademie der Wiffenfchaften, mathematifch-naturwiffenfchaftliche Claffe, Bd. XXIII, pag. 159 etc. und IV. Die Pflanzen des alten Aegyptens, pag. 31 bis 33 des Separatabdruckes, l. c. Bd. XXVIII, pag. 69 etc.

[2] Vergl. UNGER l. c.

[3] Vergl. HEHN, Culturpflanzen etc. 2. Auflage, pag. 439; ferner auch ALPH. DECANDOLLE (Origine des plantes cultivées, Paris 1883, pag. 281 ff.).

Namen: *sarasin* (Saracenerkorn), Heidenkorn, Tatarkorn (*frumentum Tatarorum;* finnifch: *tatari;* magyarifch: *tatarka;* etc.), griechifches Getreide (deutfch: *Grücken;* ruffifch: *greca, grecucha,* etc.; polnifch: *gryka;* etc.), zu fehr verfchiedenen Aufftellungen über die Herkunft diefer nun fo verbreiteten Culturpflanze Veranlaffung gegeben haben.

Ich befchränke mich darauf, aus meiner Beobachtung abzuleiten, dafs die Cultur des Buchweizens möglicherweife fchon im X. Jahrhunderte unferer Zeitrechnung eingeführt war.

4. Unterfuchung des den Papieren anhaftenden Staubes.

Indem man irgend ein aus den Faijûmer Papieren bereitetes Präparat unter Mikrofkop vornimmt, erblickt man zwifchen den Fafern eine mehr oder minder grofse Menge von Körnchen der verfchiedenften Form und Gröfse. Ob diefe Theilchen als ‚Füllung' des Papiers zu betrachten find, läfst fich durch den unmittelbaren Anblick nicht entfcheiden, überhaupt nicht fofort angeben, inwieweit diefe vielgeftaltigen Körperchen dem Papiere als folchem angehören.

Aber ein flüchtiger Vergleich diefer Körnermaffe mit dem den Papieren anhaftenden Staube läfst eine zum Mindeften theilweife Uebereinftimmung beider vermuthen.

Um nun alles Das, was als ‚Staub' von aufsen auf die Papiere gelangte und im Laufe der Jahrhunderte ins Innere der Papiermaffe eindrang, von den wahren Papierbeftandtheilen unterfcheiden zu können, ift eine genaue mikrofkopifche Unterfuchung des Staubes erforderlich. Es wird diefes Erfordernifs einer umfichtigen Prüfung defto dringlicher erfcheinen, wenn man beachtet, dafs aus gewiffen mit den Fafern nicht identifchen Gewebsbeftandtheilen in manchen Fällen auf erftere gefchloffen wird, beifpielsweife aus dem Auftreten von ifolirten, beftimmt geftalteten Oberhautzellen und anderen organifirten Begleitern von Baftzellen, deren Natur als ‚Strohfafer' abgeleitet wird, wie ich bereits oben (pag. 203) angegeben habe.

Der zur Unterfuchung verwendete Staub wurde theils durch Abfchütteln, theils durch (trockenes) Abpinfeln von dem Papiere gewonnen.

Sowohl die (geformten) organifchen als die anorganifchen Beftandtheile des Staubes documentiren deffen Charakter als ‚Localftaub', d. i. als eine feinkörnige Maffe, welche an Ort und Stelle, wo die Papiere aufbewahrt wurden, oder in nicht grofser Entfernung davon entftand und auf diefelben aus der Atmofphäre fich niederfchlug.

Die organifirten Beftandtheile find von den analogen Gebilden gewöhnlichen Staubes nicht viel verfchieden; es wurden aufgefunden: Gefäfsfragmente, Oberhautzellen von Gräfern,, derbwandige ifodiametrifche oder langgeftreckte Zellen mit undurchfichtig erfcheinendem Inhalte, wahrfcheinlich Beftandtheile von Samen- oder Fruchtfchalen (Buchweizen?), gröbere Bruchftücke von Pflanzenhaaren und nicht mehr beftimmbare baftartige Zellen. Alle diefe Gebilde treten im Staube nur in relativ geringer Menge auf; im Innern der Papiermaffe find fie aber gar nicht zu finden, fo dafs diefelben mit dem Materiale, aus welchem die Papiere bereitet wurden, nichts zu fchaffen haben. Zwifchen diefen gröberen Theilen liegen zahlreiche Splitter von Pflanzenzellen, die fich nicht mehr beftimmen laffen und überhaupt kleine unbeftimmbare, verbrennliche Theile. Solche Splitter finden fich auch inmitten der Papierrefte vor.

Die mineralischen Antheile des Staubes hat Herr Dr. MAX SCHUSTER, Privatdocent der Mineralogie an der Wiener Universität, einer eingehenderen mikroskopischen Untersuchung zu unterziehen die Güte gehabt, über welche er mir folgende Aufzeichnungen freundlichst zur Verfügung stellte: ‚Zwischen grün, rosenroth bis braun gefärbten oder ungefärbten Stoffasern (und anderen vegetabilischen Bestandtheilen) liegen zumeist eckige und formlose Mineralelemente, die fast alle gleichfalls durch färbende Substanzen etwas verunreinigt erscheinen; besonders in den veraschten Proben tritt diese secundäre Färbung deutlicher hervor. In den veraschten Proben zeigen die Thonpartikel den Beginn von Frittung und sind stellenweise etwas zusammengebacken, einzelne der Silicatpartikel zeigen eine Spur von Anschmelzung, die meisten haben ihre Umrisse behalten. Es sind in den Proben zu unterscheiden und mit einiger Wahrscheinlichkeit zu bestimmen: Eckige und gerundete Quarzpartikel, bald lebhafter, bald schwächer polarisirend, ein einaxiges Interferenzbild darbietend, durch Mangel an Spaltbarkeit, bisweilen durch Flüssigkeitseinschlüsse charakterisirt, bisweilen in einer an granitischen Aggregatquarz oder an Chalcedon erinnernden Vereinigung; sicher sind überdies in dem Staube zu constatiren verhältnissmässig zahlreich auftretende Feldspathscherben, ziemlich viel gerade auslöschender Orthoklas, wenig Plagioklas mit Zwillingslamellen, beide mit deutlichen Spaltrissen und stellenweise mit geradliniger Umgrenzung. Alle vorstehend genannten Bestandtheile sind gänzlich (Thonpartikel) oder nur stellenweise (Quarz, Feldspath) durch Eisenhydroxyd gefärbt. Blassgelbliche bis gelblichgrüne und dunkelbraune, im polarisirten Lichte zwischen gekreuzten Nicols dunkel bleibende, meist gerundete aber auch ausgezackte Blättchen sind als mehr oder weniger ausgeblasster Magnesiaglimmer anzusehen. Daneben dürfte aber auch etwas lichterer Kaliglimmer vorkommen. Hin und wieder finden sich schwach grünlich gefärbte Rhomboëder von kohlensaurem Kalk,[1] ferner meist lichtere gelblichgrüne, aber auch dunkelgrüne flache Splitter und gerundete Säulchen mit Spaltbarkeit, kleinerem Auslöschungswinkel, etwas dichroitisch (vermuthlich Hornblendefragmente) vor, sodann blassgelbliche Kryställchen mit starker Lichtbrechung, etwas gerundeten Umrissen, möglicher Weise Zirkon, und ganz vereinzelte Erzpartikelchen, vermuthlich Magnetit. Das Verhalten beim Behandeln der Probe mit Säuren scheint die ausgesprochenen Vermuthungen zu bestätigen, insoferne die meisten Partikel nur wenig angegriffen wurden, Eisenhydroxyd in Lösung ging, etwas Gallerte (wohl Kieselsäure) sich ausschied, die Rhomboëder durchwegs verschwanden und bei Anwendung von Schwefelsäure an ihrer Stelle Gipskrystalle zum Vorschein kamen.'

Durch vergleichende mikroskopische Untersuchung wurde festgestellt, dass die mineralischen Theile des Staubes in Form kleiner, zum Theile überaus feiner Partikelchen ins Innere der Papiermasse eindringen. Was ich als ‚Inkrustirung' der Papierfasern sogleich beschreiben werde, kommt zum grössten Theile durch Ansammlung von überaus feinem Staub an der Oberfläche der Fasern zu Stande.

5. Inkrustirung der Fasern.

Die Fasern der Faijûmer Papiere sind durch eine eigenthümliche Inkrustirung ausgezeichnet, welche mir bis jetzt bei keiner Art von Papieren noch untergekommen ist.

[1] Im Staube einzelner Papiere tritt kohlensaurer Kalk in grosser Menge auf.

Diefe Inkruftirung ift in den einzelnen Papieren in verfchiedenem Grade ausgeprägt, aber auch die Fafern einer und derfelben Papierforte laffen mancherlei Unterfchiede je nach der Ausbildungsweife der umhüllenden Schichte erkennen.

Bei flüchtiger Betrachtung wäre man geneigt, die auf den Fafern liegenden Kruften für eine ftark ausgebildete Cuticula zu halten und auf diefes Kennzeichen hin die Papierfafern für Baumwolle zu erklären. Dies wäre ein grober Irrthum, denn fügt man zu den in Waffer präparirten Fafern einen Tropfen Salzfäure, fo verfchwinden die Kruften entweder vollftändig oder doch zum gröfsten Theile (Fig. 15).

Die genannten Kruften bedecken entweder die Fafern in gefchloffenem Zuge oder fie beftehen fichtlich aus verfchieden feinen und verfchieden geformten Theilchen, welche mehr oder weniger nahe aneinander liegen und oft fo breite Räume zwifchen fich frei laffen, dafs fich gewiffe Structuren der Fafern (z. B. Querftreifen) erkennen laffen.

Fig. 15.

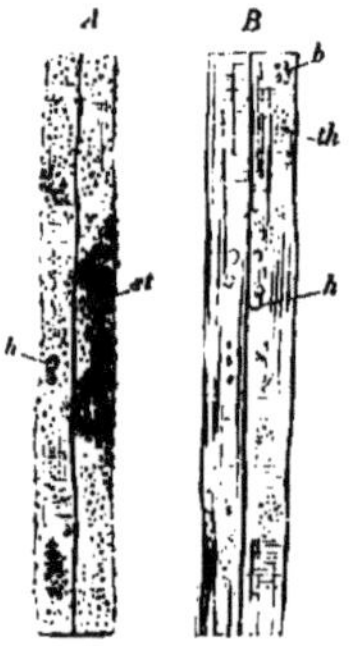

A B b th st h h

Vergröfserung 300. Leinenfaserfragmente aus Faijûmer Papier. *A* inkruftirt und ftellenweife mit Stärkekleifterkruften (*st*) verfehen; *B* nach Behandlung mit Salzfäure; es blieben von der inkruftirenden Maffe nur zurück: *b* bacterienartige, *h* hefenartige Organismen und feine Thonpartikelchen *th*.

Es liegt fehr nahe, anzunehmen, dafs diefe Inkruftationen von der Leimung des Papiers herrühren. Allein auch diefe Annahme ift nicht zutreffend, wie die Papiere Nr. 2 und 3 lehren. Diefe beiden Nummern beftehen nämlich aus Papier und unterlegtem Seidengewebe, als eine Art Füllung tritt zwifchen beiden eine wergartige Maffe auf, welche nach Fafer und Nebenbeftandtheilen zu urtheilen zweifellos Leinenfafer ift. Die Fafern diefer Wergmaffe find aber ebenfo inkruftirt wie die Papierfafern, woraus fich alfo ergibt, dafs die genannte Inkruftation mit der Leimung nicht identifch fein könne.

Da fich aber die Hauptmaffe der Inkruftirung aus Theilchen zufammenfetzt, welche mit den Beftandtheilen des die Papiere begleitenden Staubes übereinftimmen, fo ift gar nicht daran zu zweifeln, dafs wenigftens die Hauptmaffe desfelben aus überaus feinen Staubtheilchen befteht, welche zwifchen die Papierfafern eingedrungen find und fich an deren Oberfläche feftgefetzt haben.

Ein Theil der Inkruftation löft fich in Salzfäure unter Gasentwicklung, desgleichen in Schwefelfäure. Da nun bei Anwendung der letzteren Gyps auskryftallifirt, fo folgt, dafs die gelöfte Maffe kohlenfaurer Kalk war. Der Rückftand befteht theils aus überaus feinen Mineraltheilchen (befonders Thon), theils aus Fermentorganismen (Bacterien und Mikrococcen und kleinen hefeartigen Organismen). Auf diefe Organismen will ich hier nicht näher eingehen und bemerke nur, dafs das Verhalten des zur Leimung der Faijûmer Papiere benützten Stärkekleifters gegen Jodlöfung, nämlich erft nach vorheriger Behandlung mit Salzfäure blau oder violett zu werden, höchftwahrfcheinlich auf diefe Organismen zurückzuführen ift. (Siehe oben pag. 226.)

Mit diefer feinen Inkruftation ift jene gröbere nicht zu verwechfeln, welche thatfächlich von der Leimung herrührt. Der zur Leimung benützte Kleifter liegt nämlich theils in mehr oder minder groben Brocken zwifchen den Fafern, zum Theile haftet derfelbe in Form von gröberen Kruften (Fig. 15, *st*) an den Fafern. Diefe Kruften färben fich durch Jod meiſt direct oder doch wenigſtens nach Vorbehandlung mit Salzſäure blau oder violett und ſind von der Staubinkruſtirung ſomit leicht zu unterſcheiden.

Entfernt man die Inkruſtation mittelſt Salzſäure, ſo treten die Structurverhältniſſe der Faſern viel ſchärfer hervor oder werden überhaupt erſt kenntlich; jedenfalls ſind die Faſern nach dieſer Vorbehandlung zur mikroſkopiſchen Beſtimmung geeigneter geworden.

6. Länge der Faſern.

Wenn man die Faijûmer Papiere mit unſeren modernen zum Schreiben, Drucken und Zeichnen verwendeten Hand- und Maſchinenpapieren vergleicht, ſo ergibt ſich bezüglich der Länge der Faſern ein ſehr beträchtlicher Unterſchied: die erſteren ſind langfaſerig, die letzteren kurzfaſerig.[1]

Dieſer Unterſchied tritt am deutlichſten hervor, wenn man das zu prüfende Papier mit Waſſer benetzt und nach erfolgter Auſſaugung des letzteren mit geringſtem Kraftaufwand zerreiſst. An der Riſsſtelle erkennt man die Länge der Faſern.

Aehnlich ſo wie die Faijûmer Papiere verhalten ſich andere alte Papiere, nämlich diejenigen, welche man als Baumwollenpapier zu bezeichnen pflegt. Aber ſchon im XV. Jahrhundert erſchienen ſehr kurzfaſerige Papiere. Sieht man von den modernen Holz-, Stroh- und Espartopapieren, die ſaſt immer kurzfaſerig ſind (ſiehe die Anmerkung), ab, ſo erkennt man, daſs der Unterſchied in der Länge der Faſer vom Rohmaterial gänzlich unabhängig iſt. In jedem Falle conſtituiren im Gewebe ausgenützte Leinen-, Baumwollen- und Hanfſaſern das Papier. Der Unterſchied in der Länge der Faſern iſt zweifellos in der verſchiedenen Darſtellung der Papiere begründet, und ich hege die Meinung, daſs die alten langfaſerigen Papiere durch Stampfung, die kurzfaſerigen durch Vermahlung der Hadern erzeugt wurden.

Ich habe über die Länge der Papierfaſern eingehende Studien gemacht und hebe im Nachfolgenden aus meinen Beobachtungen einige Reihen heraus, um die Unterſchiede, welche in dieſer Beziehung beſtehen, anſchaulich zu machen.

Es wurden die Papiere ſorgfältig zerfaſert, ſodann nach Einſtellung im Mikroſkop von einem Punkte des Geſichtsfeldes aus 30 nebeneinander liegende Faſern gemeſſen.

Faijûmer Papier Nr. 8432 (2. H. = VIII. n. Chr.), ſehr langfaſerig.

Länge: 10—20 Mm.	5—10 Mm.	1—5 Mm.	0·1—1 Mm.
15·1	9·4	5·0	0·9
12·3	8·3	4·8	0·8
10·5	8·0	4·8	0·6
10·0	7·4	4·5	0·5
13·3 Proc.	6 5	2·9	0·2
	6·0	2·8	0·1
	6·0	1·5	0·08
	5·8	23·3 Proc.	0·05
	5·8		0·05
	5·2		30·1 Proc.
	33·3 Proc.		

[1] Eine Ausnahme hievon machen erſtlich die bekannten, durch auſserordentliche Länge der Faſern ausgezeichneten modernen japaniſchen Papiere, ſodann gewiſſe ganz moderne Sorten von Holzpapier, deren Faſern durch chemiſche Mittel gewonnen wurden und häufig ſehr langfaſerig im Riſſe erſcheinen.

Faijûmer Papier Nr. 3671 (4. H. = X. n. Chr.), gewöhnliche Länge.

Länge: 10—20 Mm.	5—18 Mm.	1—5 Mm.	0·1—1 Mm.
12·5	10·0	4·5	0·8
10·6	6·5	4·5	0·7
6·6 Proc.	6·0	4·5	0·6
	5·1	4·5	0·4
	13·3 Proc.	4·5	0·3
		4·2	0·2
		4·2	0·2
		4·1	0·15
		4·0	26·8 Proc.
		4·0	
		4·0	
		3·8	
		3·5	
		3·0	
		2·5	
		1·5	
		53·3 Proc.	

Faijûmer Papier Nr. 4455 (5. H. = XI. n. Chr.), kurzfaserige Sorte.

Länge: 10—20 Mm.	5—10 Mm.	1—5 Mm.	Unter 1 Mm.
0 Proc.	9·8	4·8	0·9
	9·1	4·6	0·6
	8·3	4·1	0·4
	6·5	4·0	0·3
	13·3 Proc.	4·0	0·[illegible]
		3·8	0·1
		3·6	0·09
		3·5	0·06
		3·5	26·7 Proc.
		3·4	
		3·4	
		3·0	
		2·8	
		2·6	
		2·5	
		1·5	
		1·3	
		1·0	
		60 Proc.	

Papier aus der Turiner königl. Bibliothek vom Jahre 1442:[1] Abschrift einer Urkunde Ludwig Herzogs von Savoyen aus dem Jahre 1442.

Länge: 10—20 Mm.	5—10 Mm.	1—5 Mm.	Unter 1 Mm.
0 Proc.	0 Proc.	27 Proc.	73 Proc.

Druckpapier aus dem Jahre 1567: P. Terentii comoediae sex elegantissime etc. Basiliae, apud haeredes Nicolai Brylingeri.

Länge: 10—20 Mm.	5—10 Mm.	1—5 Mm.	Unter 1 Mm.
0 Proc.	3·3 Proc.	66·6 Proc.	30·1 Proc.

Modernes Schreibpapier vom Jahre 1884 (Briefpapier, aus Leinen und Baumwollenhadern erzeugt).

Länge: 10—20 Mm.	5—10 Mm.	1—5 Mm.	Unter 1 Mm.
0 Proc.	0 Proc.	30 Proc.	70 Proc.

Modernes Druckpapier vom Jahre 1875 (WATTENBACH, das Schriftwesen des Mittelalters. Zweite Auflage, Leipzig 1875; gedruckt auf einem aus Roggenstroh und Hadern erzeugten Papier).

Länge: 10—20 Mm.	5—10 Mm.	1—5 Mm.	0·1—1 Mm.	Unter 0·1 Mm.
0 Proc.	0 Proc.	28 Proc.	64 Proc.	8 Proc.

7. Bestimmung der Fasersorte.

Nach Entfernung der oben (pag. 231 ff.) geschilderten Inkrustationen ist die Faser der Faijûmer Papiere zur mikroskopischen Analyse geeignet.

Dass diese Papiere nicht, wie nach der herrschenden Lehre anzunehmen wäre, reine Baumwollenpapiere sind, geht zunächst schon aus der an diesen sehr langfaserigen Producten so leicht zu constatirenden Thatsache hervor, dass viele der Fasern an **beiden** Enden mit natürlichen spitzen (oder etwas abgerundeten, aber stets sich verschmälernden) Enden versehen sind. Diese Form kann bei der Baumwolle gar nicht vorkommen; dieselbe deutet vielmehr auf eine Bastfaser hin. Durch Vergleich der zerstückten Fasern mit den beiderseits zugespitzten ergibt sich ferner, dass die ersteren gänzlich oder doch zum grössten Theile Fragmente der letzteren sind. In vielen Papieren kommen auch zu Bündeln (Bastbündeln) vereinigte, im übrigen mit den anderen Fasern übereinstimmende Zellen vor, welche zweifellos einer dicotylen Pflanze entstammen (siehe oben pag. 204).

So sicher nun die Faser der Faijûmer Papiere als Dicotylen-Bastzelle bestimmt werden konnte, so wenig können die Formverhältnisse dieser Fasern allein auf die Stammpflanze, überhaupt auf das Erzeugungsmaterial der genannten Papiere hinleiten. Denn es gibt ausserordentlich viele dicotyle Gewächse, deren Bastzellen so gestaltet sind, wie die Fasern

[1] Zahlreiche von mir untersuchte sogenannte Baumwollenpapiere stimmen etwa mit den Papieren Nr. 3671 und 4455 bezüglich der Faserlänge überein. Auf diese Papiere werde ich jedoch erst im nächsten Capitel näher eingehen.

der Faijûmer Papiere. Die Löſung unſerer Frage wäre auch gar nicht geglückt, wenn nicht der Zuſtand der Faſern ihnen den Stempel von ‚Textilfaſern‘ aufgedrückt hätte, und wenn ſich nicht Nebenbeſtandtheile im Papiere gefunden hätten, welche eine ſichere Beſtimmung jener Textilpflanze, welcher die Faſer entſtammte, ermöglichte.

Umſtände, welche ich im nächſten Paragraphen erſt näher erörtern kann, laſſen nämlich gar keinen Zweifel darüber, daſs die Faijûmer Papiere aus gewebten Zeugen bereitet wurden. Ueber die Textilpflanzen der Araber und Aegypter ſind wir aber ſoweit unterrichtet, daſs ſich die in Betracht kommenden Gewächſe auf einen ſehr kleinen Kreis beſchränken laſſen.

Die Faſern unſerer Papiere ſind, wie wir geſehen haben, Baſtzellen dicotyler Pflanzen, mithin kommt die Baumwolle ſowohl, als die Faſern monocotyler Gewächſe außer Betracht. Es bleiben alſo nur übrig: Flachs, Hanf und Jute (Baſtfaſern von *Corchorus sp.*). Hanf wurde in Aegypten nicht, wohl aber in Arabien gebaut. Die Jutepflanze war ſowohl den alten Aegyptern als den Arabern bekannt; es wurde aber nur die Species *C. olitoria* cultivirt und von dieſer wird nur erwähnt, daſs ſie als Gemüſepflanze in Verwendung ſtand.[1] Hingegen ſteht die ſtarke Benützung des Leins als Textilpflanze in Aegypten und Arabien außer Zweifel. Nimmt man nun an, das Rohmaterial der Faijûmer Papiere ſtamme aus Aegypten, ſo käme nur der Lein in Frage. Allein es iſt ja nicht ausgeſchloſſen, daſs die Papierrohmaterialien arabiſchen oder überhaupt orientaliſchen Urſprunges geweſen ſind. In dieſem Falle wäre auch Hanf in die Frage einzubeziehen.

Von der Juteſaſer kann vollkommen abgeſehen werden. Denn wenn auch die Jutepflanze in Aegypten oder Arabien zu textilen Zwecken verwendet worden wäre, worüber aber alle Anhaltspunkte fehlen, in den Faijûmer Papieren kommt dieſe von Hanf und Flachs geſtaltlich und chemiſch ſich ſo auffällig unterſcheidende Faſer (ſiehe oben pag. 209) nicht vor.

Die Unterſuchung hatte ſich alſo bloſs auf Flachs und Hanf zu erſtrecken. Wählt man die wohlerhaltenen Papierſaſern zur näheren Prüfung aus, ſo ſprechen die Befunde weit mehr für Flachs- als für Hanffaſer. Allein aus den oben (pag. 205 bis 209) angegebenen Gründen läſst ſich, wenigſtens bei der mikroſkopiſchen Papierunterſuchung, aus den Eigenſchaften der Baſtzellen auf die Provenienz der Faſern nicht mit Sicherheit ſchließen.

Ich bin in der glücklichen Lage geweſen, durch allerdings ſehr mühevolle und zeitraubende Unterſuchungen, ſo viel an Gewebsbeſtandtheilen der Stammpflanzen aufzufinden, daſs ſich zum mindeſten für einzelne der Papiere die Faſer mit abſoluter Beſtimmtheit erkennen lieſs. Von circa 70 unterſuchten Papierſorten konnte ich in 14 Beſtandtheile des Leinenſtengels (Flachsſtengels = Stengel von *Linum usitatissimum*) nachweiſen. So fand ich beiſpielsweiſe in den Papieren Nr. 5277 (6. H. = XII. n. Chr.), Nr. 351 (5. H. = XI. n. Chr.), Nr. 163 (Jahr 305 H. = 917 bis 918 n. Chr.), Nr. 233 (Jahr 356 H. = 967 n. Chr.) Oberhautſtücke und deren abgelöſte Cuticularmaſſe des Leinenſtengels, ferner Holztheile des Gefäſsbündels des Leinenſtengels mit Tracheïden, Tüpfel- und Spiralgefäſsen in den Papieren Nr. 4776 (4. H. = X. n. Chr.), Nr. 38 (4. H. = X. n. Chr.), Nr. 936 (Jahr 464 H. = 1071 bis 1072 n. Chr.), Nr. 974 (Jahr 351 H. = 962 n. Chr.). Die Enden der Baſtfaſern ſprechen in all' dieſen Papieren gleichfalls für Flachs, desgleichen in den meiſten übrigen Papieren.

---

[1] Woenig, die Pflanzen im alten Aegypten, Leipzig 1886, pag. 222. Daſelbſt auch die diesbezüglichen Quellen.

Stengelbeftandtheile des Hanfes (Oberhaut, Haare und Holztheile vom Stamme der *Cannabis sativa*) habe ich in keinem der Faijûmer Papiere aufzufinden vermocht. Hingegen fprechen die Enden der Baftzellen aus den Papieren Nr. 165 (Jahr 355 H. = 966 n. Chr.) und von Nr. 860 (Jahr 427 H. = 1036 n. Chr.) für die Anwefenheit von Hanffafern, desgleichen die fchwache Verholzung der fo geftalteten Fafern.

In den meiften Papieren bleibt es allerdings wegen zu weitgehender mechanifcher Zerftörung ungewifs, ob das Material Leinen- oder Hanffafer ift.[1] Allein die angeführten Beobachtungen laffen annehmen, dafs Leinenhadern ein weit gröfseres Contingent zur Bereitung der Faijûmer Papiere geliefert haben als Hanfhadern.

Abgefehen von den fchon erwähnten Inkruftationen und Färbungen in Folge Humification zeigen die Faijûmer Papiere noch manche Befonderheiten, welche den mit der mikrofkopifchen Unterfuchung nicht vollkommen Vertrauten leicht irreführen können, nämlich die oben (pag. 212 und 213) genau befchriebenen Zerftörungserfcheinungen der Papierfafern, welche zum Theil auf die Abfcheidung der Rohftoffe aus dem Stengel, zum Theil auf die Proceffe des Webens und Spinnens, endlich auch auf die mechanifchen Proceduren zurückzuführen find, welche die Fafer während der Papierbereitung felbft zu erdulden hat.

Namentlich ift bei der Unterfuchung diefer Papiere auf die fchraubig gewundenen Fafern zu achten (fiehe Fig. 14 auf pag. 214), die man fo häufig gewohnt ift, fofort als Baumwollenfafern zu deuten. Allein die meiften diefer Fafern find doch Leinen-, beziehungsweife Hanffafern, welche nur durch mechanifchen Angriff die genannte Geftalt angenommen haben. Es ift oben genügend dargethan worden, wie man fich in folchem Falle vor Irrthum bewahren könne.

Durch das oben (pag. 215) angeführte Verhalten der Lein- und Hanffafern gegen Chromfäure läfst fich in den Faijûmer Papieren gleichfalls zeigen, dafs diefelben nicht aus reiner Baumwolle beftehen; ferner durch die morphologifchen Unterfchiede, welche fich ergeben, wenn man diefe Papiere, ferner Baumwollen- und Leinenfafern ‚zerftäubt‘ oder ‚carbonifirt‘, was durch einprocentige Salzfäure und nach Entfernung der anhaftenden Flüffigkeit durch Erwärmung der Subftanz auf 50 bis 60° C. gefchieht, wobei diefe Fafern in eine überaus feine Maffe zerfallen und dabei charakteriftifche Structuren darbieten.[2] Auf diefen Gegenftand kann ich hier nicht näher eingehen und begnüge mich, auf die unten citirte Originalarbeit zu verweifen.

8. Beweife für die Behauptung, dafs die Faijûmer Papiere aus Hadern erzeugt wurden.

In dem vorhergehenden Paragraphen ift gezeigt worden, dafs fich die Hauptmaffe der Faijûmer Papiere aus mechanifch mehr oder weniger ftark angegriffenen Leinen- und Hanffafern zufammenfetzt.

Viele diefer Papiere beftehen thatfächlich nur aus diefen Fafern; andere hingegen enthalten ein kleines Quantum von Baumwollenfafern, fo z. B. die Papiere Nr. 254 (Jahr

[1] Von der Baumwolle, welche gewiffermafsen nur einen fecundären Beftandtheil der Faijûmer Papiere bildet, will ich in diefem Paragraphen abfehen.

[2] Siehe hierüber WIESNER, Unterfuchungen über die Organifation der vegetabilifchen Zellhaut. Sitzungsberichte der kaiferl. Akademie der Wiffenfchaften, Bd XCIII (Jänner 1886).

322 H. = 934 n. Chr.), Nr. 485, 1336, 1498, 2155, 5019 (alle 4. H. = X. n. Chr.), 344 und 5019 (beide 5. H. = XI. n. Chr.). Relativ viel Baumwolle wurde in Nr. 164 (Jahr 336 H. = 947/8 n. Chr.) aufgefunden. In einigen (Nr. 485, 4776 und 4885) fand ich hin und wieder felbft Schafwollenfafern auf. Der Nachweis der letzteren ift bekanntlich aufserordentlich leicht. Hingegen ift, wie fchon bemerkt, die Unterfcheidung der Leinen- und Hanffafern von der Baumwolle im Papier mit einigen Schwierigkeiten verbunden. Durch die oben angegebenen Kennzeichen liefs fich indefs der Nachweis der Baumwolle in den Faijûmer Papieren mit vollfter Sicherheit führen.

Da Gefpinnftfaferfragmente im atmofphärifchen Staube nicht felten vorkommen, darunter natürlich auch Baumwollen- und Schafwollfäden, und da ja, wie oben (pag. 230) näher dargelegt wurde, fich grofse Staubquantitäten im Laufe der Jahrhunderte an den Faijûmer Papiere anfammelten, fo mufste forgfältig geprüft werden, ob die in den letzteren nachgewiefenen Baumwollen- und Schafwollenfafern nicht etwa vom angeflogenen Staube herrührten. Zu diefem Behufe wurden die betreffenden Papiere vor der mikrofkopifchen Unterfuchung von allen anhängenden Theilen forgfältigft befreit und die Fafern aus dem Innern der Papiere heraus präparirt. Aber auch bei Anwendung diefer Vorfichten gelang der Nachweis der Baumwollen- und der thierifchen Fafern in den obengenannten Papieren.

Die überwiegende Hauptmaffe des Papiers befteht aus farblofen oder in Folge Humificirung gelblich oder licht bräunlich gefärbten Fafern (und auch mehr oder minder zertheilten Faferbündeln). Daneben treten, und zwar auch im Innern der Papiere, hin und wieder Fafern auf, welche durch fehr lebhafte Färbungen ausgezeichnet find: fchwefelgelbe Baumwollen- und Schafwollfafern, blaugrüne, grüne und blaue Baumwollenfafern, endlich auch tief braun und rofenroth gefärbte Stofffafern (darunter auch Seide). Welche Farbftoffe in diefen Fafern auftreten, konnte nur bezüglich der blauen Fafern ermittelt werden: Das Verhalten des Farbftoffes gegenüber der Schwefelfäure, der Kalilauge und der Salpeterfäure bewies die Identität des blauen Pigmentes mit dem Indigo.

Sowohl das Auftreten der Baumwollen- und Schafwollenfafern, als auch das Vorkommen von entfchieden künftlich gefärbten Textilfafern mitten in der übrigen aus Leinen- und Hanffafern beftehenden Papiermaffe läfst wohl keine andere Deutung zu, als die, dafs zur Papiererzeugung abgenützte Gewebe (Hadern, Lumpen, Strazzen) verwendet wurden, dafs diefelben der Hauptmaffe nach Leinen waren, worunter fich aber auch weifse und gefärbte (oder unvollftändig entfärbte) Baumwollen- und in fehr kleiner Menge felbft fchafwollene und feidene Hadern befanden.

Sollten die eben angeführten Beweife für meine Behauptung, dafs die Faijûmer Papiere aus Hadern erzeugt wurden, nicht für ausreichend befunden werden, fo mufs doch jeder Zweifel fchwinden, wenn ich folgende Thatfachen anführe.

In zahlreichen diefer Papiere wurden wohlerhaltene Garnfäden aufgefunden, fo unter anderem in dem älteften, der Schrift nach datirbaren, Papiere der Sammlung, es ift dies Nr. 679 (circa 180 H. = 796 n. Chr., alfo aus dem Ende des VIII. Jahrhunderts). Sehr fchöne, zumeift fchon mit freiem Auge wahrnehmbare Garnfäden wurden in Nr. 166, 167, 2155, 3671, 5019 (alle aus dem X. Jahrhundert n. Chr.), ferner 351 und 2634 (aus dem XI. Jahrhundert n. Chr.) aufgefunden. In Nr. 7827 (Jahr 355 H. = 946/7 n. Chr.) befinden fich fehr fchöne Garnfäden, deren Drehung fchon mit der Loupe wahrnehmbar ift. (Siehe die umftehende Abbildung bei *c*.) In zahlreichen anderen Papieren wurden nach dem Transparentmachen mittelſt des Mikroſkops mehr oder minder gut erhaltene Garnfragmente gefunden. In der ſchon früher genannten Nr. 3671 konnte ich ſogar eine Stelle bloſslegen, welche noch **gekreuzte** Garnfäden, alſo ein Rudiment eines Gewebes mit Kette und Einſchlag enthielt!

Die genannten Garnſtücke beſtehen gleich der übrigen Papiermaſſe aus Baſtzellen, die begreiflicher Weiſe im Ganzen beſſer erhalten ſind, als die völlig iſolirten Faſern. Es lieſsen ſich in den Papieren alle Uebergänge vom gedrehten Garn bis zur iſolirten Faſer nachweiſen, weſshalb es keinem Zweifel unterliegt, daſs dieſe, wie jene, dem gleichen Rohmateriale entſtammen.

9. Unterſuchung der Tinte, mit welcher die Faijûmer Papiere beſchrieben ſind.

Ich verſtehe unter Tinte jene zweifellos im flüſſigen Zuſtande angewendete ſchwarze Subſtanz, mit welcher die Araber ihr Papier beſchrieben haben.

Eine genaue Durchſicht der Faijûmer Papiere muſs ſofort auf die Annahme von zwei verſchiedenen Tinten führen. An allen wohlerhaltenen Papieren ſind die Schriftzüge allerdings tief ſchwarz; allein an den gebräunten, überhaupt wenig gut erhaltenen findet man entweder alle Schriftzeichen tief ſchwarz, oder ſchmutzig braun. Eine der Tinten trotzt allen das Papier ſchädigende Einwirkungen, die andere erfährt unter ſolchen Einflüſſen einen Umſchlag der Farbe von Schwarz in Roſtbraun.

Papier Nr. 7827.

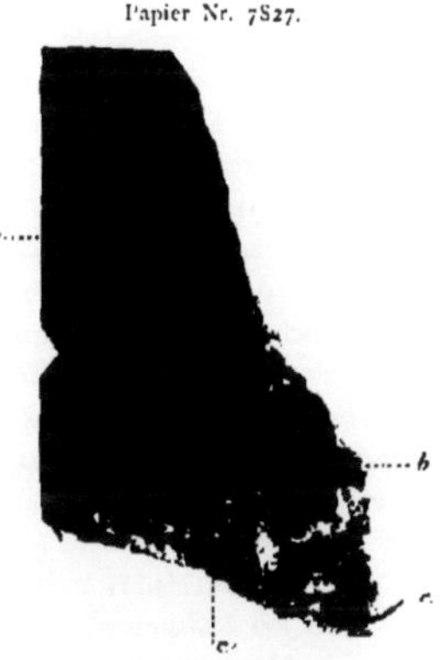

Aus dem Jahre 946/947 n. Chr.
a doppelſchichtig, undurchſichtig; b nach Ablöſung einer Schicht als transparentes Lichtbild aufgenommen. c Garnfaden.

Unterwerfen wir zunächſt die braun gewordenen Schriftzüge einer chemiſchen Prüfung.

Ueberfährt man dieſe Schriftzeichen mit einem fein ausgezogenen Glasſtabe, der in Salzſäure eingetaucht wurde, ſo ändern dieſelben ihre Farbe: früher ſchmutzig und mattbraun, ſind ſie nunmehr roſtroth geworden. Taucht man ein fein ausgezogenes Glasſtäbchen in eine Löſung von gelben Blutlaugenſalz (Ferrocyankalium) und überfährt man nun damit die ſchon der Salzſäurewirkung ausgeſetzten Schriftzeichen, ſo werden dieſelben augenblicklich intenſiv blau gefärbt. Dieſe blaue Farbe rührt von Ferrocyaneiſen (Berlinerblau) her, und beweiſt, **daſs die Tinte, mit welcher dieſe Schriftzeichen hervorgebracht wurden, eiſenhältig war.** Das Papier ſelbſt wird durch Salzſäure und Blutlaugenſalz nicht oder nur ganz ſchwach blau gefärbt, nicht ſtärker als Subſtanzen, die nur Spuren von Eiſen enthalten. Bekanntlich ſind ſolche Subſtanzen etwas ganz gewöhnliches.

Ein ganz anderes Verhalten bieten jene Papiere dar, deren Schriftzüge ſelbſt bei ſtarker Veränderung des Papiers ihre tiefſchwarze Farbe beibehalten haben. Dieſe Schriftzüge werden durch Salzſäure nicht verändert, überhaupt durch gar kein Reagens angegriffen. Selbſt Salpeter- und Chromſäure bleiben ohne Wirkung. Schneidet man ein mit einem derartigen Schriftzeichen verſehenes Papierſtück ab, legt es auf eine Glasplatte und fügt eine Chromſäurelöſung zu, ſo findet man nach einiger Zeit die Subſtanz des Papiers gelöſt, während das Schriftzeichen unverändert geblieben iſt und ſcharf umgrenzt auf der Glasplatte liegt. Dieſes Verhalten, ferner der Umſtand, daſs dieſe Subſtanz am Platinblech verbrennt, läſst annehmen, daſs dieſelbe feinvertheilte Kohle iſt, wahrſcheinlich Ruſs, wofür auch die auſserordentliche Feinheit der Theilchen ſpricht, in welche ſich die Farbe der Schrift zertheilen läſst.

Jede der unterſuchten Tinten erwies ſich entweder als eiſen- oder kohlehältig. Ein Drittes habe ich nicht beobachtet. Es ſind alſo zweierlei Tinten in den Faijûmer Papieren anzunehmen.

Was nun zunächſt die eiſenhältige Tinte betrifft, ſo iſt wohl nicht zu bezweifeln, daſs dieſelbe gerbſaures Eiſen als ſchwärzenden Beſtandtheil enthält, alſo im Weſentlichen mit unſerer Galläpfeltinte übereinſtimmt. Die Gerbung des Leders war zur Zeit, als die Faijûmer Papiere beſchrieben wurden, lange bekannt und gewiſs auch die Eigenſchaft der Gerbſtoffe, mit Eiſenſalzen ſchwarze (tief blaue oder tief grüne) Verbindungen zu geben. Hingegen dürfte damals keine andere zur Tintebereitung geeignete ſchwarze Eiſenverbindung bekannt geweſen ſein. Auch boten mir jene wohlerhaltenen, durch Eiſentinte hervorgerufenen Schriftzeichen ein eigenthümliches Bild unter Mikroſkop dar: eine Partie erſcheint braun, eine andere tief blauviolett; letztere halte ich für gerbſaures Eiſen, erſtere für aus der gerbſauren Verbindung entſtandenes Eiſenoxydhydrat.

Die kohlehaltige Tinte iſt zweifellos ein dem Tuſch oder einer aus Kienruſs bereiteten Farbe ähnliches Product geweſen, deſſen nähere Beſchaffenheit ſich jetzt kaum mehr näher aufklären läſst. Was neben der ſchwarzfärbenden Subſtanz in der Tinte enthalten war, lieſs ſich an den minutiöſen Mengen, welche zur Verfügung ſtanden, nicht mehr ermitteln.

Viele Papiere ſind an beiden Seiten beſchrieben.

Ich gebe ſchlieſslich eine Ueberſicht der Reſultate über die Qualität der Tinten, bemerke aber, daſs ich, um das koſtbare Materiale möglichſt zu ſchonen, nur einen Theil der mir zur Verfügung geſtellten Papiere in dieſer Beziehung prüfte.

a) Bloſs mit Galläpfeltinte ſind beſchrieben:

Nr. 661 (4. H. = X. n. Chr.), Nr. 936 (5. H. = XI. n. Chr.)

b) Bloſs mit Ruſstinte:

Nr. 2078 (Wende des VIII. n. Chr.), Nr. 163, 167, 254, 1309, 1311, 2716, 3412, 7827 (alle aus 4. H. = X. n. Chr.), ferner Nr 205, 345, 476, 841 (5. H. = XI. n. Chr.).

c) Beiderſeits mit Galläpfeltinte:

Nr. 2080 (3. H. = IX. n. Chr.), Nr. 485 und 919 (4. H. = X. n. Chr.), Nr. 860 (5. H. = XI. n. Chr.).

d) Beiderſeits mit Ruſstinte:

Nr. 301 (Anfang des X. Jahrhunderts n. Chr.), Nr. 39, 164, 165, 223, 384, 731, 981, 1498, 3671, 3781, 4776 (alle 4. H. = X. n. Chr.), Nr. 161, 344, 1500, 2634, 5062, 8092 (5. H. = XI. n. Chr.), 4983, 5487, 7086 (6. H. = XII. n. Chr.), 8200 (7. H. = XIII. n. Chr.).

e) Auf einer Seite mit Ruſs-, auf der anderen mit Galläpfeltinte:

Nr. 671, 2155 (4. H. = X. n. Chr.), 8156 und 8179 (7. H. = XIII. n. Chr.).

Fünftes Capitel.

Unterſuchung orientaliſcher und europäiſcher Papiere aus dem IX. bis XIX. Jahrhundert.

In dieſem Capitel ſollen die Wandlungen geſchildert werden, welche das Faſer- und Leimungsmateriale des Papiers erfuhr, ſeitdem das letztere auf europäiſchem Boden erzeugt wird, und zwar inſoweit dies durch directe materielle Prüfung möglich iſt.

Die Hauptfragen, um die es ſich hier handelt, ſind: 1. Hat es je ein ſogenanntes Baumwollenpapier gegeben? 2. Welche Leimungsmaterialien wurden der Reihe nach zur Papierbereitung angewendet?

In einem der vorhergehenden Capitel ſind die Methoden, durch welche das Leimungsmateriale eruirt werden kann, genügend exponirt worden. Was hingegen die Entſcheidung der Frage anlangt, ob ein Papier aus Hadern erzeugt wurde oder nicht, ſo erſcheint es mir nothwendig, einige Bemerkungen meinen Beobachtungsergebniſſen voranzuſchicken.

Man hat früher ein Papier als Hadern- oder Lumpenpapier erklärt, wenn in demſelben ſich Garnſäden nachweiſen lieſsen. Es kann nichts Einleuchtenderes geben. Allein es iſt leicht einzuſehen, daſs dieſes Kennzeichen nur bei ſehr roh dargeſtellten Papieren ſich bewähren wird; ein gut bearbeiteter Papierſtoff enthält keine Garnſäden mehr. Es ſind nun von BRIQUET jene Papiere, welche Leinen- oder Hanffaſern enthalten, auch wenn in denſelben keine Garnſäden vorkommen, für Hadernpapier erklärt worden Dieſe Schluſsfolge ſcheint mir aber nicht ohneweiters berechtigt. Denn es iſt ja nicht unmöglich, daſs die alten Papiermüller ein Macerationsverſahren kannten, durch welches ſie rohen Hanf oder rohen Flachs oder Abſälle der Flachs- und Hanfgewinnung (z. B. Werg) in eine ſeinſaſerige Maſſe zu verwandeln im Stande waren.

Ich habe ſchon bei Beſprechung der Faijûmer Papiere einige wichtige Kennzeichen der Hadernpapiere angegeben, welche ſich auf alle anderen Papiere anwenden laſſen. Dementſprechend erkläre ich erſt dann ein Papier für ein aus Hadern erzeugtes Product, wenn folgende Eigenthümlichkeiten wahrzunehmen ſind:

1. Faſern verſchiedener Art, z. B. Baumwolle neben Leinenſaſern etc., oder

2. wenn neben ſarbloſen Faſern auch andere vorkommen, welche entſchieden aus geſärbten Zeugen ſtammen, oder

3. wenn ich Garnſäden darin nachweiſen kann. Man darf ſich aber da nicht auf die makroſkopiſche Beobachtung verlaſſen. Ich habe geſunden, daſs ſich in vielen Papieren, welche bei Betrachtung mit freiem Auge keine Spur von Garnſäden zeigen, ſich ſolche nicht ſelten durch das Mikroſkop nachweiſen laſſen, nachdem man ſie durch Waſſer (oder beſſer durch Weingeiſt) transparent gemacht hat.

Ich muſs aber noch auf ein viertes, ſehr wichtiges Kriterium der Hadernpapiere hinweiſen, welches ich bis jetzt noch nicht zu erwähnen Gelegenheit hatte.

In Hadern von Wäſche und anderen Zeugen ſinden ſich ſtets noch mehr oder minder deutliche Reſte von Stärkekleiſter vor, welche zum Stärken oder Appretiren dieſer Stoffe dienten. Dieſer Stärkekleiſter bleibt in allerdings ſehr kleinen Mengen in der Papiermaſſe zurück, und ich habe in Hunderten von Papieren die Gegenwart desſelben durch das Mikroſkop mittelſt Jodlöſung (und Vorbehandlung mit Salzſäure; ſiehe oben pag. 226) conſtatirt. Ich nenne in der nachfolgenden Zuſammenſtellung dieſe Kleiſterreſte: ‚Stärkeſpuren'. Es iſt ſelbſtverſtändlich, daſs dieſes Kennzeichen nicht benützt werden kann, wenn Stärkekleiſter zur Leimung diente. Eine Verwechslung der ‚Stärkeſpuren' mit Stärkekleiſter als Leimungsmaſſe kann nicht vorkommen, da im erſteren Falle die Menge der Stärke eine ſehr kleine iſt: man erkennt unter Mikroſkop nach Behandlung mit Salzſäure und wäſſeriger Jodlöſung nur hier und dort kleine blaugefärbte Stellen, oft erſt nach längerem Suchen, während, wenn das Papier mit Kleiſter geleimt iſt, die Jodlöſung ſofort, oder bei Papieren, welche im Laufe der Zeit ſehr gelitten haben, nach Vorbehandlung mit Salzſäure eine ſchon für das freie Auge kenntliche violette bis blaue, in der Regel ſehr geſättigte, häufig tiefe Farbe hervorruft.

Ich gebe im Nachfolgenden die Reſultate der Unterſuchung von mehr als 500 Papieren aus dem IX. bis zum XIX. Jahrhundert. In jedem einzelnen Falle werden die Argumente, auf welche hin das Papier für ein Hadernpapier erklärt wurde, namhaft gemacht.

Bei der Durchführung dieſer auſserordentlich mühevollen und zeitraubenden Arbeit wurde ich in dankenswertheſter Weiſe von meinem Aſſiſtenten, Herrn Privatdocenten Dr. H. MOLISCH unterſtützt. Viele Leimungsproben führte Herr Dr. FRIDOLIN KRASSER, Eleve des pflanzenphyſiologiſchen Inſtitutes, aus.

IX. Jahrhundert.

1. Cod. 298. Leiden. Dsûlka'de. 252 H. = Dec. 886 n. Chr.

Hadernpapier: Garnfäden, unter Mikroſkop in meiſt wenig gut erhaltenem Zuſtande zu finden. Leinenfaſern.[1]

Leimung: Nicht nachweisbar, wahrſcheinlich gar nicht vorhanden geweſen.

X. Jahrhundert.

2. Cod. Refaya, 33. Leipzig. 380 H. = 990 n. Chr.

Hadernpapier: Miſchung von viel Leinen- und wenig Baumwollenfaſern.

Leimung: Nicht nachweisbar, wahrſcheinlich gar nicht vorhanden geweſen.

XI. Jahrhundert.

3. Cod. graec. theol. CXCIII. Wiener k. k. Hofbibliothek.

Hadernpapier: Deutliche Spur von Garnfäden unter Mikroſkop nachweisbar; Hauptmaſſe Leinenfaſern, etwas Baumwolle.

Leimung: Mit Stärkekleiſter (direct durch Jodlöſung nachweisbar).

Die MILLON'ſche Reaction trat in ſchwachem Grade ein. Dieſelbe deutet aber hier gewiſs nicht auf thieriſchen Leim, ſondern zeigt, wie die mikroſkopiſche Unterſuchung lehrt, Kleber und Schimmelpilzfäden an. Die Anweſenheit des Klebers läſst annehmen, daſs die zur Leimung benützte Stärke durch Schlämmen und nicht durch Gährung erhalten wurde, überhaupt ſehr geringer Qualität geweſen iſt.

---

[1] Wenn im Nachfolgenden bei ‚Leinenfaſern' oder ‚Hanffaſern' nicht beſonders eines der abſolut entſcheidenden Kennzeichen angegeben iſt, ſo iſt die Beſtimmung nur als wahrſcheinlich anzuſehen: in dieſen Fällen konnte nicht mit abſoluter Sicherheit ermittelt werden, ob die eine oder die andere vorlag.

4. Cod. 597. Leiden. Aus Bagdâd. 489 H. = 1096 n. Chr.

Hadernpapier: Hin und wieder gefärbte Fäden. Hauptmasse Leinenfasern mit Spur von Baumwolle.

Leimung: Mit Stärkekleister (direct durch Jod nachweisbar).

5. Cod. Wetzst. II. 1958. Berlin. Beginn des 5. H. = XI. n. Chr.

Hadernpapier: Leinenfasern, Hanffasern (gabelige Zellenden), etwas Baumwolle.

Leimung: Stärkekleister.

6. Cod. Refaya 354. Leipzig. 484 bis 492 H. = 1091 bis 1099 n. Chr.

Hadernpapier: Leinenfasern und Spur von Baumwolle.

Leimung: Nicht nachweisbar (wahrscheinlich zerstört).

XII. Jahrhundert.

7. Ein Papier aus der Sammlung des Institutes für österreichische Geschichtsforschung an der Wiener Universität mit der Signatur: ‚Arab. Pap. M. S. v. 1100'.

Hadernpapier: Leinenfasern mit Spur von Baumwolle.

Leimung: Stärkekleister.

8. Ein anderes Papier aus derselben Sammlung mit der Signatur: ‚Arab. Pap. mit Fäden, 1100'.

Hadernpapier: Leinenfasern mit Spur von Baumwolle.

Leimung: Stärkekleister.

9. Cod. CCLXI. Kopenhagen. 523 H. = 1129 n. Chr.

Hadernpapier: Bloss Leinenfasern. Da kein absolut sicheres Argument für die Hadernnatur dieses Papiers aufgefunden werden konnte, so kann in diesem Falle nur indirect auf Hadern als Rohmateriale geschlossen werden.

Leimung: Stärkekleister.

10. Cod. CXXXV. Kopenhagen. 580 H = 1184 bis 1185 n. Chr.

Hadernpapier: Hauptmasse Leinenfasern, etwas Baumwolle.

Leimung: Stärkekleister (undeutlich und erst durch Salzsäure und Jodlösung zu finden).

11. Cod. 212. Leiden. Latein. arab. Lexikon mit gemischten Pergament- und Papierblättern. XII. n. Chr. (vergl. darüber DOZY, Supplément aux Dictionnaires arabes, I. Préface VIII).

Hadernpapier: Garnfäden aus Leinenfasern.

Leimung: Nicht nachweisbar.

XIII. Jahrhundert.

A. Orientalische Papiere.

12. Cod. CLXVIII. Kopenhagen. 616 H. = 1219 bis 1220 n. Chr.

Hadernpapier: Leinenfasern und etwas Baumwolle.

Leimung: Stärkekleister.

13. Cod. CCLVI. Kopenhagen. 648 H. = 1250 bis 1251 n. Chr.

Hadernpapier: Leinenfasern und etwas Baumwolle.

Leimung: Stärkekleister.

14. Cod. CLIV. Kopenhagen. 676 H. = 1277 bis 1278 n. Chr.

Hadernpapier: Leinenfaser und etwas Baumwolle.

Leimung: Stärkekleister.

B. Europäische Papiere.

15. Die Schwandner'sche Urkunde von Kaiser Friedrich II. vom Jahre 1228, aus dem k. k. Hof- und Staatsarchiv zu Wien.

Hadernpapier: Garnfäden aus Leinenfaser. Spur von Seidenfäden.

Leimung: Stärkekleister, direct aus wässeriger Jodlösung nachweisbar.

16. Ein Papier aus der Sammlung des Institutes für österreichische Geschichtsforschung mit der Signatur: ‚Aus Aquileja 1288, Baumwollen-Lumpenpapier.'

Hadernpapier: Leinenfasern und etwas Baumwolle. Mikroskopisch Garnfäden zu finden.

Leimung: Stärkekleister.

*17. Liber plegiorum comm. 1223. Staatsarchiv zu Venedig.

Hadernpapier: Garnfäden, Leinenfaser und etwas Baumwolle. Nach BRIQUET (l. c. pag. 61) soll dieses Papier aus Hanffaser bestehen.

Leimung: Mit Stärkekleister, schon direct sehr schön durch wässerige Jodlösung zu finden. BRIQUET (l. c. pag. 61) gibt als Leimungsmaterial Traganth und viel Harz an. Weder von dem einen noch von dem anderen konnte auch nur eine Spur aufgefunden werden.

*18 bis 24. Volume degli atti del Podestà a Murano. 7 Proben von 1279 bis 1291, Staatsarchiv zu Venedig.

Hadernpapier: Garnfäden, fast durchgehends Leinenfaser mit etwas Baumwolle gemengt. In einem Stücke wurde die Oberhaut, in zweien Bastbündel, in zweien das Holz des Leinenstengels nachgewiesen.

Leimung: Stärkekleister.

*25. Registro di un Consiglio dei X precedente al Consiglio dei X......1289 bis 1291. Staatsarchiv zu Venedig.

Hadernpapier: Leinenfaser mit Spur von Baumwolle. Stärkespuren von der Zeugappretur. Einzelne blaue und bläuliche Fasern.

Leimung: Schwach mit Leim.

*26. Volume degli atti del Podestà a Torcello 1289 bis 1299. Staatsarchiv zu Venedig.

Hadernpapier: Garnfäden. Leinenfaser mit Spur von Baumwolle. Stärkespuren.

Leimung: Wahrscheinlich Leim (zweifelhafte MILLON'sche Reaction).

*27 bis 38. Consiglio generale. Staatsarchiv zu Siena. Durch Herrn Professor PAOLI in Florenz. Vol. II (1248), Vol. III (1251), Vol. IV (1254 bis 1255), Vol. VII (1256 bis 1257), Vol. VIII (1258 bis 1259), Vol. X (1262), Vol. XI (1266), Vol. XVII (1273), Vol. XXVI (1282), Vol. XIX (1284), Vol. XXXII (1286).

Die mit * bezeichneten Objecte erhielt ich durch die gütige Vermittlung meines hochverehrten Collegen des Herrn Hofrathes Professor v. SICKEL. Die betreffenden Proben, mit genauer Signirung und mit Noten über die Ergebnisse meiner Untersuchungen wurden der Sammlung des Instituts für österreichische Geschichtsforschung einverleibt.

Hadernpapier: Faſt alle mit Garnfäden durchſetzt, Hauptmaſſe Leinenfaſer mit etwas Baumwolle oder alles Leinenfaſer.

Leimung: Durchaus reichlich Stärkekleiſter, mittelſt Jodlöſung leicht direct nachweisbar.

*39 bis 41. Misture di Biccherna 1277, 1281, 1298. Staatsarchiv zu Siena. Durch Herrn Profeſſor PAOLI.

Hadernpapier: Garnfäden. Leinenfaſer allein oder mit Spur von Baumwolle.

Leimung: Durchaus reichlich mit Stärkekleiſter.

*42 bis 43. Misture di Biccherna 1298, 1299. Staatsarchiv zu Siena. Durch Herrn Profeſſor PAOLI.

Hadernpapier: Lein und etwas Baumwolle, Stärkeſpur.

Leimung: Mit Leim, reichlich (MILLON'ſche Reaction ausgezeichnet).

*44 und 45. Sangimignano, Deliberazione del Comune 1223 und 1279. Aus dem Staatsarchive von Florenz.

Hadernpapier: Garnfäden; viel Leinenfaſer, etwas Baumwolle.

Leimung: Mit Stärkekleiſter.

*46. Consulte del Comune di Firenze 1293. Staatsarchiv zu Florenz.

Hadernpapier: Garnfäden; viel Leinen-, wenig Baumwollenfaſer.

Leimung: Mit Stärkekleiſter.

*47. Documento di Pistoia 1296. Staatsarchiv zu Florenz.

Hadernpapier: Garnfäden aus Leinenfaſern und Garnfäden aus Baumwollenfaſern. Relativ viel Baumwolle. Stärkeſpuren mikroſkopiſch nachweislich.

Leimung: Stark mit thieriſchem Leim.

*48. Miscellaneae patriae. Nr. 163. Königl. Bibliothek zu Turin. Aus der zweiten Hälfte des XIII. Jahrhunderts (um 1270).

Hadernpapier: Leinen und etwas Baumwolle.

Leimung: Mit Stärkekleiſter.

*49. Carte Miscellanee dei Fascicoli Angiovini (1282 bis 1283). Staatsarchiv zu Neapel.

Hadernpapier: Garnfäden, viel Leinen-, etwas Baumwollenfaſern.

Leimung: Stärkekleiſter.

XIV. Jahrhundert.

A. Orientaliſche und ägyptiſche Papiere.

50. Cod. CXCVI von Kopenhagen. Jahr 702 H. = 1302 bis 1303 n. Chr.

Hadernpapier: Leinenfaſer und relativ viel Baumwolle. Baſtbündel vom Leinenſtengel.

Leimung: Mit Stärkekleiſter.

51. Cod. CLVI von Kopenhagen. Jahr 728 H. = 1328 n. Chr. Beſteht aus zwei aneinandergeklebten Papierblättern.

Hadernpapier: Bloſs Leinenfaſern aufgefunden. Beſtimmung als Hadernpapier bloſs durch den Vergleich, alſo indirect.

Leimung: Mit Stärkekleiſter.

52. Hariri's Makamen. Aus der k. k. Hofbibliothek zu Wien. Jahr 734 H. = 1334 n. Chr.

Hadernpapier: Leinenfaser, dazwischen vereinzelt grüne und gelbe Fäden.

Leimung: Mit Stärkekleister.

53. Cod. CCXXXVII von Kopenhagen. Damaskus, Jahr 738 H. = 1337—1338 n. Chr. Besteht aus zwei aneinander geklebten Papierblättern.

Hadernpapier: Wahrscheinlich Hanf- und Leinenfasern. War nicht genau zu bestimmen, da die Fasern mechanisch zu stark angegriffen sind.

Leimung: Stark, mit Stärkekleister.

54. Irakanisch. Jahr 786 H. = 1384 n. Chr.

Hadernpapier: Hanf- und Leinenfaser. Baumwolle nicht vorhanden.

Leimung: Mit Stärkekleister.

55. Syrisch. 8. H. = XIV. n. Chr.

Hadernpapier: Hanffaser, Leinenfaser und Baumwolle.

Leimung: Mit Stärkekleister.

56. Aegyptisches Papier aus einem koptischen Codex des fürstlich Czartoryski'schen Museum zu Krakau. Jahr 791 H. = 1389 n. Chr.

Hadernpapier: Garnfäden, Leinen- und Baumwollenfaser.

Leimung: Mit Stärkekleister.

57. Cod. LIV von Kopenhagen. Jahr 798 H. = 1395—1396 n. Chr.

Hadernpapier: Leinenfaser vorherrschend, daneben etwas Seiden- und Baumwollenfaser.

Leimung: Mit Stärkekleister.

B. Europäische Papiere.

*58 bis 76. Volume degli atti del Podestà a Torcello. Aus dem Staatsarchive zu Venedig. 1304 bis 1390.

Hadernpapier: Zumeist mit Garnfäden; gewöhnlich viel Leinenfasern und etwas Baumwolle. Ueberall erkennt man mikroskopisch die Hadernnatur an den Stärkespuren. In einer Nummer (von 1304) vereinzelte blaue und zinnoberrothe Fasern. In einer Nummer vom Jahre 1321 auch Hanffasern, in einer anderen vom Jahre 1369 scheint Hanffaser vorzuherrschen.

Leimung: Schwach bis stark mit Leim.

*77. Ein Papier aus dem Staatsarchive von Venedig, bloss mit der Signatur ‚Secolo XIV°' bezeichnet, ist ein ausgesprochenes Leinenhadernpapier, in welchem sich Reste der Oberhaut des Flachsstengels nachweisen liessen. Es ist mit Stärke geleimt.

*78 bis 85. Documenti patri sec. XIV. Nr. 8 (1306), Nr. 120 (1329), Nr. 121 (1333), Nr. 135 (1334), Nr. 136 (1335), Nr. 175 (1347), Nr. 194 (1353), Nr. 252 (1369). Aus der königl. Bibliothek zu Turin.

Durchaus Hadernpapier, zum Theil mit Garnfäden (Nr. 166, 120), aus Leinenfasern oder mit viel Leinen und wenig Baumwolle (Nr. 120, 121).

Nr. 8 ist mit Stärkekleister geleimt, alle übrigen mit Leim. Merkwürdig ist Nr. 175 (Testament des Humbertus dalphinus Viennensis), welches mit einem Gemenge von Stärkekleister und Leim geleimt zu sein scheint.

*85 bis 98. Vierzehn Urkunden aus dem Capitelarchive von Verona vom Jahre 1305 bis 1396, und zwar: Processus monast. S. Leonardi (bei Verona; 1305); in Venedig geschriebene Processache (1325); Protokoll des Notars Oliverius de Nuptiis (1326); Rechnungsregister (1327); Protokoll des Notars Gardesanis (1330); Registrum (1346); Protokoll des Notars Stephanus de Gardesanis (1347, 1350, 1354, 1360); Locationes des Nonnenklosters S. Caterina in Verona (1353); Protokoll des Leon. de Codelupis (1374); Protokoll des Notars Bart. de Broilo (1391, 1396).

Durchwegs Hadernpapier. Zumeist viel Leinen- und etwas Baumwollenfasern, ferner Garnfäden. Garnfäden aus Baumwolle und Garnfäden aus Leinenfasern in dem Stücke vom Jahre 1325. Leinenbastbündel und Oberhautstücke des Leinenstengels in dem Stücke vom Jahre 1326.

In allen diesen Papieren waren mikroskopisch die von der Zeugappretur herrührenden Stärkespuren zu finden, was gleichfalls für die Bereitung dieser Papiere aus Hadern spricht.

Alle mehr oder minder stark geleimt, und zwar durchaus mit Leim.

*99 bis 105. Sieben Klosterregister von 1305 bis 1390. Antichi archivi di Verona (Biblioteca comunale), und zwar: Abatia S. Zenonis (1305); Monast. S. Mariae de Virginibus, Verona (1338); S. Maria ad Organum (1368); Commenda di Malta (1370); S. Zeno, Ver. (1379); S. Maria de Virg. Verona (1377); S. Maria ad Organum (1390).

Durchaus Hadernpapier, zumeist aus Leinen, aber auch Leinen und Baumwolle. In dem Stücke vom Jahre 1338 Hanffasern, in dem vom Jahre 1379 Leinenoberhaut; hin und wieder auch Garnfäden (1305).

Das jüngste dieser Papiere ist bereits kurzfaserig, während alle bisher genannten wohlerhaltenen Papiere durchaus langfaserig waren.

Alle mehr oder minder stark, aber durchwegs mit Leim geleimt.

*106. Documento notariale copiato in Pistoia, 1308. Aus dem Staatsarchive zu Florenz.

Hadernpapier: Vorherrschend Leinenfasern, auch etwas Baumwolle. Durch das Mikroskop Stärkespuren, von der Gewebsappretur herrührend, nachweislich.

Leimung: Mit Leim.

*107 bis 114. Urkundenbücher aus dem ‚Archivio Camerale' in Turin. Aus Savoyen (1308, 1315, 1323); Monferrato (1328); Trana bei Turin (1346); Abtei des heil. Justus in Susa (1365); Aosta (1376); Crussilie bei Genf (1386).

Durchaus Hadernpapiere, hauptsächlich aus Leinen mit Spuren von Baumwolle.

Leimung: Die Papiere von 1308, 1315 und 1323 mit Stärkekleister, die späteren alle mit Leim.

*115. Protokoll des Notars Antonius Crottus aus dem ‚Archivio Camerale' in Turin 1332.

Hadernpapier: Leinenfasern mit etwas Baumwolle.

Leimung: Mit Leim.

*116 bis 119. Antichi registri di Rogiti notar. vom Jahre 1307, 1330, 1364 und 1370. aus dem Staatsarchive von Mailand.

Hadernpapier: Leinen- und Baumwollenfasern.

Leimung: Mit Leim.

*120 bis 123. Trattati vom Jahre 1324, 1369, 1396, 1422, aus dem Staatsarchive zu Mailand.

Hadernpapier: Leinenfasern allein oder mit etwas Baumwollenfasern gemengt, zumeist mit Stärkespur.

Leimung: Mit Leim.

*124 bis 126. ,Potenze Sovrane. Galeazzo II° Visconti'. Mailänder Staatsarchiv 1371, 1374, 1397.

Hadernpapier: Leinenfasern und etwas Baumwolle.

Leimung: Mit Leim.

*127, 128. ,Dal Registro Ducale A. Pace e Feudi' 1375, 1380. Mailänder Staatsarchiv. Wie früher.

*129. Cod. S. Pantaleo Nr. 16: Trattato delle virtù .... (2° testo). Rom, Bibl. Vittore Emanuele. XIV. Jahrhundert.

Hadernpapier: Leinenfasern, Stärkespuren sehr deutlich.

Leimung: (Schwach) mit Leim.

*130. Cod. Farfensis 14: Sermones varii. Rom. Bibl. Vittore Emanuele. Ende des XIV., Anfang des XV. Jahrhunderts.

Hadernpapier: Leinenfasern, etwas Baumwolle. Stärkespuren.

Leimung: (Schwach) mit Leim.

*130 *a*. Salzburger Chronik. Aus der Sammlung des Instituts für österreichische Geschichtsforschung, wie die beiden folgenden. Circa 1300.

Hadernpapier: Garnfäden, zum Theile mit freiem Auge sichtbar; bloss Leinenfasern.

Leimung: Mit Stärkekleister.

*131. Handschrift aus Murau. 1377.

Hadernpapier: Leinenfasern. Stärkespuren.

Leimung: Mit Leim.

*132. Handschrift aus Eger. 1379.

Wie 131, nur ist die Leimung stärker.

XV. Jahrhundert.

A. Orientalische Papiere.

133 und 134. Cod. CXCII, J. 828 H. = 1424—1425 n. Chr. Cod. CXXIV, Kopenhagen. J. 833 H. = 1429—1430 n. Chr.

Hadernpapier: Garnfäden, Leinen- und etwas Baumwollenfasern.

Leimung: Mit Stärkekleister.

135. Cod. CCLXIII, Kopenhagen. Jahr 831 H. = 1427—1428 n. Chr.

Hadernpapier: Hanf-, Leinen- und Baumwollenfaser.

Leimung: Mit Stärkekleister.

136. Cod. CCLXIII, Kopenhagen. Jahr 840 H. = 1436—1437 n. Chr.

Hadernpapier: Viel Leinen-, wenig Baumwollenfaser.

Leimung: Mit Stärkekleister.

137. Cod. CXXXIX, Kopenhagen. Jahr 851 H. = 1447—1448 n. Chr.

Hadernpapier: Leinenfasern mit Spur von Baumwolle, Garnfäden.

Leimung: Mit Stärkekleister.

138. Cod. CCLXXVIII, Kopenhagen. Jahr 892 H. = 1487 n. Chr.

Hadernpapier: Leinen-, Hanf- und Baumwollenfafer.

Leimung: Mit Stärkekleifter.

139 und 140. Zwei verfchiedene Papiere, fignirt ‚Syrifch', 8.—9. H. = XIV.—XV. n. Chr.

Hadernpapier: Leinen-, Hanf- und Baumwollenfafer.

Leimung: Mit Stärkekleifter.

B. Europäifche Papiere.

*141 bis 151. ‚Volume degli atti del Podestà a Torcello', aus den Jahren 1400, 1410, 1420, 1430, 1440, 1450, 1460, 1470, 1480, 1490, 1499. Aus dem Staatsarchive von Venedig.

Durchaus Hadernpapier aus Leinenfafern oder aus diefen und etwas Baumwolle beftehend. In einzelnen, z. B. in denen vom Jahre 1460 und 1490 Garnfäden. Mikrofkopifche Stärkefpur von der Zeugappretur. Leinftengelbeftandtheile in den Papieren aus den Jahren 1400, 1410, 1420, 1450, 1460.

Alle mehr oder minder ftark mit Leim geleimt.

*152. ‚Inventarium scripturarum' des Haufes von Savoyen. Anfang des XV. Jahrhunderts. Aus dem Staatsarchive in Turin.

Hadernpapier: Leinenfafer. Stärkefpuren durch Jod und Salzfäure unter Mikrofkop.

Leimung: Schwach, mit Leim.

*153. ‚Acta generalium audientiarum Aug. Praetorie (Aosta).' Originalhandfchrift aus dem Jahre 1430. Staatsarchiv in Turin.

Hadernpapier: Leinenfafer, Stärkefpur.

Leimung: Mit Leim.

*154. Originalhandfchrift der Chronik des Pierre du Pin, etwa im Jahre 1460 gefchrieben, aus dem Staatsarchive in Turin.

Hadernpapier: Leinenfafer, Stärkefpur.

Leimung: Schwach, mit Leim.

*155. Handfchrift des XV. Jahrhunderts. Vegetius, franzöfifche Ueberfetzung, aus dem Staatsarchive zu Turin.

Wie 154.

*156. ‚Summa Rolandina', Handfchrift vom Jahre 1401 (Savoyen).

*157. Protokoll eines unbekannten Notars aus Grenoble vom Jahre 1405.

*158. Brief des Grafen von Savoyen. Ambronai, 24. Auguft 1411.

*159. Protokoll des Notars Andr. Hugon, Bourg 1439.

*160. Urkundenbuch der Lehen der Abtei S. Juftus in Sufa, 1435.

*161. Protokoll eines unbekannten Notars aus Savoyen, 1456.

*162. Brief des Herzogs Ludwig von Savoyen. Rumilly, 26. November 1457.

*163. Brief der Herzogin von Savoyen Joland von Frankreich Vercelli,(?) 3. März 1472.

*164. Protokoll des Notars Gafpardus Faber, Bourg 1482.

*165. Rechnungen der ‚Castellania' Biella 1480.

*166. Wie 160, aber vom Jahre 1485.

*167. Protokoll des Notars Johannes Ferrandus. Nizza 1485.

*168. Protokoll des Notars Bernardus Lanlongus. Rivara bei Turin 1487.

*169. Urkundenbuch für die Markgraffchaft Saluzzo, in Piemont gefchrieben, 1487.

*170. Brief Karl I., Herzogs von Savoyen. Turin, 8. Februar 1489.

Alle aus dem ‚Archivio Camerale' in Turin.

Durchaus Hadernpapiere, die meiften aus Leinenfafer, häufig mit Stärkefpur. Einzelne enthalten auch etwas Baumwolle, und zwar: 159, 162, 164, 169.

Alle mehr oder minder gut mit Leim geleimt.

*171. Protokoll des Notars .....Faber aus Cerdon in Bugey, 1477. Gleichfalls aus dem ‚Archivio Camerale' in Turin.

Hadernpapier: Leinenfafer und Spuren von Baumwollenfafer. Vereinzelte blaue Fäden. Stärkefpur.

Leimung: Nicht nachweislich.

*172 bis 177. Docum. patri. XV. Jahrhundert, aus der königl. Bibliothek in Turin. Nr. 5 (1402 bis 1404); Nr. 58 (1425); Nr. 67 (1435); Nr. 197 (1467); Nr. 240 (1470); Nr. 356 (1483).

Durchaus Hadernpapiere, zumeift fchon fehr kurzfaferig. Theils aus Leinen-, theils aus einem Gemenge von Leinen- und Baumwollenhadern bereitet (Nr. 58); alle mit Stärkefpur.

Alle mit Leim mehr oder minder ftark geleimt.

*178. ‚Storia patria' Nr. 965, aus der königl. Bibliothek (1407) zu Turin.

Hadernpapier: Leinen- und Baumwollenfafern, blaue und bläuliche Fafern. Stärkefpur.

Leimung: Mit Leim.

*179. ‚Storia d'Italia' Nr. 101, 1425. Königl. Bibliothek in Turin.

Hadernpapier: Leinenfafer, vereinzelte Seidenfäden. Gefäfse des Leinenftengels. Stärkefpur.

Leimung: Mit Leim.

*180. Gleichzeitige Abfchrift einer Urkunde des Herzogs Ludwig von Savoyen, vom Jahre 1442, aus der königlichen Bibliothek zu Turin.

Hadernpapier: Schon ziemlich kurzfaferig; enthält gewifs Hanffafern, da fich Fragmente der Hanfftengeloberhaut vorfinden, daneben auch Leinen- und Baumwollenfafern. Stärkefpur.

Leimung: Mit Leim.

*181 bis 196. Sechzehn Stücke aus den ‚Antichi Archivi', Verona. Registrum, jetzt im Archiv ‚Esposti' (1403); Registrum liter. officii datiorum (Arch. del comune di Verona 1404); ‚Estimo' der Stadt Verona (1409, 1425); Abbatia S. Zenonis (1430); Registrum des Klofters S. Antonio del Corso (Verona 1437); Registrum von S. Michele in Campagna (1443); Acta Consilii communis Veronae, Bd. *E* (1443 bis 1450); ein in Venedig 1447 gefchriebener Brief aus dem Archivio del Comune; Registr. des Klofters Fidenzio (1448); Rechnungsregifter des Klofters S. Antonio del Corso (1454); Liber affictualium des Klofters S. Martino di Avesa (1468); ‚Officii Veneti' (1477); Acta consilii Communis Veronae, Bd. *K* (1483 bis 1491); ein in Venedig 1489 gefchriebener Brief aus dem Archivio del Comune, Verona; ein in Venedig 1496 gefchriebener Brief aus dem Archivio del Comune, Verona.

Theilweise schon sehr kurzfaserige **Hadernpapiere**, zumeist aus Leinenfasern mit anhaftender Stärkespur. Baumwollenfasern in den Papieren aus den Jahren: 1404, ‚1443 bis 1450' (daselbst auch Oberhant von Leinstengel und ‚1483 bis 1491'.

Alle mehr oder minder stark mit **Leim** geleimt.

197 bis 201. Protokolle und Register aus dem Capitelarchiv in Verona, aus den Jahren 1418, 1424, 1434, 1438, 1493.

Hadernpapier: Aus Leinenfaser oder dieser und etwas Baumwolle, in einzelnen noch Garnfäden mikroskopisch zu finden (1493). Einzelne (1418) schon sehr kurzfaserig.

Leimung: So weit nachweislich Leim.

*202. Cod. S. Pantaleo 16. Rom. Bibl. Vitt. Emanuele.

Hadernpapier: Leinenfaser, Stärkespur.

Leimung: Mit Leim.

*203. Cod. Sessorianus 290. Rom. Bibl. Vitt. Emanuele.

Hadernpapier: Leinen- und etwas Baumwollenfaser.

Leimung: Mit Leim.

*204 bis 239. Sechsunddreissig Papiere aus dem Staatsarchive zu Mailand. ‚Fondo di Religione' (1433); ‚Potenze Estere-Borgogna' (1432, 1460, 1473, 1496); ‚Potenze Estere-Austria' (1458, 1461, 1477); ‚Potenze Estere-Bologna' (1457, 1486, 1483); ‚Potenze Estere-Firenze' (1451, 1461, 1474, 1485, 1497, 1499), ‚Potenze Estere-Genova' (1450, 1461, 1472, 1481, 1492, 1499); ‚Potenze Estere-Modena' (1452, 1464, 1480, 1496); ‚Dai registri delle Missive' (1450, 1460, 1464, 1470, 1480, 1490, 1493, 1499).

Durchaus **Hadernpapier** aus viel Leinen- und wenig Baumwollenfasern, oder erstere allein, häufig mit Stärkespur. In einem (1480, Modena) noch Garnfäden.

Alle mehr oder minder stark mit **Leim** geleimt.[1]

XVI. Jahrhundert.

240. Jahr 1509. 19. April. Aufsandtbrief von A. Chr. Steinpeckh, k. k. Hof- und Staatsarchiv in Wien.

Hadernpapier: Leinenfaser mit Stärkespur.

Leimung: Mit Leim.

241. 1516. 6. September. Schuldbrief des Erzherzogs Ferdinand von Oesterreich für die Stadt Freystadt, k. k. Hof- und Staatsarchiv.

Hadernpapier: Garnfäden. Leinenfaser mit Stärkespur.

Leimung: Stark mit Leim.

---

[1] Nach Abschluss meines Manuscriptes erhielt ich von Herrn Hofrath v. SICKEL eine aus nicht weniger als 229 Papierproben bestehende Collection. Diese reiche Sammlung wurde von Herrn Professor Dr. CARLO Conte CIPOLLA in Turin zusammengestellt und enthält Papiere aus dem Archivio Gonzaga in Mantua vom XIII. und XIV. Jahrhundert aus Bologna, Ferrara, Florenz, Genua, Mailand, Neapel, Rom, Venedig etc. etc. Ich hatte nicht mehr Zeit, jedes Stück dieser Collection zu prüfen; auch schien mir dies mit Rücksicht auf die vollständig übereinstimmenden an einem wohl schon überreichen Materiale bisher gewonnenen Resultate nicht mehr nothwendig. Ich beschränkte mich darauf, zehn Stichproben zu machen, welche **durchaus** meine im Texte mitgetheilten Beobachtungen bestätigten.

242. Nomocanon Barb. (vergl. MIKLOSICH, Lexicon palaeoslovenico-graeco-latinum. Vindob. 1862 bis 1865, pag. XV). 1566. n. Chr., k. k. Univerfitätsbibliothek in Wien. Manufcript.

Hadernpapier: Leinenfafer mit Spuren von Baumwollenfafer und Stärkefpuren.

Leimung: mit Leim. [1]

XVII. Jahrhundert.

243. 1605. 6. Auguft. Copie des H. Khevenhüller'fchen Teftamentes. k. k. Hof- und Staatsarchiv in Wien.

Hadernpapier: Leinen- und Spuren von Baumwollenfafer. Vereinzelt auch bläuliche Fafern.

Leimung: Mit Leim.

244. 1648. 8. October. Erzbifchof P. Lodron, Ueberlaffungsurkunde, betreffend einige Höfe, k. k. Hof- und Staatsarchiv.

Hadernpapier: Leinenfafer, Stärkefpur.

Leimung: Mit Leim.

245. 1675. 12. December. Schreiben des Kurfürften Ferdinand Maria von Bayern an den Erzbifchof Max Gandolf in Salzburg, k. k. Hof- und Staatsarchiv.

Hadernpapier: Leinenfafer, Stärkefpur.

Leimung: Mit Leim.

255. 1696. 30. März. Erzbifchof Ernft ftiftet ein Beneficium in Salzburg, k. k. Hof- und Staatsarchiv in Wien.

Hadernpapier: Leinenfafer, Stärkefpur.

Leimung: Mit Leim.

XVIII. Jahrhundert.

Es wurden etwa 80 Werke, Duplicate aus Wiener Bibliotheken, unterfucht, und zwar fowohl das Druckpapier, als das zwifchen Deckel und Titel befindliche weifse Blatt, welches ftets ein Schreibpapier war.

Sowohl die Druck- als die Schreibpapiere liefsen die Hadernatur auf das Schärffte erkennen. Es wurde entweder nur Leinenfafer oder ein Gemenge von viel Leinen- und wenig Baumwollfafern gefunden. Hanffafer ift feltener als Leinenfafer.

Die meiften der Druckpapiere find ungeleimt. Die geleimten Papiere enthalten durchaus nur Leim.

XIX. Jahrhundert.

Etwa 50 Proben von Schreib- und Druckpapieren aus dem erften Drittel des XIX. Jahrhunderts ergaben im Wefentlichen diefelben Refultate wie die 80 Werke aus dem XVIII. Jahrhunderte, mit dem alleinigen Unterfchiede, dafs in einzelnen fchon etwas gröfsere Mengen von Baumwolle aufzufinden waren.

---

[1] Da die übrigen aus dem XVI. Jahrhundert ftammenden Papierforten immer wieder dasfelbe Refultat gaben, fo begnüge ich mich mit der Anführung obiger Beifpiele. Ein Gleiches gilt auch für das XVII. und XVIII. Jahrhundert. Aus beiden Jahrhunderten wurden 50 Papiere geprüft.

Von da ab beginnt die Baumwolle häufiger zu werden, es tritt ſporadiſch und ſpäter immer häufiger die combinirte Stärke-Harzleimung auf. Die Zuſammenſetzung der Papiere ſeit Einführung der ſogenannten Surrogate iſt bekannt, weshalb auf dieſelbe nicht mehr eingegangen wurde.

Aus den mitgetheilten Daten ergeben ſich die nachſtehenden Folgerungen:

1. Gleich den arabiſchen ſind auch die europäiſchen Papiere vom Beginne der Erzeugung bis tief in unſer Jahrhundert hinein aus Hadern bereitet worden. Ein aus roher Baumwolle erzeugtes Papier hat es nie gegeben. Unter circa 500 von mir unterſuchten orientaliſchen und europäiſchen Papieren befindet ſich kein einziges, welches bloſs aus Baumwollenfaſern zuſammengeſetzt iſt; vielmehr tragen alle das Gepräge des Hadernpapiers an ſich. Abgeſehen von zwei Leinenfaſerpapieren (Nr. 9 und 51; ſiehe pag. 243 und 245) konnte überall direct der Beweis erbracht werden, daſs ſie aus Hadern bereitet wurden.

2. Die älteſten europäiſchen Papiere ſind gleich den arabiſchen ſtark mit Stärkekleiſter geleimt, was wohl als ein neuer Beweis für den Zuſammenhang der europäiſchen mit der arabiſchen Papierbereitungskunſt angeſehen werden darf.

Sämmtliche orientaliſche Papiere, welche ich unterſuchte, ſind mit Stärkekleiſter geleimt. Die jüngſten ſtammen aus dem Ende des XV. Jahrhunderts unſerer Zeitrechnung. Viel früher erloſch in Europa die Stärkeleimung. Die Grenze zwiſchen Leimung mit Stärkekleiſter und Thierleim (Leim) fällt in das Ende des XIII. oder in den Anfang des XIV. Jahrhunderts. In der Serie der Papiere aus Siena erliſcht die Stärkeleimung mit dem Jahre 1298 und mit dieſem Jahre beginnt auch die Leimung mit Thierleim. In der Serie der Papiere aus Venedig fällt die Grenze in das Jahr 1291, in der aus Florenz zwiſchen 1293 und 1296, in den Veroneſer Serien in das Jahr 1305, in den Turiner in das Jahr 1323.

Spätere Unterſuchungen werden vielleicht geſtatten, die Grenze noch genauer zu ziehen, denn es wäre ja möglich, daſs die Urkunde vom Jahre 1323 auf einem Papier aus früherer Zeit geſchrieben wurde. Immerhin wird es erlaubt ſein, aus der Blau- und Violettfärbung eines (nicht modernen) europäiſchen Papieres durch wäſſerige Jodlöſung zu ſchlieſsen, daſs deſſen obere Altersgrenze über das Ende des XIII. oder über den Anfang des XIV. Jahrhunderts nicht hinausreicht.[1]

3. In den alten arabiſchen, d. h. islâmitiſch-orientaliſchen und in den europäiſchen Papieren ſpielt die Leinenfaſer wohl die Hauptrolle. Schon im Beginne der Papierfabrication tritt die Baumwollenfaſer im Papier auf, aber ſtets nur in geringer Menge, häufig nur in Spuren. Aber ſelbſt in den Papieren aus dem erſten Drittel unſeres Jahrhunderts iſt die Baumwolle in der Regel noch in geringer Menge vorhanden. Dieſe Thatſache ſteht mit der thatſächlichen Entwicklung der Baumwolleninduſtrie beſſer in Einklang, als die bis in die jüngſte Zeit behauptete Exiſtenz des Baumwollenpapiers. Erſt in dieſem Jahrhundert hat in Europa die Baumwolle Bedeutung erlangt,

---

[1] Nach Briquet ſoll im Orient ſchon im XII. Jahrhundert mit Leim Papier geleimt worden ſein. (Briquet, l. c. pag. 66 und 67.)

und erſt ſeit dem Ende des vorigen Jahrhunderts wurde ſie in rohem Zuſtande als Handelsartikel nach Europa gebracht, anfangs als Concurrent, ſpäter als Beſieger des Leins.

4. Die Leinenfaſern wurden in den von mir unterſuchten Papieren viel häufiger als die Hanffaſern nachgewieſen.

Nach jenen Beſtimmungen zu urtheilen, welche mit abſoluter Sicherheit vorgenommen werden konnten, ſtellt ſich das Verhältniſs der Fälle von Leinenpapieren zu denen der Hanfpapiere etwa wie 3 : 1.[1]

5. Nach meinen Unterſuchungen wurde das Papier bis zu Ende des XIII., beziehungsweiſe Anfang des XIV. Jahrhunderts mit Stärkekleiſter geleimt. Hierauf folgte der Leim. Erſt in unſerem Jahrhundert begann die Harzleimung, combinirt mit Stärkeleimung. Die von BRIQUET behauptete Traganth-, Harz- und combinirte Traganth-Harzleimung, welche der Leimung mit Thierleim vorangegangen ſein ſoll,[2] konnte von mir in keinem Falle beobachtet werden, obgleich ich ſehr empfindliche Reactionen für die beiden genannten Subſtanzen ausfindig gemacht und verwendet habe.

In der Leimungsfrage iſt das oben unter Nr. 17 aufgeführte Liber plegiorum (1223, aus dem Staatsarchive von Venedig), bereits von mehreren Paläographen unterſucht, von beſonderer Wichtigkeit. BRIQUET gibt an, daſs dasſelbe mit Traganth und viel Harz geleimt ſei. Allein es ſand ſich kein anderes Leimungsmaterial als Stärkekleiſter in demſelben vor.

6. Bis zum XIV. Jahrhundert ſind die europäiſchen Papiere ſehr langfaſerig,[3] nach und nach treten kurzfaſerige an ihre Stelle, was auf eine tief eingreiſende Umgeſtaltung des Papiererzeugungsverfahrens hinweiſt.

Die langfaſerigen ſind, wie ich glaube, durch Handſtampfen, überhaupt durch ein ſehr primitives, die Faſern nicht ſo ſtark angreiſendes Verfahren erzeugt worden, während die kurzfaſerigen durch Vermahlung und ähnliche Operationen gewonnen wurden.

Seit Einführung der Hadernſurrogate und deren chemiſchen Verarbeitung erſcheinen wieder ſehr langfaſerige Papiere, darunter ſelbſt Holzpapiere.

Anhang.

Nach Abſchluſs des Druckes der vorliegenden Abhandlung (Oſtern 1887) erhielt ich durch gütige Vermittlung des Herrn Hofrathes Profeſſor v. SICKEL eine Collection von Papieren aus der Pariſer Nationalbibliothek, welche deshalb ein beſonderes Intereſſe beanſprucht, als die betreffenden Papiere — 26 an der Zahl, aus dem X. bis XIII. Jahrhundert, theils orientaliſchen, theils europäiſchen Urſprungs — durchaus auch von Herrn BRIQUET unterſucht wurden.

---

[1] Hingegen berechnet ſich das Verhältniſs von Leinenpapier (in welchem angeblich die Leinenſaſer vorherrſcht) zu Hanſpapier (in welchem angeblich der Hanf vorherrſcht) bei BRIQUET wie 1 : 6. (Vergl. oben pag. 218.)

[2] Siehe oben pag. 219.

[3] Dieſe langſaſerigen Papiere waren es, welche zur Annahme der ‚Baumwollenpapiere' führten. (Siehe oben pag. 186.)

Diese Collection ist Herrn L. DELISLE, Director der Manuscriptenabtheilung der Pariser Nationalbibliothek zu danken. Nach beendigter Untersuchung wurden die betreffenden Papiersorten dem Institute für österreichische Geschichtsforschung übergeben.

Die Untersuchung der genannten Papiere bestätigte neuerlich meine, sowohl die ‚Faser' des Papiers, als dessen ‚Leimung' betreffenden früheren Beobachtungsresultate, und an der Hand der auch von Herrn BRIQUET untersuchten Objecte konnte gezeigt werden, dass dessen Angaben über die Leimung der alten Papiere nicht aufrecht zu erhalten sind, namentlich aber wurde der Beweis geliefert, dass in den Zeiträumen, um die es sich handelt, es weder eine Traganth-, noch eine Harzleimung des Papiers gegeben hat.

Im Nachfolgenden werden Herrn BRIQUET'S Resultate den von mir erzielten gegenübergestellt. Da Herr BRIQUET den directen Beweis für die Hadernnatur der von ihm untersuchten Papiere nicht erbracht hat, so gebe ich überall die Argumente an, auf welche hin ich die Papiere als Hadernpapiere erkläre.

Die möglichst genaue Feststellung der in den Papieren enthaltenen Faserarten verursachten viele mühevolle Untersuchungen. Einen grossen Theil derselben besorgte unter Benützung der von mir aufgestellten Charakteristiken mein Assistent, Herr Dr. H. MOLISCH, Privatdocent an der k. k. Universität, mit jener Sorgfalt, Verlässlichkeit und Sachkenntniss, welche alle seine Arbeiten auszeichnen.

I. ‚Fonds des nouvelles acquisition latines N° 1296.'[1] Espagne, XIe ou XIIe siècle.

BRIQUET, Recherches sur les premiers papiers etc. Paris 1886, pag. 66 und 67. Nr. 61: ‚Lin; absence de gélatine; collage à la résine, dont une partie a été altérée par le temps.'

Hadernpapier, in welchem durch das Mikroskop die Gegenwart von Garnfädenresten constatirt werden konnte. Lein, nach der Form der Faserenden zu urtheilen. Harz nicht vorhanden. Hingegen gibt schon wässerige Jodlösung die Stärkereaction deutlich. Die Färbung ist im Tone verschieden und liegt zwischen blau und violett. Mithin ist dieses Papier nicht mit Harz, sondern mit Stärkekleister geleimt.

II. ‚Fonds grec N° 154 (ancien N° 2436).' Orient, XIIe siècle.

BRIQUET, l. c. pag. 66 und 67, Nr. 62: ‚Chanvre; collage à la gélatine.'

Die Form der Faserenden und die Anwesenheit von den Holztheilen der Gefässbündeln des Flachsstengels angehörigen Fragmente liefern den Beweis, dass dieses Papier Leinenfaser enthält. Möglicherweise kommt auch Hanffaser darin vor; nach den bisher bekannten Kennzeichen dieser Faser liess sich die Gegenwart derselben im vorliegenden Papier nicht erweisen. Zweifellos Hadernpapier, doch liess sich dies nicht direct constatiren. Die MILLON'sche Probe gab ein negatives Resultat, mithin ist kein thierischer Leim in diesem Papier vorhanden. Wässerige Jodlösung bringt direct allerdings in diesem Papiere keine Reaction hervor, wohl aber nach Zusatz von Salzsäure. Es ist mithin dieses Papier nicht mit Thierleim, sondern mit Stärkekleister geleimt.

III. ‚Fonds grec N° 194 *A*.' Ecrit à? En date de 1255.

BRIQUET, l. c. pag. 66 und 67, Nr. 63: ‚Chanvre; collage à la gélatine.'

---

[1] Hinter den fortlaufenden römischen Zahlen folgen mit Anführungszeichen versehen die Bezeichnungen, unter welchen die betreffenden Objecte in der Pariser Nationalbibliothek erscheinen.

In dieſem Papier laſſen ſich ſchon durch das freie Auge Garnfäden nachweiſen, reichlicher durch die Loupe und durch das Mikroſkop. Es iſt damit der directe Beweis geliefert, daſs dieſes Papier aus Hadern erzeugt wurde.

Die Enden der Faſern und das Verhalten der noch relativ wohlerhaltenen Baſtzellen ſprechen für die Gegenwart von Hanf und Lein. Jodlöſung gibt direct Blaufärbung. MILLON'ſche Probe liefert ein negatives Reſultat.

Dieſes Papier iſt mithin nicht mit Thierleim, ſondern mit Stärkekleiſter geleimt.

IV. ‚Fonds hébreu N° 1225.‘ Ecrit à? Anterieur à 1291.

BRIQUET, l. c. pag. 66 und 67, Nr. 64: ‚Chanvre.‘

Mit aller Beſtimmtheit konnte in dieſem Papier Lein und Baumwolle (letztere in geringerer Menge) conſtatirt werden. Die Anweſenheit beider Faſerreſten ſpricht für die Hadernnatur dieſes Papiers.

Jodreaction deutlich: mithin Stärkekleiſterleimung.

V. ‚Fonds hébreu N° 175.‘ Ecrit à? En date de 1271.

BRIQUET, l. c. pag. 66 und 67, Nr. 65: ‚Chanvre mêlé de lin; collage à la gélatine.‘

Lein- und Hanffaſer. Jodlöſung gibt keine Stärkereaction; Jodlöſung und Salzſäure laſſen mikroſkopiſch blaue Punkte erſcheinen („Stärkeſpur‘), was für die Hadernnatur dieſes Papiers ſpricht.

MILLON'S Reagens weiſt auf Leimung mit thieriſchem Leim.

Dieſes Papier ſcheint mir deshalb wichtig, weil es — die Richtigkeit der Datirung vorausgeſetzt — das älteſte bekannte, mit thieriſchem Leim geleimte Papier iſt. In meiner Abhandlung habe ich nämlich gezeigt, daſs in den von mir unterſuchten Papierſerien die Stärkeleimung in Europa zwiſchen 1298 (Siena) und 1323 (Verona) erloſch und die Leimung mit thieriſchem Leim ſofort erfolgte. Da die von mir unterſuchten orientaliſchen Papiere, ſelbſt aus dem XV. Jahrhundert, durchaus mit Stärkekleiſter geleimt ſind, ſo iſt wohl anzunehmen, daſs das vorliegende Papier europäiſchen und nicht orientaliſchen Urſprungs iſt.

VI. ‚Fonds hébreu N° 79.‘ Ecrit à? XIIIe siècle.

BRIQUET, l. c. pag. 68 und 69, Nr. 66: ‚Chanvre mêlé de lin; collage à la résine.‘

Iſt ein Hadernpapier, was aus der mit Jodlöſung und Salzſäure nachweislichen ‚Stärkeſpur‘ hervorgeht. Die Hauptmaſſe, vielleicht die ganze Papiermaſſe, beſteht aus Lein und nicht aus Hanf, wie aus der Form der Enden und den Spuren der Innenhaut hervorgeht.

Dieſes Papier iſt nicht mit Harz, ſondern, wie ſich durch die MILLON'ſche Probe zeigen läſst, mit thieriſchem Leim geleimt.

VII. ‚Fonds arabe, supplément N° 952 *bis* (catalogue de 1883).‘ Ecrit à Schiraz en Perse. En date de 969.

BRIQUET, l. c. pag. 68 und 69, Nr. 67: ‚Chanvre pur.‘

Leinenfaſern, nach Form der Zellenden zu ſchlieſsen. MILLON'S Reagens bringt keine Wirkung hervor. Durch wäſſerige Jodlöſung bloſs ‚Stärkeſpur‘. Das Papier flieſst ſtark und iſt wohl gar nicht geleimt geweſen. Daſs dieſes Papier aus Hadern erzeugt wurde, geht trotz der Homogenität der Faſern aus der ‚Stärkeſpur‘ hervor.

VIII. ‚Fonds arabe N° 1097 (catalogue de 1883).‘ Ecrit en? En date de 1025.

BRIQUET, l. c. pag. 68 und 69, Nr. 68: ‚Chanvre; collage à la résine.‘

Enthält Garnfäden, welche zumeist erst durch das Mikroskop sichtbar werden. Ist mithin Hadernpapier, was sich übrigens auch darin ausspricht, dass neben Leinen- auch etwas Baumwollenfaser auftritt. Stärkereaction erst auf Zusatz von Salzsäure. Die Stärkekleisterleimung ist mithin zweifellos.

IX. ‚Fonds arabe N° 882 *a* (catalogue de 1883). Ecrit en? Antérieur à 1027.

BRIQUET, l. c. pag. 68 und 69, Nr. 69: ‚Chanvre pur.‘

Enthält Lein und Baumwolle. Die letztere tritt in diesem Papiere sogar noch in Form von Garnfäden auf. Jodlösung gibt sehr schwache, Jod und Salzsäure geben sehr deutliche Stärkereaction.

Dieses Papier ist mithin mit Stärkekleister geleimt.

X. ‚Fonds arabe N° 736 (catalogue de 1739).‘ Écrite à? En date de 1167.

BRIQUET, l. c. pag. 68 und 69, Nr. 70: ‚Chanvre.‘

Hanf konnte in diesem Papiere nicht nachgewiesen werden, wohl aber liess sich aus der Form der Enden und aus dem Verhalten einzelner guterhaltener Fasern gegen Kupferoxydammoniak auf die Anwesenheit von Lein schliessen. Eine kleine Menge von Baumwolle konnte darin mit Sicherheit constatirt werden. Die Stärkekleisterleimung war schon durch wässerige Jodlösung sehr schön nachzuweisen.

XI. ‚Fonds arabe N° 1028 (catalogue de 1739).‘ Ecrit à? En date de 1166.

BRIQUET, l. c. pag. 68 und 69, Nr. 71: ‚Chanvre.‘

Garnfäden sind schon makroskopisch wahrnehmbar. Leinenfaser, nach Form der Enden zu schliessen. Schon wässerige Jodlösung zeigt die Gegenwart von Stärkekleister als Leimungsmaterial an.

XII. ‚Fonds arabe N° 1405 (catalogue de 1739).‘ Ecrit à? En date de 1162.

BRIQUET, l. c. pag. 68, 69, Nr. 72: ‚Chanvre mêlé de lin.‘

Dieses Papier erforderte eine besondere Aufmerksamkeit, da MILLON'S Reagens ebenso wie wässerige Jodlösung ein positives Resultat ergaben. Verlässt man sich auf die Ergebnisse dieser Prüfung, so muss man annehmen, dass dieses Papier sowohl mit Leim, als mit Stärkekleister geleimt wurde. Allein die mikroskopische Prüfung lehrt, dass die an sich nur sehr schwache MILLON'sche Reaction von Kleberresten herrührt.[1] Die Anwesenheit von Kleber (in Form von Protoplasmaresten und sogar kleinen Kleienstücken, welche denselben reichlich, aber von Zellhäuten umschlossen enthalten) lässt annehmen, dass zur Leimung dieses Papiers entweder eine sehr schlecht gereinigte Stärke oder geradezu Mehl verwendet wurde.

Die Enden der Fasern weisen auf Hanf.

Die Hadernnatur dieses gleichfalls mit Stärkekleister geleimten Papiers steht wohl ausser Frage, konnte aber nicht direct bewiesen werden.

XIII. ‚Fonds arabe N° 1294 (catalogue de 1739).‘ Ecrit à? En date de 1157. Anmerkung hiezu von BRIQUET (l. c. pag. 68, 69): ‚Ce manuscrit est indiqué comme étant de l'an 551 après J. C. Nous pensons qu'il faut lire 551 de l'Hégire, soit 1157.

BRIQUET, l. c. pag. 68 und 69, Nr. 73: ‚Chanvre, mêlé de quelques fibres de coton.‘

---

[1] Bezüglich der Interpretation der mikroskopischen Befunde mit MILLON's Reagens siehe oben pag. 220.

Enthält Lein und Baumwolle, iſt mithin ein Hadernpapier. Die Baumwolle kommt in kleineren Mengen als die Leinenſaſer vor.

Die Stärkekleiſterleimung konnte ſchon direct durch wäſſerige Jodlöſung anſchaulich gemacht werden.

XIV. ‚Fonds arabe N° 1104 (catalogue de 1739).' Ecrit à? En date de 1155.

BRIQUET, l. c. pag. 68, 69, Nr. 74: ‚Chanvre, mêlé de quelques fibres de coton.'

Dieſes Papier gab dieſelben Reſultate wie das vorhergehende. Nur inſoferne ergab ſich ein Unterſchied, als ſich Garnfäden, und zwar ſchon makroſkopiſch erkennen lieſsen, was bei dem vorhergehenden nicht möglich war.

XV. ‚Fonds arabe N° 1295 (catalogue de 1793).' Ecrit à? En date de 1109.

BRIQUET, l. c. 68, 69, Nr. 75: ‚Chanvre mêlé de peu de lin.'

Garnfäden ſchon mit freiem Auge erkennbar. Faſern: viel Lein und etwas Baumwolle. Durch wäſſerige Jodlöſung wurde die Stärkereaction nur angedeutet, ſehr ſchön trat ſie hingegen auf Zuſatz von Salzſäure hervor. Dieſes Papier iſt mithin zweifellos mit Stärkekleiſter geleimt.

XVI. ‚Fonds arabe N° 79 (Catalogue de 1739).' Ecrit à? En date de 1016.

BRIQUET, l. c. pag. 68, 69, Nr. 76: ‚Chanvre; collage à la gomme adragante.'

Sowohl die Anweſenheit von (kleinen Quantitäten) Hanfholz, d. i. von den Holztheilen des Gefäſsbündels der Hanfpflanze, als die Enden der Faſern ſprechen für Hanffaſer.

Die Prüfung auf Traganth wurde mit aller Sorgfalt durchgeführt, doch lieſs ſich nicht eine Spur von dieſer Gummiart in dem Papier nachweiſen.

Hingegen konnte ſchon durch wäſſerige Jodlöſung die Stärkeleimung dieſes Papiers conſtatirt werden.

XVII. ‚Fonds arabe N° 35 (catalog de 1739).' Ecrit à? En date de 980.

BRIQUET, l. c. pag. 68, 69, Nr. 77: ‚Chanvre en belles fibres.'

Zweifellos ein Hadernpapier; doch konnte der directe Beweis hiefür nicht erbracht werden. Die Anweſenheit von Leinenfaſern wurde zweifellos feſtgeſtellt.

Die Stärkeleimung lieſs ſich ſchon durch wäſſerige Jodlöſung nachweiſen.

XVIII. ‚Fonds syriaque N° 10 (catalogue ZOTENBERG).' Ecrit à? En date de XIIIe siècle.

BRIQUET, l. c. pag. 68, 69, Nr. 78: ‚Chanvre.'

Zwiſchen Leinenfaſern treten vereinzelte blaugefärbte Baumwollen- und gelbgefärbte Schafwollenfaſern auf. Das Nebeneinandervorkommen gefärbter und ungefärbter Faſern, zumal verſchiedener Art, bildet, wie ich oben auseinanderſetzte, ein ſehr zwingendes Argument für die Haderınnatur dieſes Papiers.

Jodlöſung bringt ſchon direct Blaufärbung hervor; dieſes Papier iſt mithin mit Stärkekleiſter geleimt.

XIX. ‚Fonds syriaque N° 155 (catalogue ZOTENBERG).' Ecrit à Nicosie de Chypre. En date de 1280.

BRIQUET, l. c. pag. 68, 69, Nr. 79: ‚Chanvre.'

Enthält Leinenfaſer, zum Theil mikroſkopiſch nachweisbare Garnfäden, auch etwas Hanffaſer. Die Anweſenheit der Leinenfaſer geht aus dem Vorhandenſein von Leinenſtengelholz, die der Hanffaſer aus der Form der Faſerenden hervor.

Jodlöſung gibt direct die Stärkereaction. Neben der Stärke tritt auch (wie im Papier Nr. XII) etwas Kleber auf.

XX. ,Fonds syriaque N° 56 (catalogue ZOTENBERG).' Ecrit à Convent de la Mère de Dieu au Désert de Scété. En date de 1264.

BRIQUET, l. c. pag. 68, 69, Nr. 80: ,Chanvre mêlé de lin.'

Der directe Beweis, dafs diefes Papier aus Hadern erzeugt wurde, liefs fich nicht erbringen.

Mit vollfter Sicherheit liefs fich aber, und zwar fowohl auf Grund der Form der Faferenden, als der Anwefenheit des Leinenftengelholzes, feftftellen, dafs diefes Papier Leinenfafer enthält. Wahrfcheinlich befteht dasfelbe ganz und gar aus diefer Fafer.

Wäfferige Jodlöfung bringt direct Blaufärbung hervor; diefes Papier ift mithin mit Stärkekleifter geleimt.

XXI. ,Fonds syriaque N° 134 (catalogue ZOTENBERG).' Ecrit à Convent de Nahr-Khepton en Syrie. En date de 1256.

BRIQUET, l. c. pag. 70, 71, Nr. 81: ,Chanvre, mêlé de peu de lin.'

Dafs diefes Papier aus Hadern bereitet wurde, konnte aus den darin zum Theil fchon mit freiem Auge fichtbaren Garnfäden abgeleitet werden.

Aus der Geftalt der Faferenden, dem Verhalten der Fafern gegen Kupferoxydammoniak, endlich aus dem Nachweis von Holztheilen des Gefäfsbündels des Hanfftengels konnte gezeigt werden, dafs die Fafer diefes Papiers Hanffafer enthält. Ob nicht nebenher noch Leinenfafer vorhanden ift, liefs fich nicht entfcheiden.

Auch diefes Papier wird fchon durch wäfferige Jodlöfung blau gefärbt; es ift mithin mit Stärkekleifter geleimt.

XXII. ,Fonds syriaque N° 112 (catalogue ZOTENBERG). Ecrit à Syrie. En date de 1239.

BRIQUET, l. c. pag. 70, 71, Nr. 82: ,Chanvre, fibre pur et belle.'

Die Hadernnatur diefes Papiers war direct nicht zu erweifen, fteht aber felbftverftändlich aufser Zweifel. Es enthält Leinenfafer, wie die Enden der wohlerhaltenen Fafern und das fpurenweife aufzufindende Holz des Leinftengels beweifen.

Die Stärkeleimung liefs fich direct durch wäfferige Jodlöfung feftftellen.

XXIII. ,Fonds syriaque N° 42 (catalogue ZOTENBERG).' Ecrit à Le Caire. En date de 1226.

BRIQUET, l. c. pag. 70, 71, Nr. 83: ,Chanvre mélangé d'une petite quantité de substance étrangère qui n'est pas du coton.'

Dafs diefes Papier aus Hadern bereitet wurde, geht daraus hervor, dafs es Leinenfafern und Baumwolle enthält. Letztere ift nur in relativ geringer Menge vorhanden. Was die von Herrn BRIQUET in diefem Papier aufgefundene fremde Fafer anlangt, fo habe ich mich vergeblich bemüht, eine folche ausfindig zu machen. Das einzige, was auffällig erfcheinen mag, find Fafern, welche eine Dicke bis 0·042 Millimeter befitzen. Diefelben find aber nichts Anderes als ftarke, mechanifch angegriffene Flachs-, möglicherweife Hanfbaftzellen, deren Durchmeffer, wie ich oben (pag. 214) zeigte, fich bis auf 0·06 Millimeter fteigern kann.

XXIV. ,Fonds syriaque N° 234 (catalog ZOTENBERG).' Ecrit à Antioche. En date de XIIe ou XIIIe siècle.

BRIQUET, l. c. pag. 70, 71, Nr. 84: ,Chanvre mêlé de lin, fibre altérée par un fort alcali.'

Enthält Garnfäden, welche zum Theil fchon mit freiem Auge wahrzunehmen find.

Soweit die Faſer dieſes Papiers noch beſtimmbar iſt, hat ſie ſich als Baſtzelle des Leines erwieſen.

Jodlöſung gibt nur eine Spur von Stärkereaction, hingegen auf Zuſatz von Salzſäure eine ſehr deutliche Blaufärbung. Auch hier iſt alſo die Stärkekleiſterleimung außer Frage.

XXV. ‚Fonds syriaque N° 236 (catalogue ZOTENBERG).‘ Ecrit à? En date de 1194.

BRIQUET, l. c. pag. 70, 71, Nr. 86: ‚Chanvre mêlé de lin.‘

Für die Hadernnatur dieſes Papiers ſprechen zweierlei Argumente: erſtlich Garnfadenfragmente, welche ſich durch das Mikroſkop nachweiſen lieſsen, ſodann die Gegenwart von zweierlei Faſern, nämlich von Baſtzellen des Leins und von Baumwollenfaſern. Letztere ſind nur ſpurenweiſe vorhanden.

Die Stärkekleiſterleimung lieſs ſich direct durch wäſſerige Jodlöſung auffinden.

XXVI. ‚Fonds syriaque N° 50 (catalogue ZOTENBERG).‘ Ecrit à? En date de 1187.

BRIQUET, l. c. pag. 70, 71, Nr. 85: ‚Chanvre mêlé de lin.‘

Für die Hadernnatur dieſes Papiers lieſs ſich kein directer Beweis erbringen. Die noch beſtimmbaren Faſern dieſes Papiers ſind Baſtzellen des Leins.

Leimung mit unreinem Stärkekleiſter oder mit Mehlkleiſter (wie bei Nr. XII).

Ich kann dieſe Abhandlung nicht abſchlieſsen, ohne vorher dankbarſt jener Herren Archivsdirectoren und Profeſſoren zu gedenken, welche mich ſo reichlich mit koſtbarem Unterſuchungsmateriale verſorgten.

Mein Dank gilt Seiner Excellenz Herrn Geheimrath Dr. Alfred Ritter v. ARNETH, Director des k. k. Hof- und Staatsarchivs, Herrn Hofrath v. FIEDLER, Vicedirector des genannten Archivs, Herrn Hofrath Dr. E. v. BIRK, Director der k. k. Hofbibliothek, Herrn Dr. GRASSAUER, Director der Wiener k. k. Univerſitätsbibliothek, Herrn Hofrath Profeſſor Dr. R. v. SICKEL, durch deſſen gütige Vermittlung ich aus Italien mehrere Hunderte von Papierproben aus dem XIII. bis XV. Jahrhundert zur Unterſuchung erhielt, und Herrn Profeſſor Dr. MÜHLBACHER, welcher mich mit den einſchlägigen paläographiſchen Quellen bekannt machte.

Die Directoren von Archiven und Bibliotheken in Italien, welche für die Zwecke der vorliegenden Unterſuchungen Papierproben an Herrn Hofrath R. v. SICKEL ſendeten, ſind die Herren: PELLEGRINI (Belluno), C. PAOLI (Florenz), DAVARI (Mantua), CAPASSO (Neapel), GNOLI (Rom), BANCHI (Siena), PROMIS und CIPOLLA (Turin), CECCHETTI und BERTOLDI (Venedig).

Zu dem gröſsten Danke bin ich aber meinem verehrten, um die Erwerbung und wiſſenſchaftliche Bearbeitung des Faijûmer Schatzes ſo hochverdienten Collegen, Herrn Profeſſor KARABACEK, verpflichtet, da er nicht nur alle meine die Faijûmer und Uſchmûneiner Papiere betreffenden Wünſche bereitwilligſt erfüllte, ſondern mich auch mit koſtbarem alt-orientaliſchem Materiale aus den Bibliotheken von Leiden, Kopenhagen, Leipzig, Berlin und aus Privatſammlungen verſah und überhaupt meiner Arbeit die werkthätigſte Unterſtützung zu Theil werden lieſs.

März 1887.

J. Wiesner.

KLEINERE MITTHEILUNGEN.

(Strafsenverzeichniffe aus Arfinoë.) Vor Jahren haben wir[1] darauf hingewiefen, dafs uns durch den Papyrusfund von el-Faijûm jenes verfunkene und vergeffene Arfinoë, einft der Centralpunkt der blühendften Landfchaft Aegyptens wieder nahegerückt wird; immer reicher wird die Lifte der Bezirke, Strafsen, öffentlichen Gebäude, Thore, Vororte, welche fie hatte, und G. SCHWEINFURTH hat es neulich unternommen, die Ruinenftätte zu fixiren, welche einftmals eine Stadt mit mindeftens 100.000 Einwohnern war. Diefe grofsartige Entfaltung hatte Arfinoë nicht nur in der frühen römifchen Epoche, auch in der chriftlichen Zeit hat fie fich auf bedeutender Höhe noch lange zu behaupten verftanden. Dies tritt allerdings nicht hervor durch die vier Strafsennamen,[2] die in der Zeitfchrift der Gefellfchaft für Erdkunde in Berlin 1887, pag. 27 ff., als nur aus fpäter Zeit belegt von U. WILCKEN aufgezählt werden; es ift dort überfehen worden, dafs uns ganze Strafsenverzeichniffe erhalten find! Es find dies folgende:[3]

1.	φαρμ^{θ} ιϛ				
2.	κλεοπατριου	ν̇	κα	7	ιθ (verwifcht)
3.	αγι/ cανcνεω	ν̇	ιϛ	7	κγδ′
4.	παρεμβολης	ν̇	μθ	7	κβSδ′
5.	αγι/ βικτωροc	ν̇	θ	7	ιθSδ′
6.	περcεαc	ν̇	ζ	7	ϛ
7.	αγι/ θεκληc	ν̇	ια	7	η
8.	κλεοπατριου	ν̇	κγ		
9.	αγι/ θεοδωρου	ν̇	ϛ	7	ιε
10.	αγι/ . . . ρωτωc	ν̇	ϛ	7	ιε
11.	απολλωνιου	ν̇	λγ	7	ηS
12.	αγι/ δωροθεου	ν̇	ε	7	ιγ
13.	αγι/ βικτοροc	ν̇	γ	7	ιϛ
14.	κατωτερου	ν̇	κζ	7	ιδ
15.	αγι/ απολλω	ν̇	β	7	ιβ
16.	αγι/ δωροθεου ομου	ν̇	α	7	κS
17.	αγι/ μαρτυρων	ν̇	κα		
18.	απολλωνιου	ν̇	κα		
19.	μεγαληc εκκληcιαc	ν̇	δ	7	S
20.	αγι/ θεοτωκου	ν̇	λη	7	ε
21.	† αγι/ θεοδωρου ομου	ν̇	γ	7	ιζ
22.	αγι/ θεοτοκου ομου	ν̇	ια	7	αS
				7	κSδ′
23.	† αγι/ απολλω ομου			7	γ
24.	μεγαλ^{η} εκκληcι/ ομου			7	καSδ′
25.	αγι/ βικτοροc	ν̇	ιγ		
26.	μγ εκκλ$^{η}_{c}$ ομου	ν̇	α		
27.	αγι/ cανcνεω			7	αSδ′
28.	αγι/ θεοτοκου ομου			7	ιγS
29.	αγι/ μαρτυρων			7	βS
30.	κατωτερου	ν̇	λε		
31.	παρεμβολ^{η}	ν̇	λα		
32.		ν̇	λ.	7	κ
33.		ν̇	κ		

---

[1] Prolegomena (1883), pag. 7. 20.

[2] Διονυcίου, Νυμφίου, περcέαc, τῆc μεγάληc ἐκκληcίαc.

[3] Musées nationaux Nr. 6889, Höhe 27 Centimeter, Breite 11 Centimeter.

Wir finden hier alſo eine ‚Lagergaſſe', ‚groſse Kirchengaſſe', ‚untere Straſse', ‚Apolloniusgaſſe', ‚Marien-, Victor-, Thekla-, Theodor- und Dorotheenſtraſse', dann andere nach den heiligen Märtyrern, Sansneos, Apollos genannte Straſsen; an Kleopatra erinnert auch ein Name, ein anderer an den Perſeabaum, der in chriſtlichen Sagen vorkommt. Alle dieſe Gaſſen erſcheinen auch in dem zweiten Straſsenverzeichniſs: [1]

1.	..νερ...τ λαυρ (ω ω above)	
2.	†απο λ απολλω‾	δ/ γρ/ ν̇ ϛγ′
3.	απο λ' αγιου βικτ/	ν̇ γ″
4.	απο λ— απερατ	ν̇ δψ
5.	απο λ— αγιου θεοδωρου	ν̇ αψ
6.	απο λ— κλεοπατρι‾	ν̇ ψ
7.	απο λ— κατοτερου	ν̇ ζγ″
8.	απο λ— αγι/ πετρ	ν̇ S
9.	απο λ— αγι/ου σανσνεο‾	ν̇ αSγ″
10.	απο λ— περσς	ν̇ S
11.	εποικ θεατρου	ν̇ θ

Hier erſcheint auch noch ein Bezirk, der nach dem Theater benannt wurde; man mag dazu die ſogenannte Olymp-Theaterſtraſse, ἄμφοδον 'Ολυμπίου θεάτρου vergleichen.

Ein Fragment aus einem Verzeichniſſe der Kirchen iſt dies: [2]

Zeile 1. εκ]κλησια του αγιο‾ δωροθεου
2. εκ]κλησι(α) τη αγιας θεωδοκου
3. εκ]κλησι(α) του σωτηρ/
4. τη μεγαλ εκκλησς
5. εκλησιας του αγιου....

So kennen wir die Namen einer St. Theodor-, Dorotheos-, Marcus-, Victor-, Georg-, Erlöſer-, Apa Nellos-, Metropolitan-, Neuen-, Marienkirche u. ſ. w.

Wir wiſſen auch die Gründe, aus denen unſere Verzeichniſſe angelegt worden ſind — es ſind fiscaliſche.

War eine Summe aufzutreiben, war die Repartirung der Steuern vorzunehmen, ſo vertheilte man erſtlich in der Stadt auf die einzelnen Bezirke, Straſsen und Gaſſen eine entſprechende Umlage, [3] hatte man dieſen Theil feſtgeſtellt, ſo kam erſt noch die

---

[1] Musées nationaux Nr. 6489, Höhe 16 Centimeter, Breite 11 Centimeter. Die Abkürzungen ſind: Zeile 1 τῶν λαυρῶν, Zeile 2 λ(αύρας), Zeile 3 Βίκτορος.

[2] Musées nationaux Nr. 7384, App. 280.

[3] An dieſen Vorgang erinnert noch folgendes Fragment: Musées nationaux Nr. 6846, App. 176, Recto:

Zeile 1. συν θ(εο) νετιδ υι μουσλημ
2. επικ(ειμενα) υμιν
3. λαυρα ....
4. λαυρα αγιου φ[οιβαμμωνος
5. λαυρα φοιλωθ(εου)
6. λαυρα γεωργ(ιου).

Vertheilung unter die einzelnen Hauswesen; ein Verzeichniss der in der Sansneosstrasse gelegenen lautet (Mus. nat. Nr. 6846, App. 598):

Zeile 1. † λαυρ(α) αγιου ϲανϲν[εω
2. τιμεριοϲ
3. παυλοϲ
4. αρων χ..
5. ϲταυραγι
6. αν]τω[νιοϲ

‚Strasse St. Sansneos (dort wohnen): Pimerios, Paulos, Aron, Staurakios, Antonios u. s. w.', gemeint sind steuerbare Hausbesitzer, welche von allen Personen in ihrem Hause die Steuern einzusammeln und zu verrechnen hatten. Diese werden von den Steuereinnehmern endlich eingetragen in die öfters erwähnten κώδικεϲ ἡμερολογίων χρυϲίνων δημοϲίων oder κώδικεϲ οἰκιϲτικῶν χρυϲικῶν, und andere κώδικεϲ ἡμερολογίων (Journal für die in Gold eingezahlten Steuern, für die Haus- und Wohnungssteuer u. s. w.). All diese Verhältnisse spiegeln sich wieder in den kleinen, auf Papyrus oder Pergamen geschriebenen Steuerbillets der erzherzoglichen Sammlung, welche bald die Repartition, bald die Quittirung bei der Steuerverrechnung enthalten, z. B.: [1]

Zeile 1. † κατεβλ^{ε} δαμιανϛ
2. αρκ^{τ}ο^{ο}πϛ ⳨ διαγρ^{α}/ λαυρ^{α}/
3. κατ^{τ}οτερ/ β κανονϛ εννϛ
4. ινϛ κερ/ εναν ημιϲυ γι/ 7 αS
5. φαμ^{θ} ιθ τ^{η} αυ^{τ} θ ινϛ

‚Zugemessen wurde dem Bäcker Damianos als zweite Rate von der für die „Untere Strasse" ausgeschriebenen Umlage der 9. Indiction die Steuer von 1, sage einem Karat und $^1/_2$, sage einem halben Karat; am 19. Phamenoth in derselben 9. Indiction.'

Zeile 1. † χοιακ ια ε ινδ/ ιακωβ
2. εβραιοϲ απ^{ο} μερ/ διαγρ^{α} λαυρ/
3. τ^{η} μεγαλ/ εκκληϲι/ καγκελ —
4. ......κερ δωδεκα
5. γι/ 7 ιβ αλ^{ε} † δ/ εμο̄ ιϲιδωρο̄

‚Am 11. Choiak der 5. Indiction. Jakob der Hebräer hat als Rate der für die „Grosse Kirchengasse" ausgeschriebenen Umlage bei der Kanzlei ....12, sage zwölf Karate nach alexandrinischem Courant gezahlt. Isidor m. p.'

‚Im Namen Gottes! Ich Negid, Sohn des Muslim, verkünde: Dies sind eure Steuern: von der Strasse St. Phoibammon soundsoviel, von der Strasse St. Philotheos soundsoviel, von der Strasse St. Georg soundsoviel.'

[1] Die Quittungen wurden in jener Zeit sorgfältig aufbewahrt, und werden noch jetzt im Schutte von Arsinoë bald da, bald dort gefunden; ginge man dabei genau und vorsichtig zu Werke, so liesse sich auch die Lage der oben erwähnten Strassen vielleicht nachweisen.

† παρηcχ^ε η εκκλ$ του αγι/ ιουλιου
δ/ κομητου διακ^ο απ^ο διαγρ^α
εβδομηc ιν$ νομ[ιc]μ̄ τεcαρ/
κερ̄ δεκα τεccαρ/ ημιcυ τεταρ[τον
γι/ ν̊ δ γ ιδSδ' μ^ο μχ ς τη ζ ινδ
δ/ εμ^ου κοcμα ν^τ † δι εμ ιω̄

‚Die Kirche St. Julius hat durch den Diakon Kometes als Rate der in der 7. Indiction ausgeschriebenen Steuer erlegt: 4, sage vier Goldstücke und $14^3/_4$, sage vierzehneinhalb und ein viertel Karat, nicht mehr und nicht weniger. Am 6. Mechir der 7. Indiction. Kosmas, Notar m. p. Johannes m. p.

Karl Wessely.

(Ueber den Achmîmer Fund.) Den grossen Papyrusmassen, welche aus den Ruinen von Arsinoë und Hermopolis (Schmûn) zum Vorschein gekommen sind, reihen sich in den letzten Jahren die Reste von Handschriften an, welche in Achmîm, dem alten Panopolis, auf den Markt gebracht wurden.[1] In ihrer Gesammtheit stellen auch sie die Reste einer ‚koptischen Klosterbibliothek' dar, welche wir allem Anscheine nach nördlich von Achmîm zu suchen haben. Es liegt auf der Hand, dass in dieser Bibliothek Handschriften von verschiedenem Alter, Format und Beschreibstoff vorliegen mussten. Es hat sich aber auch gezeigt, dass in diesen Texten auch zwei verschiedene koptische Dialekte vorliegen, von denen der eine, der sahidische, wohl bekannt, der andere erst durch diese Urkunden erschlossen wurde. Wir wollen diesen bis auf weiteres nach seiner hervorstechendsten Eigenthümlichkeit den ϩ-Dialekt nennen.

Indem ein bedeutender Antheil des Achmîmer Fundes der erzherzoglichen Sammlung einverleibt ist, sehe ich mich veranlasst, im Zusammenhang über denselben zu berichten. Vor Allem seien hier zehn grössere Fragmente einer dicht auf beiden Seiten mit einer ungemein ungelenken Schrift beschriebenen Papyrusrolle, von der oben S. 55 einige Specimina gegeben sind, angeführt. Es ist dies das erste Beispiel einer koptischen Papyrusrolle, denn die Faijûmer und Schmûner Funde ergaben bisher nur Stücke von Papyrusbüchern. Reichhaltiger sind die Bruchstücke eines Pergamentcodex, von dem uns 130 Blätter (10 Centimeter breit, 12 Centimeter hoch; die beschriebene Fläche hat nur 7 : 8 Centimeter), zu je 36, also etwa 4600 Zeilen im Ganzen erhalten sind. Ungefähr zwei Drittel des Codex liegen uns vor, da derselbe aus etwa 24 Quaternionen bestand, welche fortlaufend gezählt wurden. Die Nummern stehen oben links auf der ersten und oben rechts auf der letzten Seite des Quaternio. Mehrere dieser Quaternionen liegen ganz vor. Eine übrigens nicht consequente Zählung der Seiten ward nachträglich vorgenommen. Der Pergamentcodex enthielt die kleinen Propheten, deren Namen am Anfang und Ende

---

[1] Vergl. oben Mittheilungen S. 54 und meine Bemerkungen in der Monatsschrift für den Orient, 1885, S. 272.

der ihnen gehörigen Abschnitte stehen. Er schliesst mit ‚Malachias, dem zwölften der kleinen Propheten'.

. . . .
ⲙⲁⲗⲁⲭⲓⲁⲥ
. . . .
ⲡⲙⲛⲧⲥⲛⲁⲩⲥ
. . . .
ⲙⲡⲣⲟⲫⲏⲧⲏⲥ
ϩⲏⲙ

Die Schlussstelle desselben lautet wie in der Septuaginta:

ⲡⲁϩⲙϩⲁⲗ· ⲛ̄ⲧϩⲉ ⲉⲧⲁ
ⲁⲧⲟⲟⲧϥ ϩⲛ ⲭⲱⲣⲏⲃ· ϣⲁ
ⲡⲓⲏ̅ⲗ̅ ⲧⲏⲣϥ ⲛ̄ϩⲉⲛⲡⲣⲟⲥ
ⲧⲁⲅⲙⲁ ⲙⲛ ϩⲉⲛⲇⲓⲕⲁⲓⲱⲙⲁ

Auf Seite ⲣⲍⲏ schliesst ⲙⲓⲭⲁⲓⲁⲥ und beginnt ⲁⲃⲇⲉⲓⲁⲥ, auf Seite ⲣϥⲃ folgt auf ⲓⲱⲛⲁⲥ ⲛⲁⲟⲩⲙ, auf Seite ⲥⲗⲁ auf ⲁⲙⲃⲁⲕⲟⲩⲙ, ⲥⲟⲫⲟⲛⲓⲁⲥ und auf Seite ⲥⲍⲉ unten schliesst ⲁⲅⲅⲁⲓⲟⲥ ab. Auffallend ist in dieser Reihenfolge, dass der Prophet Joël nicht zwischen Michaias und Abdeias steht.

Diese ehrwürdigen altchristlichen Reste sollen in der koptischen Abtheilung des Corpus Papyrorum ehebaldigst mitgetheilt werden. Hier folgt eine kleine Probe, mit welcher die boheirische Version bei QUATREMÈRE, Daniel et les douze petits Prophètes (Notices et Extraits, VIII, 1810, S. 220 ff.) zu vergleichen ist.

Zacharias XII.

1. ⲡⲗⲏⲙⲙⲁ ⲙⲡϣⲉϫⲉ ⲙ̄
ⲡϫⲁⲉⲓⲥ ⲁϫⲛ̄ ⲡⲓⲏ̅ⲗ̅ ⲉϥⲛⲱⲣϩ
ⲁⲃⲁⲗ ϩⲛ̄ ⲧⲡⲉ ⲉϥⲥⲙⲛ̄ⲥⲛ̄
ⲧⲉ ⲙ̄ⲡⲕⲁϩ ⲉϥⲣ̄ⲡⲗⲁⲥⲥⲉ
ⲙ̄ⲡⲡⲛ̅ⲁ̅ ⲡⲣⲱⲙⲉ ⲛ̄ϩⲣⲏⲓ̈ ⲛ̄
2. ϩⲏⲧϥ ⲉⲥⲧⲉ ⲁⲛⲁⲕ ϯⲛⲁⲕⲁ
ⲑⲓ̅ⲗ̅ⲏ̅ⲙ̅ ⲛ̄ⲧϩⲉ ⲛ̄ϩⲉⲛⲛⲟⲩ
ⲗⲏ ⲉⲩϩⲁⲣⲟⲩⲛⲁⲉⲓⲛⲉ ⲛ̄
ϩⲣⲛ̄ ⲙ̄ⲙⲓⲉⲓϣⲉ ⲧⲏⲣⲟⲩ ⲉⲧ
ϩⲙ̄ ⲡⲕ̄ⲕⲱⲧⲉ ⲁⲟⲩ ⲟⲩⲛ ⲟⲩ
ⲙⲓⲉⲓϣⲉ ⲛⲁϩⲱⲡⲉ ⲛ̄ϯⲟⲩ
ⲇⲁⲓⲁ ⲁϭⲟⲩ ϩⲓ̈ⲣⲱϥ ⲛ̄ⲑⲓ̅ⲗ̅ⲏ̅ⲙ̅
3. ⲁⲟⲩ ϩⲙ̄ ⲫⲟⲟⲩⲉ ⲉⲧⲙ̄ⲙⲟ
ϯⲛⲁⲕⲟⲩ ⲛ̄ⲑⲓ̅ⲗ̅ⲏ̅ⲙ̅ ⲛⲟⲩ
ⲱⲛⲉ ⲉⲩϩⲱⲙ ⲁϫⲱϥ ϩⲛ̄
ⲛ̄ϩⲉⲑⲛⲟⲥ ⲧⲏⲣⲟⲩ ⲟⲩⲁⲛ
ⲛⲓⲙ ⲉⲧⲛⲁϩⲱⲙ ⲁϫⲱⲥ ⲁϥ
ⲛⲁⲥⲱⲃⲉ ⲛ̄ⲥⲱⲥ ⲁⲟⲩ ⲥⲉ
ⲛⲁⲉⲱϩⲟⲩ ⲛ̄ϭⲓ ⲛ̄ϩⲉⲑⲛⲟⲥ
ⲧⲏⲣⲟⲩ ⲙ̄ⲡⲕⲁϩ

ⲙⲓⲉⲓϣⲉ steht für ⲙⲏⲏϣⲉ : ⲙⲏϣ, ebenso steht ⲙⲓⲉ für ⲙⲉ : ⲙⲏⲓ; ⲓⲉ dem demotischen ⲟ entsprechend. Beachtenswerth ist ferner die Umschreibung des griechischen περιοχή, während der boheirische Text nur (ⲟⲩ)ⲧⲁⲛⲧⲟ gibt. ϭⲟⲩ ist ϭⲟⲟⲩ, bedrängen, ⲉⲉⲧⲉ für ⲉⲉ ist aus den von BOURRIANT publicirten Texten bekannt, ebenso die Form des Aoristes ϣⲁⲣⲉ, ϩⲁⲣⲟⲩ; ⲛⲁⲉⲓⲛⲉ ist das sahidische ⲛⲟⲉⲓⲛ, agitare.

Zacharias XII, 6.

ⲁⲟⲩ ⲥⲉⲛⲁ
ⲟⲩⲱⲙ ⲥⲉⲟⲩⲛⲉⲙ ⲁⲟⲩ
ⲥⲉϭⲃⲓⲣ ⲙ̄ⲛ̄ ⲗⲁⲟⲥ ⲧⲏⲣⲟⲩ ⲉⲧ
ⳉⲛ̄ ⲛⲟⲩⲕⲱⲧⲉ

ϭⲃⲓⲣ, links entſpricht dem demotiſchen [demotic], *kbir* ganz genau, der ſahidiſche Dialect gibt dagegen ϩⲃⲟⲩⲣ.

Aber nicht nur in ſprachlicher Hinſicht ſind dieſe Texte von allergröſster Bedeutung, ſie ſind es noch mehr für die Kritik des Bibeltextes. Indem ſie ſelbſt in ein hohes Alter zurückgehen, ſetzen ſie eine griechiſche Handſchrift der Septuaginta voraus, welche älter war als die älteſten bekannten, der Vaticanus, Sinaïticus, Alexandrinus, und ſich durch Retroverſion verhältniſsmäſsig leicht reſtituiren lieſse. Die von den Fachmännern anerkannte Wichtigkeit der koptiſchen, vor allem der ſahidiſchen Bibelüberſetzung erhält jetzt erſt nach Auffindung der Pergamente mit ⳉ ihre volle Bedeutung. Die Vergleichung einiger Stellen, für welche wir drei koptiſche Verſionen vorzulegen in der Lage ſind, werden vorläufig im Allgemeinen das Verhältniſs derſelben zu einander und zu den älteſten griechiſchen Texten erkennen laſſen.

Zacharias XIII, 5.

Vaticanus: οὐκ εἰμὶ προφήτης ἐγώ, διότι ἄνθρωπος ἐργαζόμενος τὴν γῆν ἐγώ εἰμι, ὅτι ἄνθρωπος ἐγέννησέ με ἐκ νεότητός μου.

Sinaïticus: οὐκ ἰμὶ προφήτης ἐγώ, διότι ἄνθρωπος ἐργαζόμενος τὴν γῆν ἐγώ εἰμι, ὅτι ἄνθρωπος ἐγέννησέν με ἐκ νηότητος μου.

Alexandrinus: οὐκ εἰμὶ προφήτης ἐγώ, διότι ἄνθρωπος ἐγέννησέ με ἐκ νεοτητός μου.

Boheiriſche Verſion: ⲟⲩⲟϩ ⲉϥⲉϫⲟⲥ ϫⲉ ⲁⲛⲟⲕ ⲟⲩⲡⲣⲟⲫⲏⲧⲏⲥ ⲁⲛ ⲁⲛⲟⲕ ϫⲉ ⲟⲩⲛⲓ ⲟⲩⲣⲱⲙⲓ ⲉⲧⲁϥϫⲫⲟⲓ ⲓⲥϫⲉⲛ ⲧⲁⲙⲉⲧⲁⲗⲟⲩ.

Sahidiſche Verſion: ⲁⲩⲱ ϥⲛⲁϫⲟⲟⲥ ϫⲉ ⲁⲛⲅ ⲟⲩⲡⲣⲟⲫⲏⲧⲏⲥ ⲁⲛ ⲉⲃⲟⲗ ϫⲉ ⲟⲩⲣⲱⲙⲉ ⲡⲉⲛⲧⲁⲩϫⲡⲟï ⲁⲩⲱ ⲁϥⲧⲥⲁⲃⲟï ϫⲓⲛ ⲧⲁⲙⲛⲧϣⲏⲣⲉϣⲏⲙ.

ⳉ-Verſion: ⲁⲟⲩ ϥⲛⲁϫⲟⲟⲥ ϫⲉ ⲁⲛⲁⲕ ⲟⲩⲡⲣⲟⲫⲏⲧⲏⲥ ⲉⲛ ⲁⲛⲁⲕ ϫⲉ ⲁⲛⲁⲕ ⲟⲩⲣⲱⲙⲉ ⲉϥⲣ̄ϩⲱⲃ ⲁⲡⲕⲁϩ ⲁⲛⲁⲕ ⲁⲟⲩ ⲟⲩⲣⲱⲙⲉ ⲡⲉⲧⲁϥⲧⳉⲛⲁï ⲁⲟⲩ ⲁϥⲧⲥⲉⲃⲁï ϫⲛ ⲛ̄ⲧⲁⲙⲛ̄ⲧⲁⲗⲟⲩ.

Zacharias XIII, 7.

Vaticanus: ῥομφαία ἐξεγέρθητι ἐπὶ τοὺς ποιμένας μου καὶ ἐπὶ ἄνδρα πολίτην μου.
Sinaïticus: ῥομφαία ἐξεγέρθητι ἐπὶ τοὺς ποιμένας μου καὶ ἐπ’ ἄνδρα πολεμήστην μου.
Alexandrinus: ῥομφαία ἐξεγέρθητι ἐπὶ τὸν ποιμαίνα μου καὶ ἐπ’ ἄνδρα πολίτην αὐτοῦ.
Boheiriſche Verſion: ⲧⲱⲟⲩⲛⲟⲩ ⲧⲥⲏϥⲓ ⲉϫⲉⲛ ⲛⲁⲙⲁⲛⲉⲥⲱⲟⲩ ⲛⲉⲙ ⲉϫⲉⲛ ⲛⲉϥⲣⲉⲙⲃⲁⲕⲓ.
Sahidiſche Verſion: ⲧⲥⲏϥⲉ ⲧⲱⲟⲩⲛ ϩⲓϫⲙ̄ ⲡϣⲱⲥ ⲁⲩⲱ ⲉϫⲙ̄ ⲡⲉϥⲣⲙ̄ⲛ̄ϯⲙⲉ.
ⳉ-Verſion: ⲧⲥⲏϥⲉ ⲧⲱⲛⲉ ⲁϫⲛ̄ ⲛⲁϣⲟⲟⲥ ⲁⲟⲩ ⲁϫⲛ̄ ⲡⲁⲣⲙ̄ⲛ̄ϯⲙⲉ.

Vergl. ferner Zacharias IX, 1:

Σεδραχ Vaticanus, Sinaïticus; Σεδρακ Alexandrinus,
ⲥⲉⲇⲣⲁⲭ ⳉ-Verſion; ⲥⲉⲇⲣⲁⲕ boheiriſche Verſion.

Zacharias IX, 1:

πάϲαϲ φυλὰϲ τοῦ Ἰϲραήλ Vaticanus, Sinaïticus und Alexandrinus,

ⲛⲓⲣⲱⲙⲓ ⲛⲉⲙ ⲛⲓⲫⲩⲗⲏ ⲧⲏⲣⲟⲩ ⲛⲧⲉ ⲓ̅ⲗ̅ⲏ̅ⲙ̅ boheirische Version, ⲛⲣⲱⲙⲉ ⲙⲛ̄ ⲛ̄ⲫⲩⲗⲏ ⲧⲏⲣⲟⲩ ⲙⲡⲓ̅ⲏ̅ⲗ̅ ⳉ-Version,

endlich Zacharias IX, 5:

Vaticanus: ᾐϲχύνθη ἐπὶ τῷ παραπτώματι αὐτῆϲ καὶ ἀπολεῖται βαϲιλεὺϲ ἐκ Γάζηϲ.

Sinaïticus: ᾐϲχύνθη ἐπὶ παραπτώματι αὐτῆϲ καὶ ἀπολῖται βαϲιλεὺϲ ἐκ Γάζηϲ.

Alexandrinus: ᾐϲχύνθη ἀπὸ τῆϲ ἐλπίδοϲ αὐτῆϲ καὶ ἀπολεῖται βαϲιλεία ἀπὸ Γάζηϲ.

Boheirische Version: ⲁⲥϭⲓϣⲓⲡⲓ ⲟⲩⲟϩ ⲉⲥⲉϫⲁϩⲟⲙⲉ ϧⲉⲛ ⲛⲉⲥϩⲉⲓ ⲉⲃⲟⲗ ϩⲁ ⲧⲉⲥϩⲉⲗⲡⲓⲥ ⲟⲩⲟϩ ⲉϥⲉ̄ⲧⲁⲕⲟ ⲛϫⲉ ⲟⲩⲟⲩⲣⲟ ⲉⲃⲟⲗ ϧⲉⲛ ⲅⲁⲍⲁ.

ⳉ-Version: ⲁⲥϫⲓϣⲓⲡⲉ ⲁϫⲛ̄ ⲡⲉϩⲉⲓ̈ ⲉ ⲡⲣⲣⲟ ϥⲛⲁⲧⲁⲕⲟ ⲁⲃⲁⲗ ϩⲛ ⲅⲁⲍⲁ.

Fassen wir diese Fälle zusammen, so ergibt sich, dass die ⳉ-Version, im Wesentlichen den Lesarten des Vaticanus folgt, denen sie erhöhte Wichtigkeit verleiht, während die boheirische und, soweit wir aus den bisher nicht zahlreichen Parallelstellen beurtheilen können, auch die sahidische den Lesarten des Alexandrinus den Vorzug geben. In dem einen der angeführten Fälle hat die sahidische Beziehungen zur ⳉ-Version, welche sie mit der boheirischen nicht theilt. Aus diesen Momenten ergibt sich, dass wenigstens für diesen Theil der Bibel die koptischen Uebersetzungen aus verschiedenen griechischen Vorlagen geflossen sind. Dass sie dennoch untereinander so grosse Uebereinstimmung zeigen, erklärt sich daraus, dass bei Uebertragung des griechischen Originals in einen neuen koptischen Dialekt auch die bereits vorliegenden koptischen Versionen zu Rathe gezogen wurden.

Endlich gehören hierher 18, zum Theile ganz erhaltene Blätter eines Papyrusbuches, welches einen Theil der Psalmen, mit dem 102. (nach der Zählung der Septuaginta) beginnend und mit dem 124. schliessend, enthielt. Die Blätter messen 14 Centimeter Breite, 17 Centimeter Höhe. Dieses Papyrusbuch zeigt den sahidischen Dialekt. Aus den oben S. 67 und I, 68 mitgetheilten Proben ersieht man seine orthographischen und sonstigen Eigenthümlichkeiten. Wichtiger als diese sind die sachlichen, denn die Handschrift lässt einzelne Psalmen aus und hat in einigen Fällen eine von dem griechischen und hebräischen Text abweichende Zählung. Davon soll an einer anderen Stelle mehr die Rede sein.

Zu der wichtigen Frage nach dem Alter dieser Stücke übergehend ist daran zu erinnern, dass nicht alle Schriftstücke Achmîmer Provenienz gleichaltrig sein können. Unter den oben besprochenen Pergamentblättern fand ich sogar ein kleines Stück in sahidischem Dialekt, welches einer verhältnissmässig späten Zeit angehören muss. Ausserdem liegen mir ungefähr 1000 Pergamente vor, welche allem Anscheine nach demselben Funde entstammen und ihrer Schrift nach vom V. bis in den Anfang des XI. Jahrhunderts gehen. Zwei datirte unter denselben geben die Jahre ϫ̅ⲛ̅ϥ̅ und ⲯ̅ⲕ̅ⲅ̅ nach der Märtyrerära. Sie bildeten, wie uns einzelne Subscriptionen lehren, den Bestand der Bibliothek des Klosters des Apa Schenute auf dem Berge Atrêpe im Nomos von Schmin-Panopolis (ⲁⲡⲁ ϣⲉⲛⲟⲩⲧⲉ ⲙⲛⲧⲟⲟⲩ ⲛⲁⲧⲣⲓⲡⲉ ϩⲙ ⲡⲧⲟϣ ϣⲙⲓⲛ). Ueber dieses sogenannte

,weifse Klofter' vergl. QUATREMÈRE, Mémoires I, S. 20. Diefe Pergamente, von denen manche noch zu Lebzeiten des Archimandriten Schenute felbft gefchrieben waren, geben mit verfchwindend geringen Ausnahmen den fahidifchen Dialekt. Woher es kommt, dafs die Texte im neuen Dialekt, welche einer älteren Schichte als die fahidifchen angehören, in Panopolis-Schmin zum Vorfchein gekommen find, bleibt noch dahingeftellt.

Die Alterthümlichkeit der Sprache und der Buchftabe ⳉ weifen uns naturgemäfs in die Anfänge der koptifchen Schriftentwicklung. Die oben erwähnte Rolle, welche aufserdem für ⲛ die Form ⲛ hat, dürfte unter den erhaltenen Reften der ältefte fein. Die Papyrus- und Pergamentbücher, fowohl die Wiener als die von BOURRIANT publicirten, gehören einer anderen, fpäteren Editionsform an. Eine neue Stufe in der Schriftentwicklung repräfentirt vollends der oben (S. 54) mitgetheilte Papyrus Nr. 1865, aus dem IV. Jahrhundert, welcher allem Anfcheine nach Faijûmer, fchwerlich Schmûner Provenienz ift. Wie fich diefe Texte zu den von BOURRIANT publicirten Texten paläographifch verhalten, weifs ich nicht, da ich die Bulaker Papyrus mit ⳉ noch nicht, die fahidifchen nur einmal flüchtig bei H. MASPERO in Luxor, Winter 1884/5, gefehen habe. Erwägt man dies alles, fo kommt man zum Schluffe, dafs die koptifche Papyrusrolle eher dem III. als dem IV. Jahrhundert zuzuweifen ift. Da wir uns nicht fchmeicheln können, die Autographen der Begründer diefes koptifchen Schriftfyftems zu befitzen, fo wird man den Beginn der Schriftthätigkeit in diefem Dialekte getroft in das III. Jahrhundert zu fetzen haben. Aber auch für die fo fchwankende Beftimmung des Alters der griechifchen Handfchriften aus Aegypten werden die Achmîmer Texte, welche aus fachlichen Gründen fich datiren laffen — und ich denke, dafs weitere Funde uns die Grenzen immer fchärfer werden erkennen laffen, denn noch offen bleibt die Frage, wann man aufhörte, fich des Zeichens ⳉ zu bedienen, fchwerlich wird diefes jedoch die Zeit des fahidifchen Schriftftellers Schenute überdauert haben — einen feften Markftein abgeben.

Für die Hauptfrage jedoch, nach dem Alter der Bibelüberfetzung ins Koptifche, fcheinen mir die Achmîmer Texte fchon jetzt einen bedeutenden Beitrag zu liefern, fie zeigen uns, dafs diefelbe fpäteftens in das III. Jahrhundert zu fetzen ift. Natürlich ift fie fo wenig als früher die Septuaginta mit einem Schlage erfolgt, einzelne Stücke mögen in noch früherer Zeit überfetzt worden fein. Wenn man, wie die Zauberpapyrus darthun, mit Hilfe des griechifchen Alphabets und Aufftellung einiger neuen Zeichen in einer Sprache, die man noch nicht koptifch nennen kann, Anrufungsformeln an Ofiris oder Seth im II. Jahrhundert niederfchrieb, fo ift nicht abzufehen, warum die Chriften nicht ähnlich vorgegangen fein konnten. Die Kenntnifs der Schrift reichte, wie wir gefehen haben, noch in der arabifchen Zeit in die tiefften Stufen der Bevölkerung.

J. Krall.

(Was bedeutet die frontifpiciale Sigle هو in der türkifchen Diplomatik?) Allgemein bekannt ift das Zeichen هو an der Spitze türkifcher Diplome und Briefe, fowie die Erklärung desfelben als eine Abkürzung von هو, ,Er', d. i. Gott. Die ganze muhammedanifche Welt türkifch-arabifcher Zunge glaubt an diefe Auflöfung und heiligt daher den Gebrauch. In dem fchriftlichen Amtsverkehr der Hohen Pforte ift die Sigle kanzleimäfsig geworden; es ift Lehrbedürfnifs, diefelbe den Kindern in der Schule beizubringen. Kein

Rechtgläubiger, vom Höchften bis zum Niedrigften, unterläfst es, feine Epiftel unter diefem Zeichen zu beginnen.

Auch die europäifchen Gelehrten halten an jener Auslegung feft. In erfter Linie die Turkologen, unter welchen fchon MENINSKI im Thesaurus linguarum orientalium, Wien, 1680, IV, pag. 5507 mit Bezug auf هو fchreibt: ‚Unde in frontispicio literarum invenies saepe scriptum, (ubi nos olim † crucem signabamus).‘ Gleichen Sinnes fprechen, die Sigle erklärend, die Lexicographen BIANCHI und KIEFFER (Dictionnaire Turc-français, II, pag. 1232), ZENKER (1866, pag. 937, 943), Andere nicht zu nennen. Die türkifche Widmung in ARTHUR LUMLEY DAVID'S ‚Grammaire Turke‘ an Sultan Mahmûd II. (1836) zeigt über der erften Zeile geradezu هو, als typographifche Auflöfung der an diefer Stelle zu erwartenden Sigle سو. Und doch ift ihre Erklärung grundfalfch! Ich darf fagen: Alle, ohne Ausnahme, Orientalen wie Orientaliften, find ihretwegen in einem ererbten Irrthum befangen. Die fragliche Sigle bedeutet nicht die Anrufung هو, d. i. ‚Er‘ oder ‚Gott‘, fondern ift die contrahirte Schreibung der uralten epiftolographifchen *Basmala* Formel; alfo

بسم الله الرحمن الرحيم = سو

d. i. Im Namen Gottes des Allbarmherzigen, des Allerbarmenden!

Diefe graphifche Erfcheinung der Sigle läfst fich durch die Taufende von Schriftftücken der erzherzoglichen Sammlung genetifch zurückverfolgen. Das Ergebnifs fummire ich hier mit wenigen von mir facfimilirten Hauptformen:[1]

Papier 7500:

„ 8032:

„ 8065:

„ 7804:

„ 7508:

„ 8029:

„ 8251:

Man verfolgt an diefen fieben charakteriftifchen Beifpielen leicht das allmählige Vergehen der conftitutiven Schriftzüge von بسم الله الرحمن الرحيم bis zu ihrer endlichen Auflöfung in die Basmala-Sigle 8251, welche fchon von einem Schriftftücke des 7. Jahr-

[1] In Einfechftel-Verkleinerung.

hunderts d. H. (XIII. Jahrhundert n. Chr.) geboten wird, und der eben auch die Kanzleiformen türkiſcher Actenſtücke der Neuzeit entſprechen, z. B.:

wovon die erſte einem Briefe des türkiſchen Gouverneurs von Bender, mit dem Siegeldatum 1169 H. = 1756 Chr., die zweite einem türkiſchen Schreiben vom Jahre 1200 H. = = 1786 Chr.[1] entnommen iſt.[2]

Das Verſtändniſs der Basmala-Formel ging alſo in der Folge ihrer graphiſchen Wandlungen verloren, trotzdem es ſich dabei um das ſogenannte إفتاح الكتب, ‚Eröffnen der Briefe', eine in der muhammedaniſchen Epiſtolographie tiefeingewurzelte kanoniſche Satzung handelte. Gemäſs einer Ueberlieferung im El-ʿIkd el-farîd von Ibn ʿAbdrabbihi († 328 d. H.)[3] ſollen urſprünglich die Schriftſtücke mit dem Namen Gottes allein eröffnet worden ſein. Nach Offenbarung des 43. Verſes der XI. Sûre (Hûd) mit der darin enthaltenen Stelle: بسم الله مجراها ومرساها ‚(Beſteiget nun) in Gottes Namen (dieſelbe, d. h. die Arche), mag ſie nun ſich fortbewegen oder ſtillſtehen (ſo iſt Gott gnädig und barmherzig)', gebrauchte man als briefliche Eingangsformel die Worte بسم الله, ‚Im Namen Gottes'. Später kam Vers 110 der XVII. Sûre (Isrâʾîl) mit den Worten: قل ادعوا الله او ادعوا الرحمن, ‚Sprich: rufet ihn Gott oder Erbarmer an', worauf man بسم الله الرحمن, ‚Im Namen Gottes des Allbarmherzigen' ſchrieb. Endlich folgte der 30. Vers der XXVIII. Sûre (die Ameiſe) mit: انّه من سليمان وانّه بسم الله الرحمن الرحيم, ‚(O ihr Edlen, ein ehrenvolles Schreiben iſt mir zugekommen), es iſt von Salomon und im Namen Gottes des Allbarmherzigen des Allerbarmenden'. Damit eröffnete nun der Geſandte Gottes ſeine Briefe und ſo blieb es für alle Zeiten. Die Anwendung der Basmala ward durch die Sanction des Propheten zum heiligen Geſetz (Sunna). In der That erſcheint ſie in unſeren alten epiſtolographiſchen Documenten als eine Regel, von der es keine Ausnahme gibt; umſo wunderlicher zu ſehen, wie die Sterilisirung ihrer Formen unter den Schreiberhänden ſie allgemach zu einem conventionellen Zeichen herabdrückte, deſſen Bedeutung in Vergeſſenheit gerieth.

J. Karabacek.

(ϹΦΡΑΓΙϹ.) In der (pag. 36) oben citirten Stelle aus dem Papyrus vom Jahre 154 n. Chr. erſcheint das Wort ϲφραγίϲ in einer übertragenen Bedeutung, wie ſie bisher unbekannt war; eben deshalb will ich noch Citate aus anderen Papyrus bringen. Papyrus Erzherzog Rainer vom Jahre 83/4: (Zeile 7) ἀρούραϲ τρεῖϲ ἢ ὅ[ϲαι ἐὰ]ν ὦϲι . . . ἐν δυϲὶ

[1] Beide in meinem Beſitz.

[2] Zu bemerken iſt, daſs ſchon die Papyrusurkunden aus dem letzten Drittel des 3. Jahrhunderts d. H. (IX. Jahrhundert n. Chr.) den aus ſtark ſchriftwidriger Ligirung entſtandenen Zug einer auch ſonſt ſchwer lesbaren Curſive aufweiſen, wie oben an den Papieren 7804 und 8065, von welchen das erſtere aus dem Jahre 305 H. = 917 Chr. datirt iſt.

[3] Bulâker Ausgabe vom Jahre 1293 H., II, 203.

cφραγῖcι... (Zeile 8) τῆc μ[ὲ]ν [μιᾶc cφραγῖδ]οc ἥ ἐcτιν ἀρουρῶν δύο... (Zeile 9) [τῆc δὲ ἑτ]έραc cφραγῖδοc ἥ ἐcτιν τῆc λοιπ[ῆc] ἀρούρηc μιᾶc. Papyrus Erzherzog Rainer vom Jahre 99: (Zeile 8) παρούcηc cφραγῖδοc. Papyrus Erzherzog Rainer vom Jahre 128/9: (Zeile 14) ἀρουρῶν πέντε ἢ ὅcων ἐὰν ὦcι ἐν μιᾷ cφραγῖδι. Papyrus Erzherzog Rainer vom Jahre 135/6: (Zeile 10) τὰc ὑπαρχούcαc αὐτῇ...ἐν δυcὶ [c]φραγ[ῖcι ἀρούραc τρεῖc]. Papyrus Erzherzog Rainer vom Jahre 191: (Zeile 9) τὰc ὑπαρχούcαc αὐταῖc ἐξ ἴcου περὶ κ[ώμην τὴν δεῖνα ἀρούραc τοcάcδε ἐν μιᾷ] cφραγῖδι u. ſ. w. Es ſtellt ſich alſo heraus, daſs die Wandlungen in der Bedeutung unſeres Wortes ganz und gar dieſelben ſind wie bei dem Worte cιγίλλιον, deſſen tropiſchen Sinn man bekanntlich auch ſo lange geſucht, bis er in Wien gefunden wurde. Was cφραγίc betrifft, ſo hat dies Wort Herrn U. WILCKEN den üblen Streich geſpielt, daſs er es (Abhandlungen der königl. preuſsiſchen Akademie, 1886, pag. 13) in ſeinem Berliner Papyrus richtig lieſt, ohne indeſs zu verſtehen, was er lieſt; er ſchreibt: καὶ ἄλληc φρα(....) β≃ηL𐅵′η′ μίαν μὲν δ𐅵′....ἄλλην δὲ δLη′ mit der Anmerkung: ‚α über ρ; Auflöſung mir unklar; vielleicht vor φ noch ein Buchſtabe', und wiederholt auf Seite 10, 11, 12. Aber ſchon μίαν μέν — ἄλλην δέ weiſt auf ein Beziehungswort, das gen. fem. iſt und die Zahl 2 (β); cφρ̊ [vergl. φ͞ρ PARTHEY = cφρ̊ (α über ρ) = cφραγίc...) iſt eben dies geſuchte Wort. Es ſind ferners $4^1/_4 + 4^1/_2 + {}^1/_8$ Aruren = δ𐅵′ + δLη′ = $8^1/_2 + {}^1/_4 + {}^1/_8$ Aruren = ἀρουρῶν ηL𐅵′η′.

K. Weſſely.

(Zum Decret von Canopus.) Nicht bald iſt es um die Ueberlieferung eines Textes ſo gut beſtellt, wie um das Decret von Canopus; auſser einer hieroglyphiſchen und demotiſchen Ueberſetzung, der einen bearbeitet von REINISCH, LEPSIUS, BIRCH, Transactions of the Royal Society of literature, vol. IX, N. S. 20. Jänner 1869; ‚Decret of Canopus' in Record of the past, VIII, 81, ibid. SHARPE; PIERRET, Le décret trilingue de Canope, Paris, 4°, 1881; CHABAS bei HORRACK, Choix des textes égyptiens, Paris, KLINCKSIECK, 1883, pag. 70 — der anderen von REVILLOUT, Chrestom. démotique, pag. 125 und LXXXV, beſitzen wir zwei griechiſche Exemplare, eines im Jahre 1866 aufgefunden (vergl. REINISCH, LEPSIUS und WESCHER, Revue archéolog., Juli 1866), das andere, gefunden von MASPERO, herausgegeben von MILLER im Journal des savants, 1883, pag. 214; der zweite Fund hat das Verſtändniſs und die Leſung weſentlich gefördert. Eine Stelle iſt aber doch noch immer nicht vollſtändig klar: Zeile 49 f. heiſst nach MILLER: cυντελέcαι δ' αὐτῆc καὶ ἱερὸν ἄγαλμα χρυcοῦν διάλιθον ἐν ἑκάcτῳ (das andere Exemplar, L., bietet ενεναcτωι) τῶν πρώτων καὶ [δευτέρων ἱερῶν καὶ] καθιδρῦcαι ἐν τῷ ἁγίῳ ὃ ὁ προφήτηc (L. ἁγίῳ ὁ δὲ προφήτηc) ἢ τῶν εἰc (L. τωνιc, MILLER vermuthet ἤ τιc τῶν εἰc) τὸ ἄδυτον ειρημενων ἱερέων πρὸc τὸν cτολιcμὸν τῶν θεῶν οἴcει ἐν ταῖc ἀγκ[άλαιc] ὅταν αἱ [ἐξοδεῖαι καὶ πανηγύρειc] τῶν λοιπῶν θεῶν γίνωνται. In beiden Exemplaren ſteht deutlich ειρημενων; LEPSIUS corrigirte es in εἰcπορευομένων um, indem er auf die Ausdrucksweiſe in Zeile 3 verwies: οἱ ἀρχιερεῖc καὶ προφῆται καὶ οἱ εἰc τὸ ἄδυτον εἰcπορευόμενοι πρὸc τὸν cτολιcμὸν τῶν θεῶν καὶ πτεροφόροι καὶ ἱερογραμματεῖc καὶ οἱ ἄλλοι ἱερεῖc. Dieſer Vorſchlag hat Beifall gefunden und auch MILLER nahm ihn in ſeinem Texte auf: ‚lisez εἰcπορευομένων' und überſetzte: ‚Cette statue, que le prophète ou l'un des prêtres, ayant entré dans le sanctuaire, pour la vestiture des dieux, portera dans les bras.'

Indeſs, man kann einen gewiſſen Zweifel nicht unterdrücken, da die Veränderung zu groſs iſt, und man wird in ſeinem Zweifel beſtärkt durch die Faſſung der hieroglyphiſchen und demotiſchen Texte, auf die, vor MILLER, REVILLOUT aufmerkſam machte, Chrestom. démotique, pag. 166; er überſetzt:

Le prophète vergl.	ο προφητης
....	η
un	[τιc]
des prêtres	των ιερεων
qui choisis	ειρημενων
....	εις το αδυτον
pour	προς
l'habillement	τον στολιcμον
des dieux	των θεων.

‚Le texte grec porte ειρημενων que l'on a corrigé en εισπορευομενων; en le rapportant à εἰς τὸ ἄδυτον on dirait alors: le prophète ou l'un des prêtres quelconques, car les 5 ordres des prêtres étaient admis dans le sanctuaire pour la couverture des dieux. Mais ...... ne pourrait-on pas mettre αιρουμενων à la place de ειρημενων? C'est la leçon que semble indiquer [illegible] ετεωτι choisis en démotique ainsi que le texte hiéroglyphique.' In der That iſt REVILLOUT auf der richtigen Spur, wenn er ειρημενων in αἱρουμένων ändern will; es iſt aber überhaupt gar nichts zu ändern, ſondern nur richtig zu leſen, nämlich εἰρημένων, oder wie wir zu ſchreiben pflegen: ᾑρημένων; denn ει dient hier, wie ſo häufig, zum Ausdrucke desſelben nach *i* hinneigenden *ē*-Lautes wie ηι. Ja, wir können aus den Papyrus nachweiſen, daſs dieſe Schreibung des Wortes regelmäſsig wiederkehrt: Pariſer Papyrus Planche L 15ter, Zeile 4: απο οικιας καθειρη-(μενης), Papyrus V, Zeile 9: καθειρημενης (G. MEYER, Gr. Gr.[2], §. 72), Turiner Papyrus I, pag. 2, Zeile 1: τα καθειρημενα μερη, Papyrus II, Zeile 27: τα καθειρημενα, Papyrus Erzherzog Rainer vom Jahre 191 n. Chr., Zeile 81 διειρηcθαι

K. Weſſely.

(**Erſtes urkundliches Auſtreten** von **Türken.**) Zu dem im I. Bande dieſer Mittheilungen, Seite 107, Anmerkung 2 erwähnten türkiſchen Namen طقج Thoḳadſch wäre nun nachzutragen, daſs ſich in dem Papiere 7816 derſelbe auch in der Schreibung طغج Thoghadſch gefunden hat. Es iſt محمد بن طغج مولى امير المومنين ‚Muhammed Sohn des Thoghadſch, Freigelaſſener des Fürſten der Gläubigen' (323 bis 334 H. = 934 bis 946 Chr.). Weitere Nachträge zu dieſem Thema werde ich gelegentlich geben. Bei dieſem Anlaſſe ſeien in der bezogenen Abhandlung zwei Schreibſehler corrigirt: Seite 97, Anmerkung 2 lies ‚erkenne mich!', Seite 105, Anmerkung 1 lies ‚Unſterblicher' ſtatt ‚Sterblicher'.

J. Karabacek.